国家出版基金项目
NATIONAL PUBLICATION FOUNDATION

國家出版基金項目

教育部哲學社會科學研究重大課題攻關項目

「十一五」「十二五」「十三五」
國家重點圖書出版規劃項目·重大工程出版規劃

「十四五」
國家重點出版物出版专項規劃項目·古籍出版規劃

國家社會科學基金重大項目

北京大學「九八五工程」重點項目

儒藏

精華編一一五冊

經部四書類

儒藏

精華編

北京大學《儒藏》編纂與研究中心

《儒藏》精華編第一一五册

首席總編纂　季羡林

項目首席專家　湯一介

總編纂　湯一介　龐樸　孫欽善　安平秋（按年齡排序）

本册主編　孫欽善

《儒藏》精華編凡例

一、中國傳統文化以儒家思想爲中心。《儒藏》爲儒家經典和反映儒家思想、體現儒家經世做人原則的典籍的叢編。收書時限自先秦至清代結束。

二、《儒藏》精華編爲《儒藏》的一部分，選收《儒藏》中的精要書籍。

三、《儒藏》精華編所收書籍，包括傳世文獻和出土文獻。傳世文獻按《四庫全書總目》經史子集四部分類法分類，大類、小類基本參照《中國叢書綜録》和《中國古籍善本書目》，於個別處略作調整。凡單書已收入入選的個人叢書或全集者，僅存目録，並注明互見。出土文獻單列爲一個部類，原件以古文字書寫者一律收其釋文文本。韓國、日本、越南儒學者用漢文寫作的儒學著作，編爲海外文獻部類。

四、所收書籍的篇目卷次，一仍底本原貌，不選編，不改編，保持原書的完整性和獨立性。

五、對入選書籍進行簡要校勘。以對校爲主，確定内容完足、精確率高的版本爲底本，精選有校勘價值的版本爲校本。出校堅持少而精，以校正誤爲主，酌校異同。校記力求規範、精煉。

六、根據現行標點符號用法，結合古籍標點通例，進行規範化標點。專名號除書名號用角號（《》）外，其他一律省略。

七、對較長的篇章，根據文字内容，適當劃分段落。正文原已分段者，不作改動。千字以内的短文一般不分段。

八、各書卷端由整理者撰寫《校點説明》，簡要介紹作者生平、該書成書背景、主要内容及影響，以及整理時所確定的底本、校本（舉全稱後括注簡稱）及其他有關情況。重複出現的作者，其生平事蹟按出現順序前詳後略。

九、本書用繁體漢字豎排，小注一律排爲單行。

《儒藏》精華編第一一五册

經部四書類

四書總義之屬

論語集註大全卷之十一

先進第十一

此篇多評弟子賢否。凡二十五章。厚齋馮氏曰：此篇多評弟子賢否，故以次於夫子言動之後。○趙氏曰：評其賢則能者勸，評其否則不能者勉，無非教也。然此篇稱賢者三倍於否，亦足以見賢之衆矣。胡氏曰：「此篇記閔子騫言行去聲。者四，而其一直稱『閔子』，疑閔氏門人所記也。」

子曰：「先進於禮樂，野人也；後進於禮樂，君子也。

先進、後進，猶言「前輩」、「後輩」。野人，謂郊外之民；君子，謂賢士大夫也。程子曰：「先進於禮樂，文質得宜，今反謂之質朴而以爲『野人』；後進之於禮樂，文過其質，今反謂之彬彬而以爲『君子』。蓋周末文勝，故時人之言如此，不自知其過於文也。」朱子曰：禮樂只是一箇禮樂，用得自不同。如升降揖遜，古人只是誠實行許多威儀，後人便忒好看；古人只正容謹節，後人便近於巧言令色；如古樂雖不可得而見，只如誠實底人彈琴便雍容平淡，自是好聽，若弄手弄脚，撰出無限不好底聲音，只是繁碎耳。○問：「此『禮樂』，還説宗廟朝廷以至州閭鄉黨之禮樂？」曰：也不止是這般禮樂。凡日用之間一禮一樂，皆是禮樂。只管文勝去如何合殺？須有箇變轉道理。

如用之，則吾從先進。」

用之，謂用禮樂。孔子既述時人之言，又自言其如此，蓋欲損過以就中也。慶源輔氏曰：時俗易得逐流而徇末，聖人常欲損過以就中。聖人之所以轉移時俗者，其過化存神之妙雖未易窺測，至於損過就中之用則有不可易者。○問：「孔子從先進，是夫子無取於文也。然『周監於二代，郁郁乎文』，夫子又從之，何耶？」潛室陳氏曰：從先進，是夫子欲復文、武、周公之舊，即「從周」也。文必以周公之舊方可從，周末文弊已不足爲文矣。從周者，三代損益之勢當然；從先進者，周末文弊救之當然：並行不悖。○問：「夫子用禮樂而從先進，是欲崇質耶，抑欲文質之得中耶？」雙峯饒氏曰：聖人之道，無適不中。用禮樂而從先進，在當時則爲崇質，在理則爲適中。○新安陳氏曰：文、武、周公監夏殷之禮而損益之，夫子稱曰「郁郁乎文」，蓋謂其文質得中，即彬彬之文也。此周盛時之文，即先進之所從事者。此章「從先進」之云，正是厭周末之文過其質而欲從周盛時文質得中，與「從周」之言初不相妨而可互相發。從周，正是欲從先進耳。

○子曰：「從我於陳蔡者，皆不及門也。」從，去聲。

孔子嘗厄於陳、蔡之間，弟子多從之者。此時皆不在門，故孔子思之。蓋不忘其相從於患難去聲。之中也。

「德行：顔淵，閔子騫，冉伯牛，仲弓；言語：宰我，子貢；政事：冉有，季路；文學：子游，子夏。」

弟子因孔子之言，記此十人，問：「何以知其爲弟子所記？」朱子曰：吴氏《例》云：「凡稱名者，夫子之辭，或弟子師前相謂之辭。稱字者，弟子自相謂之辭，或弟子門人之辭。」或以此章盡爲夫子所言者，考之不審也。而并目其所長，分爲四科。孔子教人，各因其材，於此可見。朱子曰：德者，行之本。君子以成德爲行。言德，則行在其中。德行，是兼内外、貫本末全體底物事。那三件，各是一物見於用者也。○問：「德行不知可兼言語、政事、文學否？」曰：當就逐項上看。如顔子之德行固可以備，若他人，固有有德行而短於才者。○問四科之目。曰：德行者，潛心體道，默契於中，篤志力行，不言而信者也。言語者，善爲辭令者也。政事者，達於爲國治民之事者也。文學者，學於《詩》、《書》、禮、樂之文而能言其意者也。夫子教人，使各因其所長以入於道，然其序則必以德行爲先。誠以躬行實造，具體聖人，學之所貴尤在於此，非若三者各爲一事之長而已也。○勉齋黄氏曰：四科之目，因其所得而稱之，舉其最優者爲言也。○雙峯饒氏曰：聖門之教有大綱領，有小條目。小條目如長於政事者與言政事，長於文學者與言文學是也，如今人能文者告之以作文之法，曉事者告之以處事之法，此是各因其材。然本領不正，能文者無緣做得好文章，曉事者無緣做得好政事，又須示之以大綱領，使之治心脩身，從本領上做將來。

○程子曰：「四科乃從夫子於陳蔡者爾，門人之賢者固不止此。曾子傳道而不與音預。焉，故知『十哲』，世俗論也。」慶源輔氏曰：夫子之門如此十人者，固高矣。然受業身通者凡七十人，則豈獨此十人可名爲「哲」哉？故程子引曾子以爲證而斷「十哲」爲「世俗之論」，所以教學者使求於聖人之門不止此十人也。○新安陳氏曰：曾子，晳之子，是時尚少，不得與陳、蔡之從，故不在列。又如有若雖賢，亦以不從此行而不在列焉。○雲峯胡氏曰：德行，即孟子所謂「有成德者」；言語、政事、文學，即孟子所謂「有達才者」。然孟子於「成德」之上有「如時雨化之者」，《集註》所謂「顏、曾」是也。於此見《論語》「四科」不過門人所記，而孟子「五教」又能發門人之所未發。

○子曰：「回也，非助我者也。於吾言無所不說。」音悦。

助我，若子夏之「起予」，因疑問而有以相長上聲。也。顏子於聖人之言，默識心通，釋「悦」字。無所疑問，釋「非助」字。故夫子云然。其辭若有憾焉，其實乃深喜之。○胡氏曰：「夫子之於回，豈真以助我望之？蓋聖人之謙德，又以深贊顏氏云爾。」慶源輔氏曰：聖人之心，義理昭融，固不因人之問而後有所知，亦不以人之不問而遂有所疑，顧豈有待於學者之助哉？然疑而問，問而益得以發其精微，若子夏之「起予」，則亦不能無也。○胡氏曰：以「非助我」而言，似有不足於顏子之意；謂其「無所不説」，則凡精凡粗，若巨若細，莫不懽然領受而畧無毫髮之疑矣。○厚齋馮氏曰：夫子固無待於助，然於事物之理因人之疑問而遂得以發明之，是亦「助」也。○新安陳氏曰：如「終日不違」、「語之不惰」，皆「無所不説」之驗。

○子曰：「孝哉，閔子騫！人不間於其父母昆弟之言。」間，去聲。

胡氏曰：「父母兄弟稱其孝友，人皆信之無異辭者，蓋其孝友之實，有以積於中而著於外。故夫子嘆而美之。」吳氏曰：夫子於弟子未嘗稱字，此或集語者之誤。○勉齋黄氏曰：父母昆弟之言或出於私情，人無所非間於其言，是爲公論。夫子所以稱之。○慶源輔氏曰：父母昆弟稱其孝友者，固有之矣。然或溺於愛，蔽於私，則誠否未可知也。至於人皆信之，無有間言，則誠著而德彰矣。○胡氏曰：按《韓詩外傳》，閔子早喪母，父再娶，生二子。繼母獨以蘆花衣子騫。父覺之，欲逐其妻。子騫曰：「母在一子寒，母去三子單。」母得免逐。其母聞之，待之均平，遂成慈母。今誦其言，藹然惻怛之意溢於詞表，故內則有以孚其家，外則有以孚於人。自內及外，無有異詞也。○雲峯胡氏曰：孔門豈獨閔子爲孝而夫子獨稱之？他人之孝，處人倫之常；閔子之孝，處人倫之變。處變而不失其常，此夫子所以稱之歟？○新安陳氏曰：夫子惟稱其孝，《集註》兼及於「友」者，蓋「友于兄弟」，就昆弟之言見其友也。《詩》曰：「兄弟既翕，和樂且湛。」子曰：「父母其順矣乎！」蓋孝、友一理。孝者必友，不友則非孝矣。只觀「三子單」之語，友之實可見。「間」字不必訓非，只訓別異，自明白。外人稱之不異於父母兄弟之言，非孝友之實，積中著外，能如是乎？夫孝，德之本也。人之行莫大於孝。閔子以德行稱亞於顏子，宜哉！

○南容三復「白圭」。孔子以其兄之子妻之。三「妻」，並去聲。

《詩》，《大雅·抑》之篇曰：「白圭之玷，丁忝、丁念二反。尚可磨也；斯言之玷，不可爲也。」南容一日三復此言，事見形甸反。《家語》。蓋深有意於謹言也。《家語·弟子行》篇云：「獨居思仁，公言仁義。其於《詩》也，則一日三復『白圭之玷』，是宮縚之行也。孔子信其能仁，以爲異士。」○朱子曰：南容三復「白圭」，不是一旦讀此，乃是日日讀之，玩味此《詩》而欲謹於言行也。此「邦有道所以不廢，邦無道所以免禍」，故孔子「以兄子妻之」。此是合《公治長》篇「子謂南容」章解之。○范氏曰：「言者行去聲。下同。之表，行者言之實。未有易去聲。其言而能謹於行者。南容欲謹其言如此，則必能謹其行矣。」雙峯饒氏曰：表與裏對，實與華對。言爲表而行爲裏，行爲實而言爲華，各舉其一以互見。免於刑戮，只是不以輕言妄動取禍；若當言而言，雖箕子之囚、比干之死，豈容苟免？

○季康子問：「弟子孰爲好學？」孔子對曰：「有顏回者好學，不幸短命死矣。今也則亡！」

范氏曰：「哀公、康子問同而對有詳畧者，臣之告君，不可不盡；若康子者，必待其能問乃告之，此教誨之道也。」詳見《雍也》篇「不遷怒」章。○慶源輔氏曰：聖人一言之間，輕重之等，則有截然不可亂者。

○顏淵死，顏路請子之車以爲之椁。

顏路，淵之父，名無繇。音由。少去聲。孔子六歲，孔子始教而受學焉。椁，外棺也。請爲椁，欲賣車以買椁也。

子曰：「才不才，亦各言其子也。鯉也死，有棺而無椁。吾不徒行以爲之椁，以吾從大夫之後，不可徒行也。」

鯉，孔子之子伯魚也。先去聲。孔子卒。言鯉之才雖不及顏淵，然已與顏路以父視之，則皆子也。孔子時已致仕，尚從大夫之列，言「後」，謙辭。問：「以弟子之年考之，則回之死先於鯉，故有以鯉也爲夫子之設言者信乎？」朱子曰：以人情言之，不應如此。且王肅信《家語》最篤，而亦以此爲年數之錯誤，今安得固守而必信之乎？○南軒張氏曰：聖人正大之情，天地之情也。鯉雖不可以並淵，然在己則子也。無椁則亦已矣。淵雖賢，而父之葬子也，亦稱家之有無而已，又何必强爲之椁乎？夫子視淵，固猶子也。不得舍車於鯉，則亦不得舍車於淵矣。○厚齋馮氏曰：伯魚聞《詩》聞《禮》，未爲不才，視子淵則才不及耳。唯自言其子，故曰「不才」。○胡氏曰：「孔子遇舊館人之喪，嘗脱驂以賻音附。之矣。《禮・檀弓》篇：「孔子之衛，遇舊館人之喪，入而哭之哀。使子貢説驂音脱參。而賻之。」騑馬曰驂。賻，助也，助喪用也。今乃不許顔路之請，何邪？俗作「耶」。葬可以無椁，驂可以脱而復扶又反。求；大夫不可以徒行，命車不可以與人而鬻余六反。諸市也。《王制》曰：「命服命車，不粥與「鬻」同。於市。」○問「命車」。朱子曰：《記禮》云大夫賜命車。❶且『爲去聲。所識窮乏者得我』而勉强上聲。以副其意，豈誠心與直道哉？或者以爲君子行禮，視吾之有無而已。此蘇氏説。夫平聲。君子之用財，視義之可否，豈獨視有無而已哉？」慶源輔氏曰：葬之禮，椁周於棺，宜也。然貧不能具，則椁亦可廢。車之制，驂參於服，宜也。然欲輟而用，則驂或可脱。義之所可，則脱驂以賻舊館人而不吝；義不可，則於顔淵之厚而不從其父爲椁之請：此可見聖人處事之權衡。

○顔淵死。子曰：「噫，天喪予！天喪予！」喪，去聲。

噫，傷痛聲。悼道無傳，若天喪己也。勉齋黄氏曰：顔子在，則夫子雖死而不亡，以道存也；顔子死，則夫子雖存，道固無傳，終亦必亡而已矣。故以顔子之死而爲己之喪也。○新安陳氏曰：夫子之道賴顔子以傳者也。顔子在則道有傳，孔子他日雖死而不死；顔子死則道無傳，孔子今日雖未亡而已亡。故不謂「天喪回」而曰「天喪予」。良可悲矣！○洪氏曰：孔、顔一體也。回何敢死，子在故也；天喪予，回死故也。○雲峯胡氏曰：夫子上接文王之傳，則曰「天將喪斯文」；下失顔淵之傳，則曰「天喪予」。然則道統之絶

❶「記禮」，《語類》卷三九、《四書纂疏》作「禮記」。

續，皆天也。

○顏淵死。子哭之慟。從者曰：「子慟矣！」從，去聲。

慟，哀過也。

曰：「有慟乎？

哀傷之至，不自知也。

「非夫人之爲慟而誰爲？」夫，音扶。爲，去聲。

夫人，謂顏淵。言其死可惜，哭之宜慟，非他人之比也。○胡氏曰：「痛惜之至，施當其可，皆情性之正也。」勉齋黄氏曰：以夫子之聖而得顏淵，蓋將相與講明斯道以示天下後世，其爲助大矣。不幸而短命死焉，夫子安得不興「喪予」之嘆而不自知其爲慟耶？○新安陳氏曰：觀不自知其慟，若過也。然哭顏淵而慟，非過也。其哀之發而中節者歟！

○顏淵死，門人欲厚葬之。子曰：不可。

喪具稱去聲。家之有無。《禮·檀弓》篇：「子游問喪具。夫子曰：『稱家之有無。』」貧而厚葬，不循理也。故夫子止之。朱子曰：門人，謂回之門人。○潛室陳氏曰：喪禮固有分，亦須兼稱貧富。固有分雖得爲而貧不能舉禮者，故云「稱家之有無」。分不得爲者不在此限。孟子「不得不可以爲悦，無財不可以爲悦」兩言最盡。

門人厚葬之。

蓋顏路聽之。新安陳氏曰：蓋，疑辭。以請車爲椁觀之，疑顏路聽之也。

子曰：「回也，視予猶父也，予不得視猶子也。非我也，夫二三子也。」

嘆不得如葬鯉之得宜，以責門人也。南軒張氏曰：顏子在聖門，門人莫先焉。故於其喪，門人記夫子所以處之者甚詳。仁之至，義之盡也！○勉齋黄氏曰：門人欲厚葬，尊賢之情也；子曰不可，安貧之義也。蓋不以情勝義，所謂愛人以德而不以姑息也。「喪予」之嘆，「有慟」之哀，非厚於顏子也，爲道也；請車却之，厚葬責之，非薄於顏子也，爲道也。聖人之心，無適非道也。○慶源輔氏曰：此與請車弗從事異而理同。顏路請車爲椁，溺於愛也；夫子不遂許之，裁以義也。

夫子止門人之厚葬，蔽以理也；顏路從而聽之，牽於私也。聖、庸之所以分，天理、人欲之間而已。○雲峯胡氏曰：無臣而爲有臣，非理也，豈所以葬夫子；家貧而厚葬，非理也，豈所以葬顏子？

○季路問事鬼神。子曰：「未能事人，焉能事鬼？」「敢問死。」曰：「未知生，焉知死？」焉，於虔反。

問事鬼神，蓋求所以奉祭祀之意；而死者，人之所必有，不可不知：皆切問也。然非誠敬足以事人，則必不能事神；非原始而知所以生，則必不能反終而知所以死。朱子曰：反，只是推轉來。謂推原於始，却折轉來看其終。「原」字「反」字皆就人説。反，如「回頭」之意。○慶源輔氏曰：死生者，氣之聚散耳。尚不能推原其始而知氣聚故生，必不能反要於終而知氣散故死也。○新安陳氏曰：深意在二「所以」字。《易・繫辭》曰：「原始反終，故知死生之説。」蓋幽明始終，初無二理。但學之有序，不可躐等。故夫子告之如此。覺軒蔡氏曰：夫子以「未能」對「焉能」，以「未知」對「焉知」，正欲子路循其序而不躐等也。○新安陳氏曰：由明而幽，由始而終，則爲有序；未能事人而先欲事神，未知生而先欲知死，則爲躐等。

○程子曰：「晝夜者，死生之道也。知生之道則知死之道，《易・繫辭》曰：「通乎晝夜之道而知。」朱子《本義》曰：「通猶『兼』也。晝夜，即幽明死生鬼神之謂。」盡事人之道則盡事鬼之道。死生人鬼，一而二，二而一者也。」問：「一而二二而一，是兼氣與理言之否？」朱子曰：有是理則有是氣，有是氣則有是理。氣則二，理則一。○慶源輔氏曰：晝夜者，氣之明晦也；死生者，氣之聚散也。故晝夜之道即死生之道也。明則有晦，聚則有散，理之自然也。一而二者，人鬼死生雖是一理，而有幽明始終之不同；二而一者，雖有幽明始終之不同，而其理則未嘗有二也。○潛室陳氏曰：死生人鬼，雖幽明之事了不相關，然天地間不過陰陽聚散屈伸，聚則生，散則死，伸爲神，屈爲鬼。有聚必有散，有伸必有屈。理一而分則殊，分殊而理則一，非微昧不可究詰之事也。或言夫子不告子路，不知此乃所以深告之也。新安陳氏曰：告之以所當先能先知者，是即所以深告之。○朱子曰：事人事鬼，以心言；知生知死，以理言。○人且從分明處理會去。如事君親盡誠敬之心，即移此心以事鬼神，則祭如在，祭神如神在。人受天所賦許多道理，自然完具無欠闕。須盡得這道理，到那死時，乃知生理已盡，亦安於死而無愧矣。○事人，如出則事公卿，入則事父兄，事其所當事者。事鬼亦然。苟非其鬼而事之，則諂矣。○問「未知生焉知死」。曰：氣聚則生，氣散則死。才説破，則人便都理會得，然須知道人生有多少道理。自稟五常之性以來，所以父子有親，君臣有義者，須要一一盡得這生底道理，則死底道理皆可知矣。○問：「天地之化雖生生不窮，然而有聚必有散，有生必有死。能原始而知其聚而生，則必知其後必散而死；能知其生也得於氣化之日，初無精神寄寓於太虚之中，則知其死也與氣而俱散，無復更有形象尚留於冥漠之内。」曰：死便是都散了。○盡愛親敬長，貴貴尊賢之道，則事鬼之心不外乎此矣；知乾坤變化，萬物受命之理，則生之有死可得而推矣。夫子之言，固所以深曉子路，然學不躐等，於此亦可見矣。○天道流行，發育萬物，人得之以有生。氣之清者爲氣，知覺運動，陽之爲也；氣之濁者爲質，形體，陰之爲也。氣曰魂，體曰魄。高誘註《淮南子》曰：「魂者，陽之神；魄者，陰之神。」以其注乎形氣，❶故曰「神」。人所以生，精氣聚也。人只有許多氣，須有箇盡時，盡則魂氣歸於天，形魄歸於地而死矣。人將死時，熱氣上出，所謂魂升；下體漸冷，所謂魄降也。此所以有生必有死，有始必有終也。夫聚散者，氣也；若理，則泊在氣上。初不是凝結別爲一物，但人分上合當恁地，便是理，不可以聚散言也。然人死，氣雖終歸於散，亦未便散盡，故祭祀有感格之理。先祖世次遠者，氣之有無不可知，然奉祭祀者既是他子孫，畢竟只是一氣，所以可感通。然已散者不復聚，釋氏却謂人死爲鬼，鬼復爲人，如此則天地間常只是許多來去去，更不由他造化生生，必無是理也。至伯有爲厲，伊川云「別是一般道理」。爲其人氣未盡而强死，自是能爲厲。如子産爲之

❶「注」，四庫本、孔本、陸本作「主」。

立後，使有所歸，遂不爲厲，亦可謂「知鬼神之情狀」矣。○雙峯饒氏曰：「未能事人，焉能事鬼」，如人有箇父母活在這裏，尚不會奉事得，死後如何會奉事？○蔡氏曰：事人事鬼，以所能之事言，知生知死，以所知之理言。

○閔子侍側，誾誾如也；子路，行行如也；冉有、子貢，侃侃如也。子樂。誾、侃，音義見前篇。行，胡浪反。樂音洛。

行行，剛强之貌。子樂者，樂得英才而教育之。朱子曰：誾誾者，外和內剛，德氣深厚，所謂「和悅而諍」者也；侃侃，則和順不足而「剛直」稍外見矣。前篇之訓，固亦如此。○冉有、子貢侃侃如也，侃侃，剛直之貌。以二子氣象觀之：賜之達、求之藝，皆是有才底人。大凡人有才，便自暴露，便自然有這般氣象。閔子純於孝，自然有誾誾氣象。○誾誾，是深沉底；侃侃，是發露圭角底；行行，是發露得粗底。○問：「誾誾、行行、侃侃，皆是剛正之意。如冉求平日自是箇退遜之人，如何也解有此意思？」曰：三子皆意思大同小異。求、賜則微見其意，子路則全體發在外，閔子則又全不外見，然此意思亦自在。三子者，皆有疑必問，有懷必吐，無有遮覆含糊之意。○蔡氏曰：此章當以侍側時爲主以觀四子氣象。四子皆無柔佞之失，惟和悅而諍者得事上之宜，剛直則施於敵己以下爲宜，剛强則施於上下皆不當矣。動容各適時中之謂禮。觀四子侍師之禮，可知其得失矣。禮失其宜，則凶悔吝之象可由之而見。子路侍夫子，行行如此，於他人可知。○問：「於行行者有何樂？」雙峯饒氏曰：「樂」字終難說。所以《集註》以爲或是「曰」字之誤。朱子釋經之法，到疑處，且先就本文解，後面却說破。

「若由也，不得其死然！」

尹氏曰：「子路剛强，有不得其死之理，故因以戒之。其後子路卒死於衛孔悝音恢。之難。」去聲。○《左傳》哀公十五年：「衛孔圉孔文子。取太子蒯聵之姊，孔伯姬。生悝。太子自戚入，適伯姬氏。既食，孔伯姬杖戈而先，太子與五人介，被甲也。輿豭從之。豭，豚也。欲用以盟。迫孔悝於厠，强盟之。孔氏專政，故刧悝，欲令逐輒。遂刧以登臺。欒寧聞亂，使告季子。子路也。時爲孔氏邑宰。召獲奉衛侯輒來奔。

季子將入，遇子羔將出，子羔，衛大夫高柴，孔子弟子。將出奔。曰：『門已閉矣。』季子曰：『吾姑至焉。』子羔曰：『弗及，言政不及己。不踐其難。』季子曰：『食焉，不辟「避」同。其難。』子羔遂出，子路入。及門，有使者出，乃入，曰：『太子焉用孔悝？雖殺之，必或繼之。』且曰：『太子無勇，若燔臺，半，必舍孔叔。』太子聞之，懼，下石乞、盂黶敵子路，二人太子之黨。以戈擊之，斷纓。子路曰：『君子死，冠不免。』結纓而死。」洪氏曰：「《漢書》引此句，上有『曰』字。或云上文『樂』字即『曰』字之誤。」朱子曰：然者，未定之辭。聖人雖謂其不得其死，使子路能變其氣習，亦必有以處此。○問：「由之死，疑其甚不明於大義，豈有子拒父如是之逆而可以仕之乎？」曰：然。仲由之死，也有些没緊要。然誤處不在致死之時，乃在於委質之始。○子路爲人麤，於精微處多未達。其事孔悝，蓋其心不以出公爲非故也。何以見得他如此？如衛君待子爲政，夫子欲先「正名」，他遂以爲「迂」，可見他不以出公爲非。故其事悝。蓋自以爲善而爲之，而不知其爲非義也。○南軒張氏曰：孔悝被刼，子路死之，若不可謂之「不得其死」。然其從孔悝始擇之不善，不幾於不得其死乎？若比干，可謂得其死矣。然則求生害仁者，謂之「不得其生」可也。子路雖不得其死，與此類固不可同日語矣。○新安陳氏曰：夫子初謂由「不得其死然」，只如平常説「死非正命」之謂，未説到不得死所處。先儒云：「感慨殺身者易，從容就義者難。」此是後來處死之得失。使子路能因夫子警之而變其粗厲之氣習，使夫子之言不中，上也；若能審義而仕，以義而死，則死得其所。雖不幸中夫子之言，而無負於夫子之教，不可謂之「不得其死」矣。而子路終不能也，惜哉！

○魯人爲長府。

長府，藏去聲。名。藏如字。貨財曰府。爲，蓋改作之。

閔子騫曰：「仍舊貫，如之何？何必改作？」

仍，因也。貫，事也。王氏名安石，字介甫，臨川人。曰：「改作勞民傷財。在於得已，則不如仍舊貫之善。」南軒張氏曰：先儒謂「長府」

爲藏貨財之府。貨財之府無故而改爲，得無示人以崇利聚斂之意乎？故閔子以爲當仍舊貫而不必改也。○慶源輔氏曰：古人改作，必不得已者也。改作府藏，意必有可已而不已者，故子騫以是諷之。

子曰：「夫人不言，言必有中。」夫音扶。中，去聲。

言不妄發，發必當去聲。理。惟有德者能之。南軒張氏曰：有中，中於理也。○雙峯饒氏曰：觀此章，可見閔子誾誾之氣象。始言「仍舊貫如之何」，辭氣雍容，似有商量未決之意，此「和悦」意也。繼之曰「何必改作」，則有確乎不可易者，此「静」之意也。長府之不必改作，人或能言之。夫子所以稱之者，不特取其言之當理，亦喜其言之發而中節，所謂「有德之言」也。○新安陳氏曰：《左傳》昭公二十五年「公居於長府」，即此長府也。改作之事，經傳不載。使因閔子而止，則「仁人之言，其利博」矣。閔子本不尚言語，而言必有中，惟有德者能有言也，專事言語者其言未必雍容簡當如此。

○子曰：「由之瑟，奚爲於丘之門？」

程子曰：「言其聲之不和，與己不同也。」《家語》云：「子路鼓瑟有北鄙殺伐之聲。」蓋其氣質剛勇而不足於中和，故其發於聲者如此。覺軒蔡氏曰：按《説苑》：「子路鼓瑟，有北鄙之聲。孔子曰：『南者，生育之鄉；北者，殺伐之地。故舜造南風之聲，其興也勃然；紂爲北鄙之聲，其廢也忽然。』」《家語·辨樂解》篇子路鼓瑟一段，與此小異。

門人不敬子路。子曰：「由也，升堂矣，未入於室也。」

門人以夫子之言，遂不敬子路，故夫子釋之。升堂入室，喻入道之次第。言子路之學，已造七到反。乎正大高明之域，特未深入精微之奥耳，未可以一事之失而遽忽之也。南軒張氏曰：由入室言，則升堂爲未至；由宫牆之外望，則升堂大有間矣。聖人斯言非特以言子路，亦使門人知學之有序也。○慶源輔氏曰：子路剛明而麤率之氣未除。觀其勇於行義，欲車裘共敝，及程子謂其「達却便是堯舜氣象」，則其升堂可知。至於以正名爲「迂」而不知食輒之食爲非義之類，是未入室之驗也。○雲峯胡氏曰：正大高明，形容「堂」字；精微之奧，形容「室」字，精矣。未入於室，是子路已學而未深入精微之奧；亦不入於室，是善人未學而不能入聖人之室者也。

○子貢問：「師與商也孰賢？」子曰：「師也過，商也不及。」

子張才高意廣而好去聲。爲苟難，荀子曰：「君子行不貴苟難。」故常過中；子夏篤信謹守而規模狹隘，故常不及。雙峯饒氏曰：觀答問交一章，及曾子稱其「堂堂」，可見子張才高意廣；觀令尹子文、陳文子之事，可見其好爲苟難。觀「先傳後倦」章，可見子夏能篤信聖人之教而謹守之；觀「可者與之，不可者拒之」之言，可見其規模狹隘。○朱子曰：二子合下資質是這模樣。子張常要將大話蓋將去，子夏便規規謹守。看《論語》中所載子張説話及夫子告子張處，如「多聞闕疑、多見闕殆」之類，如子張自説：「我之大賢歟，於人何所不容；我之不賢歟，人將拒我，如之何其拒人也。」此説話固是好，只是他地位未説得這般話。這是大賢以上聖人之事，他便把來蓋去。其踈曠多如此。孔子告子夏如云「無爲小人儒」，又云「無欲速，無見小利」，如子夏自言「可者與之，其不可者拒之」，小子當「灑掃應對進退」之類可見。二子晚年進德雖不可知，然子張之語終有慷慨激揚之氣，子夏終是謹守規矩也。

曰：「然則師愈與？」平聲。

愈，猶「勝」也。

子曰：「過猶不及。」

道以中庸爲至。賢知去聲。之過，雖若勝於愚不肖之不及，然其失中，則一也。慶源輔氏曰：子貢所謂「然則師愈與」者，以才質言也；夫子所謂「過猶不及」者，以義理言也。以才質論之，則賢智之過雖若勝於愚不肖之不及；以義理論之，則過與不及皆爲失中，而於道均爲未至也。○尹氏曰：「『中庸之爲德也，其至矣乎！』夫音扶。過與不及，均也。『差之毫釐，繆以千里。』故聖人之教，抑其過，引其不及，歸於中道而已。」慶源輔氏曰：過不及生乎氣稟之偏，中則指義理之當然處言也。差之毫釐，即謂「過」與「不及」也，於焉毫釐過乎中與不及乎中耳。❶過而不知所以自抑，則過者愈過，不及乎中而不知所以自勉，則不及者愈不及，積之至久，則相去不啻千里矣。○新安陳氏曰：《集註》不過引《中庸》賢知愚不肖之説以發明過猶不及之旨，非指子夏爲愚不肖也。正文之意只言過不及均失中耳，「聖人之教」以下本文未有此意。説聖人造就二子而欲歸之中道，乃此章言外意。

○季氏富於周公，而求也爲之聚斂而附益之。爲，去聲。

周公以王室至親，武王之弟，成王之叔父。有大功，位冢宰，其富宜矣。季氏以諸侯之卿而富過之，非攘奪其君，刻剥其民，何以得此？冉求爲季氏宰，又爲去聲。之急賦税以益其富。

子曰：「非吾徒也！小子鳴鼓而攻之，可也！」

非吾徒，絶之也。小子鳴鼓而攻之，使門人聲其罪以責之也。聖人之惡去聲。黨惡而害民也如此。然師嚴而友親，故己絶之而猶使門人正之，又見其愛人之無已也。慶源輔氏曰：師道尊嚴而朋友親暱，理固然也。聖人愛人終無已，天地之心也。雖絶之而猶不忘乎愛，雖不忘乎愛而事之當絶者又不但已：此仁之至，義之盡也。○新安陳氏曰：泛觀「鳴鼓攻之」，似是惟罪責棄絶之耳。《集註》謂「猶使門人正救之」，於嚴厲之義氣中有愛厚之仁意焉。孔子之心，微朱子，其孰能知哉？○范氏曰：「冉有以政事之才施於季氏，故爲不善至於如此。由其心術不明，不能反求諸身，而以仕爲急故也。」新安陳氏曰：使能反身脩德，則知吾身自有良貴而不急

❶「於」，四庫本、孔本、陸本及《輯釋》作「初」。

於仕矣。○朱子曰：人最怕資質弱，若求之徒，却是自扶不起。如云「可使足民」，而反爲季氏聚斂，故范氏謂「其心術不明」。他這所在，都不自知。他只緣以仕爲急，故從季氏。見他所爲如此，又拔不出，一向從其惡。○問：「冉求學於夫子，於門弟子中亦可謂明達者。今乃爲季氏聚斂，何耶？」曰：冉求之失，不待聚斂而後見，自其仕於季氏則已失之矣。當是時，達官重任，皆爲公族之世官，其下則尺地一民，皆非君之有。士唯不仕則已，仕則未有不仕於大夫者也。使求仕於季氏，能勸之黜其强僭而忠於公室，則庶乎小貞之吉矣。今乃反爲之聚斂，是使權臣愈强而公室愈不振也，故孟子以「無改於其德而賦粟倍他日」言之。蓋不自知其學之未至而以從仕爲士之常，是以流靡而至此耳。曰：「然則夫子曷不於其仕季氏而責之也？」曰：聖人以「不仕無義」，而猶望之以小貞之吉也。○問：「以季氏之富而求也爲之聚斂。」曰：不問季氏貧富。若季氏雖富而取於民有制，亦何害？此必有非所當取而取之者，故夫子如此說。○南軒張氏曰：冉有既爲季氏之臣，所當正救其非，使之由於法度。今既不能正而又順其所爲，私門益以封殖，則公室益以衰弱：此求之所以得罪於聖門爲深也。原求所以至此，蓋不能如閔子見幾而作，因循陵遲而不自知也。○勉齋黄氏曰：聚斂已自不是，况季氏以諸侯之卿而富過於周公，則本富强矣。今又聚斂以附益之，則非義之中又非義矣。聖人所以惡之深也。○厚齋馮氏曰：按《國語》：「季康子欲以田賦，使冉求訪諸孔子。孔子曰：『若季孫行而法，則有周公之籍矣；若欲犯法，則苟而賦，又何訪焉？』季氏卒用田賦。」《左傳》哀公十一年亦載此事。所謂「富於周公」者，此也。夫季氏欲變周公之法以自富，其心猶不安於君子之論而使冉有問之。冉有自止之，可也。不然，聞孔子之言以反命而力止之，可也。又不然，去之，可也。今不惟不能諫止而不能去，反爲之宣力而不辭，此夫子所以切責之也。○雲峯胡氏曰：《春秋》於爲長府不書，必閔子諫止之力；於此事書曰「用田賦」，其爲冉有阿附之罪明矣。朱子以冉求之失不徒見於聚斂，而已見於仕季氏之初，然則閔子之得，豈不在於辭費宰之初歟？

○柴也，愚；

柴，孔子弟子，姓高，字子羔。衛人。愚者，知去聲。不足而厚有餘。《家語》記其足不履影，啓蟄不殺，方長上聲。不折。執親之喪，泣血三年，未嘗見賢偏反。齒；見齒，笑也。避難去聲。而行，不徑不竇。可以見其爲人矣。《家語・弟子行》篇：「高柴自見孔子，出入於户，未嘗越履；往來過之，足不履影。啓蟄不殺，方長不折。執親之喪，泣血三年，未嘗見齒。」是高柴之行也。○《致思》篇：「蒯聵之亂，季羔逃之。走郭門，守門者曰：『彼有缺。』季羔曰：『君子不踰。』又曰：『彼有竇。』季羔曰：『君子不隧。』隧，從竇出。又曰：『於此有室。』季羔乃入焉。」○朱子曰：不徑不竇，只安平無事時可也。若當有寇盜患難，如何專守此以殘其軀？此柴所以爲愚。觀聖人微服過宋，只守不徑不竇之説不得。然子羔也是守得定。若更學到通變處儘好。正緣他學有未盡處。○柴也是箇謹厚底人，不曾見得道理，故曰愚。

參也，魯；

魯，鈍也。程子曰：「參也，竟以魯得之。」又曰：「曾子之學，誠篤而已。聖門學者，聰明才辨不爲不多，而卒傳其道乃質魯之人爾。故學以誠實爲貴也。」尹氏曰：「曾子之才魯，故其學也確，克角反。所以能深造七到反。乎道也。」朱子曰：曾子魯鈍難曉，只是他不肯放過，直是捱得到透徹了方住。不似別人，只畧綽見得些小了便休。今一樣敏底見得容易，又不能堅守；鈍底捱得到畧曉得處便説道理止此，更不深求。惟曾子不肯放舍。若這事看未透，直是捱得到盡處，所以竟得之。○緣他質魯鈍不便理會得，故著工夫，遂見得透徹。若理會不得便放下了，如何能通透？終於魯而已。○若是魯鈍者，却能守，其心專一。明達者每事要入一分，半上落下，多不專一。○曾子遲鈍，直辛苦而後得之。○問：「『參也魯』，魯却似有不及之意。」曰：「魯」自與「不及」不相似。魯是質朴渾厚意思，只是鈍。不及底，恰似一箇物事欠了些子。○慶源輔氏曰：遲鈍者，不能便明了，須用工夫方透；聰明者，所見雖快，所造則淺。方涉其藩而自謂入其奧者多矣。曾子之資魯鈍，初若難入，而求之不敢有易心，故其誠篤而無始終作輟之殊，所以其造反深也。

師也，辟；婢亦反。

辟，便平聲。辟也。謂習於容止，少誠實也。慶源輔氏曰：子張務外，留意於容儀。

由也，喭。五旦反。

喭，粗俗也。傳去聲。稱喭者，謂俗論也。慶源輔氏曰：由粗俗，夫子嘗以爲野。○楊氏曰：「四者性之偏，語音御。之，使知自勵也。」南軒張氏曰：愚，則專而有所不通；魯，則質而有所不敏；辟，則文煩；喭，則氣俗：此皆其氣稟之偏。夫子言之，使之因所偏，矯厲而擴充也。○問：「柴愚，參魯，師辟，由喭，此乃生質之偏如此，夫子言之，所以欲四子克其偏而歸於全也。然參竟得道統之傳，何也？」勉齋黄氏曰：愚者暗，辟者少誠實，喭者粗俗，若夫魯，則質厚而已，未嘗不明，未嘗不誠實，未嘗粗俗，比之三子已争事，❶況質厚者爲之難，一爲之則確實下工，直用力到底。如「弘毅」，如「易簀」等處皆可見。安得不傳道耶？○慶源輔氏曰：愚者知不明，魯者才不敏，便辟則遺其内，粗俗則畧乎外。遺乎内則誠不足，畧乎外則文飾不修。此四子情質之偏也。夫子所以言者，欲使之自覺，以治其偏而歸於中耳。○厚齋馮氏曰：柴、參近道，而柴欠疏通，參欠明敏；師、由過中，而師欠誠實，由欠精密。○雙峯饒氏曰：四者皆指其所偏。唯曾子能於偏處用工，故後來一貫之「唯」，至鈍反成至敏。問：「偏於鈍者如何用工？」曰「人一己百，人十己千」而已。吴氏曰：「此章之首脱『子曰』二字。甚是。或疑下章『子曰』當在此章之首而通爲一章。」二章語勢不類，恐非。

○子曰：「回也，其庶乎？屢空。

庶，近也，言近道也。慶源輔氏曰：此與《易大傳》「其殆庶幾乎」同。屢空，數音朔。至空匱也。不以貧窶郡羽反。動心而求富，故屢至於空匱也。言其近道，又能安貧也。

❶「事」，四庫本、孔本、陸本作「争些」。

問：「《集註》中言『近道又能安貧』，『又』字似作兩截。蓋樂道故能安貧，而安貧所以樂道也。」朱子曰：世間亦有質美而安貧者，皆以爲知道，可乎？○空爲匱乏，其說舊矣。何晏始以爲虛中受道，蓋出老莊之說。胡氏嘗非之，謂聖人之言未嘗有是。屢而有間，是頻復耳。方其不空之時，與庸人奚遠哉？且下文以子貢貨殖方之，尤見舊說之不可易也。○潛室陳氏曰：「簞瓢」、「屢空」，到此境界「不改其樂」，是幾於樂天之事。以此說顏子事理平實，與下文貨殖正相反而地位峻絶。

「賜不受命而貨殖焉，億則屢中。」去聲。

命，謂天命。天所賦貧富貴賤之命。貨殖，貨財生殖也。《史記》言「子貢好廢舉，與時轉貨貲」。注云：廢舉，停貯也。與時，逐時也。物賤則買而停貯，貴則逐時轉易貨賣。億，意度音鐸。也。言子貢不如顏子之安貧樂音洛。下同。道，新安陳氏曰：貨殖是不如其安貧，不受命是不如其樂道。然其才識之明，亦能料事而多中也。程子曰：「子貢之貨殖，非若後人之豐財，但此心未忘耳。然此亦子貢少去聲。時事，至聞性與天道，則不爲此矣。」程子曰：貨殖便生計較，纔計較便是不受命。不受命者，不能順受正命也。○葉氏曰：或者不喻，乃謂子貢真好利者。夫樊遲學稼圃，夫子猶以爲小人，豈有子貢而無一言以正之乎？○范氏曰：「屢空者，簞食瓢飲屢絶而不改其樂也。天下之物豈有可動其中者哉？貧富在天，而子貢以貨殖爲心，則是不能安受天命矣。其言而多中者，億而已，非窮理樂天者也。慶源輔氏曰：不受命而貨殖，非樂天也；億則屢中，非窮理也。人能樂天安命，則心與理一，自能發言中理，不待億度。若億而後中，雖其才識之明，亦幸而已。其曰屢中，則不中者多矣。夫子嘗曰：『賜不幸言而中，是使賜多言也。』聖人之不貴言也如是。」《左傳》定公十五年：「邾隱公邾子益。來朝。子貢觀焉。邾子執玉高，其容仰；公受玉卑，其容俯。子貢曰：『以禮觀之，二君者皆有死亡焉。夫禮，死生存亡之體也。將左右周旋，進退俯仰，於是乎取之；朝祀喪戎，於是乎觀之。今正月相朝而皆不度，不合法度。心已亡矣。嘉事不體，何以能久？高仰，驕也；卑俯，替也。驕近亂，替近疾。君爲主，其先亡乎？』此年公薨，哀七年師宵掠，以邾子益來，獻于亳社。夏五月壬申，公薨。仲尼曰：『賜不幸言而中，是使賜多言者也。』」○問：「『回也其庶乎！屢空。』大意謂顏子不以貧窶動其心，故聖人見其於道庶幾。子貢不知貧富之定命，而於貧富之間不能無留情，故聖人見其平日所講論者多出億度而中。」朱子曰：據文勢也是如此。但顏子於道庶幾却不在此，聖人謂其如此，益見其好。子貢不受命也在平日，聖人亦不因其貨殖而言。○勉齋黄氏曰：夫子之論回、賜，一則言其得道之不同，二則言其處貧富之有異，蓋舉兩事反覆言之。貨殖則不如屢空，億中則不如其庶也。○雙峯饒氏曰：此章與前章不同。前章是指氣質之偏，此章是言二子造道與用心之異。「庶乎」與「億則屢中」對，造道之異也；「屢空」與「不受命，貨殖」對，用心之異也。子貢好「方人」，故以顏子與之並言，欲其以此自厲也。

○子張問善人之道。子曰：「不踐迹，亦不入於室。」

善人，質美而未學者也。程子曰：「踐迹，如言循途守轍。善人雖不必踐舊迹而自不爲惡，然亦不能入聖人之室也。」○張子曰：「善人，欲仁而未志於學者也。欲仁，故雖不踐成法，亦不蹈於惡，有諸己也；新安陳氏曰：孟子曰：「有諸己之謂信。」此已是進「信」一步而說「善人」矣。由不學，故無自而入聖人之室也。」朱子曰：善人是好底資質，不必踐元本子，亦不入於室，須是要學，方入聖賢之域。○問「善人之道」。曰：如所謂「雖曰未學，吾必謂之學矣」之類。又問：「如太史公贊文帝爲善人意思也是？」曰：然。只爲他截斷只到這裏，不能做向上去，所以説道不依様子，也自不爲惡，只是不能入聖人之室。○問：「善人者未能有諸己乎？」南軒張氏曰：不能有之，則安得善？然所謂有諸己者，則亦有淺深，故善人謂其不能有諸己則不可，謂其盡夫有諸己之道則亦未也。○慶源輔氏曰：質不美則不可謂之善人，然質美而好學則進進不已，雖「大」與「聖」可以循至，又不止爲「善」人而已也。○雙峯饒氏曰：上一句是善人之所以爲善人，下一句是善人之所以止於善人。所以不踐迹，以其天資之美也；所以不入室，不能進於聖賢之奧，以其無學問之功也。

○子曰：「論篤是與，君子者乎，色莊者乎？」與，如字。

言但以其言論篤實而與之，則未知爲君子者乎，爲色莊者乎？ 言不可以言貌取人也。「言」指「論」字，「貌」指「色」字。○程子曰：論篤，言之篤厚者也。取於人者惟言之篤厚者是與，君子者乎，色莊者乎，未可知也。不可以論篤遂與之，必觀其行事乃可也。○雲峯胡氏曰：君子者有德必有言，中篤實，外自然篤實；色莊者有言不必有德，外篤實，中未必篤實。○雙峯饒氏曰：上言「論篤」，下以「論篤」分「君子」與「色莊」。「論篤」亦可謂之「色莊」乎？ 蓋「色」字所該甚廣。凡形於外者皆可謂之色。經傳中有專指面色言者，「色思温」是也；有該貌而言者，「巧言令色」是也；有該言貌而言者，此章「色莊」是也；有該言貌行事而言者，「色取仁」是也。問：「色取仁，如何見得該行事而言？」曰：「居之似忠信，行之似廉潔」，即所謂「色取仁」也。

○子路問：「聞斯行諸？」子曰：「有父兄在，如之何其聞斯行之？」冉有問：「聞斯行諸？」子曰：「聞斯行之。」公西華曰：「由也問聞斯行諸，子曰有父兄在；求也問聞斯行諸，子曰聞斯行之。赤也惑，敢問。」子曰：「求也退，故進之；由也兼人，故退之。」

兼人，謂勝人也。張敬夫曰：「聞義固當勇爲。然有父兄在，則有不可得而專者。若不稟命而行，則反傷於義矣。子路『有聞，未之能行，唯恐有聞』，則於所當爲，不患其不能爲矣；特患爲之之意或過，而於所當稟命者有闕耳。若冉求之資稟失之弱，不患其不稟命也，患其於所當爲者逡巡畏縮而爲之不勇耳。聖人一進之，一退之，所以約之於義理之中而使之無過不及之患也。」胡氏曰：勇於行者，使之有所禀命，則所行必審；行之不勇者，不專勉其行，則愈流於退縮。專勉其行者，非不禀命於父兄，禀命自其所必能，不待教之耳。○新安陳氏曰：由、求之問未必同時，亦未必互問。問同答異，亦偶見而疑之。非其能問，則聖人造化二子之心，誰知之哉？前「師、商孰賢」章，尹氏所謂「聖人之教，抑其過，引其不及，歸於中道」之説，與此章參看，正可相發明云。

○子畏於匡，顔淵後。子曰：「吾以女爲死矣！」曰：「子在，回何敢死？」女音汝。

後，謂相失在後。何敢死，謂不赴鬬而必死也。謝氏曰：敢，非「不敢」之敢，乃「果敢」之敢。○鄭氏舜舉。曰：回何敢死，則是死生不在匡人而在子淵矣。蓋匡人之所欲加害者在夫子而不在子淵，故子淵之死生得自爲之也。胡氏曰：「先王之制，『民生於三，事之如一。惟其所在，則致死焉。』《國語・晉語》：欒共音恭。子曰：「民生於三，事之如一。父生之，師教之，君食音嗣。之。非父不生，非食不長，非教不知，生之族也。族，類也。謂君之養我、師之教我與生之恩同類也，故壹事之。唯其所在，則致死焉。在父爲父，在師爲師，在君爲君也。報生以死，報賜以力，人之道也。」況顔淵之於孔子，恩義兼盡，又非他人之爲師弟子者而已。慶源輔氏曰：顔淵之於孔子，蒙博約之教，得聖道之傳，眞所謂受罔極之恩者。恩深則義重，信非他人爲師弟子之比。❶○雙峯饒氏曰：孔之於顔，教愛兩極其至。義雖師生，恩猶父子，所以爲「恩義兼盡」。即夫子不幸而遇難，去聲。回必捐生以赴之矣。捐生以赴之，幸而不死，則必上告天子，下告方伯，請討以復讎，不但已也。夫子而在，則回何爲而不愛其死以犯匡人之鋒乎？」問：「孔子不幸而遇害於匡，則顔子死之，可乎？」程子曰：今有二人

❶「信」，四庫本、孔本作「矣」，屬上句。《輯釋》作「言」。

相與遠行，則患難有相死之道，况回於夫子乎？曰：「親在，則可乎？」曰：今有二人相與搏虎，其致心悉力，義所當然也。至於危急之際，顧曰「吾有親」則舍而去之，是不義之大者也。其可否當預於未行之前，不當臨難而後言也。曰：「『父母存，不許友以死』，則如此義何？」曰：有可者，遠行搏虎之譬也；有不可者，如游俠之徒以親既亡乃爲人報仇而殺身，則亂民也。○問：「顏路在，顏子許人以死，何也？」朱子曰：事至此，只得死。此與「不許友以死」之意別。不許友以死，在未遇難之前乃可如此處，已遇難却如此説不得。○孔子恐顏回遇害，故曰「吾以汝爲死矣」。顏子答曰「子在，回何敢死」者，謂孔子既得脱禍，吾可以不死矣。若使孔子遇害，則顏子只得以死救之也。○慶源輔氏曰：孔子遇難則顏淵有致死之義，孔子免焉則顏淵無致死之理。今孔子既免而顏淵相失在後，脱有不知而死，則非義矣。故其既來而孔子迎謂之曰「吾以女爲死矣」者，恐其誤也；而顏淵遽復之曰「子在，回何敢死」者，道其實也。其意若相反而實相承。顏淵之於孔子，雖曰未達一間；至此等語，殆相爲一矣。○趙氏曰：死生亦大矣。云何敢死，則不以死爲重而以不輕於死爲重也。○潛室陳氏曰：朋友同遇患難，有相死之義，謂各盡其扶持救衛之道，無委棄之理。若死不死，則有幸不幸存焉，非必輕死求鬬謂之相死也。○吴氏曰：子在回何敢死，則子不在回何敢不死甚明。子不在，非所當言也，故言子在以見意。讀者第於句内增二「不」字而反正互觀之，則瞭然矣。顏子以德行稱而善於説辭如此，豈諸子所能及哉？

平聲。

○季子然問：「仲由、冉求可謂大臣與？」

子然，季氏子弟。自多其家得臣二子，故問之。慶源輔氏曰：二子以聖門高弟而仕於季氏，雖視顏、閔爲慊，然其德望才業，固非常人比。季氏之家其必知所尊敬矣，故子然以此自多而致問。

子曰：「吾以子爲異之問，曾由與求之問。

異，非常也。曾，猶「乃」也。輕二子以抑季然也。慶源輔氏曰：季然自多其家得臣二子而致問，則其言色之間，必有矜大之意。且大臣既非家臣所可當，而二子又不足以盡大臣之道，故特輕以抑之。

「所謂大臣者，以道事君，不可則止。以道事君者，不從君之欲。不可則止者，必行己之志。朱子曰：不可則止，謂不合則去。〇勉齋黄氏曰：以道事君，謂審出處之宜，盡責難之義，必守我之正道而不容悦以苟順君之私欲也。

「今由與求也，可謂具臣矣。」具臣，謂備臣數而已。勉齋黄氏曰：大臣者，異乎羣臣而超乎其上者也；具臣者，等乎羣臣而混乎其中者也。

曰：「然則從之者與？」平聲。意二子既非大臣，則從季氏之所爲而已。

子曰：「弑父與君，亦不從也。」言二子雖不足於大臣之道，然君臣之義則聞之熟矣，弑逆大故，必不從之。蓋深許二子以死難去聲。不可奪之節，而又以陰折季氏不臣之心也。〇尹氏曰：「季氏專權僭竊，二子仕其家而不能正也。知其不可而不能止也，可謂具臣矣。是時季氏已有無君之心，故自多其得人，意其可使從己也。故曰『弑父與君，亦不從也』，其庶乎二子可免矣。」問：「孔子言由、求爲『具臣』，曰『弑父與君亦不從也』，由、求如是而已乎？」龜山楊氏曰：弑父與君，言其大者，蓋小者不能不從故也。若季氏旅泰山、伐顓臾而不能救之之事是已。又問：「然則或許其『升堂』，且皆在『政事』之科，何也？」曰：小事之失亦未必皆從，但自「弑父與君」而下或從一事，則不得爲「不從」；若弑父與君，則決不從矣。進此一等，便爲大臣，如孔孟之事君是也。故孔、孟雖當亂世而遇庸暗之主，一毫亦不放過。〇問：「仲由，冉求氣質不同，恐冉求未必可保，仲由終是不屈。」朱子曰：不要論他氣質，只這君臣大義他豈不知？聖人也是知他必可保，然死於禍難是易事，死於不可奪之節是難事。纔出門去事君，這身已便不是自家底，所謂「事君能致其身」是也。如做一郡太守、一邑之宰、一尉之任，有盜賊之虞，這不成休了？便當以死守之，亦未爲難。惟卒遇君臣大變，利害之際只爭些子，這誠是難。○南軒張氏曰：弑君父不從，何必由、求而能之？曾不知順從之臣，始也惟利害之徇而已，履霜堅冰之不戒，馴習蹉跌以至從人弑逆者多矣。如荀彧、劉穆之之徒始從操、裕，豈遂欲弑逆哉？惟其漸漬順長而勢卒至此耳。雖然，自弑逆以下，苟一事不道而苟從之，皆爲失大臣事君之義，如由、求未免乎是也。至如他人因循以陷於大惡，則由、求不至是也。○胡氏曰：方子然欲假由、求以誇人，故夫子極言其失大臣之道；及其欲資由、求以助己，故夫子又言其有人臣之節。應答之頃，可以沮僭竊，扶綱常，真聖人之言也！○厚齋馮氏曰：子然，季孫意如之子。意如，逐昭公者也。子然習於其父之所爲，懷無君之心久矣。今得臣二子，故問夫子，蓋將君魯而以爲大臣也。既抑之以具臣，及其以從之爲問，故明以弑父與君不從折之。○新安陳氏曰：弑逆，非不可之大者歟？平常能「不可則止」者，於弑逆必不從；未能「不可則止」者，未可保其必不從也。由、求於君臣大義固熟聞之，但察之恐未精耳。觀由仕於出公，末爲之死；求於伐顓臾惟知爲季氏子孫憂，於父子君臣之義能精察之否乎？夫子於此實欲折季氏之不臣，故許由、求爲死節之臣耳。

○子路使子羔爲費宰。

子路爲季氏宰而舉之也。

子曰：「賊夫人之子。」夫音扶。下同。

賊，害也。言子羔質美而未學，遽使治民，適以害之。厚齋馮氏曰：成人有其兄死而不爲衰者，聞子羔將爲成宰，遂爲衰。蓋子羔重厚有德，足以化民。子路以費數畔難治，所以特舉之。然子羔雖重厚有德而未學，則理未明而用必窒，遽使之治數畔之邑，非所以全之也。

子路曰：「有民人焉，有社稷焉，何必讀書然後爲學？」

言治民事神，皆所以爲學。

子曰：「是故惡夫佞者！」惡，去聲。

治民事神，固學者事。然必學之已成，然後可仕以行其學。若初未嘗學而使之即仕以爲學，其不至於慢神而虐民者幾平聲。希矣。子路之言非其本意，但理屈詞窮而取辨於口以禦人耳。本前「焉用佞，禦人以口給」而言。故夫子不斥其非而特惡其佞也。朱子曰：佞不是諂佞，是口快底人。事不問是不是，臨時譔得話來也好，可見其佞。〇子路當初使子羔爲費宰，意本不是如此。只大言來答，孔子故惡其佞。〇范氏曰：「古者『學而後入政，未聞以政學者也』。《左傳》：襄公三十一年，子産曰：「僑聞學而後入政，未聞以政學者也。」蓋道之本在於脩身而後及於治人，其說具於方册。讀而知之，然後能行，何可以不讀書也？子路乃欲使子羔以政爲學，失先後本末之序矣。不知其過而以口給禦人，故夫子惡其佞也。」朱子曰：子路非謂不學而可以爲政，但謂爲學不必讀書耳。上古未有文字之時，學者固無書可讀，而中人以上固有不待讀書而自得者。但自聖賢有作，則道之載於經者詳矣。雖孔子之聖，不能離是以爲學也。捨是不求而欲以政學，既失之矣，況又責之中材之人乎？然子路使子羔爲宰，本意未必及此，但因夫子之言而託此以自解耳。故夫子以爲佞而惡之。〇三代以上，六經雖未具，考之《書》、《禮》，則舜之教胄子「敷五典」與成周鄉官、樂正之法，所以教夫未成之才者蓋有道矣。三代而下則既有書，脩己治人之術皆聚於此，學者豈可不之讀而遽自用乎？苟謂不必讀書，將自恃其聰明率易妄作而無忌憚，其失不但卑陋而已。〇南軒張氏曰：子羔學未充而遽使爲宰，其本不立而置之於事物酬酢之地，故夫子有「賊夫人」之歎。夫民人社稷，固無非學，然學必貴於讀書者，以夫「多識前言往行」。古之人所以蓄德者，實有賴乎是。德立於己，而後可以言無適而非學也。如子路之言，將使學者以聰明爲可恃而無敦篤潛泳之功，其甚至於廢古而任意，爲弊有不可勝言者。故夫子所以責之之深也。〇慶源輔氏曰：學之已成而仕以行其學，猶恐動與静違，用與體乖，而或有失其宜者，況於初未嘗學而可遽使即仕以爲學乎？

〇子路、曾晳、冉有、公西華侍坐。才卧反。

晳，曾參父，名點。

子曰：「以吾一日長乎爾，毋吾以也。長，

上聲。

言我雖年少長於女，「汝」同。然女勿以我長而難言。蓋誘之盡言以觀其志，而聖人和氣謙德，於此亦可見矣。

「居則曰『不吾知』也，如或知爾，則何以哉？」

言女平居則言「人不知我」，如或有人知女，則女將何以爲用也？東陽許氏曰：夫子之於弟子，於其平日言行問答之間，固知其學力之所至。然其將有所待而欲爲之志，則不能知也。問之者，欲知其自知之如何，使之知有未至而自厲。非獨觀人，亦所以教也。

子路率爾而對曰：「千乘之國，攝乎大國之間，加之以師旅，因之以饑饉。由也爲之，比及三年，可使有勇，且知方也。」夫子哂之。乘，去聲。饑音機。饉音僅。比，必二反。下同。哂，詩忍反。

率爾，輕遽之貌。攝，管束也。二千五百人爲師，五百人爲旅。因，仍也。穀不熟曰饑，菜不熟曰饉。方，向也，謂向義也。民向義，則能親其上、死其長上聲。矣。哂，微笑也。厚齋馮氏曰：子路齒先諸子，又勇於進道，故夫子有問，必先諸子言之。其言與冉有皆以「三年」爲斷，蓋古者三載考績，要其成也。夫子亦曰「三年有成」。○新安陳氏曰：國介居大國間，勢難爲；當兵荒後，時難爲。能致富强且化民使向義，必政教兼舉而後能之。子路蓋以其實才展盡底蘊而言也。

「求爾何如？」對曰：「方六七十如五六十，求也爲之，比及三年，可使足民。如其禮樂，以俟君子。」

求爾何如，孔子問也。下放倣同。此。方六七十里，小國也。如，猶「或」也。五六十里，則又小矣。足，富足也。俟君子，言非己所能。冉有謙退，又以子路見哂，故其辭益遜。朱子曰：子路使民，非若後世之孫、吴；冉有足民，非若後世之管、商。

「赤，爾何如？」對曰：「非曰能之，願學焉。宗廟之事如會同，端章甫，願爲小相焉。」相，去聲。

公西華志於禮樂之事，嫌以「君子」自居，故將言己志而先爲遜辭，言未能而願學也。新安陳氏曰：求云「如其禮樂，以俟君子」，今赤若毅然欲從事於禮樂，則是以君子自居，故必先爲遜辭也。宗廟之事，謂祭祀。諸侯時見形甸反。曰會，衆覜音眺。曰同。《周禮·春官·大宗伯》：「春見曰朝，夏見曰宗，秋見曰覲，冬見曰遇，時見曰會，殷見曰同。此六禮者，以諸侯見王爲文。六服之内，四方以時分來。或朝春，或宗夏，或覲秋，或遇冬，更遞而徧。時見者無常期。諸侯有不順服者，王將有征討之事，則既朝覲，王爲壇於國外，合諸侯而命事焉。《春秋傳》曰「有事而會，不協而盟」是也。殷，猶「衆」也。十二歲王如不巡守，則六服盡朝。朝禮既畢，王亦爲壇，合諸侯以命政焉。所命之政，如王巡守，殷見四方，四時分來，終歲以徧。時聘曰問，殷覜曰視。」時聘亦無常期，天子有事乃聘之焉。竟外之臣，既非朝歲，不敢瀆爲小禮。殷覜，謂一服朝之歲。以朝者少，諸侯乃使卿以大禮衆聘焉。五服朝，在元年、七年、十一年。○慶源輔氏曰：《周禮》所謂「殷」，即「衆」也；「覜」，即「見」也。端，玄端服；章甫，禮冠。慶源輔氏曰：禮有玄端而冕，若《玉藻》天子龍衮以祭，玄端朝日，諸侯玄端以祭是已。有玄端而冠，若朝玄端夕深衣是已；有玄端而章甫，如此章「端章甫」是已；有玄端而委貌，若晏平仲端委立于虎門是已。鄭云「端取其正」，謂「士之衣袂皆二尺二寸而屬幅廣袤等也」。然則玄端之服，古者君臣皆得服之。章甫，緇布冠也。夏曰毋追，音牟堆。商曰章甫，周曰委貌。其制相比，皆以漆布爲之，蓋三代常服行道之冠也。相，贊君之禮者。言「小」，亦謙辭。厚齋馮氏曰：會同，諸侯朝於天子之禮也。而兩君相見亦曰「會」，又有同盟。當是時，諸侯朝於天子寡矣，華之言當爲兩君相見而設。夫擯詔，❶禮樂之末也；小相，又擯詔之末也。二子以子路蒙哂，故其辭謙，而子華又謙於冉有也。

「點，爾何如？」鼓瑟希，鏗爾舍瑟而作，對

❶「詔」，四庫本、孔本、陸本作「紹」。

曰：「異乎三子者之譔。」子曰：「何傷乎？亦各言其志也。」曰：「莫春者，春服既成，冠者五六人，童子六七人，浴乎沂，風乎舞雩，詠而歸。」夫子喟然嘆曰：「吾與點也！」鏗，苦耕反。舍，上聲。譔，士免反。莫、冠，並去聲。沂，魚依反。雩音于。

四子侍坐，以齒爲序，則點當次對。以方鼓瑟，故孔子先問求、赤而後及點也。張存中曰：《史記·仲尼弟子傳》：「仲由，字子路，卞人也。少孔子九歲。曾點，字皙，與子參皆侍孔子。冉有，字子有，仲弓之族也。少孔子二十九歲。公西赤，字子華，魯人。少孔子四十二歲。」按《史記》、《家語》載曾參少孔子四十六歲，則曾點必少孔子十餘歲，合居子路之次。希，間去聲。歇也。作，起也。譔，具也。朱子曰：曾點所見不同。方侍坐之時，見三子言志，想見有些下視他幾箇，作而言曰「異乎三子者之譔」。看其意有「鳳凰翔于千仞」底氣象。莫春，和煦之時；春服，單袷音夾。之衣。新安陳氏曰：單，單衣；袷，袷衣。至此時則衣無絮也。浴，盥音管。濯也。今上巳祓音拂。除是也。問「浴」之爲「盥濯」、「祓除」。朱子曰：《漢志》：「三月上巳祓除，官民潔於東流水上。」而蔡邕引此爲證是也。韓愈、李翺疑裸身川浴之非禮，而改「浴」爲「沿」，不察此耳。沂，水名，在魯城南。地志以爲有温泉焉，理或然也。風，乘涼也。舞雩，祭天禱雨之處，有壇墠音善。樹木也。詠，歌也。曾點之學，蓋有以見夫音扶。人欲盡處天理流行，隨處充滿，無少欠闕，新安陳氏曰：此等句皆是就本文反復玩味以想像曾點胸次，而於無中形容出有來。故其動静之際，從七容反。容如此。朱子曰：曾點都不待著氣力說。只是他見得許多自然道理流行發見，觸處皆是，但舉其一事而言之耳。看他「鼓瑟希，鏗爾舍瑟而作」，從容暇豫，悠然自得處，無不是這箇道理。今人讀之，只做等閑説話，當時記者亦是多少仔細！又曰：門人詳記舍瑟事，欲見其從容不迫，灑落自在之意耳。

○慶源輔氏曰：理欲不兩立，須是人欲净盡，然後天理自然流行。隨事隨處，不待勉强用力，自無纖毫欠缺處。然惟聖人心與理一而後能體用兼備，自然而然；若曾皙，則以天資之高而於此有見焉耳。故《集註》著「有以見夫」四字，便自斷得曾皙所學之分量分曉，與後面程子所謂「曾點，狂者，未必能爲聖人之事而能知夫子之志」之説相應。而其言志，則又不過即其所居之位，樂音洛。其日用之常，初無舍上聲。己爲去聲。人之意。胡氏曰：「即其所居」至「之常」者，莫春融和之時，沂水祓除之事，與其朋儕游泳自得，乃其分所宜爲而目即所可爲也。初無舍己爲人之意者，如必得國而治之然後見其用，則在我者輕，在人者重。人必知我則有以自見，人不我知則將無所用於世矣。此點所以異於三子也。而其胸次悠然，直與天地萬物上下同流，各得其所之妙，隱然自見形甸反。於言外。新安陳氏曰：「直與」至於「之妙」作一句。細分之，「上下同流」接「天地」字，「各得其所」接「萬物」字。○《集註》此一節二十二字，又是自無形容出有來。其言外之妙趣，不可以尋常解書訓詁體貼之例求之。必待學力進，眼目高後，自然默會之，可也。○慶源輔氏曰：即其所居之位，則無出位之思；樂其日用之常，則無作意之爲。便見得曾點不願乎外，無入而不自得之意。「初無舍己爲人之意」，説得點之事實；「胸次悠然」以下數句，又形容得點之樂處。《集註》此一段凡三次改削，然後見得如此平實。學者當深味之。視三子規規於事爲之末者，其氣象不侔矣。故夫子嘆息而深許之，而門人記其本末獨加詳焉，蓋亦有以識此矣。朱子曰：曾點見得事事物物上皆是天理流行。良辰美景，與幾箇好朋友行樂去。日用之間，莫非天理；在在處處，莫非可樂。○問：「夫子何以與點也？」曰：方三子之競言所志也，點獨鼓瑟其間，漠然若無聞者。及夫子問之，然後瑟音少間，乃徐舍瑟起對焉，而悠然遜避，若終不肯見所爲者。及夫子慰安之，然後不得已而言，而其志之所存又未嘗少出其位，蓋澹然若將終身焉者：此夫子所以與之也。曰：「何以言其與天地萬物同流，各得其所也？」曰：莫春之日，生物暢茂之時也。春服既成，人體和適之候也。冠者五六人，童子六七人，長少有序而和也。沂水舞雩，魯國之勝處也。既浴而風，又詠而歸，樂而得其所也。夫以所居之位而言，其樂雖若止於一身；然以心而論，則固藹然天地生物之心、聖人對時育物之事也：夫又安有物我内外之間哉？程子以爲「與聖人之志同，便是堯舜氣象」者，正謂此也。或曰：「曾晳胸中無一毫事，列子馭風之事近之，然乎？」曰：聖賢之心所以異於佛、老，正以無意必固我之累，而所謂天地生物之心、對時育物之事者，未始一息之停也。若但曰曠然無所倚著而不察乎此，則亦何以異於虚無寂滅之學，而豈聖人之事哉？○這道理處處都是。事父母，交朋友，都是這道理。接賓客是接賓客道理。動静語默，莫非道理。天地之運，春夏秋冬，莫非道理。人之一身便是天地，只緣人爲人欲隔了，自看此意思不見。如曾點，却被他超然看破這意思，夫子所以喜之。○孔子與點「與聖人之志同」者，蓋都是自然底道理。安老懷少信朋友，自是天理流行，觸處皆是。暑往寒來，山川流峙，父子有親，君臣有義之類，無非這道理。如「學而時習之」，亦是窮此理；「孝弟，仁之本」，亦是實此理。所以貴乎「格物」者，是物物上皆有此理。此聖人事，點見得到。蓋事事物物莫非天理，初豈是安排得來？安排時便湊合不著，這處便有甚私意來，自是著不得私意。聖人見得只當閑事，曾點把作一件大事來説，他見得這天理隨處發見，處處皆是天理，所以如此樂。○曾點見得道理大，所以堯舜事業優爲之，視三子規規於事爲之末固有間矣。是他見得聖人氣象如此，雖超乎事物之外而實不離乎事物之中，是箇無事無爲底道理却做有事有爲之功業。天樣大事也做得，鍼樣小事也做得，此所謂「大本」，所謂「忠」，所謂「一」者是也。○曾點氣象固是從容灑落，然須見得他因甚到得如此始得。若見得此意，自然見得他做得堯舜事業處，不可以一事言也。○曾點見道無疑，心不累事，其胸次灑落，有非言語所能形容者。故雖夫子有「如或知爾」之問，而其所對亦未嘗少出其位焉，蓋若將終身於此者，而其語言氣象則固位天地、育萬物之事也。○曾晳不曾見他工夫，只是天資高。如夫子説「吾黨之小子狂簡，斐然成章，不知所以裁之」，這便是「狂簡」，如莊、列之徒，皆是他自説得恁地好，所以夫子要歸裁正之。若是不裁，只管聽他恁地，今日也浴沂詠歸，明日也浴沂詠歸，却做甚麼合殺？○曾點與三子只是争箇粗細，曾點與漆雕開只是争箇生熟。曾點説得驚天動地，開較穩貼。三子在孔門豈全不理會義理？只是較粗，不如曾點之細。○爲學與爲治只是一統事。他日之所用，不外乎今日之所存，三子却分作兩截看了。如治軍旅，治財賦，治禮樂與凡天下之事，皆學者所當爲。須先教自家身心得無欲，直得「清明在躬，志氣如神」，則天下無不可爲之事矣。○曾點以樂於今日者對，三子以期於異日者對。學者須是有三子之事業，又有曾點之襟懷，方始不偏。蓋三子是就事上理會，曾點是見得大意。曾點雖見大意，又少却事上工夫；三子雖就事上學，又無曾點脱灑意思。○新安陳氏曰：曾點所言，想正對莫春之時。使非對景而言，亦無意思。又按，三子所言者事功，其志實而小；點所言者理趣，其志高而大。點不及三子所行之實，三子不及點所見之高。以一時所言觀之，三子規規於事爲之末而點超然於理趣之高，宜夫子獨與之也。自今而論，學者必有曾點見處之高以立其體，又有三子行處之實以達於用，始爲無弊。不然，鮮不流於狂矣。

三子者出，曾皙後。曾皙曰：「夫三子者之言，何如？」子曰：「亦各言其志也已矣。」

曰：「夫子何哂由也？」「夫三」之「夫」音扶。

點以子路之志乃所優爲，而夫子哂之，故請其説。

曰：「爲國以禮。其言不讓，是故哂之。」

夫子蓋許其能，特哂其不遜。朱子曰：禮者，理之顯設而有節文者也。言禮則理在其中矣。

「唯求則非邦也與？」「安見方六七十如五六十而非邦也者？」與，平聲。下同。

曾點以冉求亦欲爲國而不見哂，故微問之。而夫子之答無貶悲檢反。詞，蓋亦許之。

「唯赤則非邦也與？」「宗廟會同，非諸侯而何？赤也爲之小，孰能爲之大？」

此亦曾皙問而夫子答也。孰能爲之大，言無能出其右者，亦許之之詞。○程子曰：「古之學者優柔厭飫，有先後之序。

如子路、冉有、公西赤言志如此，夫子許之亦以此，自是實事。後之學者好去聲。高，如人游心千里之外，然自身却只在此。」新安陳氏曰：此條專言三子言志平實，無高遠之弊。又曰：「孔子與點，蓋與聖人之志同，便是堯舜氣象也。誠異三子者之撰，特行去聲。有不掩焉耳，此所謂『狂』也。問：「曾點言志如何是有『堯舜氣象』？」朱子曰：明道言「萬物各遂其性」，此句正好看堯舜氣象。且看莫春時物態舒暢如此，曾點情思又如此，便是各遂其性處。堯舜之心亦只是要萬物皆如此耳。然曾點却只是見得，未必能做得堯舜事，孟子所謂狂士其行不掩焉者也。○行有「不掩」，非言行背馳之謂，但行不到所見處爾。曾點之學無聖人爲之依歸，怕有老、莊意思。也未便做老、莊，只怕其流入於老、莊。○三子所志雖皆是實，然未免局於一君一國之小，向上更進不得；若曾點所見乃是大根大本，使推而行之，則將無所不能。雖其功用之大，如堯舜之治天下亦可爲矣。蓋言其所志者大而不可量也。譬之於水：曾點之所用力者，水之源也；三子之所用力者，水之流也。用力於派分之處，則其功止於一派；用力於源，則放之四海亦猶是也。然使點遂行其志，則恐未能掩其言，故以爲「狂者」也。○潛室陳氏曰：凡狂者，志高而行不副。謂其志高，故見大意而聖人與之；謂其行不副，止於見大意，終不入聖人之室。子路等所見者小。子路只爲去聲。不達爲國以禮道理，是以哂之。若達，却便是這氣象也。」問：「程子云：『子路只緣不達爲國以禮道理，若達便是這氣象。』如公西赤、冉求二子語言之間亦自謙遜，可謂達禮者矣，何故却無曾點氣象？」朱子曰：二子只是曉得那禮之皮膚，曉不得那禮之微妙處。若曉得禮，便須見得箇「天高地下，萬物散殊而禮制行，流而不息，合同而化而樂興焉」底自然道理矣。曾點却見得這箇氣象，只是他見得了便休。緣見得快，所以不把當事。他若見得了，又從頭去行，那裏得來？○問：「三子皆事爲之末，何故子路『達』得，『便是這氣象？』」曰：子路才氣去得，他雖粗暴些，纔理會這道理，便就這箇「比及三年，可使有勇且知方」上面，却是這箇氣象。求、赤二子雖是謹細，却只是安排來底，又更是他才氣小了。子路是甚麽樣才氣？○問：「子路就使『達』得，却只是事爲之末，如何比得這箇？」曰：若達時，事事都見得是自然底天理。理會得道理，雖事爲之末亦是理也。「莫春者，春服既成」，何嘗不是事爲來？○問：「爲國不循理則必任智力，不任智力則循理，不能出此二途。點有見乎長育流行之體、天地萬物之理，所謂自然而然者，但吾不以私意撓之，則天地順序而萬物各得其所，此堯舜事業也。子路則以才氣之勝，自以爲當敗壞不可支持之處而吾爲之，亦能使之有成。子路誠足以任此矣，然不免有任智力之意，故志氣激昂而氣象勇鋭，不若曾點之間暇平和也。」曰：是。○到「爲國以禮」分上便自理明，自然有曾點氣象。○潛室陳氏曰：爲國以禮，則君君臣臣，父父子子，事各當事，物各當物，終日在天理上，此堯舜氣象。○雲峯胡氏曰：以三子言之，子路未達爲國以禮，求於禮樂不敢當，赤則若有志於禮樂，而所言宗廟會同，禮之末耳。

又曰：「三子皆欲得國而治之，故夫子不取。新安陳氏曰：以夫子與點分別而言之，故云夫子不取，非謂夫子真不許其得國而治之也。曾點，狂者也，未必能爲聖人之事，而能知夫子之志，故曰『浴乎沂，風乎舞雩，詠而歸』，言樂音洛。而得其所也。孔子之志在於『老者安之，朋友信之，少去聲。者懷之』，使萬物莫不遂其性。曾點知之，故孔子『喟然嘆曰吾與點也』。」朱子曰：曾點是他見得到日用之間無非天理流行，無虧無欠，是自然如此。充其見，便是孔子「老者安之，朋友信之，少者懷之」底意思。惟曾點便見得到這裏，聖人便做得到這裏。

又曰：「曾點、漆雕開已見大意。」朱子曰：他見得這箇大綱意思，於細密處未必便理會得。如千兵萬馬，他只見得這箇，其中隊伍未必知。○曾點見雖高，漆雕開却確實。○點與參相反，父子間爲學大不同。點天資高明，用志遠大，故能先見其本，往往於事爲間有不屑用力者；參也「三省」，隨事用力，旋旋睚去，❶「一貫」

❶「睚」，四庫本、孔本、陸本作「捱」。

之説必待夫子告之而後知，然一「唯」之後，本末兼該，體用全備。一是從下做到，一是從上見得。故傳道之任不在其父而在其子，虛實之分，學者必有以辨之。○問：「孔門英才多矣，何爲不得乎此而點獨得之？回、參不必類乎點也而又獨得斯道之傳，何也？」勉齋黄氏曰：資稟高則不局於卑，志量大則不溺於小，見識明則異説不能惑，趨向正則外誘不能移：此點之學所以人不能及也。人品不同，則學之志亦異。人爲技藝之學者，有一見而超然解悟，有終日矻矻而竟無所得者，亦無怪點之獨得也。若顔子則其資稟志量、見識趨向當無異乎點，而深厚沈潛、淳實中正必有過於點者，故其見雖同而其得則異於點也。點之子參，其見不及乎晳，而其學則近於回。以其用力之篤，則遂與回等而非點所及也。曰：「晳之不及乎回、參而卒未免爲狂者之歸，何也？」曰：天下之理固根於人心，而未嘗不形見於事物。爲學之方固當存養乎德性，而亦不可不省察乎實行。夫是以精粗不遺而表裏相應，内外交養，動静如一，然後可以爲聖學之全功也。點之志則大，質則高，識則明，趣則遠，然深厚沈潛、淳實中正之意有不足焉，則見高而遺卑，見大而畧小，見識有餘而行不足，趨向雖正而行則違，此所以不及乎回、參也。雖然，自回、參而論之，點誠有未至；自學者論之，點之所見，豈可忽哉？規規翦翦於文義之間，事爲之末，而胸中無所見焉，恐未易以「狂」語點也。

論語集註大全卷之十一

論語集註大全卷之十二

顔淵第十二

凡二十四章。

顔淵問仁。子曰：「克己復禮爲仁。一日克己復禮，天下歸仁焉。爲仁由己，而由人乎哉？」

仁者，本心之全德。慶源輔氏曰：仁、義、禮、智皆心之德，而仁包義、禮、智，故曰「本心之全德」。克，勝也。朱子曰：聖人下箇「克」字，譬如相殺定要克勝得他。○克己亦别無巧法，如孤軍卒遇强敵，只是盡力舍死向前而已。己，謂身之私欲也。問：「己私有三：氣質之偏，一也；耳目口鼻之欲，二也；人我忌克之類，三也。孰是夫子所指？」朱子曰：三者皆在裏，看下文「非禮勿視聽」，則耳目口鼻之欲較多。○胡氏曰：耳目口體之欲皆因己而有，故謂之「私」。復，反也。慶源輔氏曰：反，猶「歸」也。如行者之反歸於家也。禮者，天理之節文也。朱子曰：所以唤做「禮」而不謂之「理」者，有著實處，只説理却空去了。這箇「禮」是那天理節文教人有準則處。所以謂之「天理之節文」者，此理無形影，故作此禮文畫出一箇天理與人看，教有規矩可以憑據。有君臣便有事君底節文，有父子便有事父底節文，其他莫不皆然。○慶源輔氏曰：天理即全德也。節者，其限制等級也；文者，其儀章脉理也。不曰「理」而曰「禮」者，理虚而禮實，以其有品節文章可以依據也。爲仁者，所以全其心之德也。蓋心之全德莫非天理，而亦不能不壞於人欲。故爲仁者必有以勝私欲而復於禮，則事皆天理而本心之德復全於我矣。勉齋黄氏曰：心之全德莫非天理，則言仁而禮在其中；事皆天理而心德復全，則言禮而仁在其中：皆以天理爲言。則仁即禮，禮即仁，安有復禮而非仁者哉？其曰「事皆天理」者，以視聽言動之屬乎事也。復歸於禮，則事皆合乎天理矣。○雲峯胡氏曰：《集註》始言「仁者，本心之全德」，至此則「本心之德復全」，此一「全」字即是本來全字，不過能復其本然者耳。○程子曰：克己之私既盡，一歸於禮，此之謂「得其本心」。○朱子曰：一於禮之謂仁。只是仁在内，爲人欲所蔽，如一重膜遮了。克去己私復禮乃見仁，仁、禮非是二物。○問：『克』、『復』工夫全在『克』字上。蓋是就發動處克將去，必因有動而後天理人欲之幾始分，方知所決擇而用力也。」曰：如此，只是發動方用克。若待發動而後克，不亦晚乎？發時固用克，未發時也須致其精明，如烈火之不可犯始得。○問「克己復禮如何分精粗」。曰：若以「克去己私」言之，便「克己」是精底工夫，到「禮之節文」有所欠闕，便是粗者未盡。然克己又只是克去私意，若未能有細密工夫，一一入他規矩準繩之中，便未是復禮，如此則復禮却乃是精處。○克，是克去己私。己私既克，天理自復。譬如塵垢既去，則鏡自明；瓦礫既掃，則室自清。○克己是大做工夫，復禮是事事皆落腔窠。克己便能復禮，步步皆合規矩準繩，非是克己之外别有復禮工夫也。○禮是自家本有底物，所以説箇「復」，不是待克己了方去復禮。克得那一分人欲去，便復得這一分天理來；克得那二分底己去，便復得這二分禮來。○克己便要復禮。但克己而不復禮，則墮於空寂矣。然人只有天理人欲兩途，不是天理則是人欲，即無不屬天理又不屬人欲底。且如立如齊是天理，跛倚是人欲。克去跛倚而未能如齊，即是克得未盡，却不是未能如齊之時不係人欲也。須與立箇界限，將那未能復禮時底都把做人欲斷定。○新安陳氏曰：禮有專言者，有偏言者。恭敬辭讓，偏言之禮也；復禮爲仁，專言之禮也。克己復禮，則天理流行而仁在是，專言之禮，仁在其中矣。**歸，猶「與」也。又言一日克己復禮，則天下之人皆與其仁。極言其效之甚速而至大也。**新安陳氏曰：甚速，以一日言；至大，以天下言。○朱子曰：克己復禮，則事事皆是。天下之人聞之見之，莫不皆與其仁也。○天下以仁稱之，非是一日便能如此，只是有此理。人稱不稱，固非我之所急，但言其效，必至於此。○天下皆與其仁，伊川云「稱其仁」是也。此説得實。楊氏以爲皆在吾之度内，謂見吾仁之大如此而天下皆囿於其中，説得無形影，與吕氏「洞然八荒，皆在我闥」同意。○覺軒蔡氏曰：天下之大，人人皆禀受此仁。我真能克復爲仁，即此仁便與天下之人都湊得著，所以天下皆以仁稱之。

又言爲仁由己而非他人所能預。又見其機之在我而無難也。日日克之，不以爲難，則私欲凈盡，天理流行，而仁不可勝平聲。用矣。

新安陳氏曰：「日日克之」以下五句，乃朱子補本文之意而究竟言之。恐人謂一日如此便了，須是日日接續用功，如「日三省」之日。日日克己而無少間斷，幾决於己而無所留難，則私欲方凈盡而天理自然流行矣。須玩味「凈」字。「凈盡」者，無一毫不盡之謂也。○朱子曰：今日克復是今日事，明日克復是明日事。克己復禮有幾多大工夫！須日日用工。○爲仁由己，這都是自用著力，使他人不著。到私欲盡後，便粹然是天地生物之心。○雙峯饒氏曰：「一日」之語見於《論語》者二，「一日用力於仁」，指其用功之日而言也；「一日克己復禮」，指其成功之日而言也。何以知之？克者，戰而獲勝之名；復者，失而復還之謂：此皆用力而成功者。故上文以此「爲仁」而下文許以「天下歸仁」，以成功之效言之也。然則欲克己而復禮者，果何所用力耶？曰：「爲仁由己」，用力之機要也；「非禮勿視聽言動」，用力之條目也。欲收克復之功者，其亦勉諸此而已矣。

程子曰：「非禮處便是私意。既是私意，如何得仁？須是克盡己私，皆歸於禮，方始是仁。」又曰：「克己復禮則事事皆仁，故曰『天下歸仁』。」

問：「『歸猶與也』，謂天下皆與其仁，却載程子語天下歸仁謂『事事皆仁』，恰似兩般。」朱子曰：惟其事事皆仁，所以天下歸仁。○於這事做得恁地，於那事亦做得恁地，所以天下皆稱其仁。若有一處做得不是，必被人看破了。○問「克己復禮則事事皆仁」。曰：人能克己，則日間所行，事事皆無私意而合天理耳。○問：「一日之間，如何得事事皆仁？」曰：一日克己復禮了，雖無一事，亦不害其爲「事事皆仁」；雖不見一人，亦不害其爲「天下歸仁」。

謝氏曰：「克己，須從性偏難克處克將去。」

雲峯胡氏曰：能克人欲之私，是理勝欲；能

克性質之偏，是德勝氣。《集註》克己説人欲，未曾説氣質，故復引謝氏説以足之。○問：「此性是氣質之性否？」朱子曰：然。然亦無難易。凡氣質之偏處，須從頭克去。謝氏恐人只克得裏面小小不好處氣質而忘其難，故云然。○人之氣稟有偏，所見亦往往不同。如氣質剛底人則見剛處多而處事必失之太剛，柔底人則見柔處多而處事必失之太柔。須先就偏處克治。○跛倚踞傲，未必盡是私意，亦有性坦率者。伊川云「雖無邪心，苟不合正理，乃妄也」，亦須克去。○問顔子問仁與問爲邦先後。曰：有克己復禮工夫，方始做得四代禮樂底事。○「克己」之「己」未是對人物言，只是對「公」字説，猶曰「私」耳。吕氏《克己銘》極口稱揚，遂以爲己既不立，物我並觀，則天下之大莫不皆在吾仁中。説得來恁地大，故人皆喜其快。殊不知未是如此。問：「與叔之意，與下文克己之目全不干涉，此只是自脩之事，未説著外面在。」曰：須是恁地思之。○「初無吝驕，作我蟊賊」，只説得克己一邊，却不到復禮處。

顔淵曰：「請問其目。」子曰：「非禮勿視，非禮勿聽，非禮勿言，非禮勿動。」顔淵曰：「回雖不敏，請事斯語矣。」

目，條件也。顔淵聞夫子之言，則於天理人欲之際際，謂二者界限之間。已判然矣，故不復扶又反。有所疑問而直請其條目也。請克己復禮之條目。非禮者，己之私也。勿者，禁止之辭。是人心之所以爲主而勝私復禮之機也。私勝則動容周旋無不中去聲。禮，而日用之間莫非天理之流行矣。朱子曰：《説文》謂「勿」字似旗脚，此旗一麾，三軍盡退。工夫只在「勿」字上。纔見非禮來，便禁止之，便克去。○問：「顔子地位，有甚非禮處？何待下此四『勿』工夫？」曰：只心術間微有些子非禮處，也須用净盡截斷了。他力量大，聖人便教他索性克去。○問「非禮勿視聽言動」。曰：目不視邪色，耳不聽淫聲：如此類工夫却易。視遠惟明，纔不遠便是不明；聽德惟聰，纔非德便是不聽：如此類工夫却難。視聽言動但有些箇不循道理處，便是非禮。○視聽言動之間所當爲者，皆禮也；所不當爲者，皆非禮也。其非禮則

「勿」以止焉，則是克己之私而復於禮矣。其「非禮而勿視、聽」者，防其自外入而動於内也；「非禮而勿言、動」者，謹其自内出而接於外也。内外交進，爲仁之功盡矣。所以用力，其機特在「勿」與「不勿」之間而已。自是而反，則爲天理；自是而流，則爲人欲。自是而克念，則爲聖；自是而罔念，則爲狂：特毫忽之間爾。學者可不謹其所操哉？○雲峯胡氏曰：此章緊要在「勿」字，故《集註》喫緊解此一字。蓋心爲一身之主，即將爲三軍之主。一身耳目口體，惟心所令，猶大將之旗一麾而三軍坐作進退，惟其所令也。○新安陳氏曰：非禮者己之私，禮者天理之公。非禮勿視聽言動，即所以「克己」；而所視聽言動皆合禮，即所以「復禮」也。能如是，則日用間莫非天理之流行，而仁在其中矣。

事，如「事事」之事。《書·説命》篇云：「惟事事乃其有備，有備無患。」○《史記·曹參傳》：「卿大夫已下吏及賓客見參不事事。」不事丞相之事。○新安陳氏曰：事事，上「事」字是用力活字，下「事」字是死字。

請事斯語，顔淵默識其理，又自知其力有以勝平聲。之，故直以爲己任而不疑也。朱子曰：顔子克己，如紅爐上一點雪。○雙峯饒氏曰：如「吾與回言終日，回於吾言無所不悦」。夫子平日多與講論，皆是「博之以文」；到此「四勿」，正是「約之以禮」。○顔子所克之己私，只是微過，不是顯過。然顯過易見，微過難見也。

○程子曰：「顔淵問克己復禮之目，子曰：『非禮勿視，非禮勿聽，非禮勿言，非禮勿動。』四者，身之用也。由乎中，而應乎外；制於外，所以養其中也。朱子曰：「由乎中而應乎外」，乃勢之自然，是推本視聽言動四者皆由中而出，泛言其理如此耳，非謂從裏面做工夫也。「制於外所以養其中」，方是説做工夫處。全是自外而内，自葉流根之意。○問：「克己工夫從内面做去，反説『制於外』，如何？」曰：制却在内。又問：「此是説仁之體而不及用？」曰：制於外便是用。顔淵事斯語，所以進於聖人，進，進步幾及之意。後之學聖人者宜服膺而勿失也。因箴以自警。其《視箴》曰：『心兮本虚，應物無迹。操平聲。之有要，視

爲之則。慶源輔氏曰：人心出入無時，莫知其鄉，何有形迹可見？然「操則存，舍則亡」，而「操之之要」則「以視而爲則」而已。蓋人之視最在先。遇不當視者，才起一念要視他，便是非禮，故當以是爲操心之則。○陳氏曰：心虛靈知覺，事物纔觸，即動而應，無蹤迹可尋捉處。○胡氏曰：「心兮本虛」者，體也；「應物無迹」者，用也。體無所窒則用無所滯，此其本然也。○葉氏曰：目者，一身之昭鑒，五行精華之所聚，於心尤切。目動則心必隨，心動則目必注。心之虛靈，千變萬化，欲加檢防，先以視爲準則。**蔽交於前，其中則遷。**陳氏曰：蔽，指物欲之私而言；中，指心之體而言，即天理之謂也。物欲之蔽接於前，則心體逐之而遷矣。**制之於外，以安其內。克己復禮，久而誠矣。』**朱子曰：人之視聽言動，視最在先，爲操心之準則。此兩句未是不好。至蔽交於前，方有非禮而視，故制之於外以安其內，則克己而復禮也。如是工夫無間斷，則久而自從容不勉矣，故曰「久而誠矣」。○陳氏曰：物欲克去於外，則無以侵撓吾內而天理寧矣。○許氏曰：制，是於天理人欲之界上截然限斷，使不正之書、非禮之色不得以接於吾目。克己即制之於外，復禮即以安其內。○胡氏曰：「克己復禮」者，言上文乃所以用力於此也。「久而誠矣」者，非禮勿視未是仁，真積力久自然誠實，則可謂之仁也。○蔡氏曰：始而克復，有以用吾力。久而誠，則私欲凈盡，表裏一貫，自無所容其力矣。**其《聽箴》曰：『人有秉彝，本乎天性。知誘物化，遂亡其正。**朱子曰：四者惟視爲切，所以先言視，而《視箴》之説尤重於聽也。○物至則智足以知之而有好惡，這是自然如此。到「好惡無節於內，知誘於外」，方始不好去。○慶源輔氏曰：人心所稟之常性乃得之於天，而聽其所當聽，不聽其所不當聽者，即「秉彝」之性也。○胡氏曰：不言「聽」而言「知」者，聽者知之初，知者聽之後。因知而此心爲之動，故以「知」言。其實一也。○陳氏曰：知指形氣之感而言。物欲感而知覺萌，遂爲之引去矣。化則與之相忘如一，而無彼我之間也。**卓彼先覺，知止有定。閑邪存誠，**朱子曰：防閑其邪妄於外，而存其實理於內也。**非禮勿聽。』**朱子曰：視是將這裏底引將去，所以云「以安其內」；聽是聽得外面來，所以云「閑邪存誠」。○視與看見不同，聽與聞不同。如非禮之色若過目便過了，不可有要視之之心；非禮之聲若入耳也過了，不可有要聽之之心。○問：「《視箴》何以特説心？《聽箴》何以特説性？」曰：互換説也得。然諺云：「開眼便錯。」視所以就心上説。人有秉彝，本乎天性，道理本自在這裏，却因雜得外面言語來誘之，聽所以就性上説。○蔡氏曰：或疑《聽箴》之説亦可移爲《視箴》用，殊不知視是自内而引出外，聽是自外而引入内。視爲先，聽次之，所以《視箴》説得尤力。○雲峯胡氏曰：眼在前，不正之色只是前一面來，故曰「蔽交於前，其中則遷」；耳在兩傍，不正之聲左右前後皆可來，故曰「知誘物化，遂亡其正」。目之明在外，故當制之於外以安其内；耳之聰在内，故惟在内者知止有定，乃可爾。其《言箴》曰：『人心之動，因言以宣。發禁躁妄，内斯静專。慶源輔氏曰：躁屬氣，妄屬欲。不爲氣所動，故静；不爲欲所分，故專。○陳氏曰：外不躁則内静，外不妄則内專，此一篇關要處。矧是樞機，興戎出好。去聲。吉凶榮辱，惟其所召。《書》曰：「惟口出好興戎。」蔡氏傳曰：「好，善也。戎，兵也。言發於口，則有二者之分。」○陳氏曰：門之闔闢，所繫在樞；弩之張弛，所繫在機。人心之動有善惡，由言以宣之而後見於外，是亦人之樞機也。○蔡氏曰：出好則吉則榮，興戎則凶則辱。發於口者甚微，而召於彼者甚捷，可不畏哉？傷易去聲。則誕，傷煩則支。慶源輔氏曰：易則心不管攝，故必至於妄誕；煩則心不精一，故必至於支離。己肆物忤，五故反。出悖來違。非法不道，欽哉訓辭！』朱子曰：上四句是説身上最緊切處。須是不躁妄，方始静專。自家這心自做主不成，如何去接物？下云「矧是樞機，興戎出好」四句，是説謹言底道理。下四句却説四項病痛。「傷易則誕，傷煩則支。己肆則物忤，出悖則來違。」○《言箴》説許多病痛，從頭起至「吉凶榮辱，惟其所召」，是就身上謹；「傷易則誕」至「出悖來違」，是當謹於接物間：都説得周備。○陳氏曰：易者，輕快之謂。躁則傷於易。誕者，欺誕之謂，而易中之病也。煩者，多數之謂。妄則傷於煩。支，猶木之枝從身之旁而迸出者，乃煩中之失也。○蔡氏曰：易則誕，由其妄而不專也；煩則支，由其躁而不静也。内不静，故己肆而物忤；内不專，故出悖而來違。○雲峯胡氏曰：易是輕言，煩是多言，肆是放言，悖則純乎不善矣。朱子以爲是四項病。而諸家只解歸躁、妄二字，非矣。其《動箴》曰：『哲人知幾，平聲。下同。誠之於思。志士勵行，去聲。守之於爲。順理則裕，從欲惟危。朱子曰：哲人、志士説兩般人。哲人只於思慮間便見得合做與不做，志士便於做出了方見得。雖是兩般，大抵順理便安裕，從欲便危險。○思是動之微，爲是動之著，這箇是該動之精粗。蓋思於内不可不誠，爲於外不可不守。看文字須得箇骨子。諸公且道《動箴》那箇是緊要？答曰：「順理則裕。」曰：要連「從欲惟危」都是。這是生死路頭。○陳氏曰：結上文。二者之動，雖微顯不同，然循理之公則皆無餒於中，故裕；逐人欲之私則易陷於下，故危。造七到反。次克念，戰兢自持。慶源輔氏曰：造次克念，不息之誠也；戰兢自持，敬謹之體也。○覺軒蔡氏曰：造次克念，以誠於思言。凡學者動於心，不可不存克念之誠。戰兢自持，以守於爲言。凡學者動於身，不可不加自持之念。○陳氏曰：雖急遽苟且之時，亦必誠之於思，則其涵養之功密矣；常恐懼戒謹守之於爲，則其操存之力篤矣。習與性成，聖賢同歸。』」覺軒蔡氏曰：聖，性之也，謂哲人；賢，習之也，謂志士。及其成功，一也，故曰「同歸」。○新安陳氏曰：《商書》曰：「兹乃不義，習與性成。」此伊尹之言本謂習於惡而與性成者。程子引用此句，則言習於善而與性成者也。此「性」字蓋以氣質之性言，與上文「本乎天性」之性不同。天性，乃以天地之性言也。○徽菴程氏曰：物欲之外至，禁防於視聽，俾此仁之全體湛然清明，無一毫之或蔽；私欲之内萌，消弭於言動，俾此仁之妙用剳呼麥反。然中節，無一毫之或乖。見非視，聞非聽。見聞非動，視聽爲動。勿視勿聽，則不動矣。動兼思、貌而言。《洪範》五事，備於此矣，不必以「勿」爲心也。真氏謂「勿」指「心」而言。非禮勿視勿聽，戒謹以存養也。觀「制之於外，以安其内」，及「閑邪存誠」之語可見。所以防其外入而動於内也。聲色之非禮雖甚顯而在外，過其外者不能入。能禁防於視聽，則此仁之全體湛然清明矣。非禮勿言勿動，謹獨以研幾也。觀「人心之動」、「發禁躁妄」，及「誠之於思」、「守之於爲」之語可見。所以謹其自内出而接於外也。念慮之非禮雖甚微而在内，萌於内者不能自已。能警省於言動，則此仁之大用割然中節矣。

愚按，此章問答乃傳授心法切要之言，非至明不能察其幾，非至健不能致其決，故惟顔子得聞之。而凡學者亦不可以不勉也。程子之箴，發明親切，學者尤宜深玩。慶源輔氏曰：非顔子之明睿，則雖告以「克己復禮，天下歸仁」之説，必不能察天理人欲所由動之幾而遂請其條目；非顔子之剛健，則雖告以「爲仁由己」與「四勿」之説，必不能致勇決於此而遂以仁爲己任：此夫子所以獨以是告顔子，而他弟子不與焉。○張氏曰：非至明不能察其幾，是言其致察於「非」字；非至健不能致其決，是言其用功於「勿」字。○趙氏曰：非至明則不能察天理人欲邪正所由動之幾，將有悞認天理爲人欲，人欲爲天理，而不自覺於冥冥之中矣；非至健則不能決天理人欲勝負所由分之勢，將有玩天理而不肯進，戀人欲而不忍割，而依違於二者之間矣。○雙峯饒氏曰：視聽言動四者，横渠《東銘》只云「戲言戲動」，却是二件；《中庸》「非禮不動」，又只是一件：詳略不同，何也？蓋詳言之是四件，約言之只二件，所謂「言行，君子之樞機」是也。言是言，視聽也屬動，是行。又約言之，都只是動。視是目之動，聽是耳之動，言是口之動，動是身之動。故《中庸》只説「非禮不動」一句。聖賢之言，有詳有約。顔子是問「克復」之目，故以詳告之。

○仲弓問仁。子曰：「出門如見大賓，使民如承大祭。己所不欲，勿施於人。在邦無怨，在家無怨。」仲弓曰：「雍雖不敏，請事斯語矣。」

敬以持己，解「出門」、「使民」二句。恕以及物，解「不欲」、「勿施」二句。物，即人也。則私意無所容而心德全矣。新安陳氏曰：敬以持己，則私意無所容於内；恕以及物，則私意無所容於外。於是公理流行而心德全矣。❶ ○陳氏曰：敬者，吾心之所主而仁之存也；恕者，吾心之所以達而仁之施也。主敬

❶「公」，四庫本、孔本、陸本作「天」。

持己，行恕及物，則内外無私意而仁在是矣。内外無怨，亦以其效言之，使以自考也。新安陳氏曰：上章「天下歸仁」，是以克己復禮之效言之；此章「内外無怨」，亦以主敬行恕之效言之。考，驗也。能使内外無怨，可以驗我之能敬恕。若内外尚有怨者，是我於敬恕猶有未至也。此之謂「自考」。○朱子曰：「己所不欲，勿施於人」，緊接著那「出門」、「使民」，「在邦無怨，在家無怨」，緊接著那「己所不欲，勿施於人」，直到這裏，道理方透徹。似一片流水注出來，到這裏方住。中間也間斷不得。效驗到這處方是做得透徹，充足飽滿，極道體之全而無虧欠。内外間纔有一人怨他，便是未徹。便如天下歸仁底，纔有一箇不歸仁，便是有未到處。○己所不欲，勿施於人，如富壽康寧，人之所欲；死亡貧苦，人之所惡。所欲者必以同於人，所惡者不以加於人。○能敬能恕，則仁在其中。世有敬而不能恕底人，便只理會自守，却無温厚愛人氣象；若恕而無敬，則無以行之。須先主於敬，然後能行其恕。○聖人言語極謹密。説「出門如見大賓，使民如承大祭」，下面又便説「己所不欲，勿施於人」，都無些欠缺處。問：「此意則體用兼備？」曰：只是如此。自家身己上常是持守，到接物上又如此，則日用之間無少間隙，私意直是何所容？可見聖人説得極密。○問：「如以刑加人，豈人所欲？便是不恕始得。」曰：伊川云「恕字須兼忠字説」。忠是盡己，而後推之爲恕。夫以刑加人，其人實有罪，其心亦自以爲當然，故以刑加之而非强所不欲也。其不欲被刑乃其私心。若其真心，既以犯罪，亦自知其當刑矣。今人只爲不理會忠而徒爲恕，其弊只是姑息。○問：「怨有是非，如何都得他無？」曰：此只説怨得是底。○弟子之問多矣，獨二子有「請事」之對，蓋度其能踐此言而後對，記者亦以其克此對而記之也。○慶源輔氏曰：不敬則私欲萬端，害仁之體；不恕則徇己遺人，梏仁之用。必敬以養之，恕以達之，則私意無可萌之時，無可著之處矣。○王氏曰：主敬則内有以全其心之德，行恕則外有以推其愛之理。○雲峯胡氏曰：敬以持己，是收斂此心入來；恕以待人，是推擴此心出去。○程子曰：「孔子言『仁』，只説『出門如見大賓，使民如承大祭』。看其氣象，便須心廣體胖，動容周旋中去聲。禮。新安陳氏曰：程子恐人認「見賓」「承祭」作勉强拘束之敬，故云然。蓋欲如所謂「禮之用，和爲貴」也。唯謹獨，便是守之之法。」新安陳氏曰：又恐人外貌如此而中心不如此，必於一念萌動，己所獨知之處而致謹焉，便是持守此敬之法。○雙峯饒氏曰：「心廣體胖，周旋中禮」，特敬之氣象耳。至於用功，却在「謹獨」上。蓋人但見其出門，使民耳，如見大賓、如承大祭則人所不知而己所獨知者。於此謹之，則得其用功之要。或問：「出門、使民之時，如此可也；未出門、使民之時，如之何？」曰：「此『儼若思』時也。《曲禮》曰：「儼若思。」此静時敬也。有諸中而後見形甸反。於外。觀其出門、使民之時其敬如此，則前乎此者，敬可知矣。新安陳氏曰：觀其動時敬，則其静時敬可知。非因出門、使民，然後有此敬也。」此程子推夫子言外之意而言之。○問：程子只説作「敬」，先生便説「敬以持己，恕以及物」，看來須如先生説方全。朱子曰：程子不是就經上説，是偶然摘此二句，所以只説作「敬」。○南軒張氏曰：平日之涵養一於敬，則出門、使民之際皆此心也。○雙峯饒氏曰：平時固是敬謹，出門、使民時尤加敬謹。此只就出門、使民説起，則只是動時事。蓋出門、使民是與人交接之時，於此時有敬謹之心，則交接之間，私意不存，而得以盡其推己及人之恕矣。愚按：克己復禮，乾道也；主敬行恕，坤道也。顔、冉之學，其高下淺深，於此可見。然學者誠能從事於敬恕之間而有得焉，亦將無己之可克矣。朱子曰：乾道奮發而有爲，坤道静重而持守。觀夫子告二子氣象，各有所類。○仲弓資質温粹，顔子資質剛明。顔子於仁，剛健果決，如天旋地轉，雷厲風行做將去。仲弓則自斂藏嚴謹做將去。伊川曰：「質美者明得盡，查滓便渾化却，與天地同體。其次惟莊敬以持養之。」顔子則明得盡者，仲弓則莊敬以持養之者也。顔子如創業之君，仲弓如守成之君。○克復乾道，是一服藥打疊了這病；敬恕坤道，是服藥調護，漸漸消磨了這病。持敬行恕雖不曾著力去克己復禮，然只一般。若把這箇養來養去，那私意自是著不得。○問：「克己」工夫與「主敬行恕」如何？曰：克己復禮，是截然分別箇天理人欲，是則行之，非則去之；敬恕，則猶是保養在這裏，未能保他無人欲在，若將來保養得至，亦全是天理矣。○克己復禮，如內修政事，外攘夷狄；出門使民，如「上策莫如自治」。○問：「持敬、克己工夫相資相成否乎？」曰：做處則一，但孔子告顏子、仲弓隨他氣質地位而告之耳。若不敬則此心散漫，何以能克己？若不克己，非禮而視聽言動，安能爲敬？又曰：敬之至固無己可克，克己之至亦不消言敬。敬則無己可克者，是無所不敬，故不用克己，此是大敬，如「聖敬日躋」、「於緝熙敬止」之敬也。○潛室陳氏曰：顏子工夫索性，豁開雲霧便見青天，故屬乾；仲弓工夫著力，淘盡泥沙方見清泉，故屬坤。此處最難認，須細心玩聖賢氣象便會得。○厚齋馮氏曰：《左傳》云仲尼曰：「古語有之曰：『克己復禮，仁也。』」蓋古有此語，唯顏子可以從事於此。又曰：「出門如賓，承事如祭，仁之則也。」亦古有此語，唯仲弓可以語之。○蔡氏曰：以效言之，亦有不同。顏子底便可「天下歸仁」，其應廣而速；仲弓底只可「邦家無怨」，其應狹而緩。

○司馬牛問仁。

司馬牛，孔子弟子，名犂，向式亮反。魋徒回反。之弟。宋人。

子曰：「仁者其言也訒。」訒音刃。

訒，忍也，難也。仁者心存而不放，故其言若有所忍而不易去聲。下同。發，蓋其德之一端也。朱子曰：仁者之人言自然訒，在學者即當自謹言語以操存此心。如今人輕易言語，是他此心不在，奔馳四出，如何有仁？○此心不放，便存得道理在此。察其言，便可知其本心之存與不存。○雲峯胡氏曰：《集註》於顏淵則曰「心德之全」，此則曰「德之一端」，亦不過「四勿」中之一也。夫子以牛多言而躁，故告之以此。使其於此而謹之，則所以爲仁之方，不外是矣。朱子曰：這是司馬牛身上一項病，去得此病，則方好將息充養爾。○問：「仁者其言也訒，只是『訥於言』意思否？」曰：「訥於言而敏於行」，是怕人說得多後行不逮；「其言也訒」，是說持守得那心定後說出來自是有斟酌，恰似肚裏先商量了方說底模樣。今人只信口說，方說時他心裏也自不知得。○問：「聖人答司馬牛『其言也訒』，此句通上下言否？」曰：就他身上説又較親切。人謹得言語不妄發，即求仁之端。

曰：「其言也訒，斯謂之仁矣乎？」子曰：「爲之難，言之得無訒乎？」

牛意仁道至大，不但如夫子之所言。故夫子又告之以此。蓋心常存，故事不苟；事不苟，故其言自有不得而易者，非强上聲。閉之而不出也。朱子曰：心存則自是不敢胡亂説話。大率説得容易底，便是他心放了，是實未嘗爲之也。若不敢胡亂做者，必不敢容易説，然亦是存得這心在。○慶源輔氏曰：心存則行自然難而不苟動，言自然訒而不苟發。此心德之自然，豈易能哉？而牛之意則以訒其言爲强閉而不出，故易視之，而以爲仁道之大，不但如此而已也。○新安陳氏曰：言仁以心存爲本。心存則言不易，心存則事不苟。所以《集註》於此章兩以「心存」言之。楊氏曰：「觀此及下章再問之語，牛之易其言可知。」朱子曰：仁者心常醒，見這事來，便知要做得合道理，不可輕易。便是知得「爲之難」，故自不敢輕言。若不仁之人，心常如瞌睡相似，都不見這事理。使天來大事，便敢輕輕做一兩句説了。○問：「『爲之難』者，不謂仁之難爲耶？」曰：仁者之言無不訒，蓋知事之無不難也，豈獨仁之難爲而後難於言耶？且必若此，則凡事皆可易言。而獨於言仁爲不可易矣，豈其然乎？○程子曰：「雖爲去聲。司馬牛多言故及此，然聖人之言亦止此爲是。」愚謂牛之爲人如此，若不告之以其病之所切而泛以爲仁之大概語音御。之，則以彼之躁必不能深思以去上聲。其病，而終無自以入德矣。故其告之如此。蓋聖人之言雖有高下大小之不同，然其切於學者之身而皆爲入德之要，則又初不異也。讀者其致思焉。朱子曰：司馬牛如何做得顔子、仲弓底工夫？須是逐人理會。仁譬之屋，克己是大門，打透便入來；敬恕是第二門，言訒是箇小門。雖皆可通，然小門迂回得些，是隨他病處説。○陳氏曰：語牛之説又下於雍，非祕其精義而不以語之也。以牛多言而躁，若不語以其病所切，則彼之躁必不自覺，終身爲此心之累而無由可進於仁。必使之先致謹於此，去煩而簡，去躁而静，則心無所放而言每難其出，入德次第方可漸進而仁可求矣。

○司馬牛問君子。子曰：「君子不憂不懼。」

向魋作亂，牛常憂懼，故夫子告之以此。

厚齋馮氏曰：内憂其兄，外懼其禍也。

曰：「不憂不懼，斯謂之君子矣乎？」子曰：「内省不疚，夫何憂何懼？」夫音扶。

牛之再問，猶前章之意，故復扶又反。告之以此。疚，病也。言由其平日所爲無愧於心，故能内省悉井反。不疚而自無憂懼，未可遽以爲易去聲。而忽之也。雙峯饒氏曰：無愧是不疚之本，不疚是不憂懼之本。○晁氏曰：「不憂不懼，由乎德全而無疵，故無入而不自得，非實有憂懼而强上聲。排遣之也。」朱子曰：牛將謂是塊然頑然不必憂懼，不知夫子自説内省不疚，自然不憂懼來。○有憂懼者，内有所慊也。自省其内而無所病，則心廣體胖，何憂懼之有？○慶源輔氏曰：不憂不懼者，疑若有之而强排遣之也；何憂何懼，則是自無憂懼耳。蓋君子自然之德也。○牛之再問雖易於言，然足以發聖人未盡之藴。使吾德少有疵，則不免憂懼。憂懼，氣象歉索也。内省不疚而何憂懼，與孟子「集義生浩然之氣」「仰不愧，俯不怍」之意同。

○司馬牛憂曰：「人皆有兄弟，我獨亡！」

牛有兄弟而云然者，憂其爲亂而將死也。

《左傳》哀公十四年：魋入于曹以叛。民叛之。魋奔衛，遂奔齊。○問：「牛無令兄弟，何也？」朱子曰：以傳考之，桓魋欲弑宋公而欲殺孔子，其惡著矣，而其弟子頎子車亦與之同惡，此牛所以憂也。

子夏曰：「商聞之矣：

蓋聞之夫子。

「『死生有命，富貴在天。』

命稟於有生之初，非今所能移；天莫之爲而爲，非我所能必：但當順受而已。陳氏曰：天者，命之所自出；命，則天之所賦於人者。故以理言之謂之天，自人言之謂之命，其實一而已。○慶源輔氏曰：順謂不咈，受謂不拒。只此二字，便是處死生富貴之要訣。

「君子敬而無失，與人恭而有禮，四海之内皆兄弟也。君子何患乎無兄弟也？」

既安於命，又當脩其在己者，故又言苟能持己以敬而不間去聲。斷，徒玩反。接人以恭而有節文，則天下之人皆愛敬之如兄弟矣。蓋子夏欲以寬牛之憂而爲是不得已之辭，讀者不以辭害意可也。慶源輔氏曰：既告以安命，又勉以脩身，使兩盡其道。○趙氏曰：若安於命而不脩己，是有命而無義，聽乎天而不盡乎人矣。○雙峯饒氏曰：敬在心，恭在容。敬易能，無失爲難，間斷則失矣；恭易能，有禮爲難。「有節文」，是致恭又能中節；如「足恭」，則恭而無禮矣。○新安陳氏曰：死生富貴，惟當聽其在天；恭敬禮節，則當盡其在己。敬而無失，又恭而有禮之本也。子夏「皆兄弟」之語有疵，《集註》下一「如」字，謂人皆愛敬之如兄弟，則意足而辭當矣。○胡氏曰：「子夏『四海皆兄弟』之言，特以廣司馬牛之意，意圓而語滯者也。唯聖人則無此病矣。且子夏知此而以哭子喪去聲。明，《禮記・檀弓》篇：「子夏喪其子而喪其明。」則以蔽於愛而昧於理，是以不能踐其言爾。」朱子曰：子夏當初只要開廣司馬牛之意，只不合下箇「皆兄弟」字，便成無差等了。○慶源輔氏曰：觀喪明事，則牛之失乃移於商之身而不自知也。○雙峯饒氏曰：此子夏寬牛之憂而推其原以廣之也。人之兄弟共一箇父母，此固是親；若推其原，則人又只是共一箇天地大父母。自共一箇父母觀之，則兄弟爲有限；自共一箇天地觀之，則並生於天地間，皆兄弟也。此意豈不甚廣？然畢竟他人之兄弟，其情安能及得己之兄弟？意雖廣大，語實有病。圓則活，滯則死。凡圓底便活，方底便不動。○新安陳氏曰：喪明事與此不同，然其爲憂愛之情發不中節而過其則，則一耳。○雲峯胡氏曰：《西銘》亦曰「民吾同胞」，曰「皆吾兄弟」，但自乾父坤母説來，句句是説理一而分殊。子夏曰「四海皆兄弟」，似近乎理之一；至曰「何患乎無兄弟」，則不知有分之殊矣。此《集註》所以欲讀者不以辭害意也。

○子張問明。子曰：「浸潤之譖、膚受之愬，不行焉，可謂明也已矣；浸潤之譖、膚受之愬，不行焉，可謂遠也已矣。」譖，莊蔭反。愬，蘇路反。

浸潤，如水之浸灌滋潤，漸如字。又將廉反。漬而不驟也。譖，毁人之行去聲。也。膚受，謂肌膚所受，利害切身，如《易》所謂「剥床以膚，切近災」者也。《易·剥》之六四：「剥床以膚。」《象》曰：「切近災也。」愬，愬己之寃也。毁人者漸漬而不驟，則聽者不覺其入而信之深矣；愬寃者急迫而切身，則聽者不及致詳而發之暴矣。朱子曰：譖是譖人，是不干己底事，纔説得驟，便不能入他，須是閑言冷語掉放那裏，説交來不覺。❶ 愬是愬切己底事，纔説緩慢，人便不將做事，須是説得緊切，要忽然間觸動他。如被人罵，便説被人打；被人打，便説被人要殺。蓋不如此不足以觸動他也。○齊氏曰：水之潤物，其浸以漸。故游揚以誣善者曰「浸潤之譖」。膚受芒刺，痛痒立見，故激以切己利害之言曰「膚受之愬」。二者難察而能察之，則可見其心之明指「可謂明」。而不蔽於近指「可謂遠」。矣。此亦必因子張之失而告之，故其辭繁而不殺，所界反。以致丁寧之意云。○楊氏曰：「驟而語之與利害不切於身者不行焉，有不待明者能之也。故浸潤之譖、膚受之愬不行，然後謂之明，而又謂之遠。遠則明之至也。《書》曰：『視遠惟明。』」朱子曰：若事本非實而譖者遽然極言其事，愬者泛然不切於身，則亦不

❶「交」，《語類》卷四二作「教」。

足以惑人矣。故以此二者之相爲反對而互言,若見其事變之不同,而明無不照也。○慶源輔氏曰:浸潤、膚受,皆以巧譎而行其譖愬者也。然使之不行,則非既明且遠者有所不能。子張之爲人,務外好高,於事必有忽略自足之病,而無深潛縝密之功。平日不過觀其皮毛意象以爲有得,於人情之細密、事理之精微則未必能察也。故夫子因其問「明」而姑舉二事以告之,使其反諸身而知有所戒矣。○蘇氏曰:譖愬之言,常行於偏暗而隘迫者。蓋一有所聞而念心應之也。❶明且遠者虛以察之,則不旋踵而得其情矣。○雙峯饒氏曰:浸潤者其來舒緩,膚受則其來急迫。一緩一急,緩則不暇覺,急則不暇詳。一要覺,一要詳。「覺」與「詳」是兩事,《集註》以「察」字包之。因子張之失而告之,其失果在何處?蓋「必」者,料想之辭。子張是箇易疑易信底人,易疑生譖,易信生愬。○鄭氏舜舉。曰:善形容小人之情狀,無若聖人之言。凡譖愬者使其正言之,則人人皆識之矣。惟其便僻側媚,入人以漸,雖智者或不察也。

○子貢問政。子曰:「足食,足兵,民信之矣。」

言倉廩實而武備修,然後教化行而民信於我,不離叛也。新安陳氏曰:民信之矣,以效言之。民所以信之之本,則孔子未之及,所以朱子推本而以「教化行」言之。如「施信於民」、「與國人交,止於信」皆是也。兵、食既足,然後施教而化行,民斯信之矣。非謂止足食足兵,民便信之也。

子貢曰:「必不得已而去,於斯三者何先?」曰:「去兵。」去,上聲。下同。

言食足而信孚,則無兵而守固矣。

子貢曰:「必不得已而去,於斯二者何先?」曰:「去食。自古皆有死,民無信不立。」

民無食必死。然死者,人之所必不免。無信,則雖生而無以自立,問:「是民自不立,是國不可立?」朱子曰:是民自不立。民不立,則國亦

❶「念」,四庫本、孔本、陸本及《輯釋》作「忿」。

不能以有立。蓋有信則相守以死，無信則相欺相詐而臣棄其君，子棄其父矣。不若死之爲安。朱子曰：「安」字極有味。故寧死而不失信於民，使民亦寧死而不失信於我也。○程子曰：「孔門弟子善問，直窮到底。如此章者，非子貢不能問，非聖人不能答也。」慶源輔氏曰：非於理有所見而必欲究其精微之蘊者，不能如此問；非據理之極而於膠轕肯綮之際，如燭照數計，無纖毫之疑者，不能如此答之也。愚謂以人情而言，則兵、食足而後吾之信可以孚於民；以民德而言，則信本人之所固有，非兵、食所得而先也。是以爲政者當身率其民而以死守之，不以危急而可棄也。朱子曰：此只因足食足兵而後民信，本是兩項事，子貢却做三項事認了。「信」字便是在人心不容變底。○制田里，薄賦斂，使民有常產而不失其時，則倉廩實而足食矣；比什伍，時簡教，使民有勇而知方，則戎備飭而足兵矣。有是二者，則民以信事上而無欺詐離叛之心，所謂「民信之」也。問：「兵之可去，何也？」曰：食足而民信，則民親其上、死其長，如子弟衛父兄，手足捍頭目，「可制挺以撻堅利矣」。必不得已而去，則兵或可無也。問：「食之可去，何也？」曰：以序言之，則食爲先；以理言之，則信爲重。蓋死生常理，人所必不免者。若民無信，則失所以爲民者而無以立乎天地間。是以必有以使民寧無食以死而不失其尊君親上之心，則其政之所以得民心而善民俗者，可得而言矣。○南軒張氏曰：生則有死，人之常理。至於無信，則欺詐傾奪，無復人理，是重於死也。夫食與兵，固爲急務，然信爲之本。無信則雖有粟而誰與食，雖有兵而誰與用哉？○勉齋黃氏曰：夫子初答，爲政之先後也；再問復告，義理之輕重也。所謂「民信」，至此而後民有以全其信也，非謂至是而後方施信於民也。然則教民以信，其可一日緩乎？○覺軒蔡氏曰：五常之信，猶五行之土；「民無信不立」，猶物無土不生。爲政固以兵食爲先，而兵食亦以信而立。子貢兩發必不得已之問，直窮到底，以見信之尤重於死而不可頃刻無也。○雙峯饒氏曰：去食去兵是處變之道。如忽然水旱之餘，食有不繼；猝然寇難之來，防禦不及：然後可去。若爲政常法，如何可使兵食不足？三者俱全，處事之常；二者可去，處事之變。蓋兵食外物，容有時而可無；信是本心之德，故無時而可去。○問：「古者藏兵於農，兵非不足也。三年耕有一年之積，九年耕有三年之積，食非不足也。孔子謂足食足兵，豈亦後世富强之術歟？」齊氏曰：考井田之法，周人常以其地容三百五十萬四千夫，養七十五萬卒。夫以無事而耕者言，卒以農隙教以備有事者言。夫無事則並隸於司徒，有事則隸於司馬也。大率是以五夫養一卒。足食即所以足兵也。民信之矣，信其有養有教，使我「勇且知方」，❶而真可以「敵王所愾」也。愾，苦概反，怒也。「敵王所愾」四字出《左傳》。雖曰三者，其實只是一事。天下未有食足而兵不足，食足兵足而民不信者也。子貢再問而孔子曰去兵，非去兵也，食足而民信，則民固皆兵也；子貢三問而孔子曰去食，苟孚於民，則雖緩急之極，而亦終不忍以飢寒去也。然則亦非去食也，甚言其不可以無恩交義結之素耳。○雲峯胡氏曰：《集註》於「信」字，先謂「教化行而民信於我，不離叛也」，是處常而不失信；末謂「以死守之，不以危急而可棄也」，是處變而不失信。

○棘子成曰：「君子質而已矣，何以文爲？」

棘子成，衛大夫。疾時人文勝，故爲此言。

子貢曰：「惜乎！夫子之説，君子也。駟不及舌。

言子成之言乃君子之意。崇本質是君子之意。然言出於舌則駟馬不能追之，又惜其失言也。厚齋馮氏曰：鄧析謂「一言而非，駟馬弗追；一言而急，駟馬弗及」，蓋出於此。

「文猶質也，質猶文也。虎豹之鞹，猶犬羊之鞹。」鞹，其郭反。

鞹，皮去上聲。下同。毛者也。言文、質等耳，不可相無。若必盡去其文而獨存其質，則君子小人無以辨矣。慶源輔氏曰：有質斯有文，有文須有質，不可相無。皮譬則質也，毛譬則文也。皮、毛俱在，然後虎、豹、犬、羊可辨；文、質兼

❶「我」，四庫本、孔本、陸本作「民」。

存，然後君子、小人可明。若盡去其毛，獨存其皮，譬則盡去其文，獨存其質爾。如是則虎豹犬羊之貴賤、君子小人之賢否，皆不可辨矣。夫音扶。棘子成矯當時之弊，固失之過；而子貢矯子成之弊，又無本末輕重之差；楚宜反。胥失之矣。朱子曰：棘子成全說質，固未盡善；子貢全說文以矯子成，又錯。若虎皮羊皮雖除了毛，畢竟自別，事體不同。使一箇君子與一箇屠販之人相對坐，並不以文見，畢竟兩人好惡自別。大率固不可無文，亦當以質爲本，如「寧儉寧戚」之意。○問：「棘子成之言與夫子之答林放何異，而子貢非之若是耶？」曰：夫子之言，權衡審察而詞氣和平，蓋未始以文爲可盡去也。若子成，則詞氣矯激，而取舍則過中矣，其流之弊，將必至於棄禮滅法如西晉君子之爲者。故子貢惜其言之失而力正之也。曰：「何以言子貢之言有弊也？」曰：子成之說偏矣，而子貢於文質之間又一視之而無本末輕重緩急之差焉，則又矯子成之失而過中者也。蓋立言之難如此。自非聖人，孰能無所偏倚而常適其平也哉？○雙峯饒氏曰：此章當作三樣看。棘子成之意，欲盡去其文而獨存其質；子貢之意，則以爲文質相等；《集註》則謂質爲本，文爲末。本則重末則輕，然盡去其文而獨存其質，其流將有棄禮滅法之弊。文、質相等，則不分本末而無所重輕。故《集註》謂棘子成與子貢胥失之。○雲峯胡氏曰：子成之言固失之，然子貢曰「文猶質，質猶文」，「猶」字無本末輕重之差，亦豈所以論君子？必如夫子曰「質勝文則野，文勝質則史，文質彬彬然後君子」，斯言無弊矣。

○哀公問於有若曰：「年饑，用不足，如之何？」

稱「有若」者，君臣之詞。用，謂國用。公意蓋欲加賦以足用也。齊氏曰：稱名者，庶人對君之禮。孔子嘗爲大夫，故止稱姓。

有若對曰：「盍徹乎？」

徹，通也，均也。周制，一夫受田百畝，而與同溝共井之人通力合作，計畝均收。新安陳氏曰：以「通力」、「均收」二句照應「通也，均也」之訓。大率民得其九，公取其一，故謂之徹。

同溝共井之說，詳見《孟子》「滕文公問爲國」《集註》下。○朱子曰：徹，是八家皆通力合作九百畝田，收則計畝均分，公取其一。如助，則八家各耕百畝，同出力耕公田。此助、徹之別也。魯自宣公稅畝，又逐畝什取其一，則爲什而取二矣。《春秋》宣公十五年，「初稅畝」。公田之法，十取其一。今又履其餘畝，復十取其一，遂以爲常，故曰「初」。《左傳》：「初稅畝，非禮也。穀生不過藉，以豐財也。」周法，民耕百畝，公田中畝借民力而治之，故曰「藉」。稅不過此，過此則非禮矣。故有若請但專行徹法，欲公節用以厚民也。

曰：「二，吾猶不足，如之何其徹也？」

二，即所謂「什二」也。公以有若不喻其旨，故言此以示加賦之意。

對曰：「百姓足，君孰與不足；百姓不足，君孰與足？」

民富則君不至獨貧，民貧則君不能獨富。有若深言君民一體之意，以止公之厚斂。去聲。下同。爲人上者所宜深念也。朱子曰：未有府庫財非其財者也，百姓既足，不成坐視其君不足？亦無此理。蓋有人斯有土，有土斯有財。若百姓不足，君雖厚斂，亦不濟事。○勉齋黃氏曰：君孰與不足，但言民既皆足矣，則君雖不足，無人與君不足者。無人與君不足，則當竭力以奉其上矣，何不足之患哉？君孰與足，言民既不足矣，則君雖獨足，無人與君足者。無人與君足，則君亦安能保其足哉？○新安陳氏曰：節用則薄取而有餘，民之富即君之富也；侈用則盡取而不足，民既貧，君誰與守其富哉？宣公稅畝後，哀公加賦，經傳無聞，仁言之利，博哉！○楊氏曰：「仁政必自經界始。經界正，而後井地均，穀祿平，而軍國之須皆量是以爲出焉。故一徹而百度舉矣，上下寧憂不足乎？以二猶不足而教之徹，疑若迂矣。然什一，天下之中正，多則桀，寡則貉，二語見楊子《法言》，本出《孟子》「白圭曰」章。不可改也。後世不究其本而唯末之圖，故征斂無藝，費出無經，而上下困矣，雙峯饒氏曰：

征斂無藝則下困，費出無經則上困。又惡平聲。知盍徹之當務而不爲迂乎？」問：「哀公之不足，非不足也，什取其二不歸於公室而歸於三家也，雖徹而何補於哀公之不足耶？」朱子曰：徹法行，則自一夫百畝等而上之士大夫卿各有差等，以至於「君什卿禄」之制皆可以次第而舉，不惟野人之井地均，而君子之穀禄亦平矣。○慶源輔氏曰：哀公欲加賦，惟末是圖也；有若欲徹，反本之論也。以私意而觀目前，則反本之論爲迂，而圖末者有一旦之效；以理而觀於長久，則一旦之效適重後日之憂，而反本之論實經久之利也。末流之弊愈求諸末，不至於覆亡不止，古今一律耳。○鄭氏舜舉。曰：民之財即上之財，民之力即上之力。車乘民所出，芻粟民所供，板幹力役民所爲。能寬其税斂，則民得遂其生，而出力以供公上者必衆，何患其不足也？不然，室家離散，田萊荒蕪，上何所取以足用乎？○厚齋馮氏曰：古者什取一以給公上，而征役城築皆民自備，上止出令而已，故民足則君足。後世盡取而歸之公上，故民雖不足而君亦未嘗得足。哀公十二年、十三年皆有螽，連年用兵於邾，又有齊警，此所以年饑而用不足也。有若乃告之以徹，此儒生之常談而世笑之以爲迂闊者也，然有國者足食以税，足兵以賦。夫魯之兵甲已數倍於古，季孫以兵不足而欲用田賦，故夫子曰「有周公之典在」。魯之税畝已加倍於古，哀公以二猶不足而欲加税，故有若對曰「盍徹乎」，是知有若之講聞於夫子者有素也。○勿軒熊氏曰：按《論語》有若之言凡四章：一言仁，一言禮，一言信義，皆爲學之大本；一言徹法，亦爲政之大經：體用具矣。

○子張問崇德辨惑。子曰：「主忠信，徙義，崇德也。

主忠信則本立，徙義則日新。問：「『崇德辨惑』何以有是目，而子張、樊遲皆以爲問也？」朱子曰：胡氏以爲或古有是言，或世有是名，而聖人標出之，使諸弟子以爲入道之門户也。其説得之矣。曰：「主忠信、徙義之所以爲崇德，何也？」曰：主忠信則其徙義也有地而可據，能徙義則其主忠信也有用而日新：内外本末交相培養，此德之所以日積而益高也。○「主忠信」「主」字須重看，喚做主，是要將這箇做主。「徙義」是自家一事未合義，遷徙去那義上；見得又未甚合義，須更從去，令都合義。主忠信且先有本領了方從義，恁地便德會崇。若不先主忠信，即空了，從去甚處？如何會崇？主忠信而不從義，却又固執。○主忠信是劄脚處，從義是進步處，漸漸進去，則德自崇矣。○忠信是箇基本，從義又是進處。無基本，從義不得；有基本，不從義，亦何緣得進？○南軒張氏曰：不主忠信則無從義之實，不能從義則其所主者亦有時而失其理矣：二者蓋必相須，然後德之所以崇也。○陳氏曰：主忠信，則存無不誠而本以立；從義，則動無非理而行以進。互而言之，能主忠信，則所從者溥博淵泉而時出；能從義，則所主者篤實光輝而日新：此德所以日新而高，自有不容已者。○雙峯饒氏曰：本，如屋之有基；日新，如土培其基，日至於高也。忠信是德，從義是崇。「從義」者，今日所爲未是，明日見得今日未是處，便從不是處遷入是處，愈遷愈高。

「愛之欲其生，惡之欲其死；既欲其生，又欲其死：是惑也。惡，去聲。

愛惡，人之常情也。然人之生死有命，非可得而欲也。以愛惡而欲其生死，則惑矣。既欲其生又欲其死，則惑之甚也。朱子曰：溺於愛惡之私，而以彼之死生定分爲可以隨己之所欲，且又不能自定，而一生一死交戰於胸中，虚用其力於所不能必之地而實無所損益於彼也，可不謂之「惑」乎？○南軒張氏曰：推此一端，則凡欲之而妄者皆惑也。○問：「辨惑何不教之以辨之之方？」雙峯饒氏曰：使知其所以惑者在此，是即所謂辨也。○齊氏曰：崇德屬行，辨惑屬知。○新安陳氏曰：欲人生死，意子張或有此蔽，故因言之。果能主忠信以立積德之基，從義以爲進德之地，則德日進於高明而所見亦高明，於以辨惑，何難之有？況欲人生死，又惑之易辨者也。

「『誠不以富，亦祇以異。』」

此《詩·小雅·我行其野》之詞也。舊說：夫子引之以明欲其生死者不能使之生死。如此《詩》所言，不足以致富而適足以取異也。程子曰：「此錯簡，當在第十六篇『齊景公有馬千駟』之上，因此下文亦有『齊景公』字而誤也。」○楊氏曰：「『堂堂乎張也，難與並爲仁矣』，則非誠善補過，不蔽於私者，故告之如此。」慶源輔氏曰：誠善，「主忠信」之事；補過，「徙義」之事；不蔽於私，「辨惑」之事。「堂堂難與並爲仁」，蓋務外不務内者，故告以此。

○齊景公問政於孔子。

齊景公，名杵臼。魯昭公末年，孔子適齊。《史記·世家》：「季平子得罪魯昭公，昭公率師擊平子。平子與孟氏、叔孫氏三家共攻昭公，昭公師敗，奔於齊。齊處昭公于乾侯。魯亂，孔子適齊，爲高昭子家臣，以通乎景公。」

孔子對曰：「君君，臣臣；父父，子子。」

此人道之大經，政事之根本也。南軒張氏曰：爲政以序彝倫爲先。彝倫不敘，則節目雖繁，亦無以順治矣。君君臣臣、父父子子，彝倫所爲叙也。雖堯舜之治亦不越乎此，貴於盡其道而已。○慶源輔氏曰：此三綱之大者，故以爲「人道之經、政事之本」。

是時景公失政，而大夫陳氏厚施去聲。於國，《左傳》昭公三年：「晉少姜卒。少姜，齊女，晉侯嬖妾。齊侯使晏嬰請繼室於晉。既成昏，晏子受禮，叔向從之宴。叔向曰：『齊其何如？』晏子曰：『此季世也。吾弗知不知其他。齊其爲陳氏矣。公棄其民而歸於陳氏。齊舊四量：音亮。豆、區、烏侯反。釜、鍾。四升爲豆，各自其四以登於釜，四豆爲區，區斗六升；四區爲釜，釜六斗四升。登，成也。釜十則鍾。六斛四斗。陳氏三量皆登一焉，鍾乃大矣。登，加也。謂加舊量之一也。以五升爲豆，四豆爲區，四區爲釜。以家量貸而以公量收之。貸厚而收薄。山木如市，弗加於山；魚鹽蜃蛤，弗加於海。賈如在山海，不加貴。民參其力，二入於公而衣食其一。言公重賦斂。公聚朽蠹而三老凍餒。三老，謂上壽、中壽、下壽者不見養遇。國之諸市，屨賤踊貴。踊，刖足者屨也。刖足者多，故踊貴。民人疾痛而或燠於位反。休虛位反。之。燠休，痛念之聲，謂陳氏也。其愛之如父母，而歸之如流水，欲無獲民，將焉避之？』」○二十六年：「齊侯與晏子坐於路寢。公歎曰：『美哉，室！其誰有此乎？』景公自知德不能久有國，故歎也。晏子曰：『敢問何謂也？』公曰：『吾以爲在德。』對曰：『如君之言，其陳氏乎？陳氏雖無大德，而有施於民。豆、區、釜、鍾之數，其取之民也薄，其施之民也厚。公厚斂焉，陳氏厚施焉，民歸之矣。後世若少惰，陳氏而不亡，則國其國也已。』公曰：『是可若何？』對曰：『唯禮可以已之。在禮，家施不及國。民不遷，農不移，工賈不變，守常業。士不濫，不失職。官不滔，滔，慢也。大夫不收公利。』公曰：『善哉！我不能矣。吾今而後知禮之可以爲國也。』」景公又多内嬖，嬖，閉二音。而不立太子。《左傳》哀公五年：「齊燕姬景公夫人。生子，不成而死。不成，未冠也。諸子鬻姒之子荼嬖。諸子，庶公子也。鬻姒，景公妾。荼，安孺子。諸大夫恐其爲太子也，言於公曰：『君之齒長矣，未有太子，若之何？』公曰：『二三子間音閑。於憂虞，則有疾疢。亦姑謀樂，何憂於無君？』景公意欲立荼而未發，故以此言塞大夫請。公疾，使國惠子、名夏。高昭子名張。立荼，寘羣公子於萊。萊，齊東鄙邑。秋，景公卒。冬，公子嘉、公子鉤、❶公子黔奔衛，公子鉏、公子陽生來奔。」皆景公子在萊者。六年八月：「陳僖子使召公子陽生而立之，是爲悼公。公使朱毛遷孺子荼於駘，不至，殺諸野幕之下。」其君臣父子之間皆失其道，故夫子告之以此。

公曰：「善哉！信如君不君，臣不臣，父不父，子不子，雖有粟，吾得而食諸？」

景公善孔子之言而不能用，其後果以繼嗣不定，啓陳氏弑君篡國之禍。《史記·田敬仲完世家》五世孫：「田釐子乞事齊景公爲大夫，其收賦稅於民以小斗受之，其粟予民以大斗。行陰德於民而景公弗禁。由此田氏得齊衆心，本陳氏，改爲田氏。宗族益强。景公太子死，後有寵姬曰芮子，生子荼。景公病，命其相國惠子、高昭子以荼爲太子。景公卒，兩相國、高立荼，是爲晏孺子。而田乞不悦，欲立景公他子陽生。陽生素與乞歡。晏孺子之立也，陽生奔魯，田乞、鮑牧與大夫以兵入公室，攻高昭子，殺之。惠子奔莒，晏孺子奔魯。田乞使人迎陽生至齊，遂立陽生於田乞之家，是爲悼公。乃使人殺孺子荼。田乞爲相，專齊政。四年，田乞卒。子恒立，是爲田成子。鮑牧與悼公有隙，殺悼公。齊人共立其子壬，是爲簡公。田恒與監

❶「鉤」，四庫本及《左傳》作「駒」。

止一作「闞止」。俱爲左右相。田恒心害監止。監止幸於簡公，權弗能去。於是田恒復修釐子之政，以大斗出貸，以小斗收。齊人歌之曰：『嫗乎采芑，歸乎田成子。』田恒擊殺監止，簡公出奔，田氏之徒遂弒簡公於徐州。恒立簡公之弟驁，是爲平公。田恒爲相，言於平公曰：『德施，人之所欲，君其行之；刑罰，人之所惡，臣請行之。』行之五年，齊國之政皆歸於田恒。於是盡誅鮑，晏及公族之强者，而割齊自安平以東至琅耶，自爲封邑。封邑大於平公之所食。田恒卒，子襄子盤代立。襄子卒，子莊子白代立。莊子卒，子太公和立。田和遷齊康公於海上，食一城以奉其先祀。康公之十九年，田和立爲齊侯，列於周室，紀元年。太公和立二年卒，子桓公午立。六年卒，子威王因齊立。二十六年，自稱爲『王』以令天下。」○楊氏曰：「君之所以君，臣之所以臣；父之所以父，子之所以子：是必有道矣。景公知善夫子之言而不知反求其所以然，蓋悦而不繹者，齊之所以卒於亂也。」問：「景公審能悦夫子之言而繹之，則如之何？」朱子曰：舉齊政而授之夫子，則君臣父子之倫，正之有餘矣。惜其不能而齊卒於亂也。○雙峯饒氏曰：就景公身上言之，則景公自不能盡君之道，致其臣陳氏厚施於國；自不能盡父之道，致内嬖之多而不立太子。故楊氏云「景公知善夫子之言而不知反求其所以然」者，是説景公不能反之於身以盡君父之道也。○厚齋馮氏曰：聖人之言，各當其分而萬世無弊。信斯言也，謂君則君，臣則臣，父則父，子則子，可也；謂君君則臣臣，父父則子子，亦可也。○雲峯胡氏曰：「履霜，堅冰至」。景公不能謹其幾於先矣，雖善夫子之言，何益哉？

○子曰：「片言可以折獄者，其由也與！」

折，之舌反。與，平聲。

片言，半言。折，斷丁亂反。也。朱子曰：半言，辭未畢而人已信之也。○胡氏曰：折者，析而二之也。治獄之道，兩辭具備，曲直未分，混爲一區。及乎別其孰爲曲，孰爲直，判然兩途，所謂「折」也。子路忠信明決，故言出而人信服之，不待其辭之畢也。慶源輔氏曰：忠信者，折獄之本；明決者，折獄之用。徒明決而不忠信，則無以孚於平昔；徒忠信而不明决，則無以斷於臨時。○覺軒蔡氏曰：忠信所以立於中，明决足以照乎外。忠信則人不忍欺，明决則人不能欺。

子路無宿諾。

宿，留也，猶「宿怨」之宿。急於踐言，不留其諾也。記者因夫子之言而記此，以見形甸反。子路之所以取信於人者，由其養之有素也。慶源輔氏曰：片言折獄，非可以取辦於言也。所以養其言之所自發者必有其素，而人之信已在於未言之前也。○尹氏曰：「小邾射射音亦。小邾大夫名。以句繹奔魯，句繹音溝亦，地名。曰：『使季路要平聲。我，吾無盟矣。』千乘去聲。之國，不信其盟，而信子路之一言，其見信於人可知矣。《左傳》哀公十四年：「小邾射以句繹來奔，曰：『使季路要我，吾無盟矣。』使子路，子路辭。季康子使冉有謂之曰：『千乘之國，不信其盟，而信子之一言，子何辱焉？』對曰：『魯有事於小邾，不敢問故，死其城下可也。彼不臣而濟其言，是義之也，由弗能。』」一言而折獄者，信在言前，人自信之故也；不留諾，所以全其信也。」勉齋黄氏曰：人惟忠信也，不惟可以通天下之務，而又可以釋天下之疑。苟無忠信誠慤之心以莅之，則吾心膠擾昏惑，既無以察人之情僞，吾以詐御彼，彼亦以詐應之，又安能片言而服人哉？故片言折獄而實之以無宿諾也。

○子曰：「聽訟，吾猶人也。必也，使無訟乎？」

范氏曰：「聽訟者，治其末，塞其流也。正其本，清其源，則無訟矣。」○楊氏曰：「子路片言可以折獄而不知以禮遜爲國，則未能使民無訟者也。故又記孔子之言，以見形甸反。聖人不以聽訟爲難，而以使民無訟爲貴。」南軒張氏曰：夫人之所以至於爭訟者，必有所由，而能於其本而正之，則訟可無也。記者以此承上章，有以見仲由之道爲未弘也。○新安陳氏曰：聽訟者，决民之争；無訟者，躬行化民而民自不争。無訟可聽，非禁之使然，默化潛孚若使之耳。

○子張問政。子曰：「居之無倦，行之以忠。」

居，謂存諸心。無倦，則始終如一。行，謂發於事。以忠，則表裏如一。朱子曰：「居之無倦」在心上説，「行之以忠」在事上説。居之無倦者，便是要此心長在做主，不放倒，便事事都應得去；行之以忠者，是事事要著實，故《集註》云「以忠則表裏如一」，謂心裏要如此，便外面也如此，事事靠實做去也。○行固是行其所居，居是常常恁地提省在這裏，若有頃刻放倒，便不得。○新安陳氏曰：居，如「居敬」之「居」，存諸心，立其本也；行，如「行簡」之「行」，發於事，達諸用也。○程子曰：「子張少仁，無誠心愛民，則必倦而不盡心，故告之以此。」慶源輔氏曰：不曰「不仁」而曰「少仁」，正與曾子「然而未仁」之説同。❶聖人不輕絶人以不仁，况子張乎？惟其少仁，故慘怛之意不足而無誠心愛民也。○新安陳氏曰：少仁，或謂其「未仁」，或謂「難與並爲仁」可見矣。政以治民，故以「少仁」言其政之無本，以「無愛民」言其政之不足於用。「無誠心」，其病源也。不息之謂誠。始如是，終不如是，則非不息之誠矣。不欺之謂誠。表如是，裏不如是，則非不欺之誠矣。宜夫子以「無倦」、「以忠」藥子張之病也。○雙峯饒氏曰：此論爲政之心，不説爲政之條目。若爲政之條目，子張想已熟講而知之矣。○陳氏用之曰：孔子於子張兼「無倦」與「忠」而教之，若子路則教之以「無倦」而已。○厚齋馮氏曰：子路勇於有行，慮其不能繼也；子張多浮少實，易於始勤終怠，故竭兩端而告之。

○子曰：「博學於文，約之以禮，亦可以弗畔矣夫！」

重出。已見《雍也》篇。但彼有「君子」二字。

○子曰：「君子成人之美，不成人之惡。小人反是。」

成者，誘掖奬勸以成其事也。雲峯胡氏曰：「誘掖」以迎之於未成之先，「奬勸」以作之於將成之際。

---

❶「曾子」，四庫本作「子游」。

君子小人所存既有厚薄之殊，而其所好去聲。又有善惡之異，故其用心不同如此。胡氏曰：「所存」以心言，「所好」以情言。君子存心本於厚，故待人亦厚而惟恐人之不厚；小人存心本於薄，故待人亦薄而惟恐人之不薄也。君子之所好在於善，故己有是善而亦欲人之趨於善；小人之所好在於惡，故己有是惡而亦欲人之濟其惡。○南軒張氏曰：君子充其忠愛之心：於人之美，其樂之如在己也。從而扶持之，又從而勸獎之，惟欲其美之成也。於人之惡，則從而正救之。正救之不可，則哀矜之，惟患其惡之成也。若小人則以刻薄爲心，幸人之有過而疾人之勝己。非徒坐視其入於惡，又從而濟之；非徒欲其美之不成，又從而毀之。君子小人之所操存，未嘗不相反也。○勉齋黃氏曰：小人成人之惡，謂迎合容養，以成其爲惡之事也；不成人之美，忌克詆毀，使不得成其善也。○鄭氏舜舉。曰：君子視人之善猶己之善，故開導誘掖以成之；視人之惡猶己之有疾，故規戒掩覆以止之。

○季康子問政於孔子。孔子對曰：「政者，正也。子帥以正，孰敢不正？」

范氏曰：「未有己不正而能正人者。」慶源輔氏曰：政之所以得名，以其能以正己者正人也。己不能正，焉能正人哉？○新安陳氏曰：此以通行之理言，圈下以當時之事言。○胡氏曰：「魯自中葉，中世也。政由大夫，家臣效尤，據邑背音佩。叛：不正甚矣。故孔子以是告之，欲康子以正自克而改三家之故。故，謂從前所爲。惜乎康子之溺於利欲而不能也！」吳氏曰：《書》曰：「表正萬邦。」上者，表也；下者，影也：表正則影正矣。政之義無切於此。《論語》記康子問政者二章，問患盜、使民各一章，夫子答之，皆使之反躬自治而已。蓋道理不越如是，此外更無別法也。○雲峯胡氏曰：《集註》釋「爲政」章政字，實本於此。

○季康子患盜，問於孔子。孔子對曰：「苟子之不欲，雖賞之不竊。」

言子不貪欲，則雖賞民使之爲盜，民亦知恥而不竊。慶源輔氏曰：上者，下之倡。在上者不貪欲，則民之視之亦知以是爲貴矣。民知以不貪欲爲貴，則雖賞以誘之使爲盜竊，而其心愧耻，自不肯爲之矣，尚何盜之患哉？所謂「雖賞之不竊」，乃假設之言，以見民之必不肯爲耳。○胡氏曰：「季氏竊柄，盜魯國柄。康子奪嫡，民之爲盜，固其所也。『盍亦反其本邪？』俗作耶。孔子以『不欲』啓之，其旨深矣。」奪嫡事見形甸反。《春秋傳》。《左傳》哀公三年：「季孫有疾，命正常桓子之寵臣。曰：『無死！欲付以後事，故勑令勿從己死。南孺子之子，男也，則以告而立之；南孺子，季桓子之妻，若生男，則告公而立之。女也，則肥也可。』康子名肥。季孫卒，康子即位。既葬，康子在朝。南氏生男，正常載以如朝，告曰：『夫子有遺言，命其圉臣曰：「南氏生男，則以告於君與大夫而立之。」今生矣，男也，敢告。』遂奔衛。康子請退。退，辭位也。公使共劉魯大夫。視之，則或殺之矣。乃討之。討殺者。召正常，正常不反。」畏康子也。❶○厚齋馮氏曰：夫謂非其有而取之者，盜也。欲心一萌，非其有者必將取之。嫡位可奪也，國政可專也，民獨不爲盜乎？○雲峯胡氏曰：盜生於欲。康子，魯之大盜也。夫子答其「患盜」之問，不直曰「苟子之不盜」，其辭婉而意深矣。上下三章當通看。不欲，正也；欲善，亦正也。使康子移其欲利之心以欲善，民豈特不爲盜，而且皆爲善矣。此所謂「帥以正，而民無不正」也。

○季康子問政於孔子曰：「如殺無道以就有道，何如？」孔子對曰：「子爲政，焉用殺？子欲善而民善矣。君子之德，風；小人之德，草。草上之風，必偃。」焉，於虔反。

爲政者，民所視效，何以殺爲？欲善則民善矣。上，一作「尚」，加也。偃，仆音赴。也。南軒張氏曰：在上者志存於殺，則固已失長人之本矣，烏能禁止其惡乎？欲善之心純篤發見於政教之間，則民將率從「丕變」，如風之所動，其孰有不從者？然則民之所以未之從者，則吾欲善之誠不篤而已。○汪氏曰：康子欲殺惡人以成就善人，夫子則欲化惡人亦爲善人。意謂上之所欲者善，非特不待於殺，

❶「畏康子也」，原作經文，今據四庫本、陸本及《輯釋》、杜注改。

且化惡爲善矣。《集註》以一「則」字代本文「而」字，而意深切著明，最宜著眼玩味。○尹氏曰：「『殺』之爲言，豈爲人上之語哉？『以身教者從，以言教者訟』，二句見《後漢書·第五倫傳》。而況於殺乎？」西山真氏曰：民性本善，爲上者以善迪之，未有不趨於善者。○厚齋馮氏曰：康子三問，雖非必一時之語，然其意蓋相屬也。夫子所答，皆自其身而求之。○吴氏曰：《書·君陳》曰：「爾惟風，下民惟草。」風草之諭本此。康子殺心如火始然，夫子以清泠之水沃之，有人心者宜於此焉變矣。

○子張問：「士何如，斯可謂之達矣？」

達者，德孚於人而行無不得之謂。問：「達爲所行通達，何也？」朱子曰：其在邦也，事上則獲於上，治民則得乎民；其在家也，父母安其孝，兄弟悅其友。凡吾之見於行者，莫不通達而無所繫礙焉，斯可謂之達矣。

子曰：「何哉，爾所謂達者？」

子張務外，夫子蓋已知其發問之意，故反詰喫吉反。之，將以發其病而藥之也。

子張對曰：「在邦必聞，在家必聞。」

言名譽著聞也。

子曰：「是聞也，非達也。

「聞」與「達」相似而不同，乃誠僞之所以分，學者不可不審也。故夫子既明辨之，下文又詳言之。雙峯饒氏曰：聞是求聞於人，達是人自信己。

「夫達也者，質直而好義，察言而觀色，慮以下人。在邦必達，在家必達。夫音扶。下同。好、下，皆去聲。

内主忠信而所行合宜，審於接物而卑以自牧，皆自脩於内不求人知之事。然德脩於己而人信之，則所行自無窒礙矣。慶源輔氏曰：主忠信，質直也；所行合宜，好義也：此存乎中以應乎外也。審於接物，察言觀色也；卑以自牧，慮以下人也：此審乎外以巽乎内也。内外交相養而厥德脩罔覺，此豈求人知者之所爲哉？然德脩於己而人自信之，則行於邦家者自然無所窒礙矣。○朱子曰：質直只是無華僞。質是朴實，直是無偏曲。○質直好義，便有觸突人底意思。到得察言觀色、慮以下人，便又和順低細，不至觸突人矣。慮，謂思之詳審。常常如此思慮，恐有所不知覺也。聖人說話，都如此周徧詳密。○「質」與「直」是兩件。質就資性上說，直漸就事上說。到得好義，又在事上。直固是一直做去，然至於好義，則事事區處要得其宜。這一項都是詳細功夫。○察人之言，觀人之色，乃是要驗吾之言是與不是。今有人自任己意說將去，更不看人之意是信受他還不信受他。如此，則只是自高，更不能謙下於人，實去做工夫也。大抵人之爲學，須是自低下做將去。纔自高，便不濟事。○察言觀色，只是察人言、觀人色。若照管不及，未必不以辭氣加人。此只做自家工夫，不要人知。既有工夫，以之事親則得乎親，以之事君則得乎君，以之交朋友而朋友信，「雖蠻貊之邦，行矣」。此是「在邦在家必達」之理。子張只去聞處著力，聖人此語正中其膏肓。「質直好義」等處，專是就實；「色取仁而行違」，專是從虛。○雙峯饒氏曰：質直忠信底人固難得，但亦有直情徑行，不去隨事裁度而所行容有不合宜處。故忠信又要合義。察言觀色、慮以下人，是一件事。子張常愛居人上，故告以謙退詳審之意。

「夫聞也者，色取仁而行違，居之不疑。在邦必聞，在家必聞。」行，去聲。

善其顏色以取於仁而行實背音佩。之，又自以爲是而無所忌憚，此不務實而專務求名者，故虛譽雖隆而實德則病矣。朱子曰：聞者，是箇做作底，專務放出外，求人知而已。如「色取仁而行違」，便是不務實而專務外；「居之不疑」，便是放出外而收斂不得，只得自擔當不放退。此其所以駕虛名而無實行也。○色取仁而行違，不惟是虛有愛憐之態，如「正顏色而不近信」，「色厲而內荏」，皆「色取仁而行違」也。○色取仁而行違、居之不疑，這只是粗瞞將去，專以大意氣加人。子張平日是這般人，故孔子正救其病。此章大意出不得一箇是「名」，一箇是「實」。呂氏謂「德孚於人者必達，矯行求名者必聞」，此說却好。○慶源輔氏曰：使其「色取行違」而中不安焉，則務實之心猶未盡喪也。惟其自以爲是而無所忌憚，此見其專務於名。夫名生於實，則名亦何害？惟無實而徒有虛譽，則驕矜之意日生而進脩之力日怠矣。二者雖若相似，然所行通達者，名譽自然著聞；名譽著聞者，所行未必通達：其實有不同如此。○雙峯饒氏曰：「色取仁」之色與「觀色」之色不同。觀色專主顏色言。色取説得闊，凡發出來可見處皆是色。色者見於外，行者行於己。見於外者皆似合於仁，檢點他行己處却不實，只是欺人而已。居之不疑，示人以不疑也。此乃求名之人要人信己，故自居之不疑。若自居於疑，又誰信之？○齊氏曰：以「質」對「色」，則一真一假；以「直」對「違」，則一順一逆。質直者内有餘而外自見，色取仁而行違者外若有而内實無也。○雲峯胡氏曰：聞者病在「取」字。凡物在外則可取。仁者，吾心之所固有，若曰可取，即是在外而不在内矣。

○程子曰：「學者須是務實，不要近名。有意近名，大本已失，更學何事？爲去聲。下同。名而學，則是僞也。今之學者大抵爲名。爲名與爲利雖清濁不同，然其利心則一也。」慶源輔氏曰：程子「務實務名」之論，可謂切當。爲吾之未能事親也，故學事親；爲吾之未能事長也，故學事長；爲吾之未能正心誠意也，故學正心而誠意；爲吾之未能齊家治國也，故學齊家而治國：是之謂「務實」。務實而學，則其脩爲之誠、踐履之功，循序而進，忽不自知其入於聖賢之域矣。欲吾之有孝名也，故勉焉以爲孝；欲吾之有忠名也，故勉焉以爲忠；欲吾之有廉名也，故勉焉以爲廉；欲吾之有信名也，故勉焉以爲信：是之謂「務名」。務名而學，則惟欲其名之有聞而已。所謂「大本」，即實理也。實理根於性，具於心，要在反求而自得。學有向外近名之意，則失之矣。爲名而學則是僞者，謂其不循實理而騖外妄求也。爲名雖若清，爲利雖是濁，然一有爲之之意則便是利心也。

尹氏曰：「子張之學，病在乎不務實，故孔子告之皆篤實之事，充乎内而發乎外者也。當時門人親受聖人之教而差失有如此者，況後世乎？」

○樊遲從遊於舞雩之下，曰：「敢問崇德、脩慝、辨惑。」慝，吐得反。

胡氏曰：「『慝』之字從心從匿，蓋惡之匿於心者。」脩者，治而去上聲。之。新安陳氏曰：惡之形於外者易見，匿於心者難知，乃惡之根也。

子曰：「善哉，問！

善其切於爲去聲。己。

「先事後得，非崇德與？攻其惡，無攻人之惡，非脩慝與？一朝之忿，忘其身以及其親，非惑與？」與，平聲。

先事後得，猶言先難後獲也。爲所當爲而不計其功，則德日積而不自知矣。慶源輔氏曰：先難，謂先從事於其所難；後獲，謂後其所得而不起計獲之心也。夫爲所當爲，本非難事。然自學者言之，則自惰而勤，自利而義，其機生，其勢矯，非勉强則有所不能，故以爲難也。爲其事者固必有其功，然方其爲事之始而遽欲計其功焉，則是利心也。爲利之心一萌，則其大本已失。易盈易涸，輕得輕喜，尚何德之可崇哉？故必爲所當爲而不計其功，則不亟不徐，循吾理、行吾義而已，此所以德日積而不自知也。○朱子曰：今人做事，未論此事當做不當做，且先計校此事有甚功效。既有計校之心，便是專爲利而做，不復知事之當爲矣。德者，理之得於心者也。凡人若能知所當爲而無爲利之心，這意思便自高遠。纔爲些小利害計些小便宜，這意思便卑下了。所謂崇者，謂德自此而愈高也。○問：「先事後得，莫是因樊遲有計較功利之心，故如此告之？」曰：此是後面道理。而今且要知「先事後得」如何可以「崇德」。蓋做合做底事，便純是天理；纔有一毫計較之心，便是人欲。若只循箇天理做將去，德便自崇；纔有人欲，便這裏做得一兩分，却那裏缺了一兩分，這德便消削了，如何得會崇？聖人千言萬語，正要人來這裏看得破。專於治己而不責人，則己之惡無所匿矣。朱子曰：須截了外面他人過惡，只去自檢點，方能自攻其惡。若纔檢點他人，自家這裏便踈，心便麤了。○慶源輔氏曰：常情觀人則明，自觀則暗；責人則嚴，自責則輕。故惡常藏匿於心，纔有心去攻人之惡，則於己之惡便鹵莽而不暇鉏治矣。知一朝之忿爲甚微而禍及其親爲甚大，則有以辨惑而懲其忿矣。慶源輔氏曰：人本無惑，惟爲忿所蔽而不知利害之所在，故惑。蓋忿心之發，易突兀而横肆。苟不懲之於始，則終或至於忘身及親。此辨惑者所以當懲其忿也。樊遲麤亦作「觕」作「粗」。鄙近利，故告之以此三者，皆所以救其失也。雙峯饒氏曰：近利則有計較之心而不能先事後得，鄙則吝於責己，粗則暴戾而不能忍小忿，故夫子因其病而藥之。○范氏曰：「先事後得，上義而下利也。人惟有利欲之心，故德不崇；惟不自省悉井反。己過而知人之過，故慝不脩；感物而易去聲。動者莫如忿，忘其身以及其親，惑之甚者也。惑之甚者必起於細微，能辨之於早則不至於大惑矣，故懲忿所以辨惑也。」新安陳氏曰：自治其惡與自懲其忿，皆崇德所當爲之事，乃其目也。○問：「子張、樊遲問同答異，何也？」朱子曰：子張，矜夸不實底人，故告以收斂著實做工夫；平日喜怒必有過當，故告以欲人生死之事。樊遲以請學稼圃及夫子答問觀之，是鄙俗粗暴底人。皆是隨其失而告之。

○樊遲問仁。子曰：「愛人。」問知。子曰：「知人。」上「知」字，去聲。下同。

愛人，仁之施；知人，知去聲。下文「知也」、「知者」、「言知」、「仁知」並同。之務。問：「愛人、知人是仁知之用，聖人何故但以仁知之用告樊遲，却不告以仁知之體？」朱子曰：體與用雖是二字，本末未嘗相離，用即體之所以流行者也。

樊遲未達。

曾氏曰：曾氏名幾，字吉甫，河南人。「遲之意，蓋以愛欲其周而知有所擇，故疑二者之相悖音佩。耳。」朱子曰：愛人則無所不愛，知人則便有分別。兩箇意思自相反了，故疑之。

子曰：「舉直錯諸枉，能使枉者直。」

舉直錯倉故反。枉者，知也；使枉者直，則仁矣。如此則二者不惟不相悖，而反相爲用矣。朱子曰：每常說「仁知」，一箇是慈愛，一箇是辨别，各自向一路。唯是「舉直錯諸枉，能使枉者直」，方見得仁知合一處。仁裏面有知，知裏面有仁。○愛人、知人，自相爲用。若不論直枉，一例去愛他，也不得。大抵唯先知了，方能頓放得箇仁。聖人只此二句，自包上下。後來子夏所言皆不出此兩句意思，所以爲聖人之言也。○雙峯饒氏曰：樊遲問仁、知是二者平説，夫子亦平答之；及再答以「使枉者直」二句，❶方是串説仁、知。問：「夫子之言何獨歸重於知？」曰：雖歸重在知，然此心所以舉直錯諸枉，依舊是從仁上發來。蓋直者，此心天理之公。能舉直，則是發此天理之公，是亦仁也。直、枉，專指人而言。諸，衆也，謂衆人之枉者，即下文「選於衆」之意。

樊遲退，見子夏，曰：「鄉也吾見於夫子而問知。子曰『舉直錯諸枉，能使枉者直』，何謂也？」鄉，去聲。見，賢偏反。

遲以夫子之言專爲知者之事，又未達所以能使枉者直之理。未曉「能使枉者直」之兼言仁。

子夏曰：「富哉，言乎！

歎其所包者廣，不止言知。新安陳氏曰：一言而該仁知，故曰「富哉」。

「舜有天下，選於衆，舉皋陶，不仁者遠矣；湯有天下，選於衆，舉伊尹，不仁者遠矣。」選，息戀反。陶音遥。遠，如字。

伊尹，湯之相去聲。也。不仁者遠，言人皆化而爲仁，不見有不仁者，若其遠去爾，所謂「使枉者直」也。子夏蓋有以知夫子之兼仁、知而言矣。慶源輔氏曰：子夏一聞其説，便歎聖人之言，所包者富。不墮於一偏，不滯於一隅，即知人之中以見愛人之實，推乎知之用以極乎仁之功。其於仁知之體用，蓋已深體而默識之矣。不然，何其言之明决精審，沛然無疑，而暗與聖人之言相發乎？○新安陳氏曰：「選於衆」而「舉皋陶、伊尹」，此「知人」之知，所謂「舉直錯枉」也；「不仁者皆化爲仁」，即「愛人」之仁，「能使枉者直」矣。夫子二語已包

❶「二」，四庫本、孔本作「一」，陸本作「三」。

子夏之意，子夏之言益發明夫子之旨。遲問於師，又問於友，其「問之弗知弗措」者歟？ ○程子曰：「聖人之語，因人而變化。雖若有淺近者，而其包含無所不盡。觀於此章可見矣。非若他人之言，語近則遺遠，語遠則不知近也。」雙峯饒氏曰：此章愛人、知人，是仁知之淺近處；包含無所不盡，則深者遠者亦在其中。深遠，即枉者化爲直處。 尹氏曰：「學者之問也，不獨欲聞其說，又必欲知其方；不獨欲知其方，又必欲爲其事。如樊遲之問仁知也，夫子告之盡矣。樊遲未達，故又問焉。而猶未知其何以爲之也，及退而問諸子夏，然後有以知之。使其未喻則必將復扶又反。問矣。既問於師，又辨於友，當時學者之務實也如是。」雲峯胡氏曰：知人、愛人，是分言知仁之用；舉直錯諸枉，能使枉者直，是合言知仁之相爲用。蓋仁包義、禮、知，仁之中自有知；知藏仁、義、禮，知之中自有仁。知、仁本相爲體用，故見於「舉錯」之際，知、仁又自相爲體用也。

○子貢問友。子曰：「忠告而善道之。不可則止，無自辱焉。」告，工毒反。道，去聲。

友所以輔仁，故盡其心以告之，善其說以道之。然以義合者也，故不可則止。若以數音朔。而見疏，子游曰：「朋友數，斯疏矣。」則自辱矣。朱子曰：告之之意固是忠了，須又教道得善始得。○雙峯饒氏曰：忠告者，盡此心之誠。既誠矣，不能善其辭說以道之，恐其未能從。二者俱盡而彼不從，然後宜止。未能忠且善焉而泛然告之道之，遽以彼不從而止，則是在我者猶未盡便欲責人，非交友之道也。○齊氏曰：善道者心平氣和，語明意盡。或從容深遠而有餘味，或清切簡當而可深思，大率欲伸己意而聞者不忤也。如此而猶不見省，數必取疏，知進退者所不爲也。然則非忠告之難，而善道之爲不易爾。○勿軒熊氏曰：忠告是心盡忠，善道是言盡善；內外皆兼到。

○曾子曰：「君子以文會友，以友輔仁。」講學以會友，則道益明；取善以輔仁，則德日進。慶源輔氏曰：「爲仁由己。」朋友但能輔助我以爲仁而已。○覺軒蔡氏曰：以文會友，致知之方；以友輔仁，力行之事。○新安陳氏曰：人之講學脩德，皆有資於朋友。既資朋友以講學而致其知，尤資朋友以輔仁而力於行，則學進而德亦進。朋友爲吾知行之助如此，其斯所謂「益友」乎？○東陽許氏曰：爲仁而不取友以爲輔，則有孤陋寡聞之固；會友而不以文，則有羣居終日，言不及義之失。○雲峯胡氏曰：上章友之資於我者，不可無「忠告」、「善道」之益；此則我之資於友者，賴其「講學」、「輔仁」之功。

論語集註大全卷之十二

論語集註大全卷之十三

子路第十三

凡三十章。

子路問政。子曰：「先之，勞之。」勞，如字。

蘇氏曰：「凡民之行，去聲。以身先之，則不令而行；凡民之事，以身勞之，則雖勤不怨。」朱子曰：先，是率他。欲民親其親，必先之以孝；欲民長其長，必先之以弟。勞，是爲他勤勞。如循行阡陌，勸課農桑之類。○雙峯饒氏曰：《集註》以「先之」爲先其行，「勞之」爲勞其事，是又分政之本末而言。行者，政之本，孝弟忠信之類是也；事者，政之末，農畋師役之類是也。行與事雖是分説，其實是政裏面事。

請益。曰：「無倦。」無，古本作「毋」。

吴氏曰：「勇者喜於有爲而不能持久，故以此告之。」○程子曰：「子路問政，孔子既告之矣。及請益，則曰『無倦』而已，未嘗復扶又反。有所告，姑使之深思也。」朱子曰：勞苦亦人之難事，故以「無倦」勉之。○南軒張氏曰：先之勞之，固足以盡爲政之道矣。而子路猶請益焉，則告之以「無倦」，使之敦篤乎是二者而已。○覺軒蔡氏曰：夫子方答以「先之勞之」，子路遽又請益，則其勇躁之意可見。故但告以「無倦」，所以救其勇躁之失也。○雙峯饒氏曰：大凡事使人爲之則易，身親爲之則憚其難。先之勞之，皆是不便於己底事，所以易倦，故夫子以「無倦」勉之。況子路勇者，易得始勤終怠，尤不容不告之以此。○雲峯胡氏曰：子張堂堂，子路行行，皆易鋭於始而怠於終。故答其問政，皆以「無倦」告之。子張少誠心，故又加之以「忠」。

○仲弓爲季氏宰，問政。子曰：「先有司，赦小過，舉賢才。」

有司，衆職也。宰兼衆職，然事必先之於彼而後考其成功，則己不勞而事畢舉矣。朱子曰：先有司，而後紀綱立而責有所歸。○凡爲政，隨其小大各有有司。須先教他理會，自家方可要其成。且如錢穀之事，其出入盈縮之數，須是教他逐一自具來，自家方可考其虛實之成。過，失誤也。大者於事或有所害，不得不懲；小者赦之，則刑不濫而人心悦矣。賢，有德者；才，有能者。舉而用之，則有司皆得其人而政益脩矣。新安陳氏曰：黄氏、饒氏云，「先有司」一句是總腦，「赦小過，舉賢才」皆承「先有司」而言。宰，家臣之長。其爲政之要，當以分任有司爲先。既先有司矣，赦有司之小過，故常人可以自勉；舉有司之賢才，故非常之才可以自見。推此心也，豈但爲季氏宰而已？范氏以爲舉在位之賢才，蘇氏以爲舉未用之賢才。須兼言，其義方備。有司中才德有餘而位不足稱者，固當舉而進之上位；如有司之才德不稱其職，則又當別舉有才德者充之。如此，方説得「舉賢才」規模闊。若專説舉有司之賢才，則狹矣。

曰：「焉知賢才而舉之？」曰：「舉爾所知。爾所不知，人其舍諸？」焉，於虔反。舍，上聲。

仲弓慮無以盡知一時之賢才，故孔子告之以此。程子曰：「人各親其親，然後不獨親其親。新安陳氏曰：「各親其親」及「人不獨親其親」二句本出《記·禮運》，程子引以爲喻，若曰人各舉其所知之賢才，然後不獨舉其所知之賢才。仲弓曰『焉知賢才而舉之』，子曰『舉爾所知，爾所不知，人其舍諸』，便見仲弓與聖人用心之大小。❶推此義，則一心可以興邦，一心可以喪去聲。邦，只在公私之間爾。」朱子曰：仲弓只緣見識未極其開闊，故如此。人之心量本自大，緣私故小。蔽固之極，則可喪邦矣。○人各舉其所知，則天下之事無不舉矣，不患無以知天下

❶「弓」，原作「力」，今據四庫本、孔本、陸本及《輯釋》、《四書章句集註》改。

之賢才也。興邦、喪邦，蓋極言之，然必自知而後舉之，則遺才多矣，未必不由此而喪邦也。程子之意，固非謂仲弓有固權市恩之意而至於喪邦，但一蔽於小，則其害有時而至此，亦不爲難矣。故極言之以警學者用心之私也。○雙峯饒氏曰：仲弓之心不如聖人之廣大。仲弓以自己聰明爲聰明，故有「焉知賢才」之問；聖人則以天下之耳目爲耳目，故説「舉爾所知，爾所不知，人其舍諸」。如仲弓之言，則局於所知之有限；如聖人之言，則未嘗求以盡知，自無往而不知，雖合天下之賢才舉而用之，可也。

○范氏曰：「不先有司，則君行臣職矣；不赦小過，則下無全人矣；不舉賢才，則百職廢矣。失此三者，不可以爲季氏宰，况天下乎？」慶源輔氏曰：范氏蓋經筵勸講之説，所以推廣其理以感切君心者至矣。○蘇氏曰：有司既立則責有所歸，然當赦其小過，則賢才可得而舉也。惟庸人與姦人爲無小過，張禹、李林甫、盧杞是也。若小過不赦，則賢者避罪不暇，而此等人出矣。○吴氏曰：仲弓、子貢、子路、冉有皆事季氏。仲弓、子貢，夫子未嘗責之；子路之責，又不若冉有之甚。此可以見其優劣矣。惜乎四子不能如閔子之辭，而閔子又不若顔子之賢，而康子不得而知也。嗟乎，若淵、騫者，其孔門之超絶者乎？

○子路曰：「衛君待子而爲政，子將奚先？」

衛君，謂出公輒也。是時魯哀公之十年，孔子自楚反乎衛。

子曰：「必也，正名乎？」

是時出公不父其父而禰乃禮反。其祖，新安陳氏曰：蒯聵乃輒之父也。蒯聵欲入君衛而輒拒之，是「不父其父」。父廟曰禰。輒繼靈公，是「禰其祖」。名實紊音問。矣，故孔子以正名爲先。謝氏曰：「正名雖爲去聲。衛君而言，然爲政之道，皆當以此爲先。」吴氏曰：凡事皆有名，不可不正，亦不特衛輒父子爲然。○齊氏曰：祖非禰也而禰之，父非讎也而讎之，無父之人非君也而君之：名之不正，孰大於是？

子路曰：「有是哉，子之迂也！奚其正？」

迂，謂遠於事情。言非今日之急務也。厚齋馮氏曰：禮莫大於分，分莫大於名。夫子「正名」之論，蓋不與輒也。時輒已立十二年矣，子路之所謂迂者，蓋爲輒也。

子曰：「野哉，由也！君子於其所不知，蓋闕如也。

野，謂鄙俗。責其不能闕疑而率爾妄對也。

「名不正則言不順，言不順則事不成。

楊氏曰：「名不當其實則言不順，言不順則無以考實而事不成。」新安陳氏曰：《集註》於「正名」、「名不正」，凡三以「實」字言。前云「名實紊」，此云「名不當其實」，又云「無以考其實」。蓋名當其實則名正，名實紊則名不正。名者，實之賓；實者，名之主也。「實」字於「名」最緊切。○問：「言與事似不相干涉。」朱子曰：如一人被火，急取水來救始得，却教他取火來，此便是「言不順」，如何得事成？○輒以兵拒父，以父爲賊，是多少不順！其何以爲國，何以臨民？○雙峯饒氏曰：夫子謂「必也正名」，是事事皆要正名。君臣父子固是正名中之大者，然不可專指此。大凡一事才不正名，便開口有礙，説不去了。既説不去，如何行得去？○吴氏曰：名正言順，即下文「禮樂」之本。名正，禮也；言順，樂也。

「事不成則禮樂不興，禮樂不興則刑罰不中，刑罰不中則民無所措手足。中，去聲。

范氏曰：「事得其序之謂禮，物得其和之謂樂。事不成則無序而不和，故禮樂不興。禮樂不興則施之政事皆失其道，故刑罰不中。」朱子曰：事不成，以事言；禮樂不興，以理言。蓋事不成則事上面都無道理了，説甚禮樂？○大凡事須要節之以禮，和之以樂。事若不成，則禮樂無安頓處；禮樂不興，則無序不和：如此，刑罰安得不顛倒？○慶源輔氏曰：無一事無禮樂。禮只是一箇序，樂只是一箇和。事成而有序，則禮樂自興。不然則隳壞乖舛，❶又烏得有禮樂哉？禮樂不興，則凡施於

❶「舛」，四庫本、孔本、陸本作「戾」。

政事者無非私意，率皆倒行逆施，無序而不和，所謂「刑罰不中而民無所措手足」，亦必然之理也。○吴氏曰：此「禮樂」非玉帛鍾鼓之謂，事事物物得其理而後和之謂也。「名不正，言不順」，則事物之間顛倒乖戾，禮樂何由而起乎？事失其理而不和，故慶賞刑威無一中節。獨言「刑罰」者，賞過則濫，利及小人；刑過則淫，禍及君子。舉其害之重者言之。刑罰所及非不善之人，則民莫知趨避之路矣，將安所置其手足乎？自「名不正」推而至於「民無所措手足」，聖人洞燭事情，深達治體如此。

「故君子名之必可言也，言之必可行也。君子於其言，無所苟而已矣。」

程子曰：「名實相須。一事苟，則其餘皆苟矣。」新安陳氏曰：名，指「名之」言；實，指「可行」言，謂行事之實也。「一事苟」，謂言之苟；「其餘皆苟」，謂事不成，禮樂不興，刑罰不中也。夫子所謂「名不正」以下，是反説；「名之必可言」照應前面「名不正則言不順」，「言之必可行」照應前面「言不順則事不成」，此是正説；言「無所苟」，又反説從「名正言順」來。蓋於言苟且，即是名不正言不順，其餘必無往而不苟且矣。

○胡氏曰：「衛世子蒯苦怪反。聵五怪反。恥其母南子之淫亂，欲殺之。不果，而出奔。《左傳》定公十四年：「衛侯爲夫人南子本宋女。召宋朝。宋公子。太子蒯聵過宋野。野人歌之曰：『既定爾婁豬，求子豬也，喻南子。盍歸吾艾豭？』艾，老也。豭，牡豕也。喻宋朝。太子羞之，謂戲許宜反。陽速曰：太子家臣。『從我而朝少君，少君見我，我顧，乃殺之。』速曰：『諾。』乃朝夫人。夫人見大子。大子三顧，速不進。夫人見其色，啼而走，曰：『蒯聵將殺余。』公執其手以登臺。大子奔宋。盡逐其黨。」靈公欲立公子郢，以井反。靈公次子。郢辭。公卒，夫人立之，又辭。乃立蒯聵之子輒，以拒蒯聵。《左傳》哀公二年：「初，衛侯游於郊，子南僕。郢御車。公曰：『余無子，蒯聵奔。將立女。』對曰：『郢不足以辱社稷，君其改圖！』衛靈公卒，夫人曰：『命公子郢爲大子，君命也。』對曰：『郢異於他子，言用意不同。且君没於吾手。若有之，郢必聞之。且亡人之子輒在。』乃立輒。

晉趙鞅納衛大子于戚。」夫音扶。蒯聵欲殺母，得罪於父，而輒據國以拒父，皆無父之人也，其不可有國也明矣。夫子爲政而以正名爲先，必將具其事之本末告諸天王，請于方伯，命公子郢而立之，則人倫正，天理得，名正言順而事成矣。夫子告之之詳如此，而子路終不喻也，故事輒不去，卒死其難。去聲。下同。徒知食焉不避其難之爲義，而不知食輒之食爲非義也。」問：「胡氏説使孔子得政，則是出公用之，即謀逐之，此豈近於人情？意夫子果仕衛，必以父子大倫明告出公，使自爲去就，而後立郢之事可議也。」朱子曰：此説得之。但聖人之權，亦必有非常情所可測度者。○問：「胡氏只是論孔子爲政正名合當如此。設若衛君輒用孔子，孔子既爲之臣，則此説亦可通否？」曰：聖人必不肯北面無父之人。若輒有意改過遷善，則夫子須先與斷約如此做方與他做。若輒不能然，則夫子決不爲之臣矣。○子路爲人粗，於精微處多未達。合下仕衛，便不是了。孔悝即出公之黨，他不以出公爲非，故其事悝自以爲善而爲之，而不知其非義，宜其以正名爲「迂」也。○雙峯饒氏曰：《集註》引胡氏説，蓋以其辭嚴義正，可爲萬世綱常作主，使亂臣賊子知所警懼，故特著之。若真欲行此，須是孔子爲衛世卿而有權力，當靈公初死，輒未立之時，爲之則可。

○樊遲請學稼。子曰：「吾不如老農。」請學爲圃。曰：「吾不如老圃。」

種五穀曰稼，種蔬菜曰圃。朱子曰：役智力於農圃，內不足以成己，外不足以治人，是濟甚事？○新安陳氏曰：兩言「吾不如」，雖不顯闢之，已婉拒之矣。

樊遲出。子曰：「小人哉，樊須也！

小人，謂細民，孟子所謂「小人之事」者也。新安陳氏曰：此「小人」是以位而言者，下文《集註》云「禮義信，大人之事也」，是自此「小人」上推廣而對言之。南軒曰：「孟子所謂『有大人之事，有小人之事』，正本此意。」○問：「古之聖賢若大舜、伊尹，皆躬耕畎畝，習農圃事，何聖人深斥樊遲？」潛室陳氏曰：遇此時則習此事。遊聖人之門，所學者何事？

「上好禮則民莫敢不敬，上好義則民莫敢不服，上好信則民莫敢不用情。夫如是，則四方之民襁負其子而至矣，焉用稼？」好，去聲。夫音扶。襁，居丈反。焉，於虔反。

禮、義、信，大人之事也。好義則事合宜。情，誠實也。敬、服、用情，蓋各以其類而應也。襁，織縷爲之，以約小兒於背者。慶源輔氏曰：在己者皆盡其道，在下者各以其類應之，所謂「正己而物正」者，非大人之德，其孰能之？○雙峯饒氏曰：居大人之位，有大人之德，四方之民自歸之而爲之耕稼，豈必自耕稼哉？ ○楊氏曰：「樊須遊聖人之門而問稼圃，志則陋矣，辭而闢之可也。待其出而後言其非，何也？蓋於其問也，自謂農圃之不如，則拒之者至矣。須之學疑不及此而不能問，使其疑，則必問矣。『不能以三隅反』矣，故不復。扶又反。下同。及其既出，則懼其終不喻也，求老農、老圃而學焉，則其失愈遠矣。故復言之，使知前所言者，二「不如」。意有在也。」勉齋黄氏曰：貧而爲老圃之事，亦未爲過者。樊遲之志，豈亦有爲許行之説者而慕之歟？故夫子以大人之事告之。

○子曰：「誦《詩》三百，授之以政，不達，使於四方，不能專對。雖多，亦奚以爲？」使，去聲。

專，獨也。《詩》本人情，該物理，可以驗風俗之盛衰，見政治去聲。之得失。其言温厚和平，長於風去聲。諭，故誦之者必達於政而能言也。問：「誦《詩》三百，何以見其必達於政？」朱子曰：其中所載可見。如小夫賤隸、閭巷之門至鄙俚之事，君子平日耳目所不曾聞見者，其情狀皆可因此而知之；而聖人所以脩德於己，施於事業者，莫不悉備。於其間所載之美惡，讀誦而諷詠之；如是而爲善，如是而爲惡；吾之所以自脩於身者，如是合做底事，如是是不合做底事；待得施以治人，如是而當賞，如是而當罰：莫不備見，如何於政不達？若讀《詩》而不達於政，則是不曾讀也。又問：「如何使四方必能專對？」曰：於《詩》有得，必是於應對言語之間委曲和平。○胡氏曰：《詩》之作也，有邪有正，皆原於人情。其所言，於事物之理，莫不具載。其情合事理之正，則可以知風俗之盛、政治之得；其情背事理之正，則可以知風俗之衰、政治之失。故誦《詩》而有得，則可以達於政矣。《詩》之言，温厚則不至於薄，和平則不至於訐，長於風諭，則人易曉，故誦《詩》而有得，則能言語。○雙峯饒氏曰：《詩》本人情。人情有好有惡，讀《詩》而有得，則知人情之所好者在甚處，所惡者在甚處。得之於心，施之於政，則必能順民之所好而違其所惡，其政無不善矣。是之謂「達」。《詩》之言辭多宛曲風諭而不直致。使者，所以傳君命，措辭最難。才委靡則流於弱而取侮於人，才剛直則又恐激怒而貽禍於國。若能善其辭命，婉正得體，不辱君命，非誦《詩》而有得於詩人命辭之體者不能也。《春秋》諸國往來，多尚辭令，故夫子併指此爲讀《詩》之驗。問「專對」。曰：使有正有介。正使不能答，則介使助之。如正使自能致辭，不假衆介之助，是謂「能專對」。「達」於「專對」，非誦《詩》時便思量要如此。誦《詩》而有得，則自然有此效驗。「以」訓「用」，「爲」字只語助辭。

○程子曰：「窮經，將以致用也。世之誦《詩》者，果能從政而專對乎？然則其所學者，章句之末耳。此學者之大患也。」

程子曰：今人不會讀書。如「誦《詩》三百，授之以政，不達，使於四方，不能專對」。既誦《詩》後，須達於政，能專對，始是讀《詩》。未讀二《南》時一似面牆，到讀後便不面牆，方是有驗。大抵讀書只是此法。○問：「《詩》三百篇，人未有不讀者也，而達於政能專對者，何其少耶？」勉齋黄氏曰：亦視其所以讀之者何如耳。爲人耶，爲己耶？誦説耶，踐行耶？鹵莽耶，精切耶？二者之不同，而能不能判矣。驗之於心，浹洽而通貫；體之於身，切實而專確：則亦奚不能之足患哉？○厚齋馮氏曰：讀書必明其理，明理必達諸用。讀書不明其理，記誦之末學也；明理而不達諸用，章句之腐儒也。子删《詩》在晚年，而平日兩言「《詩》三百」，則知子之删去者無幾，特釐正之以系於風雅頌之末云耳。○雲峯胡氏曰：習温柔敦厚之教者，必能爲慈祥豈弟之政，必能爲温厚和平之言。要之，三百篇固多，《易》三百八十四爻、《書》五十八篇、禮三千三百、《春秋》二百四十二年之事，皆多也。窮經而不能致用，皆多而無益者也。舉《詩》以例其餘爾。

○子曰：「其身正，不令而行；其身不正，雖令不從。」

南軒張氏曰：從違之本不係於令，係於所以示之何如耳。○雙峯饒氏曰：身正，是身教；令，不過言教。以身教者從，以言教者訟。

○子曰：「魯、衛之政，兄弟也。」

魯，周公之後；衛，康叔之後：本兄弟之國。而是時衰亂，政亦相似，故孔子嘆之。蘇氏曰：是歲魯哀公七年，衛出公五年也。衛之政，父不父，子不子；魯之政，君不君，臣不臣。卒之哀公孫于邾而死于越，出公奔宋而亦死于越：其不相遠如此。

○子謂衛公子荆：「善居室：始有，曰：『苟合矣。』少有，曰：『苟完矣。』富有，曰：『苟美矣。』」

公子荆，衛大夫。苟，聊且粗坐五反。畧之意。合，聚也。完，備也。言其循序而有節，不以欲速盡美累其心。新安陳氏曰：由「合」而「完」，由「完」而「美」，既見其循序漸進而無欲速之心；而其合、完、美皆曰「苟」而已，又見其所欲易足而有節，曾無盡美之心。非賢，而能之乎？○楊氏曰：「務爲全美，則累物而驕吝之心生。慶源輔氏曰：居室務爲全美，是爲外物所累。得之則驕心生，失之則吝心生。公子荆皆曰『苟』而已，則不以外物爲心，其欲易去聲。足故也。」新安陳氏曰：楊氏只於「苟」字上見有節、不盡美之意，不見循序不欲速之意。必如上文朱子之説，則該備矣。○問：「公子荆善居室也，無甚高處，聖人稱善，何也？」朱子曰：常人居室，不極其華麗，則牆傾壁倒全不理會。子荆自「合」而「完」而「美」，循循有序而又皆曰「苟」而已，初不以此累其心。在聖人德盛，此等事皆化了不足言；在公子荆能如此，故聖人稱之。○問：「公子荆，夫子止稱其居室之善，如何？」曰：此亦姑舉其一事之善而稱之，又安知其他無所長乎？○長樂陳氏曰：士庶之家多循理，世祿之家多怙侈，其勢然也。荆爲衛之公子，善於居室而未始有累焉，此季札所以謂之「君子」也。

○子適衛，冉有僕。

僕，御車也。

子曰：「庶矣哉！」

庶，衆也。

冉有曰：「既庶矣，又何加焉？」曰：「富之。」

庶而不富，則民生不遂。故制田里，薄賦斂去聲。以富之。雙峯饒氏曰：「田」是所耕之田，孟子所謂「百畝之田，勿奪其時」是也；「里」是所居之地，孟子所謂「五畝之宅，樹牆下以桑」是也。田出穀粟，里出布帛。有穀粟則不飢，有布帛則不寒。二者，「富之」之道。

曰：「既富矣，又何加焉？」曰：「教之。」

富而不教，則近於禽獸。故必立學校，明禮義以教之。雙峯饒氏曰：制田里、薄賦斂，立學校、明禮義，各是兩事相因。「田里」是富之之原。不制田里則衣食無所從出，如何可使之富？然田里雖制而不「薄賦斂」，則過取於民，非藏富於民矣。「學校」是教之之地。不立學校則教化無所從施，如何可使之知禮義？然學校雖設而不明禮義以道之，則人心無自而開明，學校亦徒設而已。所以兩兩相因，皆不可廢。○南軒張氏曰：庶矣則當富之，富矣則當教之。聖賢仁民之意無窮，而施之爲有序也。○新安陳氏曰：庶而不富，則民雖繁其生而不厚其生；富而不教，則民雖厚其生而無以養其生。庶而富，則民生厚；富而教，則民德正。此帝王作之君師之事也。後世庶而富之者已少，況富而教之者乎？○胡氏曰：「天生斯民，立之司牧而寄以三事。慶源輔氏曰：父生，師教，君治，爲三事。○或曰：庶、富、教是也。然自三代之後，能舉此職者百無一二。漢之文明、唐之太宗，亦云『庶』且『富』矣。西京之教，無聞焉。前漢文帝都長安，是爲西京。明帝尊師重傅，臨雍拜老，宗戚子弟莫不受學。東漢《禮儀志》：「明帝永平二年三月，上始帥群臣躬養三老五更于辟雍。三老，老人知天地人之事。五更，老人知五行更代之事者。《明帝紀》三老，謂李躬，年耆學明；五更，謂桓榮，授帝《尚書》也。辟雍，天子之學名。三老五更皆齊于大學講堂。其日乘輿先到辟雍禮殿，御坐東廂，遣使者安車迎三老五更。安車，坐乘之車以蒲裹輪，令老者坐而安穩也。天子迎于門屏，交禮，報拜也。道自阼階，三老升自賓階。至階，天子揖如禮。三老升，東面，三公設几，九卿正履，天子親袒割牲，執醬而饋，執爵而酳，音胤，漱也。祝鯁在前，祝饐在後。老人食多鯁饐，故置人於前後祝之，使不鯁饐也。五更南面，三公進供，禮亦如之。明日，皆詣闕謝恩，以見禮遇大尊顯故也。」唐太宗大召名儒，增廣生員，《唐書·儒學傳》：「貞觀六年，詔罷周公祠，初祀周公爲先聖，至此罷。更以孔子爲先聖，顔氏爲先師。盡召天下惇師考德以爲學官。數臨幸觀釋菜，命祭酒博士講論經義，賜以東帛。生能通一經者得署吏。廣學舍千二百區。諸生員至三千二百。自玄武屯營飛騎，皆給博士受經。能通一經者聽入貢限。四方秀艾挾策負素，坌去聲。集京師。文治煟于貴反。勃興，❶於是新羅、高昌、百濟、吐蕃、高麗等群酋長並遣子弟入學，皷笥踵堂者，凡八千餘人，紆侈袂，曳方履，誾誾秋秋，❷雖三代之盛，所未聞也。」教亦至矣，此下總説二君。然而未知所以教也。三代之教，天子公卿躬行於上，言行去聲。政事皆可師法。彼二君者，其能然乎？」

○子曰：「苟有用我者，朞月而已可也。三年有成。」

朞月，謂周一歲之月也。可者，僅辭，言紀綱布也。有成，治去聲。功成也。朱子曰：聖人爲政一年之間，想見已前不好底事都革得盡。到三年，便財足兵强，教行民服。聖人做時，須一切將

❶「勃」上，四庫本及《新唐書·儒學傳上》有「然」字。

❷「秋秋」，四庫本及《新唐書·儒學傳上》作「秩秩」，孔本、陸本作「狄狄」。

許多不好底撤換了，方做自家底，必三年方可有成也。○南軒張氏曰：朞月而大綱立，三年而治功成。然三年之所成者，即其朞月所立之規模也，充之而已矣。○東陽許氏曰：朞月而可，謂興衰撥亂，綱紀粗立；三年有成，謂治定功成，治道大備。○尹氏曰：「孔子歎當時莫能用己也，故云然。」愚按《史記》，此蓋爲去聲。衛靈公不能用而發。葉氏少蘊。曰：因衛不用己而言，又論善人、王者之功。此書所記先後初無序，亦有一時之言而併記之者，若此編是也。所謂「用我者」，非嘗試而使之也，舉國委己而聽之也。哀公以夫子爲中都宰，一年而四方則之。夾谷之會，攝行相禮，齊人遂歸魯侵疆。及爲司寇，粥羔豚弗飾賈，男女行者別於塗。每用輒效如此，況委國而聽之，至於三年之久哉？○雲峯胡氏曰：夫子言「有用我者」二，一爲衛不能用，一爲魯不能用。即此亦可見「魯衛之政，兄弟」矣。

○子曰：「『善人爲邦百年，亦可以勝殘去殺矣。』誠哉，是言也！」勝，平聲。去，上聲。

爲邦百年，言相繼而久也。勝殘，化殘暴之人使不爲惡也；去殺，謂民化於善，可以不用刑殺也。蓋古有是言而夫子稱之。程子曰：「漢自高、惠至于文、景，黎民醇厚，幾平聲。致刑措，庶乎其近之矣。」問：「善人之爲邦，如何可勝殘去殺？」程子曰：只是能使人不爲不善。善人，不踐跡亦不入於室之人也。○問：「《集註》謂民化於善可以不用刑殺，乃聖人之事，善人未易至此。」朱子曰：聖人比善人自是不同。「綏之斯來，動之斯和」，殺之不怨，利之不庸，民日遷善而不知爲之者，此聖人事。善人定是未便得如此。然他做百年工夫積累到此，自是亦能使人興於善，不陷刑辟。如文景幾致刑措，豈不勝殘去殺？○雙峯饒氏曰：勝殘，是我之善化足以勝其殘暴；去殺，是民無極惡大罪，可以不用刑殺。惟其能勝殘，所以可去殺。謂之「亦可」者，微寓不足之意。似有未能必其殘果盡勝、殺果盡去之意。蓋亦所謂「幾致刑措」者也。善人力量，其極功只到得此地位，以上更去不得。○尹氏曰：「勝殘去殺，不爲惡而已，善人之功如是。若夫聖人則不待百年，其化亦不止此。」新安陳氏曰：上三句説本章，下二句隱然説下章。「聖人」即「王者」，「不待百年」即「一世」，「化不止此」即「仁澤浹」也。

○子曰：「如有王者，必世而後仁。」

王者，謂聖人受命而興也。三十年爲一世。《説文》：「三十年爲一世。從卅而曳長之。」仁，謂教化浹即業反。也。程子曰：「周自文、武至于成王，而後禮樂興，即其效也。」朱子曰：自己之仁而言之，這箇道理浸灌透徹；自天下言之，舉一世之人皆是這箇道理浸灌透徹。○所謂仁者，以其天理流行，融液洞徹，而無一物之不體也。舉一世而言，固無一人之不然，即一人而言，又無一事之不然也。求之《詩》、《書》，惟成、康之世足以當之。○雙峯饒氏曰：此「仁」字是教化浹洽，無一人不貫徹底意思，與其他「仁」字不同。蓋仁者以天地萬物爲一體，須漸民以仁，摩民以義，節民以禮，使其化薰蒸透徹，融液周徧，以至四海之内無一人不歸於善。如人一身之間，生意貫徹，四肢百骸無少痿痺相似。故謂之仁。且如堯舜之世，固是「黎民於變」，「比屋可封」，然苗頑猶未即工，亦是堯舜之化未貫徹處。必三苗既格，然後東漸西被，朔南暨聲教，無處不貫徹，方是堯、舜致治之仁。○或問：「三年、必世，遲速不同，何也？」程子曰：「三年有成，謂法度紀綱有成而化行也。漸將廉反。民以仁，摩民以義，使之浹於肌膚，淪於骨髓，而禮樂可興，所謂仁也。此非積久，何以能致？」南軒張氏曰：使民皆由於仁，非仁心涵養之深，仁政薰陶之久，莫能然也。此則非善人所能及矣。○雲峯胡氏曰：勝殘去殺者，如能去人之疾而使之不至於死者也；仁，則如人元氣渾全而自無疾者也。天下無一人非天理之融徹，無一處非天理之流通，故曰「仁」。

○子曰：「苟正其身矣，於從政乎何有？不能正其身，如正人何？」

問：「此章與第六章『其身正，不令而行；其身不正，雖令不從』何異，而復出之？」朱子曰：晁氏以爲此章專爲臣而發，理或然也。○雙峯饒氏曰：「從政」與「爲政」不同。爲政是人君事，從政是大夫事。夫子此言蓋爲大夫而發。

○冉子退朝。子曰：「何晏也？」對曰：「有政。」子曰：「其事也！如有政，雖不吾以，吾其與聞之。」朝音潮。與，去聲。

冉有時爲季氏宰。朝，季氏之私朝也。厚齋馮氏曰：臣見君曰「朝」，故其廷謂之「朝廷」。季氏專魯之政，其臣之見季氏亦曰「朝」，僭禮之稱也。晏，晚也。政，國政；事，家事。吴氏曰：政、事，泛言之則通。別言之，則大曰政，小曰事；公朝之事曰政，私家之事曰事。以，用也。禮，大夫雖不治事，猶得與音預。下文「當與」，音同。聞國政。是時季氏專魯，其於國政，蓋有不與同列議於公朝而獨與家臣謀於私室者。故夫子爲不知者而言：此與《記·檀弓下》「夫子爲弗聞也者而過之」同一文勢。此必季氏之家事耳。若是國政，我嘗爲大夫，雖不見用，猶當與聞。今既不聞，則是非國政也。語意與魏徵獻陵之對略相似。《唐書·魏徵傳》：「文德皇后太宗之后。既葬，帝即苑中作層觀以望昭陵，后陵。引徵同升。徵熟視，曰：『臣昏眊，不能見。』帝指示之。徵曰：『臣以爲陛下望獻陵，太宗母陵。昭陵則臣固見之矣。』帝泣爲毀觀。」其所以正名分、扶問反。抑季氏，而教冉有之意，深矣。吴氏曰：以夫子此語推之，意古者大夫雖致仕，國有大政，亦必與之共謀，蓋詢黃髮之意。若小事則不必然爾。冉有仕季氏，無能改於其德，故夫子因其「有政」之語而深譏之，可謂微而顯，婉而嚴矣。夫子哀公十一年冬反魯，年六十九，明年爲告老之年。《左傳》哀公十二年春，「用田賦」，康子使冉有問曰：「子爲國老，待子而行。」蓋至是不復以告矣。

○定公問：「一言而可以興邦，有諸？」孔子對曰：「言不可以若是其幾也。

幾，期也。《詩》曰「如幾如式」。見《小雅·

楚茨》篇。言一言之間，未可以如此而必期其效。《詩》「幾」音「機」。

當時有此言也。

「人之言曰：『爲君難，爲臣不易。』易，去聲。

「如知爲君之難也，不幾乎『一言而興邦』乎？」

因此言而知爲君之難，則必戰戰兢兢，臨深履薄，而無一事之敢忽。然則此言也，豈不可以必期於興邦乎？爲去聲。定公言，故不及臣也。不再拈及「爲臣不易」一句。

曰：「一言而喪邦，有諸？」孔子對曰：「言不可以若是其幾也。人之言曰：『予無樂乎爲君，唯其言而莫予違也。』喪，去聲。下同。樂音洛。

言他無所樂，惟樂此耳。

「如其善而莫之違也，不亦善乎？如不善而莫之違也，不幾乎『一言而喪邦』乎？」

范氏曰：「如不善而莫之違，則忠言不至於耳，君日驕而臣日諂，丑驗反。未有不喪邦者也。」○謝氏曰：「知爲君之難，則必敬謹以持之。惟其言而莫予違，則讒諂面諛之人至矣。邦未必遽興喪也，而興喪之源分於此。然此非識微之君子，何足以知之？」胡氏曰：幾，舊説或以爲近，或以爲微。近與「不幾乎」之義同，與「若是其幾」之幾不協；微則其文義皆不可讀，故不可從也。謝氏説邦未必遽興喪，則似以幾爲近。又曰「興喪之源分於此，非識微者不足以知之」，則又似以幾訓微。終取之者，豈以其大旨有所發明歟？○雙峯饒氏曰：聖人説話直是平，無些子高低。謂一言便能興邦喪邦固不可，謂一言不可以興邦喪邦亦不可。又如唯其言而莫予違固不是，然善而莫之違猶自可，故又分兩股説。一輕一重之間，斟酌劑量，不令分毫有偏。○吴氏曰：定公之問，亦可謂有意於治矣。使其能用夫子之言，兢兢業業，以媚己之人爲可畏，三子之徒庶其小悛而魯其或興也。惜乎女樂之事公既欲之，而桓子又助成之，是亦「言不善而莫之違」之類，是以用夫子而不克終也。

○葉公問政。

音義並見形甸反。 第七篇。

子曰：「近者說，遠者來。」說音悅。

被其澤則說，聞其風則來。然必近者說而後遠者來也。南軒張氏曰：近者樂其澤，遠者慕其風。然未有澤不及於近而能使人慕之者也。○勉齋黃氏曰：此非有意於求其說且來也。有意於求其說且來，則必有不說不來者矣。行吾之所當行而其效如此，乃所謂政。○「或謂此章言其效而不言其所以致之，何也？」吳氏曰：葉公，楚名臣，或不待贅言。使其再問，夫子必更有說。夫子入楚，接輿輩交議之，葉公雖能問而不能相與反復也，豈不惜夫？○新安陳氏曰：近說遠來，皆政之驗，非媚於民而求其說也。失人心之事不行而所行皆不咈民心之事，近者自說矣。遠者聞其風，即聞近者說之風也。

○子夏爲莒父宰，問政。子曰：「無欲速，無見小利。欲速則不達，見小利則大事不成。」父音甫。

莒父，魯邑名。欲事之速成，則急遽無序而反不達；見小者之爲利，則所就者小而所失者大矣。南軒張氏曰：欲速則期於成而所爲必苟，故反不達；見小利則徇目前而忘久遠之謀，故反害大事。○勉齋黃氏曰：事之久速有自然之次第，事之大小有自然之分量。循其自然之理而無容心，可也。一有欲速、見小利之心，則私心而非正理矣，宜其不達而大事不成也。○雙峯饒氏曰：「見小」與「欲速」相因。纔要速成，便只是見得目前小小利便處，所以急要收效。若是胸中有遠大規模，自然是急不得。○程子曰：「子張問政，子曰『居之無倦，行之以忠』；子夏問政，子曰『無欲速，無見小利』。子張常過高而未仁，子夏之病常在近小，故各以切己之事告之。」慶源輔氏曰：居之而易得倦，行之而不盡心，此過高而未仁之證也；欲速見小利，此近小而不及之證也。聖人之教人，如良醫之治疾，藥雖不同，效則一也。○新安陳氏曰：過於高者藥之以誠實，不及而近小者藥之以寬大，皆以切己者告之也。○胡氏明仲。曰：聖人之言雖救子夏之失，然天下後世皆可爲法。兩漢以來爲政者，皆未免欲速、見小利之病也。

○葉公語孔子曰：「吾黨有直躬者，其父攘羊而子證之。」語，去聲。

直躬，直身而行者。有因而盜曰攘。

孔子曰：「吾黨之直者異於是。父爲子隱，子爲父隱，直在其中矣。」爲，去聲。

父子相隱，天理人情之至也，故不求爲直而直在其中。○謝氏曰：「順理爲直。父不爲子隱，子不爲父隱，於理順邪？俗作「耶」。瞽瞍殺人，舜竊負而逃，遵海濱而處。上聲。當是時，愛親之心勝，其於直不直何暇計哉？」問父子相隱之說。朱子曰：邢氏引《律》大功以上得相容隱、告言父祖者入「十惡」，以爲得此意。善乎，其推言之也！諸說或本乎情，或本乎理，各有不同。今試以身處之，則所謂情者蓋可體而易見，所謂理者近於汎而不切。然徒徇夫易見之近情而不要之以至正之公理，則人情之或邪或正，初無準則，若之何必順此而皆可以爲直邪？苟順其情而皆可以謂之直，則霍光之夫婦相隱可以爲直，而周公之兄弟、石碏之父子皆咈其情而反陷於曲矣，而可乎？○胡氏曰：是曰是，非曰非，有謂有，無謂無，曰「直」，直之常也；父爲子隱，子爲父隱，權也，故曰「直在其中」，非指隱以爲直也。如「學」以自脩而「禄在其中」亦然。蓋直躬，人之細行；父子，人之大倫。伸一己之細行，傷人道之大倫，非天理也。父子主恩，委曲以全其恩，雖不得正謂之「直」，然亦理所當然，順理而行，不失其爲直也。葉公徒知一偏一曲之異乎人者爲高，夫子則合全體大用而觀之也。夫一偏一曲之高，非不足尚，於正理一有所虧，尚何言哉？○雙峯饒氏曰：父子主恩，於理當相隱，於情亦當相隱，故以是順天理，合人情而直在其中。若是父子相證，則天理人情兩有所乖，何取其爲直？《集註》「順理爲直」是説理，「愛親之心勝」是説情。○問：「父當爲子隱，而石碏涖殺子厚如何？」陳氏曰：證父家之私事，事主恩，故見父而不見他人；除亂國之大事，事主義，故見君而不見其子。道理不可執一，當在父子則父子重，當在君臣則君臣重。爲子止孝，爲臣止忠，地位各不同也。○吴氏曰：直，天理也；父子之親，又天理之大者也。二者相礙，則屈直以伸親，非不貴乎直也。當是時，父子之情勝，而直不直固有所不知也。陳司敗以隱君之惡爲黨，葉公以證父之惡爲直，徒知直之爲公，黨之爲私，而君臣之義、父子之親乃有不察。微夫子，則一偏一曲之説起而仁義塞矣。

○樊遲問仁。子曰：「居處恭，執事敬，與人忠。雖之夷狄，不可棄也。」

恭主容，敬主事。恭見形甸反。於外，敬主乎中。之夷狄，不可棄，勉其固守而勿失也。朱子曰：發於外者比主於中者校大，蓋必充積盛滿而後發於外。然主於中者却是本。○敬專言，如「脩己以敬」，只偏言，是「主事」。○自誠身而言，則恭較緊；自行事而言，則敬爲切。○問：「如何『雖之夷狄，不可棄』？」曰：「道不可須臾離，可離非道。」須是無間斷方得。若有間斷，此心便死了。在中國是這箇道理，在夷狄也只是這箇道理。○勉齋黄氏曰：居處，指幽獨而言，未有事者也；執事，指應事而言，未涉乎人也；與人，指接物而言，則涉乎人矣。能恭敬而忠，則天理常行而人欲不萌矣；又能無適而不然，則流行而無間斷。仁之爲道，孰外乎此？○陳氏曰：敬工夫細密，恭氣象闊大。敬意思卑屈，恭意思尊嚴。但恭只是敬之見於外者，敬只是恭之存於中者。敬與恭不是二物，如形影然。未有内無敬而外能恭者，亦未有外能恭而内無敬者。○雙峯饒氏曰：無事時，此心無所作爲，只可於容貌上著箇「恭」；及至事來，則此心便要應事，心若不在事上，爲事便鹵莽，所以著箇「敬」；至於接人，則此心須視人猶己，不可容些欺僞，所以著箇「忠」。○天體物而不遺，仁體事而無不在。於居處時容貌恭肅，則仁便在居處上；於執事時此心戰兢惟恐失之，則仁便在應事上；於與人時能盡此而無所欺僞，則仁便在與人上。若能常常如此，雖之夷狄而不棄，此仁便無間斷。○新安陳氏曰：此與答仲弓問仁章當參看。彼以敬恕言，此以恭敬忠言。蓋居處恭，静時敬也；執事敬，動時敬也。忠即恕之體，恕即忠之用也：一而已矣。動静恭敬，表裏忠恕，又能持守而無間斷，則私意何所容，而仁豈外是哉？ ○程子曰：「此是徹上徹下語。聖人初無二語也，充之則『晬雖醉反。面盎背』，推而達之則『篤恭而天下平』矣。」陳氏曰：徹上徹下，謂凡聖皆是此理。小則樊遲可用，大則堯舜不過。○慶源輔氏曰：聖人之言貫徹上下。此數言，自始學至成德皆不過如此。近而晬盎於一身，遠而治平乎天下，亦不外乎此。皆是「徹上徹下」。 胡氏曰：「樊遲問仁者三，此最先，『先難』次之，『愛人』其最後乎？」朱子曰：胡氏説三者先後雖無明證，看來是如此。若未嘗告以恭、敬、忠，則所謂「先難」者將何從下手乎？至於「愛人」，則又以其發於外者言之。○雙峯饒氏曰：即此三者，便是「先難」底事。至於「愛人」，又是從恭、敬、忠上發出去。○覺軒蔡氏曰：諸子問仁而所答各異者，因其所稟之資而發也；樊遲問仁而所答各異者，因其所學之至而發也。聖人教人，猶化工之妙，物各付物，於此見之。

○子貢問曰：「何如斯可謂之『士』矣？」子曰：「行己有恥，使於四方，不辱君命，可謂士矣。」使，去聲。

此其志有所不爲而其材足以有爲者也。慶源輔氏曰：志存於隱而才見於顯。且志易肆而才難彊，故常人之志，患在於無所不爲，而其才則患在無所能爲。行己有恥，則是其志有所不爲也；使不辱命，則是其才足以有爲也。惟其志有所不爲，然後其才足以有爲也。 子貢能言，故以使事告之。蓋爲使之難，不獨貴於能言而已。新安陳氏曰：不獨貴於能言，蓋以「行己有恥」爲本也。○朱子曰：行己有恥，則不辱其身；使能盡職，則不辱君命。○雙峯饒氏曰：有恥，士之行；不辱命，士之能。有其行又有其能，全才也，故可爲「士」。

曰：「敢問其次。」曰：「宗族稱孝焉，鄉黨稱弟焉。」弟，去聲。

此本立而材不足者，有孝弟爲本立，此外無材可見。 故爲其次。朱子曰：孝弟豈不是第一等人？而聖人未以爲士之上者，僅能使其身無過而無益於人之國，守一夫之私行而不能廣其固有之良心也。○雙峯饒氏曰：行己有恥，是事事不苟且。孝弟固是行之大者，然只是士行中之一端，而又無其能，故以爲士之次。

曰：「敢問其次。」曰：「言必信，行必果，硜硜然小人哉！抑亦可以爲次矣。」行，去聲。硜，苦耕反。

果，必行也。硜，小石之堅確克角反。者。小人，言其識量去聲。之淺狹也。此其本末皆無足觀，然亦不害其爲自守也，故聖人猶有取焉。下此則市井之人，言誕行縱。不復扶又反。可爲士矣。雲峯胡氏曰：須看「本末」二字。蓋士之所以爲士者，行，其本也；才，其末也。志有所不爲而才足以有爲，是本末俱有可觀。其次則但取其本立。又其次則本末皆無足取而猶不失爲自守，故曰：「下此則市井之人，不復可爲士矣。」○朱子曰：硜硜小人亦可爲士者，其識量雖淺而非惡也。至其所守，雖規規於信、果之小節，然與誕謾苟賤之人則不可同日語矣。○厚齋馮氏曰：「言不必信，行不必果」，孟子謂之「大人」，「惟義所在」而不拘執，所應者廣也；言必信，行必果，夫子謂之「小人」，確於自守而不可轉移，所成者狹也。

曰：「今之從政者何如？」子曰：「噫！斗筲之人，何足算也？」筲，所交反。算，亦作「筭」，悉亂反。

今之從政者，蓋如魯三家之屬。噫，心不平聲。斗，量去聲。名，容十升；筲，竹器，容斗二升。斗筲之人，言鄙細也。算，數上聲。也。子貢之問每下，故夫子以是警之。○程子曰：「子貢之意，蓋欲爲皎皎之行去聲。聞於人者，夫子告之，皆篤實自得之事。」問：「程子謂『子貢欲爲皎皎之行』，是如此否？」朱子曰：子貢平日雖有此意思，然這章却是他大段平實了。渠見行己有恥、使不辱命，不是些小事，故又問其次。凡此節次，皆是要向平實處做工夫，每問皆下。到下面問「今之從政者」，却問錯了，聖人便與他截斷。

○子曰：「不得中行而與之，必也狂狷乎？狂者進取，狷者有所不爲也。」

行，道也。南軒張氏曰：中行，謂中道上行者。○胡氏曰：道，猶「路」也，故「行」亦「道」也。狂者，志極高而行去聲。下同。不掩；狷者，知未及而守有餘。朱子曰：狂者，知之過；狷者，行之過。○雙峯饒氏曰：行不掩，非全然行不顧言。如說得十分，只行得五七分，這五七分蓋那十分不過耳。蓋聖人本欲得中道之人而教之，然既不可得而徒得謹厚之人，則未必能自振拔而有爲也。故不若得此狂狷之人，猶可因其志節狂者之志，狷者之節。而激厲裁抑之以進於道，非與其終於此而已也。朱子曰：謹厚者雖是好，又無益於事，故有取於狂狷者，又各墮於一偏。中道之人，有狂者之志而所爲又精密，有狷者之節又不至過激，此極難得之人。○狷者雖非中道，然有筋骨，其志孤介，知善之可爲而爲之，知不善之不可爲而不爲，直是有節操。狂者志氣激昂。聖人本欲得中道而與之，晚年磨來磨去，難得這般恰好底人。如狂狷，尚可因其有爲之資，裁而歸之中道。○雙峯饒氏曰：或解《集註》「激厲裁抑」以爲激厲狷者，裁抑狂者，是不然。狂者志極高，是過處；行不掩，是不及處。狷者知未及，是不及處；守有餘，是過處。二者各有過不及，於過處裁抑之，使之俯而就中；於不及處激厲之，使之跂而及中。如此則皆近道矣。○狂狷自是病處，聖人所以取之者，以狂者有進取之志，狷者不爲非理之事。雖有病處，亦有好處，尚可教以中道。若徒謹厚者，只是怕事底人，雖不爲惡，亦不足與爲善，反不若狂狷之可取也。○新安陳氏曰：進取，進而有爲以取於善也。狂者，知之過而行不及，狷者行之過而知不及。得聖人「裁抑」之，「激厲」之，使狂者力行以踐之而其見不荒，狷者致知以明之而其守不狹，則中道庶乎可得矣。○孟子曰：「孔子豈不欲中道哉？不可必得，故思其次也。次，謂狂者。如琴張、曾皙、牧皮者，孔子之所謂狂也。其志嘐嘐然曰：『古之人，古之人。』夷考其行而不掩焉者也。以上皆説狂者。狂者又不可得，欲得不屑不潔之士而與之，是狷也，是又其次也。」又次，謂狷者。○勉齋黄氏曰：孔子之門，從遊之士，皆極天下之選，夫子猶歎中行之難得，思狂狷者而與之。蓋進道之難如此。狂狷雖不同，而其力量皆足以進於道者也。今持不逮之資而悠悠以進於學，是皆夫子之所棄也。

○子曰：「南人有言曰：『人而無恒，不可以作巫醫。』善夫！恒，胡登反。夫音扶。

南人，南國之人。恒，常久也。巫，所以交鬼神；醫，所以寄死生。故雖賤役，而尤不可以無常。孔子稱其言而善之。朱子曰：「恒」字古作「恆」，其説象一隻船，兩頭靠岸，可見徹頭徹尾。○慶源輔氏曰：無常之人，則在我者無定守矣，何所用而可？巫醫雖賤役，然必有常乃可爲之。蓋交鬼神而無常，則鬼神不之享；治疾病而無常，則人何敢寄以死生哉？孔子稱其言而善之，其所以警於人者深矣。

「『不恒其德，或承之羞。』」

此《易·恒卦》九三爻辭。承，進也。朱子曰：「承」如「奉承」之「承」，如人送羞辱與之也。○雙峯饒氏曰：「承」字如《儀禮》「皇尸命工祝，承致多福于爾孝孫」之「承」，言奉而進之也。

子曰：「不占而已矣。」

復扶又反。加「子曰」，以别必列反。《易》文也。其義未詳。南軒張氏曰：不占，謂理之必然，不待占決而可知也。○新安陳氏曰：不占，如《易》所謂「不占有孚」，言無常取羞，不待占筮而信然矣。楊氏曰：「君子於《易》，苟玩其占，平聲。則知無常之取羞矣。其爲無常也，蓋亦不占而已矣。」意亦略通。朱子曰：不占而已，此只是不讀書之意。○雲峯胡氏曰：《易》爲占筮之書。「不恒其德，或承之羞」，此《恒》卦九三占辭也。凡其不知不恒之患者，由平日不占而已矣。○新安陳氏曰：此章謂無恒者雖賤役不可爲，且羞辱不可免，以見人決不可以無恒也。

○子曰：「君子和而不同，小人同而不和。」

和者無乖戾之心，同者有阿比眦至反。之意。南軒張氏曰：和者，和於理；同者，同其私。和於理則不苟同，同其私則不能和。○勉齋黃氏曰：和之與同，公私而已。公則視人猶己，何不和之有；惟理是視，何同之有？私則喜狎昵，所以常同；樂忌克，所以不和。○厚齋馮氏曰：和，如和羹，異味而相調爲一也；同，如雷同，隨聲而無分別也。和與同近似而公私不同，如比周、驕泰之類。夫子故辨之。○尹氏曰：「君子尚義，故有不同；小人尚利，安得而和？」慶源輔氏曰：義有可否，故有不同；利有爭奪，安得而和？○朱子曰：君子之和，乃以其同寅協恭，而無乖爭忌克之意；其不同者，乃以其守正循理，而無阿諛黨比之風。小人反是。此二者，外相似而內實相反，乃君子小人情狀之隱微。自古至今，如出一軌。如韓、富、范公，上前議論不同，或至失色，至卒未嘗失和氣；王、呂、章、曾、蔡氏，父子兄弟同惡相濟，而其隙無不至。亦足以驗聖言之不可易矣。○君子之心是大家只理會這一箇公當底道理，故常和而不可以苟同；小人是這箇私意，故雖相與阿比，然兩人相聚也便分箇彼己了，故有些少利害，便至紛爭而不和也。○雙峯饒氏曰：《論語》中説小人有數樣。「硜硜然小人哉」，是以其氣量淺狹，故謂之「小人」。「小人哉，樊須也」，是以其所務者小事，故謂之「小人」。「毋爲小人儒」，以其所業雖正而用心則私，此是儒者中之「小人」。至於「小人比而不周」、「驕而不泰」、「和而不同」，❶與夫「窮斯濫」、「長戚戚」之類，是指其心術全然不好底，故每每把對「君子」反説。

○子貢問曰：「鄉人皆好之，何如？」子曰：「未可也。」「鄉人皆惡之，何如？」子曰：「未可也。不如鄉人之善者好之，其不善者惡之。」好、惡，皆去聲。

一鄉之人，宜有公論矣。然其間亦各以類，自爲好惡也。故善者好之而惡如字。

❶「和而不同」，四庫本、孔本及《四書通》作「同而不和」。

者不惡，則必其有苟合之行；去聲。惡如字。者惡之而善者不好，則必其無可好之實。勉齋黄氏曰：不以鄉人皆好皆惡而定其人之賢，必取決於善者之好、不善者之惡。蓋善者循理，故所好者如己之循理者也；不善者徇欲，故所惡者必不如己之徇欲者也：此其所以爲賢也。○慶源輔氏曰：鄉人皆好，恐是同流合汙之人；鄉人皆惡，恐是詭世戾俗之人：故皆以爲未可。惟鄉人之善者以其同乎己而好之，則有可好之實矣；不善者以其異乎己而惡之，則無苟容之行矣：方可必其人之賢也。○西山真氏曰：必善者好之，不善者惡之，是其制行之美足以取信於君子，而立心之直又不苟同於小人，其爲賢必矣。○厚齋馮氏曰：子貢方人，故所問如此。夫人自幼及長，知之悉者莫鄉人若也。好惡無異辭，則賢否宜可決矣。然鄉人不能皆善，則好惡不能皆當。唯善不善各以類合，求之於此，一好一惡而賢否定矣。○雙峯饒氏曰：子貢之問，以爲賢者必爲鄉人之所好。今鄉人皆好之，還可以爲賢乎？夫子見有居之似忠信，行之似廉潔，不免媚世以取譽，故謂鄉人皆好，未可遽以爲賢。子貢又問如此，則鄉人皆惡之，還可以爲賢乎？夫子又見有幼而不遜弟，長而無述焉，爲鄉黨所不齒者，亦豈可以鄉人皆惡而遽謂之賢乎？若鄉人之善者皆好之，則以類從類；不善者皆惡之，則其志行不苟同於流俗：可以見其必爲賢者而無疑也。○覺軒蔡氏曰：「不如鄉人之善者好之，其不善者惡之」，乃夫子答子貢「鄉人皆好之」、「皆惡之」之問耳，非謂必欲不善者惡之也。如明道先生狡僞者獻其誠，暴慢者致其恭，雖小人趨向之異，亦必以先生爲君子，則不善者曷嘗惡之耶？

○子曰：「君子易事而難説也：説之不以道，不説也；及其使人也，器之。小人難事而易説也：説之雖不以道，説也；及其使人也，求備焉。」易，去聲。説音悦。

器之，謂隨其材器而使之也。君子之心公而恕，公，故難説；恕，故易事。小人之心私而刻。私，故易説；刻，故難事。天理人欲之間，每相反而已矣。朱子曰：君子無許多勞攘，故易事；小人便愛些便宜，人便從那罅縫去處奉他，故易說。〇南軒張氏曰：易事者，平恕之心也；難說者，正大之情也。其所說者，義理而已，而非說人之說己也。故說之不以道則不說，與人爲善而取之不求備，故使人則器之。若小人，則徇於一己之私而已。故順己則喜而不察其非道也，勝己則忌而惟欲責其全也。此公私之分也。〇厚齋馮氏曰：君子小人，蓋指當時卿大夫之得政者而言。〇雙峯饒氏曰：說不以道不說，是難說；器之，是易事。說不以道亦說，是易說；求備，是難事。〇慶源輔氏曰：君子持己之道甚嚴而待人之心甚恕，小人治己之方甚寬而責人之意甚刻。君子說人之順理，小人說人之順己。君子貴重人材，隨才器而使之，而天下無不可用之人；小人輕視人才，故求全責備，而卒至無可用之人。

〇子曰：「君子泰而不驕，小人驕而不泰。」

君子循理，故安舒而不矜肆；小人逞欲，故反是。胡氏曰：循理者，泰之本；逞欲者，驕之根。君子惟理是循，富貴貧賤，安於所遇，無入而不自得，故常舒泰；小人惟欲之逞，貪求苟取，意得志滿，常以自誇，故常驕矜。〇南軒張氏曰：泰者心廣而體胖，驕者志盈而氣盛也。驕則何由泰，泰奚驕之有？然而能不驕矣，而未之泰者，亦有之。蓋雖能制其私，而涵養未至，未免乎拘迫者也。〇雲峯胡氏曰：驕與泰相似。《大學》曰「驕泰以失之」，《章句》謂「驕者，矜高；泰者，侈肆」。此則以泰爲「安舒」，驕爲「矜肆」。「矜肆」二字，包「矜高侈肆」四字。朱子訓釋之精如此。〇新安倪氏曰：此以「泰」與「驕」對言，則泰者驕之反，本乎循理而安舒；《大學》以「泰」與「驕」合言，則「泰」亦「驕」之類，根乎逞欲而侈肆：各隨其旨觀之，可也。

〇子曰：「剛、毅、木、訥近仁。」

程子曰：「木者，質樸；訥者，遲鈍。四者，質之近乎仁者也。」楊氏曰：「剛毅則不屈於物欲，木訥則不至於外馳，故近仁。」朱子曰：「剛」是體質堅强，不軟不屈；「毅」却有奮發作興氣象。〇「近仁」之說，原聖人之意，非是教人於此體仁，乃是言如此之人，於求仁爲近耳。雖有此質，正須實下求仁工夫，乃可實見近處。未能如此，即須矯揉到此地位，然後於仁爲近，可下工夫。若只守却「剛毅木訥」四字，要想象思量出仁體來，則無是理也。

○勉齋黃氏曰：剛，强勁；毅，堅忍。○胡氏曰：剛毅則有堅强不已之意，木訥則無巧令必飾之資，故於仁爲近。然非論其問學工夫，即其資禀而言也。資禀之近，若合於仁矣，未可以爲仁也。蓋仁雖出於天生之本然，唯上智之資氣命於理，自然合於中和而不墮於一偏。其不屈於物欲，固剛毅矣，然待人接物，未嘗不温然而和順也；其不至於外馳，固木訥矣，然威儀文辭，未嘗不粲然而宣明也。若資質之美，則拘於一偏而已。大約言之，固於仁爲近；由學者言之，必庶幾其全體可也。○王氏曰：剛必無欲，毅必能行；木無令色，訥無巧言。○雲峯胡氏曰：四者，天資之近仁者也。加以學力，則不止於近矣。○新安陳氏曰：反觀之，則柔脆華辨之遠於仁，可知矣。

○子路問曰：「何如，斯可謂之士矣？」子曰：「切切偲偲、怡怡如也，可謂士矣。朋友切切偲偲，兄弟怡怡。」

胡氏曰：「切切，懇到也。偲偲，詳勉也。怡怡，和悅也。皆子路所不足，故告之。又恐其混於所施，則兄弟有賊恩之禍，兄弟切偲則易賊恩。朋友有善柔之損，朋友怡怡則失於善柔。故又別必列反。而言之。」朱子曰：切切者，教告懇惻而不揚其過；偲偲者，勸勉詳盡而不强其從：二者皆有忠愛之誠而無勁訐之害。○「懇到」有苦切之意，然一向如此而無浸灌之意又不可。須詳細相勉，如此方有相親之意。○聖人見子路有粗暴底氣象，故告之以此。又恐子路一向和悅去了，又告之以朋友則切切偲偲，兄弟則怡怡。聖人之言是恁地密。○勉齋黃氏曰：所謂「士」者，涵泳於《詩》、《書》禮義之澤，必有温良和厚之氣，此士之正也；至於發强剛毅，則亦隨事而著見耳。子路負行之氣而不能以自克，則切偲怡怡之意常少，故夫子箴之。○雙峯饒氏曰：「切切偲偲怡怡如也」，只是一句，總言士之爲士，其氣象當如此。下文又分別其義。○覺軒蔡氏曰：黃氏云：「爵有五，士居其列；民有四，士爲之先。謂之『士』者，誠可貴也。」士之爲貴何哉？以其記誦之多，文辭之工耶？則由與賜優爲之矣，而二子乃汲汲然以士爲問，何也？至夫子所以答之者，不過於行己事君、入孝出悌、言信行果與夫處兄弟朋友之間，又何耶？人之大倫五：父子也，君臣也，兄弟也，夫婦也，朋友之交也。舜命契爲司徒，必先於「敷五教」，三代之學所以明人倫，則謂之士者，捨是何急焉？後世則不然。父兄之所告詔、師友之所訓誨、有司之所論選，記誦而已爾。人道之大端不暇講也。如是，則謂之「士」，其果可以當此名耶？謂之「可貴」，未見其真可貴也。

○子曰：「善人教民七年，亦可以即戎矣。」

教民者，教之以孝弟去聲。忠信之行、去聲。務農講武之法。即，就也；戎，兵也。民知親其上、死其長，上聲。故可以即戎。雙峯饒氏曰：善人，即「善人爲邦」之善人，天資好善之人也。教民，不是專教之戰。教之孝悌忠信，則民知尊君親上之義；教之務農，則民知重本。足食足兵，皆「即戎」之本也。「亦可」者，僅可之辭。○新安陳氏曰：善人有忠愛惻怛之心，而其教民又盡本末兼該之法。孝弟忠信，本也；務農，亦本也。講武之法，末也。本末兼盡，且必七年而僅可即戎，兵其可易言哉？○程子曰：「七年云者，聖人度待洛反。其時可矣。如云『朞月』、『三年』、『百年』、『一世』、『大國五年，小國七年』之類，皆當思其作爲如何，乃有益。」問：「『善人教民七年，亦可以即戎矣』，如何恰限七年？」朱子曰：如此等，他須有箇分明界限。如古人謂三十年制國用則有九年之食，至班固則推得出那三十年果可以有九年食處。料得七年之類，亦如此。○慶源輔氏曰：聖人度其時可矣，蓋致知格物之極功，不啻如燭照而數計，非臆度之謂也。○厚齋馮氏曰：古之教士七年謂之「小成」。教民雖不如士之詳，而七年亦教成之節也。如稱「朞月」、「三年」、「百年」、「一世」、「大國五年，小國七年」之類，是皆以其勢之大小、事之難易、時之遲速而言，非臆度也。「亦可以」云者，若王者教民，不待如此之久也。善人政事不足，若能教民則有其政矣，雖無速效，遲之七年亦可也。此言不可以不教之民戰也。○雙峯饒氏曰：欲論其作爲，只前面説底便是。朞月而紀綱布，三年而政化行，一世而教化浹洽，此是聖人作爲久近之效。七年而可以即戎，比之「三年而有勇知方」者有間；百年而可以勝殘去殺，比之「必世而仁」者遠甚。

此是善人作爲久近之效。○雲峯胡氏曰：教民，本非爲即戎而設。教之深，亦可以即戎矣。

○子曰：「以不教民戰，是謂『棄之』。」以，用也。言用不教之民以戰，必有敗亡之禍，是棄其民也。吴氏曰：《白虎通》云：「教民者，皆里中之老而有道德者爲右師，教里中之子弟以道藝、孝弟、行義。朝則坐於里門，弟子皆出，就農復罷，亦如之。若既成藏，❶皆入教學，立春而就事。故無不教之民。」非謂教之戰也。然其三時務農，一時講武，則金鼓旗物之用、坐作進退之節，亦在所教矣。○南軒張氏曰：所謂「教」者，教之以君臣父子長幼之義，使皆有親其上、死其長之心，而又教之以節制，如《司馬法》是也。若未之教而驅之戰，則是棄之死地而已矣。○厚齋馮氏曰：孟子曰：「不教民而用之，謂之殃民。」蓋本諸此。○新安陳氏曰：此章與上章未必一時之言，記者以類相從，乃承上章之意而反言之也。

論語集註大全卷之十三

❶「成」，《白虎通義》卷四、清光緒元年淮南書局本《白虎通疏證》卷四作「收」。「藏」，四庫本作「歲」。

論語集註大全卷之十四

憲問第十四

胡氏曰：「此篇疑原憲所記。」趙氏曰：「憲問耻」不書姓而直書名，其爲自記之證一也。他章夫子稱弟子則名之，曾子、有子、冉子門人之所記則以「子」稱，非其師者皆稱字，如原思爲之宰亦以此稱。而此書名，其爲自記之證二也。下章問「克伐怨欲不行」，不別起端而聯書之，其爲自記之證三也。○勿軒熊氏曰：多記孔門出處言行，内雜論《春秋》人物。❶ 凡四十七章。

憲問耻。子曰：「邦有道，穀。邦無道，穀，耻也。」

憲，原思名。穀，禄也。邦有道，不能有爲；邦無道，不能獨善而但知食禄，皆可耻也。憲之狷介，雙峯饒氏曰：狷是有執守，介是有分辨。其於邦無道穀之可耻，固知之矣；至於邦有道穀之可耻，則未必知也。故夫子因其問而并言之以廣其志，使知所以自勉而進於有爲也。朱子曰：「穀」之一字，有食禄之義。言有道無道只會食禄，略無建明，豈不可深耻？○問：「憲之狷介安貧，豈不知『邦有道，穀』之可耻？」曰：未可知也。人到用處方見。族黨稱其孝弟，夫子未以爲士之至行者，僅能持身於無過而無益於人國，不足深貴也。邦有道而不能有爲，只小廉曲謹，濟得甚事？邦無道而受禄固不可，有道而苟禄亦不可也。○原憲甘貧守道，其志卓然能有不爲者也。其爲此問，固知邦無道而枉道得禄之爲耻矣，特欲質諸夫子以言其志耳。夫子深知其然，而亦知其學之未足

❶「人物」下，四庫本、孔本、陸本有「凡四章」三字。

以有爲也，則恐其或當有道之時，雖無枉道之羞而未免於素餐之愧，故以是而并告之，使因其所已知而推之以及其所未知者，庶乎其有以廣其業而益充其所未爲耳。或乃以謂夫子之意止於無道得禄之可耻，以憲能安貧而告之，然則是徒以其已能者而瀆告焉，豈所以進之於日新耶？○梅巖胡氏曰：《論語》中説有道無道凡八出。泛論者三。指其人而論者五：南容、伯玉、武子、史魚、原憲是也。世有道如南容之不廢、武子之知、伯玉之仕、史魚之直，可也，如欲志於穀而不能有爲，不可也。○新安陳氏曰：「邦有道，貧且賤焉，耻也；邦無道，富且貴焉」，耻也，《集註》云「世治而無可行之道，世亂而無能守之節」，其意正與此章同。但彼全是平説，此亦雖是平説，然就原憲分上觀之，則重在「邦有道穀」，微不同耳。雲峯謂：「憲爲夫子之宰，猶辭其所當得之粟，其耻於無道之穀可知。」然狷介者自守常有餘而見於事爲常不足，故夫子猶告之以有道穀之可耻也。

○「克伐怨欲不行焉，可以爲仁矣？」

此亦原憲以其所能而問也。克，好去聲。勝；伐，自矜；怨，忿恨；欲，貪欲。慶源輔氏曰：克，只訓勝，如克敵、克己之爲勝敵、勝己是也。然單言之則爲好勝，如忮克、克伐是也。伐者，傷殘之意，自矜乃所以自殘也。忿見於外，恨藏於中。內恨外忿則怨。欲有公私，貪欲則欲之私也。○胡氏曰：分言則四事對舉，互言則克伐者，因己所有而生氣盈也；怨欲者，因己所無而生氣歉也。推本言之，又皆由有己而生也。○雙峯饒氏曰：克伐二者只是一病，怨欲二者亦只是一病。四件是兩件，兩件又只是一件。病根在一欲字。有所欲則貪多而求勝。遂其所欲則誇伐，不遂其所欲則怨恨。

子曰：「可以爲難矣，仁則吾不知也。」

有是四者而能制之使不得行，可謂難矣。仁則天理渾上聲。然，自無四者之累。不行，不足以言之也。朱子曰：克伐怨欲，只是自就道理這邊看得透，則那許多不待除而自去。若實是看得大底道理，要求勝做甚麽？要去矜誇他人做甚麽？「求仁而得仁，又何怨？」怨箇甚麽？耳目口鼻四肢之欲，惟分是安，欲箇甚麽？見得大處分明，這許多小小病疾都如冰消凍釋，無有痕迹矣。若只是遏在胸中不行，畢竟是有這物在裏。才説無，便是合下掃去，不容他在裏。譬如一株草剗去而留其根，與連其根剗去，此箇意思如何？而今人於身上有不好處，須是合下便剗去。若只是在人面前不行，而此箇根苗常留在裏，便不得。○克伐怨欲不行所以未得爲仁者，如面前有一事相觸，雖能遏其怒，畢竟胸中有怒在，所以未得爲仁。○南軒張氏曰：克伐怨欲不行，亦可謂能制其私欲者矣，然克伐怨欲之根猶在也。若夫仁者之心，則克伐怨欲無自而萌焉，故制之於流未若澄之於源也。○慶源輔氏曰：憲兩問，夫子荅之皆是因其所已能而進之以其所未能。○程子曰：「人而無克伐怨欲，惟仁者能之。有之而能制其情使不行，斯亦難能也，謂之仁則未也：此聖人開示之深，惜乎憲之不能再問也。」程子曰：人無克伐怨欲四者，便是仁也。只爲原憲著一箇「不行」，不免有此心，但不行也，故孔子謂「可以爲難」。此孔子著意告原憲處，欲他有所啓發。他承當不得，不能再發問也。孔門如子貢者便能曉得聖人意，且如曰：「女以予爲多學而識之歟？」對曰：「然。」便問曰：「非歟？」孔子告之曰：「非也，予一以貫之。」原憲則不能也。○若無克伐怨欲固爲仁已，唯顔子而上乃能之。○朱子曰：明道説原憲承當不得，所以不復問。他非獨是這句失問，如「邦有道，穀；邦無道，穀，耻也」，也失問。○問：「原憲也不是箇氣昏力弱底人，何故如此？」曰：他直是有力，看他孤潔節介，卒未易及，只是見識自如此。若子路見識較高，他問時須問到底。然教原憲去爲宰從政，未必如子路、冉求之徒；若教子路、冉求做原憲許多孤介也做不得。孟子曰：「人有不爲也而後可以有爲。」原憲却似只要不爲，却不理會有爲一節。○慶源輔氏曰：憲之所以僅能其難，固以其狷介有守，而至於不能復有所問，則亦以狷介之守痼之也。或曰：四者不行，固不得爲仁矣。然亦豈非所謂克己之事，求仁之方乎？曰：克去上聲。下同。己私以復乎禮，則私欲不留而天理之本然者得矣。若但制而不行，則是未有拔去病根之意而容其潛藏隱伏於胸中也，豈克己求仁之謂哉？

學者察於二者之間，則其所以求仁之功，益親切而無滲，所禁反。漏矣。朱子曰：克己，如誓不與賊俱生；克伐怨欲不行，如「薄伐玁狁，至于太原」，但逐出境而已。○克己者，是從根源上一刀兩斷，便斬絶了，更不復萌；不行底，只是禁制他不要出來，那欲爲之心未嘗忘也。○雙峯饒氏曰：拔去病根有兩説：一是積漸消磨，一是勇猛決去。平居莊敬涵養，此積漸消磨法也，臨事省視克己，此勇猛決去法也。○胡氏曰：制其情而不行，與顔子「四勿」若相似而實不同。四勿者，分辨於天理人欲之間而一循乎天理；不行者，禁制於人欲已發之後而不徇乎人欲。用力於初分之際者易，用力於已發之後者難。此所以雖不許其仁而亦許其難也。苟志不勝氣，則藏伏於内者勃然而出，其難也有時而不可恃矣。○雲峯胡氏曰：克、伐、怨皆生於欲。仁者純乎天理而無欲者也，無欲則自然無克、伐、怨矣。顔子私欲净盡，可以爲仁；憲之力制其欲者，可以爲難。

○子曰：「士而懷居，不足以爲士矣。」居，謂意所便安處也。胡氏曰：居以爲居室亦可，然居室一事所該者狹，聖人既斷其不足以爲士，則不止思念其居室之安而已，故以爲「意所便安處」皆是。蓋不循理之安而惟徇情之安，則趨利背義，往往有之，安得謂之士？○慶源輔氏曰：懷吾「意所便安處」便是利心。爲士者正義而不謀利，若於「意所便安」者戀戀而不能忘，則於義之所當爲者必不能知所徙矣，内則損德，外則廢業，是尚足以爲士哉？○雲峯胡氏曰：「懷居」與「小人懷土」相似，與聖人安土樂天相反。安土者，隨其身之所處而安，無所執著，所謂安土敦乎仁，其樂也天；懷居者，戀其身之所便以爲安，有所執著，其累也人。○新安陳氏曰：君子當安安而能遷。私意戀著，是苟安也，若是，則如輔氏所謂「於義所當爲，必不能徙」矣。

○子曰：「邦有道，危言危行；邦無道，危行言孫。」行、孫，並去聲。危，高峻也；孫，卑順也。陳氏曰：高峻者，廉隅之稱，非詭險也；卑順者，加謙恭之意，非阿諛也。尹氏曰：「君子之持身不可變也，至於言，則有時而不敢盡，以避禍也。然則爲國者使士言孫，豈不殆哉？」朱子曰：洪氏云：「危非矯激也，直道而已；孫非阿諛也，遠害而已。」吳氏云：言孫者亦非失其正也，特少置委曲，如夫子之對陽貨、王孫賈云爾。○南軒張氏曰：危，高特之意。君子非固欲危其言行，介然守道不徇於世。自世人視之，則見其高特耳。○慶源輔氏曰：行以持身，則終無可變之理；言以應物，則或有當遜之時。○雙峯饒氏曰：行無時而不危，所謂「國有道，不變塞焉；國無道，至死不變」；言有時而或遜，所謂「國有道，其言足以興；國無道，其默足以容」。○新安陳氏曰：制行無時而可變，持身之道也；出言有時而不敢盡，保身之道也。

○子曰：「有德者必有言，有言者不必有德。仁者必有勇，勇者不必有仁。」

有德者，「和順積中，英華發外」。八字出《樂記》。能言者，或便平聲。佞口給而已。仁者，心無私累，見義必爲。勇者，或血氣之强而已。胡氏曰：便佞口給，無德之言也；血氣之强，非仁義之勇也。○尹氏曰：「有德者必有言，徒能言者未必有德也。仁者志必勇，志能帥氣。徒能勇者未必有仁也。」問：「仁與德如何分？」雙峯饒氏曰：隨所得淺深，皆可以爲德，皆可見於言，仁則德之全也。心無私累，故能見義必爲；德未到此田地，未必真能有勇也。

○南宮适問於孔子曰：「羿善射，奡盪舟，俱不得其死。然禹、稷躬稼而有天下。」夫子不答。南宮适出，子曰：「君子哉，若人！尚德哉，若人！」适，古活反。羿音詣。奡，五報反。盪，土浪反。

南宮适，即南容也。羿，有窮之君。善射。滅夏后相去聲。而篡其位。其臣寒浞士角反。又殺羿而代之。奡，《春秋傳》作澆，五吊反。浞之子也。力能陸地行舟。後爲夏后少去聲。康夏后相之子。所誅。《左傳》襄公四年，魏絳曰：「昔有夏之方衰也，后羿自鉏遷于窮石，因夏民以代夏政。恃其射也，不修民事而淫于原獸。用寒浞以爲相。浞行媚于内宫人。而施賂于外，愚弄其民而虞羿于田。虞，樂也。樹之詐慝以取其國家。羿歸自田，家衆殺而烹之。靡奔有鬲氏。靡，夏之臣。浞因羿室生澆及豷。音戲。恃其讒慝詐僞而不德于民，使澆用師滅斟灌及斟尋氏。二國，夏同姓諸侯。靡自有鬲氏收二國之燼，遺民。以滅浞而立少康。少康滅澆，后杼滅豷。后杼，少康子。有窮遂亡。」○新安陳氏曰：羿、奡，皆篡賊而殺誅異辭者。羿當誅，然非浞所得誅也，故云殺。

禹平水土，曁稷播種，身親稼穡之事。禹受舜禪時戰反。而有天下，稷之後至周武王亦有天下。适之意蓋以羿、奡比當世之有權力者而以禹、稷比孔子也，故孔子不答。然适之言如此，可謂君子之人而有尚德之心矣，不可以不與，故俟其出而贊美之。

問夫子不答南宫适。朱子曰：适雖非問，然其言可取，則亦不應全然不答。疑其實有貶當世而尊夫子之意，夫子不欲承當，故不答爾。○南軒張氏曰：方是時，天下以力相高而不知貴德。南宫适之言，謂强力不可恃而德之爲尊也。夫子不答者，以其有「禹稷」之言，答之則是己當之也。而以其言之善，則從而美之，使學者知尚德之意也。言禹、稷之德而獨稱其躬稼者，舉其見於行事之實也。南宫适亦知言哉！○慶源輔氏曰：适素號能謹言，而以此質於夫子，其所以閔世悼俗、尊尚聖人之意，備見於言外。夫子不答，於出而美之，可見聖人處事之密而取善之周矣。○葉氏少藴。曰：是時田恒之簒齊、六卿之分晉，三家之專魯，孰非欲爲羿與奡者？○雙峯饒氏曰：此章意味涵深。《集註》「權力」二字，正指三家而言。三家權力盛而有無君之心，故以羿、奡比之；夫子有德而無位，故以禹稷比之。三家無君必至於亡，夫子有德如此，異日造物必有以處之而使之得位，故微其辭以形容之。孔子以其以禹、稷比己已難答，又以羿、奡比三家愈難答，所以不答。适是孟懿子之兄，亦是三家之子孫，❶乃有此等見識，尤所難得，故夫子俟其出而嘆美之。○新安陳氏

❶「三」，原作「二」，今據四庫本、孔本、陸本及《輯釋》、《四書通》改。

曰：君子尚德，小人尚力。适戒羿奡，尊禹稷，是尚德不尚力也，故許以「君子」。

○子曰：「君子而不仁者有矣夫！未有小人而仁者也。」夫音扶。

謝氏曰：「君子志於仁矣，然毫忽之間心不在焉，則未免爲不仁也。」朱子曰：君子譬如純白底物事，雖有一點黑，是照管不到處；小人譬如純黑底物事，雖有一兩點白處，却當不得那白也。○潛室陳氏曰：君子容有不仁處，此特君子之過爾，蓋千百之一二；若小人本心既喪，天理已自無有，何得更有仁在？已自頑痺如鐵石，亦無醒覺之理。甚言小人之不仁也。此「君子」、「小人」指心術邪正言。君子存心雖正，猶有私意間發之時；小人本心既無，縱有隙光暫見，決不勝其虺蛇之毒。此章深惜小人之喪失本心也。○雙峯饒氏曰：仁，是純乎天理而無一毫人欲之私，少有間斷，便是不仁。君子之心雖純是天理，然或少有間斷，故曰「不仁者有矣夫」。小人間有些天理形見，終爲物欲所蔽，決不能到純全田地，故曰「未有小人而仁者也」。○吴氏曰：夫，婉辭。仁非聖人不能盡。小人中雖有天理滅未盡者，亦不得以「仁」稱之。云然者，勉君子而懲小人也。

○子曰：「愛之能勿勞乎？忠焉能勿誨乎？」

蘇氏曰：「愛而勿勞，禽犢之愛也；東漢《楊彪傳》：「彪子修爲操所殺。操見彪，問曰：『公何瘦之甚？』對曰：『愧無日磾讀作密低。先見之明，猶懷老牛舐神旨反。犢之愛。』操爲之改容。」忠而勿誨，婦寺音蒔。之忠也。《詩·大雅·瞻卬》篇：「匪教匪誨，時惟婦寺。」刺幽王嬖褒姒、任奄人以致亂之詩。寺，奄人也。愛而知勞之，則其爲愛也深矣；忠而知誨之，則其爲忠也大矣。」慶源輔氏曰：愛焉而自不能不勞以成之，忠焉而自不能不誨以益之，此天理人情之至，「莫之爲而爲」者也。觀慈父之於子，忠臣之於君，則可見矣。蘇氏發兩「知」字尤有意味。蓋人之私情往往不知勞之爲愛、誨之爲忠，故又言以明之。○厚齋馮氏曰：人之常情：勞之之事難從，而勞於前者逸於後，豈非愛之深者乎；誨之之語難受，而長其善以救其失，豈非忠之大者乎？

○子曰：「爲命，裨諶草創之，世叔討論之，行人子羽修飾之，東里子產潤色之。」裨，婢之反。諶，時林反。

裨諶以下四人，皆鄭大夫。草，略也；創，造也。謂造爲草藁也。世叔，游吉也；《春秋傳》作「子大叔」。討，尋究也；論，講議也。行人，掌使去聲。之官。子羽，公孫揮也。修飾，謂增損之。東里，地名，子產所居也。潤色，謂加以文采也。鄭國之爲辭命，必更平聲。此四賢之手而成。詳審精密，各盡所長，是以應對諸侯鮮上聲。有敗事。《左傳》襄公三十一年：「北宮文子相衛襄公以如楚。過鄭，文子入聘，子羽爲行人，馮簡子與子大叔逆客。事畢而出，言於衛侯曰：『鄭有禮，其數世之福也，其無大國之討乎？』」子產之從政也，擇能而使之：馮簡子能斷大事，子大叔美秀而文，貌美才秀。公孫揮能知四國之爲，知諸侯所欲爲。而辨於其大夫之族姓班位、貴賤能否，而又善爲辭令。裨諶能謀，謀於野則獲，得所謀也。謀於邑則否。此才性之蔽。鄭國將有諸侯之事，子產乃問四國之爲於子羽，且使多爲辭令；與裨諶乘以適野，使謀可否；而告馮簡子使斷之。事成，乃授子大叔使行之，以應對賓客：是以鮮有敗事。北宮文子所謂有禮也。」孔子言此，蓋善之也。朱子曰：《春秋》之辭命，猶是說義理。到戰國遊說，則只說利害而已。○洪氏曰：鄭國能慎重其辭命而信任於賢者如此，爲天下者辭命宜益重也而反輕之，討論潤色宜益衆也而獨任於一官，何哉？且古之賢者求辭命之善爾，不有其己也，故世叔討論而裨諶不以爲歉，子產潤色而子羽不以爲羞。後世爲命者反是，此辭命所以有愧於古也。○南軒張氏曰：鄭所以能自保者，亦以辭命之善，而其辭命之善則以夫衆賢之力耳。聖人稱之，以見爲命猶當假衆賢之力，則夫事有大於是者又可知矣。○葉氏少蘊。曰：子產獻入陳之捷於晉，晉人問入陳之罪，子產對焉，士莊伯不能詰，趙文子以爲辭順而受之。子曰：「晉爲伯，鄭入陳，非文辭不爲功，慎辭哉！」辭命之當慎可知矣。○雙峯饒氏曰：裨諶想是素善造謀，故使之草創；世叔熟於典故，故使之討論；子羽，行人之官，熟於應對，故又使之修飾。當時子産當國，事皆由之，然不自用己見，直待三子都了，却潤色之。合四子之長則全美矣。○厚齋馮氏曰：鄭以小國介乎晉、楚争奪之衝，自簡公十二年用子産爲卿，又十年授之以政。子産知辭命之不善，無以交鄰事大、解紛息争也，故用是三人者草創、討論、修飾之，既成乃從而潤色之。是以應對諸侯，鮮有敗事。歷定、獻、聲公，凡五十年間得免兵禍。辭命之有益於人國如此哉！

○或問子産。子曰：「惠人也。」

子産之政不專於寬，然其心則一以愛人爲主。故孔子以爲惠人，蓋舉其重而言也。《左傳》昭公二十年：「鄭子産有疾，謂子大叔曰：『我死，子必爲政。唯有德者能以寬服民，其次莫如猛。夫火烈，民望而畏之，故鮮死焉；水懦弱，民狎而翫之，則多死焉。故寬難。』疾數月而卒。大叔爲政，不忍猛而寬，鄭國多盜，取人於萑苻之澤。萑苻音丸蒲，澤名也。於澤中刼人。大叔悔之，曰：『吾早從夫子，不及此。』興徒兵以攻萑苻之盜，盡殺之。及子産卒，仲尼聞之，出涕曰：『古之遺愛也。』」○朱子曰：子産心主於寬，雖説道政尚嚴猛，其實乃是要用以濟寬爾，所以爲「惠人」。○胡氏曰：子産爲政，黜汰侈，崇恭儉，作封洫，鑄刑書，惜幣争承，皆以豐財足用、禁姦保民，其用法雖深，爲政雖嚴，而卒歸于愛。故夫子以「惠人」蔽之。然孟子以爲惠而不知爲政，《禮記》以爲能食民而不能教者，蓋先王之政之教，子産誠有所未及也。○雲峯胡氏曰：子産之惠，夫子指其心而言之；孟子所謂惠而不知爲政，不過以其乘輿濟人之一事而言，而其愛人之心，固可知矣。

問子西。曰：「彼哉，彼哉！」

子西，楚公子申，能遜楚國，立昭王，而改紀其政，亦賢大夫也。《左傳》昭公二十六年：「楚平王卒。令尹子常欲立子西，子西，平王之長庶子。曰：『太子壬弱，壬，昭王也。子西長而好善。立長則順，建善則治。王順國治，可不務乎？』子西怒曰：『國有外援，謂秦。不可瀆也；瀆，慢也。王有適嗣，不可亂也；敗親速讎，不立壬，秦將來討，是速召讎也。亂嗣不祥。我受其名。惡名。賂吾以天下，吾滋不從也，楚國何爲？必殺令尹！』令尹懼，乃立昭王。」○定公六年，吴敗楚師。「楚國大惕，懼亡。令尹子西喜曰：乃今可爲矣。言知懼而後可治。於是乎遷都於鄀，音若。地名也。而改紀其政，以定楚國。」然不能革其僭王之號，昭王欲用孔子，又沮在呂反。止之。新安陳氏曰：夫子非以私外之。《集註》提此，見其不知人，不能爲國進大才耳。其後卒召白公以致禍亂。事見《大學或問》「止至善」章内。則其爲人可知矣。「彼哉」者，外之之詞。吴氏曰：當時有三「子西」：鄭駟夏、楚宜申、公子申也。駟夏未嘗當國，無大可稱；宜申謀亂被誅，相去又遠，宜皆所不論者；獨公子申與孔子同時。

問管仲。曰：「人也，奪伯氏駢邑三百，飯疏食，没齒無怨言。」

人也，猶言「此人也」。問：「管仲曰『人也』，范、楊皆以爲『盡人道』，《集註》以爲猶云『此人也』，如何？」朱子曰：古本如此説，猶《詩》所謂「伊人」，莊子所謂「之人」也。若作盡人道説，除管仲是箇人，他人便都不是人？更管仲也未盡得人道。伯氏，齊大夫。駢邑，地名。厚齋馮氏曰：駢邑三百，伯氏食邑三百家也。齒，年也。蓋桓公奪伯氏之邑以與管仲，伯氏自知己罪而心服管仲之功，故窮約以終身而無怨言。荀卿所謂「與之書社三百，雲峯胡氏曰：《周禮》二十五家爲社。書社，謂以社之户口書於版圖者凡三百社。而富人莫之敢拒」者，即此事也。《荀子·仲尼篇》：「齊桓公見管仲之能足以託國也，是天下之大智也。遂立以爲仲父，是天下之大決也。立爲仲父而貴戚莫之敢妬也，與高國之位而本朝之臣莫之敢惡也，高氏、國氏，齊世卿也。與之書社三百而富人莫之敢距也。距，敵也。言齊之富人莫有敢敵管仲者。貴賤少長，莫不秩秩然從桓公而貴敬之，是天下之大節也。」○雙峯饒氏曰：此篇凡説管仲，夫子每護之；孟子排管仲，皆是救時而然。夫子之時，人不知有王，仲尊王亦是有功，夫子所以護之；孟子之時天下之人皆知尊伯術而賤王道，孟子恐功利之説熾，故於桓文、管晏一切抑之。○或問：管仲、子産孰優？曰：管仲之德不勝其才，子産之才不勝其德。然於聖人之學，則概乎其未有聞也。新安陳氏曰：概，平斗斛之物。謂二人平等，皆未有聞於聖學也。○慶源輔氏曰：管仲德不勝才，子産才不勝德，皆以資質言也，故其事業亦各隨其資以爲之。使其知聖賢大學之道，循序而漸進，成己以成物，則子産之德當與顔、閔同科，而仲之才當與伊、吕並駕矣。○陳氏曰：二子皆無大學規模。須是有大學規模乃爲王佐才，而伊、吕、周、召，其人也。○雙峯饒氏曰：子産才不及仲，然却正當過之，如「有君子之道四」之類是也。

○子曰：「貧而無怨難，富而無驕易。」易，去聲。

處上聲。下同。貧難，處富易，人之常情。然人當勉其難而不可忽其易也。朱子曰：貧則無衣可著，無飯可喫，存活不得，所以無怨難；富則自有衣著，自有飯喫，但若知義理、稍能守分，便是無驕，所以易。二者其勢如此。○貧而無怨，不及貧而樂者，又勝似無諂者。○敬夫説亦佳。富而無驕，不矜於外物者能之；貧而無怨，非内有所守者不能也。或謂世有處貧賤而無失，一旦處富貴則失其本心，難易之論，其不然耶？此蓋未知無怨之味也。所謂處貧賤而無失者，特未見失於外耳，又烏保其中之無怨耶？蓋一毫有所不平於中，皆爲怨也，故貧而無諂易，貧而無怨難。無怨則漸進於樂矣。○胡氏曰：貧之境逆而多不足之心，富之境順而多有餘之意。然處不足而心無不足者，非無愧怍而真有得則不能，故難；處有餘而心未嘗有餘者，苟自知收斂，矜誇不萌者能之，故易。聖人因人情事勢而别其難易如此，非謂但當勉其難而易者不必言，故《集註》又申明其不可忽之意。○問：「貧而無怨，即貧而樂否？」雙峯饒氏曰：能安於義命則能無怨，若樂則心廣體胖，非意誠心正身修者不能及此。觀子貢以「無驕」對「無諂」，而夫子以「樂」對「好禮」，淺深可見。

○子曰：「孟公綽爲趙魏老則優，不可以爲滕薛大夫。」

公綽，魯大夫。趙魏，晉卿之家。老，家臣之長。上聲。大家勢重而無諸侯之事，家老望尊而無官守之責。優，有餘也。滕、薛，二國名。大夫，任國政者。滕、薛國小政繁，大夫位高責重。然則公綽蓋廉静寡欲而短於才者也。新安陳氏曰：下章「公綽之不欲」，「廉」則不貪欲也；「静」者，❶恬淡不躁也。惟其「廉静寡欲」，所以優爲趙魏老；惟其短於才，所以不可爲滕薛大夫。○胡氏曰：趙魏雖晉卿，執國之政而家大如此，故勢尊。爲家臣之長者苟能正己，則居其位有餘矣。滕、薛雖諸侯，孟子言「滕絶長補短，將五十里」，則其國之小可知。征伐朝聘之事所不容已。大夫當國，非才智過人則不足以勝其任。○雙峯饒氏曰：公綽爲魯大夫想不稱職，故聖人謂止可爲趙魏老。問：「國小如何政繁？」曰：困於事大國，如朝聘、會盟、征伐、貢賦之類，應接不暇。問：「何爲如此？」曰：上無王綱，大陵小，强役弱，故至此。○楊氏曰：「知之弗豫，枉其才而用之，新安陳氏曰：用違其才之所長而納之於其所短，是之謂枉。則爲棄人矣，此君子所以患不知人也。言此，則孔子之用人可知矣。」南軒張氏曰：用人之方，貴於處之得其當而已。○齊氏曰：孔子嘗曰「君子不器」，又曰「其使人也，器之」，則公綽亦器也，而孔子器之者歟？

○子路問成人。子曰：「若臧武仲之知，公綽之不欲，卞莊子之勇，冉求之藝，文之以禮樂，亦可以爲成人矣。」知，去聲。

成人，猶言「全人」。武仲，魯大夫，名紇。下没反。莊子，魯卞邑大夫。言兼此四子之長，則知足以窮理，廉足以養心，勇足以力行，藝足以泛應，而又節之以禮、和之以樂，使德成於内而文見形甸反。乎外，則材全德備，渾上聲。然不見一善成名之

❶「者」，四庫本、孔本、陸本作「則」，則屬下。

迹，兼四子之長而然。中正和樂，音洛。粹然無復扶又反。偏倚駁雜之蔽，新安陳氏曰：節以禮則中正而無偏倚，和以樂則和樂而無駁雜。而其爲人也亦成矣。然「亦」之爲言，非其至者。蓋就子路之所可及而語音御。之也。若論其至，則非聖人之盡人道不足以語此。新安陳氏曰：此就「亦」字上推夫子言外之意。○問四子之事。朱子曰：武仲《左氏》詳矣。公綽前章外他無所見。卞莊子事見《新序》，曰：「莊子養母，戰而三北。及母死，齊伐魯，莊子赴鬭，三獲甲首以獻。曰：『此塞三北。』遂赴齊師，殺十人而死。」冉求之藝，則夫子固嘗稱之矣。○知而不能不欲，則無以守其知；不欲而不能勇，則無以決其爲知；不欲且勇矣，而於藝不足，則於天下之事有不能者矣。然而有是四者而又文之以禮樂，始能取四子之所長，去四子之所短。然此聖人方以爲「亦可以爲成人」，則猶未至於「踐形」之域也。問：「若聖人之盡人道，則何以加此？」曰：聖人天理渾全，不待如此逐項説矣。○洪氏以爲特以四子爲言者，四子皆魯人，而莊子與子路皆卞人，冉求又朋友也，其近而易知者爾。胡氏以爲言卞莊子，蓋以况子路爾。言有是一能而不能兼衆子之長，與成於禮樂焉，則亦不足以爲成人矣。○胡氏曰：四子之長各有所偏，故必兼四子之長。四者相資，猶未足以合乎道，又必須文之以禮樂。禮以節之，則其偏倚邪辟者去矣；樂以和之，則其乖戾矯激者消矣。此所以中正和樂，渾然粹然，而至於成人矣。○雙峯饒氏曰：文以禮樂則不好亦成好底。四件都是「質」，須「文」之以禮樂。蓋節之以禮，則凡事都有節制；和之以樂，則中心和平而所發者中節。○雲峯胡氏曰：公綽之不欲，只是德而其才未備；武仲之知、卞莊子之勇、冉求之藝只是才而其德未全。皆有一善成名之迹。至於武仲之要君，公綽之不可爲滕薛大夫，莊子輕死敵而不終於孝，冉有爲季氏聚斂，皆有偏倚駁雜之蔽，非文之以禮樂，固未見其渾然粹然也。

曰：「今之成人者何必然？見利思義，見危授命，久要不忘平生之言，亦可以爲成人矣。」

復扶又反，下同。加「曰」字者，既答而復言也。授命，言不愛其生，持以與人也。久要，如字。舊約也。平生，平日也。有是忠信之實，則雖其才知去聲。禮樂有所未備，亦可以爲成人之次也。雙峯饒氏曰：「忠」指授命，「信」指久要，似遺了「思義」一句。蓋取與不苟，亦非忠信者不能。○南軒張氏曰：見利思義，無苟得也；見危授命，無苟避也；久要不忘平生之言，不食其言也：是雖未有過人之才，而亦毅篤忠信之人，❶故在今日論之，亦可以爲成人。此亦「思狂狷」之意耳。

○程子曰：「知之明，信之篤，行之果，天下之達德也。若孔子所謂『成人』，亦不出此三者。武仲，知也；公綽，仁也；卞莊子，勇也；冉求，藝也。須是合此四人之能，文之以禮樂，亦可以爲成人矣。然而論其大成，則不止於此。若今之成人有忠信而不及於禮樂，則又其次者也。」

又曰：「臧武仲之知非正也，若文之以禮樂則無不正矣。」慶源輔氏曰：此亦舉武仲要君一事以例其餘耳。人之資禀雖善，然亦不能無偏，須學以成之，然後協于中正而無疵也。又曰：「語『成人』之名，非聖人孰能之？孟子曰『唯聖人然後可以踐形』，如此方可以稱去聲。『成人』之名。」胡氏曰：「『今之成人』以下，乃子路之言，蓋不復『聞斯行之』之勇而有『終身誦之』之固矣。」未詳是否。趙氏曰：「何必然」三字似以前説爲疑。三者皆子路之所能，故胡氏疑其爲子路之言。○胡氏曰：此子路所已能，夫子方進子路於成人之域，豈又取其已能者而重奬之？○厚齋馮氏曰：子路成人之問，夫子蓋以子路之所知者，使之捨短集長，增益其所未至爾，非謂成人之道盡於是也。子路猶以爲此古之成人之道，居今之世有不必盡然者，謂誠能見利思義、見危授命、久要不忘

❶「毅」，四庫本、孔本及《癸巳論語解》卷七作「敦」。

平生之言，雖無禮樂亦云可矣。是三者蓋子路之所優爲，抑以自許也。唯其自許如此，故臺下之役，卒以身徇，終不能明君臣之大義以正衛國之難，則亦不足以爲成人矣。「行行如也」，若「不得其死然」，則以未能「文之以禮樂」故也。○新安陳氏曰：使子路能行夫子之言，始於智以知此理，終合於禮中樂和之理，豈至死於一決之勇而不足以言義乎？胡氏以後一節爲子路之言，極是。

○子問公叔文子於公明賈曰：「信乎，夫子不言，不笑，不取乎？」

公叔文子，衛大夫公孫枝也。公明，姓；賈，名。亦衛人。文子爲人其詳不可知，然必廉静之士，故當時以三者稱之。新安陳氏曰：不言笑見其静，不取見其廉。

公明賈對曰：「以告者，過也。夫子時然後言，人不厭其言；樂然後笑，人不厭其笑；義然後取，人不厭其取。」子曰：「其然？豈其然乎？」

厭者，苦其多而惡去聲。之之辭。事適其可，則人不厭而不覺其有是矣，是以稱之或過，而以爲不言、不笑、不取也。然此言也，非禮義充溢於中、得時措之宜者不能。文子雖賢，疑未及此。但君子與人爲善，不欲正言其非也，故曰：「其然？微疑之。豈其然乎？」深疑之。蓋疑之也。問：「夫子疑之，何也？」朱子曰：吴氏云：「文子請享靈公也，史鰌曰：『子富君貪，禍必及矣。』觀此則文子之言豈能皆當，而其取豈能皆善乎？」○惟其人不厭之，所以有不言不笑不取之稱也。蓋其言合節拍，所以雖言而人不厭之，雖言而實若不言也。這「不厭」字，意正如孟子所謂「文王之囿方七十里，民猶以爲小」相似。公叔文子當時人稱之已過，及夫子問之而賈所言又愈甚，故夫子不信。○不言不笑不取似乎小，却難。若真能如此，只是一偏之行。然公明賈却説時然後言，樂然後笑，義然後取，似乎易，却説得大了，蓋能如此則是時中之行也。○南軒張氏曰：公叔文子意者簡默重厚之士，故人稱之如此。聖人質之於其門人，將以察其然也。公明賈之言則善矣，然非公叔文子之所及也。蓋如賈所言，非和順積中，發而中節者莫能。然不直謂不然，而爲之疑辭曰「其然，豈其然乎」，聖人辭氣含洪忠厚如此。○問：「時樂義與廉静相去幾何？」雙峯饒氏曰：廉静是氣質好，時樂義是義理自學問中發出底。賈所稱非仁熟義精者不能，文子氣質雖美，未必能此也。○吴氏曰：稱其主曰「夫子」，意猶對蘧伯玉使者。然公明盛稱文子之賢，人反得以疑之；蘧伯玉使者但爲謙辭以對，益以彰其主之美。爲辭令者亦可以觀矣。

○子曰：「臧武仲以防求爲後於魯，雖曰不要君，吾不信也。」要，平聲。

防，地名，武仲所封邑也。要，有挾而求也。武仲得罪奔邾，自邾如防，使請立後而避邑，以示若不得請則將據邑以叛，是要君也。《左傳》襄公二十三年：「季武子無適子。公彌長，即公鉏。而愛悼子，欲立之。訪於臧紇，臧紇爲立之。季氏以公鉏爲馬正。家司馬。孟孫惡臧孫，季孫愛之。孟莊子疾，豐點孟氏之御。謂公鉏『苟立羯，莊子庶子。請讎臧氏。』孟孫卒。公鉏奉羯立之。孺子秩孟孫長子。奔邾。臧孫入哭，甚哀。出，孟氏閉門，告季孫，曰：『臧氏將爲亂。』季氏不信。臧孫聞之，戒。爲備也。孟氏將辟，婢亦反。藉除於臧氏。辟，穿藏也。於臧氏借人除葬道。臧孫使正夫隧正。助之，除於東門，甲從才用反。己而視之。孟孫又告季孫。怒，命攻臧氏。見其有甲故。臧紇斬鹿門之關以出奔邾。臧賈、臧爲出在鑄。二人，乃宣叔娶鑄國所生，與紇，兄弟也。臧武仲使告臧賈，且致大蔡焉，大龜出蔡，因號大蔡。曰：『紇不佞，失守宗祧，敢告不吊。紇之罪不及不祀，子以大蔡納請，其可。』賈再拜受龜，使爲以納請，遂自爲也。臧孫如防，使來告曰：『紇非能害也，知不足也。言使甲從己，但慮事淺耳。非敢私請。苟守先祀，無廢二勳，文仲與宣叔。敢不避邑？』乃立臧爲。臧紇致防而奔齊。」○范氏曰：「『要君者無上』，《孝經》語。罪之大者也。武仲之邑受之於君，得罪出奔，則立後在君，非己所得專也。而據邑以請，由其好知並去聲。而不好學也。」慶源輔氏曰：凡人溺於智而不知學，不鑿以爲私則必蕩而失正。武仲二病皆有之。且意萌於中，迹著於外，雖欲欺人，而人之視己如見其肺肝然。武仲之智而不足以知此，則亦以好智而不好學之故也。楊氏曰：「武仲卑辭請後，其跡非要君者，而意實要之。夫子之言，亦《春秋》誅意之法也。」和靖尹氏曰：據邑以請立，非要君而何？如不知義者將以武仲之存先祀爲賢，故夫子正之。○雙峯饒氏曰：武仲只當請後，不當據邑。夫子不罪其請，罪其據邑也。使武仲請後果以防爲言，則要君之迹彰而易見。唯不以防爲言，則要君之心隱而難知。既用智以要君，又欲逃罪以欺世，此夫子之言所以爲《春秋》誅意之法」也。

○子曰：「晉文公譎而不正，齊桓公正而不譎。」譎，古穴反。

晉文公，名重平聲。耳；齊桓公，名小白。譎，詭也。二公皆諸侯盟主，攘夷狄以尊周室者也。雖其「以力假仁」，心皆不正。然桓公伐楚，仗義執言，不由詭道，猶爲彼善於此。《左傳》僖公四年春：「齊侯以諸侯之師侵蔡，蔡潰，蔡自北杏一與中國之會，而棄諸姬，黨楚國。故齊伐楚而先事侵蔡，潰蔡者，先披楚之黨也。遂伐楚。楚子使與師言曰：『君處北海，寡人處南海，唯是風馬牛不相及也。牝牡相誘曰風。言雖馬牛風逸，亦不相及，喻地遠不相干也。不虞君之涉吾地也，何故？』管仲對曰：『昔召康公命我先君大音太。公曰：「五侯九伯，女實征之，以夾輔周室。」賜我先君履，所踐履之界。東至于海，西至于河，南至于穆陵，北至于無棣。《索隱》曰：「淮南有故穆陵門。無棣，在遼西孤竹。」爾貢包茅不入，包，裹束也。《禹貢》：荆州「包匭菁茅」。蓋取三脊之茅，包裹匭匣，盛之以貢周。王祭不共，音供。無以縮酒，祭祀必束茅而灌之以酒，爲縮酒。寡人是徵。昭王南征而不復，昭王，成王孫，南巡狩，濟漢水，船壞而溺死。寡人是問。』對曰：『貢之不入，寡君之罪也，敢不供給？昭王不復，君其問諸水濱。』昭王時漢非楚境，故楚不服。師進，次于陘。楚地。夏，楚子使屈完如師，使大夫請盟。師退，次于召陵。」次于召陵之地以聽楚成。文公則伐衛以致楚，而陰謀以取勝，其譎甚矣。《左傳》僖公二十七年：「楚子及諸侯圍宋。宋如晉告急。狐偃曰：『楚始得曹而新昏於衛，若伐曹、衛，楚必救之，則齊、宋免矣。』」前年楚申叔成穀以逼齊。二十八年：「晉侯侵曹伐衛。衛人出其君以説于晉。晉侯入曹，執曹伯，分曹衛之田以畀宋人。楚子使子玉去宋，曰：『無從晉師！』子玉使宛春告于晉師曰：『請復衛侯而封曹，臣亦釋宋之圍。』子犯曰：『子玉無禮哉！君取一，以釋宋圍惠晉侯。臣取二，以復曹衛爲己功。不可失矣。』言可伐。先軫曰：『定人之謂禮。楚一言而定三國，我一言而亡之，我則無禮，何以戰乎？不許楚言，是棄宋也。救而棄之，謂諸侯何？言將爲諸侯所怪。楚有三施，去聲。我有三怨，怨仇已多，將何以戰？不如私許復曹衛以携之，私許二國，使告絶于楚而後復之。攜，離也。執宛春以怒楚，既戰而後圖之。』公説，乃拘宛春於衛，且私許復曹、衛，曹、衛告絶于楚。子玉怒，從晉師。欒枝使輿曳柴而僞遁，楚師馳之，原軫以中軍公族公所率之軍。横擊之。楚師敗績。晉師三日館穀。」館，舍也。食楚軍之穀三日。二君他事，亦多類此。新安陳氏曰：上引二事以著其實，此即二事以推其餘。故夫子言此以發其隱。慶源輔氏曰：桓公責楚以包茅不貢及昭王不復二事，進次而不遂戰，既服而與之盟，是「仗義執言，不由詭道」也。文公始則伐曹、衛以致楚師之救，終則復曹、衛以攜二國之交，是「伐衛以致楚而陰謀以取勝」也。就霸者之中論桓文之事，則文譎而不正，桓正而不譎。若較之王者表裏無疵，粹然一出於正者，固不可同年而語矣。○齊氏曰：二公之伯，皆以勝楚。楚罪莫大於僭王猾夏，孔子於《春秋》書齊曰「侵蔡，蔡潰，遂伐楚」，而於晉僅書曰「及楚戰于城濮」，則晉之有歉於聲罪致討也，亦已著矣。○新安陳氏曰：二公心皆不正，論其彼善於此，則桓稍優於文耳。晉文固譎，齊桓亦非純乎正者。若粹然一出於正，其惟王道乎？

○子路曰：「桓公殺公子糾，召忽死之，管仲不死。」曰：「未仁乎？」糾，居黝反。召音邵。

按《春秋傳》：齊襄公無道，鮑叔牙奉公子小白奔莒。音舉。及無知弑襄公，管夷吾、召忽奉公子糾奔魯，魯人納之未克，而小白入，是爲桓公。使魯殺子糾而請管、召。召忽死之，管仲請囚。鮑叔牙言於桓公，以爲相。去聲。○《左傳》莊公八年：

「齊侯使連稱、管至父戍葵丘。二人，齊大夫。戍，守也。瓜時而往，及瓜而代。期音基。戍，公問不至，問，命也。請代弗許。故謀作亂。僖公之母弟曰夷仲年，生公孫無知，有寵於僖公，衣服禮秩如適。適，太子。❶襄公絀之。二人因之以作亂。遂殺襄公，而立無知。初，襄公立，無常，政令不常。鮑叔牙曰：『君使民慢，亂將作矣。』奉公子小白襄公庶子。出奔莒。亂作，管夷吾、召忽奉公子糾小白庶弟。來奔。九年春，雍廩齊大夫。殺無知。夏，公伐齊，納子糾。桓公自莒先入。秋，師及齊師戰于乾時，我師敗績。鮑叔帥師來言曰：『子糾，親也，請君討之；管、召，仇也，請受而甘心焉。』甘心，言欲快意戮殺之。乃殺子糾于生竇。魯地。召忽死之。管仲請囚，鮑叔受之。及堂阜齊地。而稅他活反。之。歸而以告曰：『管夷吾治於高傒，音奚。齊卿高敬仲也。言管仲治理政事之才多於敬仲。使相可也。』公從之。」子路疑管仲忘君事讎，忍心害理，不得爲仁也。問：「《集註》謂『忍心害理，不得爲仁』，『忍心』之忍是『殘忍』之忍否？」朱子曰：傷其惻隱之心，便是忍心，如所謂「無求生以害仁」，害仁，便是忍心也。○慶源輔氏曰：忘君，謂不顧糾死；事仇，謂相桓。忍心，謂心所當爲而忍之使不爲；害理，謂理所當然而咈之使不然。「忘君事仇」即「忍心害理」也。○程子曰：桓公兄而子糾弟，襄公死則桓公當立，此以《春秋》知之。《春秋》書桓公則曰「齊小白」，言當有齊國也；於子糾則止曰「糾」，不言「齊」，以不當有齊也；不言「子」，非君之嗣子也。《公》、《穀》并註四家皆書「納糾」，《左傳》獨言「子糾」，誤也。然書「齊人取子糾，殺之」者，齊大夫常與魯盟于蔇，既納糾以爲君，又殺之，故書「子」，是罪魯也。○問：「《春秋》於『糾』上一無『子』字，一有『子』字，何也？」雙峯饒氏曰：始以納之爲非，故去「子」以明其不當納；終以殺之爲非，故又稱「子」以明其不當殺。

子曰：「桓公九合諸侯，不以兵車，管仲之力也。如其仁！如其仁！」

九，《春秋傳》作「糾」，督也，古字通用。《左傳》僖公二十六年：「齊孝公伐我北鄙，公使展喜犒師。曰：『昔周公、太公股肱周室，夾輔成王。成王勞

❶「太」，原作「犬」，今據四庫本改。

之，而賜之盟，曰：「世世子孫無相害也。」載載書。在盟府，大師職之。職，主也。太公爲太師，兼主司盟之官。桓公是以糾合諸侯而謀其不協，彌縫其闕而匡救其災，昭舊職也。』」不以兵車，言不假威力也。如其仁，言誰如其仁者？又再言以深許之。蓋管仲雖未得爲仁人，而其利澤及人，則有仁之功矣。程子曰：管仲不死，觀其九合諸侯，不以兵車，乃知其仁也。若無此，則貪生惜死，雖匹夫匹婦之諒亦無也。○朱子曰：「九」之爲「糾」，展喜之詞，而「糾合宗族」之類，亦其證也。說者不考其然，乃直以爲「九會諸侯」，至數桓公之會不止於九，則又因「不以兵車」之文而爲之說曰「衣裳之會」九，餘則「兵車之會」也。《公》、《穀》以來皆爲是說，可謂鑿矣。○召忽之失在輔子糾以爭國，而不在於死；管仲之得在九合之功，而不在於不死。仲之可以不死，正以小白兄而子糾弟耳。夫子特以忽之功無足稱而其死不爲過，仲之不死亦未嘗害義而其功有足褒爾，固非予仲之生而貶忽之死也。○「仁」之一字，以德而言，則必心無私而事當理乃能當之。若言其功，則推利澤及人，有恩有惠，便可稱之，初不計德之如何也。○仲之仁是粗處，至精處則顔子三月之後或違之。○如漢高祖、唐太宗未可謂之「仁人」。然戰國至暴秦，其禍極矣，高祖出而平定天下，隋末殘虐尤甚，太宗出而掃除以致貞觀之治：此二君豈非仁者之功耶？仲之功亦猶是也。○慶源輔氏曰：「仁者安仁」，蓋天理渾然無一息之不存，無一物之不體。管仲之於德，其違闕者多矣，顧何足以語此？然使桓公糾合諸侯，攘夷狄，尊周室，不假威力，無所殺傷，則利澤及人，是亦仁者之功效矣。○蔡氏曰：子路舉忽之死，仲之不死，是以忽爲殺身成仁，仲爲未仁。夫子答以仲有仁之功如此，忽豈能如仲之仁乎？是以忽、仲比而言之，非泛許仲以仁也。下章「匹夫婦之諒」亦指忽而言。○新安陳氏曰：仁有以心術之精微言者，非大賢以上之安仁不足以當之；有以事功之顯著言者，如管仲有仁者之功，亦足以爲仁矣。子路好勇，死非所難而處死爲難，故夫子不非仲無死節之義，反取仲有及人之仁，亦所以曉子路而箴之也。

○子貢曰：「管仲非仁者與？桓公殺公子糾，不能死，又相之。」與，平聲。相，去聲。

子貢意不死猶可，相之則已甚矣。慶源輔氏曰：子路，勇者也，故有取於召忽之死而以管仲之不死爲未仁。子貢，智者也，故以仲之不死爲猶可，而以其相桓爲已甚而非仁。

子曰：「管仲相桓公霸諸侯，一匡天下，民到于今受其賜。微管仲，吾其被髮左衽矣！被，皮寄反。衽，而審反。

霸，與「伯」同，長上聲。也。匡，正也。尊周室，攘夷狄，皆所以正天下也。微，無也。衽，衣衿也。被髮左衽，夷狄之俗也。問：「令尹子文、陳文子之事，則原其心而不與其仁；至管仲，則以其功而許其仁：若有可疑者。」朱子曰：管仲之功自不可泯没，聖人自許其仁者之功。且聖人論人功過，自不相掩，功自還功，過自還過，所謂彼善於此則有之矣。若以管仲比伊周，固不可同日語；若以當時大夫比之，則在所當取。當是之時，楚之勢駸駸可畏，治之少緩，則中國皆爲夷狄，故曰：「微管仲，吾其被髮左衽矣。」○南軒張氏曰：只爲子路疑其未仁，子貢疑其非仁，故舉其功以告之。若二子問管仲仁乎，則所以告之者異矣。○厚齋馮氏曰：劉定公稱禹之功曰：「微禹，吾其魚乎？吾與子弁冕端委以治民，臨諸侯，禹之力也。」必推至此，然後見禹之有大功。夫子稱仲之仁至於「被髮左衽」，則仲之功大矣。

「豈若匹夫匹婦之爲諒也？自經於溝瀆而莫之知也。」

諒，小信也。經，縊壹計反。也。莫之知，人不知也。《後漢書》引此文，「莫」字上有「人」字。後漢應邵，字仲遠，獻帝時奏議曰：「昔召忽親死子糾之難，而孔子曰『經於溝瀆，人莫之知』。」○程子曰：「桓公，兄也；子糾，弟也。前漢淮南厲王長，高帝少子也。驕恣不用漢法，文帝重自切責之。重，難也。時帝舅薄昭爲將軍，尊重。上令昭與厲王書諫數之曰：「昔者周公誅管叔、放蔡叔以安周，齊桓殺其弟以反國，秦始殺兩弟遷其母以安秦。」仲私於所事，輔之以爭國，非義也。桓公殺之雖過，而糾之死實當。去聲。仲始與之同謀，遂與之同死，可也；知輔之争爲不義，將自免以圖後功，亦可也。故聖人不責其死而稱其功。若使桓弟而糾兄，管仲所輔者正，桓奪其國而殺之，則管仲之與桓，不可同世之讎也。若計其後功而與其事桓，聖人之言無乃害義之甚，啓萬世反覆不忠之亂乎？如唐之王珪、魏徵，不死建成之難去聲。而從太宗，可謂害於義矣。後雖有功，何足贖哉？」《唐書・王珪傳》：「建成爲皇太子，授中書舍人，遷中允，禮遇良厚。太子與秦王建成弟世民也。有隙。帝高祖。責珪不能輔導，流嶲州。太子已誅，太宗即秦王。召爲諫議大夫。」○《魏徵傳》：「太子引爲洗馬。官名。徵見秦王功高，陰勸太子早爲計。太子敗，世民伏兵於玄武門，世民射建成，殺之。王責謂曰：『爾鬩吾兄弟，柰何？』王，即秦王。鬩，鬭也。答曰：『太子早從徵言，不死今日之禍！』王器重也。其直，無恨意。即位，太宗即位。拜諫議大夫。」愚謂管仲有功而無罪，故聖人獨稱其功；王、魏先有罪而後有功，輔太宗致太平。則不以相掩可也。問程子「可也」、「亦可也」二説。朱子曰：前説亦是可，但自勉以圖功，則可之大者。又問：「孟子『可以死，可以無死』，始見其可死。後細思之，又見其可以無死，則前之可者爲不可矣。」曰：便即是此意。○問：「仲始同糾謀，雖有可死之道，而桓兄當立，則無不可事之理。蓋仲雖糾之傅，然非糾之臣，乃齊臣也。桓公當立，則桓乃吾君，所當事也。但仲之罪乃在不能諫糾之争而反輔糾以争耳。是其不死，殆知前之争爲不義，而非求争之比也。故夫子答子路『未仁』之問曰『如其仁』，以爲不死之未仁，不如九合之仁也；答子貢『非仁』之問則曰『豈若匹夫匹婦之爲諒，自經於溝瀆而莫之知』。豈若云者，是以仲之不死過於死也？故嘗以程子之説爲正而以召忽之死爲守節，仲之不死爲改過。」曰：此論甚善。但仲之意未必不出於求生，然其時義尚有可生之道，未至於害仁耳。○雲峯胡氏曰：「管仲相桓公」以下，答子貢所謂「又相之」；「豈若匹夫」以下，答子貢所謂「不能死」。

蓋死則於子糾未有君臣之分，當時未足以見其義；相則爲天下正華夷之分，而天下後世皆得以被其仁。仲蓋有以處此矣。

僎，士免反。

○公叔文子之臣大夫僎，與文子同升諸公。

臣，家臣。公，公朝。音潮。謂薦之與己同進爲公朝之臣也。

子聞之，曰：「可以爲文矣。」

文者，順理而成章之謂。《謚法》亦有所謂「錫民爵位曰文」者。見《公冶長》篇「孔文子何以謂之文也」章。○胡氏曰：其才德足以爲大夫而薦之爲大夫，順理也；以家臣之賤而與之同列，無慊焉，成章也。彼「錫民爵位」，特其迹爾。○洪氏曰：「家臣之賤而引之使與己並，有三善焉：知人，一也；忘己，二也；事君，三也。」慶源輔氏曰：知人，智也；忘己，公也；事君，忠也。有是三者則理順章成而粲然可觀矣，安得不謂之「文」哉？然文王之文，舉全體而言；此與孔文子之文，取一事而言。○厚齋馮氏曰：文子卒，其子請謚，謚以「貞惠文子」，蓋以修其班列以與四鄰交，衛國之社稷不辱，故謚以「文」，初不爲薦其臣僎，同升諸朝而謂之文也。特夫子稱其可以爲「文」，有以見文子之不愧其謚耳。○雙峯饒氏曰：今之所謂《謚法》，未必果出周公，恐後人因經傳所有而傅會之。如「錫民爵位謂之文」，直無意義。夫子所稱，蓋謂文子所爲如此，是亦無愧於「文」之謚矣，非指此爲文也。孔文子好學下問，是以謂之「文」，却是正說所以爲「文」之義。○新安陳氏曰：說者以文子得謚之故見諸《檀弓》，夫子聞其與家臣同升諸公則是文子薦僎之時，非身後也，《謚法》「錫民爵位曰文」，蓋後人用孔子之意以爲謚爾：此過論也。蓋孔子於其既謚之後，聞其嘗有此薦賢之美事，故稱此一事而謂「可以無愧於文之謚」耳。豈可於其人之身存而預議其謚哉？

○子言衛靈公之無道也。康子曰：「夫如是，奚而不喪？」夫音扶。喪，去聲。下同。

喪，失位也。

孔子曰：「仲叔圉治賓客，祝鮀治宗廟，王

孫賈治軍旅。夫如是，奚其喪？」

仲叔圉，即孔文子也。三人皆衛臣，雖未必賢，而其才可用。靈公用之又各當去聲。其才。胡氏曰：圉即敏學好問者，賈即問奧竈者，鮀即以佞免於今世者。如圉幾矣，賈之竊權，鮀之善佞：治世之罪人也。然事神治軍各有所長，而用之使各得以盡其所長耳。○鄭氏舜舉。曰：子適衛者五，蓋有拳拳之意焉，亦以靈公善用人，庶或可以有爲爾。○雙峯饒氏曰：治賓客得其人，則朝聘往來之際無失禮於鄰國，而不至於啓釁召禍；治軍旅得其人，則緩急有備而敵國不敢窺；治宗廟得其人，則籩豆靜嘉，牲牷肥腯，神人胥悅，尤繫屬人心之本也：三者皆國之大本，故得其人，亦可以無喪。○東陽許氏曰：夫子平日語此三人皆所不許，而此章之言乃若此，可見聖人不以其所短棄其所長，至公之心也。用人當以此爲法，但欲當其才耳。○尹氏曰：「衛靈公之無道，宜喪也。而能用此三人，猶足以保其國。而況有道之君能用天下之賢才者乎？《詩》曰：『無競維人，四方其訓之。』」《詩》，《大雅·抑》之篇。競，强也。言莫强於用人，則四方其以爲訓矣。○南軒張氏曰：以衛靈公之無道，然所用得其才，猶足以無喪。雖然，僅能維持使之勿喪而已；若身正於上而用得其人，則孰能禦焉？

○子曰：「其言之不怍，則爲之也難。」

大言不慙，則無必爲之志而自不度音鐸。其能否矣。欲踐其言，豈不難哉？南軒張氏曰：易其言者，實必不至。若聽其言而不怍，則知其爲之也難矣。故「古者言之不出，恥躬之不逮」，而仁者之言必訒。○新安陳氏曰：輕於言者必不務力於行也，此必有爲而言。

○陳成子弒簡公。

成子，齊大夫，名恒。胡登反。簡公，齊君，名壬。事在《春秋》哀公十四年。《左傳》：「齊簡公之在魯也，簡公，悼公陽生子壬也。時從其父奔在魯。闞止有寵焉。及即位，使爲政。陳成子憚之，驟顧諸朝。五月壬申，成子殺子我。即闞止。庚辰，執公于舒州。甲午，弑之。孔丘三日齊，而請伐齊三，公曰：『魯爲齊弱久矣，子之伐之，將若之何？』對曰：『陳恒弑其君，民之不與者半。以魯之衆加齊之半，可克也。』公曰：『子告季孫。』孔子辭，辭不告。退而告人曰：『以吾從大夫之後也，故不敢不言。』」

孔子沐浴而朝告於哀公曰：「陳恒弑其君，請討之。」朝音潮。

是時孔子致仕居魯。沐浴齊側皆反。戒以告君，重其事而不敢忽也。臣弑其君，人倫之大變，天理所不容，人人得而誅之，況鄰國乎？故夫子雖已告老而猶請哀公討之。張子曰：天子討而不伐，諸侯伐而不討。故雖湯武之舉，不謂之「討」而謂之「伐」。陳恒弑其君，孔子請討之，此必因周制，鄰有殺逆，諸侯當不請而討。

公曰：「告夫三子。」夫音扶。下「告夫」同。

三子，三家也。時政在三家，哀公不得自專，故使孔子告之。

孔子曰：「以吾從大夫之後，不敢不告也。君曰『告夫三子』者。」

孔子出而自言如此。意謂弑君之賊，法所必討；大夫謀國，義所當告。君乃不能自命三子，而使我告之邪？

之三子告，不可。孔子曰：「以吾從大夫之後，不敢不告也。」

以君命往告，而三子魯之强臣，素有無君之心，實與陳氏聲勢相倚，故沮在呂反。其謀。而夫子復扶又反。下同。以此應之，其所以警之者深矣。問：「當是之時，魯之兵柄分屬三家。哀公雖欲從夫子之言，然不告三子，則兵不可出。而孔子之意，乃不欲往告，何哉？」朱子曰：哀公誠能聽孔子以討齊亂，則亦召夫三子而以大義昭之耳。理明義正，雖或不從，而孰敢違之哉？今無成命而反使孔子往而告之，則是可否之權決於三子而不決於公也。況魯之三家即齊之陳氏，其不欲討之必矣。是則不惟名義之不正，而事亦豈可得而成哉？然夫子以君命之重也，故不得已而一往焉，而冀其萬一之或從也。

而三子果以爲不可，則復正言之以明從違在彼，雖不敢必，而君臣大倫所繫之重，雖欲不告而不敢以已，其所以警夫三子者亦深矣。○夫子初告時，真箇欲討陳恒。後人知聖人此言可以警三子，非是聖人託討成子以警三子，聖人之心不如是迂曲。○新安陳氏曰：以吾已致仕從大夫之後，尚激於義不敢不告，則正爲君卿大夫者當何如，警之在此。

○程子曰：「《左氏》記孔子之言曰：『陳恒弑其君，民之不予與同。者半。以魯之衆，加齊之半，可克也。』此非孔子之言。誠若此言，是以力不以義也。若孔子之志，必將正名其罪，上告天子，下告方伯，而率與國以討之。至於所以勝齊者，孔子之餘事也，豈計魯人之衆寡哉？當是時，天下之亂極矣，因是足以正之，周室其復興乎？魯之君臣終不從之，可勝平聲。惜哉！」問：「程子以《左氏》所記爲非夫子之言，然則夫子之戰，將不復計其强弱而獨以大義驅之耶？」朱子曰：程子之意以爲夫子告魯，當明君臣之義，以見弑逆大惡，天下所不容，人人得誅之，况在鄰國而可以不討之乎？而其爲計，則必請其君以上告天子，下告方伯，舉天下之兵以誅之。以天下之兵討天下之賊，彼雖衆强，奚以爲哉？固不當區區獨較齊魯之强弱，而以天下之公義爲一國之私也。《左氏》所記蓋傳聞之謬，以衆人之腹爲聖人之心耳。○春秋之時，三綱淪矣。孔子請討弑逆，此天下之大幾也。斯事一正，三綱可整，天下事可次第舉矣。沐浴而朝，敬其事以卜天意也。

胡氏曰：「《春秋》之法，弑君之賊，人得而討之。仲尼此舉，先發後聞可也。」問：「程子以爲必告之天子，胡氏乃以先發後聞之説，何耶？」朱子曰：考之《春秋》，先王之時疑必自有此法。凡弑君者，人人得而討之，如漢所謂「天下共誅之」者。然事非一概，告與不告，又在乎時義之如何。使其地近於天子而可告，事未迫遽而得以告，力之不足以敵而不得不告，則告之而俟命以行。甚則或不俟命而遂行，皆可也。使其地之相去也遠，其事幾之來也不可少緩，吾之力又足以制之，而乃區區焉徇請命之小節，忘逆賊之大罪，使彼得以植其根，固其黨，或遂奔逸而不可以復得，則任其事者亦不免乎《春秋》之責矣。○雲峯胡氏曰：程子所謂「上告天子」者，經也；胡氏所謂「先發後聞」者，權也。然「先發後聞」謂魯也，非謂孔子也。○厚齋馮氏曰：是年西狩獲麟，《春秋》絶筆焉，而不復書陳恒之事，蓋有所傷感焉，而魯之事不可爲矣。○新安陳氏曰：沐浴而朝，蓋欲齊戒積誠以感君心也。獲麟在哀公十四年之春，請討在是年之夏。使此請聖人得遂其志，則三綱復正，周室復興，《春秋》可不必作矣。惟此請之不遂，此《春秋》所以不得不作也。「《春秋》作而亂賊懼」，雖不得扶植當世之三綱，而可以扶植萬世之三綱焉。

○子路問事君。子曰：「勿欺也，而犯之。」

犯，謂犯顔諫爭。去聲。○范氏曰：「犯非子路之所難也，而以不欺爲難，故夫子告以先勿欺而後犯也。」問：「子路勇於義，何難於不欺？特其燭理之不明，好强其不知以爲知，是以陷於欺耳。」❶朱子曰：以使門人爲臣一事觀之，子路之好勇必勝，恐未免於欺也。○問：「子路豈欺君者？莫只是勇便解恁地否？」曰：是恁地。子路性勇，凡言於人君要他聽，或至於説得太過，則近乎欺。如唐人諫敬宗遊驪山，謂驪山不可行，若行必有大禍。夫驪山固是不可行，然以爲有大禍，則近於欺矣。要之，雖不失爲愛君，而其言則欺矣。○勉齋黄氏曰：僞言不直謂之「欺」，直言無隱謂之「犯」。欺與犯，正相反也。夫子告子路之辭，推其本意，乃是一戒一勸兩面平説之辭。若反覆以觀，則能無欺而不能犯，則未免有回互之失；能犯矣而不能勿欺，則未免有矯飾之病：此又不可不以爲戒也。○洪氏曰：忠而犯之，所謂有犯無隱；欺而犯之，是犯上也。○雙峯饒氏曰：事君以不欺爲本。然不欺甚難，須是平日於慎獨上實下工夫，表裏如一，方能如此。今人自家好色好貨，却諫其君勿好色好貨，皆是欺君。

○子曰：「君子上達，小人下達。」

君子循天理，❷故日進乎高明；小人徇人

❶「欺」，原作「斯」，今據四庫本、孔本及宋刻本《晦菴先生朱文公文集》卷五二改。

❷「循」，原作「反」，今據四庫本、孔本、陸本及《四書章句集註》改。

欲，故日究乎汙音烏。下。朱子曰：上達，是曉得透徹到那總頭處，不特知到這裏，行也到這裏了。○凡百事上皆有達處。惟君子就中得箇高明底道理，小人就中得箇汙下底道理。○君子一日長進似一日，小人一日沈淪似一日。「究」者，究竟之義，言究竟至於極也。初間只差些子，少間究竟將去，越差得多。今人做錯一件事，說錯一句話，不肯當下覺悟便改，却只管去救其失，少間救得過失越大，無不是如此。○胡氏曰：「循天理」，❶「徇人欲」，上達下達之原也；「進高明」，「究汙下」，上達下達之效也。人心萬理皆具，人欲或得以奪之，故有待於反之也。能復乎天理而不以一毫私欲自累，則高矣；不以一毫私欲自蔽，則明矣。苟徇乎耳目口鼻四肢之欲，益趨於貪濁之地，則汙矣；益流於苟賤之域，則下矣。進則升而愈崇，究則沈而愈卑。○南軒張氏曰：上達者，反本窮理也；下達者，趨末徇欲也。皆云「達」者，如「喻義」、「喻利」皆云「喻」也。○雲峯胡氏曰：夫子嘗曰「下學而上達」，其所謂「上」、「下」者，天理人事之貫。此所謂「上達」、「下達」，天理人欲之分也。

○子曰：「古之學者爲己，今之學者爲人。」爲，去聲。

程子曰：「爲己，欲得之於己也；爲人，欲見知於人也。」慶源輔氏曰：爲己、爲人之學，其差只在毫釐之間。唯欲得之於己，則不必見知於人；纔欲見知於人，則不必得之於己。欲得於己者收斂篤實，欲見知於人者輕浮淺露。○程子曰：「古之學者爲己，其終至於成物；今之學者爲人，其終至於喪去聲。己。」問程子兩段不同。朱子曰：前段是低底爲人，只欲見知於人而已；後段是好底爲人，却是真箇要爲人。然不曾先去自家身己上做得工夫，非惟爲那人不得，末後連己也喪了。愚按，聖賢論學者用心得失之際，其說多矣，然未有如此言之切而要者。於此明辯而日省悉井反。下章同。之，則庶乎其不昧於所

❶「循」，原作「反」，今據四庫本、孔本、陸本及《四書纂疏》改。

從矣。朱子曰：今須先正路頭，明辯爲己爲人之別，直見得透，却旋旋下工夫，則意思自通，知識自明，踐履自正，積日累月漸漸熟。若見不透，路頭錯了，則讀書雖多，爲文日工，終做事不得。○雙峯饒氏曰：此章當看「者」字。言同此一箇學，但學之者用心不同。古之學此者，其心要得之於己；今之學此者，其心要求知於人。如三年學已自是了，但志在於禄，則非爲己之學也。若如後世刑名術數、記誦詞章之學，則所學已與古人背馳，何必更論其用心之同異？孔子之時，世教雖衰，其學之陋，尚未至此。○新安陳氏曰：同一學也，爲己爲人之間，古今之不同於此分焉。學者當審其幾於用心之初，可也。

○蘧伯玉使人於孔子。使，去聲。下同。

蘧伯玉，衛大夫，名瑗。于眷反。孔子居衛，嘗主於其家。既而反魯，故伯玉使人來也。

孔子與之坐而問焉。曰：「夫子何爲？」對曰：「夫子欲寡其過而未能也。」使者出。子曰：「使乎！使乎！」

與之坐，敬其主以及其使也。夫子，指伯玉也。言其但欲寡過而猶未能，則其省身克己，常若不及之意可見矣。雲峯胡氏曰：「省身」常若不及，惟恐其身之有過而常加省察也；「克己」常若不及，惟恐其過未改而常加克治也。使者之言愈自卑約而其主之賢益彰，亦可謂深知君子之心而善於詞令者矣。故夫子再言「使乎」，以重直用反。美之。按莊周稱「伯玉行年五十而知四十九年之非」，又曰「伯玉行年六十而六十化」，《淮南子》曰：「蘧伯玉行年五十而知四十九年非。」○《莊子·則陽》篇：「蘧伯玉行年六十而六十化，未嘗不始於是之而卒詘與「屈」同。之以非也。」○朱子曰：化，是舊事都消融，了無固滯。○雙峯饒氏曰：行年五十而知四十九年之非，非是至五十歲頓然有悟也。化者，變化之謂。言氣質變化一年勝似一年，至於行年六十而猶變化未已也。蓋其進德之功，老而不倦，是以踐履篤實，光輝宣著。不惟使者知之，而夫子亦信之也。南軒張氏曰：伯玉之使，其言雖謙，而意義永，事情稱也。夫欲寡過而未能，非篤於進德修業者莫知此味也。則伯玉之賢，可知矣，而其使之才亦可知矣。○慶源輔氏曰：使者不以伯玉之德著見於外者言，而以伯玉之心克治於内者告，且曰「欲而未能」，不獨其言謙抑卑下，而又深有得於聖賢爲己之學常如不及之意，可謂知德而能言矣。○雙峯饒氏曰：「欲寡其過而未能」一句意味深長。學者常存此心，乃進德之本也。○新安陳氏曰：欲寡過則不自是，不謂已能寡過則不自足：此檢身常若不及之心也。進善其有窮乎？非伯玉之賢，不能如此存心；非使者之賢，不能知伯玉此心：宜夫子有味其言而深賞之。○吴氏曰：《論語》中夫子俟其出而稱之者二，南宫适出、伯玉使者出是也；俟其出而斥之者二，宰我出、樊遲出是也。聖人氣象從容，如天地之生物，陽舒陰慘，無非教也。千載而下，猶可想見之。

○子曰：「不在其位，不謀其政。」重出。已見《泰伯》篇。

○曾子曰：「君子思不出其位。」此《艮》卦之《象》辭也。《易·艮卦·大象傳》辭曰：「兼山艮。君子以思不出其位。」曾子蓋嘗稱之，記者因上章之語而類記之也。○范氏曰：「物各止其所，而天下之理得矣。故君子所思不出其位，而君臣上下大小皆得其職也。」南軒張氏曰：「位」非獨職位，大而君臣父子，微而一事一物，當其時與其地，所思止而不越，皆不出其位也。非有主於中，其能然乎？○勉齋黄氏曰：位，身所處之地也。爲君則思君道，爲臣則思臣道，此「位」也。當食則思食，當寢則思寢，此亦「位」也。越所處而思，則爲出其位矣。○雙峯饒氏曰：上章爲謀政者言，「不在其位」之位指職位而言也；此章泛言君子之所思「不出其位」，「位」字比上章又説得闊。如爲人子則思孝，爲人臣則思忠，「素富貴則思所以行富貴，素貧賤則思所以行乎貧賤」，皆是也。○雲峯胡氏曰：艮，止也。思不出其位，身之所處止其所，心之所思亦止其所也。

○子曰：「君子恥其言而過其行。」行，去聲。

恥者，不敢盡之意；過者，欲有餘之辭。朱子曰：過，猶《易》「喪過乎哀，用過乎儉」之「過」，謂力行也。○勉齋黄氏曰：言放易，故當恥；行難盡，故當過。○胡氏曰：或謂恥其言之過於行，固通，必如《集註》釋爲兩事，斯得夫子立言之本意。○雙峯饒氏曰：「過其行」與「恥其言」對，謂行當過於其言，如云「説七分而行十分」相似。○厚齋馮氏曰：恥之者，恐其言之浮於行也；過之者，欲其行之浮於言也。

○子曰：「君子道者三，我無能焉：仁者不憂，知者不惑，勇者不懼。」知，去聲。

自責以勉人也。三句，解見《子罕》篇。○朱子曰：道體無窮，聖人未嘗見其有餘也。亦有勉進學者之意。

子貢曰：「夫子自道也。」

道，言也。自道，猶云「謙辭」。○尹氏曰：「成德以仁爲先，進學以知爲先，故夫子之言，其序有不同者，以此。」胡氏曰：爲學之序，以智爲先；若德之成，則仁又爲百行之首。○覺軒蔡氏曰：「以仁爲先」，猶自誠而明；「以智爲先」，猶自明而誠。自誠而明，夫子之事，故子貢以爲夫子自道也。上文「我無能焉」乃是謙辭。○新安陳氏曰：覺軒解「自道」與《集註》小異。未必子貢一時聞夫子之言，便以《子罕》篇語先後次序不同來比並，而答以此言也。

○子貢方人。子曰：「賜也，賢乎哉！夫我則不暇。」夫音扶。

方，比也。乎哉，疑辭。比方人物而較其短長，雖亦窮理之事，然專務爲此，則心馳於外而所以自治者踈矣。故褒之而疑其辭，復扶又反。自貶以深抑之。○謝氏曰：「聖人責人，辭不迫切而意已獨至如此。」朱子曰：學者須思量「不暇」箇甚麽，須於自己體察方可見。○齊氏曰：孔子之於道也，未得之則「發憤忘食」，既得之則「樂以忘憂」，而何暇於方人？○厚齋馮氏曰：子貢自視與夫子孰賢，而能爲夫子之所不暇爲耶？〇新安陳氏曰：我則無暇及他人，言外之意謂方自治也。

〇子曰：「不患人之不己知，患其不能也。」

凡章指同而文不異者，一言而重平聲。出也；文小異者，屢言而各出也。此章凡四見形甸反。而文皆有異，新安陳氏曰：四見者，《學而》篇「不患人之不己知，患不知人也」，《里仁》篇「不患莫己知，求爲可知也」，《衛靈公》篇「君子病無能焉，不病人之不己知也」，與此章爲四。則聖人於此一事蓋屢言之，其丁寧之意亦可見矣。胡氏曰：失於務外，爲學之通患。聖人每欲其反己以自力，故不一言而已也。〇雲峯胡氏曰：四見之中，《學而》篇是一意，重在知人；餘三見共是一意，重在「能」字。所以求爲可知者，求諸我之能而已。

〇子曰：「不逆詐，不億不信。抑亦先覺者，是賢乎！」

逆，未至而迎之也。億，未見而意之也。詐謂人欺己，不信謂人疑己。抑，反語辭。朱子曰：凡「抑」字，皆略反上文之意。言雖不逆不億，而於人之情僞自然先覺，乃爲賢也。〇楊氏曰：「君子一於誠而已。然未有誠而不明者，故雖不逆詐，不億不信而常先覺也。若夫音扶。不逆不億而卒爲小人所罔焉，斯亦不足觀也已。」朱子曰：逆詐，是那人不曾詐，我先揣摩道那人必是詐我。億不信，是那人未有不信底意，便道那人必是不信我。先覺，則分明是見那人已詐、已不信。〇人有詐、不信，吾之明足以知之，是之謂「先覺」。彼未必詐而逆以詐待之，彼未必不信而先億度其不信，此則不可也。〇勉齋黄氏曰：未見其事而疑其必欺，故爲逆詐；未見其事而度其必不實，故爲億不信。然詐、不信雖以事見，而可以理知，故雖不逆、不度而以先覺爲賢者，❶理明故也。〇雙峯饒氏曰：不逆不億，待物之誠也；先覺，燭理之明也。逆、億是有心，覺是無心。〇馮氏曰：

❶「度」，四庫本、孔本作「億」。

逆、億，如人在室外而料室中之虛實；先覺，如明鏡照物而物無遁形，此非格物致知，洞然明知者不能也。○雲峯胡氏曰：逆、億是以意見推之，先覺是以義理照之。○新安陳氏曰：逆、億者，私見之紛擾；先覺者，真見之昭徹。固不先事而預料小人之爲姦，亦不臨事而墮於小人之姦，其斯爲誠明之君子乎。

○微生畝謂孔子曰：「丘何爲是栖栖者與？平聲。無乃爲佞乎？」

微生，姓；畝，名也。畝名呼去聲。夫子而辭甚倨，居御反。蓋有齒德而隱者。栖栖，依依也。爲佞，言其務爲口給以悅人也。

孔子曰：「非敢爲佞也，疾固也。」

疾，惡去聲。也。固，執一而不通也。聖人之於達尊，禮恭而言直如此，其警之亦深矣。胡氏曰：不恭則失長幼之序，不直則失義理之正。○慶源輔氏曰：爲佞以說人者，失之不及；執一而不通者，失之過。聖人只在中道上行。微生之言雖倨而疑，夫子之言雖恭而決。○雙峯饒氏曰：栖栖，如鳥之栖木而不去。然畝方以退隱爲高，見孔子歷聘，疑其以口給取悅。殊不知聖人「可仕則仕，可止則止」，如天地四時之變化，豈若小丈夫之執一而不通耶？○新安陳氏曰：以夫子而尚謂其栖栖爲佞，則畝之耿介固執可想矣，故夫子因而箴之。夫立身待人，自有中道。聖人萬不爲柔佞之不及，亦不爲固執之太過也。

○子曰：「驥不稱其力，稱其德也。」

驥，善馬之名。德，謂調良也。胡氏曰：調者，習熟而易控御也；良者，順服而不踶齧也。○尹氏曰：「驥雖有力，其稱在德。人有才而無德，則亦奚足尚哉？」南軒張氏曰：驥之得稱，爲其德不爲其力，而況於君子，豈不以尚德爲貴乎？苟無其德，雖曰有才，其得謂之君子乎？○慶源輔氏曰：才與德皆本於天。然才出於氣，德根於理，二者雖不可闕一，然出於氣者固不若根於理之爲粹也。○胡氏曰：驥之任重致遠，非力不可，然有力者不足言，必言其調良也。故觀人者不當言其才而當言其德，人亦不可徒恃其才而當以德爲主也。○雙峯饒氏曰：驥者，良馬之稱。馬中之驥如人中之君子。驥非無力，然其所以得「驥」之名者，以德不以力；君子非無才，然其所以得「君子」之名者，以德不以才。○新安陳氏曰：此章與「歲寒松柏」章皆如《詩》六義之「比」，實以木與馬比君子，非專言木、馬也。

○或曰：「以德報怨，何如？」

或人所稱，今見形甸反。《老子》書。德，謂恩惠也。老子《道德經》「恩始」章曰：「大小多少，報怨以德。圖難於其易，爲大於其細。」

子曰：「何以報德？

言於其所怨既以德報之矣，則人之有德於我者，又將何以報之乎？朱子曰：以德報怨不是不好，但上面更無一件可以報德。譬如人以千金與我，我以千金酬之，便是當然。或有人盜我千金，而吾亦以千金與之，却是何理？視與千金者更無輕重，斷然是行不得也。

「以直報怨，以德報德。」

於其所怨者，愛憎取舍上聲。一以至公而無私，所謂直也。於其所德者，則必以德報之，不可忘也。○或人之言可謂厚矣，然以聖人之言觀之，則見其出於有意之私，而怨德之報皆不得其平也。必如夫子之言，然後二者之報各得其所。然怨有不讎，新安陳氏曰：讎，仇也。怨有不必報者，不以仇待之也。而德無不報，則又未嘗不厚也。此章之言明白簡約，而其指意曲折反覆，芳服反。如造化之簡易易並去聲。知，而微妙無窮，學者所宜詳玩也。問：「以德報怨，亦可謂忠且厚矣，而夫子不之許，何哉？」朱子曰：是亦私意所爲，非天理之正也。夫有怨有德，人情所不能忘，而所以報之各有所當，亦天理之不能已也。顧德有大小，皆所當報，而怨則有公私曲直之不同，故聖人教人「以直報怨，以德報德」。「以直」云者，不以私害公，不以曲勝直，當報則報，不必報則止，一觀夫理之當然而不以己之私意加焉。是則雖曰「報怨」，而豈害其爲公平忠厚哉？然而聖人終不使人忘怨而沒其報復之名者，亦以見夫君父之仇有不得不報者，而伸夫忠臣孝子之心耳。若或人之言，則以報怨爲薄而必矯焉以避其名，故於其所怨而反報之以德，若忠厚者，而於所德，又將何以報之？以德之上無復可加，若但如所謂報怨者而已，則是所以報德者僅適其平，而所以報怨者反厚於德，且雖君父之仇，亦將有時而忘之也，是豈不反爲逆人情、悖天理之甚哉？曰：「君父之仇，亦有當報不當報之別乎？」曰：《周禮》有之：「殺人而義者令無仇，仇之則死。」此不當報者也；《春秋傳》曰：「父不受誅，子復仇，可也。」此當報者也。當報而報，不當報而止，是即所謂「直」也。周公之法、孔子之言，若合符節，於此可以見聖人之心矣。曰：「然則楊氏所謂『小加委曲，如庾公之斯』者，如何？」曰：此意善矣，而亦有所未盡也。蓋天下之事有公義，有私恩。二者常相得焉，則盡其道而不爲私可也；不幸而或至於相妨，則權輕重而處之，使公義行於上而私恩伸於下，然後可耳。若小加委曲而害天下之公，則亦君子所不爲也。○以德報怨，於怨者厚矣；而無物可以報德，則於德者不亦薄乎？以直報怨則不然。如此人舊與吾有怨，今果賢邪，則引薦之；果不肖邪，則棄之絶之：是蓋未嘗有怨矣。○雙峯饒氏曰：直是直道，當報則報，不當報則不報，是之謂「直」。老氏之説不問道理曲直，只是不欲與人結怨而已。「以德報怨」説殺了，不若「以直報怨」之語，中間有涵蓄。當報而報，與不當報而不報，皆在其中。學者玩味其意，觸類而長，則可爲處事之權衡矣。

○子曰：「莫我知也夫！」夫音扶。

夫子自歎以發子貢之問也。

子貢曰：「何爲其莫知子也？」子曰：「不怨天，不尤人，下學而上達，知我者其天乎？」

不得於天而不怨天，不合於人而不尤人，但知下學而自然上達。此但自言其反己自修，循序漸進耳，無以甚異於人而致其知也。然深味其語意，則見其中自有人不及知而天獨知之之妙。朱子曰：不怨不尤，則不責之人而責之己；下學人事，則不求之遠而求之近：此固無與於人而不駭於俗矣，人亦何自而知之也耶？及其上達而與天爲一焉，則又有非人之所及者，此所以人莫之知而天獨知之也。○勉齋黃氏曰：窮通榮辱，天也；用舍予奪，人也。常人之情，置事於淺近，索理於渺茫，足以惑人之耳目而以爲能，此所以人知之也；聖人渾然天理，窮通榮辱，用舍予奪，皆理之所不能無者，順而受之，又何怨尤之有？人事之中便是天理，又何必捨人事而求之於渺茫哉？如是，則泊然若不見其所長者，然天理流行而聖人與之無間，如此，所以人不知而天知也。○慶源輔氏曰：己與天人只是一理。在己者既盡，則天人無有不應者。聖人與理爲一，自然無所怨尤。蓋在孔門，唯子貢之智幾平聲。足以及此，故特語音御。以發之。惜乎其猶有所未達也。朱子曰：聖門自顔、曾以下，唯子貢儘曉得，聖人多是將這般話與他說。他若未曉，聖人豈肯說與？但他知得箇頭耳，惜乎見夫子說便自住了。如「予欲無言」、「予一以貫之」也只如此住了，只是不曾有默地省悟觸動他那意思處。他若有所默契，須發露出來，不但已也，如曾子聞一貫語，便曰「唯」，子貢便無這處。○程子曰：「『不怨天，不尤人』，在理當如此。」又曰：「『下學上達』，意在言表。」又曰：「學者須守『下學上達』之語，乃學之要。蓋凡下學人事便是上達天理，然習而不察則亦不能以上達矣。」問：「下學而上達者，言『始也下學，而卒之上達』云爾。今程子以爲『下學人事便是上達天理』，何耶？」朱子曰：學者學夫人事，形而下者也；而其事之理，則固天之理也，形而上者也。學是事而通其理，即夫形而下者而得夫形而上者焉，非達天理而何哉？○問：「聖人恐不自下學中來。」曰：不要高了聖人。高後，學者如何企及？說得聖人低，越有意思。聖人雖生知，亦未嘗不學，如「十五志學」、「每事問」，便是學也。○須是下學，方能上達。然人亦有下學而不能上達者，只緣下學得不是當；若下學得是當，未有不能上達者。聖門下學而上達，至於窮神知化，亦不過德盛仁熟而自至耳。如釋氏理須頓悟，不假漸修之云，是只説上達，更不理會下學。然不理會下學，如何上達？○問：「下學只是切近處求否？」曰：也不須揀。事到面前，便與理會。且如讀書，讀第一章便與理會第一章，讀第二章亦然。今日撞著這事來，便與理會這事；明日撞著那事來，便與理會那事。萬事只一理，不是揀那大底要理會，其他却不管。○問：「有一節之上達，有全體之上達否？」曰：不是全體。只是這一件理會得透，那一件又理會得透，積累多便會貫通，不是别有一箇大底上達，又不是下學中便有上達，須是下學方能上達。今之學者於下學中便要求玄妙，則不可。○問：「下學上達，意在言表是如何？」曰：如下學只是下學，如何便會上達？自是言語形容不得。下學上達雖是兩件，理會得透，厮合只是一件。下學是事，上達是理。理在事中，事不在理外。一物之中皆具一理，就那物中見得箇理，便是上達。如「大而化之之謂聖，聖而不可知之之謂神」，然亦不離乎人倫日用之中，但恐人不能盡所謂「學」耳。果能學，安有不上達者？○方其學時，雖聖人亦須下學。如孔子問禮問官名，未識須問，問了也須記。及到達處，雖下愚也會達，便不「愚」了。○孔子當初嘆無有知我者，子貢因問何爲莫知子。夫子所答辭，只是解「何爲莫知子」一句。大凡不得乎天則怨天，不得乎人則尤人。我不得乎天亦不怨天，不得乎人亦不尤人，與世都不相干涉。方其下學人事之卑，衆人所共，又無奇特聳動人處。及其上達天理之妙，忽然上達去，人又捉摸不著，如何能知得我？知我者畢竟只是天理與我默契爾。以此見孔子渾是天理。○問：「子貢不曾問，孔子告之，必有深意。」曰：《論語》中自有如此等處。如告子路「知德者鮮」，告曾子「一以貫之」，皆是一類。此是大節目。要當自得，這却是箇有思量底事，要在不思量處得。○當時不惟門人知夫子，别人也知道是聖人。今夫子却恁地説，是如何？如子貢之聰明，想見也大，故知聖人。但尚有知未盡處，故如此説。子貢曰何爲其莫知子也？子貢也是説他不爲不知夫子，所以怪而問之。夫子便説下面三句，便與葉公問孔子於子路處相似，皆是退後一步説。不怨天，是於天無所逆；不尤人，是於人無所忤。下學只恁地就平易去做，上達便是做後自理會得。只這平易，便是人不能及處。如「發憤忘食，樂以忘憂」，看著似乎只是恁地平説，但是人自不可及。人既不能知，則只有天知者，是道理與天相契合也。○南軒張氏曰：下學人事而上達天理，天理初不外乎人事。知我其天，所謂「天」者，理而已。聖人純乎天理，故其自言如此。○問：「何謂下學上達？」潛室陳氏曰：下學人事，自然上達天理。若不下下學工夫，直欲上達，則如釋氏覺之之説是也。吾儒有一分學問則磨得一分障礙去，心裏便見得一分道理；有二分學問工夫則磨得二分障蔽去，心裏便見得二分道理。從此惺惺恁地，不令走作，則心裏統體光明，查滓净盡，便是「上達」境界。

○公伯寮愬子路於季孫。子服景伯以告，曰：「夫子固有惑志於公伯寮，吾力猶能肆諸市朝。」朝音潮。

公伯寮，魯人。子服，氏；景，謚；伯，字。魯大夫子服何也。夫子，指季孫。言其有疑於寮之言也。肆，陳尸也。言欲誅寮。《周禮》註：「有罪既殺，陳其尸曰肆。」○吴氏曰：「市朝」不過連言之。《左傳》晉殺三郤，「尸諸朝」，殺董安于，「尸諸市」，賤者在市也。○胡氏曰：大夫以上於朝，士以下於市。○新安陳氏曰：愬，譖譖也。惑志，疑心也。

子曰：「道之將行也與，命也；道之將廢也與，命也。公伯寮，其如命何？」與，平聲。

謝氏曰：「雖寮之愬行，亦命也。其實寮無如之何。」愚謂言此以曉景伯，安子路，而警伯寮耳。聖人於利害之際，則不待決於命而後泰然也。朱子曰：聖人不言命，凡言「命」者，皆爲衆人言也。到無可奈何處始言命。如此章「命也」是爲景伯説，如曰「有命」是爲彌子瑕説。聖人用之則行，舍之則藏，未嘗到無可奈何處，何須説命？如下一等人不知有命，又一等人知有命，猶自去計較。中人以上便安於命，到得聖人，便不消得言命。○問：「或以命爲天理，何也？」曰：命者，天理流行付於萬物之謂也。然其形而上者謂之理，形而下者謂之氣。自其理之體而言之，則元亨利貞之德具于一時而萬古不易；自其氣之運而言之，則消息盈虚之變如循環之無端而不可窮也。萬物受命于天以生，而得其理之體，故仁義禮智之德根於心而爲性；其既生也，則隨其氣之運，故廢興厚薄之變唯所遇而莫逃。此章之所謂命，蓋指氣之所運爲言；以天理釋之，則於二者之分亦不察矣。○吴氏曰：命指氣而言。陰陽之氣運行不齊，治亂皆有定數，如命令然。景伯欲肆寮者，義之激也；夫子歸之於命者，分之安也。疑季氏有惑志，子路遂同子羔仕衛。○齊氏曰：子路非王佐之才，家臣非卿相之位，而孔子以公伯寮之愬爲關於吾道之行止，何也？魯爲公室之蠹者，莫如季氏，孔子爲政於魯，大率欲裁其僭，而勇於承令以出藏甲、墮郈費者，子路也。公伯寮愬子路，固將假以沮孔子也，故孔子不爲子路禍福計而爲吾道興廢計。然子服景伯欲肆寮於市朝，而孔子以爲寮如命何，蓋以吾道行與不行繫於天之祐與不祐，而不繫於寮之愬與不愬也。景伯尤諸人，而孔子委之天。孟氏於臧倉之沮魯侯，亦歸之天焉。○慶源輔氏曰：聖人純是義理。義所當行則行，義所當止則止。處利害之際，唯其義而已，更不問命之如何。今此言命者，以曉景伯、警伯寮耳。○新安陳氏曰：天將使道之行，寮不能使之廢；使寮之愬得行，是天未欲道之行耳。聖人不怨天，又何尤於寮哉？

○子曰：「賢者辟世，辟，去聲。下同。

天下無道而隱，若伯夷、太公是也。辟紂而居東北海之濱。

「其次辟地，

去亂國，適治去聲。邦。如百里奚去虞之秦。

「其次辟色，

禮貌衰而去。如衛靈公顧蜚鴈而色不在孔子，遂去之。

「其次辟言。」

有違言而後去也。如衛靈問陳，而孔子遂行。

○程子曰：「四者雖以大小次第言之，然非有優劣也，所遇不同耳。」問：「四者固非優劣，然賢者之處世，豈不能超然高舉，見幾而作，乃至發見於言色而後辟之耶？」勉齋黄氏曰：出處之義自非一端，隨其所遇之時而酌其所處之宜可也。衛靈公顧蜚鴈則辟色矣，問陳則辟言矣，豈夫子於此爲劣乎？此所以不可以優劣言也。○厚齋馮氏曰：桀溺謂子路「豈若從辟世之士」，夫子爲之憮然。至是乃賢辟世，則道不行而無仕志也。○吴氏曰：世與地，以地勢廣狹言；色與言，以人事淺深言。若夫子，則辟地、辟色、辟言，而終不忍於辟世。觀其論沮溺可見矣。○雲峯胡氏曰：天下爲大，邦國爲小。辟世、辟地是辟其國，辟色、辟言是辟其人。此程子所謂大小次第，而非以賢者之德爲有優劣也。

○子曰：「作者七人矣！」

李氏曰：「作，起也。言起而隱去者，今七人矣。不可知其誰何，必求其人以實之，則鑿矣。」慶源輔氏曰：凡書所載有當深索者，不深索之則失之畧；有不必過求者，過求之則失之鑿。所謂當深索者，義理是也；所謂不必過求者，此處是也。

○子路宿於石門。晨門曰：「奚自？」子路曰：「自孔氏。」曰：「是知其不可而爲之者與？」與，平聲。

石門，地名。晨門，掌晨啓門。蓋賢人隱於抱關者也。自，從也，問其何所從來也。胡氏曰：「晨門知世之不可而不爲，故以是譏孔子，然不知聖人之視天下，無不可爲之時也。」問：「聖人無不可爲之時。且以人君言之，堯所以處丹朱而禪舜，舜所以處父母弟之間與所以處商均而禪禹。以人臣言之，伊尹所以處太甲，周公所以處管、蔡。可見聖人無不可爲之時。」朱子曰：然。○南軒張氏曰：聖人非不知道之不行，而皇皇於斯世者，天地生物之心也。晨門賢而隱於抱關，知世之不可爲而遂已，而未知道之不可以已。然玩其辭意緩而不迫，所養有過於荷蕢之果者歟？○勉齋黃氏曰：晨門見己而不見聖人，故云然。然無孔子之聖，則寧自處於抱關耳。其言聖人則非，而自處其身則是，亦賢也已。○慶源輔氏曰：賢者之視天下有不可爲之時，才力有限也；聖人視天下無不可爲之時，其道無所不可也。

○子擊磬於衛。有荷蕢而過孔氏之門者，曰：「有心哉，擊磬乎！」荷，去聲。

磬，樂器。荷，擔也。按韻書，「負荷」之「荷」在上聲，下可反。又去聲。蕢，草器也。此荷蕢者，亦隱士也。聖人之心未嘗忘天下，此人聞其磬聲而知之，則亦非常人矣。問：「聞磬聲如何便知夫子之心不忘天下？」朱子曰：他那人煞高。如古人於琴聲中知有殺心耳。

既而曰：「鄙哉，硜硜乎！莫己知也，斯已而已矣。深則厲，淺則揭。」硜，苦耕反。「莫己」

之己音紀，餘音以。揭，起例反。

硜硜，石聲，亦專確之意。以衣涉水曰厲，攝衣涉水曰揭。此兩句，《衛風·匏有苦葉》之詩也。譏孔子人不知己而不止，不能適淺深之宜。

子曰：「果哉，末之難矣！」

果哉，嘆其果於忘世也。末，無也。聖人心同天地，視天下猶一家，中國猶一人，不能一日忘也。故聞荷蕢之言而嘆其果於忘世，且言人之出處上聲。若但如此，則亦無所難矣。慶源輔氏曰：果於忘世，決去不反者能之，何難之有？若聖人之出處，因時卷舒，與道消息，而憂世之心終不能已，濟世之用其出無窮，此豈荷蕢所能與哉？○雙峯饒氏曰：聖人之道有出有處，便如天地有陰有陽。荷蕢之徒見得一邊，遺了一邊，所以只知獨善而果於忘世矣。○新安陳氏曰：聖人之心不能一日忘天下，亦如天地之心不能一日忘萬物。天地生物之心不以閉塞成冬之時而息，聖人道濟天下之心不以天地閉、賢人隱之時而息也。聖人不能忘世之心，荷蕢初聞其磬聲而知之。然觀其「既而曰」以下之言，則非深知聖人之心者。要之，果於忘世之人，豈能深知聖人所以不能忘世之心哉？

○子張曰：「《書》云：『高宗諒陰，三年不言』，何謂也？」

高宗，商王武丁也。諒陰，天子居喪之名，未詳其義。問「諒陰」之説。朱子曰：孔氏曰：「諒，信也。陰，默也。」邢氏釋之曰：「信謂信任冢宰。」胡氏釋之曰：「信能默而不言也。」二家皆用孔訓而爲説不同。鄭氏於《禮記》又讀作「諒闇」，言居倚廬。大抵古者天子居喪之名。○覺軒蔡氏曰：《喪服四制》「諒闇三年」，鄭注云：「諒，古作『梁』。楣謂之梁。闇讀如『鶉鵪』之鵪。闇謂廬也。」即「倚廬」之「廬」。《儀禮》「剪屏柱楣」，鄭氏謂「柱楣，所謂『梁闇』是也。《書》云『王宅憂，諒陰』」，言居喪於梁闇也。按「諒陰」之義，先人得於先師晚年面命者如此。

子曰：「何必高宗？古之人皆然。君薨，百官總己以聽於冢宰三年。」

言君薨則諸侯亦然。總己，謂總攝己職。冢宰，大音泰。宰也。百官聽於冢宰，故君得以三年不言也。○胡氏曰：「位有貴賤，而生於父母無以異者，故三年之喪自天子達。❶子張非疑此也，殆以爲人君三年不言，則臣下無所稟令，禍亂或由以起也。孔子告以聽於冢宰，則禍亂非所憂矣。」問：「胡氏云『以聽冢宰，則禍亂非所憂』，然主少國疑之際，得人如伊、周、霍、葛則可，不幸如莽、操之姦，豈不大可憂邪？」雙峯饒氏曰：使嗣君剛明而冢宰有莽、操之姦，則必能易而置之。如其不能，雖不總己以聽，亦何益哉？且天下之事有常有變，聖人只論其常耳。○新安陳氏曰：居喪而冢宰攝政，則嗣君雖不言，亦無失政矣。

○子曰：「上好禮則民易使也。」好、易，皆去聲。

謝氏曰：「『禮達而分去聲。定』，此句出《禮運》。故民易使。」慶源輔氏曰：達謂達於下也。上好禮則品節分明而誠意退遜，故觀感於下者亦皆安己之分，聽上之命，而易使。○問：「禮何以使之達？」雙峯饒氏曰：官府之政、學校之教，皆所以達之。○雲峯胡氏曰：禮也者，所以辨上下而定民志也。民之志定，民之力可使也。○厚齋馮氏曰：聖人言使民曰「上好禮」，曰「小人學道」。使之知上下之分而樂於從命，不以勢力强之也。

○子路問君子。子曰：「脩己以敬。」曰：「如斯而已乎？」曰：「脩己以安人。」曰：「如斯而已乎？」曰：「脩己以安百姓。脩己以安百姓，堯舜其猶病諸？」

脩己以敬，夫子之言至矣盡矣。而子路少之，故再以其充積之盛自然及物者告之，無他道也。人者，對己而言；百姓，則盡乎人矣。堯舜猶病，言不可以有加於此，以抑子路，使反求諸近也。蓋聖人

❶「天子達」下，四庫本、孔本、陸本及《四書章句集註》有「於庶人」三字。

之心無窮，世雖極治，去聲。下同。然豈能必知四海之内果無一物不得其所哉？故堯舜猶以安百姓爲病。若曰吾治已足，則非所以爲聖人矣。朱子曰：「敬」字，聖學之所以成始成終者皆由此，故曰「脩己以敬」，下面「安人」、「安百姓」皆由於此。只緣子路問不置，故夫子復以此答之。要之，只是箇「脩己以敬」，則其事皆了。○問「脩己以敬」。曰：敬者，非但是外面恭敬而已，須是要裏面無一毫不直處方是，所謂「敬以直内」者是也。○「脩己以敬」，語雖至約，而所以齊家治國平天下之本，舉積諸此。子路不喻而少其言，於是告以安人、安百姓之説。蓋言「脩己以敬」而極其至，則心平氣和，静虚動直，而所施爲無不自然各當其理。是以其治之所及者，群黎百姓莫不各得其安也，是皆本於「脩己以敬」之一言，其功效之自然及物者耳。或問：「然則夫子之言，豈其畧無大小遠近之差乎？」曰：脩己以敬，貫徹上下，包舉遠近而統言之也；安人、安百姓，則因子路之問而以功效之及物者言也。然曰「安人」，則脩己之餘而敬之至也；「安百姓」，則脩己之極而安人之盡也。是雖若有小大遠近之差，然皆不離於「脩己以敬」之一言，而非有待於擴之而後大，推之而後遠也。○勉齋黄氏曰：非謂「脩己以敬」之外又有充積之功也。脩己以敬而可謂君子，則是充積之盛在其中矣。特言其功效之遠，則指夫自其充積之盛者而出耳。脩己以安人，猶曰「脩己以敬而可以安人也」；脩己以安百姓，猶曰「脩己以敬而可以安百姓」也。子路疑「脩己以敬」之一言不足以盡君子，故夫子指其效驗之大者而言，以見決非君子不足以當之也。

○程子曰：「君子脩己以安百姓，篤恭而天下平。唯上下一於恭敬，則天地自位，萬物自育，氣無不和，而四靈畢至矣。《記・禮運》：「四靈以爲畜，許又反。故飲食有由也。何謂四靈？麟鳳龜龍，謂之四靈。」此『體信達順』之道，聰明睿知去聲。皆由是出，以此事天饗帝。」朱子曰：「上下一於恭敬」，這却是上之人有以感發而興起之。信是實理，順是和氣。體信是致中意，達順是致和意。言能恭敬則能體信達順，「聰明睿智皆由此出」者，言能恭敬，自然心便開明。○體信，是實體此道於身；達順，是發而中節，推之天下而無所不通也。體信是忠，無一毫之僞；達順是恕，無一物不得其所。聰明睿知皆由是出，是自誠而明意思。○敬則自然聰明。人所以不聰不明，止緣身心惰慢，便昏塞了。敬則虛静，自然通達。○問：『上下一於恭敬，則天地自位，萬物自育，四靈畢至』，如此，則敬之功用又不止於安百姓矣。」雙峯饒氏曰：「天地位、萬物育」，與安百姓也只是一事，初無大小。若陰陽不和，五穀不熟，百姓何由而安？○新安陳氏曰：夫子爲見子路勇躁，輕視脩己以敬之言，故推極其功以抑之。程子此條亦推贊恭敬之極功，以發明夫子之意云。○東陽許氏曰：聖人言「脩己以安百姓」，而程子乃言「上下一於恭敬」，蓋治道非一人所能獨成，必君臣上下皆能恭敬，然後有「天地位」以下之應。然下人能敬，亦在乎上之人有以感之，漸漬而成恭敬以至於天下平。程子此段是推極而言，以見敬之功用無窮。

○原壤夷俟。子曰：「幼而不孫弟，長而無述焉，老而不死，是爲『賊』！」以杖叩其脛。

孫、弟，並去聲。長，上聲。叩音口。脛，其定反。

原壤，孔子之故人，母死而歌。《記·檀弓下》：「孔子之故人曰原壤，其母死，孔子助之沐槨。原壤登木曰：『久矣，予之不託於音也！』歌曰：『貍首之斑然，執女手之卷然。』夫子爲弗聞也者而過之。」蓋老氏之流，自放於禮法之外者。夷，蹲踞音存據。也。雙峯饒氏曰：蹲踞，鴟鳥好蹲，故謂之「蹲鴟」，又或謂之「鴟夷」。夷即蹲也。俟，待也。言見孔子來而蹲踞以待之也。述，猶稱也。賊者，害人之名。以其自幼至老無一善狀，而久生於世，徒足以敗常亂俗，則是賊而已矣。脛，按韻書形定反，《集註》云其定反，音小異。足骨也。孔子既責之，而因以所曳之杖微擊其脛，若使勿蹲踞然。朱子曰：胡氏以爲原壤之喪母而歌，孔子爲弗聞者矣，今乃責其夷俟，何舍其重而責其輕耶？蓋數其喪母而歌，則壤當絶；叩其箕踞之脛，則壤猶爲故人。盛德中禮，見乎周旋，此亦可見。○鄭氏舜舉。曰：聖人之接物，各稱其情。惡之而遜其辭，外之也，遇陽貨是也；惡之而斥其罪，親之也，遇原壤是也。○新安陳氏曰：

幼壯孝弟，耆耋好禮，則久生可以儀風俗，故敬其爲壽。幼壯無稱，老徒傲惰，則久生適以敗風俗，故名其爲「賊」。壞良可戒哉！

與，平聲。

○闕黨童子將命。或問之曰：「益者與？」

闕黨，黨名。童子，未冠去聲。者之稱。將命，謂傳賓主之言。或人疑此童子學有進益，故孔子使之傳命以寵異之也。

子曰：「吾見其居於位也，見其與先生並行也。非求益者也，欲速成者也。」

禮，童子當隅坐隨行。《記·檀弓》：「曾子疾，童子隅坐而執燭。」又《王制》：「父之齒隨行。」孔子言吾見此童子不循此禮，新安陳氏曰：居位是不循隅坐之禮，並行是不循隨行之禮。非能求益，但欲速成爾。故使之給使令平聲。之役，觀長上聲。少去聲。之序，習揖遜之容。蓋所以抑而教之，非寵而異之也。南軒張氏曰：不止乎童子之所而自進於成人之列，有躐等之意，無自卑之心，烏能以求益乎？欲速成而已。如物之生，循序而生理達焉；若欲速成，反害其生矣。故聖門之學先之以洒掃應對進退之事，所以長愛敬之端，防傲惰之萌，而使之循序以進也。○勉齋黃氏曰：禮之於人，大矣。老者無禮則足以爲人害，少者無禮則足以自害。夫子於原壤、童子皆以是教之，述《論語》者以類相從，所以著人無老少，皆不可以無禮儀也。○慶源輔氏曰：求益則浸長而不知，欲速則亟進而無序。聖門之教，雖以敏行爲先，而又以躐等爲戒。○雲峯胡氏曰：原壤老而爲賊，是從幼不遜弟來。今童子得以馴揉其氣而閑習於禮，則庶可以免於原壤之弊也歟？

論語集註大全卷之十四

論語集註大全卷之十五

衛靈公第十五

凡四十一章。

衛靈公問陳於孔子。孔子對曰：「俎豆之事，則嘗聞之矣；軍旅之事，未之學也。」明日遂行。陳，去聲。

陳，謂軍師行音杭。伍之列。俎豆，禮器。尹氏曰：「衛靈公，無道之君也，復扶又反。有志於戰伐之事，故答以未學而去之。」

《史記・世家》：「孔子適衛，主蘧伯玉家。他日，靈公問兵陳于孔子。明日，與孔子語，見蜚鴈，仰視之，色不在。孔子遂行，復如陳。是歲，魯哀公三年，孔子年六十矣。」○問：「靈公問陳而夫子遽行，何也？」朱子曰：爲國以禮。戰陳之事，非人君所宜問也。况靈公無道，夫子固知之矣。特以其禮際之善，庶幾可與言者，是以往來於衛，爲日最久，而所以啓告之者，亦已詳矣。乃於夫子之言一無所入，至是而猶問陳焉，則其志可知矣。故對以未學而去之。然不徒曰未學而已，猶以俎豆之事告之，則夫子之去，蓋亦未有必然之意也。使靈公有以發悟於心而改事焉，則夫子之行，孰謂其不可留哉？○南軒張氏曰：夫子之在衛，靈公雖無道，然亦當側聞夫子之所趣矣。顧乃以問陳爲言，與夫子之意可謂背馳。夫子所以答之者，則以己之所學者在此而不在彼，以其不合也，故明日而行焉。夫自春秋之時言之，諸國以强弱爲勝負，軍旅之事宜在所先，而俎豆之事疑若不急者矣。曾不知國之所以爲國者，以夫天叙天秩者實維持之也。爲國者志存乎典禮，則孝順和睦之風興，叶力一心，尊君親上，其强孰禦焉？不然，三綱淪廢，人有離心，國誰與立？軍旅雖精，果何所用哉？俎豆之於禮教，猶陳之於軍旅，實理之所寓而教之所由興也。使靈公而有志乎俎豆之問，則推而達之，必有不可已也。○勉齋黃氏曰：夫子對靈公以軍旅之事未之學，答孔文子以甲兵之事未之聞。及觀夾谷之會，則以兵加萊人而齊侯懼；費人之亂，則命將士以伐之而費又北。又嘗曰：「我戰則克。」夫子豈有未學未聞者哉？特以軍旅之事非所以爲訓耳。然欲以俎豆之事啓之，則夫子之拳拳於衛，亦可知矣。

在陳絶糧。從者病，莫能興。從，去聲。

孔子去衛適陳。興，起也。問：「明日遂行，在陳絶糧，想見孔子都不計較，所以絶糧。」朱子曰：若計較，則不成行矣。○齊氏曰：孟子曰：「孔子戹於陳、蔡之間。」考《春秋》，則其時陳服楚，蔡服吳，吳、楚交戰無虚歲。孔子蓋爲楚昭王徘徊陳、蔡而絶糧於兵間也。

子路愠見曰：「君子亦有窮乎？」子曰：「君子固窮，小人窮斯濫矣。」見，賢遍反。

何氏曰：「濫，溢也。言君子固有窮時，不若小人窮則放溢爲非。」程子曰：「固窮者，固守其窮。」亦通。或問「固窮」有二義。朱子曰：固守其窮，恐聖人一時答問之辭，未遽及此。蓋子路方問「君子亦有窮乎」，答曰「君子固是有窮時，不如小人窮則濫耳」。以「固」字答上文「亦有」字，文勢乃相應。○南軒張氏曰：子路之愠，以爲夫子之德之盛，疑其不當窮也。此不幾於不受命乎？夫子答之之意，以爲命之不齊，君子小人皆有窮也。特君子能守而小人失其守也。○愚謂聖人當行而行，無所顧慮；處上聲。困而亨，《易·困卦》云：「困，亨，貞。」又云：「困而不失其所亨。」無所怨悔：於此可見。學者宜深味之。慶源輔氏曰：當行而行，無所顧慮，義之勇也；處困而亨，無所怨悔，義之安也。○胡氏曰：當行而行，惟理是視者；無所顧慮，不計其後也；處困而亨，身雖窮而道則通也；無所怨悔，觀「固窮」之語可見也。學者之進退能於是而取則焉，則不爲利害所奪、窮達所移矣。○雙峯饒氏曰：當行而行，無所顧慮，是説「明日遂行」；處困而亨，無所怨悔，是説「在陳絶糧」以下。顧是顧後，慮是慮前。怨是怨人，悔是自悔。○禮有大於俎豆者，夫子且自謙讓説其小者也。蓋靈公以軍陳爲問，故夫子以禮器爲對。君子，成德之人，安於貧賤。若固守其窮，似下君子一等矣。

○子曰：「賜也，女以予爲多學而識之者與？」女音汝。識音志。與，平聲。下同。子貢之學，多而能識矣。夫子欲其知所本也，故問以發之。新安陳氏曰：所本，指萬殊之一本處也。

對曰：「然。非與？」方信而忽疑，蓋其積學功至，而亦將有得也。雲峯胡氏曰：《集註》於曾子曰「夫子知其真積力久，將有所得」，以行言也；此則曰「積學功至，亦將有得」，以知言也。曾子行而「將有所得」，子貢「亦知而將有所得」，「亦」字是從曾子説來。○新安陳氏曰：於能疑，見其「將有得」。

曰：「非也。予一以貫之。」説見形甸反。第四篇。然彼以行言，而此以知言也。朱子曰：聖人也不是不理會博學多識，只聖人之所以爲聖，却不在博學多識，而在一以貫之。今人博學多識而不能至於聖者，只是無一以貫之。然不博學多識，則又無物可貫。孔子實是多學，無一事不理會過，只是於多學中有一以貫之耳。○曾子領會夫子一貫之旨，發出「忠恕」，是從源頭上面流下來。子貢是從下面推上去。○子貢尋常就知識而入道，故夫子警之曰「予一以貫之」，蓋言吾之多識，不過一理耳。但子貢多是曉得了便了，更没收殺。曾子尋常自踐履入，事親便真箇行此孝，爲人謀則真箇忠，與朋友交則真箇信，故夫子警之曰吾平日之所行者皆一理耳。惟曾子領會於片言之下，故曰「忠恕而已矣」，以夫子之道無出於此也。○新安陳氏曰：彼以「吾道」冠於「一以貫之」之上，此自「多學而識」説起而但云「予一以貫之」，可見彼言行，此言知也。○謝氏曰：「聖人之道大矣。人不能遍觀而盡識，如字。宜其以爲多學而識之也。然聖人豈務博者哉？如天之於衆形，匪物物刻而雕之也。故曰：『予一以貫之。』『德輶如毛，毛猶有倫。上天之載，無聲無臭。』至矣！」問「如天之於衆形，匪物物刻而雕之也」。朱子曰：天只是一氣流行，萬物自生自長，自形自色，豈是粧點得如此？聖人只是一箇大本大原裏出，視自然明，聽自然聰，色自然温，貌自然恭，在父子則爲仁，在君臣則爲義。從大本中流出便成許多道理，只是這箇「一」便「貫」將去。○問：「謝氏解此章，末舉《中庸》引《詩》語，只是贊其理之妙耳。」曰：固是。到此則無可得説了。然此須是去涵泳，只恁説過，也不濟事。多學而識，也不可謂不是，故子貢先曰「然」，又曰「非與」。固有當多學而識之者，又自有一貫底道理。但多學而識之則可説，到一以貫之則不可説矣。○陳氏曰：此以《中庸》語證，乃形容天理自然流行之妙，無雕刻之迹，即所以結前意耳。

尹氏曰：「孔子之於曾子，不待其問而直告之以此，曾子復扶又反。深喻之曰『唯』；若子貢，則先發其疑而後告之，而子貢終亦不能如曾子之『唯』也。二子所學之淺深，於此可見。」愚按，夫子之於子貢，屢有以發之，新安陳氏曰：如「莫我知也夫」及「予欲無言」之類。而他人不與音預。焉，則顔、曾以下諸子所學之淺深，又可見矣。或問此章之説。朱子曰：聖人生知，不待多學。子貢以己觀夫子，故以爲亦多學也。夫子以「一貫」告之，此雖聖人之事，然因己以告子貢，使知夫學者雖不可以不多學，然亦有所謂「一以貫之」然後爲至耳。蓋子貢之學，亦博矣，然意其特於一事一物之中各有以知其理之當然，而未能知夫萬理之爲一而廓然無所不通也。聖人以此告之，使之知所謂衆理者本一理也，以是而貫通之，則天下事物之多，皆不外乎是而無不通矣。○問：「語子貢『一貫』之理，謂五常百行，人倫物理，紛紜雜糅，不可名狀，是可謂有萬而不同者矣。然一體該攝乎萬有，而萬殊歸乎一原。循其本而觀之，則固一矣；即其用而驗之，則是其本行乎事物之間，斯所謂『一以貫之』者也。聖人生知，固不待『多學而識』，學者非由多學則固無以識其全也，故必格物窮理以致其博，主敬力行以反諸約。及夫積累既久，豁然貫通，則向之多學而得之者始有以知其一本而無二矣。子貢致知之功已至，其於事物之間，灼然知天理之所在而不疑，特未究夫一之爲妙耳。夫子當其可而問之，發其疑而告之，故能聞言而悟，不逆於心。觀夫子於曾子之外獨以告子貢，則其不躐等而施者，抑可見矣。」曰：此說亦善。○慶源輔氏曰：子貢以通達之資，聞一知二，則其所學固多而能識矣。然務博者多徇外，如方人、屢中之事可見。夫子每有以抑之，無非使之反求其本者。子貢至此，則真積力久，亦將有得矣。故夫子先設爲疑辭以發之，俟其言以觀其志，然後告之。○或問：「夫子告子貢以『一貫』與曾子同，朱子謂告曾子以行言，告子貢以知言。」潛室陳氏曰：既是一貫，本不可分知行。只緣子貢以知識入道，故聖人從他明處點化他，猶自領會不去。以忠恕而明一貫，驗得是行；以知識而明一貫，驗得是知。一貫固不可分，但向人語處入頭各有塗轍。○袁氏曰：曾子聞「一貫」之說，即「唯」而無疑，固已深領聖道之妙。子貢雖未能如曾子之「唯」，而亦未始如門人有「何謂」之問，是則子貢蓋亦默會於言下矣。○雲峯胡氏曰：《集註》於「參乎」章引程子曰「維天之命，於穆不已」，是以「天」字釋「一」字；此章引謝氏曰「天之於衆形，匪物物刻而雕之也」，亦以「天」釋「一」字。蓋天之於萬物，是一氣之貫；聖人之於萬事，是一理之貫。但彼之所謂貫者，曰泛應曲當，用各不同，是以行言；此由博學而識之說來，是以知言。況曾子之篤實能力於行，子貢明達能求其知。所以告之者若不同，而所謂一者未嘗不同也。○新安陳氏曰：顏曾以下諸子，天資之敏、學問之進皆無如子貢，更觀其「聞性與天道」及《子張》篇末三章稱孔子處，足以見矣。

○子曰：「由，知德者鮮矣！」鮮，上聲。

由，呼去聲。子路之名而告之也。德，謂義理之得於己者，非己有之，不能知其意味之實也。○自第一章至此，疑皆一時之言。此章蓋爲去聲。慍見發也。南軒張氏曰：知德者鮮，以其踐履之未至，故不能真知其味。夫子以此告子路，使之勉進於德。○慶源輔氏曰：聖門之學不以徒知爲尚，要在實有諸己。○覺軒蔡氏曰：夫子呼子路，告以「知德者鮮矣」之說，謂義理有得於己，則死生、禍福、得喪自不能亂其所守，所以釋其「慍見」之惑。夫子當造次顛沛之中，所以告門人弟子者，各隨其所蔽而開發，無以異於洙泗雍容講論之素。吁，此其所以爲聖人也與？○雙峯饒氏曰：夫子不曰「知道」而曰「知德」，何也？德與道不同，知在行先，曰「知道」；知在行後，則曰「知德」。知在行先，則道未爲我有，猶未親切；知在行後，則此道實爲我有，而知之也深。既知得這裏面滋味，則外面世味自不足以奪之。孟子曰：「飽乎仁義，所以不願人之膏粱之味也。」子路未能實有是德於己，所以纔絶粮便「愠見」。○雲峯胡氏曰：詳《集註》之意，不徒重在「知」字，而重在「德」字。蓋義理之味無窮，必實得於己而後真知其味之實。不然，臆度之知，非真知也。夫苟真知之，區區窮達，豈足爲欣戚哉？

○子曰：「無爲而治者，其舜也與？夫何爲哉？恭己正南面而已矣。」與，平聲。夫音扶。

無爲而治去聲。者，聖人德盛而民化，不待其有所作爲也。獨稱舜者，紹堯之後而又得人以任衆職，故尤不見其有爲之迹也。恭己者，聖人敬德之容。既無所爲，則人之所見，如此而已。或問：「『恭己』爲聖人敬德之容，以書傳考之，舜之爲治，朝覲巡狩、封山濬川，舉元凱、誅四凶，非無事也。此其曰『無爲而治』者，何耶？」朱子曰：即《書》而考之，則舜之所以爲治之迹皆在攝政二十八載之間，及其踐天子之位，則《書》之所載不過命九官十二牧而已，其後無他事也。雖《書》之所記簡古稀闊，然亦足以見當時之無事也。○雙峯饒氏曰：《集註》分兩節，一節説聖人德盛而民化，不待其有所作爲，此是衆聖人之所同；一節説舜紹堯之後，又得人以任衆職，故尤不見其有爲之迹，此是舜之所獨。稱舜，與「無憂者，其惟文王乎」相似。○新安陳氏曰：人不見其有爲之迹，可得見者，臨御敬德之容耳。胡氏謂敬德之容由外而知其内是也。

○子張問行。

猶「問達」之意也。

子曰：「言忠信，行篤敬，雖蠻貊之邦，行矣；言不忠信，行不篤敬，雖州里，行乎哉？」「行篤」、「行不」之行，去聲。貊，亡百反。

子張意在得行於外，故夫子反於身而言

之，猶答「干祿」、「問達」之意也。篤，厚也。蠻，南蠻；貊，北狄。《周禮・夏官・職方氏》：「四夷，八蠻，七閩，九貉，五戎，六狄。」鄭司農註：「東方曰夷，南方曰蠻，西方曰戎，北方曰貉狄。」二千五百家爲州。朱子曰：「篤」有重厚深沉之意。敬而不篤，則有拘迫之患。○南軒張氏曰：篤敬者，敦篤於敬也。言忠信則言有物，行篤敬則行有恒。以是而行，何往不可？○雙峯饒氏曰：凡事詳審，不輕發，是「篤」底意思。戒謹恐懼，惟恐失之，是「敬」底意思。篤自篤，敬自敬。○問：「『言思忠』、『言而有信』，此合忠信來言上説，如何？」曰：忠信都訓實，忠是出於心者，信是見於事者。如口裏如此説，心下不如此，是不忠也；口裏如此説，驗之於事却不如此，是不信也。忠是前一截事，信是後一截事。若前一截實，後一截虚，便不可。

「立則見其參於前也，在輿則見其倚於衡也，夫然後行。」參，七南反。夫音扶。

其者，指忠信篤敬而言。參，讀如「毋往參焉」之「參」，《記・曲禮》：「離坐離立，毋往參焉。」離，麗也。謂兩人相附麗而並坐或並立，我毋往參之爲三焉。言與我相參也。衡，軛音厄。也。言其於忠信篤敬，念念不忘，隨其所在，常若有見，雖欲頃刻離去聲。下同。之而不可得。然後一言一行，去聲。自然不離於忠信篤敬，而蠻貊可行也。朱子曰：參前、倚衡，只是見得理如此，不成是有一塊物事光輝輝在那裏？○此謂言必欲其忠信，行必欲其篤敬，念念不忘而有以形於心目之間耳。○問：「參前、倚衡，何物參倚？坐、立所見，何物可見？」潛室陳氏曰：參前、倚衡，不是有箇外來物事，便是忠信、篤敬；坐、立所見，要常常目在之耳。此是學者存誠工夫，令自家實有這箇道理，鎮在眼前，不相離去。○鄭氏舜舉。曰：子張，務外者也，故問干祿、問行，皆以言行告之。忠信篤敬，視「寡尤寡悔」，淺深不侔。子張之學進矣。○新安陳氏曰：忠信篤敬，乃言行當然之理，工夫全在「忠信篤敬，念念不忘」八字上。惟念念不忘於心，而後常如有見於目。忠信篤敬，吾心此理也。州里之人與蠻貊之人，亦皆此心此理也。盡吾之心則通乎人心，雖遠而可行；不盡吾心則無以通乎人心，雖近而不可行矣。

子張書諸紳。

紳，大帶之垂者。書之，欲其不忘也。雙峯饒氏曰：書紳，見他佩服之切。子張到晚年儘切實，如言「執德不弘」之類可見。○新安陳氏曰：書上文夫子所言於紳也。○程子曰：「學要鞭辟音璧。近裏著直略反。己而已。『博學而篤志，切問而近思』，此致知之「鞭辟近裏著己」者。『言忠信，行篤敬』，『立則見其參於前，在輿則見其倚於衡』，此力行之「鞭辟近裏著己」者也。即此是學。質美者明得盡，查滓壯里反。便渾上聲。化却，與天地同體。其次惟莊敬以持養之。及其至，則一也。」朱子曰：鞭辟近裏，此是洛中語。辟，如「驅辟」一般。一處說作「鞭約」，是要鞭督向裏去。今人皆就外面做工夫，下云「切問近思」，「言忠信，行篤敬」，何嘗有一句說向外去？只就身上理會，便是「近裏著己」。○「天地同體」處，是義理之精英。查滓，是私意人欲之未消滅者。人與天地本一體，只緣查滓未去，所以有間隔。若無查滓，便與天地同體。如「克己復禮爲仁」，己是查滓，復禮便是天地同體處。如曾子「不忠、不信、不習」，漆雕開言「吾斯之未能信」，皆是有些查滓處。只是質美者見得透徹，那查滓處便都盡化了。若未到此，須當莊敬持養，旋旋磨擦去教盡，即此是學。只爭箇做得徹與不徹耳。○問：「竊謂『切問近思』是主於致知，『忠信篤敬』是主於力行。知與行不可偏廢。而程子謂隨人資質各用其力，而其至則一，如是則亦有行不假於知者，未知如何？」曰：切問忠信只是泛引切己底意思，非以爲致知力行之分也。質美者固是知行俱到，其次亦豈有全不知而能行者？但因持養而所知愈明耳。○胡氏曰：明得盡，查滓化却，天資高，知之即能行之，而私意無所容也。莊主容，敬主心，內外交致其力，常常操守以涵養之，然後可使私意消釋。程子此條專爲學者言，不主於釋經也。

○子曰：「直哉，史魚！邦有道，如矢；邦無道，如矢。

史，官名；魚，衛大夫，名鰌。音秋。如矢，言直也。史魚自以不能進賢退不肖，既死，猶以尸諫。新安陳氏曰：舉此一事，可見其餘。故夫子稱其直。事見形甸反。《家語》。《家語·困誓》篇：「衛蘧伯玉賢而靈公不用，彌子瑕不肖反任之，史魚驟諫而不從。病將卒，命其子曰：『吾在衛朝，不能進蘧伯玉，退彌子瑕，是吾生不能正君，死無以成禮。我死，汝置屍牖下，於我畢矣。』禮，飯於牖下，小斂於户内，大斂於阼，殯於客位也。其子從之。靈公弔焉，怪而問焉。其子以父言告公。公愕然失容曰：『是寡人之過也。』於是命之殯於客位，進蘧伯玉而用之，退彌子瑕而遠之。孔子聞之，曰：『古之諫者，死則已矣，未有若史魚死而尸諫，忠感其君者也。可不謂直乎？』」

「君子哉，蘧伯玉！邦有道，則仕；邦無道，則可卷而懷之。」

伯玉出處，上聲。合於聖人之道，故曰「君子」。卷，古轉反。收也；懷，藏也。如於孫林父、音甫。甯殖常職反。放弒之謀，不對而出，亦其事也。《左傳》襄公十四年：「衛獻公戒孫文子、甯惠子食，皆服而朝，日旰不召，而射鴻於囿。二子從之，不釋皮冠而與之言。皮冠，田獵之冠也。二子怒。孫文子如戚，孫蒯入使。公飲之酒，使太師歌《巧言》之卒章。蒯懼，告文子，文子曰：『君忌我矣，弗先必死。』并帑於戚，而入見蘧伯玉曰：『君之暴虐，子所知也。大懼社稷之傾覆，將若之何？』對曰：『君制其國，臣敢奸之？雖奸之，庸知愈乎？』遂行，從近關出。公使子蟜、子伯、子皮與孫子，盟于丘宫，孫子皆殺之。四月，公出奔齊。衛人立公孫剽，孫林父、甯殖相之。二十年，甯惠子卒。二十六年，衛獻公求復，謂甯喜曰：『苟反，政由甯氏，祭則寡人。』甯喜告蘧伯玉，伯玉曰：『瑗不得聞君之出，敢聞其入？』遂行。五月，甯喜攻孫氏，克之。殺子叔。衛侯剽也。言子叔剽無謚，故書曰「甯喜弒其君剽」，言罪之在甯氏也。孫林父以戚如晉，書曰「入于戚以叛」，罪孫氏也。甲午，衛侯衎復歸于衛。」○新安陳氏曰：卷、懷，皆指此道而言。引此事以爲證。○楊氏曰：「史魚之直，未盡君子之道。若蘧伯玉，然後可免於亂世。若史魚之『如矢』，則雖欲『卷而懷之』，有不可得也。」朱子曰：直固好，然一向直便是偏，豈得如伯玉之君子？○南軒張氏曰：史魚只可謂之直，能伸而不能屈，未盡君子之道；若伯玉則能因時屈伸，故謂之「君子」。○胡氏曰：直者，德之一端；君子者，成德之名。○新安陳氏曰：史魚之直，不以有道無道而變。治世雖可行，亂世欲卷而不可得矣。伯玉有道則仕，無道卷懷，近於夫子之「用則行，舍則藏」。《集註》以爲「出處合於聖人之道」，蓋謂此也。

○子曰：「可與言而不與之言，失人；不可與言而與之言，失言。知者不失人，亦不失言。」知，去聲。

勉齋黃氏曰：不與之言，不知其可與言也；與之言，不知其不可與言也。故惟知者不失人，亦不失言。○新安陳氏曰：惟智者爲能知人，知其人之可與言或不可與言；不知人則當語而默，當默而語，非失人則失言矣。

○子曰：「志士、仁人，無求生以害仁，有殺身以成仁。」

志士，有志之士；仁人，則成德之人也。理當死而求生，則於其心有不安矣，是害其心之德也。當死而死，則心安而德全矣。

朱子曰：志士仁人所以不求生以害仁，乃其心中自有打不過處，不忍就彼以害此。所以成仁者，但以遂其良心之所安而已。○仁只是吾心之正理。求生害仁，雖以無道得生，却是抉破吾心中之全理；殺身成仁時，吾身雖死，却得此理完全也。○求生如何便害仁？殺身如何便成仁？只是爭箇安與不安而已。○問：「死生是大關節，要之工夫却不全在那一節上，學者須是於日用之間，不問事之大小，皆欲即於義理之安，然後臨死生之際，庶幾不差。若平常應事，義理合如此處都放過，到臨大節，未有不可奪也。」曰：然。○胡氏曰：當死而死，於理爲是，於心始安，故謂之「成仁」。然必曰「志士仁人」者，有志之士，慷慨就死；成德之人，從容就死也。○鄭氏舜舉。曰：志士不以死生爲懼，仁人則明死生之理。唯曰不懼，或未免於徒死，故以「志士、仁人」兼言之。○雙峯饒氏曰：仁人與仁爲一，仁爲我有矣；志士與仁猶二，但有志於爲仁。仁人者自然「無求生害仁，有殺身成仁」，志士亦能勉而爲之。比干是仁人，豫讓、張巡是志士。○新安陳氏曰：志士，志於仁而勉行，不及仁人之安行。然不以生死動心而虧此仁，則一也。○程子曰：「實理得之於心自別。實理者，實見得是，實見得非也。古人有捐軀隕羽敏反。命者，若不實見得，惡音烏。能如此？須是實見得生不重於義，生不安於死也，故有『殺身以成仁』者，只是成就一箇『是』而已。」或問：『有殺身以成仁，無求生以害仁』，竊謂苟所利者大，一身何足惜也？」程子曰：但看生與仁孰重。夫子曰：「朝聞道，夕死，可矣。」人莫重於生，至於捨得死，道須大段好如生也。曰：「既死矣，敢問好處如何？」曰：聖人只睹一箇「是」。○朱子曰：曾見人解「殺身成仁」，言殺身者，所以全性命之理。人當殺身時，何暇更思量我是全性命之理？只爲死便是，生便不是，不過就一箇「是」，故伊川説「生不安於死」。至於全其性命之理，乃是傍人看他説的話，非是其人殺身時有此意也。或謂殺身者只是要成這仁。曰：若説要成這仁却不是，只是行所當行而已。○或問此章。曰：仁者心之德而萬理具焉，一有不合於理，則心不能安而害於德矣。順此理而不違，則身雖可殺，而此心之全、此理之正，浩然充塞天地之間，夫孰得而亡之哉？曰：「其謂『殺身成仁』而不曰『義』，何也？」曰：仁義體一而用殊，故君子之於事，有以仁決者，有以義決者。以仁決者，此章之言是也；以義決者，孟子謂「欲有甚於生，惡有甚於死」是也。蓋仁人不以所惡傷所好之體，義士不以所賤易所貴之宜。○南軒張氏曰：人莫不重於其生也。君子亦何以異於人哉？然以害仁，則不敢以求生；以成仁，則殺身而不避。蓋其死有重於生故也。夫仁者，人之所以生者也。苟虧其所以生者，則其生也亦何爲哉？曾子所以得正而斃者，正此義也。志士，志於仁者，與仁人淺深雖有間，然是則同也。○慶源輔氏曰：志士於此二者，勉之者也；仁人於此二者，安之者也。心與理一。理當死而以生，則咈於天理，忍於吾心，而傷害於吾仁矣。心之德，即所謂「仁」也。理當死而死，則吾之心順適而無傷，吾之仁亦全而無闕矣。○潛室陳氏曰：謂之「成仁」，則必如是而後天理人倫無虧欠處，生順死安，無可悔憾。當此境界，但見義理而不見己身，更管甚名譽耶？○汪氏曰：程子是因夫子之言，更推出「實見」二字，謂必先能真實見得死便定是，不死便定不是，方肯甘心就死以成就這箇是。若不曾真實見得定合如此，則必不肯甘心就死矣。此又推聖人所以言此之意以曉人也。○新安陳氏曰：志士仁人能得實理於心，方能有實見。實見得是與非，方能殺身成仁，以成就箇是，而不求生害仁以成就箇非也。○問：「殺身成仁與舍生取義何別？」曰：仁義，一理耳。仁以心之全德言，義以身之大節言。成仁包得取義，取義即所以成仁。孔子就本心安適處言，故曰「成仁」；孟子就切身斷制處言，故曰「取義」。其爲成就一箇「是」，則一而已。所以程子於此謂「實見得生不重於義」，可見仁與義，一理也。

○子貢問爲仁。子曰：「工欲善其事，必先利其器。居是邦也，事其大夫之賢者，友其士之仁者。」

賢以事言，仁以德言。勉齋黃氏曰：大夫言賢，已見於行事者也；士言仁，方見於脩身者也。夫子嘗謂子貢悦不若己者，故以是告之，欲其有所嚴憚切磋以成其德也。《家語》：孔子曰：「吾死之後，則商也日益，賜也日損。」曾子曰：「何謂也？」子曰：「商也好與賢己者處，賜也好與不若己者處。與善人居如入芝蘭之室，久不聞其香，則與之化矣；與不善人居如入鮑魚之肆，久不聞其臭，亦與之化矣。丹之所藏者赤，漆之所藏者黑。是以君子必慎其所與處焉。」○朱子曰：大夫必要事其賢者，士必要友其仁者，便是要琢磨勉勵以至於仁。如欲克己而未能克己，欲復禮而未能復禮，須要更相勸勉，乃爲有益。○事賢友仁，也是箇入德之方。問：「事與友孰重？」曰：友爲親切。賢只是統言，友徑指仁上說。○欲爲仁而先親仁賢，猶工欲善其事而先利其器，欲其取諸仁賢以成其德也。○慶源輔氏曰：事大夫之賢者，則有所觀法而起嚴憚之心；友其士之仁者，則有所切磋而生勉勵之意，則其所以爲仁者力矣。○新安陳氏曰：「嚴憚」指「事大夫之賢」，「切磋」指「友士之仁」。○

程子曰：「子貢問爲仁，非問仁也。故孔子告之以爲仁之資而已。」汪氏曰：此專挑「爲」字發明之。問意重在此字，故夫子答之只從此字發明其意也。〇新安陳氏曰：資，助也。

〇顏淵問爲邦。

顏子，王佐之才，故問治天下之道。曰「爲邦」者，謙辭。朱子曰：顏子之問有二，一問仁，一問爲邦。須從克己復禮上來，方可及爲邦之事。

子曰：「行夏之時，

夏時，謂以斗柄初昏建寅之月爲歲首也。天開於子，地闢於丑，人生於寅。故斗柄建此三辰之月，皆可以爲歲首，而三代迭用之。夏以寅爲人正，商以丑爲地正，周以子爲天正也。朱子曰：邵子《皇極經世書》以元統會，十二會爲一元，一萬八百年爲一會；以會統運，以運統世，三十年爲一世，十二世爲一運，三十運爲一會。初間一萬八百年而天始開，又一萬八百年而地始成，又一萬八百年而人始生。邵子於寅上方註一「開物」字。蓋初間未有物，只是氣塞。及天開些子後，便有一塊查滓在其中，漸漸凝結而成地。初則溶軟，後漸堅實。今山形自高而下，便如水漾沙之勢，以此知必是先有天方有地，有天地交感方始生人物出來。邵子言到子上方有天，未有地；到丑上方有地，未有人；到寅上方有人。子丑寅皆天地人之始，故三代建以爲正。夫子以寅月人可施功，故從其時。然「時以作事」，四字出《左氏傳》。則歲月自當以人爲紀。故孔子嘗曰：「吾得夏時焉。」而說者以爲《夏小正》之屬。《記·禮運》：子曰：「我欲觀夏道，是故之杞，而不足證也，吾得夏時焉。」〇《夏小正》，夏時書名，今存《戴德註》。蓋取其時之正與其令之善。而於此，又以告顏子也。朱子曰：陽氣雖始於黃鍾，而其月爲建子，然猶潛於地中而未有以見其生物之功也。歷丑轉寅而三陽始備，於是協風乃至，盛德在木而春氣應焉。古之聖人以是爲生物之始、改歲之端，蓋以人之所共見者言之。至商周始以征伐有天下，於是更其正朔，定爲一代之制，以新天下之耳目而有「三統」之說。然以言乎天，則生物之功未著；以言乎地，則改歲之義不明。而凡四時五行之序，皆不得其中正。此孔子所以考論三王之制而必行夏之時也。❶○所謂「行夏時」者，蓋由歷數以來授時之法，如《堯典》教民事者，至夏而悉備也。諸家之歷，久而皆差，惟《夏小正》之書，授時爲無差，故曰「行夏時」也。○問：「《集註》『斗柄初昏建寅之月』，何獨取初昏爲定？」雙峯饒氏曰：天象難捉摸，只有初昏可見。日已落，星初明，於是時推測方有定。若其他時候，周流四方，無可捉摸。凡測星辰都用初昏，測日景却用日中。○「行」字兼令說了。古人每月有政令，觀《夏小正》可見。行夏之時，不特改正朔，乃是兼每月政令行了。所以《集註》說「時之正與其令之善」，以堯曆「日中星鳥，以殷仲春」推之，亦是夏時。想夏之前皆用建寅之月，至湯始改以新天下之觀聽。○問：「《春秋》書『王正月』，是以十一月爲春，如何？」曰：然天時參差，自是周制。夫子不敢擅改王制，但如此書。而於對顏子發此言，則人見得合用夏時，方與天時當對，此是夫子微意。

「乘殷之輅，輅音路。亦作「路」。

商輅，木輅也。輅者，大車之名。古者以木爲車而已，至商而有輅之名，蓋始異其制也。周人飾以金玉，則過侈而易去聲。敗。不若商輅之朴素渾上聲。堅，而等威已辨，爲質而得其中也。或問：「周輅爲過侈，何也？」朱子曰：輅者，身之所乘、足之所履，其爲用也賤矣；運用震動，任重致遠，其爲物也勞矣。且一器而工聚焉，其爲費也廣矣。賤用而貴飾之則不稱，物勞而華飾之則易壞，費廣而又增費之則傷財：此周輅之所以爲過侈歟？○《正義》曰：「路，大也。君之所在，以大爲號。門曰路門，寢曰路寢，車曰路車。」《左氏傳》曰：「大路越席，昭其儉也。」○勿軒熊氏曰：按《記・明堂位》：「鸞車，有虞氏之輅也；鉤車，夏后氏之輅也；大輅，殷輅也；乘輅，周輅也。」註曰：「漢祭天乘殷之輅，今謂之『桑根車』。」《周禮・春官・巾車》掌「王之五輅：曰玉輅，金輅，象輅，革輅，木輅」。註曰：「金、玉、象以飾諸末。革輅，鞔之以革而漆之。木輅，漆之而已。」○雲峯胡氏曰：商尚質，亦有過於質者。商之

❶ 此條出宋黄仲元《四如講稿》卷一，非出朱熹。

輅則得乎質之中者也。

「服周之冕，

周冕有五，祭服之冠也。冠，上有覆，敷救反。前後有旒，音流。黄帝以來蓋已有之，而制度儀等至周始備。何晏曰：❶《世本》云：「黄帝作冕。」《周禮》：「弁師掌王五冕。」其制蓋以木爲幹，以布衣之，上玄下朱，取天地之色。阮諶《三禮圖》云：「長尺六寸，廣八寸，天子以下皆同。」前圓後方，前垂四寸，後垂三寸。鄭云：「天子之衮冕十二旒，鷩冕九旒，毳冕七旒，絺冕五旒，玄冕三旒。旒各十二玉。公之衮冕九旒九玉，侯伯七旒七玉，子男五旒五玉，孤三旒三玉，大夫二旒二玉。士以弁，庶人以冠。」○《周禮・春官・司服》：「王之吉服，祀昊天上帝則服大裘而冕，祀五帝亦如之。享先王則衮服。享先公，饗射，則鷩冕。祀四望山川則毳冕。祭社稷五祀則絺冕。祭群小祀則玄冕。」「六服同冕者，首飾尊也。大裘，羔裘也。衮冕，卷龍衣也。九章，初一曰龍，次二曰山，次三曰華蟲，次四曰火，次五曰宗彝：皆畫以爲繢；次六曰藻，次七曰粉米，次八曰黼，次九曰黻：皆絺以爲綉。則衮之衣五章，裳四章，凡九章也。鷩畫以雉，謂華蟲也。其衣三章，裳四章，凡七章也。毳畫虎蜼，謂宗彝也。其衣三章，裳二章，凡五章也。絺刺、粉米無畫也。其衣一章，裳二章，凡三章也。玄者，衣無文，裳刺黻而已，是以謂之『玄』焉。凡冕服，皆玄衣纁裳。」❷然其爲物小而加於衆體之上，故雖華而不爲靡，雖費而不及奢。夫子取之，蓋亦以爲文而得其中也。或問：「周冕之不爲侈，何也？」朱子曰：加之首則體嚴而用約，詳其制則等辨而分明。此周冕所以雖文而不爲過也。夏、商之制雖不可考，然意其必有未備者矣。○雲峯胡氏曰：周尚文，則有過於文者。周之冕則得乎文之中者也。

「樂則韶舞。

取其「盡善盡美」。問：「顔子問爲邦，孔子止告之以四代之禮樂，却不及治國平天下之道，莫是此事顔

❶「何晏」，據引文出邢疏，當作「邢昺」。

❷「六服」至「皆玄衣纁裳」一段引文，出鄭注，非《周禮・春官・司服》正文。

子平日講究有素，不待夫子再言否？」朱子曰：固是如此。顔子事事了得了，只欠這些子，故聖人斟酌禮樂而告之。○顔子資禀極聰明，凡是涵養得來都易，如「聞一知十」，如「於吾言無所不説」，如「亦足以發」，如「問爲邦」，一時將許多大事分付與他，是他大段了得。看問爲邦，而孔子便以四代禮樂告之，想是所謂夏時、商輅、周冕、韶舞，當「博我以文」之時都理會得了。唯是顔子有這本領方做得，若無這本領，禮樂安所用哉？○新安陳氏曰：韶舞，以樂聲兼樂容而言也。

「放鄭聲，遠佞人。鄭聲淫，佞人殆。」遠，去聲。

放，謂禁絶之。鄭聲，鄭國之音。佞人，卑諂辨給之人。殆，危也。雲峯胡氏曰：《集註》前訓「佞」字但謂其「辨給」，此則先之以「卑諂」。蓋辨給在口，卑諂在心，此所謂「巧言令色孔壬」者也。○程子曰：「問政多矣，惟顔淵告之以此。蓋三代之制皆因時損益，及其久也，不能無弊。周衰，聖人不作，故孔子斟酌先王之禮，立萬世常行之道，發此以爲之兆耳。由是求之，則餘皆可考也。」朱子曰：發此爲之兆，兆猶準則也。非謂爲邦之道盡於此四者，略説四件作一箇準則，則餘事皆可依倣此而推行之耳。○雲峯胡氏曰：須看「斟酌」二字。以三代正朔，斟酌之不如夏之時得其正；輅至周而過侈，斟酌之不如從殷之爲得其中；冕自黄帝已有之，至周而其制始備，斟酌之不如從周爲得其中；自堯、舜、湯、武皆有樂，斟酌之不如韶樂之盡善盡美。夫子姑舉此四者以例其餘，皆當如此「斟酌」而行之也。張子曰：「禮樂，治去聲。下同。之法也。放鄭聲，遠佞人，法外意也。一日不謹則法壞矣，虞夏君臣更平聲。相戒飭，意蓋如此。」又曰：「法立而能守，則德可久，業可大。鄭聲、佞人能使人喪去聲。其所守，故放、遠之。」或問：「鄭、衛之音皆爲淫奔，夫子獨欲放鄭，何也？」朱子曰：《衛詩》三十九，淫奔之詩纔四之一；《鄭詩》四十一，淫奔之詩已不啻七之五。《衛》猶男悦女之詞，《鄭》皆女惑男之語。《衛》猶多譏刺懲創之意，《鄭》幾蕩然無復羞愧悔悟之萌。鄭聲之淫甚於衛矣！夫子獨以鄭聲爲戒而不及衛，舉重而言也。○張氏好古。曰：小人之禍國家，柔惡尤可畏於剛惡。剛惡桀黠强暴，中才之主猶畏而遠之，爲害猶淺；惟柔佞者諂諛側媚，使人喜愛親暱，聰明之君猶爲所惑，有覆亡而終不悟者。夫子舉「佞人」，亦以小人之尤者言也。是知有百王之大法，有萬世之大戒。四代禮樂，爲百王立此法也；戒以鄭聲、佞人，爲萬世保此法也。○慶源輔氏曰：治道成於樂。鄭聲，樂之淫者，能搖蕩人之性情以壞其成，故放絶之。治道係於人才。佞人，人才之賊也，利口辨給，能變亂是非以移奪人之心志而喪其所守，故屏絶之。○雙峯饒氏曰：「法外意」者，意在法之表。意，所以立此法，所以用此法，亦所以守此法。「先王有不忍人之心，斯有不忍人之政」。「有《關雎》、《麟趾》之意，然後可以行《周官》之法度」。即此意也。尹氏曰：「此所謂『百王不易』之大法。孔子之作《春秋》，蓋此意也。孔顏雖不得行之於時，然其爲治之法，可得而見矣。」

程子曰：舉前代之善者，準此以損益之，此成法也。鄭聲使人淫溺，佞人使人危殆，放遠之，然後可守成法。○三王之法各是一王之法，故三代損益，文質隨時之宜。若孔子所立之法，乃通萬世不易之法。孔子於他處亦不見説，獨答顔回云「行夏之時，乘殷之輅，服周之冕，樂則韶舞」，此是於四代中舉這一箇法式，其詳細雖不可見，而孔子但示其大法，使後人就上脩之。又曰：鄭聲、佞人，最爲治之害，放遠亦人之所難。○和靖尹氏曰：孔子告顔子以四代禮樂，而繼以放鄭聲、遠佞人，蓋此事易惑人也。○問：「伊川《春秋傳序》引夫子答『爲邦』之語，『惟顔子嘗聞』《春秋》大法，何也？」朱子曰：此不是孔子將《春秋》大法向顔子説。蓋三代制作極備矣，孔子更不可復作，故告以四代禮樂，只是集百王不易之大法。其作《春秋》，善者則取之，惡者則誅之，要亦明聖王之大法，意亦只是如此，故伊川引之爲樣耳。○南軒張氏曰：聖人監四代之事而損益之，以爲百王不易之典，此其大綱也。其綱見於此而其目則著於《春秋》。以此答顔淵，惟顔子可以與於斯也。放鄭聲、遠佞人，以爲邦之大法也，以其易溺而難防，故重言之。鄭聲淫、佞人殆，聖人每致戒於斯者，非聖人必待戒乎此也，於此設戒，是乃聖人之道也。放鄭聲、遠佞人，而後四代之法度可以興行而無斁矣。○或問：「孔子言王道，只言禮樂，如夏時、商輅、周冕是也；孟子言王道，只言政事，如衣帛食肉、經界井地是也。意者孔子言王道之本，孟子言王道之務。」潛室陳氏曰：孔子爲學者言，止言經世之大綱；孟子爲時君言，當論濟時之急務。

○子曰：「人無遠慮，必有近憂。」

蘇氏曰：「人之所履者，容足之外皆爲無用之地，而不可廢也。故慮不在千里之外，則患在几席之下矣。」程子曰：「人無遠慮，必有近憂。」思慮當在事外。○南軒張氏曰：慮之不遠，其憂必至，故曰「近憂」。《易》於「履霜」即曰「堅冰至」，以見其憂之在近也。慮患於履霜之初，則有以弭憂矣。○覺軒蔡氏曰：按蘇氏之説遠近以地言。若遠近以時言，恐亦可通。如國家立一法度，若不爲長遠之慮，則目前即有近憂矣。○雙峯饒氏曰：蘇氏只説得地之遠近，欠説時之遠近。若云「慮不及千百年之遠，則患在旦夕之近矣」，意方足。○厚齋馮氏曰：慮在事未來之先，憂在事既至之後。慮不遠則備不豫，而憂近矣；慮遠而備豫，則有以弭憂也。

○子曰：「已矣乎！吾未見好德如好色者也！」好，去聲。

已矣乎，歎其終不得而見之也。南軒張氏曰：世之誠於好德者鮮，夫子所以歎也。○慶源輔氏曰：自恐其終不獲見，所以警人使知自勉也。○新安陳氏曰：「吾未見好德如好色者也」，已見《子罕》篇。此加上三字，而警人之意愈切。

○子曰：「臧文仲，其竊位者與？知柳下惠之賢而不與立也。」「者與」之與，平聲。

竊位，言不稱去聲。其位而有愧於心，如盜得而陰據之也。柳下惠，魯大夫，展獲，字禽。食邑柳下，謚曰惠。與立，謂與之並立於朝。音潮。范氏曰：「臧文仲爲政於魯，若不知賢，是不明也；知而不舉，是蔽賢也。不明之罪小，蔽賢之罪大。故孔子以爲不仁，張氏存中曰：見《公冶長》篇「子產有君子之道四焉」章。又以爲竊位。」慶源輔氏曰：爵位，天之所以待人才，有才德者之所宜居也，豈一己可得而私有哉？如盜得而陰據之，則蔽賢抑能，悖天行私，而不自知其非矣。○或謂竊人之物者，惟恐人見而奪之；竊人之位者，惟恐賢者見用而逼己。雙峯饒氏曰：恐有此等意思。竊人物者，恐人見得便證出他來。臧文仲自居上位，亦自有所長，若與柳下惠並立，便被他形出己之短，所以蔽而不進之。○勿軒熊氏曰：公叔文子與大夫僎同升，則稱其「文」；臧文仲知柳下惠而不與立，則譏其「竊位」。蓋在上位以薦賢爲重也。○新安陳氏曰：不明者知識之暗，不智也；蔽賢則心術之私，不仁也。豈非偷竊職位以爲己之私有，而不復以職位爲國家待賢之公器歟？文仲，魯賢大夫，夫子不雷同而賢之，大公至正之心也。

○子曰：「躬自厚而薄責於人，則遠怨矣。」遠，去聲。

責己厚，故身益脩；責人薄，故人易從。所以人不得而怨之。朱子曰：厚，是自責得重，責了又責，積而不已之意。呂伯恭性褊急，只因病中讀

《論語》至「躬自厚而薄責於人」，遂一向如此寬厚和易。此可爲變化氣質之法。○新安陳氏曰：此即成湯「檢身若不及，與人不求備」之意。脩己待人，當然之理也，非爲求遠怨而後爲之。遠怨乃自然之效耳。

○子曰：「不曰『如之何，如之何』者，吾末如之何也已矣。」

「如之何，如之何」者，熟思而審處上聲。之辭也。不如是而妄行，雖聖人亦無如之何矣。朱子曰：只是要再三反覆思量。若率意妄行，雖聖人亦無柰他何。○雙峯饒氏曰：上言「如之何」是思而處之，下言「如之何」是思之熟而處之審也。

○子曰：「羣居終日，言不及義，好行小慧，難矣哉！」好，去聲。

小慧，私智也。言不及義，則放辟僻同。邪侈之心滋；好行小慧，則行險僥倖之機熟。難矣哉者，言其無以入德而將有患害也。朱子曰：下三句雖從第一句帶下來，必「羣居終日」而如此，尤見得下二句爲亂道。言不及義，無

學識之村人多如此。既言不及義，而惟止「好行小慧」，則其爲邪惡傾險之小輩，審矣。欲免於罪過，難矣哉！○或問：「慧固明智之稱。」曰：小慧則不本於義理而發於計較利欲之私耳。○南軒張氏曰：義者，天理之公；小慧，則繆巧之私而已。小慧之好，義之賊也。○雙峯饒氏曰：此雖兩事，其實相因。○胡氏曰：《集註》所謂滋則其心日甚一日，熟則其機日深一日。所以至此者，以其「羣居」而「終日」如此也。言不及義，故無以入德；好行小慧，故將有患害焉。

○子曰：「君子義以爲質，禮以行之，孫以出之，信以成之。君子哉！」孫，去聲。

義者，制事之本，故以爲質幹。而行之必有節文，出之必以退遜，成之必在誠實。乃君子之道也。○程子曰：「義以爲質，如質幹然。禮行此，孫出此，信成此。此四句只是一事，以義爲本。」朱子曰：義以爲質，是制事先決其當否了。其間節文次第，須要皆具，此是「禮以行之」。然徒知盡其節文而不能「孫以出之」，則亦不可。且如人知尊卑之分，須當讓他，然讓之之時辭氣或不能婉順，便是不能遜以出之。「信以成之」者，是終始誠實以成此一事，却非是「遜以出之」後方「信以成之」也。○義則是合宜。義有剛決意思，然不直撞去。禮有節文度數，故用禮以行之。孫以出之，是用和爲貴。義不和，用禮以行之已自和；然禮又嚴，故遜以出之，使從容不迫。信是朴實頭做，無信則義、禮、遜皆是僞。○問：「禮行」、「遜出」何别？曰：行，是安排恁地行；出，是從此發出。禮而不遜，則不免矯世以威嚴加人。○陳氏曰：事到面前便斷可否，此在先，是「義以爲質」。可否既定，或從或違，所以區處須中節文，無過不及，是「禮以行之」。於其區處或出辭氣，須遜順而無峻厲，方不忤人，是「遜以出之」。其總歸須誠實，則此事之成，無欠缺可悔處，是「信以成之」。四者皆一套事，只於日用間驗之自見。○雙峯饒氏曰：當然處是「義」，「質」是箇坯朴子。君子以義作箇坯朴，却以禮來文這義，擺布教恁地有條理。然義有圭角，又須遜順以出之，使之無圭角。然既如此，又恐失了義之本真，故又須信以成之，不易其當然之則。又曰：義以爲質而非禮行遜出，則質而不文；禮行遜出而不成之以信，則文勝而滅質：皆非君子之道。○雲峯胡氏曰：義不可以直遂行之，出之在禮遜；義不可以僞爲，成之在信實。然非禮遜之後又加以信也，曰義曰禮孫，始終一實而已矣。又曰：「『敬以直内』則『義以方外』。義以爲質則禮以行之，孫以出之，信以成之。」朱子曰：義以爲質，便是自「義以方外」處説起。若無「敬以直内」，也不知義之所在。○南軒張氏曰：義以方外，是義爲用也。而此章則以義爲體，蓋物則森然具於「秉彝」之内，此義之所以爲體也。必有是體而後品節生焉，故禮之所以行此者也。其行之也以遜順，則和而不失，故遜所以出此者也。而信者又所以成此者也。蓋義爲體而禮與孫所以爲用，而信者又所以成終者也。信則義行乎事事物物之中，而體無不具矣。○慶源輔氏曰：「敬以直内，義以方外」，是從内説出外；「義以爲質，禮以行之，孫以出之，信以成之」，是由外説入内。○胡氏曰：必敬存而後義立。義者事之質，而敬又義之本，推而上之也。○潛室陳氏曰：敬以直内，則義乃方外，是敬爲體而義爲用；若以義爲質，則禮行此義者也，孫出此義者也，信成此義者也，是義爲體而三者爲用矣。○新安陳氏曰：此章本無「敬以直内」意，程子又推本言之。

○子曰：「君子病無能焉，不病人之不已知也。」

南軒張氏曰：病無能者，非他也，病夫履行之無其實也。○問：「既謂之『君子』，又緣何病其無能？」雙峯饒氏曰：若自以爲有能，則不足以爲「君子」。如云「君子道者三，我無能焉」，「君子之道四，丘未能一焉」，夫子豈是無能者？

○子曰：「君子疾没世而名不稱焉。」

范氏曰：「君子學以爲去聲。己，不求人知。然没世而名不稱焉，則無爲善之實可知矣。」南軒張氏曰：有是實則有是名。名者，所以命其實也。終其身而無實之可名，君子疾諸，非謂求名於人也。○雙峯饒氏曰：言「没世」者蓋棺事乃定。生前或可干名，没後却粧點不得，公論方定。非有可稱之實者，必不見稱於人。没後有名可稱，則真有善可知。《大學》「没世不忘」亦此意。○厚齋馮氏曰：病之者，病我也；疾之者，疾人也。○齊氏曰：求有爲善之名，固君子之所羞；終無爲善之實，亦君子之所惡。故「長而無述」，孔子責之；「四十五十而無聞」，孔子歎之；「没世而無稱」，孔子疾之。然則學者亦可以勉矣。

○子曰：「君子求諸己，小人求諸人。」

謝氏曰：「君子無不反求諸己，小人反是。此君子小人所以分也。」○楊氏曰：「君子雖不病人之不己知，然亦疾没世而名不稱也；雖疾没世而名不稱，然所以求者亦反諸己而已。小人求諸人，故違道干譽，無所不至。三者文不相蒙而意實相足，亦記言者之意。」或問：「楊氏之説似太巧。」朱子曰：雖巧，而有益於學者。○以好名爲戒，此固然矣。然偏持此論，將恐廉隅毁頓，其弊有甚於好名。故「君子疾没世而名不稱焉」，而又曰「君子求諸己」。詳味此言，不偏不倚，表裏該備，此其所以爲聖人之言歟？學者要當如此玩心，則「勿忘勿助」之間，天理卓然矣。○南軒張氏曰：君子無適而非求諸己，小人無適而非求諸人。求諸己則德日進，求諸人則欲日肆。君子小人之分，蓋如此也。○胡氏曰：范氏合上二章爲一意，楊氏於此又合三章爲一意。文意反覆，互相周備。雖非夫子立言之旨，記者取而相足也。

○子曰：「君子矜而不争，羣而不黨。」

莊以持己曰「矜」。然無乖戾之心，故「不争」。和以處上聲。衆曰「羣」。然無阿比毗至反。之意，故「不黨」。程子曰：君子以矜莊自持，不與人争。○龜山楊氏曰：矜者，「矜莊」之「矜」，非謂「矜伐」也。○朱子曰：矜是自把捉底意思，故《書》曰：「不矜細行，終累大德。」○南軒張氏曰：矜莊自持，易至絶物而失於争；羣居相與，易至徇物而失於黨。君子非與人異也，處己嚴而不失於和，故矜而不争；非不與人同也，待物平而不失於公，故羣而不黨。○慶源輔氏曰：莊以持己理也，然用意或過，則便至乖戾之心生而與人争；和以處衆理也，然用意或過，則便至阿比之意起而與人黨。天理存亡，只在一息之間。夫子言君子如此，所以使學者於持己處衆之際戒謹恐懼，務盡其理，而防私意之或萌也。○新安陳氏曰：矜也忿戾，則矜而争矣。可以羣，羣而不流於黨也。

○子曰：「君子不以言舉人，不以人廢言。」

南軒張氏曰：以言舉人，則行不踐者進矣，此固不可也；然而雖使小人言之而善，亦不害其爲善者也，以人廢之，則善言棄矣。故君子雖不以言舉人，而亦不以人廢言，公心無蔽也。○新安陳氏曰：君子不以其言之善而遽舉用其人，以人之行多不及言故也；亦不以其人之惡而廢其言之善，以一言之善自不可没故也。如孔子因宰予晝寢而「聽言」必「觀行」，孟子不没陽虎「爲富不仁」之言。聖賢之心，公而無蔽，故如此。

○子貢問曰：「有一言而可以終身行之者乎？」子曰：「其恕乎？己所不欲，勿施於人。」

推己及物，其施不窮，故可以終身行之。○尹氏曰：「學貴於知要。子貢之問，可謂知要矣。孔子告以『求仁之方』也。新安陳氏曰：恕者，求仁之方。《語》曰：「能近取譬，可謂仁之方也已。」孟子曰：「强恕而行，求仁莫近焉。」推而極之，雖聖人之無我，不出乎此。終身行之，不亦宜乎？」問：「言恕必兼言忠，如何此只言恕？」朱子曰：不得忠時不成恕，獨説恕時忠在裏面了。○問：「『終身行之，其恕乎』，絜矩之道，是恕之端否？」曰：絜矩正是恕。○南軒張氏曰：人之患，莫大於自私，恕者所以克其私而擴公理也。己所不欲，勿施於人，恕之方也。是所當終身而行之者。極其至，則仁也。忠恕，體用也。獨言行恕者，蓋於其用力處言之。行恕，則忠可得而存矣。○慶源輔氏曰：推己及物，即「己所不欲，勿施於人」之恕也。非有資於人，在我施之而已，烏有窮盡？故「可以終身行之」。此蓋指其用而言之。又曰：始則推己及物，終則爲聖人之無我，不出乎一「恕」字而已。終身行之，豈不爲宜？此又極其效而言之。「知要」之説，尤爲有警於學者。蓋聖學以仁爲先，而恕則求仁之方也。○陳氏曰：己所不欲，勿施於人，只就一邊論。其實不止勿施所不欲者，凡己所欲者，須要施於人方可。如己欲孝欲弟，人亦欲孝欲弟。必推己所欲孝欲弟者以及人，使人亦得以遂其欲孝欲弟之心，便是恕。只是推己之心流行到那物而已恕之義甚闊大。自漢以來，「恕」字之義不明。有謂「善恕己量主」，范忠宣亦謂「以恕己之心恕人」，不知「恕」字就己上著不得。據他説「恕」字，只似饒人的意思，恰似今人説且「恕之」、「不輕恕」之意，如此，是己有過且自恕，人有過又併恕人，乃相率爲不肖之歸，豈推己如心之義乎？○雙峯饒氏曰：此問在未聞「一貫」之先。子貢多學，欲知博中之約，遂發此問。「一言」是一字，所以只以一「恕」字答之。○新安陳氏曰：視人猶己，一視同仁，此聖人之無我也。惟其略無私己，故仁之用自然如此。

○子曰：「吾之於人也，誰毁誰譽？如有所譽者，其有所試矣。譽，平聲。

毁者，稱人之惡而損其真；譽者，揚人之善而過其實。夫子無是也。然或有所譽者，則必嘗有以試之而知其將然矣。聖人善善之速而無所苟如此。若其惡惡，則已緩矣。是以雖有以前知其惡，而終無所毁也。朱子曰：「毁」者，人本未有十分惡，將做十分惡説他，便是「毁」。若只據他之惡説之，不謂之「毁」。如一物本完全，今打破了便是毁。若那物元破了，不可謂之毁。「譽」亦是稱奬得過當。有所試者，那人雖未有十分善，我試之，知得將來如此。若毁人，則不如此也。○或問「毁譽」之説。曰：毁者，惡未著而遽詆之；譽者，善未著而亟稱之也。試者，驗其將然之辭。聖人之心，光明正大，稱物平施，無毫髮之差。故人之善惡，稱之未有少有過其實者。然以欲人之善也，故但有試而知其賢，則善雖未顯，已進而譽之矣；不欲人之惡也，故惡之未著者，雖有以決知其不善，而卒未嘗遽詆之也。此所以言譽而不言毁，蓋非若後世所謂恥言人過而全無黑白者。但有先褒之善而無豫詆之惡，則是聖人之心耳。曰：「若有譽而無毁，則聖人之心爲有所倚矣。」曰：有譽無毁，是乃善善速、惡惡緩之意，正《書》所謂「與其殺不辜，寧失不經。罪疑惟輕，功疑惟重」，《春秋傳》所謂「善善長，惡惡短」，孔子「樂道人之善」，「惡稱人之惡」之意，而仁包五常、元包四德之發見證驗也。聖人之心雖至公至平，無私好惡，然此意未嘗不存，是乃天地生物之心也。若以是爲有倚而以恝然無情者爲至，則恐其高者入於老、佛荒唐之説，而下者流於申商慘酷之科矣。○胡氏曰：「毁」云損其真，若叔孫武叔之毁仲尼是也；「譽」云過其實，孟子所謂「聲聞過情」是也。

「斯民也，三代之所以直道而行也。」斯民者，今此之人也。三代，夏商周也。直道，無私曲也。言吾之所以無所毀譽者，蓋以此民即三代之時所以善其善、惡其惡而無所私曲之民，朱子曰：「所以」字本虛，然意味乃在此。故我今亦不得而枉其是非之實也。新安陳氏曰：此句繳上一截「誰毀誰譽」之意。○尹氏曰：「孔子之於人也，豈有意於毀譽之哉？其所以譽之者，蓋試而知其美故也。斯民也，三代所以直道而行，豈得容私於其間哉？」朱子曰：斯民，是今此之民，即三代之時所以爲善之民。聖人説一句話，便是恁地闊，便是從頭説下來。此民乃是三代時直道而行之民，我今若有所毀譽，亦不得迂曲而枉其是非之實。○南軒張氏曰：誰毀誰譽，謂吾於人初無毀譽之意也。而有所譽者，必有所試也，因其有是實而稱之。春秋之時，風俗雖不美，然民無古今之異，三代所以直道而行者亦斯民也。順理之謂「直」。可毀可譽在彼，循其理而已。先王命德討罪亦若是也。○雙峯饒氏曰：下面「民」字即上面「人」字，但「人」對「己」而言，「民」對「君」而言。緣有「三代」字在上，故言今此之民與三代之民一般。但三代化行俗美，好惡得其真，後世教化不明，風俗不美，直變爲枉，所以有稱人惡而損其真、揚人善而過其實者。吾之於人則不然。蓋視今此之人爲三代直道之民，而不視之爲後世枉道之民也。○雲峯胡氏曰：朱子云所以二字有味，蓋善善惡惡無所私曲，今之民與三代之民皆然，是必有所以然者矣。○新安陳氏曰：尹氏之意略而未明，朱子就其説而發明得精切至到耳。善善惡惡，無所私曲，乃人心天理所在，萬世如一日也。三代之人心如此，今日之人心亦如此，聖人不得容私於其間也。然有先褒之善而無豫詆之惡，善善急，惡惡緩之心未嘗不行乎其間焉。好善忠厚之心與善善惡惡無私曲之心，並行而不相悖也。

○子曰：「吾猶及史之闕文也。有馬者借人乘之，今亡矣夫！」夫音扶。❶

❶「夫」，原脱，今據四庫本、孔本、陸本及《輯釋》、《四書章句集註》補。

楊氏曰：「史闕文，馬借人，此二事孔子猶及見之。今亡與「無」通。矣夫，悼時之益偷也。」愚謂此必有爲去聲。而言。意必偶見有此事。蓋雖細故，而時變之大者可知矣。南軒張氏曰：有馬借人乘之，己雖有馬不能乘，則借人乘之。史有闕文以待來者，其意亦猶是也。言始猶及見而今則亡，歎風俗之日趨於薄也。○勉齋黄氏曰：今亡矣夫，歎古人謙厚之意不復見也。○葉氏少蘊。曰：古者六書皆掌於史官。班孟堅言：「古制，書必同文，不知必闕，問諸故老。至於衰世，是非無正，人用其私，故子曰『吾猶及史之闕文也，今亡矣夫』。」雖略去有馬者借人乘之之語，其傳必有自矣。○齊氏曰：三代無乘馬者。所謂乘，如《詩》言「乘乘鴇」、「乘乘黄」，蓋四馬駕車而乘之也。借人乘之，蓋有子路車馬「與朋友共」之意。○雲峯胡氏曰：史闕文，猶不挾己所見以自是；馬借人，猶不挾己所有以自私。○新安陳氏曰：疑以傳疑，物與人共，皆人心近古處。二事雖小，而人心之不古亦可見。○胡氏曰：「此章義疑，不可强上聲。解。」趙氏曰：二事大小精粗，實不相並，故又載胡氏説于後，亦闕疑之意。

○子曰：「巧言亂德，小不忍則亂大謀。」

巧言變亂是非，聽之使人喪去聲。其所守。小不忍，如婦人之仁、匹夫之勇皆是。或問：「婦人之仁、匹夫之勇，强弱不同，同爲不忍，何也？」朱子曰：「忍」之義，禁而不發之謂。婦人之仁，不能忍其愛也；匹夫之勇，不能忍其忿也。○慶源輔氏曰：婦人之仁，失於不斷；匹夫之勇，失於輕決。二者之失不同，而皆足以亂大謀。蓋大謀雖斷，而輕決則又失之。○雲峯胡氏曰：亂大謀，彼自亂彼之事；亂德，非惟自亂其心術，且能亂人之心術。是非有定理，而彼以是爲非，以非爲是，使聽者失其所守，爲人心之害莫大焉。婦人之仁，柔惡，爲無斷；匹夫之勇，剛惡，爲强梁。

○子曰：「衆惡之，必察焉；衆好之，必察焉。」好、惡，並去聲。

楊氏曰：「惟仁者能好惡人。衆好惡之

而不察，則或蔽於私矣。」南軒張氏曰：天下之善惡有如黑白之易明者，衆之好惡固所同也。至於事若善而其情則有害，事若不善而其情或可取，此衆人之所惑而君子之所察也。孟子於仲子、匡章，是也。○胡氏曰：察者，詳審之謂。非謂衆人之好惡皆非也，特恐其或蔽於私，故加詳審爾。○雙峯饒氏曰：南軒所引仲子、匡章事甚切。齊人皆以仲子爲廉，孟子獨能辨其不廉，此其「衆好必察」處；匡章通國皆稱其不孝，孟子獨不以不孝目之，此是「衆惡必察」處。又曰：衆好惡固當察，然我心無私意，方能察之；若有私意，則衆好惡之得其當者，我反以爲非矣。所以「惟仁者能好、惡人」也。○新安陳氏曰：惟仁者無私心而好惡當於理，方能爲衆人之衡鑑焉。

○子曰：「人能弘道，非道弘人。」

弘，廓苦郭反。而大之也。人外無道，人之身，即道之所寓。道外無人。道即人之所以爲人之理。然人心有覺而道體無爲，故人能大其道，道不能大其人也。○張子曰：「心能盡性，人能弘道也；性不知檢其心，非道弘人也。」問：「人能弘道。」朱子曰：道如扇，人如手。手能搖扇，扇如何搖手？○問：「性不知檢其心。」潛室陳氏曰：性指道，心指人。○雙峯饒氏曰：此「道」字是就自家心上説，若就道體上説，則道自際天蟠地，何待人弘？又曰：四端甚微，廣而充之則不可勝用，此之謂「人能弘道」。○四如黄氏曰：「弘」有二義。人之得是道於心也，方其寂然而無一理之不備，亦無一物之不該，這是容受之「弘」；及感而通，無一事非是理之用，亦無一物而非是理之推，這是廓大之「弘」。其容受也，人心攬之，若不盈掬而萬物皆備於我，此「弘」之體；其廓大也，四端雖微，火然泉達，充之足以保四海，此弘之用。性分之所固有者，一一盡收入來；職分之所當爲者，一一便推出去：方是「弘」。

○子曰：「過而不改，是謂過矣。」

過而能改，則復於無過。唯不改，則其過遂成而將不及改矣。新安陳氏曰：過而肯改，則過泯於無；過而不改，則過成而有。

○子曰：「吾嘗終日不食，終夜不寢以思，句。無益，句。不如學也。」

此爲去聲。「思而不學」者言之。蓋勞心以必求，不如遜志而自得也。李氏曰：「夫子非思而不學者，特垂語以教人爾。」朱子曰：思是硬要去做，學是依這本子，小著心，隨事順理去做。○遜志，是卑遜其志，放退一著，寬廣以求之，不忒恁地迫窄，便要一思而必得。○問：「聖人真箇『終日不食，終夜不寢以思』否？」曰：聖人也曾恁地來。聖人説「發忿忘食」，却是真箇。惟橫渠知得此意，嘗言孔子煞喫辛苦來。○南軒張氏曰：此章非以思爲無益也，以思而不學，則無益耳。○雲峯胡氏曰：《書·説命》「惟學遜志」一句，六經言學所從始。非特取卑遜之義。不凌節而施之謂「遜」。蓋勉勉循循，其學有自得之益；勞心以必求，徒思而未必有得也。

○子曰：「君子謀道不謀食。耕也，餒在其中矣；學也，祿在其中矣。君子憂道不憂貧。」餒，奴罪反。

耕所以謀食而未必得食，學所以謀道而祿在其中。然其學也，憂不得乎道而已，非爲去聲。憂貧之故而欲爲是以得祿也。○尹氏曰：「君子治其本而不卹其末，豈以自外至者爲憂樂音洛。哉？」朱子曰：君子謀道不謀食，是將一句統説，中又分兩脚説。耕也，餒在其中；學也，祿在其中。又恐人錯認此意，似教人謀道以求食，故下面又繳一句，謂君子所以爲學者，所憂在道爾，非憂貧而學也。○學固不爲謀祿，然未必不得祿；如耕固不求餒，然未必得食。雖是如此，然君子之心却只見道不見祿。○凡言「在其中」，蓋言不必在其中而在焉者矣。○問：「耕也餒在其中，學也祿在其中，兩句似相反。」潛室陳氏曰：耕本謀食，却有時而餒；學非謀食，却可以得祿。○雙峯饒氏曰：首句重在「謀」字上，末句重在「憂」字上。謀以事言，憂以心言。憂道自然不憂貧。到不憂貧地位，也是難事。學者縱未能不憂貧，也且以此等意思存之胸中，久久自別。○雲峯胡氏曰：凡學而謀食者，只爲貧富關打不透爾。果不憂貧，自不謀食。○新安陳氏曰：「謀食」

之「食」以「食祿」言，與「祿」字相關。「耕也，餒在其中」一句自是引喻。此章夫子始終教學者以審内外之輕重也。君子惟謀學以明道，而不謀食以得祿，譬之耕本不求餒而餒自在其中，是學本不求祿而祿自在其中，學焉而聽祿之自至可也。末又申言之，「憂道」以見其「謀道」，「不憂貧」以見其「不謀食」。憂出於心，謀見於事。憂之深然後謀之熟，無非欲學者知内之重而外之輕耳。

○子曰：「知及之，仁不能守之，雖得之，必失之。知，去聲。

知足以知如字。此理而私欲間去聲。下同。之，則無以有之於身矣。

程子曰：知及之，仁不能守之，無得也。○知及之，仁不能守之，此言中人以下也。若夫真知，未有不能守者。○新安陳氏曰：「好學近乎知，力行近乎仁」，學而知之明，則知及而得之矣；不能無私，力行而守之不固，雖得之，必失之也。

「知及之，仁能守之，不莊以涖之，則民不敬。

涖，臨也，謂臨民也。知此理而無私欲以間之，則所知者在我而不失矣。然猶有不莊者，蓋氣習之偏，或有厚於内而不嚴於外者，是以民不見其可畏而慢易去聲。之。下句放上聲。此。

張子曰：所謂知及之必欲仁守之者，恐其難得必失耳。「知之非艱，行之惟艱」，此守所以貴乎篤也。○問：「知及之，仁不能守之，固不可。仁既能守之，而猶有不莊之戒。《集註》謂有『氣習之偏』，何耶？」潛室陳氏曰：蓋雖是有仁能持守，然當臨涖之時、舉動之際，此心小懈，即妄念便生。須是逐時照管，令罅縫不開。才有罅縫，便有氣習之偏，此是聖賢點檢身上工夫周密處。雖是本體已造醇美，猶恐節目上有疵，又須逐節照管，要令盡善盡美。

「知及之，仁能守之，莊以涖之，動之不以禮，未善也。」

動之，動民也，猶曰鼓舞而作興之云爾。禮，謂義理之節文。

朱子曰：「動」字不是「感動」之「動」，是使民底意思。謂使民去做這件事亦有禮，是使之以禮。下梢「禮」字歸在民身上。○動之，是指民說。如蒐田獮狩，就其中教之少長有序之事，便是使之以禮。蓋使他以此事，此事有禮存也。○愚謂學至於仁，則善有諸己而大本立矣。涖之不莊，動之不以禮，乃其氣稟學問之小疵，然亦非盡善之道也。朱子曰：固有生成底，然亦不可專主氣質。蓋亦有學底。○慶源輔氏曰：不莊，氣質之偏也；不以禮，學問之闕也。故夫子歷言之，使知德愈全則責愈備，不可以爲小節而忽之也。朱子曰：知及之，如《大學》「知至」；仁守之，如「意誠」。涖不莊、動不以禮，如所謂「不得其正」，所謂「敖惰而辟」之類。知及仁守，是「明德」工夫，下面是「新民」工夫。○問：「知及仁守，到仁是極了，却又要莊涖、動以禮底工夫，如何？」曰：人自有此心純粹不走失，而於接物治民時少些莊嚴意思，自不足以使人敬，此便是未盡善處。又問：「此是要本末工夫兼備否？」曰：固是。但須先有知及仁守做箇根本，方好去檢點其餘，便無處無事不善。若根本不立，又有何可點檢處？○或問：「知及仁守，爲學之事也；莊涖禮動，爲政之事也。然爲學之事雖未及乎爲政，至於接物處家之際，亦非莊涖禮動不能爲也；爲政者雖不專於爲學，然非知識之明而持守之固，亦無以爲臨政之地矣。」○此一章當以「仁」爲主。所謂「知及之」，所以求吾仁；「涖之」、「動之」，所以持養吾仁者。○或問此章。曰：大抵發明内外本末之序，極爲完備。而其要，以仁爲重。仁能守之則大本已立，雖臨民不以莊、動民不以禮，亦其支節之小失耳。然亦不可不自警省，以求盡善而全其德也。○南軒張氏曰：知及之，仁不能守之，則未能保之也；仁能守之，則在己者實矣；又須莊以涖之，而動之則以禮。動之以禮者，以禮教民，則民作興也。此雖統言爲政之道至此而後「善」，然所以成己，亦一而已。○雙峯饒氏曰：此章六箇「之」字要分別。及之、守之、得之、失之，此四「之」字指「理」而言；涖之、動之，此二「之」字指「民」而言。○雲峯胡氏曰：仁者，心德之全。知及、仁守而猶曰不莊以涖之則民不敬者，德之全而責之備也；知及、仁守、莊涖而猶曰動之不以禮爲未善者，德愈全而責愈備也。大本已立，固足以見其心德之全；小節未善，亦足以爲全德之累。

○子曰：「君子不可小知而可大受也，小人不可大受而可小知也。」

此言觀人之法。知，我知之也；受，彼所受也。蓋君子於細事未必可觀，而材德足以任重；小人雖器量去聲。淺狹，而未必無一長可取。朱子曰：一事之能否，不足以盡君子之藴，然能任天下之重而不懼；小人一才之長，亦可器使，但不可以任大事耳。○吴氏曰：方舜之耕稼時，視之猶人也；一旦受堯之天下，若素有之。小人有立談之間而其材可知者，至委以國則未有不敗。○南軒張氏曰：君子所存者大，故不可以小者測知而可以當其大者；小人局於狹小，其長易見，故不可以任大而可以小知之。大受，如學者之學聖人，有爲者之當大任是也；事而可以小知之，小人用過其量，則敗矣。○雙峯饒氏曰：君子於小事上有拙處，小人於小事上有長處，所以不可以一節觀之。或問：「君子才全德備，何爲於小事上有拙處？」曰：不可以一概論。君子亦有等降，但其大體正當，雖細微處有未盡，亦不害其爲君子。又曰：此小人是小有才之人，非庸常之小人。○雲峯胡氏曰：小節可以知小人，不足以知君子；大受可以許君子，不可以許小人。材之所成爲器，德之所充爲量。君子之所以可大受者，材與德俱大；小人之不可大受者，器與量俱小故也。

○子曰：「民之於仁也，甚於水火。水火，吾見蹈而死者矣，未見蹈仁而死者也。」

民之於水火，所賴以生，不可一日無。其於仁也亦然。但水火外物而仁在己。無水火，不過害人之身；而不仁，則失其心，是仁有甚於水火而尤不可一日無者也。況水火或有時而殺人，仁則未嘗殺人，亦何憚而不爲哉？李氏曰：「此夫子勉人爲仁之語。下章放上聲。此。」問：「夫子言『吾未見蹈仁而死者也』，後又言『志士仁人，有殺身以成仁者』。」潛室陳氏曰：蹈仁，有益無害，人何憚而不爲？此勉人爲善之語。若到殺身成仁處，是時不管利害，但求一箇是而已。學者患不蹈仁爾，蹈仁則心無計較之私，若義所當死而死，雖比干，不害爲「正命」。

○子曰：「當仁，不讓於師。」

當仁，以仁爲己任也。雖師亦無所遜，言當勇往而必爲也。蓋仁者，人所自有而自爲之，非有爭也，何遜之有？○程子曰：「爲仁在己，無所與遜。若善名在外，則不可不遜。」朱子曰：當仁，「擔當」之「當」。這「仁」字是指大處難做處說。這般處須著擔當，不可說道自家做不得，是師長所做底事。○弟子於師，每事必讓而不敢先。至於仁以爲己任，則當自勉而勇爲，不可以有讓也。蓋仁者，己所有而自爲之，非奪諸彼而先之也，何讓之有？所謂「不讓」，猶程子所謂「不可將第一等事讓與別人做」者。其事，則顏子所謂「舜何人也，予何人也？有爲者亦若是」者是已。此與上章皆勉人爲仁之辭。上章爲凡民都不知仁而憚於爲之者發，此章爲學者粗知仁之爲美而不知勇於有爲者發。○南軒張氏曰：夫子嘗曰：「有能一日用其力於仁矣乎？我未見力不足者。」又曰：「我欲仁，斯仁至矣。」又曰：「爲仁由己。」於此又明不讓於師之義。蓋「道不遠人」，爲之在己，雖所尊敬，亦無所與讓。聖人勉學者，使之用其力也。○爲仁在我，雖師不暇遜，此便是「仁以爲己任」。○慶源輔氏曰：遜者，禮之實也，德之善也。凡自外來者固不可不遜，如善名是也；至於爲仁在己，則何遜哉？蓋非不遜也，乃無所與遜也。○雲峯胡氏曰：「當」字大有力量，不弘者當不起，不毅者當不去。「請事斯語」，顏子當之；「仁爲己任」，曾子當之。顏、曾遜於夫子之門，未嘗以「當仁」之事而遜於夫子也。

○子曰：「君子，貞而不諒。」

貞，正而固也；諒，則不擇是非而必於信。問：「君子不諒，可乎？」龜山楊氏曰：惟「貞固」可以「不諒」。所謂「貞」者，「惟義所在」也。○朱子曰：「貞」者見得道理是如此，便只恁地做去，所謂「知斯二者弗去」是也。爲正字說不盡，故更加「固」字，如《易》所謂「貞固足以幹事」。若「諒」者是不擇是非，必要如此。故貞者是正而固守之意，諒則有「固必」之意焉。○南軒張氏曰：貞則信在其中。但執小信而於義有蔽，則失其正而反害於信矣。○覺軒蔡氏曰：「諒」

有二訓。有止訓「信」者，「友諒」是也；有訓「必信」者，此「諒」是也。「諒」似「貞」而實非，故夫子特別而言之。○雙峯饒氏曰：「貞」者正而固守，「諒」則固而未必正。「言必信，行必果」而不知「惟義所在」者也。○厚齋馮氏曰：歷萬變而不失其正者，貞也；諒，則固守而不知變者也。故曰：「貞者，事之幹也。」「豈若匹夫匹婦之爲諒也？」

○子曰：「事君，敬其事而後其食。」

後，與「後獲」之後同。雙峯饒氏曰：此「後」字如「先難後獲、先事後得」之「後」。後獲，謂不計其效也。蓋爲人臣者但知盡其職分而已，禄非所計也，所謂「正其誼，不謀其利」之意。食，禄也。君子之仕也，有官守者修其識，有言責者盡其忠，皆以敬吾之事而已。不可先有求禄之心也。南軒張氏曰：事君者主於敬其事而已。官有尊卑，位有輕重，而敬其事之心則一也。後其食，猶「後獲」之意。然則「爲貧而仕」則柰何？「孔子嘗爲委吏矣，亦曰『會計當而已矣』；嘗爲乘田矣，亦曰『牛羊茁壯長而已矣』。」蓋亦以敬其事爲主也。若曰爲貧而仕，食焉而已，遑恤其事，則失其義矣。○胡氏曰：後其食者，蓋委置之，不存乎念慮之間，非纔任其事而即有得禄之心繼之也。若曰先敬其事而後有計禄之心，則義利雜糅，公私交戰，其不爲利心所勝者幾希。○勉齋黄氏曰：敬事後食，臣之道也；餼禀稱事，君之道也。○慶源輔氏曰：有官守者脩其職，有言責者盡其忠，是皆天理之當然而在人之所當爲者也，豈可有一毫僥求覬幸之意於其先哉？

○子曰：「有教無類。」

人性皆善。而其類有善惡之殊者，氣習之染也。故君子有教，則人皆可以復如字。反也。於善，而不當復扶又反。又也。論其類之惡矣。南軒張氏曰：人所禀之資雖有不同，然無有善惡之類，一定而不可變者。蓋「均是人也」，原其「降衷」，何嘗不善？故聖人有教焉，所以反之於善也。教之行，愚者可使之明，柔者可使之强，豈有氣質之不可變者乎？然堯、舜之子不肖，則氣類又若有異，何也？蓋氣有可反之理，人有能反之道，而教有善反之功。其卒莫之能反者，則以其自暴自棄而已。

○慶源輔氏曰：人之性同乎一理而已，然其品類則有善惡之異者何哉？蓋於其始生也，已有氣禀清濁之分；及其少長也，又有習染邪正之異。苟欲合其異而反其同，則在乎教耳。故君師有教化之妙，則人皆可以復其善而自無爲惡之人，豈可復論其類之惡哉？○洪氏曰：聖人之教如雨露之於萬物，夫豈有所擇哉？

○子曰：「道不同，不相爲謀。」爲，去聲。

不同，如善惡邪正之類。南軒張氏曰：君子以義，小人以利。義利之所趨不同，烏能相爲謀乎？○新安陳氏曰：善惡，謂君子小人；邪正，謂吾道異端，如陰陽冰炭之相反。此不能爲彼謀，彼亦不能爲此謀也。

○子曰：「辭達而已矣。」

辭取達意而止，不以富麗爲工。勉齋黄氏曰：此爲學者喜於工言辭者設。然其曰「達而已矣」，則非通於理者亦不能達也。聖人之言未嘗有所偏也。○胡氏曰：富者，欲其贍也；麗者，欲其華也。○新安陳氏曰：惟達理者辭能達意，達意之外而過求之，非以繁多爲富則以華美爲麗，正理反爲所蔽，本意反以不達矣。「達」之一字，命辭之法也。東坡與人論文，每以夫子此言爲主。

○師冕見。及階，子曰：「階也。」及席，子曰：「席也。」皆坐，子告之曰：「某在斯，某在斯。」見，賢遍反。

師，樂師，瞽者。胡氏曰：《周禮》樂師、太師皆以「師」名，磬、鐘、笙、鎛、韎、籥皆曰「師」。○吴氏曰：古者樂師皆用瞽，以其廢視而聽專，且令天下無廢人也。冕，名。再言「某在斯」，歷舉在坐去聲。之人以詔之。

師冕出。子張問曰：「與師言之道與？」與，平聲。

聖門學者於夫子之一言一動，無不存心省悉井反。察如此。吴氏曰：《論語》中，子張之問比諸弟子爲多。○新安陳氏曰：不可以子張之問作閑語看。聖人一言一動，無非教也。學者善觀之，則見得皆出於聖心天理之流行者矣。

子曰：「然。固相師之道也。」相，去聲。

相，助也。古者瞽必有相，其道如此。《周禮・春官》：「太師，下大夫二人。少師，上士四人。瞽矇，三百人。眡音示。瞭，音了。明目也。三百人。眡瞭掌太師之縣，音玄，鐘磬之類。凡樂事，相瞽。」蓋聖人於此非作意而爲之，但盡其道而已。○尹氏曰：「聖人處上聲。己爲去聲。人，其心一致，無不盡其誠故也。有志於學者求聖人之心，於斯亦可見矣。」范氏曰：「聖人不侮鰥寡，不虐無告，可見於此。推之天下，無一物不得其所矣。」南軒張氏曰：道無往而不存。聖人之動静語默，無往而非道，蓋各止於其所而已。師冕之見，及階則告之階，及席則告之席，既坐則歷告之以在坐者，蓋待瞽者之道當然爾。子張竊窺而有問焉，夫子以爲固相師之道，辭則近而意亦無不盡矣。事事物物，莫不有其道。夫一日之間，起居則有起居之道，飲食則有飲食之道，見是人則有待是人之道，遇是事則有處是事之道：「道不可須臾離也。」夫惟天下之至誠，一以貫之。道之所在，如影之隨形，蓋無往而非是矣。○胡氏曰：瞽必有相，荀子所謂「猶瞽無相」，《春秋傳》所謂「其相曰『朝也』」。冕之來見，適無相者，坐必作，過必趨。哀矜之念，乃聖人之素心。至此自不能已也，故代相者告之。○厚齋馮氏曰：使瞽者若能視然，是謂「相師之道」，豈特與師言之道如此？○新安陳氏曰：瞽者之來，未必無相。夫子自矜之，且敬之，故節節謹告之。有目者待無目者之誠心曲禮也。

論語集註大全卷之十五

論語集註大全卷之十六

季氏第十六

洪氏曰：「此篇或以爲《齊論》。」凡十四章。胡氏曰：疑爲《齊論》，以皆稱「孔子曰」，且三友、三樂、九思等條，例與上下篇不同。然亦無他左驗。○厚齋馮氏曰：上篇首衛靈公，以識諸侯之失；此篇首季氏，以識大夫之失；下篇首陽貨，以識陪臣之失也。此篇季氏而後，即記禮樂征伐、禄去公室之語，乃記者以爲篇次之意。

季氏將伐顓臾。

顓臾，國名，魯附庸也。《春秋傳》曰：「顓臾，風姓也。實司太皞與有濟之祀。」註云：「伏羲之後。在泰山南，武陽縣之東北。」

冉有、季路見於孔子曰：「季氏將有事於顓臾。」見，賢遍反。

按《左傳》、《史記》，二子仕季氏不同時。此云爾者，疑子路嘗從孔子自衛反魯，再仕季氏，不久而復扶又反。之衛也。《左傳》定公十二年：「仲由爲季氏宰，將墮三都。」○《史記》：「定公十三年夏，孔子言於公曰：『臣無藏甲，大夫無百雉之城。』使仲由爲季氏宰，將墮三都。」○《左傳》哀公十一年：「齊師伐我。季孫謂其宰冉求曰：『若之何？』求曰：『一子守，二子從公禦諸境。』孟孺子洩帥右師，冉求帥左師。師及齊師戰于郊。師入齊軍，獲甲首八十。齊人遁。冉有請從之，季孫弗許。」○《史記·世家》：「哀公三年，孔子年六十矣。在陳。秋，季桓子病，輦而見魯城。喟然嘆曰：『昔此國幾興矣。以吾獲罪於孔子，故不興也。』顧謂其嗣康子曰：『我即死，若必相魯。相魯必召仲尼。』後數日，桓子卒，康子代立。已葬，欲召仲尼。公之魚曰：『昔吾先君用之不終，終爲諸侯笑。今又用之不能終，是再爲諸侯笑。』康子曰：『則誰召而可？』曰：『必召冉求。』於是召冉求。既去，明年，孔子自陳遷于蔡。冉有爲季氏將，與齊戰於郊，克之。康子曰：『子之於軍旅，學之乎，性之乎？』冉有曰：『學於孔子。』康子以幣迎孔子，孔子歸魯。」○趙氏曰：魯哀公十年，孔子自楚反乎衛。十一年，魯以幣召之，乃歸。子路從孔子反魯當在此時。十四年，小邾射來奔，曰：「使季路要我，吾無盟矣。」使子路，子路辭。則子路尚在魯也。必是此年復之衛，次年死於孔悝之難。

孔子曰：「求，無乃爾是過與？與，平聲。

冉求爲去聲。季氏聚斂，去聲。尤用事，故夫子獨責之。問：「獨責求，何也？」朱子曰：想他與謀較多，一向倒在他身上去，亦可知也。

「夫顓臾，昔者先王以爲東蒙主，且在邦域之中矣，是社稷之臣也。何以伐爲？」夫音扶。

東蒙，山名。趙氏曰：蒙山，在泰山郡蒙陰縣西南，今沂州費縣也。○厚齋馮氏曰：按《禹貢》有二蒙：徐州「蒙羽其藝」，東蒙也；梁州「蔡蒙旅平」，西蒙也。○洪氏曰：《魯頌》曰：「奄有龜蒙，遂荒大東。」又云：「乃命魯公，俾侯于東。錫之山川，土田附庸。」謂顓臾也。先王封顓臾於此山之下，使主其祭，在魯地七百里之中。問：「從孟子『地方百里』之説，則魯地安有七百里？」朱子曰：七百里是《禮記》説。每疑百里如何做得侯國，又容得附庸？所謂「錫之山川，土田附庸」，必不止百里。然此處亦難考。社稷，猶云「公家」。是時四分魯國，季氏取其二，孟孫、叔孫各有其一。《左傳》昭公五年春正月：「季孫舍中軍，卑公室也。罷中軍，季孫稱左師，孟氏稱右師，叔孫氏則自以叔孫爲軍名。初作中軍，三分公室而各有其一。各有一軍家屬。季氏盡征之，無所入於公。叔孫氏臣其子弟，以父兄歸公。孟氏取其半焉。復以子弟之半歸公。及其舍之也，四分公室，季氏擇二，二子各一，皆盡征之而貢于公。」獨附庸之國尚爲公臣，季氏又欲取以自益。故孔子言顓臾乃先王封國，則不可伐；在邦域之中，則不必伐；是社稷之臣，則非季氏所當伐也。此事理之至當，去聲。不易之定體，而一言盡其曲折如此，非聖人不能也。慶源輔氏曰：不可伐而伐之則不仁，不必伐而伐之則不智，非所當伐而伐之則悖禮犯義。

冉有曰：「夫子欲之，吾二臣者皆不欲也。」

夫子，指季孫。冉有實與去聲。謀，以夫子非之，故歸咎於季氏。

孔子曰：「求，周任有言曰：『陳力就列，不能者止。』危而不持，顛而不扶，則將焉用彼相矣？任，平聲。焉，於虔反。相，去聲。下同。

周任，古之良史。陳，布也。列，位也。相，瞽者之相也。言二子不欲則當諫，諫而不聽則當去也。朱子曰：相，亦是贊相之義。瞽者之相，亦是如此。○雙峯饒氏曰：冉有真與謀，子路只是不能諫止。危未至於顛，故持之使不至顛。顛則既踣，須扶起之。

「且爾言過矣。虎兕出於柙，龜玉毁於櫝中，是誰之過與？」兕，徐履反。柙，户甲反。櫝音獨。與，平聲。

兕，野牛也。趙氏曰：兕似牛，一角，毛青，皮堅可爲鎧。柙，檻也。櫝，匱也。言在柙而逸，在櫝而毁，典守者不得辭其過。明二子居其位而不去，則季氏之惡，己不得不任其責也。朱子曰：虎在山，龜玉在他處，不干典守者事。今在柙中走了，櫝中毁了，便是典守者之過。○厚齋馮氏曰：二子居其位而不去，夫子稱爲「具臣」者以此。

冉有曰：「今夫顓臾，固而近於費。今不取，後世必爲子孫憂。」夫音扶。

固，謂城郭完固。費，音秘。季氏之私邑。此則冉有之飾辭，然亦可見其實與季氏之謀矣。勉齋黄氏曰：冉有此言但知費爲季氏之邑，而爲季氏子孫謀也，豈復知有魯哉？○齊氏曰：孔子之爲司寇也，使仲由墮費，而求乃謀伐顓臾以益費。是孔子弱三家以强公室，而求反之。故孔子惟深責冉求，以爲非由本意也。

孔子曰：「求，君子疾夫舍曰欲之而必爲之辭。夫音扶。舍，上聲。

欲之，謂貪其利。梅巖胡氏曰：求以爲夫子欲之，吾二臣者皆不欲。孔子從「欲」字發明切責之。

「丘也聞有國有家者，不患寡而患不均，不患貧而患不安。蓋均無貧，和無寡，安無傾。

寡謂民少，貧謂財乏。均謂各得其分，去聲。安謂上下相安。季氏之欲取顓臾，患寡與貧耳。然是時季氏據國而魯君無民，則不均矣；君弱臣强，互生嫌隙，乞逆反。則不安矣。均則不患於貧而和，和則不患於寡而安，安則不相疑忌而無傾覆之患。朱子曰：不均、不和、不安，在當時有難顯言者，故夫子微辭以告之。語雖畧而意則詳也。○雙峯饒氏曰：「均無貧」以下，文理參差，與上文不相當對，何也？曰：上兩句以「貧」與「寡」對說，下三句又錯綜說。大抵貧多起於不均，均則彼此皆足而無貧，故曰「均無貧」。不和則爭，爭則土地雖廣，人民雖衆，而心常以爲寡。惟和而不爭，則雖寡亦不見其爲寡矣，故曰「和無寡」。傾覆生於不安，人心苟安，則禍亂不作，自無傾覆之患矣，故曰「安無傾」。均無貧而後能和，和無寡而後能安，三者又自相因。○鄭氏曰：有國家者不患民之寡，患無上下之分而至於不均；不患財之乏，而患在失上下之心而至於不安也。均則民志定，定則不貧；和則民志一，一則不寡。不貧不寡則安矣，安則不傾。○厚齋馮氏曰：夫子稱「有國有家」者，正指魯與季氏言之。

「夫音扶。如是，故遠人不服，則脩文德以來之。既來之，則安之。

内治去聲。脩，然後遠人服。有不服，則脩德以來之，亦不當勤兵於遠。新安陳氏曰：夫如是，總包括上三句，即所謂「内治脩」也。今不均不安，既與内治脩反矣，又欲興兵黷武，則與「脩文德」反矣。

「今由與求也，相夫子，遠人不服而不能來也，邦分崩離析而不能守也。

子路雖不與音預。謀，而素不能輔之以義，亦不得爲無罪，故併去聲。責之。遠人，謂顓臾。或曰：「顓臾在邦域中，如何謂之遠人？」雙峯饒氏曰：遠人不特遠夷。《中庸》「柔遠人」在「懷諸侯」之上。夫子以蕭墻對顓臾，則蕭墻近，顓臾遠，其爲「遠人」可知。分崩離析，謂四分公室，家臣屢叛。《左傳》定公五年九月：「陽虎因季桓子及公父文伯。桓子之從父昆弟也。虎欲爲亂，恐二子不從，故囚之。而逐仲梁懷。」「十月丁亥，殺公何藐。季氏族。己丑，盟桓子于稷門之內。魯南城門。庚寅，大詛。逐公父歜即文伯。及秦遄，皆奔齊。」八年：「季寤、桓子之弟。公鉏極、桓子族子。公山不狃費宰。皆不得志於季氏。叔孫輒叔孫氏庶子。無寵於叔孫氏。叔仲志叔孫帶之孫。不得志於魯。故五人因陽虎。陽虎欲去三桓，以季寤代季氏，叔孫輒更叔孫氏，己更孟氏。十月，將享季氏于蒲圃而殺之。陽虎前驅，林楚御桓子，以適孟氏。陽虎刼公與武叔，以伐孟氏。公斂處父帥成人自上東門入，與陽氏戰于南門之內。陽氏敗，陽虎説音脱。甲如公宮，取寶玉、大弓以出。入于讙、陽關以叛。」

「而謀動干戈於邦內，吾恐季孫之憂不在顓臾，而在蕭墻之内也！」

干，楯也；楯，垂尹反，兵器也。正作「盾」。戈，戟也。蕭墻，屏音丙。也。問「蕭墻」。朱子曰：據鄭註云「諸侯至屏内，當有肅敬之意」，未知是否。○厚齋馮氏曰：蕭，肅也。臣之見君，至屏而加肅，故曰「蕭墻」。言不均不和，内變將作。其後哀公果欲以越伐魯而去上聲。季氏。《左傳》哀公二十七年：「公患三桓之侈也，欲以諸侯去之。欲求諸侯師以逐之。三桓亦患公之妄也，故君臣多間。隙也。公欲以越伐魯而去三桓。秋八月甲戌，公如公孫有陘氏。因孫于邾，乃遂如越。」○謝氏曰：「當是時，三家强，公室弱，冉求又欲伐顓臾以附益之。夫子所以深罪之，爲去聲。其瘠魯以肥三家也。」洪氏曰：「二子仕於季氏，凡季氏所欲爲，必以告於夫子，則因夫子之言而救止者宜亦多矣。伐顓臾之事不見形甸反。於經傳，去聲。其以夫子之言而止也與？音余。○豫章羅氏曰：昔季氏伐顓臾，孔子曰：「吾恐季孫之憂不在顓臾，而在蕭墻之内也。」其後陽虎果囚季桓子。聖人之言，可不爲萬世法哉？自三代而下，人主不師孔子之言，不戒季氏之事，而被蕭墻之害者，多矣。○厚齋馮氏曰：聖門紀録問答多單辭隻語，無文章可觀。唯此章數百辭，折難抑揚，優游反覆，所宜深味也。

○孔子曰：「天下有道則禮樂征伐自天子出，天下無道則禮樂征伐自諸侯出。自諸侯出，蓋十世希不失矣；自大夫出，五世希不失矣；陪臣執國命，三世希不失矣。

先王之制，諸侯不得變禮樂，專征伐。《禮·王制》：「變禮易樂者爲不從，不從者君流放也。革制度衣服者爲畔，畔者君討。有功德於民者，加地進律。」「諸侯賜弓矢，然後征；賜鈇鉞，然後殺。」陪臣，家臣也。吴氏曰：陪，重也。大夫於天子、家臣於諸侯，皆稱「陪臣」。此謂家臣也。逆理愈甚則其失之愈速。大約世數不過如此。厚齋馮氏曰：先王之時，五禮六樂，掌之以宗伯；九伐之法，掌之以司馬。禮樂征伐之權在上，而下莫敢干也。至自諸侯出，則逆理矣。然苟可自諸侯出，則亦可自大夫出，而逆理甚矣；苟可自大夫出，則陪臣亦可執國命，而逆理愈甚矣。○雙峯饒氏曰：天下無道，先從禮樂上僭起。禮樂亂，則征伐之權亦爲之下移矣。禮樂之中，禮先而樂後。蓋禮者道之節文，有禮則上下之分定，禮亂則便不和，不和則争，争則征伐之所從起。征是上伐下，伐是諸侯互相侵伐。是以治天下者先要於禮上整頓。○吴氏曰：十世、五世、三世，言其極。大約不出此，故稱「蓋」以疑之。下章戒竊權者，此戒失權者。

「天下有道則政不在大夫，

言不得專政。慶源輔氏曰：天下有道，諸侯既不得變禮樂，專征伐，則大夫亦豈得而專國政哉？

「天下有道則庶人不議。」

上無失政，則下無私議，非箝其廉反。其口使不敢言也。慶源輔氏曰：下無私議，此有道之極致大驗。使下尚有竊議者，則上之人於道猶有慊。必至於庶人自然不議，方爲有道之極。○此章通論天下之勢。南軒張氏曰：禮樂征伐，天子之事也。天下有道，則禮樂征伐自天子出矣。蓋天子得其道，則權綱在己而在下莫敢干之也。所謂「自天子出」者，天子亦豈敢以己意可專而以私意加於其間哉？亦曰奉天理而已矣。此之謂得其道。若上失其道，則綱維解紐而諸侯得以竊乘之，禮樂征伐將專行而莫顧矣。若諸侯可以竊之於天子，則大夫亦可以竊之於諸侯，而陪臣亦可以竊之於大夫矣。其理之逆，必至於此也。所以有十世、五世、三世之異者，尹氏謂「於理愈逆則其亡愈近」是也。天下有道則政不在大夫者，政出于一也；庶人不議者，民志定於下而無所私議也。○止齋陳氏曰：此章備《春秋》之終始。禮樂征伐自天子出，是《春秋》以前時節；自諸侯出，隱、桓、莊、閔之《春秋》也；自大夫出，僖、文、宣、成之《春秋》也；陪臣執國命，襄、昭、定、哀之《春秋》也。○新安陳氏曰：此章自有道及於無道，未又因無道而及於有道。其欲維持名分，挽今而返之古歟？

○孔子曰：「祿之去公室，五世矣；政逮於大夫，四世矣。故夫三桓之子孫微矣。」夫音扶。

魯自文公薨，公子遂殺子赤，立宣公，而君失其政。《左傳》文公十八年：「文公二妃，敬嬴生宣公，敬嬴嬖而私事襄仲。公子遂。襄仲欲立之，叔仲惠伯。不可。仲見于齊侯而請之。齊侯新立而欲親魯，許之。冬十月，仲殺惡及視，惡，太子；視，其母弟。而立宣公。夫人姜氏歸于齊。哭而過市，曰：『天乎！仲爲不道，殺適立庶！』市人皆哭。」○新安倪氏曰：《春秋》是年書：「冬十月，子卒。」《公羊傳》曰：「子卒者孰謂？謂子赤也。何以不日？隱之也。何隱爾？弑也。」是「子卒」之書，左氏以爲惡，公羊以爲赤。《集註》曰「子赤」，本《公羊傳》也。歷成、襄、昭、定凡五公。逮，及也。自季武子始專國政，歷悼、平、桓子凡四世，而爲家臣陽虎所執。張存中曰：見前章《集註》「家臣屢叛」下。三桓，三家，皆桓公之後。此以前章之説推之而知其當然也。○此章專論魯事，疑與前章皆定公時語。雙峯饒氏曰：此章大意，正接前章「自大夫出」一條而言。蘇氏曰：「禮樂征伐自諸侯出，宜諸侯之强也，而魯以失政；陳氏曰：魯雖無桓文之覇，然征伐亦不無，按《春秋》可見。凡興兵非奉王命，及請命而擅興者，皆謂之「征伐自諸侯出」，魯豈得爲無僭者？政逮於大夫，宜大夫之强也，而三桓以微：何也？强生於安，安生於上下之分扶問反。定。今諸侯、大夫皆陵其上，則無以令其下矣，故皆不久而失之也。」或問：「田恒、三晉，何以不失？」朱子曰：孔子之言，常理也。如《書》言「惠迪吉，從逆凶」，《易》言「積善餘慶，不善餘殃」者也。氣數舛戾，則當然而不然者多矣，孰得而齊之？况田恒、三晉，傳世亦皆不過五六。胡氏又以後世簒奪之迹考之，如莽、懿、高歡、楊堅，五胡十國，南朝四姓，五代八氏，皆得之非道，或止其身，或子孫四五傳而極矣。唯晉祚差永，而史謂元帝牛姓，猶吕政之紹嬴。以此論之，常理未嘗不驗也。天定勝人，其此之謂歟？○南軒張氏曰：斯言發於魯定之世。蓋魯自宣公賴襄仲以立，而三家始盛，專制魯國之賦而「禄去公室」矣。又一世而政悉移於大夫。自成公而下，爲國君者拱手聽命而已。孔子於「禄去公室」、「政在大夫」，而知三桓子孫之必微，以理之順逆勢之陵犯而知之也。夫三家視其君而起「不奪不厭」之心，則夫陪臣視之，亦何憚而不萌此心乎？方三家專公室之禄而竊魯國之政，本其私意欲以利其子孫，而豈知子孫之微，實兆於此哉？○慶源輔氏曰：此二章想只是一時之言。分章者，以前章通論天下之勢，後章論魯事，故於其中加「孔子曰」三字而析爲二章爾。○厚齋馮氏曰：昭公之亂，樂祁曰：「魯君必出。政在季氏三世矣，魯之喪政四公矣。」以此知當時智者已有此論，夫子故述之。○洪氏曰：前言十世、五世，理也；今言五世、四世者，實也。非其有而有者必失，不宜大而大者必微。

○孔子曰：「益者三友，損者三友。友直，友諒，友多聞，益矣；友便辟，友善柔，友便佞，損矣。」便，平聲。辟，婢亦反。

友直，則聞其過；友諒，信也。則進於誠；友多聞，則進於明。胡氏曰：直者，責善而無所回互；諒者，固執而無所更易；多聞者，有所參訂而不膠偏見。《集註》言友之益，所謂「聞過」則真有所聞，所謂「進於誠、明」則猶有待於進也。蓋友諒與多聞未即至於誠明，而誠明可由是而入耳。便，習熟也。便辟，謂習於威儀而不直；胡氏曰：便，順適也。字書云：「安也。」順適且安，故云「習熟也」。便辟，《書》註以爲足恭是也。善柔，謂工於媚悅而不諒；便佞，謂習於口語而無聞見之實：三者損益正相反也。雙峯饒氏曰：與直者友，則有過必聞；與諒者友，則信實相示；與多聞者友，則多識前言往行，知識日廣：三者雖常情所敬憚，然友之却有益。便辟者，威儀習熟；善柔者，每事阿順；便佞者，語言可聽：三者皆常情所狎悅，而友之却有損。舉三者爲勸，又舉三者爲戒。○尹氏曰：「自天子以至於庶人，未有不須友以成者。而其損益有如是者，可不謹哉？」或問：「三友之説，盡於《集註》之説而已矣。」朱子曰：是亦釋其文之正意云爾。若推而言之，則是三者之於人，皆有薰陶漸漬之益焉，皆有嚴憚畏謹之益焉，皆有興起慕效之益焉，不但如彼之所言而已也。曰：「損者之友，其相反柰何？」曰：便辟則無責善之誠矣，善柔則無固守之節矣，便佞則無貫通之實矣。○南軒張氏曰：友者所以輔成己德者：直者有過必聞，諒者忠信相與，多聞者知識可廣。是三者友之則使人常懷進脩而不敢自足，得不日益乎？便辟、便佞，謂便於辟與佞者；善柔，謂善爲柔者。辟則容止足恭，柔則每事畢屈，佞則巧言爲悅。是三者友之則使人日趨於驕惰焉，得不日損乎？自天子至於庶人，皆當謹乎此也。○吳氏曰：益者增其所未能，損者壞其所本有。友道損益，豈止於三？夫子蓋畧言之。從是推之，皆可求也。「三樂」亦然。

○孔子曰：「益者三樂，損者三樂：樂節禮樂，樂道人之善，樂多賢友，益矣；樂驕樂，樂佚遊，樂宴樂，損矣。」樂，五教反。「禮樂」之樂音岳。「驕樂」、「宴樂」之樂音洛。

節，謂辨其制度聲容之節。新安陳氏曰：禮之制度，樂之聲容。驕樂，則侈肆而不知節；佚遊，則惰慢而惡烏故反。聞善；宴樂，則淫溺而狎小人：三者損益亦相反也。朱子曰：三樂，惟宴樂最可畏，所謂宴安酖毒是也。三者如驕樂，只是放恣侈靡，最害事。到得宴樂，便是狎近小人，疏遠君子。○或問三者之爲益。曰：君子之於禮樂也，講明不置，則存之熟；是非不謬，則守之正。存之熟，則內有以養其莊敬和樂之實；守之正則外有以善其威儀節奏之文。與夫「道人善」而悅慕勉强之意新，「多賢友」而直諒多聞之士集：樂是三者而不已焉，雖欲不收其放心以進於善，亦不可得矣。其爲益豈不大哉？曰：「損者之相反，柰何？」曰：驕樂則不敬不和矣，佚遊則忌人之善矣，宴樂則憚親勝己矣。○南軒張氏曰：樂節禮樂，則足以養中和之德；樂道人之善，則足以擴忠恕之心；樂多賢友，則足以賴輔成之功：是烏得不日益乎？樂驕樂，則長傲；樂佚遊，則志荒；樂宴樂，則志溺：是烏得不日損乎？損益之原，存乎敬肆而已。○勉齋黃氏曰：節禮樂者，欲其循規蹈矩而不敢縱肆也；道人善者，志於爲善以成其身也；多賢友者，樂於取友以自規正也。驕樂者，恃氣以陵物，則不復循規蹈矩矣；佚遊者，怠惰而自適，則不復志於爲善矣；宴樂者，多欲以求安，則不復望人之規正矣。此其所以相反也。○雙峯饒氏曰：「節禮樂」三句都是天理一邊，「驕樂」三句都是人欲一邊。心向天理上，則德日進而有益；心向人欲上，則德日退而有損。○節禮樂，只是謹之於毫釐之際，不教他過，亦不教他不及。○驕樂，是奢侈，如峻宇雕牆之類；佚遊，如從流上下，博弈田獵之類；宴樂，如飲食聲色之類。○吴氏曰：驕樂，以驕爲樂；宴樂，以宴爲樂。宴，合食也。《易·象》曰：「君子以飲食宴樂。」飲食宴樂之合於禮者，何可廢？但不可以是爲樂而荒淫耳。○

尹氏曰：「君子之於好樂並去聲。可不謹哉？」覺軒蔡氏曰：三友，損益之資於外者；三樂，損益之發於中者也。

○孔子曰：「侍於君子有三愆：言未及之而

言，謂之躁；言及之而不言，謂之隱；未見顔色而言，謂之瞽。」

君子，有德、位之通稱。胡氏曰：「不亦君子乎」，專以德言；「無君子莫治野人」，專以位言。此章君子兼德、位而言。愆，過也。瞽，無目，不能察言觀色。○尹氏曰：「時，然後言，則無三者之過矣。」朱子曰：聖人此言只是戒人言語以時，不可妄發。○南軒張氏曰：言而當其可，非養之有素者不能然也。不然，鮮不蹈此三愆者矣。○勉齋黄氏曰：言有及未及者。或數人侍坐，長者當先言；不言，則及少者。或君子先有問，則承問者當先對，不以少長拘也。既有及未及，而又有未見顔色者。雖及之而言，亦須觀長者顔色。或意他在，或有不樂，則亦未審言也。○汪氏曰：「時然後言」，斷盡此章。可與言否，各有其時。時未可言而遽言，是躁急而不遜；時可以言而不言，是隱匿而不發；不躁不隱時可以言，而或所與言者意不在是，則亦非可言之時也。不察而强聒之，非惟不入其耳，或反貽其怒矣，謂之「瞽」，可也。○雲峯胡氏曰：言貴乎時中。躁者先時而過乎中，隱者後時而不及乎中，瞽者冥然不知所謂中者也。

○孔子曰：「君子有三戒：少之時血氣未定，戒之在色；及其壯也血氣方剛，戒之在鬬；及其老也血氣既衰，戒之在得。」

血氣，形之所待以生者，血陰而氣陽也。厚齋馮氏曰：血稟於陰，行於脉之内而爲榮；氣稟於陽，行於脉之外而爲衛。得，貪得也。隨時知戒，以理勝之，則不爲血氣所使也。○范氏曰：「聖人同於人者，血氣也；異於人者，志氣也。血氣有時而衰，志氣則無時而衰也。少未定，壯而剛，老而衰者，血氣也；戒於色，戒於鬬，戒於得者，志氣也。君子養其志氣，故不爲血氣所動，是以年彌高而德彌邵也。」朱子曰：人之血氣固有强弱，然而志氣則無時而衰。苟常持得這志，縱血氣衰極，也不由他。又曰：到老而不屈者，此是志氣。血氣雖有盛衰，君子常當隨其偏處警戒，勿爲血氣所役也。人之血氣衰時，則義心亦從而衰。夫子三戒，正爲血氣而言。又曰：氣只是一箇氣，便浩然之氣也只是這箇氣。但只是以道義充養起來，及養得浩然，却又能配義與道也。○南軒張氏曰：人有血氣，則役於血氣；有始終盛衰之不同，則其所役亦隨而異。夫血氣未定則動而好色，血氣方剛則鋭而好鬭，血氣既衰則歉而志得。凡民皆然，爲其所役者也。於此而知戒，則義理存；義理存，則不爲其所役矣。此學者所當警懼而不忘者也。○勉齋黄氏曰：三者自少至老，皆所當戒。然三者之好，又各隨其血氣而有最甚者焉，故各指其最甚者而使之深戒也。血氣未定，不能勝人，而志氣尚鋭，歲月尚長，亦未急於貪得，故惟色爲可戒。蓋男女之欲，惟年少爲最甚者也。血氣既剛，則涉歷既深，而貪得之念尚如未定之日，惟其剛强有足恃者，故惟鬭爲可戒。血氣既衰，則色與鬭之念皆無足逞者，而日暮途遠，憂戚百集，故於得爲可戒也。○慶源輔氏曰：人之血氣未定，則常動而易流；方剛，則勇鋭而好勝；既衰，則收斂而多貪：此血氣之變也。常動而易流，則戒色；勇鋭而好勝，則戒鬭；收斂而多貪，則戒得：此志氣之常也。常者爲主而使變者不得肆焉，此聖賢之學而君子終身之務也。○雙峯饒氏曰：魂者氣之靈，魄者血之靈，心是魂魄之合。氣屬天，血屬地，心屬人。人者，天地之心，心是血氣之主。能持其志，則血氣皆聽命於心；不能持其志，則心反聽命於血氣。○新安陳氏曰：三戒皆隨時而就衆人所易犯者言也。朱子欲以理勝氣，則不爲血氣所使。范氏欲以志帥氣，則不爲血氣所動。意不相遠，志亦定向於理而已。○新安倪氏曰：「年彌高，德彌邵」，出揚雄《法言》。「邵」亦「高」也。

○孔子曰：「君子有三畏：畏天命，畏大人，畏聖人之言。

畏者，嚴憚之意也。天命者，天所賦之正理也。知其可畏，則其戒謹恐懼，自有不能已者，而付畀之重可以不失矣。大人、聖言，皆天命所當畏。知畏天命，則不得不畏之矣。程子曰：畏聖人之言，則可以進德。○朱子曰：大人，不止有位者，是指有位、有齒、有德之大人。○「畏天命」三字好。自理會得道理，便謹去做不敢違，便是畏之也。如「非禮勿視、聽、言、動」，與夫「戒謹恐懼」，皆所以畏天命。○要緊須是知得天命即是天理。若不先知這道理，自是懵然，何由知其可畏？纔知得，便自不容不畏。

「小人不知天命而不畏也，狎大人，侮聖人之言。」

侮，戲玩也。不知天命，故不識義理而無所忌憚如此。○尹氏曰：「三畏者，脩己之誠當然也。汪氏曰：尹氏此説，所以别夫衆人怵迫於利害之畏也。小人不務脩身誠己，則何畏之有？」南軒張氏曰：畏天命，奉順而不敢逆也；畏大人，尊嚴而不敢易也；畏聖人之言，佩服而惟恐違也。然而是三言主於畏天命。蓋其畏大人、畏聖人之言，亦以其知天命之可畏而已。小人不知天命之所存，是以冥行而莫之畏。不畏天命，則其狎大人、侮聖人之言，亦無所不至矣。大人，德與位之通稱也。○孟子謂「説大人則藐之」，與斯言有以異乎？孟子之言謂當正義以告之，不當爲其勢位所動耳。若夫尊嚴之分，則固未嘗不存也。言各有所指耳。○趙氏曰：大人，有德、位者之稱，是天命之所存；聖人之言，謂方册之所載，是天命之所發也。○厚齋馮氏曰：此以上五章皆三事，皆規誨之辭，非必一時之言，記者以類相從耳。○新安陳氏曰：三畏本平説，上一節本無「知」字意。然以「小人不知天命」推之，則見得君子所以畏天命者，以其知天命也。故《集註》於上一節亦兩以「知」字言之。欲知天命者，可不格物以致其知；欲畏天命者，可不誠意以正其心哉？

○孔子曰：「生而知之者，上也；學而知之者，次也；困而學之，又其次也；困而不學，民斯爲下矣。」

困，謂有所不通。言人之氣質不同，大約有此四等。○楊氏曰：「生知、學知以至困學，雖其質不同，然『及其知之，一也』，故君子惟學之爲貴。困而不學，然後爲下。」朱子曰：生知者，堯、舜、孔子也；學知者，禹、稷、顔回也。困者，行有不得之謂。知其困而學焉，以增益其不能，此困而學之之事也，亦以卑矣。然能從事於斯，則其成猶不在善人君子之後；不能從事於斯，則靡然流於下愚而不知返：均之困耳。而二者相去之間如是之遠，學與不學之異耳。○或問氣質四等之説。曰：人之生也，氣質之禀，清明純粹，絶無查滓，則於天地之性無所間隔，而凡義理之當然有不待學而了然於胸中者，所謂「生而知之」，聖人也。其不及此者，則以昏明清濁正偏純駁之多少勝負爲差。其或得於清明純粹而不能無少查滓者，則雖未免乎少有間隔，而其間易達，其礙易通，故於其所未通者必知學以通之，而其學也則亦無不通矣，所謂「學而知之」，大賢也。或得於昏濁偏駁之多，而不能無少清明純粹者，則必其窒塞不通，然後知學，其學又未必無不通也，所謂「困而學之」，衆人也。至於昏濁偏駁之甚而無復少有清明純粹之氣，則雖有不通，而懵然莫覺以爲當然，終不知學以求其通也，此則下民而已矣。○南軒張氏曰：困學雖在二者下，然而「至則一」者，以其性之本善故爾。困而不學，是「自暴自棄」，則爲「下愚」矣。又曰：《中庸》言「及其知之則一」者，言其終所至之同也；此有三等之分者，言其始所進之異也。○慶源輔氏曰：人之氣質不同，然「及其知之則一」者，蓋以人性之本善故耳。是以君子唯學之爲貴。學則昏濁者可使清明，偏駁者可使純粹。惟其昏濁之甚，自暴自棄而不自知有學焉，此則所謂下愚之民也。○凡心思智慮、行止動作有所窒塞而不得通，則困之謂也。○雙峯饒氏曰：生知、學知、困知屬天質，學不學屬人事。蓋以氣質言之，只有三等，若「民斯爲下」，則全是人事不盡。蓋困是窮而不通之意，四面都窒塞，行不去了，却憤悱奮發，轉來爲學，如此尚可以勉進於中上。若又困而不學，則打入下等去，更無可出時矣。此聖人勉人務學處。○雲峯胡氏曰：以生知爲上，則學知者爲中，困知者爲下矣。而聖人不以品之下者遽絶之，但曰「困而不學，民斯爲下」。蓋困而學，猶可以進於上；困而不學，遂爲下而無復上之望矣。

○孔子曰：「君子有九思：視思明，聽思聰，色思温，貌思恭，言思忠，事思敬，疑思問，忿思難，見得思義。」難，去聲。

視無所蔽則明無不見，聽無所壅則聰無不聞。色，見形甸反。於面者。貌，舉身而言。思問則疑不蓄，思難則忿必懲，思義則得不苟。朱子曰：視不爲惡色所蔽爲明，聽不爲姦人所欺爲聰。若視聽糊塗，是非不辨，則下面諸事，於當思處皆不知所以思矣。有爲氣質所壅蔽，有爲私欲所壅蔽，有爲讒邪所壅蔽。若思明思聰，便須去其壅蔽。○新安倪氏曰：視外明而聽內明。蔽是蔽於外，壅是壅於內。故《集註》於視之明以「無所蔽」言，於聽之聰以「無所壅」言也。○程子曰：「九思各專其一。」朱子曰：九思不是雜然而思，當這一件上思這一件。問：「『各專其一』，是主一之義？」曰：然。○雲峯胡氏曰：事思敬，九思之一。九思各專其一，則皆主乎敬者也。謝氏曰：「未至於『從七恭反。容中去聲。道』，無時而不自省悉井反。察也，『雖有不存焉者，寡矣』。此之謂『思誠』。」朱子曰：視聽如何要得他聰明？如「有物必有則」，只一箇物，自家各有箇道理。況耳目之聰明，得之於天，本來自合如此，只爲私欲蔽惑而失其理。聖人教人做工夫，內外夾持，積累成熟，便會無些子滲漏。○又云：忿思難，如「一朝之忿，亡其身，❶及其親」，此不思難之故也。○問：「人當隨事而思。若無事而思，則是妄想。」曰：若閑時不思量義理，則臨事而思已無及。若只塊然守自家箇軀殼，直到有事方思，閑時却莫思量，這却甚易。只守此一句足矣，何用？❷事事須先理會。何故《中庸》却不先說「篤行之」，却先說「博學之，審問之，謹思之，明辨之」？《大學》何故不先便說「正心誠意」，却先說「致知」，是如何？○南軒張氏曰：九思，當乎此則思乎此，天理所由擴而人欲所由遏也。然是九者，要當養之於未發之前而持之於方發之際，不然，但欲察之於流而收之於暫，則但見其紛擾而無力矣。○勉齋黄氏曰：九思固各專其一，然隨其所當思而思焉，則亦泛然而無統矣。苟能以敬義爲主，戒懼謹獨而無頃刻之失，然後爲能隨其所當思而思矣。○雙峯饒氏曰：九者之目有次第。視聽色貌言，是就自身說；事疑忿得，是就事上說。一身之間，視聽向

❶「亡」，四庫本及《語類》卷四六作「忘」。

❷「何」上，《語類》卷三〇有「聖賢千千萬萬在這裏」九字，《四書或問》有「聖人說千千萬萬在這裏」十字。

前，其次則有色貌，又其次言出於口，又其次見之行事。視與聽對，色與貌對，言與事對，疑與忿對，得又是就事上說。三者之中，疑、思、問屬知，忿思難、見得思義屬行。○齊氏曰：孔子曰：「吾嘗終日不食，終夜不寢以思，無益。」而今乃有九思。彼爲思而不學者言，此爲不思者而言也。○新安陳氏曰：君子苟未至於不思而得，當隨時隨處而各致其思，則處己待人，應事接物，莫不各中其則矣，豈但九者而已哉？馮氏謂「九者，日用常行之要」是也。

○孔子曰：「『見善如不及，見不善如探湯』：吾見其人矣，吾聞其語矣；探，吐南反。真知善惡而誠好惡並去聲。之，顏、曾、冉、閔之徒蓋能之矣。語，蓋古語也。慶源輔氏曰：見善如不及，則表裏皆好而無一念之不好，不患其不爲之矣；見不善如探湯，則表裏皆惡而無一念之不惡，不患其或爲之矣。此唯知至意誠者能之，故顏、曾、冉、閔之徒足以當之。

「『隱居以求其志，行義以達其道』：吾聞其語矣，未見其人也。」求其志，守其所達之道也；達其道，行其所求之志也。南軒張氏曰：其退也，所以安其義之所安；而其進也，所以推其道於天下。蓋其所達之道即其所求之志也。○新安陳氏曰：聞其語，可見四句皆古語也。蓋惟伊尹、太公之流可以當之。當時若顏子亦庶乎此，然隱而未見，又不幸而蚤死，故夫子云然。朱子曰：行義以達其道，所行之義即所達之道也。未行則蘊諸中，行則見諸事也。○問：「《集註》謂『伊尹、太公之流可以當之』。顏子所造所得，二賢恐無以過之，而云『亦庶乎此』，下語輕重抑揚處，疑若於顏子少貶者。若云：『古之人有行之者，伊尹、太公之流是也。若顏子可以當之矣；然隱而未見，又不幸蚤死，故夫子言然。』不知可否？」曰：當時正以事言，非論其德之淺深也。然語意之間，誠有如所論者。○問：「行義以達其道，莫是所行合義否？」曰：志是守所達之道，道是行所求之志。隱居以求之，使其道充足。行義是得時得位而行其所當爲。臣之事君，行其所當爲而已。行所當爲以達其所求之志。又問：「如孔明可以當此否？」

曰：也是。如伊尹耕於有莘之野，而樂堯舜之道，是隱居以求志；及幡然而起，使是君爲堯舜之君，使是民爲堯舜之民，是行義以達其道。曰：「如漆雕開之未能自信，莫是求其志否？」曰：所以未能信者，但以求其志，未説行義以達其道。○新安陳氏曰：「惟伊尹、太公可以當之」者，方其耕莘釣渭，則隱居求志也；及遇湯文而大用，則行義達道也。窮達無意，體用相須。當時如顔子之「用則行，舍則藏」，亦庶幾乎此。然夫子雖許顔子以此，而顔子未用且不壽，則於行義達道，未見顔子之如此也。朱子嘗謂以其事言，非以其德之淺深言，是也。前一節真知善惡而誠好惡之者。此知至意誠之事，方篤信自脩，未達於用也。後一節「求志以守所達之道，達道以行所求之志」者，則身脩而推以齊治平之事，體用全而爲大人矣。此夫子所以有見與未見之分歟？

○齊景公有馬千駟，死之日，民無德而稱焉；伯夷、叔齊餓于首陽之下，民到于今稱之。

駟，四馬也。胡氏曰：一車之用，兩服兩驂也。首陽，山名。胡氏曰：在河東蒲阪縣。○新安陳氏曰：富貴而無善可稱，身死而名隨滅；貧賤而有善可稱，世遠而名愈芳：是名之稱不稱，初不繫於富貴貧賤也。

其斯之謂與？與，平聲。

胡氏曰：「程子以爲第十二篇錯簡，『誠不以富，亦祇以異』當在此章之首。今詳文勢，似當在此句之上。言人之所稱不在於富而在於異也。」愚謂此說近是，而章首當有「孔子曰」字，蓋闕文耳。大抵此書後十篇多闕誤。厚齋馮氏曰：夫人必有異於流俗而後稱之，君子所以疾没世而名不稱也。以千駟之馬校首陽之餓夫，貧富貴賤蓋不侔矣，而後世稱之者乃在此而不在彼也。君子之於斯世，其可自同於流俗哉？○葉氏少蘊。曰：伯夷、叔齊同隱首陽，而孟子不言叔齊者，制行立教以示天下，爲之始者伯夷也，叔齊則從之而已。孟子論教之所始，故獨舉伯夷；夫子論行之所異，故兼稱叔齊也。

○陳亢問於伯魚曰：「子亦有異聞乎？」亢音剛。

亢以私意窺聖人，疑必陰厚其子。

對曰：「未也。嘗獨立，鯉趨而過庭，曰：『學《詩》乎？』對曰：『未也。』『不學《詩》，無以言。』鯉退而學《詩》。

事理通達而心氣和平，故能言。慶源輔氏曰：《詩》本人情，該物理，故學之者事理通達；其爲教，温柔敦厚，使人不絞不訐，故學之者心氣和平。事理通達則無昏塞之患，心氣和平則無躁急之失，此其所以能言。○新安陳氏曰：「誦《詩》三百而使能專對」，亦「學《詩》能言」之驗。

「他日，又獨立，鯉趨而過庭，曰：『學禮乎？』對曰：『未也。』『不學禮，無以立。』鯉退而學禮。

品節詳明而德性堅定，故能立。慶源輔氏曰：禮有三千三百之目，其序截然而不可亂，故學之者品節詳明；其爲教恭儉莊敬，使人不淫不懾，故學之者德性堅定。品節詳明則義精而莫之惑，德性堅定則守固而莫之摇，此其所以能立。○新安陳氏曰：夫子嘗曰「立於禮」，又「學禮能立」之證。

「聞斯二者。」

當獨立之時，所聞不過如此，其無異聞可知。

陳亢退而喜曰：「問一得三！聞《詩》，聞禮，又聞君子之遠其子也。」遠，去聲。

尹氏曰：「孔子之教其子無異於門人，故陳亢以爲遠其子。」程子曰：聖人之教，未嘗私厚其子。學《詩》、學禮，止可告之若此。學必待其自肯。○朱子曰：陳亢實以私己之心窺孔子，故有此問。及其聞伯魚之説，而又以孔子爲遠其子，則以其私意之未忘，而以爲聖人故推其子而遠之也。殊不知聖人曷嘗有是心哉？但其教人之法不過如此。而自世人之私厚其子者觀之，則亦可以有警云爾。○南軒張氏曰：聖人「竭兩端」之教，於親疎賢愚無以異也。其告門人固嘗曰「興於《詩》，立於禮」，而此語伯魚以先之以學

《詩》，次之以學禮，學之序固當然也。不學《詩》無以言，易其心而後能言也；不學禮無以立，謹其節而後有立也。陳亢初疑伯魚之有異聞，及聞斯言乃亦夫子之所以教門人者，故有「遠其子」之言，謂不私其子也。味伯魚答陳亢之辭氣，亦可見其薰陶之所得矣。○潛室陳氏曰：《詩》能興起人心，禮可固人肌膚之會、筋骸之束，於初學爲最近，故聖人以此爲學者門户。○問：「陳亢謂聖人『遠其子』，未免以私意窺聖人。」曰：古者易子而教之，父子之間不責善。乃天理如此，非私意也。○問：「伯魚，聖人之子。陳亢意其有異聞，及止聞《詩》禮之訓，乃知聖人遠其子。愚意伯魚之資稟稍劣，故聖人止以是告也。使其有曾、顔之資，亦當以曾、顔者告之矣。若一以遠其子，則是有心於爲公也，聖人然乎哉？」曰：「父子主恩。」義方之訓，只說到這處。若伯魚天資穎悟，即飲食起居無非教也。「天何言哉？四時行焉，百物生焉。」聖人何隱乎爾？曾、顔可至，伯魚亦可至，自是「日用不知」耳。○新安陳氏曰：得三，謂聞《詩》、聞禮與遠其子，爲三也。夫子固不私其子，亦何嘗遠其子？當其可而教之，教子與教門人一耳。「興《詩》立禮」，「《詩》禮雅言」，與此之「聞《詩》聞禮」，平日教門人如此，教子亦不過如此。陋哉，亢之見也！味伯魚答亢之辭氣雍容詳密，亦可見濡染薰陶之所得矣。惜其不壽而不至大成就耳。

○邦君之妻，君稱之曰「夫人」，夫人自稱曰「小童」；邦人稱之曰「君夫人」，稱諸異邦曰「寡小君」；異邦人稱之，亦曰「君夫人」。

寡，寡德，謙辭。○吴氏曰：「凡《語》中所載如此類者，不知何謂。或古有之，或夫子嘗言之，不可考也。」南軒張氏曰：此「正名」之意也。《春秋》時以妾母爲夫人者多矣，甚則以妾爲夫人，如魯惠、晉平之爲者。名實之乖，一至於此。正其名，所以責其實也。○覺軒蔡氏曰：按《記・曲禮》篇曰：「天子之妃曰后，諸侯曰夫人，大夫曰孺人，士曰婦人，庶人曰妻。公侯有夫人，有世婦，有妻，有妾。夫人自稱於天子曰『老婦』，自稱於諸侯曰『寡小君』，自稱於其君曰『小童』。自世婦以下，自稱曰『婢子』。」孔氏正義曰：「此一節論天子以下妃妾稱謂之法。諸侯曰夫人者，『夫人』之名唯諸侯得稱。諸侯以敵體一人正者爲『夫人』。畿内諸侯之妻，其助祭獻蠒，得接見天子，故自稱曰『老婦』。其自稱於諸侯曰『寡小君』者，諸侯相饗，夫人亦出，故得自稱也。君之妻曰『小君』，而云『寡』者，從君謙也。自稱於其君曰『小童』者，與夫言自謙，若未成人，言無知也。」當夫子時，諸侯僭天子，大夫僭諸侯，家臣僭大夫，非一日矣，以至婢妾亦僭夫人。然正名定分，當自諸侯始。故夫子有志於古禮而嘗言之，記者附見於《衛靈公》之篇末，豈因南子而發歟？觀此則知君臣夫婦之經，不可以不正。君臣夫婦之倫正，則名實稱矣。○陳氏用之。曰：國君理陽道，而出命正人於其外，故謂之君；夫人理陰德，而出命正人於其內，故亦謂之君。《易》曰：「其君之袂。」《詩》曰：「我以爲君。」《禮》稱「女君」。《春秋》書「小君」。是也。○厚齋馮氏曰：是時嫡妾不正，稱號不審，必夫子嘗言古禮如此，故記之。

論語集註大全卷之十六

論語集註大全卷之十七

陽貨第十七

凡二十六章。

陽貨欲見孔子，孔子不見，歸孔子豚。孔子時其亡也而往拜之，遇諸塗。歸，如字，一作「饋」。

陽貨，季氏家臣，名虎。嘗囚季桓子而專國政。《左傳》定公五年，季平子卒。既葬，陽虎囚季桓子。欲令平聲。孔子來見己，而孔子不往。葉氏少蘊。曰：虎與南子異。南子君夫人可以見，而虎可以不見也。貨以禮，大夫有賜於士，不得受於其家，則往拜其門，故瞰苦濫反。孔子之亡而歸之豚，欲令孔子來拜而見之也。朱子曰：貨之歸豚，蓋以大夫自處。

謂孔子曰：「來，予與爾言。」曰：「懷其寶而迷其邦，可謂仁乎？」曰：「不可。」「好從事而亟失時，可謂知乎？」曰：「不可。」「日月逝矣，歲不我與。」孔子曰：「諾。吾將仕矣。」好、亟、知，並去聲。

懷寶迷邦，謂懷藏道德不救國之迷亂。亟，數音朔。也。失時，謂不及事幾平聲。之會。將者，且然而未必之辭。新安陳氏曰：「將」之一字，其辭活，其意婉。不輕絶之，亦未嘗輕許之。聖人之遠小人，所以不惡而嚴也。貨語皆譏孔子而諷使速仕，孔子固未嘗如此，而亦非不欲仕也，但不仕於貨耳。故直據理答之，不復扶又反。與辯，若不諭其意者。慶源輔氏曰：君子未嘗不欲仕，曰「吾將仕矣」，此所謂「據理而答之」也。「不復與辯」者，不與辯已固未嘗如此，亦非不欲仕，直不可仕於貨之意也。蓋陽虎雖暴戾，然其與夫子言，亦未嘗悖違乎理也：曰「懷寶」，則貴之矣；曰「亟失時」，則惜之矣；曰「仁」曰「知」，則亦嘗聞其說而非懵然全不曉矣。此固聖人盛德之容儀有以感之，故夫子亦據直理答之。若夫聖人之心事，則非虎之可知而可語也。○陽貨之欲見孔子，雖其善意，然不過欲使助己爲亂耳。慶源輔氏曰：觀「懷寶失時」之語，有愛敬聖人之心，知其爲善意。然意欲其助己耳。故孔子不見者，義也；其往拜者，禮也。必時其亡而往者，欲其稱去聲。也；遇諸塗而不避者，不終絕也。隨問而對者，理之直也；對而不辨者，言之孫去聲。而亦無所詘與「屈」同。也。新安陳氏曰：言遜則易詘，惟聖人能遜言而無所詘。○問：「陽貨瞰亡，此不足責；孔子亦瞰亡，不幾於不誠乎？」朱子曰：非不誠也。彼以瞰亡來，我亦以瞰亡往，一來一往，禮甚相稱。但孔子不幸遇諸塗耳。○吳氏曰：小人行事，君子豈得效之？非謂禮尚往來欲其相稱。不往不可，往拜則墮小人之計，故權衡如此。又曰：不見，正也；往拜，權也。隨問而答，辭順禮恭，在此無詘而在彼亦無所忤也。貨天資小人，術既狡深，語皆機警，而夫子雍容應之，曲盡其道，貨終無所施其姦也。非聖人而能若是乎？○慶源輔氏曰：聖人之事雖縱橫曲折，千條萬緒，然無非義理之當然。不自往見者，義也；其往拜者，禮也；不終絕者，仁也；隨問而答對而不辯者，知也；四者一出於誠信也。只此一事而五性具焉，夫然後見聖人之全德。楊氏曰：「揚雄謂孔子於陽貨也，敬所不敬，爲詘身以信與「伸」同。道，非知孔子者。揚子《法言》：或問：「聖人有詘乎？」曰：「有。」曰：「焉詘乎？」曰：「仲尼於南子，所不欲見也；於陽虎，所不欲敬也。見所不見，敬所不敬，不詘如何？」或曰：「衛靈公問陳則何以不詘？」曰：「詘身，將以信道也。如詘道而信身，雖天下，不可爲也。」蓋道外無身，身外無道。身詘矣而可以信道，吾未之信如字。也。」朱子曰：虎是惡人，本不可見，孔子乃見之，亦近於詘身。却不知聖人是禮合去見他，不爲詘。到與他説話時，只把一兩字答他，辭氣温厚而不自失。非聖人，斷不能如此。○或問此章之説。曰：觀夫子所以告微生畝與夫辨長沮、桀溺之語，則聖人之自言未嘗不正其理而明辨之也。至於告陽貨，則隨其所問，應答如響，而略無自明之意，則亦是陽貨之暴有不足告，而姑孫辭以荅之。然味其旨，則亦無非義理之正與其中心之實然者，則是初未嘗詘也。胡、張之説善矣。○胡氏曰：揚氏謂孔子於陽貨爲詘身以信道，雄之意蓋以身與道爲二物也。是以其自爲也，黽勉莽、賢之間，而擬《論語》、《周易》，以自附於夫子。豈不謬哉？○南軒張氏曰：陽貨見孔子一節，不只是遜詞答他，道亦在其中。懷其寶而迷其邦，固不可謂之仁，我却不是迷其邦；好從事而亟失時，固不可謂之知，我却不是亟失時；日月逝矣，歲不我與，我又却不是不仕，只是我仕時却與你别。聖人之言，本末備具。○勉齋黄氏曰：「日月逝矣，歲不我與」，蓋謂夫子既老，可以有爲之日月已過矣。歲運而往，其去甚速，豈復與我而爲我少緩乎？是亦諷使速仕也。○問：「陽貨欲見孔子，孔子不見。至於公山弗擾以費畔，召，子欲往。夫陽貨與此人皆一時叛臣，孔子不見陽貨而欲見此人，何也？」潛室陳氏曰：聖人道大德宏，無可無不可。雖是惡人，苟其一時意向之善、交際之誠，聖人無不與者。陽貨則見之之意不實，交際之禮不誠，故孔子不欲見之。孟子曰：「苟善其禮際，斯君子受之矣。」○雲峯胡氏曰：此一事耳，而見聖人一言一動無非時中之妙。陽貨欲見孔子而遽見之，非中也。既有餽而不往拜之，非中也。不時其亡，則中小人之計，非中也。不幸遇諸塗而又避之，則絶小人之甚，非中也。理之直者其辭易至於不遜，非中也；辭之遜而或有所詘，非中也。聖人不徇物而亦不苟異，不絶物而亦不苟同，愈雍容不迫而愈剛直不詘，此其所以爲時中之妙也。

○子曰：「性相近也，習相遠也。」

此所謂性，兼氣質而言者也。氣質之性固有美惡之不同矣，然以其初而言則皆不甚相遠也。但習於善則善，習於惡則惡，於是始相遠耳。○程子曰：「此言氣質之性，非言性之本也。若言其本則性即是理，理無不善，孟子之言『性善』是也，何『相近』之有哉？」朱子曰：性相近是氣質之性，若本然之性則一般，無相近。○性是天賦予人，只一同，氣質所稟却自有厚薄。人有厚於仁而薄於義，餘於禮而不足於智，便自氣質上來。○先有天理了，却有箇氣。氣積於質而性具焉。○質並氣而言，則是「形質」之質。若生質，則是「資質」之質。○天命之性若無氣質，却無安頓處。如一勺之水非有物盛之，則水無歸着。○稟得木氣多則少剛强，稟得金氣多則少慈祥。推之皆然。○孔子言性雜乎氣質言之，故不曰「同」而曰「相近」。蓋以爲不能無善惡之殊，但未至如所習之遠耳。○「天命之謂性」，則通天下一性耳，何相近之有？言「相近」者，是指氣質之性而言。孟子所謂犬、牛、人性之殊者，亦指此而言也。○南軒張氏曰：原性之理無有不善，人、物所同也；論性之存乎氣質，則人稟天地之精、五行之秀，固與禽獸草木異。然就人之中不無清濁厚薄之不同，而實亦未嘗不相近也。不相近則不得爲人之類矣，而人賢不肖之相去，或相倍蓰，或相什百，或相千萬者，則因其清濁厚薄之不同，習於不善而日遠耳。習者，積習而致也。善學者克其氣質之偏以復其天性之本，而其近者亦可得而一矣。○慶源輔氏曰：性之本，謂不兼乎氣質而言之者也。既不兼乎氣質，則純以理言耳。理則天地人物，一而已矣，何相近之可言哉？○雙峯饒氏曰：此章程子專以爲氣質之性，朱子以爲兼氣質而言。「兼」字尤精。蓋謂之相近，則是未免有些不同處，不可指爲本然之性；然其所以相近者，正以本然之性寓在氣質之中，雖隨氣質而各爲一性，而其本然者常爲之主，故氣質雖殊而性終不甚相遠也。此是以本然之性兼氣質而言之，非專主氣質而言也。問：「如何見得性相近？」曰：如惻隱、羞惡人皆有之，然有惻隱多於羞惡者，亦有羞惡多於惻隱者，雖不盡同，亦不甚相遠，故曰「相近」。○吴氏曰：「習與性成」，言性習始此。中人上下之質，相去本不甚遠。唯習於善則日造乎高明，習於惡則日淪乎汙下，以是而相遠耳。上知生知安行，何事於習？下愚習於惡則有之，習於善則無矣。上知下愚，相去遠矣，又豈待習而然哉？○雲峯胡氏曰：伊尹曰「習與性成」，是專主氣質而言。習如此，性之成也遂如此，所以言性在習之後。夫子曰「性相近，習相遠」，是兼氣質而言。性如此，而習則未必皆如此，所以言性在習之先。若論天命之性，則純粹至善，一而已矣，不可以「相近」言。此所謂性者，兼氣質而言也。天命之性不離乎氣質之性，其初猶未甚相遠，蓋天命之性猶未漓也。赤子之生無有五方，其聲一也，性之相近也如之；長則言語不通，飲食不同，有至死莫能相爲者，習之相遠也如之。○新安陳氏曰：人有此形則有此心，有此心則稟受此理。性者，心中所稟受之理也。纔說「性」字，則已寓於氣質中矣，非氣質則性安所寓乎？性善以天地之性言，非天地之性懸空不着乎氣質而自爲一物也，就氣質中指出天地本然賦予之理，不雜乎氣質而言之耳。然天地之性雖不雜乎氣質，亦不離乎氣質。孟子之言「性善」，指其不雜乎氣質者言之也，乃是純言天地之性也；孔子之言「性相近」，以其不離乎氣質者言之也，乃是兼言氣質之性也。「兼」云者，言本然之性夾帶言氣質之性也。朱子有云：「孔子雜乎氣質言之。」「雜」即「兼」也。輔氏、饒氏推《集註》兼氣質而言之說，終欠透徹，不得已而發此云。

○子曰：「唯上知與下愚不移。」知，去聲。

此承上章而言。人之氣質相近之中，又有美惡一定而非習之所能移者。慶源輔氏曰：二章相承，此必一時之言。○程子曰：「人性本善，有不可移者何也？語其性則皆善也，語其才則有下愚之不移。新安陳氏曰：程子此言「才」字與孟子言「天之降才」不同。孟子以理言，程子以氣言也。所謂下愚有二焉：自暴、自棄也。人苟以善自治則無不可移，雖昏愚之至皆可漸子廉反。磨而進也。惟自暴者拒之以不信，自棄者絶之以不爲，朱子曰：拒之以不信，只是說没這道理；絶之以不爲，是知有這道理，自割斷了不肯做。自暴者有强悍意，剛惡之所爲；自棄者有懦弱意，柔惡之所爲也。雖聖人與居，不能化而入也，仲尼之所謂『下愚』也。然其質非必昏且愚也，往往强戾而才力有過人者，商辛是也。《史記》：帝乙之子辛，即帝紂。「資辯捷疾，聞見甚敏。材力過人，手格猛獸。」○新安陳氏曰：如商紂强足以拒諫，智足以飾非，固非憒然昏愚，往往爲戾氣所蔽錮而不可與入於善耳。

聖人以其自絕於善，謂之『下愚』，然考其歸則誠愚也。」

朱子曰：「性相近」是通善惡智愚說，「上智下愚」是就中摘出懸絕者說。○問：「《集註》謂『氣質相近之中又有一定而不可易者』，復舉程子無不可移之說，似不合。」曰：且看孔子說底，却自有不移底人，如堯、舜不可爲桀、紂，桀、紂不可使爲堯、舜之類。程子却又推其說。須知其異而不害其爲同。○「習與性成」而至於「相遠」，則固有「不移」之理。然人性本善，雖至惡之人，一日而能從善，則爲一日之善人，豈有終不可移之理？○以聖言觀之，則曰「不移」而已，不曰「不可移」也；以程子之言考之，則以其不「肯」移而後不「可」移耳。蓋聖人之言本但以氣質之稟而言其品第，未及乎「不肯」、「不可」之辨也。程子之言則以稟賦甚異而不肯移，非以其稟賦之異而不可移也。○問：「程子謂語其才則有下愚之不移，與孟子『非天之降才爾殊』，如何？」曰：孟子說與程子小異。孟子專以發於性者言之，故以爲才無不善；程子兼指其稟於氣者言之，則人之才固有昏明强弱之不同矣。以事理考之，則程子爲密。蓋才稟於氣，氣清則才清，氣濁則才濁。如后稷自幼而岐嶷，越椒自幼而惡，是氣稟如此。孟子謂盡得才之善固是好，必竟氣稟有善惡不同。後人看不出，所以引惹得許多「善惡混」等說來。自濂溪《太極圖》始說陰陽五行之變不齊，二程始因其說推出氣質之性來。○雙峯饒氏曰：善底性不肯移而爲惡，惡底性不肯移而爲善。肯不肯雖屬心，其所以肯不肯者，才實爲之也。又曰：性相近是說性，上知下愚是說才。善惡，性也；知愚，才也。性雖相近，而才之等級不齊，有相去甚懸絕者。才既懸絕，則性亦非習之所能移矣。○吴氏曰：下愚以質言，自暴自棄以人事言。質雖可移而自不移者，暴棄之謂也。

或曰：此與上章當合爲一，「子曰」二字蓋衍文耳。

○子之武城，聞弦歌之聲。

弦，琴瑟也。時子游爲武城宰，以禮樂爲教，故邑人皆弦歌也。

夫子莞爾而笑曰：「割雞焉用牛刀？」莞，華版反。焉，於虔反。

莞爾，小笑貌，蓋喜之也。因言其治小邑，何必用此大道也？

子游對曰：「昔者偃也聞諸夫子曰：『君子學道則愛人，小人學道則易使也。』」易，去聲。

君子、小人，以位言之。子游所稱，蓋夫子之常言，言君子小人皆不可以不學。故武城雖小，亦必教以禮樂。朱子曰：君子學道是曉得那「己欲立而立人，己欲達而達人」底道理，方能愛人。小人學道不過曉得那「孝、弟、忠、信」而已，故易使也。○雙峯饒氏曰：君子、小人，以位言。方其學時，君子、小人猶未分也。後來入仕者則用此道以愛人，在閭閻畎畝間者亦自知義，所以易使。

子曰：「二三子，偃之言是也，前言戲之耳！」

嘉子游之篤信，又以解門人之惑也。○治有大小，而其治之必用禮樂，則其爲道一也。但衆人多不能用而子游獨行之，故夫子驟聞而深喜之。因反其言以戲之而子游以正對，故復扶又反。是其言而自實其戲也。朱子曰：禮樂之用，通乎上下。一身有一身之禮樂，一家有一家之禮樂，一邑有一邑之禮樂，以至推之天下，則有天下之禮樂。亦隨其大小而致其用焉，不必其功大名顯而後施之也。○南軒張氏曰：莞爾而笑者，聞弦歌而喜也。割雞焉用牛刀者，謂其治小以大也。君子學道則有以養其仁心，故愛人；小人學道則亦和順以服事其上，故易使。夫子聞子游之語，恐學者疑於前言，以寡國小民爲可忽也，故告二三子以子游之言爲是，而謂前言爲戲之。辭氣抑揚之間，豈弟和平，無非教也。○勉齋黄氏曰：弦歌，弦且歌也。合樂曰歌。人聲絲聲，皆堂上之樂也。教以弦歌而謂之學道者，使人人習於和平中正之音以養其心，而所歌之《詩》又皆温柔敦厚合乎禮義，則自然皆趨於人所當行之道，乃所謂學道也。君子在上者能學道，則知撫乎下矣；小人在下者能學道，則知順乎上矣。上撫乎下，下順乎上，安有不治者乎？○慶源輔氏曰：治之用禮樂，如飢之必用食，渴之必用飲，豈謂小邑寡民而可以無禮樂爲哉？舍禮樂則必將專於刑罰，而民無措其手足矣，豈聖學之所尚邪？○厚齋馮氏曰：古之學者春誦夏弦，蓋御琴瑟，歌詠諷誦之耳。城以武名，乃岩險用武之地。以《左傳》考之可見。夫習俗尚武，子游乃能以道化其民，使習於禮樂，變甲冑之俗爲弦歌之聲，此夫子所以喜之而以戲言發實語也。○雙峯饒氏曰：弦歌如何見得是學道？又弦歌是樂，《集註》如何添「禮」字說？古者教人，春、秋教以禮、樂，冬、夏教以《詩》、《書》。纔教便兼《詩》、《書》、禮、樂，不應只教以弦歌。春習樂，夏習《詩》，秋習禮，冬習《書》，皆因時以爲教。春夏陽氣發達之時，聲屬陽，故教以《詩》、樂。想夫子過武城是春夏時也，聞弦歌便知其以禮樂爲教。學《詩》、《書》、禮、樂即是學道。○勿軒熊氏曰：子游宰武城之事凡兩見，一以人才爲重，一以道化爲先，皆見其知本。○雲峯胡氏曰：所謂道者，仁、義、禮、樂而已。以禮、樂爲教，故上焉教此者，知有撫下之仁；下焉學此者，知有事上之義。

○公山弗擾以費畔，召，子欲往。弗擾，季氏宰，與陽虎共執桓子，據邑以叛。叛與「畔」同。○厚齋馮氏曰：公山，氏；弗擾，名。一云不狃，字子洩，費邑宰也。與陽虎共執桓子。虎敗出奔，弗擾據邑以叛。○《左傳》定公五年，事見《季氏》篇首章《集註》「家臣屢叛」下。○十二年：「仲由爲季氏宰，將墮三都。叔孫氏墮郈，季氏將墮費，公山不狃、叔孫輒帥費人襲魯。公與三子入季氏之宮，登武子之臺。費人攻之，弗克。入及公側，仲尼命申句須、樂頎下伐之。費人北，國人追之，敗諸姑蔑。」

子路不說，曰：「末之也已。何必公山氏之之也？」說音悅。

末，無也。言道既不行，無所往矣。何必公山氏之往乎？

子曰：「夫召我者，而豈徒哉？如有用我者，吾其爲東周乎？」夫音扶。

豈徒哉，言必用我也。爲東周，言興周道於東方。謂東魯。○邢氏曰：如有用我者，我則興周道於東方，其使魯爲東周乎？○程子曰：「聖人以天下無不可有爲之人，亦無不可改過之人，故欲往。然而終不往者，知其必不能改故也。」程子曰：公山弗擾以費叛，不以召叛人逆黨而召孔子，則其志欲遷善悔過而未知其術耳。使孔子而不欲往，是沮人爲善也，何足以爲孔子？○公山召我而豈徒哉？是孔子意他雖叛而召我，其心不徒然，往而教之遷善，使不叛則已，此則於義直有可往之理，而孔子亦有實知其不能改而不往者。佛肸召亦然。○朱子曰：夫子云「吾其爲東周乎」，興東周之治也。孔子之志在乎東周，然苟有用我者，亦視天命如何耳。聖人胸中自有處置，非可執定本以議之也。○諸家皆言不爲東周，《集註》却言「興周道於東方」，何也？曰：這是古註如此說。「其」字、「乎」字只是閑字，只是有用我便也要做些小事，何處是有不爲東周底意？這處與二十年之後「吴其爲沼乎」辭語一般，亦何必要如此翻轉？文字須寬看，子細玩味，方見得聖人語言。○問：「弗擾果能用夫子，夫子果往從之，亦不過勸得他改過自新，舍逆從順而已，亦如何便興得周道？」曰：聖人自不可測。改過不過臣順季氏而已，此只是常法。聖人須别有措置。○蘇氏曰：孔子之不助畔人，天下之所知也。畔而召孔子，其志必不在於惡矣。故孔子因其有善心而收之，使不自絶而已。弗擾之不能爲東周亦明矣。然而用孔子則有可以爲東周之道，故子欲往者，以其有是道也。卒不往者，知其必不能也。○慶源輔氏曰：魯在周之東，故云爾。蓋聖人無小成苟就之事，如獲用焉，不興周道以繼文、武不已也。○雙峯饒氏曰：當時子路更欠一問：「如何可爲東周？」夫子必告以爲之之道。如問「衛君待子而爲政，子將奚先」，夫子便告以「正名」。今聖人不曾説出，難爲臆度。○雲峯胡氏曰：門人豈有不説於夫子者，而「子路不説」者二。豈知夫子之於南子，其辭不見者義也；不得已而見，亦有可見之禮也。夫子之於公山弗擾，其欲往者仁也；而卒不往者，蓋有知人之知也。聖人一動一静，莫非適乎時中，而子路未之知也。然非子路之疑，則聖人之心又孰得而知之乎？

○子張問仁於孔子。孔子曰：「能行五者於天下爲仁矣。」請問之。曰：「恭、寬、信、敏、惠。恭則不侮，寬則得衆，信則人任焉，敏則有功，惠則足以使人。」

行是五者，則心存而理得矣。於天下，言無適而不然，猶所謂「雖之夷狄，不可棄」者。五者之目，蓋因子張所不足而言耳。任，倚仗也。又言其效如此。問：「『敏』字於求仁工夫似不甚切。」朱子曰：不敏則便有怠忽，纔怠忽便心不存而間斷多，便是不仁。○「任」是堪倚靠，是能爲人擔當事也。○勉齋黄氏曰：「行五者則心存理得」，何也？曰：心主乎五者，則無非僻之雜，而心之德常存；以五者施之事，則無悖謬之失，而事之理常得。又言其效，通指「不侮」至「使人」五者，欲其以是驗之，如答顔、冉問仁，亦以「歸仁」、「無怨」之效言也。○慶源輔氏曰：五者皆心所具之理而仁之發也。恭則仁之著，寬則仁之量，信則仁之實，敏則仁之力，惠則仁之澤。能行此五者則心存理得而仁不外是也。然是心一有間斷之時則亡矣，是理一有虧闕之處則失矣，故其行是五者必自一家一國以至於天下無適而不然，然後其心公平，其理周遍，而仁之體用備矣。夫仁道無不該，乃萬善之綱領也。今特以此五者言之，故以爲因子張所不足而言。「堂堂乎張」，疑其不足於恭；「愛欲生，惡欲死」，疑其不足於寬；問行而告以「忠信」，疑其不足於信；問政而告以「無倦」，疑其不足於敏；「色取仁而行違」，疑其不足於惠也。○張敬夫曰：「能行此五者於天下，則其心公平而周遍可知矣。然恭其本與？」音余。○慶源輔氏曰：所謂「其心公平而周遍」者，非體仁之深者不知此味也；所謂「恭其本與」者，所以指示學者尤切。蓋恭則此心收斂，不至於放縱；此心收斂不放縱，則夫寬、信、敏、惠自有所不能已者。○胡氏曰：五常百行，何莫非仁，而獨以是言，故疑其爲子張之所不足也。語恭其本者，四者皆以事言而恭則切於身也。併及其效者，欲其因是而驗之。○雙峯饒氏曰：朱子以「心存理得」爲仁，是指能行五者而言；南軒以「公平周遍」爲仁，是兼行於天下而言。二者互相備，必心存理得始能公平周遍。又曰：南軒於五者以恭爲主，亦與胡氏釋「千乘之國」章謂五者以敬爲主同意。恭敬則心存，心存然後理得，故能行下四者。○雲峯胡氏曰：子張平日問「達」

問「行」，其志欲得行於彼也，故夫子因其問仁而告之以能行乎此者也。能行此五者則心存而理得，能行之於天下則其心公平而溥遍矣。李氏曰：「此章與六言六蔽、五美四惡之類，皆與前後文體大不相似。」朱子曰：六言六蔽、五美等語，雖其意是，然皆不與聖人常時言語一樣。《家語》此樣話亦多。大抵《論語》後數篇，間不類以前諸篇。○厚齋馮氏曰：孔門問仁，無稱「問仁於孔子」者，抑此其《齊論》歟？

○佛肸召，子欲往。佛音弼。肸，許密反。

佛肸，晉大夫趙氏之中牟宰也。中牟，趙氏邑。

子路曰：「昔者由也聞諸夫子曰：『親於其身爲不善者，君子不入也。』佛肸以中牟畔，子之往也，如之何？」

子路恐佛肸之浼汙也。夫子，故問此以止夫子之行。親，猶「自」也。不入，不入其黨也。慶源輔氏曰：所謂「親於其身爲不善而君子不入」者，正恐其汙己也，此固子路之所知也；至於人之不善不能浼聖人，則非子路之所能知也。故引此爲問，欲以止夫子之行耳。○聖人道大德弘，所過者化。人之不善一經聖人照臨之，則大者革心、小者革面之不暇，何至有浼於聖人？若夫昏頑之至，不可以常理化者，則聖人又自有以處之。在上則或若堯、舜之待三苗，在下則若夫子之待陽貨。公山、佛肸亦豈能浼於聖人哉？

子曰：「然，有是言也。不曰堅乎？磨而不磷；不曰白乎？涅而不緇。磷，力刃反。涅，乃結反。

磷，薄也。涅，染皂物。齊氏曰：涅，水中黑土，今江東皂泥。言人之不善不能浼己。楊氏曰：「磨不磷，涅不緇，而後『無可無不可』。堅白不足而欲自試於磨涅，其不磷緇也者幾平聲。希。」問：「公山之召，子路不悅。夫子雖以東周之意諭之，子路意似有所未安也，故於佛肸之召，又舉所聞以爲問，其自信不苟如此。學者未至聖人地位，且當以子路爲法，庶乎不失其身。不可以聖人體道之權藉口，恐有學步邯鄲之患也。」朱子曰：得之。○南軒張氏曰：子路之説，在子路則當然。蓋子路以己處聖人而未能以聖人觀聖人也。○慶源輔氏曰：「磨不磷，涅不緇，而後無可無不可」者，聖人之事也；「堅白不足而欲自試於磨涅」，則後世不度德，不量力，輕舉妄動，始欲自附於聖人而終則陷其身於不義之流也。○新安倪氏曰：楊氏謂「堅白不足」以下，非夫子所言之本意，乃爲子路輩言也。

「吾豈匏瓜也哉？焉能繫而不食？」焉，於虔反。

匏，瓠音互。也。匏瓜繫於一處而不能飲食，人則不如是也。朱子曰：不食，謂不求食，非謂不可食也。今俗猶言「無口匏」，亦此意。○勉齋黄氏曰：匏瓜繫而不食，蓋言匏瓜蠢然一物，繫則不能動，不食則無所知。吾乃人類在天地間，能動作，有思慮，自當見之於用而有益於人，豈微物之比哉？世之奔走以餬其口於四方者往往借是言以自況，失聖人之旨矣。此不可以不辨。○張敬夫曰：「子路昔者之所聞，君子守身之常法；夫子今日之所言，聖人體道之大權也。然夫子於公山、佛肸之召皆欲往者，以天下無不可變之人，無不可爲之事也；其卒不往者，知其人之終不可變，而事之終不可爲耳。一則生物之仁，一則知人之智也。」程子曰：佛肸召子必不徒然，其往義也。然不往者，度其不足與有爲也。○朱子曰：公山弗擾、佛肸召而欲往者，乃聖人虛明應物之心，答其善意，自然而發。終不往者，以其爲惡已甚，義不復可往也。此乃聖人體用不偏，道並行而不相悖處。然兩條告子路不同者，即其所疑而喻之爾。子路於公山氏疑夫子之不必往，故夫子言可往之理；於佛肸恐其浼夫子也，故夫子告以不能浼己之意。○夫子於佛肸之召，但謂其不能浼我而已；於公山氏之召，却真箇要去做。○問：「佛肸、弗擾之召，孔子欲往，此意如何？」曰：此是一時善意，聖人之心適與之契，所以欲往。然更思之，則不往矣。蓋二人暫時有尊賢向善之誠心，故感得聖人有欲往之意。然違道叛逆，終不能改，故聖人亦終不往也。譬如雲陰，忽略開霽有些光明，又被重陰遮蔽了。問：陽貨欲見却終不許他。曰：貨全無善意，來時便已不好了，故亦不能略感聖人。○慶源輔氏曰：自聖人言之則固無不可爲之時，亦無不可爲之事，無不可教之人，然其所遇，則有不可必者。天未欲平治天下，則在時者有不可爲也；上之人不我用，則在事者有不可爲也；誨之諄諄，聽之藐藐，則在人者有不可教也。

○子曰：「由也女聞『六言六蔽』矣乎？」對曰：「未也。」女音汝。下同。

蔽，遮掩也。胡氏曰：如爲物遮掩，僅得其一偏而不見其全體也。○慶源輔氏曰：謂各隨其意之所向以遮掩其正理。

「居，吾語女。語，去聲。

禮，君子問更平聲。端，則起而對。出《記·曲禮》。故夫子諭子路使還坐而告之。

「好仁不好學，其蔽也愚；好知不好學，其蔽也蕩；好信不好學，其蔽也賊；好直不好學，其蔽也絞；好勇不好學，其蔽也亂；好剛不好學，其蔽也狂。」好、知，並去聲。

六言皆美德，然徒好之而不學以明其理，則各有所蔽。愚，若可陷可罔之類。蕩，謂窮高極廣而無所止。賊，謂傷害於物。朱子曰：固執必信而不好學，必至於賊害物，如證父攘羊便是。○雙峯饒氏曰：信而不明理，則不度事理之可否而欲必踐其言，如此者必至於害事。如尾生之信，是自賊其身者也。勇者剛之發，剛者勇之體。朱子曰：勇只是敢爲，剛有堅强之意。○慶源輔氏曰：人之資禀得於陰陽者，惟有剛有柔。勇則剛之發出者也。○雙峯饒氏曰：剛屬質，體也；勇屬氣，用也。狂，躁率也。慶源輔氏曰：此與「狂狷」之狂不同。躁率則近乎剛惡也，故特釋之。○雙峯饒氏曰：躁率，輕舉妄動之意。○程子曰：六言六蔽，正與「恭而無禮則勞」、「寬而栗，剛而無虐」之義同。蓋好仁而不好學，乃所以愚。非能仁而愚，徒好而不知學乃愚。○南軒張氏曰：學，所以明善也，不知學則徒慕其名而莫知善之所以爲善矣。好仁不好學之蔽，如欲力行自守以爲仁，❶而不知學以明之，則其所行所守未免於私意，適足以爲愚而已。至於好知不好學，則用其聰明而不知約之所在，故其蔽蕩。好信不好學，則守其小諒而不知義之所存，故其蔽賊。好直不好學，則務徑情而不知含蓄，故其蔽絞。絞者，訐而已。好勇不好學，則犯難而不知止，故其蔽亂。好剛不好學，則務勝而不知反，故其蔽狂。是六者本爲達德善行，而不好學，則非所以爲德行而反以自蔽。學，如行大道，日闢而通也；不學如守暗室，終窒而蔽矣。○問：「蔽之爲義，何也？」勉齋黃氏曰：《集註》以爲遮掩，言有所不見之謂也。學，所以明理者。學，謂效之師友之言行，求之方册之紀載，皆學也。所以學欲觀夫理之所當然者而效法之也。○仁、知、信、直、勇、剛皆美德也，又必學以明其理，何哉？六者，德之大目耳。輕重淺深，當施不當施之間，其理固多端也。今但見其大目而好之，不務學以究其理之曲折，則見其一而蔽其一，未有不流於一偏者也。仁主於愛，偏則不分輕重賢否而流於愚。智知人所難知，偏則窮高極遠而流於蕩。信而偏則執一不通而流於賊，直而偏則迫切不舒而流於絞。勇則直徑而亂，剛則堅守而强。是皆得其大目而不學，有所蔽以至於此也。○覺軒蔡氏曰：此皆不明理而惑於所似故也。格物以致其知，則其蔽徹矣。○范氏曰：「子路勇於爲善，其失之者，未能好學以明之也。故告之以此。曰勇，曰剛，曰信，曰直，又皆所以救其偏也。」慶源輔氏曰：范氏就子路身上發明尤切。子路好勇，且有「何必讀書」之説，其失正在於未能好學以明善也。剛勇直信，皆其氣稟之偏，故特告之。○陳用之曰：信直勇剛，子路之所好也。先之以仁知，使之知所好也。或曰：此子路初見夫子之時。

○子曰：「小子何莫學夫《詩》？夫音扶。

小子，弟子也。厚齋馮氏曰：何莫云者，謂弟子何爲而莫之學也。

「《詩》可以興，

❶「行」，原作「得」，今據四庫本、孔本、陸本及《癸巳論語解》卷九改。

感發志意。朱子曰：讀《詩》，見不美者令人羞惡，見其美者令人興起。須是反覆讀，使《詩》與心相乳入，自然有感發處。

「可以觀，

考見得失。勉齋黄氏曰：興、群、怨皆指學《詩》者而言，觀則似指《詩》而言，謂可考詩人之得失也。然以爲觀己之得失亦可通。下文既有「多識」爲以此識彼，則此觀爲觀己，然後四語皆一意也。○新安陳氏曰：觀《詩》所美所刺者之得失，亦因可以考見我之得失。兼此二意方爲盡。

「可以群，

和而不流。新安陳氏曰：和以處衆曰群。和而不流，故可以處衆。若和而流，則失於雷同，非處衆之道矣。

「可以怨。

怨而不怒。慶源輔氏曰：當怨不怨，則失之疏；怨而怒，則又失之過。程子所謂《小弁》、《擊鼓》皆怨而各當乎理者，是也。

「邇之事父，遠之事君。

人倫之道，《詩》無不備。新安陳氏曰：如《關雎》言夫婦，《常棣》言兄弟，《伐木》言朋友之類。二者舉重而言。新安陳氏曰：父子、君臣，人倫中之大者。

「多識於鳥獸草木之名。」

其緒餘又足以資多識。○學《詩》之法，此章盡之，讀是經者所宜盡心也。慶源輔氏曰：《論語》之論及《詩》者多矣，而惟此章爲備。學者苟於此盡心焉，則有以感發其志意而爲善不懈，有以考見其得失而於事無惑，和而不流以處群居之常，怨而不怒以處人情之變。孝父忠君而人倫之大者無愧，博物洽聞而一物之小者不遺。《詩》之爲益，不既多乎？

○子謂伯魚曰：「女爲《周南》、《召南》矣乎？人而不爲《周南》、《召南》，其猶正牆面而立也與！」女音汝。與，平聲。

爲，猶「學」也。厚齋馮氏曰：爲，如「高叟爲《詩》」

之「爲」。《周南》、《召實照反。南》，《詩》首篇名。所言皆脩身齊家之事。慶源輔氏曰：二《南》見文王齊家之化，於脩身疑未之及。蓋身者家之本，聖人之化未有不本於身者。文王之化自内及外，則脩身之事固在其中矣。正牆面而立，言即其至近之地而一物無所見，一步不可行。程子曰：二《南》，人倫之本，王化之基，苟不爲之則無所自入。古之學者必興於《詩》。「不學《詩》無以言。」故「猶正牆面而立」。○朱子曰：不知所以脩身齊家，則不待出門便已動不得了。所以謂之「正牆面」者，謂其至近之地亦行不得故也。○問：「不知脩身齊家，則自然推不去，是一步不可行。如何是一物無所見？」曰：自一身一家已自都理會不得，况其遠者乎？此可見知與行相須之義。《周南》之詩言文王后妃閨門之化，《召南》之詩言諸侯之國夫人、大夫妻被文王后妃之化而成德之事。蓋文王治岐而化行於江漢之域，自北而南，故其樂章以「南」名之。用之鄉人，用之邦國，以教天下後世。誠意、正心、脩身、齊家之道，蓋《詩》之正風也。○厚齋馮氏曰：此疑在伯魚過庭之後已告之學《詩》，恐其未必踐言而復告之也。○新安陳氏曰：《詩》有二《南》，猶《易》有乾坤。學《詩》自此入，而脩齊治平之道皆自此出，誠學《詩》先務也。孔子過庭之傳既以學《詩》居學禮之先，此又以二《南》爲學《詩》之先，所以丁寧其子者，豈有他説哉？○新安倪氏曰：《書·周官》曰「不學牆面」，孔子取譬本此。

○子曰：「禮云禮云，玉帛云乎哉；樂云樂云，鐘鼓云乎哉？」

敬而將之以玉帛則爲禮，將如「幣之未將」之「將」。和而發之以鐘鼓則爲樂。發如「英華發外」之「發」。遺其本而專事其末，則豈禮樂之謂哉？胡氏曰：玉帛，五玉三帛，禮文之重者也；鐘，金聲，鼓，革聲，樂器之大者也。非玉帛無以爲禮，非鐘鼓無以爲樂。然禮樂有本有末，玉帛鐘鼓，末也。禮之本在於敬，假玉帛以將之，樂之本在於和，假鐘鼓以發之。周末文滅其質，但以玉帛鐘鼓爲禮樂耳。○南軒張氏曰：玉帛固可以行禮也，鐘鼓固可以爲樂也，謂玉帛鐘鼓爲非禮樂則不可，然禮樂豈止乎玉帛鐘鼓之間哉？得其本則玉帛鐘鼓莫非吾情文之所寓，不然，特虚器而已。所謂本者，反之吾身而求之，則知其不遠也。○慶源輔氏曰：敬者，在中之禮，禮之本也；玉帛則禮之器，所以將吾敬而播之於外者也，禮之末也。和者，在中之樂，樂之本也；鐘鼓則樂之器，所以發吾和而播之於外者也，樂之末也。本末具舉，内外兼備，夫然後可謂禮樂之全。苟惟專務其本而不事於末，固爲不可；至於徒事其末而反遺其本，則又豈所謂禮樂者哉？「云乎哉」者，猶言「此不得謂之禮樂」也。

○程子曰：「禮只是一箇序，樂只是一箇和。只此兩字，含蓄多少義理。天下無一物無禮樂。且如置此兩倚，一不正便是無序，無序便乖，乖便不和。又如盜賊至爲不道，然亦有禮樂。蓋必有總屬，必相聽順，乃能爲盜。不然則叛亂無統，不能一日相聚而爲盜也。禮樂無處無之，學者要須識得。」胡氏曰：程子欲人知禮樂之理無所不在，學者記其語，雜以方言。至於盜賊亦有禮樂，姑借近且粗者以明之，非真所謂禮樂也。「序」、「和」二字尤親切，又見禮爲樂之本。○慶源輔氏曰：禮樂之本雖細微之事、凶惡之人一皆有之，不特玉帛鐘鼓之間，要之只是箇序與和底道理。人能識得此箇禮樂，則知天下無一物無禮樂，隨處受用。然其實不出「序」與「和」二字。○趙氏曰：朱子以「敬」與「和」言，是就心上説；程子以「序」與「和」言，是就事上説。二説相須，其義始備。○雙峯饒氏曰：「二説相須，其義始備」，如「人而不仁，如禮何」章《集註》舉李氏「人心亡矣」，亦是就人心上説；舉程子「失正理則無序而不和」，亦是就事理上説。○厚齋馮氏曰：復曰「云」者，謂人所常言也；「乎哉」，疑而反之之辭。謂禮樂之所云者，止云玉帛鐘鼓而已哉？蓋禮者，天地之序；樂者，天地之和。玉帛有等差，所以明其序；鐘鼓有聲音，所以發其和。是時禮樂廢壞，皆僭竊其文而不知其本。諸侯僭天子，大夫僭諸侯，則無序矣；征伐相尋，國異政，家殊俗，則不和矣。夫子之言亦必有爲而發也。

○子曰：「色厲而内荏，譬諸小人，其猶穿

窬之盜也與？」荏，而審反。與，平聲。

厲，威嚴也；荏，柔弱也。小人，細民也。穿，穿壁；窬，踰牆。言其無實盜名而常畏人知也。朱子曰：不直心而私意如此，便是穿窬之類。又曰：裏面是如此，外面却不如此；外面恁地，裏面却不恁地。○問：「色厲而内荏，何以比之穿窬？」曰：爲他意只在要瞞人，故其心常怕人知，如做賊然。○勉齋黄氏曰：穿窬，内懷爲盜之實而外飾非盜之狀以欺人，故以譬夫内本柔弱而外爲嚴厲以欺人者也。○雙峯饒氏曰：色，不止顔色，凡形見於外者皆是，如前篇以論篤爲「色莊」是也。外示莊厲而内實柔弱，譬如穿窬之人，日間顯顯處與平人無異，而夜間幽暗處則爲盜。○王氏回。曰：此有爲之言。曰「譬諸小人」，則指當時之大人也。○雲峯胡氏曰：《易·泰》卦以内健外順爲君子之道，《否》卦以内柔外剛爲小人之道。此則厲者外爲剛之容，荏者内藴柔之惡者也。

○子曰：「鄉原，德之賊也。」

鄉者，鄙俗之意。原，與愿同。❶《荀子》「原愨」，❷註讀作「愿」是也。《荀子·正論篇》：「上端誠則下原愨矣。」謂在上者能端莊誠實，則下知謹愿而純愨也。鄉原，鄉人之愿者也。蓋其同流合汙以媚於世，故在鄉人之中，獨以愿稱。勉齋黄氏曰：既以「鄉」爲一鄉，又以爲「鄙俗」者，鄉之得名，本以鄙俗爲言也。故曰「我猶未免爲鄉人也」。亦猶「都鄙」之稱，「都」之爲言美也，「鄙」之爲言俗也。然則「鄉」者亦「鄙俗」之類歟？其稱「原人」而必加之以「鄉」者，以見其鄙俗非公論之所在，故是非錯謬，而稱之以爲「原」也。夫子以其似德非德而反亂乎德，故以爲德之賊而深惡烏故反。之。詳見形甸反。《孟子》末篇。朱子曰：鄉原者爲他做得好，便人皆稱之，而不知其有無窮之禍。如五代馮道者，此真鄉原也。○鄉原最是孟子説得數句好，曰：「生斯世也，爲斯世也，善斯可

❶ 「愿」，原作「原」，今據四庫本、孔本、陸本及《輯釋》改。

❷ 「原」，原作「愿」，今據四庫本、陸本及《輯釋》、《四書章句集注》改。

矣。」此是鄉原本情。○鄉原無甚見識，其所謂「原」，亦未必真愿，乃卑陋而隨俗之人耳。蘇氏謂其近似中庸而非也，故曰「德之賊」。孟子曰：「一鄉皆稱原人，無所往而不爲原人。」與中庸相近，必與狂狷相遠。狂者進取，狷者有所不爲，鄉原者未嘗進取而無所不爲者也。狂狷與中庸相遠，而孔子取其志之彊，可以引而至於道也；鄉原與中庸相近，而夫子惡之，惡其安於陋而不可與有爲也。○勉齋黄氏曰：德者，務合乎理者也。鄉原求媚於世，則不必皆合乎理，而委曲遷就，似乎理而實非理，使人之爲善者莫知乎理之正，是天下之正德反爲鄉原所害也。如廉潔，理之正也，鄉原不以爲廉潔以異俗，故亦同乎流俗而外爲説以自蓋，使人視之似廉潔，然實非廉潔而反以害廉潔之正也。故貪夫不足以害夫廉，似廉非廉者乃所以害夫廉也。此夫子所以深惡之也。○雙峯饒氏曰：一鄉有君子，有小人，鄉原都要他説好。同流合汙，是要媚小人；似忠信，似廉潔，是要媚君子：所以人人道他好。人見以此得名，都去學他，最敗風俗，故曰「德之賊」。上章言盜，盜猶畏人之知；此章言賊，則肆行無忌矣。○新安陳氏曰：真非不足以惑人，惟似是而非者最易以惑人，故夫子以爲「德之賊」。

○子曰：「道聽而塗説，德之棄也。」

雖聞善言，不爲己有，是自棄其德也。○王氏曰：「『君子多識如字。前言往行去聲。以畜勑六反。其德。』新安倪氏曰：此《易·大畜》卦《大象傳》辭，引以論此甚切。蓋此章所指，正與《易》之説反。道聽塗説，則棄之矣。」朱子曰：此二章「賊」字、「棄」字説得重而有力。蓋鄉原只知偷合苟容，似是而非，而人皆稱之，故曰「德之賊」。道聽塗説者，纔聽來便説了，更不能蓄。既不能有之於心，不能行之於身，是棄其德也，故曰「德之棄」。○南軒張氏曰：聞善者存而體之，則其德蓄聚。若徒以資口説而已，則於德何有哉？○勉齋黄氏曰：觀此則輕浮淺露者真不足以爲學也。○胡氏曰：「德之棄」與上章「德之賊」文勢相類。彼以似德而亂德，故云「德之賊」；此可以進德而不進，故云「德之棄」。○鄭氏曰：無所得而竊其名，故曰「賊」；有所聞而不蓄諸己，故曰「棄」。○或云：上章言「德之賊」，此章言「德之棄」，語意似相承。雙峯饒氏曰：是如此，但兩箇「德」字來歷亦自不同。上章所謂德是得之於天者，此章所謂德是得之於人者。有所聞於人而不能蓄之以爲己有，是棄其所得於人者。鄉原之人似德而非德，以人僞亂天理，是害其所得於天者也。所得於天即仁義禮智之謂。○新安陳氏曰：人之聞善，藴蓄於不言之表者其德固，淺露於輕言之際者其德棄矣。

○子曰：「鄙夫可與事君也與哉？與，平聲。

鄙夫，庸惡陋劣之稱。慶源輔氏曰：庸謂凡常，惡只是惡，陋謂猥瑣，劣謂昏弱：四者皆鄙也。

其未得之也，患得之；既得之，患失之。

何氏曰：「患得之，謂患不能得之。」胡氏曰：「患得之」，語急而文省耳。○新安陳氏曰：得，謂得富貴權利。

「苟患失之，無所不至矣。」

小則吮徂究反。癰舐神紙反，以舌取物也。痔，直理反。大則弑父與君，皆生於患失而已。《莊子・列禦寇》篇：「秦王有病召醫，破癰潰痤者得車一乘，癰、痤，皆疽之屬也。痤，徂和反。舐痔者得車五乘，所治愈下得車愈多。子豈舐其痔邪？何得車之多也？」○《前漢・佞幸傳》：「文帝常病癰，鄧通常爲上嗽山角反。吮之。上不樂，從容問曰：『天下誰最愛我者乎？』通曰：『宜莫若太子。』太子入問疾，上使太子齰癰，齰，仕客反，齧也。齧出其膿血。太子齰癰而色難之。已而聞通嘗爲上齰之，太子慙，繇是深恨通。」○雲峯胡氏曰：吮癰舐痔是柔惡，弑父與君是剛惡。故《集註》不特曰「庸陋劣」，而且以「惡」之一字加之。○胡氏曰：「許昌靳居覲反。裁之有言曰：『士之品大概有三：志於道德者功名不足以累其心，志於功名者富貴不足以累其心，新安陳氏曰：功名，功業聲名也。今俗人認貴仕爲功名，非矣。志於富貴而已者則亦無所不至矣。』志於富貴即孔子所謂『鄙夫』也。」南軒張氏曰：自古亂臣賊子，其初豈敢遽萌簒弑之心？惟患失也蹉跌至此，履霜堅冰，馴致其道也。然則計利自便之萌，是乃弑父與君之原也。○慶源輔氏曰：此解「無所不至矣」一句甚當。夫患得患失，則惟利欲是徇而不復顧理義之所在矣，其可與之事君也哉？然其患得也則求以得之而已，雖行險徼幸，乘間抵巇，❶然其惡猶有止也。至於患失則無不至矣。小則吮癰舐痔，不惜身命；大則弑父與君，禍及國家。○志於道德則功名不必外求而得，其或終無所成，則亦全吾道德而已矣，在我亦何所損哉？若夫志於功名則其心已是謀利計功，幸而得之則已矣。不然則行險徼幸，枉尺直尋，殆將不能免。志於富貴則患得患失，終必至於無所不至矣。其爲庸惡陋劣之態，亦可想而見也。○胡氏曰：靳氏三品之説本非此章正意，然能推見鄙夫之所以若此。志於道德，聖賢之徒也；志於功名，豪傑之士也；志於富貴，即鄙夫也。聖賢非不事功名也，可爲則爲，不得爲則不爲，不害於道德也。豪傑非惡富貴也，視功名爲重，則富貴爲輕也。鄙夫則富貴之外他無所志，故得失之患，其害至此。○厚齋馮氏曰：孟子曰「鄙夫寬」，謂所見隘陋也。所見隘陋之人，知有富貴而已。小用之則敗事，大用之則誤國，豈容一日得志也哉？○齊氏曰：古之君子，未得之則求之性分之所固有，既得之則安於職分之所當然。舜木居鹿遊，若將終身，則得不足以動其心；牛羊倉廩，若固有之，則亦何失之慮？學者以孔子之言觀鄙夫之如彼，以孟子之言觀聖人之如此，亦可以知所鑒矣。

○子曰：「古者民有三疾，今也或是之亡也。

氣失其平則爲疾，故氣稟之偏者亦謂之疾。慶源輔氏曰：氣稟之偏亦謂之疾，此以德言之也。人身之氣當平和而安寧，一失其平則爲疾矣；人之德，氣稟得中則爲善，一失之偏則亦爲疾矣。○陳用之曰：人之陰陽節適則平，偏倚則疾。性之有疾，猶身之有疾也。昔所謂疾，今亦亡與「無」通。之，傷俗之益偷也。厚齋馮氏曰：或是之亡，不敢爲決然之辭，恐尚亦有之。

「古之狂也肆，今之狂也蕩。古之矜也廉，今之矜也忿戾。古之愚也直，今之愚也詐而已矣。」

狂者，志願太高。肆，謂不拘小節。蕩，

❶「巇」，四庫本、孔本、陸本作「鏬」。

則踰大閑矣。禮義爲大閑。矜者，持守太嚴。如「不矜細行」之矜，非「矜誇」之矜。廉，謂稜角陗與「峭」同。厲。忿戾，則至於争矣。厚齋馮氏曰：君子矜而不争。矜而忿戾，小人也。愚者，暗昧不明。直，謂徑行自遂。詐，則挾私妄作矣。○范氏曰：「末世滋僞，豈惟賢者不如古哉？民性之蔽亦與古人異矣。」朱子曰：廉是側邊廉隅，這只是那分處。所謂廉者，爲是分得那義利去處，譬如物之側稜兩下分去。○問：「智則能詐，愚者無智巧，何故能詐？」曰：如「狂而不直，侗而不愿」之類。○南軒張氏曰：疾生乎氣稟之偏。狂而肆者過於進爲也，矜而廉者廉隅露見也，愚而直者直情徑行也：此雖偏而爲疾，然猶爲疾之常。至於狂而放則流而爲蕩，矜而争則溢而爲忿戾，愚而銜直則變而爲詐。是蓋世衰俗弊，則習益遠故也。言疾則固爲偏，而今也併與古之疾而亡之，則益甚矣。古者三疾，學則可瘳也。至於今之疾，悖理亂常之甚，蓋難反矣。然困而能學，亦聖人之所不棄也。○問：「『古者民有三疾，今也或是之亡也』，晦翁謂『氣稟之偏者謂之疾』，而取范氏『末世滋僞，豈賢者不如古？民性之蔽亦與古異』。竊謂時固有古今，而氣稟之性亦有古今之異歟？」潛室陳氏曰：氣數有淳漓，故生物有厚薄。只正春時生得物如何，迨春末生物便別。後世生聖賢既與古不同，即生暗蔽愚人亦欲如古不得。○雙峯饒氏曰：《語》中説古今處皆是嘆今之不如古。狂肆、矜廉、愚直是氣質之偏，所謂疾也。肆變而蕩，廉變而忿戾，直變而詐，是習俗所染，乃「習與性成」而爲惡，不止於疾矣。○雲峯胡氏曰：氣稟之性，適乎中則無疾，凡過與不及，皆疾也。狂者知之過，矜者行之過，愚者不能知而徑行不及者也，故古者皆以爲疾。○新安陳氏曰：古之疾已是氣質之偏，今併與古之疾而無之，蓋已流於私欲之僞，去古益遠而復乎善益難矣。夫子所以傷之歟？

○子曰：「巧言令色，鮮矣仁。」

重平聲。出。

○子曰：「惡紫之奪朱也，惡鄭聲之亂雅樂也，惡利口之覆邦家者。」惡，去聲。覆，芳服反。

朱，正色；紫，間去聲。色。新安陳氏曰：朱，南方赤之正色。合赤黑而成紫，北方之間色。雅，正也。利口，捷給。覆，傾敗也。○范氏曰：「天下之理，正而勝者常少，不正而勝者常多，聖人所以惡之也。利口之人以是爲非，以非爲是；以賢爲不肖，以不肖爲賢。人君苟悦而信之，則國家之覆也，不難矣。」朱子曰：紫近黑色，過了那朱，既爲紫便變做朱不得，便是奪了朱。雅樂平淡，鄭便過而爲淫哇，蓋過了雅，便是亂雅。邦家力勢也甚大，然被利口之人説一兩句，便有傾覆之慮，豈不可畏哉？○不正底物事自常易得勝那正底物事。且如以朱染紫，一染了便退不得，朱却不能變得紫也。○南軒張氏曰：以其似是而非，有以惑人之觀聽，是以聖人惡之。利口所以覆邦家者，蓋變其事實，使是非邪正率皆紊亂，邦家之所由傾覆也。○勉齋黄氏曰：是非善惡，最相反也。聖人不之惡者，以人心自有正理，而正不正之相反易辨也。惟夫似是而實非，似善而實惡，則人心疑惑而足以亂正，此孔子所以惡鄉原而又及乎此也。○慶源輔氏曰：氣數難得相值，時節難得常好。故邪正相乘之際，而正常屈於邪。疑似之間，每惡其雜亂而致詳焉。此亦「贊天地」之一端也。○雙峯饒氏曰：紫以間色亂正色，以其能悦人之目也；鄭衛之樂以淫聲亂正聲，以其能悦人之耳也。故聖人惡之。後世果卒爲二者所勝。古人玄衣朱裳，今之朝服直以紫爲上，至於常服亦皆衣紫，所奏之樂莫非鄭衛淫哇之音。人心好惡之失其正如此。況於聽言之際，安得不爲利口者所惑邪？○汪氏曰：辨朱紫以目，辨雅鄭以耳，具耳目者能之，猶未爲甚難。惟利口之覆邦家，則當辨之以心。人主之心常爲所惑而不能辨，故范氏備述其態以曉人。苟非自正其心辨之，豈不難哉？○雲峯胡氏曰：前篇以「佞人」對「鄭聲」言，此又以「利口」對「鄭聲」言。《集註》釋「佞」字曰「辨給」也，釋「利口」曰「捷給」也。捷則顛倒是非於片言之頃，使人悦而信之，有不暇於致詳者，視佞爲尤甚。故覆亡之禍立見，有甚於殆焉者矣。

○子曰：「予欲無言。」

學者多以言語觀聖人，而不察其天理流

行之實有不待言而著者，是以徒得其言而不得其所以言，故夫子發此以警之。慶源輔氏曰：此亦有兩意。一是天理流行之實。凡動靜語默，皆是初不待言而著。學者惟不察乎此而但以言語觀聖人，是以徒得其言而不得其所以言。故夫子發此以警之。一是以言而教人，固聖人之本心；因言以進道，亦學者之當務。但學者心麤氣暴，其於聖人之言，領略之意常多，體察之意常少，是以徒得其言而不得其所以言。故夫子發此以警之。

子貢曰：「子如不言，則小子何述焉？」

子貢正以言語觀聖人者，故疑而問之。慶源輔氏曰：此語必在未聞性與天道之前。

子曰：「天何言哉？四時行焉，百物生焉。天何言哉？」

四時行，百物生，莫非天理發見形甸反。流行之實，不待言而可見。如字。聖人一動一靜，莫非妙道精義之發，亦天而已，豈待言而顯哉？慶源輔氏曰：百物生，是天理之「發見」也；四時行，是天理之「流行」也。發見則自其初而言之，流行則併舉其終也。「妙道」言其體，「精義」言其用。夫子但言天之理，更不及己之事，則天人一貫，而天即己，己即天矣，此所以謂聖人之言也。○新安陳氏曰：輔氏即《集註》「天理發見流行之實」而强分之，以發見爲百物生，流行爲四時行。下句雖是，上句實非。發見流行，不必分言也。「一陰一陽之謂道」，陰陽非道，所以一陰一陽者爲道。道，形而上者也，無形之可見也；陰陽，形而下者也，即道之發見於有形者也。四時之氣流行而爲春暖、夏熱、秋涼、冬寒，非發見而何？若以「四時行」、「百物生」之序言之，必四時之氣流行而後百物之品發生。「雲行雨施」，方「品物流形」；「乾道變化」，方「各正性命」。豈有先言百物生而後言四時行之理哉？輔氏過於密察，反成病敗，愚不可以不辨。此亦開示子貢之切，惜乎其終不喻也。新安陳氏曰：無曾子之「唯」，亦無領會之言，見其未喻。○程子曰：「孔子之道譬如日星之明，猶患門人未能盡曉。故曰『予欲無言』。若顏子則便默識，如字。其他則未免疑問，故曰『小子何述』。又曰『天何言哉，四時行焉，百物生焉』，則可謂至明白矣。」愚按，此與前篇「無隱」之意相發，學者詳之。朱子曰：此語子貢聞之而未喻，故有疑問。到後來自云「夫子之文章可得而聞也，夫子之言性與天道不可得而聞也」，方是契此旨處。顏曾則不待疑問。若子貢以下，又不知所疑矣。○問：「『予欲無言』一章，恐是言有所不能盡，故欲無言否？」曰：不是如此，只是不消得說，蓋以都撒出來了，如「四時行焉，百物生焉」，天又更說箇甚底？若是言不能盡，便是有未盡處。聖人言處也盡，做處也盡，動容周旋無不盡，惟其無不盡，所以不消得說。○問：「四時行，百物生，皆天命之流行，其理甚著，不待言而後明。聖人之道亦猶是也。行止語默，無非道者，不爲言之有無而損益也。有言乃不得已爲學者發爾。」曰：甚善。○問：「『四時行，百物生』兩句，自爲體用。蓋陰陽之理，運行不息，故萬物各遂其生；聖人之心純亦不已，故動容周旋自然中禮。」曰：是此意。○問：「夫子以子貢專求之言語之間，故告之『予欲無言』以發之。子貢未能無疑，故曰『天何言哉，四時行焉，百物生焉』，蓋欲其察之踐履事爲之實也。程子謂『猶患門人未能盡曉，故曰予欲無言』，夫恐其不能盡曉，當更告之，而曰『欲無言』，何也？或云：『予欲無言』一章實兼『無隱乎爾』之義。蓋『四時行，百物生』，所謂『無隱』也。程子蓋推明夫子所以啓發子貢之意，❶欲其求之於踐履事爲之實者，未知是否。」曰：恐人不能盡曉而反欲無言，疑得甚好。更熟玩之，當自見得分明也。○新安陳氏曰：韜仲之問，文公使更熟玩之。竊謂聖道明如日星，門人猶未能盡曉者，以其徒求之言語之間而不知動作語默無非聖道之形見，此所以聖道雖明而其見滯於言語間，不能盡曉也。苟謂「恐其不能盡曉，當更告之」，聖人方病學者徒求之言語而又益詳於言語，言語愈詳，知識愈滯，未能盡曉者何由而曉邪？使能不徒求之言語，而必察聖人之一動一静莫非妙道精義之發，則能知聖人之動静無非理，必悟聖人之語默無非教也。○南軒張氏曰：四時行，百物生者，天道之流行無息也。天雖不言，而何隱哉？聖人動静語默之間，無非至理之所在，再曰

❶「所以」，四庫本無此二字。

「天何言哉」，所以發之者深矣。○覺軒蔡氏曰：《集註》以此章與前篇「無隱」之意相發。蓋「四時行，百物生」，莫非天理發見流行之實」，正所以發夫子之無隱也。學者玩此而有得焉，不惟見聖人一動一静純乎天理之妙，不待言而顯，便當反之於踐履事爲之實，俛焉孳孳，庶幾有得乎希聖希天之事；更玩「四時行，百物生」，尤見其體用一原，陰陽之理運行不息而萬物各遂其生之妙。聖人，亦天而已。○雙峯饒氏曰：「予欲無言。」聖人是要人就他躬行處體認，莫只於他言語上求。蓋就躬行處體認，便件件把作實事看；若只就言語上求，只將作空言看了，無益於得也。此與「吾無隱乎爾」章大同小異。那是説行處無非至理，別無深晦底道理；此是説行處都是實理，不必於吾言語上求。○厚齋馮氏曰：夫子示子貢以一貫之學，此又示以無言之天，卒於聞性與天道。子貢之學，可謂日進無疆者矣。○雲峯胡氏曰：《集註》「妙道精義之發」，妙道，其體也，天理之渾然者也；精義，其用也，天理之粲然者也。朱子《感興》末篇，始曰「玄天幽且默，仲尼欲無言。萬物各生遂，德容自清温」，末曰「曰予昧前訓，坐此枝葉繁。發憤永刊落，奇功收一原」。三復是詩，朱子之學，晚年造詣深矣。學者宜致思焉。○新安倪氏曰：按以「妙道精義」分體用，蓋因輔氏之説而申明之；舉《感興》末篇，則因蔡氏之説而詳言之也。蔡氏説此章，嘗謂先師於《感興》卒章特發其義而收奇功於一原，其所以勉學者深矣。但此能述之尤爲詳明。「萬物各生遂」，接「玄天幽且默」而言，「德容自清温」接「仲尼欲無言」而言，即動静無非教之意也。又按，徽庵程氏嘗提掇「欲」之一字而講之曰：「先聖雖欲無言而未得以無言也，未以無言期諸子而獨以無言期子貢，何哉？高於子貢者自能忘言以會道，與回言終日而無所不説，不必示之以無言也；下於子貢者方將因言以求道，但教之以『不知言，無以知人』，『言及之而不言謂之隱』，『可與言而不與之言，失人』，未可示之以無言也。惟天資學力賢如子貢而猶以言語觀聖人，不得不示之以無言耳。」此説就子貢身上發明甚切，謹附于此。

○孺悲欲見孔子，孔子辭以疾。將命者出戶，取瑟而歌，使之聞之。

孺悲，魯人，嘗學士喪禮於孔子。《記·雜記》：「恤由之喪，魯哀公使孺悲之孔子學士喪禮，士喪禮於是乎書。」當是時，必有以得罪者，故辭以疾而又使知其非疾，以警教之也。慶源輔氏曰：聖人之門，來者不拒，儻非有故，未有却之者。然其所以得罪之故，不可知矣。辭之以疾者，義不當見也；歌瑟使聞者，仁不容絶也。夫子於此，仁義並行而不悖，然其愛人之心則終無已也。程子曰：「此孟子所謂『不屑之教誨』，所以深教之也。」南軒張氏曰：孺悲之不見，疑在棄絶之域矣。取瑟而歌，使將命者聞之，是亦教誨之而終不棄也。聖人之仁，天地生物之心歟？○胡氏曰：聖人無疾而託以疾，則雖庸人亦能自省其所以見絶之由，是「不屑之教誨」也。○鄭氏曰：於絶之之中不忘教之之意，聖人之心如天地之不棄物也，仁矣哉！

○宰我問：「三年之喪，期已久矣。期音朞。下同。

期，周年也。

「君子三年不爲禮，禮必壞；三年不爲樂，樂必崩。

恐居喪不習而崩壞也。慶源輔氏曰：此述宰我之意也。然禮樂自事親從兄而出，不能三年之喪，則禮樂之本蹙矣。宰我慮其崩壞而急之於玉帛鐘鼓之間，則亦不知務甚矣。

「舊穀既没，新穀既升，鑽燧改火，期可已矣。」鑽，祖官反。

没，盡也；升，登也。燧，取火之木也。改火，春取榆柳之火，夏取棗杏之火，夏季取桑柘之火，秋取柞楢音昨由。之火，冬取槐檀之火，亦一年而周也。《周禮·夏官·司爟》：古喚反。「掌行火之政令，四時變國火，以救時疾。」行，猶「用」也。變，猶「易」也。鄒子曰：「春取榆柳之火，夏取棗杏之火，季夏取桑柘之火，秋取柞楢之火，冬取槐檀之火。」季夏出火，民咸從之；季秋内火，民亦如之。」已，止也。

言期年則天運一周，時物皆變，喪至此可止也。問：「四時取火，何爲季夏又取一番？」朱子曰：土旺於未，故再取之。○慶源輔氏曰：時物固皆變矣，吾心哀怛之實，自有不能已者，則不可因彼而變也。○雙峯饒氏曰：四時取火之木不同。楡柳，木之青者，故春取之；棗杏，木之赤者，故夏取之；桑柘黄，柞楢白，槐檀黑，各隨其時之方色取之。蓋五行之中各有五行。火有五色，亦如金有五金之類。古人作事，件件順天時。况水火乃天地間妙用，尤不可不順其性。水失其性則爲水災，火失其性則爲火災。旱暵疾疫，皆是。因時改火以達其氣，亦贊化育之一事也。故《周禮》司爟掌四時變國火以救民疾。後世都不理會，如何得陰陽和，萬物育？ 尹氏曰：「短喪之説，下愚且恥言之。宰我親學聖人之門而以是爲問者，有所疑於心而不敢强上聲。焉爾。」慶源輔氏曰：尹氏説固忠厚，然宰我之失終在。但其致問之時，猶出於情實，較之後世匿情行詐而口不相副者，則猶爲無隱耳。

子曰：「食夫稻，衣夫錦，於女安乎？」曰：「安。」夫音扶。下同。衣，去聲。女音汝。下同。

禮，父母之喪，既殯，食粥麤衰。音催。既葬，疏平聲。食音嗣。水飲，受以成布。朱子曰：成布，是稍細成布，初來未成布也。八十縷爲一升。古尺一幅只闊二尺二寸，算成斬衰三升，如今漆布一般，所以爲未成布。期音朞。而小祥，始食菜果，練冠縓取絹反。緣，去聲。○朱子曰：縓，今淺絳色。小祥以縓爲緣。一入爲縓。禮有四入之説，亦是漸漸加深色耳。要平聲。絰音迭。不除，無食稻衣錦之理。夫子欲宰我反求諸心，自得其所以不忍者，故問之以此，而宰我不察也。《記·間傳》：「父母之喪，既殯食粥，未殯之前，勺水不入口。既殯，則三日矣，方食粥。朝一溢米，二十兩爲一溢，以爲粥。莫音暮。一溢米；齊衰之喪，疏食水飲，不食菜果；大功之喪，不食醯醬；可以食菜果矣。小功、緦麻，不飲醴酒。可以食醯醬矣。父母之喪既虞卒哭，疏食水飲，可以不食粥矣。不食菜果；期而小祥，期而服練，謂之小祥。食菜果；又期而大祥，再期而服縞，謂之大祥。食醯醬；中月而禫，大感反。禫而飲醴酒。醴酒味薄，故得飲之。始飲酒者先飲醴酒，始食肉者先食乾肉。」

「女安則爲之。夫君子之居喪，食旨不甘，

聞樂不樂，居處不安，故不爲也。今女安，則爲之。」樂，上如字，下音洛。

此夫子之言也。旨，亦「甘」也。旨，美也。初言「女安則爲之」，絶之之辭。又發其不忍之端以警其不察。新安陳氏曰：四「不」字皆是發其不忍之端。而再言「女安則爲之」，以深責之。厚齋馮氏曰：夫子之門，子夏、子張既除喪而見予之琴，和之而或和或不和，彈之而或成聲或不成聲，一則曰「先王制禮，不敢過也」，一則曰「先王制禮，不敢不至焉」：其於三年之喪如此。宰我與二子相處久矣，豈不習聞其概？而安於食稻衣錦也。夫魯莊公之喪，既葬，不入庫門，士大夫既卒哭，麻不入，然則三年之喪不行久矣，至是而夫子舉行之。宰我，門人高流也，日聞至論而猶以期爲安，况斯世乎？其後滕世子欲行三年喪，父兄百官皆不欲，然則三年之喪獨行於孔孟之門，而朝廷未嘗行也。甚至以日易月，無復聽於冢宰、三年不言之制。而三年之喪迄今行之天下者，宰我一問之力也。

宰我出。子曰：「予之不仁也！子生三年，然後免於父母之懷。夫三年之喪，天下之通喪也。予也，有三年之愛於其父母乎？」

宰我既出，夫子懼其真以爲可安而遂行之，故深探他覃反。其本而斥之。言由其不仁，故愛親之薄如此也。新安陳氏曰：不安於食稻衣錦者，由其不忍也。不忍之心，仁也。安則忍，忍則不仁矣。懷，抱也。又言君子所以不忍於親而喪必三年之故，使之聞之，或能反求而終得其本心也。新安陳氏曰：予發短喪之問，又以食稻衣錦爲安，是始已失其本心矣。❶今夫子拳拳之意，猶冀其反求而終得其本心也。本心，即愛親之仁心。○范氏曰：「喪雖止於三年，然賢者之情則無窮也。特以聖人爲之中制

❶「始」，四庫本、孔本作「殆」。

而不敢過，故必俯而就之，非以三年之喪爲足以報其親也。《記·三年問》君子：「三年之喪，二十五月而畢，若駟之過隙。然而遂之，是無窮也。故先王爲之中制。」○《檀弓》：子思曰：「先王之制禮，過之者俯而就之，不至焉者跂而及之，故君子執親之喪，水漿不入口者三日，杖而後能起。」所謂『三年然後免於父母之懷』，特以責宰我之無恩，欲其有以跂而及之耳。」問：「宰我遊聖人之門而有短喪之問，不類學者氣象。諸家之説或謂至親以期斷，而宰我欲質其所知，有疑而不敢隱，所以爲宰我，蓋欲文其過也。竊以爲宰我在聖門雖列於言語之科，然哀公問社，而有『使民戰栗』之對；方晝而寢，夫子有『朽木糞土』之譏。觀其地位如此，則宜有短喪之問也。」朱子曰：短喪固是不仁，然其不隱，不害爲忠信。此一事而兼有得失，得失又有重輕。○聖人尋常未嘗輕許人以仁，亦未嘗絶人以不仁。今言「予之不仁」，乃予之良心死了也。○或問：「此章之説，有謂宰我之問，蓋聞禮家至親期斷之言，故以質之夫子，非自執喪而欲斷之也。如何？」曰：此蓋以宰我爲聖人之徒，不應問此，而欲爲之文其過也。其意則忠且厚矣，然三年之喪，生於人心，非由外至，而禮家固亦已有加隆之説矣。設使宰我實聞期斷之説而不能察其是非，盡其曲折，則其愛親之薄亦可知矣。雖不自斷其喪，然其情亦何以異耶？曰：「又有以宰予爲不察理，不知仁，而不知愛親之道者，信乎？」曰：是。其意若曰：予非不愛親也，特不察理而不知其道也；非不仁也，特不知仁也。是亦爲之文其過之言耳。然人子有三年之愛於父母，蓋心之不能已者，而非有難明之理也。是其存焉則爲仁，失之則爲不仁，其間蓋不容髮，而其存不存又不待於知之而後能勉也，亦係於吾心之厚薄如何耳。宰我食稻衣錦自以爲安，則其無愛親之心可見，而夫子所以斥之者亦明矣。説者乃與曲爲之諱而少減其不仁不孝之罪，是以其説徒爲辭費而不足以掩其實也。曰：「或謂宰我非不知短喪之爲薄，直以有疑，故不敢自隱於夫子。只此無隱，便是聖人作處。如何？」曰：言宰我之心雖薄，而其不敢自隱者，猶有聖門氣象，可也；謂之無隱而直以聖人作處許之，則又激於世俗矯情飾詐之私，而不自知其言之過矣。然此章正意在於問喪，而喪之主於哀者又非自外而至。今不論此而摘其旁支瑣細之説，以爲已死之人文不可贖之過，亦何益哉？曰：「或謂夫子之言『女安則爲之』爲不與人爲僞者，信乎？」曰：是因無隱之説而又失之甚也。夫聖人固不與人爲僞矣，然不曰不肖者「跂而及之」乎？其曰「安則爲之」者，乃深責而痛絶之之辭也，豈使之真以爲安而遂爲之也哉？若如其言，則聖人之所以垂世立教者，初無一定之則，直徇世俗情意之厚薄，使人自以爲禮，而不慮夫壞法亂紀之原自我始也！○南軒張氏曰：人子之致哀於其親，蓋其心之不可以已者。先王以禮爲之而斷之以三年，是謂天之則也。宰我論喪禮而欲止乎期，夫子反覆告之以「女安則爲之」。夫其食旨不甘，聞樂不樂，居處不安，果何哉？以其有所不忍於心故也。宰我聞夫子斯言而出，其必有以惻於中矣。○慶源輔氏曰：子生三年然後免於父母之懷，此君子所以不忍於親而喪必三年之故，自天子達於庶人，而爲天下之通喪也。至於使之聞之，或能反求而終得其本心，則聖人之仁也。始也問之以食稻衣錦於女安乎，所以使宰我反求諸心，自得其所以不忍；及宰我不察，則又言君子居喪之禮皆出於自然，以發其不忍於親而喪必三年之故，使之聞之，尚庶幾其能反求而得其本心，不至於終迷而不反也。然則聖人之心所以愛人無已者，於此亦可得而見矣。○范氏發明「非以三年之喪爲足以報其親」之説，尤爲忠厚。所謂喪三年以爲極，亡則弗之忘矣者是也。至於聖人既於此爲之中制，則賢者必當俯而就，不肖者必當跂而及。夫如是，然後其説始圓而宰我之失、夫子之意，始皆坦然明白矣。○厚齋馮氏曰：宰我之所惜者，禮樂也；夫子之所以責者，仁也。仁，人心而愛之理也。孩提之童，生而無不知愛其親者，故仁之實，事親是也。禮所以節文之，樂所以樂之，豈有不仁而能行禮樂者乎？抑聞之，聖人未嘗面折人以其過，其於門人宰我、樊遲之失，皆於其既出而言之，使之有聞焉而改。其長善救失，待人接物忠厚，蓋如此。

○子曰：「飽食終日，無所用心，難矣哉！不有博弈者乎？爲之猶賢乎已。」

博，局戲也；弈，圍棊也。魯齋王氏曰：博，《説文》作「簙」：「局戲也，六箸十二棊也。古烏曹作簙。」《説文》弈從廾，言竦兩手而執之。圍棊謂之弈。已，止也。李氏曰：「聖人非教人博弈也，所以甚言『無所用心』之不可爾。」朱子曰：心若有用，則心有所主。只看如今纔讀書，則心便主於讀書；纔寫字，則心便主於寫字。若是悠悠蕩蕩，未有不入於邪僻者。○此非啓博弈之端，乃假此以甚彼之辭。○南軒張氏曰：飽食而無所用心，則放越而莫知其極，凡惡之所由生也。博弈雖不足道，然方其爲之，意專乎此，比之放越而莫知其極者，猶爲愈焉。此章大抵言無所用心則長惡爲可畏耳。○或問：「伊川嘗教人静坐。若無所用心，只静坐，可否？」雙峯饒氏曰：静坐時須主敬，即是心有所用；若不主敬，亦静坐不得。心是活底物，若無所用，則「放僻邪侈，無不爲已」。聖人説「難矣哉」，所該甚廣。

○子路曰：「君子尚勇乎？」子曰：「君子義以爲上。君子有勇而無義爲亂，小人有勇而無義爲盗。」

尚，上之也。君子爲亂，小人爲盗，皆以位而言者也。尹氏曰：「義以爲尚，則其爲勇也大矣。子路好去聲。勇，故夫子以此救其失也。」胡氏曰：「疑此子路初見孔子時問答也。」朱子曰：子路之勇，夫子屢箴誨之，是其勇多有未是處。若知勇於義爲大勇，則不如此矣。又其勇有見得到處，便行將去。如事孔悝一事，却是見不到，蓋不以出公之立爲非。觀其謂「正名」爲「迂」，斯可見矣。又曰：若是勇於義，必不仕季氏。○此章言「君子」者有三，其上二者以德言也，其對小人者則以位言耳。○南軒張氏曰：徒知勇之務，至於犯義者有之。尚義，則義所當爲，勇固在其中矣。○慶源輔氏曰：尚義而勇，義理之勇也；勇而無義，血氣之勇也。爲血氣所使而不以義理制之，則其爲害隨所居而爲大小。故在上則逆理而爲亂，在下則肆欲而爲盗。味子路之言，有自負其勇之意而疑聖門或不以勇爲尚也。若後來進德高，必不復以此爲問矣。

○子貢曰：「君子亦有惡乎？」子曰：「有惡。惡稱人之惡者，惡居下流而訕上者，惡勇而無禮者，惡果敢而窒者。」惡，去聲。下同，唯「惡者」之惡如字。訕，所諫反。

訕，謗毀也。窒，不通也。稱人惡則無仁厚之意，下訕上則無忠敬之心，勇無禮則爲亂，果而窒則妄作：故夫子惡之。朱子曰：勇是以氣加人，故易至於無禮。果敢是率然敢爲。蓋果敢而不窒，則所爲之事必當於理；窒而不果敢，則於理雖不通，然亦未敢輕爲。惟果敢而窒者，則不論是非而率然妄作，此聖人所以惡之也。○問：「果敢與勇相類，如何分別？」雙峯饒氏曰：「果敢」即前章之「剛」。果敢屬性質，勇屬血氣。果敢者有學以開明之，則不窒；勇者有禮以節文之，則不暴。

曰：「賜也，亦有惡乎？」「惡徼以爲知者，惡不孫以爲勇者，惡訐以爲直者。」徼，古堯反。知、孫，並去聲。訐，居謁反。

「惡徼」以下，子貢之言也。徼，伺音笥。察也。訐，謂攻發人之陰私。○楊氏曰：「仁者無不愛，則君子疑若無惡矣。子貢之有是心也，故問焉以質其是非。」侯氏曰：「聖賢之所惡如此，所謂『惟仁者能惡人』也。」朱子曰：夫子所惡以戒人，子貢所惡以自警。○南軒張氏曰：君子者惟其愛人，故惡稱人之惡者，爲其薄也；惟其順德，故惡居下流而訕上者，爲其逆也；惟其循禮，故惡勇而無禮者，爲其陵犯也；惟其達義，故惡果敢而窒者，爲其冥行也。此惡不善之公心，亦天下之通義也。以子貢之有問，恐其專以惡人爲心，則反有害，故又從而叩之。子貢之惡，惡其近似而害於知、勇與直者也。子貢惡乎此，則所以檢身者抑可知矣。○慶源輔氏曰：楊氏説得子貢所以發問之意出，侯氏説得聖賢不能無惡當於理之意明。然夫子因子貢之問而又以「賜也亦有惡乎」發之，使之得以盡其説，又見聖人氣象從容，誠意審密，有以盡人之情如此。○鄭氏曰：子貢雖方人，亦不從事於徼、訐也。疑與子路之問同時，故問答雖切子貢方人之病，而亦有諷子路之勇者。稱惡、訕上，警子貢也；徼、訐，子貢自警也；至於勇而果敢，則爲子路而發。夫聖賢之所惡如此。「唯仁者能惡人」，夫子以之；「惡不仁者，其爲仁矣」，子貢有焉。○雲峯胡氏曰：聖賢之所惡，若有不同，然子貢所謂徼、訐者，因夫子所謂「稱人之惡」與「訕上」者而推之也；所謂「不遜」者，因夫子所謂無禮與室者而言之也。

○子曰：「唯女子與小人爲難養也。近之則不孫，遠之則怨。」近、孫、遠，並去聲。

此「小人」，亦謂僕隸下人也。問：「何以知其爲『僕隸下人』？」朱子曰：若爲惡之小人，則君子遠之唯恐不嚴，怨亦非所恤矣。君子之於臣妾，莊以涖之，慈以畜許六反。之，則無二者之患矣。南軒張氏曰：女子陰質，小人陰類，其所望於人者常深，故難養。知其難養如此，則當思所以待之之道。其惟和而有制與夫不惡而嚴乎？○慶源輔氏曰：此等雖有難養之情，君子則有善養之道。「莊以涖之」則禮有以消其不孫之心，「慈以畜之」則仁有以弭其易怨之意。莊慈，其不近不遠之中道乎？

○子曰：「年四十而見惡焉，其終也已。」惡，去聲。

四十，成德之時。見惡於人，則止於此而已。勉人及時遷善改過也。蘇氏曰：「此亦有爲去聲。下同。而言，不知其爲誰也。」問：「此章聖人立言之意，固是勉人及時進德，然鄉人之善者好之，其不善者惡之。苟有特立獨行之士，不徇流俗，衆必群嘲共罵，何爲而不見惡？學者亦不可不知也。未知是否。」朱子曰：見惡，亦謂有可惡之實而得罪於能惡人者，非不善者惡之之謂也。○南軒張氏曰：此又甚於「四十無聞」者。有惡可惡，又下於無善可聞也。○吴氏曰：終，止也。「其終也已」，哀其不復有進也。○厚齋馮氏曰：人之血氣，三十而壯，四十而定，過此則神日衰怠，少能精進，故古人以四十爲成德之時。無聞、見惡，皆以是爲斷也。蓋世有晚而知道者，焉得而絶之？故知其爲有爲之言。○雙峯饒氏曰：古人多説四十。如「四十不惑」，「四十不動心」，「四十五十無聞」之類。蓋至是血氣盛極將衰之年，於此無成，則亦已矣。後生不可不痛自警省也。

論語集註大全卷之十七

論語集註大全卷之十八

微子第十八

此篇多記聖賢之出處。上聲。凡十一章。

微子去之，箕子爲之奴，比干諫而死。

微、箕，二國名。子，爵也。微子，紂庶兄。箕子、比干，紂諸父。伯叔父也。微子見紂無道，去之以存宗祀。箕子、比干皆諫。紂殺比干，因箕子以爲奴。箕子因佯音羊。狂而受辱。《史記·宋世家》：「微子者，殷帝乙之首子，而紂之庶兄也。紂既立，不明，淫亂於政。微子數諫，不聽。度終不可諫，遂亡。箕子者，紂親戚也。紂始爲象箸，箕子歎曰：『彼爲象筯，必爲玉杯，爲玉杯則必思遠方珍怪之物而御之矣。輿馬宮室之漸，自此始，不可振也。』紂淫泆，箕子諫不聽，乃被髮佯狂而爲奴。王子比干者，亦紂之親戚也。見箕子諫不聽而爲奴，則曰：『君有過而不以死爭，則百姓何辜？』乃直言諫紂。紂怒曰：『吾聞聖人心有七竅，信有諸乎？』乃遂殺比干，刳視其心。微子曰：『父子有骨肉而臣主以義屬。故父有過，三諫不聽，則隨而號之；人臣三諫不聽，則其義可以去矣。』於是遂行。周武王伐紂克殷，微子乃持其祭器造軍門。於是武王乃釋微子，復其位如故。」

孔子曰：「殷有三仁焉。」

三人之行去聲。不同，而同出於至誠惻怛當葛反。之意，故不咈乎愛之理而有以全其心之德也。楊氏曰：「此三人者，各得其本心，故同謂之仁。」問：「微子之去，欲存宗祀；比干之死，欲紂改行：可見其至誠惻怛處。不知箕子至誠惻怛何以見？」朱子曰：「箕子、比干都是一樣心。箕子偶然不衝着紂之怒，不殺他。然見比干恁地死，若更死諫，無益於國，徒使君有殺諫臣之名。他處此最難。微子去却易。比干一向諫死，又却索性。箕子在半上落下，最是難處。被他監繫在那裏，不免佯狂。所以《易》中特說箕子之明夷，可見其難處。故曰：「利艱貞，晦其明也。內難而能正其志，箕子以之。」他外雖狂，心則定也。○或問：❶「按《殷紀》，微子先去，比干乃諫而死，然後箕子佯狂爲奴，爲紂所囚。蓋微子帝乙元子，當以先王宗祀爲重，義當早去。又決知紂之不可諫也，故遂去之而不以爲嫌。比干少師，義當力諫。雖知其不可諫，而不可已也，故遂以諫死而不以爲悔。箕子見比干之死，則知己之不可諫，且不忍復死以累其上也。見微子之去，則知己之不必去，且不忍復去以背其君也。故佯狂爲奴而不以爲辱。此可見三仁之所爲，易地皆然。或以爲箕子天畀九疇未傳而不敢死，則其爲說迂矣。同謂之『仁』者，以其皆無私而各當理也。無私，故得心之體而無違；當理，故得心之用而不失。此所以全心之德而同謂之仁歟？《史記》三子之事與夫子此言先後不同者，史所書者事之實，此以事之難易爲先後耳。」○張氏庭堅曰：死者非沽名，生者非懼禍，而引身以求去者非要利以忘君。仁之所存，義之所主，其去就死生，不在於一身而在於天下國家也。○勉齋黄氏曰：《或問》言仁與《集註》不同者，先師言仁之義則固以心之德、愛之理爲主矣，言人之所以至於仁，則以爲無私心而皆當理也。《或問》之言指三子之所以至於仁而言也，《集註》之言正指仁之義而言也。然其曰「不咈乎愛之理而有以全其心之德」，曰「全」曰「不咈」，則《或問》之意亦在其中矣。讀者默而識之可也。○慶源輔氏曰：愛之理，分言之仁也；心之德，專言之仁也。「不咈乎愛之理」指「惻怛」而言，「有以全其心之德」指「至誠」而言也。○厚齋馮氏曰：三人者不特爲國大臣，又有親屬之愛存焉。使爲大臣而已也，「以道事君，不可則止」。惟其有親屬之愛，宗祀存亡，寔同休戚，故或死或去或囚而不辭，是以謂之仁。○雙峯饒氏曰：前三句，門人因孔子「殷有三仁」一句，却記上三事爲提頭。然當時所記必有次序。當箕子未奴、比干未死時，微子已有去志。《書》曰：『我

❶ 「或問」下，闕問語，據《四書集編》當有「三子之心同出於至誠惻怛斯可見矣抑何以知其所處之各適其可邪曰」二十九字。

其發出狂？吾家耄，遜于荒？』箕子又勉其去曰：『詔王子出迪，王子弗出，我乃顛隮。』」則微子之去在先無疑。其次箕子之奴、比干之死雖未知孰先孰後，竊意箕子之諫必在先。是時紂尚能容，止因奴之而已。及比干繼之，則忿嫉已甚，故竟殺之。三人之行雖不同，皆非有所爲而爲之也。《或問》據《史記·殷紀》以爲箕子之奴在比干既死之後，次序與此不同，疑當以《論語》爲正。又曰：《集註》於伯夷、叔齊「求仁得仁」章曰「合乎天理之正，即乎人心之安」，於此則云「不咈乎愛之理」，此處便有差等。蓋「合」字、「即」字是順説，「不咈」則似有所咈而實無所咈。且如微子是紂之兄，箕子、比干是紂之諸父，皆同姓之親。今或去或奴或諫死，皆似傷乎愛之理，然其本心只是愛君憂國，皆有至誠惻怛之意，故曰「不咈乎愛之理」。《中庸》稱舜曰「大德必得其名」，至武王只説「不失天下之顯名」。蓋武王殺紂，似乎失名，其實不失。○雲峯胡氏曰：至誠惻怛，蓋謂三仁愛君憂國，皆非有所爲而爲也。一有所爲而爲之，則雖有惻怛之意，而非出於至誠矣。至誠者，仁之存；惻怛者，仁之發。《集註》特下「不咈」二字，蓋自上文「不同」字生來。三子之行不同，其跡似相違。以去者爲仁，則不去者似咈乎仁矣；以死者爲仁，則不死者似咈乎仁矣。惟其皆有至誠惻怛之意，則其去就死生雖不同，而皆不咈乎愛之理，即所以全其心之德也。

○柳下惠爲士師，三黜。人曰：「子未可以去乎？」曰：「直道而事人，焉往而不三黜；枉道而事人，何必去父母之邦？」三，去聲。焉，於虔反。

士師，獄官。魯齋王氏曰：舜命臯陶：「汝作士。」士之名始見於刑官。《周禮·秋官》司寇之屬有「士師」之職。刑官曰士，其長曰師。故士師之下有鄉士，遂士，縣士，方士，訝士，皆掌獄詞者。黜，退也。柳下惠三黜不去，而其辭氣雍容如此，可謂「和」矣。然其不能枉道之意，則有確乎不可拔者，是則所謂「必以其道」而「不自失焉」者也。○胡氏曰：「此必有孔子斷丁亂反。之之言而亡之矣。」問：「柳下惠三黜，雖可以見其『必以其道』而『不失焉』者，然亦便有箇『不恭』底意思，故記者以孔子兩事序於其後。觀孔子之事，則知下惠之事亦未得爲中道。」朱子曰：也是如此。惟是孟子説得好，曰：「聖人之行或遠或近，或去或不去，歸潔其身而已矣。」下惠之行雖不比聖人合於中道，然而「歸潔其身」則有餘矣。○問：「柳下惠三黜而不去，其言若曰：『苟以直道事人，雖適他國終未免三黜；若肯枉道事人，自不至三黜，又何必去父母之邦？』觀其意蓋自信其直道而行，不以三黜爲辱也。此其所以爲和而介歟？若徒知其不去之爲和而不知其所以三黜者之爲有守，未足以議柳下惠也。未知是否？」曰：得之。○或問：「柳下惠仕而屢黜，黜而復仕，至於三黜而又不去焉，❶何也？」曰：「進不隱賢，必以其道，不以三公易其介」，所以屢黜而至於三；「降志辱身」，援而止之而止，雖袒裼裸裎於我側，不以爲浼，所以黜而復仕，既三黜而遂不去也。或曰：「惠知直道之必黜而不去，然則其將枉道以事人乎？」曰：不然也。惠之意若曰：我但能直道事人，則固不必去魯而適他國矣。其言泛然若無所指，蓋和者之氣象如此，而其道則固自信其不能枉道而事人矣。是以三黜之後雖不屑去，然亦意其遂不復仕。故孔子列之於逸民之目。○南軒張氏曰：柳下惠仕則仕，黜則黜，而未嘗枉其道也。若枉道，則害於和之理矣。至於孔子道不行父母之邦，可以去而亦去，雖周行天下而未嘗苟仕也，則與下惠異矣。此篇記柳下惠於「三仁」之後，以明其趨之一。下文又詳著孔子之事，以見聖人之爲至矣。如楚狂、耦耕、荷蓧之徒，則陷於一偏而不足以知聖人者。夷、齊之下，雖各得其道而未盡其至者。終之以孔子之「無可無不可」，蓋於是無以加矣，此孟子「集大成」之意也。○勉齋黄氏曰：列二章於篇首，以見古人出處不同，亦各有義。然後著孔子之事，以見聖人之出處也。○洪氏曰：是時三家漸已用事，其於獄必有以私意行之者。禽不曲法以徇之，所以三黜也。然悦佞而惡直者，天下皆是，何必去哉？○雙峯饒氏曰：柳下惠謂「直道事人，焉往而不三黜」，是欺天下無一君之可事，無一國之可往，此便是他不恭處。若夫子，則歷聘侯國，何嘗以天下爲無可有爲之人？但惠辭氣雍容不迫，而不枉道之意自在其中，此所以爲「聖之和」也。胡泳嘗云：「蚳鼃辭靈丘而請士師。士師在邑宰之下，官小可知。惠三爲之，不卑小官可見。三黜亦想因諫諍

❶「三」，原漫漶不清，今據四庫本、孔本、陸本補。

刑罰不中而然。」○新安陳氏曰：直道難容，雖他國皆然；枉道易合，雖吾國亦可。言終不能枉道以求合，則姑守道而不去也。其三黜不去，雖見其和；而不能枉道，則不失其介。可謂「和而不流」、「强哉矯」者矣。

○齊景公待孔子曰：「若季氏，則吾不能。以季、孟之間待之。」曰：「吾老矣，不能用也。」孔子行。

魯三卿，季氏最貴，孟氏爲下卿。孔子去之事見形甸反。**《世家》。**《史記・孔子世家》：齊景公復問政於孔子，曰：「政在節財。」景公説，音悦。將欲以尼谿田封孔子。晏嬰進曰：「夫儒者滑稽，而不可軌法；《索隱》曰：滑，謂亂也。稽，同也。以言辯捷之人，言非若是，言是若非，能亂同異也。言儒者滑稽而不爲法度也。倨傲自順，不可以爲下；崇喪遂哀，破産厚葬，不可以爲俗；游説乞貸，不可以爲國。自大賢之息，周室既衰，禮樂缺有間。《索隱》曰：息者，生也。言上古大賢生則有禮樂，至周室微而始缺有間也。今孔子盛容飾繁，登降之禮、趨詳之節，累世不能殫其學，當年不能究其禮。君欲用之以移齊俗，非所以先細民也。」後景公敬見孔子，不問其禮。異日景公止孔子曰：「奉子以季氏吾不能，以季、孟之間待之。」齊大夫欲害孔子，孔子聞之。景公曰：「吾老矣，弗能用也。」孔子遂行，反乎魯。**然此言必非面語**音御。**孔子。蓋自以告其臣而孔子聞之爾。○程子曰：「季氏强臣，君待之之禮極隆，然非所以待孔子也。『以季、孟之間待之』，則禮亦至矣，然復**扶又反。**曰：『吾老矣，不能用也。』故孔子去之。蓋不繫待之輕重，特以不用而去爾。」**慶源輔氏曰：景公之言雖實而失於率易。聖人德盛道尊，見者必加敬而盡禮，況景公素知聖人者，必不敢以是言而面瀆之。所謂「自以告其臣而孔子聞之」之説，當矣。○趙氏曰：苟以利心觀，則必以爲聖人之去有繫乎待之輕重也，故程子特釋之。○厚齋馮氏曰：此與其臣議所以處子之辭。子，魯人也，故議以魯君所以待三卿者待之。是時諸侯之賢而國勢富强者宜莫如齊之景公，此子之所以願仕焉者也。晏平仲得政已三世矣。景公至魯，與子語而説之。其後子不得志於魯，遂之齊。景公數問政而説，晏之所深忌也，所以欲害子而進間言也。方責效於期月之間，而晏乃謂累世不能殫其學，此景公所以謂吾老而不可俟也。○新安陳氏曰：景公初欲用孔子，蓋本心之暫明；終不能用，乃蔽於私意之昏弱。終於亂亡，宜矣。

○齊人歸女樂。季桓子受之，三日不朝。孔子行。歸，如字，或作「饋」。朝音潮。

季桓子，魯大夫，名斯。按《史記》，定公十四年，孔子爲魯司寇，攝行相去聲。事。齊人懼，歸女樂以沮在呂反。之。《史記·世家》：定公以孔子爲中都宰。一年，四方皆則之。由中都宰爲司空。由司空爲大司寇。定公十四年，孔子年五十六，由大司寇攝行相事。於是誅魯大夫亂政者少正卯，與聞國政三月，粥羔豚者弗飾賈，男女行者別於塗。塗不拾遺，四方之客至乎邑者不求有司，有司常供其職，客求而有在也。皆予之以歸。齊人聞而懼曰：「孔子爲政必霸，霸則吾地近焉，我爲之先并矣。盍致地焉？」犂鉏曰：「請先嘗沮之。沮之不可，則致地庸遲乎？」於是選齊國中女子好者八十人，皆衣文衣而舞康樂，文馬三十駟，遺魯君。陳女樂文馬於魯城南高門外。季桓子微服往觀再三。將受，乃語魯君爲周道游觀終日，怠於政事。子路曰：「夫子可以行矣。」孔子曰：「魯今且郊，如致膰於大夫，則吾猶可止。」桓子卒受齊女樂，三日不聽政，郊又不致膰俎於大夫，孔子遂行。尹氏曰：「受女樂而怠於政事如此，其簡賢棄禮，不足與有爲可知矣，新安陳氏曰：於用孔子之時而如此，簡賢也；三日不朝，棄禮也。夫子所以行也。所謂『見幾平聲。而作，不俟終日』者與？」音余。此引《易·繫辭》之語。○問：「《史記》載『魯今且郊，如致膰于大夫，則吾可以止』。設若致膰，則夫子果止否？」朱子曰：也須去。只是不若此之速，必别討一事故去。且如致膰，亦不是大段失禮處。聖人但因此且求去爾。○孔子於受女樂之後而遂行，若言之似顯君相之過，不言則己爲苟去。故因膰肉不至而行，則吾之去國以其不致膰爲得罪於君耳。○南軒張氏曰：去讒遠色，賤貨而貴德，所以勸賢也。今好色而忘敬賢之心，則道之不行可見矣。是以去之。

○吳氏曰：夫子嘗適齊矣，已不能用；及反而仕魯，又沮人用之。怠己而忌人，愚不肖之通患也。桓子受制陽貨四五年，幾不免死。一旦得脱虎口而與夫子從事，此其發憤自强之日也。而境順於前，心即驕逸。夫子方欲輔桓子以有爲而桓子所爲若是，固不得不行也。孟子曰：「孔子於季桓子，見行可之仕。」此曰季桓子不朝，孔子行。其仕其行，皆以桓子，而定公徒擁虚名於其上也。悲夫！○雙峯饒氏曰：魯受女樂，夫子已有去志。若遽然便去，非惟顯君之過，且中齊人之計。適然魯郊又不致膰肉，故因此微過，遂不税冕而行。○齊人歸女樂，只説箇「歸」字，畢竟是歸其女樂於魯，君、相皆有之，不是專獻於桓子。三日不朝，亦是君臣皆不朝。緣當時辭受之權盡出於季氏，想是他既自受，又爲定公受之。又曰：女樂亦説得不一。一説陳女樂於城南，季桓子君臣共往觀之，三日不朝；一説召女樂而受之，三日不朝。這兩説不同，然無可考訂處，未詳孰是。○新安陳氏曰：萃淫聲美色而爲一者，女樂也。爲國家禍，其有甚於此哉？

○范氏曰：「此篇記仁賢之出處上聲。而折中以聖人之行，去聲。所以明中庸之道也。」慶源輔氏曰：仁謂三仁，賢謂柳下惠及下章逸民之類。夫子於齊魯，非不欲仕，亦未嘗必於仕。但可仕則仕，可止則止，此所以爲中庸之道也。接輿以下，則未免於偏而過之矣。

○楚狂接輿歌而過孔子曰：「鳳兮鳳兮，何德之衰？往者不可諫，來者猶可追。已而已而，今之從政者殆而！」

接輿，楚人，佯狂避世。邢氏曰：接輿，姓陸，名通。昭王時佯狂不仕，時人謂之楚狂。夫子時將適楚，故接輿歌而過其車前也。鳳有道則見，形甸反。無道則隱。慶源輔氏曰：鳳，靈物也。有道則見，無道則隱，鳳固然也。至於無道而不隱，則鳳之德衰矣。然以此論君子守身之常法則可，至於聖人體道之大權，則又不可以此例論也。❶○雙峯饒氏曰：鳳世治則生，亂則不生，即是有道則見，無道則隱之義。蓋麟鳳皆不是有種之物，惟聖王在上，天地

❶「此」，原作「比」，今據陸本及《四書纂疏》改。

泰和，所以元氣之會，鍾爲麟鳳，如鸛生鶴、馬生龍駒之類。

接輿以比孔子，而譏其不能隱爲德衰也。來者可追，言及今尚可隱去。已，止也。而，語助辭。殆，危也。接輿蓋知尊夫子而趨不同者也。

慶源輔氏曰：觀接輿之言，既比之以鳳而又疑其衰，既幸其或止而又慮其殆，語意慇懃諄復，是誠知尊聖人者矣。然其所趨，則在於絶人逃世以遠害全身而已。其與聖人之心，蓋不啻如冰炭白黑之不同也。○胡氏曰：「趨不同」者，接輿有避世之心而無救世之志，有堅持之操而無變通之學也。

孔子下，欲與之言。趨而辟之，不得與之言。辟，去聲。

孔子下車，蓋欲告之以出處上聲。之意。接輿自以爲是，故不欲聞而辟之也。

問：「楚狂接輿等，伊川謂荷蓧稍高。」朱子曰：以其尚可告語，若接輿則全不可曉。問：「當亂世必如孔子之才可以救世，而後可以出，其他亦何必出？」曰：亦不必如此執定。君子之仕，行其義也，亦不可一向滅跡山林。然仕而道不行，則當去耳。○南軒張氏曰：接輿之意，蓋欲夫子隱居以避世耳。觀其知鳳德之衰，且辭氣舒暢不迫，其爲人天資亦高矣，故夫子意其可以告語而欲與之言。其趨而辟，蓋匿其聲跡而已。

○長沮、桀溺耦而耕。孔子過之，使子路問津焉。沮，七余反。溺，乃歷反。

二人，隱者。耦，並耕也。時孔子自楚反乎蔡。津，濟渡處。

吴氏曰：接輿書「楚」，故沮、溺、丈人不復書「楚」，蓋皆楚人。○雙峯饒氏曰：兩耜同隊而耕，謂之耦耕。

長沮曰：「夫執輿者爲誰？」子路曰：「爲孔丘。」曰：「是魯孔丘與？」曰：「是也。」曰：「是知津矣。」夫音扶。與，平聲。

執輿，執轡在車也。蓋本子路御而執轡，今下問津，故夫子代之也。知津，言數音朔。周流，自知津處。

問於桀溺。桀溺曰：「子爲誰？」曰：「爲仲由。」曰：「是魯孔丘之徒與？」對曰：「然。」

曰：「滔滔者，天下皆是也，而誰以易之？且而與其從辟人之士也，豈若從辟世之士哉？」耰而不輟。「徒與」之與，平聲。滔，吐刀反。辟，去聲。耰音憂。

滔滔，流而不反之意。以，猶「與」也。言天下皆亂，將誰與變易之？而，汝也。辟人，謂孔子；辟世，桀溺自謂。耰，覆敷救反。種上聲。也。新安倪氏曰：《韻會》注：「布種後以耰摩田，使土開處復合以覆種。」亦不告以津處。南軒張氏曰：謂當世滔滔一律，誰肯以夫子之道易己所爲？言其徒勞耳。○慶源輔氏曰：桀溺以夫子爲辟人，而天下皆滔滔不反，則世人無一不可避者，故絶人逃世以爲潔，而自謂其能避世。○雙峯饒氏曰：言舉世趨於不善，今雖欲易之，無可與爲善之人也。

子路行，以告。夫子憮然曰：「鳥獸不可與同群。吾非斯人之徒與而誰與？天下有道，丘不與易也。」憮音武。與，如字。

憮然，猶「悵然」。惜其不喻己意也。言所當與同群者，斯人而已，豈可絶人逃世以爲潔哉？天下若已平治，去聲。則我無用變易之。正爲去聲。天下無道，故欲以道易之耳。程子曰：桀溺言天下衰亂，無道者滔滔皆是也。孔子雖欲行其教，而誰可以化而易之？孔子言如使天下有道，我則無所治，不與易之也。今所以周流四方，爲時無道故也。○慶源輔氏曰：天之生聖賢，欲其平治天下者，理之常也；其或雖生聖賢而未欲平治天下者，理之變也。然既曰聖賢，則必以天地之常者爲心，而其所以平治天下之道又備盡於己，舉而措之，易亂爲治，易危爲安，固必有自然之應。而天果未欲平治天下也，則亦安於理而已。若天下既已平治，則亦何用聖人以易之哉？○新安陳氏曰：沮溺以賢人自守之心而量聖人濟世之心，宜其不足以知聖人也。

○程子曰：「聖人不敢有忘天下之心，故其言如此也。」張子曰：「聖人之仁，不以無道必天下而棄之也。」朱子曰：説聖人無憂世之心固不可，謂聖人視一世未治，常恁地戚戚憂愁無聊過日亦非也。但要出做不得，又且放下其憂世之心。要出仕者，聖人愛物之仁；至於天命未至，亦無如之何。○雲峯胡氏曰：「聖人不敢有忘天下之心」，則沮、溺，忘天下者也。「聖人之仁，不以無道必天下而棄之」，則沮、溺棄天下者也。仁者以天地萬物爲一體，民胞物與，何忍忘之，又何忍棄之？於此見沮、溺之爲忍，聖人之爲仁；沮、溺之爲過，聖人之爲中歟？

○子路從而後，遇丈人以杖荷蓧。子路問曰：「子見夫子乎？」丈人曰：「四體不勤，五穀不分，孰爲夫子？」植其杖而芸。蓧，徒弔反。植音值。❶

丈人亦隱者。蓧，竹器。分，辨也。五穀不分，猶言「不辨菽麥」爾。《左傳》成公十八年：「晉欒書、中行偃使程滑弑厲公，使荀罃、士魴逆周子于京師而立之，悼公周也。生十四年矣。周子有兄無慧，不能辨菽麥，故不可立。」菽，大豆也。豆麥殊形易別，故以爲痴者之候。不慧，蓋世所謂「白痴」。責其不事農業而從師遠遊也。植，立之也。芸，去上聲。草也。

子路拱而立。

知其隱者，敬之也。

止子路宿，殺雞爲黍而食之，見其二子焉。明日，子路行，以告。子曰：「隱者也。」使子路反見之。至則行矣。食音嗣。見，賢遍反。

孔子使子路反見之，蓋欲告之以君臣之義。而丈人意子路必將復扶又反。來，故先去之以滅其跡，亦接輿之意也。

子路曰：「不仕無義。長幼之節，不可廢也；君臣之義，如之何其廢之？欲潔其身，而亂大倫。君子之仕也，行其義也。道之不行，已知之矣。」長，上聲。

子路述夫子之意如此。慶源輔氏曰：夫子所以使子路反見之，豈徒然哉？必有以也。而丈人絕人逃

❶「值」，四庫本、孔本作「殖」。

世，藐然不復知有君臣之義，則夫子之欲告之，宜莫先於此也。觀子路所述夫子之意，固可見矣。○趙氏曰：子路所言雖未可即以爲夫子之語，然使之反見，則必授以見之之意矣，故知其述夫子之意無疑也。蓋丈人之接子路甚倨，居御反。而子路益恭。慶源輔氏曰：此亦子路學力之所至。丈人因見其二子焉，則於長幼之節固知其不可廢矣，故因其所明以曉之。倫，序也。人之大倫有五：父子有親，君臣有義，夫婦有別，長幼有序，朋友有信是也。新安陳氏曰：大倫備於五者。此所謂「潔身而亂大倫」，只是説廢君臣之大倫。仕所以行君臣之義，故雖知道之不行而不可廢。然謂之義，則事之可否、身之去就，亦自有不可苟者。是以雖不潔身以亂倫，亦非忘義以徇禄也。新安陳氏曰：「潔身亂倫」，沮、溺、丈人之儔，過乎中庸者也；「忘義徇禄」，苟仕饕富貴之徒，不及乎中庸者也。

福州有國初時寫本，「路」下有「反子」二字，新安陳氏曰：朱子嘗爲福之同安簿，意必自見此寫本也。以此爲子路反而夫子言之也。未知是否。問：「《集註》云『仕所以行義』，末云『亦非忘義以徇禄』，似是兩意。」朱子曰：只是一意。纔説義便是總去就都説。道合則從，不合則去，即是此義。惟是出仕，方見得不仕便無了這義。聖人憂世之心，固是急欲得君行道。到靈公問陳遂行，景公不能用又行，桓子受女樂又行，無一而非義。○或問：「道之不行矣，而徒仕可乎？」曰：仕，所以行義也，義則有可不可矣。義合而從，則道固不患於不行；不合而去，則道雖不行而義亦未嘗廢也。是以君子雖知道之不行而未嘗不仕，然亦未嘗懷私徇禄而苟於仕也。由此觀之，道義之未嘗相離，亦可見矣。○君子之仕也，行其義也，義便有進退去就在裏。如丈人直是截斷，只見一邊。○南軒張氏曰：丈人見二子，是長幼之節不可得而廢也。既不可廢，則夫君臣之義又烏得而廢之乎？彼蓋欲潔其身而不知亂倫之害於人道爲大也。君子之仕，豈爲他哉？行吾義而已道之不行，君子豈不知乎？而汲汲於斯世者，固有不可以已者也。○慶源輔氏曰：丈人之接子路雖倨，而子路益恭，丈人因見其二子。蓋因子路之敬長有以感發其心，而知長幼之節不可廢耳。夫長幼之節、君臣之義，皆天叙之典，人之所不能無也。丈人知長幼之節不可廢而不知君臣之義不可廢，是其心必有所蔽，故一得一失，或明或暗，而不自知其然也。聖人於此，因其所明而曉之。○君臣之義雖本乎天而具乎我者也，道雖存乎我而其行止則繫乎天者也。具乎我者不可廢而繫乎天者則非敢必也，故孔子雖卒老于行，而終不敢深藏固閉以自潔而廢君臣之義。然義之爲言，宜也。既曰義，則事便有可否，身便有去就。可則就之，否則去之，固有截然不可移易者。故聖人之法、君子之行，既不可以潔身而亂倫如隱者之爲，亦不可以忘義而徇禄如世俗之仕者也。○雙峯饒氏曰：前章説天下有道不與易，可見聖人救世之仁；此章説君臣之倫不可廢，可見聖人出仕之義。問：「『行其義』與『道之不行』，道、義如何分？」曰：只一般。道指全體言，義指一事言。如父子親，君臣義至朋友信，總言皆道也。聖人之道行於天下，則人人共由此道。如義，只是君臣有義一件而已。然道必遇賢君而後行，義則是我自家行底。孔子雖知當時道之不行，而自家却不可不行其義。

○范氏曰：「隱者爲高，故往而不返；仕者爲通，故溺而不止。不與鳥獸同群，則決性命之情以饕音叨。富貴。《莊子·駢拇》篇：「不仁之人，決性命之情而饕富貴。」決，破壞也。貪財曰饕。○雙峯饒氏曰：爲，是「作爲」之「爲」。隱者專要做那高尚底事，所以甘於長往而不返；仕者專要做那通達底事，所以溺於下流而不止也。爲高者絶物忘世，爲通者患得患失：二者皆非中道。決，如決水。壞了隄防，便走了水。性原於命，發爲情，皆天理發見出來者，所以謂之性命之情。若心貪溺於富貴，必壞了性所發爲四端之情。如決去水之隄防，如何留得水住？此二者，皆惑也。是以依乎中庸者爲難。惟聖人不廢君臣之義不潔身以亂倫。而必以其正，不忘義而徇禄。所以或出或處上聲。而終不離去聲。於道也。」道，即中庸之道。○問：「接輿歌而過孔子，蓋欲以諷切孔子。❶

❶「切」，原漫漶不清，據四庫本、孔本、陸本及《晦菴集》續集卷九補。

孔子欲與言之則趨而避之。孔子使子路問津於長沮、桀溺，固將有以發之。而二人不答所問，傲然有非笑孔子之意。至於荷蓧丈人知子路之賢，則止子路宿，殺雞爲黍而食之，見其二子焉，其親之厚之如此。孔子使子路反見之，則先去而不願見矣。數子者若謂其無德而隱，則佯狂耕耘以避亂世，澹然不以富貴利達動其心，而確然自信不移若有所得者；若謂其無故而隱，則危邦濁世，道既不行，亦未見其必可以仕也。特其道止於歸潔其身而不知聖人所謂『仕止久速』者，知所謂『無可』者矣而未知所謂『無不可』者也。故其規模氣象不若聖人之正大，若以索隱行怪視之，愚意未知是否。」朱子曰：無道而隱，如蘧伯玉、柳下惠可也；被髮佯狂，則行怪矣。沮、溺、荷蓧亦非中行之士也。○勉齋黄氏曰：列接輿以下三章於孔子行之後，以明夫子雖不合而去，然亦未嘗恝然忘世，所以爲聖人之出處也。然即三章讀之，見此四子者律以聖人之中道則誠不爲無病，然味其言，觀其容止，以想見其爲人，其清風高節，猶使人起敬起慕。彼於聖人猶有所不滿於心如此，則其視世之貪利禄而不知止者不啻若犬彘耳。是豈非當世之賢而特立者歟？以子路之「行行」而拱立丈人之側若子弟然，豈非其真可敬故歟？嘗謂若四人者，惟夫子然後可以議其不合於中道，未至於夫子者未可以妄議也。貪禄嗜利之徒求以自便其私，亦借四子而詆之，欲以見其不可不仕，多見其不知量也。○雙峯饒氏曰：勉齋此段發《集註》之未發。四子皆賢人，他纔見世亂便以避世爲高，是甚次第？但孔子之意則又謂當此世，若人人如此避世，天下誰與治者？故不得不行其義。勉齋又嘗云：「在今日救世之道，正當扶起沮、溺等人。」此真名言！○雲峯胡氏曰：接輿、沮、溺、丈人章，首冠以「楚狂」二字，皆楚之狂者也。狂者志行之過。《集註》此篇之末謂夫子於此四人「有惓惓接引之意」，在陳之歎蓋亦如此。然魯之狂士何幸而得在聖人陶冶之中，楚之狂者又何不幸而自棄於聖人造化之外也哉？

○逸民：伯夷、叔齊、虞仲、夷逸、朱張、柳下惠、少連。少，去聲。下同。

逸，遺。逸民者，無位之稱。虞仲，即仲雍，與泰伯同竄荆蠻者。夷逸、朱張，不見形甸反。下同。經傳。去聲。少連，東夷人。

子曰：「不降其志，不辱其身，伯夷、叔齊與？」與，平聲。

新安陳氏曰：「非其君不事」，不降志可見；「不立惡人之朝」，不辱身可見。

謂柳下惠、少連，降志辱身矣。言中倫，行中慮，其斯而已矣。中，去聲。下同。

柳下惠事見上。李氏曰：惠「不辭小官」，降志也；不羞汙君，辱身也。倫，義理之次第也。慮，思慮也。中慮，言有意義，合人心。少連事不可考，然《記》稱其「善居喪，三日不怠，三月不解，居隘反。朞悲哀，三年憂」，《記·雜記下》：孔子曰：「少連、大連善居喪，三日不怠，三月不解，期悲哀，三年憂，東夷之子也。」言其生於夷狄而知禮也。則行之中慮亦可見矣。慶源輔氏曰：「慮」對「倫」而言。倫是義理之次第，則慮亦人之正思慮也。中倫謂所言合倫理，中慮謂所行當人心。人心乃人之公心，即義理所在也。或以爲中我之思慮者，誤矣。○雙峯饒氏曰：降志辱身，行似卑汙。但其言中倫，行中慮，異乎他人之降志辱身，所可取者如此而已矣。使不中倫慮，則降志辱身便不好了。

謂虞仲、夷逸，隱居放言，身中清，廢中權。

仲雍居吳，斷音短。髮文身，裸力果反。以爲飾。《左傳》襄公七年，❶子貢曰：「太伯端委以治周禮，仲雍嗣之，斷髮文身，臝以爲飾。」隱居獨善，合乎道之清；放言自廢，合乎道之權。慶源輔氏曰：仲雍退處句吳以獨善其身，所以合乎道之清。清即伯夷之清也。放言自示其不可用，所以合乎道之權；放言雖無所考，然觀其斷髮文身之爲，則放言自廢，固宜有之。○雙峯饒氏曰：「中清」、「中權」，是合道理底清、權，故《集註》皆以「合道」釋之。

「我則異於是，無可無不可。」

孟子曰：「孔子可以仕則仕，可以止則

❶「襄」，四庫本、陸本作「哀」，合《左傳》。

止，可以久則久，可以速則速。」所謂「無可無不可」也。南軒張氏曰：無可者，不以可爲主也；無不可者，不以不可爲主也。夫子之心，當可則可，當不可則不可。其曰「無」者，言其不存乎心也。若夷、齊之心，則未免有「不可」；下惠、少連，則未免有「可」也。○致堂胡氏曰：「無可無不可」以五字成文，當渾全以會其意，不當分析以求其義。設有人焉，絕世離俗，無一可者，有是理乎？行之而善，亦孤介一隅之士耳。設有人焉，和光同塵，無一不可者，有是理乎？行之而善，亦委隨苟合之人耳。聖人無可而無不可，則非固也；聖人無不可而無可，則非流也。言之如平常，行之實未易。聖人從容中道，無所偏倚，德盛仁熟，自然發諸言語者如此。○雙峯饒氏曰：方其事未定之時，則此心無可無不可；及其事已斷之後，則有可有不可矣。

○謝氏曰：「七人隱遯不汙則同，其立心造行去聲。則異。伯夷、叔齊，天子不得臣，諸侯不得友，蓋已遯世離去聲。群矣。下聖人一等，此其最高與？音余。○雙峯饒氏曰：夷、齊遯世離群，與沮、溺之徒不同。遜國而逃，父子兄弟之倫厚矣；其諫伐而餓，君臣之倫厚矣。此便見他不是全然忘世底人。柳下惠、少連雖降志而不枉己，雖辱身而不求合，其心有不屑也。故言能中倫，行能中慮。虞仲、夷逸隱居放言，則言不合先王之法者多矣。然清而不汙也，權而適宜也。與方外之士害義傷教而亂大倫者殊科。是以均謂之『逸民』。」慶源輔氏曰：遯世離群，出《乾卦·文言》。伯夷惟於「清」之一德極於聖耳，他固有未盡也，故曰「下聖人一等」。然視數子之性行，則固爲高矣。隱居則非君子庸行，然身中乎清而不汙。然不汙而已，去伯夷之清則有逕庭矣，故「言雖不合先王之法」，然自廢則中乎權而得宜，權而得宜則權不失正也。「方外之士」蓋指接輿、沮、溺、丈人之徒，然此兩言實出莊子所謂「遊方之外」，不可拘於禮法也，故其弊必至於害君臣之義，傷先王之教，而賊亂人之大倫也。

尹氏曰：「七人各守其一節，而孔子則無可無不可，所以常適其可而異於逸民之徒也。新安倪氏曰：常適其可，如《學記》「當其可之謂時」之「可」，謂合乎理之當然也。揚雄曰：『觀乎聖人則見賢人。』是以孟子語夷、惠亦必以孔子斷丁亂反。之。」南軒張氏曰：七人者皆爲逸民而制行則異，亦有深淺，固不同也。「不降其志，不辱其身」，其清之至與？下惠、少連，雖立於惡人之朝，未免乎降志辱身，然道則未嘗枉也，故言不失於倫理而行不違其思慮，此所謂「由由然與之俱而不自失」者也。至於虞仲、夷逸，則又其次也。放言，謂其言放而不拘也，異乎中倫者矣。然而其持身亦合於清者之所爲，而其退而廢也亦非索隱行怪之爲，有合於權爲可取也。若夫孔子之無可無不可，則異乎七子者之譔矣。

○大師摯適齊，大音泰。

大師，魯樂官之長。上聲。摯，其名也。

亞飯干適楚，三飯繚適蔡，四飯缺適秦。飯，扶晚反。繚音了。

「亞飯」以下，以樂侑食之官。《周禮·春官·大司樂》：「王大食，三宥，皆令奏鐘鼓。」注：「大食，朔日與月半，以樂宥食時也。宥，勸也。」干、繚、缺，皆名也。朱子曰：《白虎通》曰：「王者平旦食，晝食，晡食，暮食，凡四飯。諸侯三飯，大夫再飯。」故魯之師官自亞飯以下蓋三飯也。○齊氏曰：魯諸侯故止三飯，然不言「一飯」，豈周公錫天子樂而魯僭之，孔子正樂而去其一邪？記者起數以亞，其仍魯之舊以見其昔之僭邪？❶ ○厚齋馮氏曰：天子諸侯皆以樂侑食，每食樂章各異，各有樂師。

鼓方叔入於河，

鼓，擊鼓者。方叔，名。河，河内。

播鼗武入於漢，鼗，徒刀反。

播，搖也。鼗，小鼓。兩旁有耳，持其柄而搖之，則旁耳還自擊。武，名也。漢，漢中。

少師陽、擊磬襄入於海。少，去聲。

❶「魯」，四庫本、孔本、陸本作「樂」。

少師，樂官之佐。陽、襄，二人名。襄，即孔子所從學琴者。海，海島也。《史記・世家》：「孔子學鼓琴師襄子，十日不進。師襄子曰：『可以益矣。』孔子曰：『丘已習其曲矣，未得其數也。』有間曰：『已習其數，可以益矣。』孔子曰：『丘未得其志也。』有間曰：『已習其志，可以益矣。』孔子曰：『丘未得其爲人也。』有間曰：『有所穆然深思焉，有所怡然高望而遠志焉。』曰：『丘得其爲人，黯然而黑，頎然而長，眼如望羊，望羊，視也。如王四國，非文王其誰能爲此也？』師襄子避席再拜曰：『師蓋云《文王操》也。』」◯此記賢人之隱遁以附前章，然未必夫子之言也。末章放上聲。此。張子曰：「周衰樂廢，夫子自衛反魯，一嘗治之，其後伶音靈。人賤工識樂之正。及魯益衰，三桓僭妄，自太師以下皆知散之四方，逾河蹈海以去亂。聖人俄頃之助，功化如此。『如有用我，期月而可』，豈虛語哉？」勉齋黄氏曰：列此於逸民之後，以嘆魯之末世，決不可以復仕也。◯慶源輔氏曰：自太師而下，皆傷時之衰，禮樂僭妄，去而辟亂者，故以記「逸民」之後。◯潛室陳氏曰：上失其道，下擅其權。大義不明，正論不行，則禮樂不可作。今也魯既衰矣，三家强僭，王綱爲之掃地，生民且塗炭矣。若是，固可以作禮樂乎？夫既不可以作禮樂，則太師以下諸官尚可以舉其職乎？夫既不可以舉其職，安得不散之四方，逾河蹈海以去亂乎？◯雙峯饒氏曰：賢者仕於伶官，已是衰世之事。到夫子時伶官亦不可仕，想是時專尚淫哇之樂，正樂不行，是以皆散之四方。◯汪氏曰：記此篇者，先齊歸女樂，後此章，不無微意。蓋魯之君臣惑溺於女樂，樂官失職，盡無所用矣，奔迸駭散，❶無一人留。樂工皆去，樂音絶矣。夫子初心欲定禮樂以示來世，而乃廢絶如此。此章所記雖若汎及，其實深有感也夫！◯新安陳氏曰：魯末樂崩，賢人而隱於樂官者皆散之四方，魯之衰微可知矣。夫子自衛反魯而正樂，故師摯之始，有洋洋盈耳之盛，彼一時也。及其末年而樂衰，故自師摯之去，諸賢皆有望望潔身之高，此一時也。諸賢之去，固

❶「迸」，四庫本、孔本、陸本作「逃」。

見魯政衰微之極；然諸賢知出處之義而能去，亦見夫子道化之功也。

○周公謂魯公曰：「君子不施其親，不使大臣怨乎不以，故舊無大故則不棄也，無求備於一人。」

施，陸氏本作「弛」，詩紙反。福本同。○魯公，周公子，伯禽也。弛，遺棄也。以，用也。大臣非其人則去上聲。之，在其位則不可不用。大故，謂惡逆。李氏曰：「四者皆君子之事，忠厚之至也。」胡氏曰：不弛其親，親親也；不使大臣怨乎不以，任賢也；故舊無大故不棄，敬故也；無求備於一人，用才也。親親而不違，任賢而不貳，敬故而不忘，用才而不苛：皆忠厚之意。○胡氏曰：「此伯禽受封之國，周公訓戒之辭，魯人傳誦久而不忘也。其或夫子嘗與門弟子言之歟？」勉齋黄氏曰：列此於樂工之後，以嘆周之盛世其待親賢如此，則豈有樂工相率而去也哉？○雙峯饒氏曰：前章逾河蹈海，是魯末世事，此章是魯初立國時。其待親賢也如此忠厚，末後却使樂工不能安其身，豈不可歎？○雲峯胡氏曰：周家以忠厚立國。周公告魯公，字字皆是忠厚之意。使此意無盡，則太師以下何爲而去哉？門人記述相次，固有意也。

○周有八士：伯達、伯适、仲突、仲忽、叔夜、叔夏、季隨、季騧。騧，烏瓜反。

或曰成王時人，或曰宣王時人。蓋一母四乳而生八子也。然不可考矣。乳音孺。《說文》：「人及鳥生子曰乳，獸曰産。」○胡氏曰：謂母孕乳而二人也。古者以伯仲叔季爲長少之次，如仲孫、叔孫之類。今重複命名，故意其四乳也。○雙峯饒氏曰：四乳皆雙生，固爲異事；八子皆賢，尤異事也。故孔子稱之。可見周時氣數之盛。○張子曰：「記善人之多也。」新安陳氏曰：記魯末賢人之隱遯而終以周盛時賢人之衆多，其有傷今思古之心乎？愚按，此篇孔子於三仁、逸民、師摯、八士既皆稱贊而品列之，於接輿、沮、溺、丈人又每有惓惓音權。接引之意，皆衰世之志也，其所感者深矣。在陳之歎，蓋亦如此。三仁則無間去聲。然矣。其餘數君子者，亦皆一世之高士，若使得聞聖人之道以裁其所過而勉其所不及，則其所立豈止於此而已哉？新安陳氏曰：所過，謂離人以爲高；所不及，謂不能成物以見於用。○勉齋黄氏曰：此篇多記仁賢之出處，列於《論語》將終之篇，蓋亦嘆夫子之道不行，以明其出處之義也。其次第先後亦有可言者。君子之用於世，其或去或不去，莫不有義焉，三仁、柳下惠是也。孔子於齊、魯知其不可仕而遂行者，義也；知其不可仕也而猶往來屑屑以救斯世，接輿、沮、溺、荷蓧丈人未免有疑焉者，亦義也。列逸民之目而斷之以「無可無不可」，所以見夫子出處之義也。至於樂工相率而去之，則又以明夫決不可以有爲也。稱周公之言，以見古之親親而尊賢，敬故而器使，一出於仁厚之意，則安有望望而去之者哉？此周之人才所以盛。而舉一姓八士以終之，所以傷今思古而嘆夫子之道窮也！

論語集註大全卷之十八

論語集註大全卷之十九

子張第十九

此篇皆記弟子之言，而子夏爲多，子貢次之。勉齋黄氏曰：此篇所記不過五人，曰子張、子夏、子游、曾子、子貢，皆孔門之高第。蓋《論語》一書記孔門師弟子之答問，於其篇帙將終，而特次門人高第之所言自爲一篇，亦以其學識有足以明孔子之道也。○新安陳氏曰：所記五人，子張二章，子夏十一章，子游二章，曾子四章，子貢六章。蓋孔門自顏子以下，穎悟莫若子貢；自曾子以下，篤實無若子夏。故特記之詳焉。慶源輔氏曰：穎悟、篤實，皆以資質言。二子資質，次於顏、曾。顏、曾學力，有非二子所能及者。顏之穎悟，知之固徹，行之又至；曾之篤實，行之固至，知之又徹。子貢則穎悟於知而不足於行，子夏則篤實於行而不足於知焉。○胡氏曰：以顏子之明睿，則穎悟不足言；以曾子之純誠，則篤實不足言。故但以稱子貢、子夏也。凡二十五章。

子張曰：「士見危致命，見得思義，祭思敬，喪思哀，其可已矣。」

致命，謂委致其命，猶言「授命」也。四者，立身之大節。一有不至，則餘無足觀。故言士能如此，則庶乎其可矣。朱子曰：致命，猶送這命與他，不復爲我之有。○或問「其可已矣」與前篇「可也」之説。曰：可則同。然曰「可也」，則其語抑；曰「其可已矣」，則其語揚。○勉齋黄氏曰：大節固所當盡，然斷之以「其可已矣」，則似失之太快而不類聖人之言。《集註》以爲「庶乎其可」，則固惡其言之太快矣。○潛室陳氏曰：士者，一男子之事。古人說「士」處多如此，不要將君子小人雜看。只此等事豈易？非奇男子不能。子張語病在末梢一句。○西山真氏曰：義、敬、哀皆言「思」，致命獨不言「思」者，死生之際，惟義是徇，有不待思而決也。○新安陳氏曰：見危致命者，處變而決之於一旦也；思義、敬、哀者，處常而思之於平時也。平時能思此三者而行之，則其人好義謹厚，已養之有素矣。一旦臨大變故，庶能於當死而必死焉。否則臨財利而苟得，臨喪祭而苟且，何望其臨變故而能死哉？

○子張曰：「執德不弘，信道不篤，焉能爲有，焉能爲亡？」焉，於虔反。亡，讀作「無」。下同。

有所得而守之太狹，則德孤；有所聞而信之不篤，則道廢。慶源輔氏曰：德孤，言不能兼有衆德而孑然固守一節者也。德得諸己而居之不弘，則輕喜易足，有一善則自以爲天下莫己若矣。道有所聞而信之不篤，則亦或作或輟，銳始怠終，終亦必亡而已矣。焉能爲有亡，猶言「不足爲輕重」。朱子曰：弘是廣大之意。若信道不篤，則容受太廣，後隨人走作，反不能守正理。信道篤而不弘，則是確信其一說，而或至於不通。故須著並說。弘篤，猶言「弘毅」相似。○有此人亦不當得是有，無此人亦不當得是無，言皆不足爲輕重。○弘之爲寬廣，以人之量言也。人所以體道者存乎德，所以執德者存乎量。量有大小之不同，故人所以執德有弘有不弘也。非其量之大，則所以執德者孰能寬廣而不迫哉？信道之貴乎堅確者，此以人之志言也。人所以進德者由乎道，而所以信道者存乎志。志有强弱之不同，故人所以信道者有篤有不篤也。非其志之强，則所以信道者孰能堅確而不移哉？觀此二言，爲學之道，信非褊心狹量、質薄氣弱者所能及也。○問「執德不弘」。曰：❶言其不廣也。纔狹隘則容受不得，故纔有片善必自矜，見人之善必不喜，人告之以過亦不受。從狹隘上生萬般病痛。○問：「如何是執德不弘底樣子？」曰：子貢若只執「貧而無諂，富而無驕」之德，而不聞夫子「樂」與「好禮」之說；子路若只執「不恥縕袍」之德，而不聞夫子「何足以臧」之說：則其志皆未免止於此。蓋義理無窮，

❶「曰」，原脱，今據《語類》卷四九補。

心體無限。○雙峯饒氏曰：執德弘者器局大，信道篤者志操堅：如此方是世間一箇卓然底人。若執德既不能弘，信道又不能篤，這般人雖有之，亦不足以爲當世重；無之，亦不足以爲當世輕。如此説方透。○厚齋馮氏曰：觀此二章，皆躬行切己之論，則知子張之學異於前日矣。

○子夏之門人問交於子張。子張曰：「子夏云何？」對曰：「子夏曰：『可者與之，其不可者拒之。』」子張曰：「異乎吾所聞。君子尊賢而容衆，嘉善而矜不能。我之大賢與，於人何所不容？我之不賢與，人將拒我，如之何其拒人也？」「賢與」之與，平聲。

子夏之言迫狹，子張譏之是也。但其所言亦有過高之弊。蓋大賢雖無所不容，然大故亦所當絶；不賢固不可以拒人，然損友亦所當遠。學者不可不察。和靖尹氏曰：子張所言，泛交之道也；子夏所言，擇交之道也。泛交而不能擇，取禍之道也。○朱子曰：泛交而不擇，取禍之道。子張之言泛交，亦未嘗不擇。蓋初無拒人之心，但其間自有親疎厚薄爾。和靖非以子張爲不擇也。○初學大畧，當如子夏之言。然於其不可者，但亦踈之而已，拒之則害交際之道。成德大畧，當如子張之説。然於有大故者，亦不得而不絶也。以此處之，其庶幾乎！○慶源輔氏曰：「可者與之」，言美矣；若曰「不可者拒之」，則傷亟過中而害義理之正矣。迫則不寬，狹則不廣。必如《集註》「大故亦所當絶」、「損友亦所當遠」之説，然後得義之中。無掠虛務高之意，而有切於學者爲己之資。○齊氏曰：拒則太迫，何所不容則幾於無別。○雲峯胡氏曰：子張「容」字、「矜」字，是破子夏一「拒」字。然論交之道，不必拒而拒之，其交也不廣；當拒而不拒，其交也不正。必如《集註》之言，則盡乎交之道矣。○勉齋黄氏曰：以上三章子張之言，皆有過高之病。一章以致命、思義、祭敬、喪哀爲高，故有「其可已矣」之言，則其於察理必有所不周。二章以執德弘、信道篤爲高，故有「焉能爲有亡」之言，則其於待人必有所太薄。三章以能容人爲高，故有不拒人之言，則其於善惡必有所不察。夫子嘗稱其過，曾子嘗稱其難能，又稱其堂堂，則是其資禀趍向，未免有過高之病也。

○子夏曰：「雖小道，必有可觀者焉，致遠恐泥。是以君子不爲也。」泥，去聲。

小道，如農圃醫卜之屬。泥，不通也。○楊氏曰：「百家衆技，猶耳目鼻口皆有所明，而不能相通。《莊子·天下》篇曰：「天下大亂，賢聖不明，道法不一，天下多得一察焉以自好。譬如耳目鼻口皆有所明，不能相通。猶百家衆技也，皆有所長，時有所用。雖然，不該不徧，一曲之士也。」非無可觀也，致遠則泥矣。故君子不爲也。」朱子曰：小者，對大之名。正心脩身以治人，道之大者也；專一家之業而治於人，道之小者也。然皆用於世而不可無者。其始固皆聖人之作，而各有一事一物之理焉，是以必有可觀。然能於此或不能於彼，而不可以通於君子之大道也。○勉齋黄氏曰：農、圃、醫、卜，施之目前淺近，不爲無益。然求如聖人之道無所不通，則不可也。「小道」，安知非指楊、墨、佛、老之類邪？曰：小道，合聖人之道而小者也；異端，違聖人之道而異者也。小者猶可以施之近，異端不可以頃刻施也。彼之無父無君，又何待致遠而後不通哉？○新安陳氏曰：大道愈遠而愈通，小道致遠而不通。是以君子於大道盡心焉，而於小道不屑用其心也。

○子夏曰：「日知其所亡，月無忘其所能，可謂好學也已矣。」亡，讀作「無」。好，去聲。

亡，無也。謂己之所未有。○尹氏曰：「好學者日新而不失。」程子曰：「日知其所亡，月無忘其所能」，此可以爲人師法矣，非謂此可以爲人師道。○朱子曰：「日知其所亡」，便是一日之間知所未知；「月無忘其所能」，便是長遠在這裏。○「知其所亡，無忘所能」，檢校之意。○問：『月無忘其所能』，還是温故否？」曰：此章與「温故知新」意却不同。温故知新，是温故之中而得新底道理；此却是因知新而帶得温故，漸漸温習，如「得一善則拳拳服膺而弗失之矣」。「子路有聞，未之能行，惟恐有聞」，若是如此，則子路只做得一件事。○欒菴李氏曰：「日知其所亡」者，凡欲學而未至者也；「月無忘其所能」者，已學而得之者也。君子教人，於其所未學則切切然日以爲念，於其所已學則一月之間須常自省也。如此則學安得不進？○南軒張氏曰：致其知而不舍，故其知日新；保其有而不違，故其有常存。此之謂好學。○勉齋黄氏曰：求之敏則能日新，守之篤則能不失。進學之道，無以復加於此矣。○汪氏曰：此章當與「時習」章參看。此以每日每月言，時習以時時言。朱子有云：「而今學者，今日知得，過幾日又忘了，便是不長在此做工夫，如何會到一月後記得？」由此論之，學者誠不可不時習也。能從事於子夏之言而加以時習之功，其庶幾乎！○雲峯胡氏曰：日者月之積。月無忘其所能，惟恐失其日新之所積者也。○新安陳氏曰：爲學當日有所進而知其所未得，又能月有所守而不忘其所已得。知其所無，則識愈長而日新；保其所有，則得愈堅而不失。既日新而且不失，非好學，能如是乎？

○子夏曰：「博學而篤志，切問而近思，仁在其中矣。」

四者皆學問思辨之事耳，未及乎力行而爲仁也。然從事於此，則心不外馳而所存自熟，故曰「仁在其中矣」。朱子曰：此全未是説仁處，方是尋討箇求仁門路，當從此去漸見効。「在其中」，謂有此理耳。又曰：此四事只是爲學工夫，未是爲仁。必如夫子所以語顔、冉者，乃正言爲仁耳。然人能博學而篤志，切問而近思，則心不放逸，天理可存，故曰「仁在其中」。○問：「博學與近思，亦不相妨否？」曰：博學是都要理會過，近思是注心著力處。博學是箇大規模，近思是漸進工夫。如「明明德於天下」是大規模，其中格物、致知、誠意、正心、脩身、齊家等便是次序。問：「『篤志』未説到行處否？」曰：篤志只是至誠懇切以求之，不是理會不得又掉了。若只管汎汎底外面去博學，更無懇切之志，便成放不知求底心，便成頑麻不仁。惟篤志又切問近思，便有歸宿處，這心便不汎濫走作，仁便在其中。○問：「『仁在其中矣』，如何謂之仁？」曰：非是便爲仁，大抵如聖人説「在其中矣」之辭。「禄在其中」，「直在其中」，意曰：言行寡尤悔，非所以干禄，而禄在其中；父子相爲隱，非所以爲直，而直在其中。「博學而篤志，切問而近思」，非所以爲仁，然學者用力於此，仁在其中矣。○勉齋黄氏曰：《集註》初本謂「心不外馳而事皆有益」，蓋以博、篤、切、近爲心不外馳，學、志、問、思爲事皆有益。夫以學、志、問、思爲有益於事，乃是有所求而得之，不可以爲求此而得彼也。後乃以所存自熟易之，則專主於心之所存而言。人惟無所用其心，則其心放逸而不收。學之博，則此心常有所繫著而不放逸矣。人惟所志苟簡而不堅也，則其心泛濫而不一。志之篤，則此心常有定向而不泛濫矣。問不切、思不近，則其所用心皆在吾身之外矣。切問、近思，則皆求其在己者，而無復外馳之患矣。人能盡此四者，則雖學問思辨之事，而自有得夫操存涵養之効，所以謂「仁在其中矣」。○潛室陳氏曰：心存，則仁便存。心便喚做仁固不可，但離了心外，更何處求仁？○胡氏曰：力行固所以爲仁，然學問思辨皆所以求爲仁之方。心存乎學問思辨，則雖未見於行，而已不外馳矣。心不外馳，則所存自熟。是乃力行之本，故曰「仁在其中矣」。○西山真氏曰：切問，謂以切己之事問於人也；近思，謂不馳心高遠，就其切近者而思之也。外焉問於人，內焉思於心，皆先其切近者，則一語有一語之益，一事有一事之功，不比汎然馳騖於外，而初無補於身心也。○雲峯胡氏曰：《中庸》以學問思辨爲智之事。此章所謂學問思，未及乎爲仁也，而曰仁在其中者：仁，人之心也。心存於內則爲仁，馳於外則非仁矣。惟學之博而志之篤，問之切而思之近，則心不馳於外矣。不馳於外，則存於中者自熟矣。「夫仁，亦在乎熟之而已矣」。熟之者，力行而爲仁也；自熟云者，未及乎力行而仁自在其中也。

○程子曰：「博學而篤志，切問而近思，何以言仁在其中矣？學者要思得之。了此，便是徹上徹下之道。」

問程子謂「徹上徹下底道理」。朱子曰：於是四者，也見得箇仁底道理，便是徹上徹下之道也。○徹上徹下，是這箇道理，深説淺説都効此。○雲峯胡氏曰：「徹上徹下」，《集註》兩述程子之言。「樊遲問仁」章曰：「徹上徹下，初無二語。」此則曰：「了此便是徹上徹下之道。」彼所言者仁也。言仁是徹下，言粹面盎背、篤恭而天下平是徹上。此章未及力行爲仁之事。學問思是徹下，仁在其中是徹上。○新安陳氏曰：程子欲人思而得之，乃引而不發。朱子謂從事於此，則心不外馳而所存自熟，盡發以示人矣。

又曰：「學不博則不能守約，志不篤則不能力行。切問近思在己者，則仁在其中矣。」

慶源輔氏

曰：必先盡乎博，然後有以得其約而守之。不然則寡聞謏見，將何以識其約？必先立其志，則自然住不得，須著去力行。不然則若有若亡，何能見於行？所謂切與近，只是在己之事。又曰：「近思者，以類而推。」朱子曰：以類而推，只是傍易曉底挨將去。如親親便推類去仁民，仁民便推類去愛物。如這一件事理會得透了，又因這件事推去理會那一件事。只管恁地挨將去，只管見易，不見其難，前面遠處只管近。如第一級便要跳到第三級，舉步闊了便費力，只見難，只見遠。○或問：「此章以爲心不外馳而事皆有益者，何也？」曰：程伯子之言，心不外馳之謂也；叔子之言，事皆有益之謂也。心不外馳則仁之體無不存，事皆有益則仁之用無不得矣。曰：「如子之言，凡言『在其中』者，皆爲求此而得彼之辭，則此四者亦不爲求仁之事耶？」曰：四者之效雖卒歸於得仁，而其言則講學之事，初非有求仁之意也。聖賢之言，求仁必本於實踐，而非空言之所可與。然於講學之間，能如子夏之云，則於吾之心有所制而不放，於事之理有所當而不差矣。志於講學而可以爲仁，亦何害其爲求此而得彼哉？曰：「然則視聽言動之必以禮，居處執事之必以恭且敬，與人之必以忠，亦其理之所當爲而非有求仁之意也，則亦可以爲求此而得彼乎？」曰：吾固嘗言之矣。彼以踐履之實事告，此以講習爲言，而非本有求仁之心也。蓋亦不得而同矣。蘇氏曰：「博學而志不篤，則大而無成；泛問遠思，則勞而無功。」雙峯饒氏曰：「志」字要粘上面「學」字說，「切問」亦須從近處思量起，則可見端的，方不流於虛遠。以序求之，則博學在先，自是一類；篤志、切問、近思在後，自是一類。學博矣，而志不篤、問不切、思不近，則泛濫而不著己，如何可至於仁？○新安陳氏曰：博學先提其綱，篤志、切問、近思是分其目。蓋就所博學者而志之篤，問之切，思之近也。學不博，固失之狹隘；志不篤、問不切、思不近，則又失之泛濫，亦徒博耳。

○子夏曰：「百工居肆以成其事，君子學以致其道。」

肆，謂官府造作之處。致，極也。工不居肆則遷於異物而業不精，君子不學則奪於外誘而志不篤。新安陳氏曰：此重在居肆與學。尹氏曰：「學，所以致其道也。百工居肆，必務成其事；君子之於學，可不知所務哉？」新安陳氏曰：此重在成事與致道。愚按，二說相須，其義始備。朱子曰：百工居肆，方能做得事成；君子學，方可以致其道。然居肆亦有不能成其事，如閑坐打閧過日底；學亦有不能致其道，如學小道與「中道而廢」之類。故後說云居肆必須務成其事，學必須務致其道。故必二說相須，而義始備。○慶源輔氏曰：由朱子之說，則見君子之欲致道，不可不由於學；由尹氏之說，則君子之學必當務致乎道。夫欲致道而不由學，則心志爲外物所遷誘而不能專一，固不足以致其道。然學而不足以致道，則其所學者又不過口耳之習耳。欲致其道，則必由學；既曰由學，則必務致道，然後爲君子之事也。○胡氏曰：前說則重在居肆與爲學，後說則重在成事與致道。一主於用功，一主於立志。然知所以用功而志不立，不可也；知所以立志而功不精，亦不可也。故二說相須而備，非如他章存兩說之比也。○雲峯胡氏曰：工必居肆，則耳目之所接者在此，心思之所爲者在此，而其事即成於此，君子之居於學也亦然。《集註》「二說相須」，然前說尤重。蓋居肆而不務成其事者有之矣，未有不居肆而能成其事者也。學而不知所務者有之矣，未有不學而能致其道者也。○新安陳氏曰：前說是子夏本意，觀二「以」字可見。後說是發子夏餘意，而於警戒學者尤切。

○子夏曰：「小人之過也，必文。」文，去聲。

文，飾之也。小人憚於改過而不憚於自欺，故必文以重其過。南軒張氏曰：有過，則改之而已。小人恥過而憚改，故必文。文，謂飾非以自欺。○勉齋黃氏曰：有過，過也；憚改而文以爲欺，又增益其過也：故曰重其過。○胡氏曰：憚於改過而不憚於自欺者，以改悔爲難而自昧其本然之善心，反不以爲難。重其過者，始焉不能審思而遂與理悖，過矣；而又飾之以爲欺，是再過也。○雲峯胡氏曰：此章當與後章子貢所謂「君子之過也」參看。蓋君子有過，幸人知之。非惟不敢自欺，亦不欺人。故其過也，卒改而爲善。小人之過，惟恐人知之。不惟欺人，徒以自欺。其過也，卒流而爲惡。

○子夏曰：「君子有三變：望之儼然，即之也温，聽其言也厲。」

儼然者，貌之莊；温者，色之和；厲者，辭之確。○程子曰：「他人儼然則不温，温則不厲。惟孔子全之。」謝氏曰：「此非有意於變，蓋並行而不相悖也。如良玉温潤而栗然。」《記·聘義》：「昔者君子比德於玉焉：温潤而澤，仁也；縝密以栗，知也。」○南軒張氏曰：望之儼然，敬而重也；即之也温，和而厚也；聽其言也厲，約而法也。夫其望之儼然，若不可得而親也。及其即之，則温焉。即之也温，若可得而親也，而聽其言則厲焉。其爲三變，豈君子之强爲之哉？禮樂無斯須而去身，故其成就發見如此。○勉齋黄氏曰：儼者手恭而足重，温者心平而氣和，厲者義精而辭確。○雙峯饒氏曰：聖人本無三變。但自他人觀之，則遠望是一般，近就之是一般，聽其言又是一般，似乎有三變耳。問：「厲只當訓『嚴』而云『確』，何也？」曰：「厲」也有「嚴」意，但曰嚴，恐人認做猛烈。確者，是是非非，確乎不易之義。形容言「厲」最切。○新安陳氏曰：儼然而温，剛中有柔也；温而厲，柔中有剛也。剛柔不偏，陰陽合德，惟夫子有之。人見其然，以爲三變；聖人自然而然，豈有意於變也？

○子夏曰：「君子信而後勞其民，未信則以爲厲己也。信而後諫，未信則以爲謗己也。」

信，謂誠意惻怛而人信之也。厲，猶「病」也。事上使下，皆必誠意交孚而後可以有爲。南軒張氏曰：信在使民、諫君之先。若使民而民以爲厲己，諫君而君以爲謗己，是在我孚信未篤而已。○慶源輔氏曰：信謂上下交孚。己雖有信而人或未之信，猶未可謂之信也。若上下未交孚，則君之勞民所以安其生也，而反以爲厲己也；臣之諫君所以成其德也，而反以爲謗己也。如湯、武之使民，則可謂信而後勞之矣；如伊、傅之告君，則可謂信而後諫之矣。○雙峯饒氏曰：「誠意惻怛」是説人所以信之之由。惻怛屬愛。大抵君之於民，臣之於君，皆當以愛爲主。君愛其民，惟恐其有勞，民平日已信之。一旦不得已而勞之，亦何所怨？臣愛其君，惟恐其有過，君平日已信之。一旦不得已而諫之，亦何所嫌？我以誠意惻怛感，彼必以誠意孚，又安有以爲厲謗者乎？

○子夏曰：「大德不踰閑，小德出入可也。」

大德、小德，猶言「大節」、「小節」。閑，闌也，所以止物之出入。言人能先立乎其大者，則小節雖或未盡合理，亦無害也。

朱子曰：子夏之言，謂大節既是了，小小處雖未盡善亦不妨。然小處放過，只是力做不徹，不當道是「可也」。○問：「伊川謂小德如援溺之事，如何？」曰：援溺事却是大處。嫂溺不援，是豺狼。這處是當做，更有甚麽出入？如湯、武征伐，三分天下有其二，都將做可以出入。恁地都是大處，非聖人不能爲，豈得謂之小德？乃是道之權也。○勉齋黄氏曰：子夏此語，信有病矣。然大德小德皆不踰閑者，上也；大德盡善而小德未純者，乃其次也；若夫拘拘於小廉曲謹，而臨大節則顛倒錯亂者，無足觀也矣。子夏之言，豈有激而云乎？此又學者不可不察。○胡氏曰：《書》以「細行」對「大德」而言。細行即小德。大節小節，蓋以其所關有大小也。父子君臣等之大倫，大德所在也；一動静，一語默，與凡應對進退之文，小德所在也。觀人之道，取大端而畧小失猶可也；若立心自處，但曰謹其大者而小節不必致意，則將併其大者失之矣。○慶源輔氏曰：道理無空缺處，亦無間斷時。一有空缺間斷，便是欠少了。是以君子之學，戰戰兢兢，無時無處不然，豈有大小久近之間邪？子夏篤實次於曾子，而有「小德出入可也」之論，此其所以不及曾子歟？○雙峯饒氏曰：此章用之觀人則可，用之律己則不可。但觀人不可責備，且只看他大節。大節既立，而小小節目或有出入，亦未可瑣屑議之。若律己之道，又與觀人不同。雖一毫亦不可放過，微有背理，便成欠缺，如何聽他出入得？

○吴氏曰：「此章之言，不能無弊，學者詳之。」

朱子曰：大節既定，小節有差，亦所不免。然吴氏謂此章不能無弊，學者正不可以此自恕。一以小差爲無害，則於大節必將有枉尋而直尺者矣。○新安陳氏曰：《書》曰：「不矜細行，終累大德。」畢公「懋德，克勤小物」，「越小大德，小子惟一」。以此律之，此章之言，信不能無弊也。

○子游曰：「子夏之門人小子，當洒掃、應對、進退，則可矣。抑末也，本之則無。如之何？」洒，色賣反。掃，素報反。

子游譏子夏弟子於威儀容節之間則可矣。然此小學之末耳，推其本，如《大學》正心誠意之事，則無有。雲峯胡氏曰：《集註》推子游之言本末者如此。然小學、大學時節可分先後，不可分本末也。

子夏聞之曰：「噫，言游過矣。君子之道，孰先傳焉，孰後倦焉？譬諸草木，區以別矣。君子之道，焉可誣也？有始有卒者，其惟聖人乎？」別，彼列反。焉，於虔反。

倦，如「誨人不倦」之倦。區，猶「類」也。厚齋馮氏曰：區，丘域也。別，分也。古者以園圃毓草木。蓋植藝之事，各分區域，藝一區畢復藝一區，不相凌躐。言君子之道非以其末爲先而傳之，非以其本爲後而倦教。但學者所至，自有淺深。此二句補足上下文意。如草木之有大小，其類固有別矣。若不量其淺深，不問其生熟，而概以高且遠者强上聲。而語音御。之，此三句又補足上下文意。則是誣之而已。君子之道豈可如此？若夫音扶。始終本末，一以貫之，則惟聖人爲然，豈可責之門人小子乎？朱子曰：非以洒掃應對爲先而傳之，非以性命天道爲後而倦焉。但道理自有先後之殊，不可誣人以其所未至。惟聖人然後有始有卒，一以貫之，無次第之可言耳。須知理則一致，而其教不可缺，其序不可紊。惟其理之一致，是以其教不可缺，其序不可紊也。○子夏對子游之語，以爲譬之草木，區以別矣，何嘗如此儱侗來？惟密察於區別之中，見其本無二致者，然後上達之事亦在其中矣。雖至於堯舜孔子之聖，其自處常只在下學處也。上達處不可著工夫，更無依泊處。日用動静語默無非下學，聖人幾曾離此來？今動不動便先說箇本末精粗無二致，此說大誤。○問「有始有卒」。曰：此不是說聖人教人事，乃是聖人分上事。惟聖人道頭便知尾，下學便上達，不是自始做到終，乃是合下便始終皆備。若教學者，則須循其序也。○程子曰：「君子教人有序。先傳以小者近者，而後教以大者遠者。非先傳以近小而後不教以遠大也。」朱子曰：理無大小而無不在，是以教人者不可以不由其序而有所遺。子游不知理之無大小，則以洒掃應對爲末而無本；不知教人之有序，故於門人小子而欲直教之精義入神之事。○若不觀明道説「君子教人有序」四五句，也無緣看得出。○雲峯胡氏曰：此第一條説教人有序，是發子夏之意；後第二至第五條説理無二致，是矯子游之偏也。又曰：「洒掃應對，便是形而上上聲。者，理無大小故也。故君子只在謹獨。」朱子曰：不能謹獨，只管理會大處，小小底事便照管不到。理無大小，小處大處都是理。小處不到，理便不周匝。○洒掃應對，所以習夫形而下之事也；精義入神，所以究夫形而上之理也。此其事之大小固不同矣，然以理言，則未嘗有大小之間而無不在也。程子之言意蓋如此。但方舉洒掃應對之一端，未及乎精義入神之云者，而通以「理無大小」結之。惟理無大小，故君子之學不可不由其序，以盡夫小者近者，而後可以進夫大者遠者耳。故曰其要「只在謹獨」。此甚言小者之不可忽也。其曰「便是」云者，亦曰不離乎是爾，非即以此爲形而上者也。○理無大小，無乎不在，本末精粗，皆要從頭做去，不可揀擇，此所謂教人有序也。非是謂洒掃應對便是精義入神，更不用做其他事也。○洒掃應對是事，所以洒掃應對是理。事即理，理即事。道散在萬事，那箇不是？若事上有毫髮蹉過，則理上便有間斷欠缺。故君子直是不放過，只在謹獨，但不知無事時當如何耳。謹獨須貫動静做工夫始得。○勉齋黄氏曰：形而上謂超乎事物之表，專指事物之理言也。洒掃應對，事雖至粗，其所以然者便是至精之理。其曰理無大小者，非以洒掃應對爲小，形而上者爲大也。蓋不但至大之事方有形而上之理，雖至小之事亦有之，故曰「理無大小」也。又曰：「聖人之道更無精粗。從洒掃應對與精義入神貫通只一理。雖洒掃應對，只看所以然如何。」朱子曰：此言洒掃應對與精義入神是一樣道理。洒掃應對必有所以然，精義入神亦有所以然。其曰「貫通只一理」，言二者之理只一般。非謂洒掃應對便是精義入神，固是精義入神有形而上之理，而洒掃應對亦有形而上之理。○洒掃應對、精義入神，事有大小而理無精粗。事有大小，故其教有等而不躐；理無精粗，故惟其所在而皆不可不用其極也。○須是就事上理會道理。非事，何以識理？洒掃應對，末也；精義入神，本也。不可說這箇是末，不足理會，只理會那本。這便不得。又不可說這末便是本，但學其末則本便在此也。○勉齋黄氏曰：精究義理，極其微妙以至於入神。神者，理之妙而不可測者也。所精之義至於入神，義理之至精者。程子引《易》中此語與洒掃應對對言，洒掃應對所以然者，即至精之義也。

又曰：「凡物有本末，不可分本末爲兩段事。洒掃應對是其然，必有所以然。」

朱子曰：治心脩身是本，洒掃應對是末，皆其然之事。至於所以然，則理也。理無精粗本末，皆是一貫。○或問「其然」、「所以然」之說。曰：洒掃應對之事，其然也，形而下者也；洒掃應對之理，所以然也，形而上者也。自形而下者而言，則洒掃應對之與精義入神，本末精粗，不可同日而語矣。自夫形而上者言之，則未嘗以其事之不同，而有餘於此不足於彼也。曰：「其曰『物有本末，而本末不可分』者，何也？」曰：有本末者，其然之事也；不可分者，以其所以然之理也。○勉齋黄氏曰：然，猶云「如此」也。其如此者，洒掃應對之節文；所以如此者，謂有此理，而後其節文之著見者如此也。○雲峯胡氏曰：按朱子謂有本末者，事也；不可分者，其所以然之理也。饒氏却謂已然者爲末，所以然者爲本。蓋朱子解程子之言，以本末爲事而不可分爲兩段事者是理；饒氏解程子之言，以末爲事而本爲理，不可不辨也。

又曰：「自洒掃應對上便可到聖人事。」

問聖人事是甚麽樣子。朱子曰：如云「下學而上達」，當其下學便上達天理，是也。○勉齋黄氏曰：洒掃應對雖至小，亦由天理之全體而著見於事物之節文。聖人之所以爲聖人者，初不外乎此理，特其事事物物皆由此理，而不勉不思從容自中耳。○雲峯胡氏曰：程子此四條，皆所以破子游「抑末也，本之則無」七字。

愚按，程子第一條說此章文意最爲詳盡。其後四條皆以明精粗本末，其分扶問反。雖殊，而理則一。學者當循序而漸進，不可厭末而求本。蓋與第一條之意實相表裏。非謂末即是本，但學其末而本便在此也。朱子曰：孔門除曾子外，只有子夏守得規矩定。故教門人皆先洒掃應對進退，所以孟子説孟施舍似曾子，北宫黝似子夏。○事有大小，理却無大小。不問大事小事，合當理會處，便用與他理會。不可説箇是粗底事不理會，只理會那精底。又不可説洒掃應對便是精義入神。洒掃應對只是粗底，精義入神自是精底。然道理却一般。須是從粗底小底理會起，方漸而至於精者大者。或曰：洒掃應對非道之全體，只是道中之一節目，合起來便是道之全體。非大底是全體，小底不是全體也。○勉齋黄氏曰：所引程子四段，首言理無大小，以見事有大小而理則一也。次言道無精粗，以見學有精粗而道則一也。又次言是其然必有所以然，所以發明上二段所以無大小無精粗之意。又次言便可到聖人事，則亦以其所以然而無大小精粗者爲之也：亦足以見其編次之意，至精而不苟矣。○慶源輔氏曰：窮理之至，知言之極，則學者所得之淺深，不啻白黑之易見。故如草木之有大有小，其類各不同，而無不昭然在吾之目中，然後循其次第等級而教之。若夫先傳後倦，則君子無是心也，但時其可而已。至於言之未知、知之未至，不察學者淺深生熟之異而一概以子游之所謂本者强而聒之，則學者漫而聽之，實不知其味；勉而行之，終不得其方，則是誣之而已。君子教人之道，豈有誣之之理？○雙峯饒氏曰：子游以正心誠意爲本，洒掃應對爲末。子夏謂小子且當教以洒掃應對，及入大學，却教以誠意正心。就二説觀之，子游欲人於根本上做來，則末底自然中節。施教無序，把大、小學衮作一事，非也。子夏之説，自合聖人之教。但只言事而不及理，則小學、大學分爲兩截而無以貫通之。至程子方以理爲本，事爲末，謂事有小大精粗而理無小大精粗。小子未能窮理謹獨，且把洒掃應對以維持其心。雖學至粗至小之事，而至精至大之理寓焉。年寖長，識既開，却教之窮理以致其知，謹獨以誠其意。前日之習洒掃應對者即爲精義入神之地，今日之精義入神實不離乎洒掃應對之中也。

程、朱所論本末不同。朱子以《大學》之正心誠意爲本，程子以理之所以然爲本。朱子是以子游之意而推之。○雲峯胡氏曰：學者之病有二：謂末不當理會，只當理會本者，不知理之一也；謂末即是本，但學其末而本便在此者，不知分之殊也。朱子政慮學者差認程子之意，故有是說。趙氏除去「非謂」二字，却謂學其末而本便在此者，理貫於萬事，不以事之近小而理有不該，則誤矣。○饒氏謂「小學未能窮理慎獨，❶且把洒掃應對以維持其心，年寖長，却慎獨以誠其意」。蓋以《大學》「誠意」章方有慎獨工夫。然程子第二條云：「君子只在謹獨。」蓋程朱二子之意，政謂小學是至微之事，慎獨正要慎其微。若從念慮之微說，小學洒掃在長者之前能謹，長者不在前不能謹，便是不能慎獨。饒氏此語，切恐有悞後學，不可不辨。○新安陳氏曰：程子此處說謹獨，與《大學》、《中庸》之謹獨小異。此只是謹小事，無「人所不知，己所獨知」之意。饒氏所云「謹獨以誠其意」，與程子此語不相妨，非以解程語也。

○子夏曰：「仕而優則學，學而優則仕。」

優，有餘力也。新安陳氏曰：行有餘力。餘力，猶言「暇日」是也。仕與學，理同而事異。故當其事者，必先有以盡其事，而後可及其餘。慶源輔氏曰：仕所以行其學，而學所以基其仕：故曰理同。然仕則以陳力就列，致君澤民爲事；學則以誦《詩》讀《書》，格物致知爲事：故曰事異。○胡氏曰：仕與學理同者，皆所當然也；事異者，有治己治人之別也。學以爲仕之本，仕以見學之用，特治己治人之異耳。以理言，則學其本也；以事言，則當其事者，隨所主而爲之。緩急必先盡心於所主之事，有暇日則及其餘，非有所輕重於其間也。○新安陳氏曰：仕者先盡仕之事，有餘力則益及於學；學者先盡學之事，有餘力則始及於仕。然仕而學，則所以資其仕者益深；學而仕，則所以驗其學者益廣。問：「仕優而不學，則無以進德；學優而不仕，則無以及物。仕優而不學，固無足議者；學優而不仕，亦非聖人之中道也。故二者皆非也。仕優不學，如原伯魯之不說學是也；學優不仕，如荷蓧丈人之流是也。子夏

❶「學」，上文「雙峯饒氏曰」條下作「子」。

之言，似爲時而發。其言雖反覆相因，而各有所指。或以爲仕而有餘則又學，學而有餘則又仕。如此則其序當云『學而優則仕，仕而優則學』。今反之，則知非相因之辭也。」朱子曰：舊亦嘗疑兩句次序顛倒，今云「各有所指」，甚佳。○南軒張氏曰：「大學之道，在明明德，在新民。」成己成物之無二致也。古之人，學以終其身，故仕優則學，學優則仕，其從容暇裕如此。終始于學而無窮已也。○潛室陳氏曰：學是講此道理，仕是行此道理。學有餘暇則可入仕，仕有餘暇又當講學。主學而言，則仕爲餘用；主仕而言，則學有餘功：互相發也。○慶源輔氏曰：仕而優則學，爲已仕者言也。謂仕有餘力則不可以不學，不學則無知新之益以資其仕。學而優則仕，爲未仕者言也。謂學有餘力則不可以不仕，不仕則無行道之功以驗其學：是終始事。○雲峯胡氏曰：聖賢之言，固自有因上句而生下句者。如夫子本言晉文公譎而不正，因而曰齊桓公正而不譎。若獨言下句，則齊桓豈正而不譎者哉？此亦因當時有仕優而不學者，故以下句意足之。獨言下句，則學之優，固自有可仕、不可仕者矣。○新安陳氏曰：學以明其理者，體也；仕以行其事者，用也。體者用之本，用者體之驗。仕有餘力而不學，則將徇己蠹人，是有無體之用；學有餘力而不仕，則將愛身忘世，是有無用之體矣。子夏爲見當世多有仕而不學者。觀孔子以今之從政者爲斗筲之徒，則可想見。故首以「仕優而學」警世人。夫已仕者尚不可以不學，則未仕者必學優而後始可以仕，蓋可知矣。下句人所易知，上句人所易忽，故以人所易忽者先言之。

○子游曰：「喪，致乎哀而止。」

致極其哀，不尚文飾也。楊氏曰：「『喪與其易也寧戚』，『不若禮不足而哀有餘』之意。」愚按，「而止」二字亦微有過於高遠而簡略細微之弊，學者詳之。南軒張氏曰：喪主乎哀。致者，自盡之謂。若毁生滅性，則是過乎哀者也。○勉齋黄氏曰：觀游、夏論學章，胡氏所謂子游脱畧小物者，則宜其言之出乎此。終亦足以見孔門高第重本務實之意可法也。○慶源輔氏曰：子游有簡忽禮文之意。要之喪固貴於哀，而禮之節文亦不可廢。故曰：「直情而徑行，戎狄之道也。」立言之難蓋如此。○雙峯饒氏曰：子游平日却自考究喪禮，不是廢禮而專事哀戚之人，考之《禮記》可見。其意怕人事末忘本，姑爲之抑揚耳。

○子游曰：「吾友張也，爲難能也，然而未仁。」

子張行去聲。過高，而少誠實惻怛之意。雙峯饒氏曰：「行過高」解「難能」，「少誠實惻怛」解「未仁」。無誠實則不能全心之德，無惻怛則不能全愛之理。○趙氏曰：不誠實則無真切之意，不惻怛則無隱痛之情。子張務外好高，故於此四字皆有所不足。○新安陳氏曰：行仁，惟務内平實者能之。子張務外好高，此其所以未仁也。

○曾子曰：「堂堂乎張也，難與並爲仁矣。」

堂堂，容貌之盛。言其務外自高，不可輔而爲仁，亦不能有以輔人之仁也。新安陳氏曰：堂堂，以貌言；難能，以才言。皆自高之意。並，猶「共」也。○范氏曰：「子張外有餘而内不足，故門人皆不與其爲仁。子曰：『剛毅木訥近仁。』寧外不足而内有餘，庶可以爲仁矣。」程子曰：子張既除喪而見予之琴，和之而和，彈之而成聲，作曰：「先王制禮，不敢不至焉。」推此言之，子張過於薄，故難與並爲仁矣。○南軒張氏曰：仁必深潛縝密，親切篤至，而後可以進。故「如愚」之顔，聖人許其「不違仁」；而「堂堂」之張，曾子以爲「難與並爲仁」也。○勉齋黄氏曰：以上兩章皆言子張之難爲仁，既足以見子張好高之病，又有以見仁之爲德，根於人心，惟求之至近而修其在内者爲足以至之。今也尚難能之行，飾堂堂之容，則其去仁遠矣。孔門以求仁爲先而所言如此，可謂知爲仁之方也已。○慶源輔氏曰：務外好高，則於己無體認密察之功，人不可輔之爲仁；於人無切偲觀感之助，己亦不能輔人之仁也。

○曾子曰：「吾聞諸夫子：人未有自致者也。必也，親喪乎？」

致，盡其極也。蓋人之真情所不能自已者。新安陳氏曰：真情，乃愛親之人心，❶天理所發見者。○尹氏曰：「『親喪，固所自盡也』。孟子語。於此不用其誠，惡乎用其誠？」《禮

❶「親」，四庫本作「敬」。

記・檀弓》曰：「自吾母而不得吾情，吾惡乎用吾情？」惡音烏。○南軒張氏曰：人於他事未能自盡，於親喪其可不自盡乎？若於此不能自盡，則何事能盡？若於此能自盡，則於其他，亦推是心而已。○胡氏曰：上智之資，於理所當然者，固不待勉强而皆極其至。中人以下則罕能之，惟父母之喪，哀痛慘怛，蓋其真情之不能自已者。聖人指以示人，使之自識其良心，非專爲喪禮發也。○雙峯饒氏曰：「乎」字有感動人底意思。事親莫大於死生之際，人之所當自盡者也。人當如此而猶有不能如此，此聖人所以寓微意而感動之。若不看聖人微意所在，只說箇人人能如此自盡，則聖人之發此言似乎無味。

○曾子曰：「吾聞諸夫子：孟莊子之孝也，其他可能也，其不改父之臣與父之政，是難能也。」

孟莊子，魯大夫，名速。其父獻子，名蔑。獻子有賢德而莊子能用其臣守其政，故其他孝行去聲。雖有可稱，而皆不若此事之爲難。朱子曰：人固有用父之臣者，然稍拂他私意，便自容不得。亦有行父之政者，於私欲稍有不便處，自行不得。古今似此者甚多。如唐太宗爲高宗擇許多人，如長孫無忌、褚遂良之徒，高宗因立武昭儀事，便不能用。又，季文子相三君，無衣帛之妾，無食粟之馬。到季武子便不如此，便是不能行父之政。以此知孟莊子豈不爲難能？○獻子歷相君五十年，魯人謂之「社稷之臣」，則其臣必賢，其政必善矣。莊子年少嗣立，又與季孫宿同朝。宿父文子忠於公室，宿不能守而改之。莊子乃獨能不改父之臣與父之政，而終身焉。是孔子之所謂「難」也。○南軒張氏曰：以爲難能，特曰爲之不易云耳。蓋父之臣與父之政，誠善矣，固當奉而篤之；若不幸而悖於理、害於事，則當察而更之，是乃致其誠愛於親也。孟莊子之所以終不改者，意者其事雖未爲盡善，亦不至於悖理害事之甚，故有取其不忍於改也。○雙峯饒氏曰：夫子以莊子之不改父臣父政爲孝，見得「三年無改於父之道」，正是不改其父道之善處。○雲峯胡氏曰：二章皆曰「吾聞諸夫子」，饒氏以爲曾子尊其所聞如此。尹和靖作《論語解》所謂「愚聞之師曰」亦如此。愚謂朱子得於延平者亦然。

○孟氏使陽膚爲士師，問於曾子。曾子曰：「上失其道，民散久矣。如得其情，則哀矜而勿喜。」

陽膚，曾子弟子。民散，謂情義乖離，不相維繫。謝氏曰：「民之散也，以使之無道，教之無素。故其犯法也，非迫於不得已，則陷於不知也。故得其情，則哀矜而勿喜。」朱子曰：生業不厚，教化不脩，內無尊君親上之心，外無仰事俯育之賴，是以恩踈義薄，不相維繫，而日有離散之心。○南軒張氏曰：先王之於民，所以養之教之者，無所不用其極。故民心親附其上，服習而不違。如是而猶有不率焉，而後刑罰加之。蓋未嘗不致哀矜惻怛也。若夫後世，禮義衰微，所以養之教之者皆蕩而不存矣。上之人未嘗心乎民也，故民心亦渙散而不相屬，以陷於罪戾而蹈於刑戮，此所謂「上失其道，民散久矣」。方是時，任士師之職者獄訟之際，其可以得情爲喜乎？蓋當深省所以使民至於此極者，以極其哀矜之意焉可也。能存此心，則有以仁乎斯民矣。○勉齋黃氏曰：得情而喜，則太刻之意或溢於法之外；得情而矜，則不忍之意常行於法之中。仁人之言蓋如此。○慶源輔氏曰：民之犯罪有二：迫於不得已，則使之無其道故也；陷於不自知，則教之無其素故也。後世治獄之官每患不得其情，苟得其情則喜矣，豈知「哀矜而勿喜」之味哉？且人喜則意逸，逸則心放，放則哀矜之意不萌，其於斷獄剖訟之際，必至於過中失入，❶有不自知者。唯能反思夫民情之所以然，則哀矜之意生而喜心忘矣。詳味曾子之言，至誠惻怛而體恤周盡如此，嗚呼仁哉！○雲峯胡氏曰：《集註》「情義乖離，不相維繫」八字釋一「散」字。情相維繫不忍離，義相維繫不可離，上之人何忍使之離而至於犯法也哉？《虞書》曰：「欽哉欽哉，惟刑之恤哉！」欽、恤是形容帝堯好生之心。欽則自然有哀矜之心，恤則自然無喜之意。○新安陳氏曰：後世之民犯刑多，上失其道之所致，未必

❶「入」，明丘濬《大學衍義補》卷一〇六、明顧夢麟《四書說約》引輔氏作「正」，義長。

皆其民之罪。刑獄固在得其情而不可喜得其情。欲得其情，固在於悉其聰明；而哀矜勿喜，尤在於致其忠愛歟？

○子貢曰：「紂之不善，不如是之甚也。是以君子惡居下流，天下之惡皆歸焉。」「惡居」之惡，去聲。

下流，地形卑下之處，衆流之所歸。喻人身有汙賤之實，亦惡名之所聚也。子貢言此，欲人常自警省，悉井反。不可一置其身於不善之地，非謂紂本無罪而虛被惡名也。南軒張氏曰：紂不道極矣，其始亦未至若是之甚。惟其爲不善而天下之惡皆歸之，日累月成以至貫盈，豈不猶川澤居下而衆水歸之乎？○雙峯饒氏曰：子貢非爲紂分疎，其意在下兩句。○厚齋馮氏曰：紂名辛，字受。紂，謚也。後世定謚，謂殘義損善曰紂。

○子貢曰：「君子之過也，如日月之食焉。過也，人皆見之；更也，人皆仰之。」更，平聲。

南軒張氏曰：人皆見之者，君子不文飾掩蔽其過。日月之食旋而復矣，無損其明也。故君子改過不吝而德愈光焉。○勉齋黄氏曰：過也明白而無掩覆，故人皆見；更也瑩徹而無瑕疵，故人皆仰。○雙峯饒氏曰：君子無掩覆之意，有過則人之所共知，既改又脱然更無惹絆。或問君子如何獨能用心如此？曰：君子所以能如此者，只是純乎天理之公而無人欲之私。若此心猶有分毫私累在人欲上，便做君子事不得。○新安陳氏曰：君子不諱過，故方過而人見；速改過，故無過而人仰。如日月雖或不免於食，而明還何損於明？若小人則諱過而掩匿，不改過而固吝，益重其過而愈暗愈甚矣，豈有日月明白瑩徹之氣象哉？

○衛公孫朝問於子貢曰：「仲尼焉學？」朝，音潮。焉，於虔反。

公孫朝，衛大夫。

子貢曰：「文武之道未墜於地，在人。賢者識其大者，不賢者識其小者，莫不有文武之道焉。夫子焉不學？而亦何常師之有？」識，音志。下「焉」字，於虔反。

文武之道，謂文王、武王之謨訓功烈，與凡周之禮樂文章皆是也。在人，言人有能記之者。識，記也。朱子曰：文武之道，只指先王之禮樂刑政教化文章而已，若論道體則不容如此立言矣。未墜地，只是說未墜落於地而猶在人耳。大者是禮之大綱領，小者是零碎條目。孔子雖生知，然何嘗不學，亦何所不師？然則能無不學、無不師者，是乃聖人所以爲「生知」也。○「在人」之人正指老聃、萇弘、郯子、師襄之儔耳。若入太廟而每事問焉，則廟之祝史，亦其一師也。○問：「仲尼祖述堯舜，憲章文武，如何子貢不說堯舜之道，只說文武之道？」雙峯饒氏曰：堯、舜遠，文、武近，子貢是就其近者而言。要之，道非文、武之所得專，文武之道即堯舜之道，堯舜之道即文武之道。○「不賢者」只指衆人而言，不是不好底人。○新安陳氏曰：「焉學」，問何所從學；「焉不學」，謂何所不從學。此論夫子之學而專言「文武之道」者，蓋列聖道統傳在文、武，而文武之道統傳在孔子故也。文武之道無往不在，夫子於文武之道無往不學。惟善是主，初無常師。此所以備斯文之大全，集列聖之大成歟？

○叔孫武叔語大夫於朝曰：「子貢賢於仲尼。」語，去聲。朝音潮。

武叔，魯大夫，名州仇。朱子曰：「子貢賢於仲尼」，聖人固自難知。如子貢在當時，想是大段明辨果斷，通曉事務，歆動得人。孔子自謂「達不如賜」。○葉氏少蘊。曰：子貢晚見用於魯。懼吳之强大，曉宰嚭而舍衛侯伐齊之謀，詰陳成子而反其侵地，魯人賢之。此武叔所謂「賢於仲尼」者也。

子服景伯以告子貢。子貢曰：「譬之宮牆。賜之牆也及肩，窺見室家之好。

牆卑室淺。朱子曰：古人宮外只是牆，無今人廊屋。

「夫子之牆數仞，不得其門而入，不見宗廟之美、百官之富。

七尺曰仞。不入其門則不見其中之所有，言牆高而宮廣也。

「得其門者或寡矣。夫子之云，不亦宜乎？」

此「夫子」指武叔。或問：「『夫子之牆數仞，不得其門而入』，夫子之道高遠，故不得其門而入也？」朱子曰：不然。顔子得入，故能「仰之彌高，鑽之彌堅」，至于「在前在後，如有所立卓爾」。曾子得入，故能言「夫子之道，忠恕」。子貢得入，故能言「性與天道不可得聞，文章可得而聞」。他人自不能入耳，非高遠也。七十子之徒幾人入得？譬如與兩人説話，一人理會得，一人理會不得。會得者便是入得，會不得者便是入不得。且孔子之教衆人，與教顔子何異？顔子自入得，衆人自入不得，多少分明。○雙峯饒氏曰：聖人之道雖曰難入，然其入亦自有方。且如「仰彌高，鑽彌堅」，此是「數仞」難「入」處。「夫子循循善誘，博我以文，約我以禮」，這便是從入之門。學者須從此門路入，方有所見。○新安陳氏曰：賢人之道，卑淺易見；聖人之道，高深難知。此子貢以「牆」、「室」取譬之意也。要之，觀乎賢人則見聖人。使叔孫果知子貢之所以爲子貢，則亦必畧知孔子之所以爲孔子，豈至爲此言哉？叔孫非特不知孔子，亦不知子貢也。

○叔孫武叔毁仲尼。子貢曰：「無以爲也。仲尼不可毁也。他人之賢者，丘陵也，猶可踰也；仲尼，日月也，無得而踰焉。人雖欲自絶，其何傷於日月乎？多見其不知量也。」量，去聲。

無以爲，猶言「無用爲此」。土高曰丘，大阜曰陵。日月，喻其至高。自絶，謂以毁謗自絶於孔子。南軒張氏曰：子貢善喻，如宮牆、日月之喻者，可謂切矣。夫丘陵固可踰，太山雖高，然猶有可踰之理；至於日月之行天，則孰得而踰之哉？人之議日月者，初何損於日月之明？徒爲自絶於日月而已矣。○胡氏曰：聖人之心如化工之生物，未嘗不欲物物而生之也。彼傾者覆之，物自傾而不得受化工之生也。聖人未嘗有絶人之心，彼毁謗者自絶於聖人耳。多，與「祇」同，適也。不知量，謂不自知其分扶問反。量也。厚齋馮氏曰：量，謂斛斗升合，小大不同也。○新安陳氏曰：聖人有聖人之分量，賢人有賢人之分量，愚人有愚人之分量。州仇不自知其庸愚之分量，宜其不足以知聖人之分量也。孔子之道如日月行天，萬古常明。雖有州仇之毁，何損於明？子貢以「何傷日月」曉譬之，可謂智足以知聖人而警之深矣。

○陳子禽謂子貢曰：「子爲恭也，仲尼豈賢於子乎？」

爲恭，謂爲恭敬。推吐雷反。遜其師也。

子貢曰：「君子一言以爲知，一言以爲不知，言不可不慎也。知，去聲。

責子禽不謹言。勉齋黃氏曰：一言善爲知，一言不善爲不知。知不知係於一言，不可不謹。

「夫子之不可及也，猶天之不可階而升也。

階，梯也。大，可爲也；化，不可爲也。故曰「不可階而升」也。新安陳氏曰：孟子曰：「大而化之之謂聖。」由善、信、美而至於大，乃思勉之所可及，故曰「可爲」，猶可躡階梯而升也。至於化，則非思勉之所可及，故曰「不可爲」，非可躡階梯而升矣。朱子以此發明孔子所以「如天之不可階而升」之實處。然後子貢取譬之意顯然矣。

「夫子之得邦家者，所謂立之斯立，道之斯行，綏之斯來，動之斯和。其生也榮，其死也哀。如之何其可及也！」道，去聲。

立之，謂植其生也。道，引也，謂教之也。行，從也。綏，安也。來，歸附也。動，謂鼓舞之也。和，所謂「於音烏。變時雍」。《書・堯典》曰：「克明俊德，以親九族。九族既睦，平章百姓。百姓昭明，協和萬邦。黎民於變時雍。」變，變惡爲善也。時，是也。雍，和也。言其感應之妙，神速如此。榮，謂莫不尊親；哀，則「如喪考妣」。程子曰：「此聖人之神化，上下與天地同流者也。」○謝氏曰：「觀子貢稱聖人語，乃知晚年進德，蓋極於高遠也。夫子之得邦家者，其鼓舞群動，捷於桴鼓影響。新安倪氏曰：《禮記》：「土鼓蕢桴。」音浮。《左傳》成公二年：「右援枹而鼓。」枹，鼓槌。音浮。本作桴。《漢書》「枹鼓」之「枹」音桴，風無反。則此「桴」字不音桴。若音桴者，乃「乘桴浮海」之「桴」，栰也。人雖見其變化，而莫窺其所以變化也。蓋不離去聲。於聖而有不可知者存焉，聖而進於『不可知之』之神矣。此殆難以思勉及也。」問「立之，謂植其生」。朱子曰：「五畝之宅樹之以桑，百畝之田勿奪其時」，便是。問「動謂鼓舞之」。曰：「勞之來之，又從而振德之」，振德便是鼓舞，使之歡喜踊躍，遷善改過而不自知。如《書》之「俾予從欲以治」、「惟動丕應徯志」，皆是「動之斯和」意思。○此言德盛仁熟，本領深厚，纔做出便自恁地。○生榮死哀，子貢言夫子得邦家時，其効如此。范氏所謂「生則天下歌誦，死則如喪考妣」者是也歟？○南軒張氏曰：「立之斯立，道之斯行，綏之斯來，動之斯和」者，「不疾而速，不行而至」，惟天下至神，感無不通也。○勉齋黃氏曰：立之，謂制其田里。道，謂「道之以德」。綏，謂撫安之，立之固也。動，謂鼓舞之，道之深也。立之、道之、綏之、動之，皆聖人政化之施；斯立、斯行、斯來、斯和，皆天下感動之速。或曰：子貢知足以知聖人，今乃不言其德而稱其得邦家之效，何也？曰：天之德不可形容，即其生物而見其造化之妙；聖人之德不可形容，即其感人而見其神化之速。天下之理，實大則聲宏，本深則末茂。感動之淺深遲速，未有不視其德之所至者。聖人道全德備，高明博厚，則其感於物者如此。因其感於物以反觀聖人之德，豈不曉然而易見哉？○厚齋馮氏曰：聖門諸子，平日單辭數語形容夫子，平澹涵蓄，莫窺其際。唯孟子所引宰我、子貢、有若之推尊夫子，與此子貢三章之言，蓋激於世之不知者，乃始極口稱之。而夫子之得邦家，尤見其神化之妙也。○雲峯胡氏曰：此章《集註》當與首篇子禽問於子貢通看。前謂聖人過化存神之妙未易窺測，此則引程子曰「聖人神化，上下與天地同流」。然則聖人過化存神之妙，子貢於是始知之矣。前引謝氏曰「子貢亦可謂善觀聖人矣」，亦可謂善言德行矣。今引謝氏曰：「觀子貢稱聖人語，乃知晚年進德，蓋極於高遠也。」然則前不過謂子貢亦善觀聖人，今則可謂真知聖人矣。讀《集註》者當看其前後相應處，便可見晚年進德處。且子禽之問凡三，始則疑夫子求問政，次疑夫子之私其子，今則疑子貢賢於夫子：所見者每降益下。此篇子貢之稱夫子亦三，始則喻之以數仞之牆，次則喻之以日月，今則喻之以天之不可階而升：其所見每進而益高。若以爲皆孔子弟子也，其所見抑何霄壤之邈如是哉？「其死也哀」，而子貢哀慕之心倍於父母，至廬墓者凡六年之久，則其晚年所得於夫子者，蓋益深矣。○新安陳氏曰：此章前言夫子之不可及，以其德之化不可爲者言也。夫子不幸而不得時、不得位，故其德之化雖妙於吾身，而其神化之用不見於天下。使得時得位，則其神化之功用，真有與天地同流者。終言「如之何其可及」，以其神化之不可測者言也。夫子之道猶天然。天固有目者所共覩，天之所以爲天，則非知天者不能知也。必子貢之知始足以知此。彼陳亢者，其不足以及此，宜哉！

論語集註大全卷之十九

論語集註大全卷之二十

堯曰第二十

凡三章。

堯曰：「咨，爾舜！天之曆數在爾躬，允執其中。四海困窮，天祿永終。」

此堯命舜而禪時戰反。以帝位之辭。咨，嗟歎聲。曆數，帝王相繼之次第，猶歲時氣節之先後也。允，信也。中者，無過不及之名。四海之人困窮，則君祿亦永絶矣。戒之也。朱子曰：帝王相承，其次第之數，若曆之歲月日時，亦有先後之序。然聖人所以知其序之屬於此人，亦以其人之德知之，非若讖緯之説姓名見於圖籙而爲言也。聖賢言「中」有二義：「大本」云者，喜怒哀樂未發之時之理，其氣象如此也；「時中」云者，理之在事而無過不及之地也。此曰「允執其中」，蓋以其在事者而言，若「天下之大本」則不可得而執矣。且聖人之道，時行時止，夫豈專以塊然不動者爲是而守之哉？○伊川云：允執其中，中作麽執得？❶識得則事事物物上皆天然有箇中在那上，不待人安排。安排著則不中矣。○南軒張氏曰：以其德當天心，故知天之曆數在其躬。允執其中，事事物物皆有中，天理之所存也。惟其心無依倚，則能執其中至不失，此所謂「時中」也。君之所爲安榮者，以民故也。「天之視聽自我民視聽」，若四海困窮，則天祿亦永終矣。聖人之相授，凡以天人之際而已。○雙峯饒氏曰：或以「守」字解「執」字。「守」與「執」不同。執是執其要。事事物物各自有中，凡舉一物，便要執定那要處，如執扇須執柄相似。如「擇乎中庸而不能朞月守」，方是守，便易得死殺了。執者，隨事隨物而執其中，不死殺。○新安倪氏曰：按，「執」云者，非執一定之理，蓋於事物上酌其中

❶「作」，四庫本及《論孟精義》卷一〇下作「怎」，義長。

而執以用之。《中庸》謂舜「用其中」，即用其所執之中也。

舜亦以命禹。

舜後遜位於禹，亦以此辭命之。今見形甸反。於《虞書·大禹謨》，比此加詳。朱子曰：「中」只是箇恰好的道理。「允」是真箇執得。堯當時告舜，只說這一句。後來舜告禹，又添得「人心惟危，道心惟微，惟精惟一」三句，說得又較子細。這三句是「允執厥中」以前事，是舜教禹做工夫處。「人心惟危，道心惟微」，須是「惟精惟一」，方能「允執厥中」。堯當時告舜只說一句，舜已曉得那箇了，所以不復更說；舜告禹時，便是怕禹尚未曉得，故恁地說。《論語》後面說「謹權量，審法度，修廢官，舉逸民」之類，皆是恰好當做底事，這便是堯、舜、禹、湯、文、武治天下只是這箇道理。聖門所說也只是這箇，雖是隨他所聞所記說得不同，然却只是一箇道理。如屋相似，進來處雖不同，入到裏面，只是共這箇屋。大概此篇所載，便是堯、舜、禹、湯、文、武相傳治天下之法。雖其纖悉不止此，然大要却不出此，大要於此可見。○雲峯胡氏曰：天下之大，運之在心。此心之用稍有過不及，即非中矣。非中，則四海將至困窮，而天禄亦永終矣。授命之際，天禄方於此乎始也，而即以永終言之，爲戒深矣。○新安陳氏曰：「天禄永終」與「天之曆數在爾躬」相照應。「允執其中」，告以保天禄之本也。「四海困窮」，不能「允執其中」之驗，所以致「天禄」之「永終」也。舜之授禹，謹述此四句，不易一字，但辭加詳而理益明意益盡耳。舜之授禹，具載於《書》；堯之授舜，微弟子記之於此，則三聖人以「一」、「中」相授受之淵源，其孰從而知之哉？

曰：「予小子履敢用玄牡，敢昭告于皇皇后帝：有罪不敢赦，帝臣不蔽，簡在帝心。朕躬有罪，無以萬方；萬方有罪，罪在朕躬。」

此引《商書·湯誥》之辭。蓋湯既放桀而告諸侯也。與《書》文大同小異。「曰」上當有「湯」字。履，蓋湯名。疏：「《世本》云：『湯名天乙。』孔安國云：至爲王改名履。」用玄牡，夏尚黑，未變其禮也。《記·檀弓上》：「夏后氏尚黑，大事斂用昏，大事，謂喪事。戎事乘驪，戎，兵也。馬黑色曰驪。牲用玄。殷人尚白，大事斂用日中，戎事乘翰，牲用白。翰，白色馬也。周人尚赤，大事斂用日出，戎事乘騵，❶牲用騂。」簡，閱也。言桀有罪，己不敢赦；而天下賢人皆上帝之臣，己不敢蔽。簡在帝心，惟帝所命。此述其初請命而伐桀之詞也。又言君有罪非民所致，民有罪實君所爲。見其厚於責己，薄於責人之意。此其告諸侯之辭也。朱子曰：簡，閱也。善與罪天皆知之，如天點檢數過。爾之有善也在帝心，我之有惡也在帝心。○南軒張氏曰：「有罪不敢赦」，謂桀得罪於天，不敢稽天命而不討。然凡天下之人，莫非帝之臣，其善惡不可蔽也，則何敢專？顧帝所眷命何如耳。己有罪則不敢以及萬方，萬方有罪則歸之於己，此其自列以聽天命之辭。公天下之心如此，然則其有天下也，亦何與於己哉？○雙峯饒氏曰：湯述其告天之辭以告諸侯。

周有大賚，善人是富。賚，來代反。此以下述武王事。賚，予也。予，通作「與」。武王克商，「大賚于四海」，見形甸反。《周書·武成》篇。此言其所富者皆善人也。《詩序》曰：「《賚》，所以錫予善人。」《詩·周頌·賚》：「大封於廟也。賚，予也。言所以錫予善人也。」蓋本於此。雙峯饒氏曰：紂爲天下逋逃主，所用皆是惡人。故武王伐商之初，便把「善人是富」做箇打頭第一件事。大賚，是錫予普及四海；其中善人，則錫予又自加厚。《洪範》曰：「凡厥正人，既富方穀。」正人既得其富，則其爲善也篤，故不容以泛然錫賚施之也。

「雖有周親，不如仁人。百姓有過，在予一人。」此《周書·泰誓》之辭。孔氏曰：孔氏，名安國，西漢曲阜人。「周，至也。言紂至親雖多，不如周家之多仁人。」問：『雖有周親』，注：

❶「事」，原作「車」，今據《禮記·檀弓上》改。

『紂之至親雖多。』他衆叛親離，那裏有至親？」朱子曰：紂之至親豈不多？唯其衆叛親離，所以不濟事。故《書》謂「紂有億兆夷人，離心離德」是也。○南軒張氏曰：周有大賚，惟善人之是富。雖有周至親，不如仁賢：如周公雖至親，亦以尊賢之義爲重也。「百姓有過，在予一人」，是武王公天下之心，與成湯無以異也。此所載帝王之事，孔子之所常言。門人列於末章，所以見前聖後聖之心，若合符節。其不得時位而在下，則夫子之道；其得時位而在上，則帝王之業。○厚齋馮氏曰：微子去之，箕子爲之奴，比干諫而死：雖紂至親，不獲用也。「予小子既獲仁人，祇承上帝」，蓋武王有亂臣十人，皆爲用也。奉天討罪，以罪己爲本，故曰：「禹、湯罪己，其興也勃焉。」

謹權量，審法度，修廢官，四方之政行焉。

權，稱去聲。錘直垂反。也。量，去聲。斗斛也。古註引《漢·律歷志》云：「權者，銖、兩、斤、鈞、石也，所以稱物平施，知輕重也。本起黄鍾之重。一龠容千二百黍，重十二銖。兩之爲兩，二十四銖爲兩。十六兩爲斤，三十斤爲鈞，四鈞爲石：五權謹矣。量者，龠、合、升、斗、斛也，所以量多少也。本起於黄鍾之龠。用度數審其容，以子穀秬黍中者千有二百實其龠。合龠爲合，十合爲升，十升爲斗，十斗爲斛：五量嘉矣。」又云：「度者，分、寸、尺、丈、引也，所以度長短也。本起黄鍾之長。以子穀秬黍中者一黍之廣爲一分，十分爲寸，十寸爲尺，十尺爲丈，十丈爲引：而五度審矣。」而此不言度者，從可知也。法度，禮樂制度皆是也。

興滅國，繼絶世，舉逸民，天下之民歸心焉。

興滅、繼絶，謂封黄帝、堯、舜、夏、商之後。舉逸民，謂釋箕子之囚，復商容之位。三者，皆人心之所欲也。《禮記》：武王克殷反商，未及下車而封黄帝之後於薊，封帝堯之後於祝，封帝舜之後於陳。下車而封夏后氏之後於杞，投殷之後於宋，封王子比干之墓，釋箕子之囚，使之行商容而復其位。庶民弛政，庶士倍祿。○朱子曰：興滅國，繼絶世，舉逸民，此聖人之大賞。兼弱攻昧，取亂侮亡，此聖人之大罰。○雙峯饒氏曰：謹權量是平其在官之權衡斗斛，使無過取於民。關石和鈞，王府則有，固是要通乎官民，然民間權量關係尚淺，最是官府與民交涉，便易得加增取盈。當今苗斛皆然。當紂之時，必是取民過制，所以武王於此不容不謹。審法度是審度可否因革之宜，是底因之，不是底革之，即此便是審處。修廢官亦只是因其見在之官，而廢者從頭改去。興滅、繼絶，只是一事。黄帝、堯、舜、禹、湯皆有功德於民，合當他子孫有國，如何不繼其絶後。得逸民是有德而隱者亦合當教他有禄。民心皆欲得其如此，而我則興之繼之舉之，此其所以歸心。

所重民：食，喪，祭。

《武成》曰：「重民五教，惟食、喪、祭。」節齋蔡氏曰：五教，君臣、父子、夫婦、兄弟、長幼，五典之教也。食以養生，喪以送死，祭以追遠。五教、三事，所以立人紀而厚風俗，聖人之所甚重焉者。○雙峯饒氏曰：「周有大賚」以下，夫子零碎收拾，或舉其辭，或述其事，湊成武王一段事實。

寬則得衆，信則民任焉，敏則有功，公則説。

説音悦。

此於武王之事無所見，恐或泛言帝王之道也。雲峯胡氏曰：帝王之道，不能外一「中」字。堯、舜以禪讓爲中，湯、武以征伐爲中。泛言之，則曰寬，曰信，曰敏，曰公；約言之，曰中而已。○新安陳氏曰：寬者柔之中，敏者剛之中，信者中之實，公者中之體也。○楊氏曰：「《論語》之書，皆聖人微言，而其徒傳守之以明斯道者也。故於終篇具載堯、舜咨命之言，湯、武誓師之意，與夫音扶。施諸政事者，以明聖學之所傳者一於是而已。所以著明二十篇之大旨也。《孟子》於終篇亦歷叙堯、舜、湯、文、孔子相承之次，皆此意也。」朱子曰：此篇，夫子誦述前聖之言，弟子類記於此。○此篇多闕文，當各本其所出而解之。有不可通者，闕之可也。「謹權量」以下，皆武王事。當自「周有大賚」以下至「公則説」爲一章。蓋興滅國、繼絶世、舉逸民，當時皆有其事。○勉齋黄氏曰：《論語》末篇歷叙堯、舜、禹、湯、武王相傳之道，而先之以「執中」，得其要矣。其下泛及賞善罰惡、責己恕人，大綱小紀，本數末度，無不具舉。蓋帝王之道，初無精麤，凡事之合天理、當人心者，是其所以爲道也。所謂「執中」，正以其事事物物無適而非中耳。豈虚空無據而可謂之中乎？○雙峯饒氏曰：通論此章，堯、舜、禹是説相傳之理，湯是説他心事，武王又是兼政事而言。三説固無不同，然累聖相承，只是一「中」字。前面説理處是中道流傳之原，下面亦無一不是「執中」之實。○雲峯胡氏曰：前篇之末，言夫子之得邦家者，其用必如此；此篇之首，則述叙自古帝王之用固如此。以見聖學之所傳者，無非有體有用之學，而凡《論語》二十篇之大旨，皆不外此也。《孟子》篇終即此意，但《孟子》「聞知」、「見知」者，知其道也，是從知上説，此則從行道上説。行無不本於知，知即所以行，固無異也。

○子張問於孔子曰：「何如斯可以從政矣？」子曰：「尊五美，屏四惡，斯可以從政矣。」子張曰：「何謂五美？」子曰：「君子惠而不費，勞而不怨，欲而不貪，泰而不驕，威而不猛。」子張曰：「何謂惠而不費？」子曰：「因民之所利而利之，斯不亦惠而不費乎？擇可勞而勞之，又誰怨？欲仁而得仁，又焉貪？君子無衆寡，無小大，無敢慢，斯不亦泰而不驕乎？君子正其衣冠，尊其瞻視，儼然人望而畏之，斯不亦威而不猛乎？」費，芳味反。焉，於虔反。○新安倪氏曰：按韻書，「屏」字上聲者，註云：「蔽也。」去聲者，註云：「除也。」「屏四惡」之屏當去聲讀，而舊音丙。

朱子曰：❶謝氏云：「以府庫之財與人，則惠而費矣，又安得人人而給之？惟因四時之和，因原隰之利，因五方之財，以阜物，以厚生，使民不饑不寒，何費之有？勞人以力所不堪，則不免於怨。擇可勞而勞之，以佚道使民，惟喜康共，不常厥邑可也，其究安宅、百堵皆作可也。如此，則又何怨之有？」○問：「『欲仁得仁，又焉貪』，如何？」曰：仁是我所固有，而我得之，何貪之有？若是外物，欲之則爲貪。此正與「當仁不讓於師」

❶「朱子曰」，《輯釋》作「或問」。按，本條並無朱熹語，全見於《論孟精義》卷一〇下。

同意。曰：於問政及之，何也？曰：治己治人，其理一也。○胡氏曰：在人上者，人欲爲多，不能窒之，則其貪無時而已。惟反是心以欲仁，則求諸己而必得，何物足以累其心，夫何貪？泰者，安舒自得之謂，近於驕。然君子心一於敬，不以彼之衆寡大小而貳其心，則其自處未嘗不安，何驕之有？○南軒張氏曰：正衣冠，尊瞻視，臨之以莊也。持身嚴，故人望而自畏之，而非以威加人也，故威而不猛。若有使人畏己之心，則猛而反害於威矣。惠不費，勞不怨，施於人者也；欲不貪，泰不驕，威不猛，存於己者也。爲政內外始終之道，亦云備矣。然欲仁，其本歟？

子張曰：「何謂四惡？」子曰：「不教而殺謂之虐。不戒視成謂之暴。慢令致期謂之賊。猶之與人也，出納之吝，謂之有司。」出，去聲。

虐，謂殘酷不仁。暴，謂卒倉没反。遽無漸。致期，刻期也。賊者，切害之意。緩於前而急於後，以誤其民而必刑之，是賊害之也。猶之，猶言「均之」也。均之以物與人，而於其出納之際乃或吝而不果，則是有司之事，而非爲政之體。所與雖多，人亦不懷其惠矣。項羽使人有功當封，刻印刓，吾官反。忍弗能予，通作與。卒以取敗，亦其驗也。《通鑑》：漢高祖元年，韓信問漢王曰：「今争權天下，豈非項王耶？」王曰：「然。」曰：「大王自料勇悍仁彊，孰與項王？」漢王良久，曰：「不如也。」信曰：「信亦以爲大王不如也。然臣嘗事之，請言其爲人。項王喑音。噁烏故反。叱昌力反。咤，竹駕反。《漢書》作「意烏猝嗟」。千人皆廢。然不能任其賢將，此特匹夫之勇耳。項王見人恭敬慈愛，言語嘔嘔，凶于反。悦言也。《漢書》作「姁」，音同。人有疾病，泣涕分飲食。至使人有功當封爵者，刻印刓，訛缺也。忍弗能予。此所謂婦人之仁也。」○朱子曰：猶之，均之也。如言一等是如此，史家多有此般字。此「吝」字説得來又廣，只是戒人遲疑不決，若當賞便用賞，遲疑之間，澀縮靳惜，便誤事機。如李絳勸憲宗速賞魏博將士，謂若待其來請而後賞之，則恩不歸上矣，政是此意。若是有司出納之間，吝惜不敢自專，却是本職當然。人君爲政，大體却不可如此，當與便果决與之。○問「四惡」之說。曰：虐也，暴也，賊也，謝氏得之。有司之説，楊氏爲當。謝曰：「古者以五戒先，後刑罰，所以警昏愚、懲怠慢也。戒之既至，然後可以責成矣。不先戒之，彼且烏知先後緩急之所在？遽以視成，不亦暴乎？令嚴者欲其不犯，聚衆以誓之，垂象以曉之，讀法以諭之。上自慢其令而欲下之嚴，其可得乎？如是而致期焉，期而不至則罪之，是罔民也。」楊曰：「非其義也，一介不以予人而不爲吝；義在可與，而惟出納之吝，在有司則爲善，在爲上則爲惡。天下之事，亦惟當其可而已。」○問：「猶之與人也，出納之吝，何以在四惡之數？」曰：此一惡比上三惡似輕，然亦極害事。蓋此人乃箇多猜嫌疑慮之人，賞不賞，罰不罰，疑吝不決，正如唐德宗是也。○南軒張氏曰：虐、暴、賊，皆不仁者之爲也；出納之吝，不知者之爲也。○勉齋黄氏曰：惠易費，勞易怨，欲易貪，泰易驕，威易猛。今至於不犯人情之所易，則美之至者也。殺，不可也，甚則不教而殺；視成，不可也，甚則不教而視成；❶致期，不可也，甚則慢令而致期；吝，不可也，甚則與人而亦吝。今至於犯人情之所已甚，則惡之至者也。此一尊一屏，聖人之所以深戒之也。○雙峯饒氏曰：要行一事，須預先告戒，使遵承，而後可。若不先告戒之，猝然要責他成就，豈不是暴？慢令於先，一時却去緊他，是誤而賊之也。當與而吝，易失人心，也是惡。上三者是急迫之惡，下一件是悠緩之惡。○雲峯胡氏曰：四惡，虐爲甚，暴次之，賊又次之，剛惡也；吝如有司不能專決，柔惡也。蓋「吝」之一字，在有司不便謂之惡，從政而謂之有司則惡矣。故特著項羽以吝取敗之事，以示爲政不知大體者之戒。

○尹氏曰：「告問政者多矣，未有如此之備者也。故記之以繼帝王之治。去聲。則夫子之爲政，可知也。」趙氏曰：孔子論爲政之方，莫詳於此，故門人取以附前章之後。夫子之爲政，蓋與帝王若合符節。○雲峯胡氏曰：問政見於《論語》者，齊景公、葉公各一，季康子凡三，仲弓、子路、子張、子夏各一，夫子答之未有如此章之詳者。蓋惠未

❶「教」，四庫本、陸本作「戒」，孔本作「令」。

有不費，勞未有不怨，欲則易貪，泰則易驕，威則易猛。今皆不然，所以爲美也。虐之而不知教，暴之而不知戒，賊之而不知令，吝之而不知與。爲民父母者，奚忍如是哉？此所以爲惡也。

○子曰：「不知命，無以爲君子也。

程子曰：「知命者，知有命而信之也。不知命則見害必避，見利必趨，何以爲君子？」朱子曰：此與五十知天命不同。「知天命」謂知其理之所自來，此「不知命」是説死生、壽夭、貧富、貴賤之命。今人開口亦解説一飲一啄自有分定，及遇小小利害，便生趨避計較之心。古人刀鋸在前，鼎鑊在後，視之如無者，只緣見道理，都不見那刀鋸鼎鑊。○《論語》首云「人不知而不愠，不亦君子乎」，終云「無以爲君子也」，此深有意。蓋學者所以學爲君子，若不知命，則做君子不成。○胡氏曰：一定而不可易者命也。人不知命，常求其所不可得，避其所不可免，斯所以徒喪所守而爲小人也。○慶源輔氏曰：此命指氣而言，謂貧賤、富貴、窮通、得喪一定不可易者。必知此而信之，始見利不苟就，見害不苟避，故全得我之義理，所以爲君子。○雲峯胡氏曰：程子釋「朝聞道」謂知而信者爲難。此亦謂知而信之者。知而不信，知之猶未至也。知之猶未至，則凡見利必趨，見害必避，皆小人之爲也。欲爲君子得乎？首篇「不亦君子乎」，是已到君子地位，此曰「無以爲君子也」，是方做君子根脚。

「不知禮，無以立也。

不知禮，則耳目無所加，手足無所措。雲峯胡氏曰：《集註》十字是形容「無以立」三字。耳目無所加，是懵然不知有可立之地。手足無所措，是茫然卒無可立之地。

「不知言，無以知人也。」

言之得失，可以知人之邪正。慶源輔氏曰：言，心聲也。因言之得失，可以知人之邪正，惟格物窮理之君子能之。○雲峯胡氏曰：孟子「知言」之謂，蓋本於此。但《集註》釋孟子「知言」則曰「凡天下之言，識其是非得失之所以然」，而此不過曰「無以知人之邪正」，❶此爲學者言，彼則孟子自言也。於此亦見《集

---

❶「無」，據《四書章句集註》，疑當作「可」。

註》之精。○尹氏曰：「知斯三者，則君子之事備矣。南軒張氏曰：此所論「命」，謂窮達得喪之有命也。不知命，則將儌倖而苟求，何以爲君子乎？知命則志定，然後其所當爲者可得而爲矣。「禮」者，所以檢身也。不知禮，則視聽言動無所持守，其將何以立乎？知禮，則有踐履之實矣。「知言」，如吉人之辭寡，躁人之辭多之類。不知言，則無以知其實情之所存，其將何以知人乎？故知言則取友不差矣。此三者學者之所宜先，切要之務也。必以是爲本，而後學可進。不然，雖務於窮高極遠，而終無所益。門人以此終《論語》之書，豈無旨哉？○勉齋黃氏曰：知命，知其在天者；知禮，知其在己者；知言，知其在人者。知天則利害不能動乎外，而後可以脩諸己；知禮則義理有以養乎內，而後可以察諸人。知天而不知己，未必能安乎天；知己而不知人，未必能益乎己。○慶源輔氏曰：知命，則在我者有定見；知禮，則在我者有定守；知言，則在人者無遁情。知斯三者，則內足成己之德，外足盡人之情，故君子之事備。○雲峯胡氏曰：學始於致知，終於治國平天下。前篇之末與此篇前二章，皆説治國平天下，聖學之終事。此章復提起三「知」字，是聖學之始事。知斯三者而爲君子，則聖學之體立；遇時而用之，則聖學之用行。弟子記此以終一書，不無意矣。弟子記此以終篇，得無意乎？學者少去聲。而讀之，老而不知一言爲可用，不幾平聲。於侮聖言者乎？夫子之罪人也，可不念哉？」覺軒蔡氏曰：《論語》首章末以「君子」言，末章首以「君子」言。聖人教人，期至於君子而已。詳味兩章語意，實相表裏。學者其合而觀之。○新安陳氏曰：《論語》一書，夫子以「君子」教人者多矣。首末兩章，皆以「君子」言之，記者之深意。夫子嘗自謂「不怨天，不尤人」。「人不知而不愠」，不尤人也；「知命」，則不怨天，且樂天矣。學者其深玩潛心焉。

論語集註大全卷之二十

孟子集註序說

《史記》列傳曰：孟軻，趙氏曰：「孟子，魯公族孟孫之後。」《漢書》云字子車，❶一說字子輿。趙氏，名岐，字邠卿，東漢京兆人。騶人也，騶亦作鄒，本邾國也。受業子思之門人。子思，孔子之孫，名伋。音急。《索隱》云「王劭以『人』爲衍字」，而趙氏註及《孔叢子》等書亦皆云孟子親受業於子思，未知是否。慶源輔氏曰：子思之門人無顯名於後者，而孟子真得子思之傳，則疑親受業於子思者爲是。而《集註》兩存其說。蓋自古聖賢固有聞而知之者，不必待耳傳面命而後得也。又以《中庸》一書觀之，所以傳授心法，開示蘊奧，如此其至，則當時門弟子豈無見而知之者？孟子從而受之，愈益光明，亦宜有之也。○西山真氏曰：七篇之書，其出乎《中庸》者非一。其曰「四端」云者，則未發之中、中節之和也。蓋仁、義、禮、知，性也，所謂「大本」也；惻隱、羞惡、辭讓、是非，情也，所謂「達道」也。其曰「禹、稷、顏回同道，孔子仕止久速」者，則「君子而時中」也；其曰「鄉原亂德」者，則「小人而無忌憚」也；其曰「子莫執中」者，「時中之反」也；其曰「曾子、北宮黝之勇」者，「南、北方之强」也；其曰「仁之實，事親；義之實，從兄；禮之實，節文斯二者」，則「仁者人也，親親爲大；義者宜也，尊賢爲大。親親之殺、尊賢之等，禮所生也」；其曰「堯、舜性之，湯、武反之」，則「自誠明之謂性，自明誠之謂教」也；其曰「天下國家之本在身」，則「爲天下國家有九經」也。至於「誠者天之道，思誠者人之道」，一章之義悉本於《中庸》，尤足以見淵源之所自。道既通，趙氏曰：孟子通五經，尤長於《詩》、《書》。程子曰：孟子曰：「可以仕則仕，可以止則止，可以久則久，可以速則速。孔子，聖之時者也。」故知《易》者莫如孟子。又曰：「王者之迹熄而《詩》亡，《詩》亡然後《春秋》作。」又曰：「《春秋》無義戰。」

❶ 按「字子車」說出《漢書・藝文志》顏師古注。

又曰：「《春秋》，天子之事。」故知《春秋》者莫如孟子。尹氏曰：以此而言，則趙氏謂孟子長於《詩》、《書》而已，豈知孟子者哉？游事齊宣王，宣王不能用；適梁，梁惠王不果所言。則見以爲迂遠而闊於事情。按《史記》：梁惠王之三十五年乙酉，孟子始至梁。其後二十三年當齊湣王之十年丁未，齊人伐燕而孟子在齊，故《古史》謂孟子先事齊宣王，後乃見梁惠王、襄王、齊湣王。獨《孟子》以伐燕爲宣王時事，與《史記》、《荀子》等書皆不合。而《通鑑》以伐燕之歲爲宣王十九年，則是孟子先游梁而後至齊見宣王矣。然《考異》亦無他據。又未知孰是也。新安陳氏曰：謹按《通鑑綱目》：周顯王三十三年乙酉，孟軻至魏。慎靚王二年壬寅，魏君罃卒，孟軻去魏，適齊。五年乙巳，燕君噲以國讓其相子之。赧王元年丁未，齊伐燕，取之。分注但云「齊王」，其下即書「孟軻去齊」。赧王二年戊申，即齊閔王地元年。「閔」即「湣」字。伐燕一事，《史記》以爲齊湣王十年丁未，蓋以顯王四十六年戊戌爲齊閔王元年；《通鑑》以爲宣王十九年丁未，蓋以顯王三十七年己丑爲宣王元年。《史記》、《通鑑》之不同，蓋如此。證以《通鑑綱目》丁未宣王卒，閔王立，戊申方改元，則丁未乃宣王末年，閔王繼位之年。蓋未能的知伐燕之爲先君事與嗣君事也。以淖齒事證之，閔王爲是。《孟子》謂爲宣王，恐傳寫之訛耳。無所折衷，姑以《綱目》爲據云。當是之時，秦用商鞅，倚兩反。楚魏用吳起，齊用孫子、田忌。天下方務於合從連衡，從，子容反。衡，與「横」同。○新安陳氏曰：蘇秦主合從之說，欲合六國爲一以抗秦；張儀主連衡之說，則離六國之交以事秦。六國，謂楚、燕、齊、韓、趙、魏也。以攻伐爲賢，而孟軻乃述唐虞三代之德，是以所如者不合。退而與萬章之徒序《詩》、《書》，述仲尼之意，作《孟子》七篇。趙氏曰：凡二百六十一章，三萬四千六百八十五字。韓子曰：孟軻之書非軻自著。軻既沒，其徒萬章、公孫丑相與記軻所言焉耳。愚按，二說不同，《史記》近是。韓子，名愈，字退之，謚文公。唐鄧州人。○問：「《序説》謂《史記》近是，而《集註》於《滕文公》篇首章云『門人不能盡記其辭』，又第四章云『記者之誤』，如何？」朱子曰：前説是，後兩處失之。熟讀七篇，觀其筆勢如鎔鑄而成，非綴緝可就也。《論語》便是記録綴緝所爲，非一筆文字矣。○新安陳氏曰：愚聞：或疑《易・繫辭》有「子曰」字，以爲非孔子作。朱子曰：安知非後人所加？如周子自著《通書》，五峯刊之，每章加「周子曰」字。今讀《孟子》，亦當會此意。

韓子曰：堯以是傳之舜，舜以是傳之禹，禹以是傳之湯，湯以是傳之文、武、周公，文、武、周公傳之孔子，孔子傳之孟軻。軻之死，不得其傳焉。荀與揚也，擇焉而不精，語焉而不詳。程子曰：韓子此語，非是蹈襲前人，又非鑿空撰得出，必有所見。若無所見，不知言所「傳」者何事？荀子，名況，戰國時趙人。揚子，名雄，漢蜀郡人。○朱子曰：此非深知所傳者何事，則未易言也。堯舜之所以爲堯舜，以其盡此心之體而已。禹、湯、文、武、周公、孔子傳之以至於孟子，其間相望有或數百年者，非得口傳耳授，密相付屬也。特此心之體隱乎百姓日用之間，賢者識其大，不賢者識其小，而體其全且盡者則爲得其傳耳。

○又曰：孟氏，醇乎醇者也；荀與揚，大醇而小疵。程子曰：韓子論孟子甚善，非見得孟子意，亦道不到。其論荀揚則非也。荀子極偏駁，只一句「性惡」，大本已失。揚子雖少過，然亦不識性，更説甚道？《荀子・性惡篇》：人之性惡，其善者僞也。今人之性，生而有好利焉，有疾惡去聲。焉，有耳目之欲，好聲色焉。然則從人之性，順人之情，必出於争奪，合於犯分亂理而歸於暴。故必將有師法之化，禮義之道，音導。然後出於辭讓，合於文理而歸於治。然則人之性惡，明矣，其善者僞也。○《揚子・脩身》篇：人之性也，善惡混。脩其善則爲善人，脩其惡則爲惡人。氣也者，所適善惡之馬也歟？○朱子曰：韓子謂荀、揚大醇小疵，非是。由田駢、慎到、申不害、韓非之徒觀之，則荀、揚爲大醇耳。○程子説荀、揚等語，是就分金秤上説下來。

○又曰：孔子之道

大而能博，門弟子不能徧觀而盡識也，故學焉而皆得其性之所近。其後離散分處上聲。諸侯之國，又各以其所能授弟子，源遠而末益分。惟孟軻師子思，而子思之學出於曾子。自孔子没，獨孟軻氏之傳得其宗。故求觀聖人之道者，必自孟子始。程子曰：孔子言參也魯，然顔子没後，終得聖人之道者，曾子也。觀其啓手足時之言，可以見矣。所傳者子思、孟子，皆其學也。問：「『大』是就渾淪處説，『博』是就該貫處説否？」朱子曰：韓子亦未必有此意，但如此看亦自好。問：「學焉而皆得其性之所近。」曰：政事者就政事上學得，文學者就文學上學得，德行言語者就德行言語上學得。○慶源輔氏曰：韓子但言孔門諸子，惟曾子之學獨傳而有子思、孟軻，然不言其所以獨傳之故。故程子又從而發明之，以爲曾子只緣資質魯鈍，故用功於内者深篤確實。觀其啓手足之言，所謂「一息尚存，此志不容少懈」者，此聖道之所以終傳，而有子思、孟子之學也。○

又曰：揚子雲曰：「古者楊、墨塞先則反。路，孟子辭而闢之，廓苦郭反。如也。」夫音扶。楊、墨行，正道廢，孟子雖賢聖，不得位，空言無施，雖切何補？然賴其言，而今之學者尚知宗孔氏，崇仁義，貴王賤霸而已。其大經大法皆亡滅而不救，壞爛而不收，所謂存十一於千百，安在其能廓如也？然向無孟氏，則皆服左衽而言侏音朱。離矣。張存中。曰：《後漢·南蠻傳》云：「衣裳班蘭，語言侏離。」侏離，蠻夷語言不分朗之聲也。故愈嘗推尊孟氏以爲功不在禹下者，爲去聲。此也。新安陳氏曰：自「夫楊、墨行」至「安在其能廓如也」，皆是難辭，揚中之抑。只着「向無孟氏」二句斡轉，而斷之以「孟氏功不在禹下」，盡之矣。孟子闢楊、墨，功不在禹治洪水下者，洪水溺人之身，異端陷溺人心，心溺之禍甚於身溺故也。

或問於程子曰：「孟子還可謂聖人否？」程

子曰：未敢便道他是聖人。然學已到至處。愚按，「至」字恐當作「聖」字。朱子曰：若以孟子比孔子時說得高，然孟子道性善，言必稱堯、舜，又見孟子說得實。○慶源輔氏曰：未敢便道他是聖人，以其行處言；學已到聖處，以其知處言也。孟子論「大而化之之謂聖，聖而不可知之之謂神」，與夫聖智巧力之譬，精密切當，非想像臆度之所能及，是其學已到聖處也。然其英氣未化，有露圭角處，故未敢便道他是聖人。此其權度，審矣。○程子又曰：孟子有功於聖門，不可勝平聲。言。仲尼只說一箇「仁」字，孟子開口便說「仁義」。仲尼只說一箇「志」，孟子便說許多「養氣」出來。只此二字，其功甚多。○又曰：孟子有大功於世，以其言性善也。○又曰：孟子性善、養氣之論，皆前聖所未發。慶源輔氏曰：言性善，使資質美者聞之，必求復其本然而充其善；資質不美者聞之，亦知所自警而不流於惡。言養氣，使氣質剛柔不齊者勇猛奮發於道義，而無巽懦怯弱之弊。皆發夫子所未發。其功多蓋在此，此所以有大功於世也。○又曰：學者全要識時。若不識時，不足以言學。顏子陋巷自樂，音洛。以有孔子在焉。若孟子之時，世既無人，安可不以道自任？○又曰：孟子有些英氣。才有英氣，便有圭角。英氣甚害事。新安陳氏曰：「英氣甚害事」，蓋責賢者備之辭。如顏子便渾厚不同。顏子去聖人只毫髮間。孟子大賢，亞聖之次也。或曰：「英氣見形甸反。於甚處？」曰：但以孔子之言比之，便可見。如字。且如冰與水精非不光，比之玉，自是有溫潤含蓄氣象，無許多光耀也。覺軒蔡氏曰：聞之程子又曰：「仲尼，元氣也；顏子，春生也；孟子，并秋殺盡見。仲尼無所不包。顏子示不違如愚之學於後世，有自然之和氣，不言而化者也。孟子則露其材。蓋亦時然而已。仲尼，天地也；顏子，和風慶雲；孟子，泰山巖巖之氣象也。觀其言，皆可見之矣。仲尼無迹，顔子微有迹，孟子其迹著。」「孔子儘是明快人，顔子儘豈弟，孟子儘雄辨。」○慶源輔氏曰：英氣是剛明秀發之氣，此自是好底氣質。若消化未盡，猶有圭角，則有時而發。學要變化氣質，須渾然純是義理，如張子所謂「德勝於氣，性命於德」，方始是成就處。又曰：言，心聲也，德之符也。有德者必有言。若就言上看得分明，則其德無餘蘊矣。玉有温潤含蓄氣象，所以爲寶；人有温潤含蓄氣象，所以爲聖也。其理，一也。

楊氏曰：《孟子》一書只是要正人心。教人存心養性，收其放心。至論仁、義、禮、智，則以惻隱、羞惡、辭讓、是非之心爲之端。論邪説之害，則曰生於其心，害於其政。論事君，則曰格君心之非，一正君而國定。千變萬化，只説從心上來。人能正心，則事無足爲者矣。《大學》之脩身齊家治國平天下，其本只是正心誠意而已。心得其正，然後知性之善。故孟子遇人便道性善。朱子曰：「心得其正，然後知性之善」，語若有病。蓋知性之善，然後能正其心；心得其正，然後有以真知性之爲善而不疑耳。○慶源輔氏曰：「人能正心，則事無足爲者」，其語亦失之太快。觀《大學》正心之後，於脩身、齊家、治國、平天下，更有工夫在。歐陽永叔名脩，廬陵人。却言聖人之教人，性非所先，可謂誤矣。人性上不可添一物。堯、舜所以爲萬世法，亦是率性而已。所謂率性，循天理是也。外邊用計用數，假饒立得功業，只是人欲之私。與聖賢作處，天地懸隔。慶源輔氏曰：此數句判斷二帝三王及漢唐以後爲治之道所以不同，明白詳盡。

孟子集註序説

孟子集註大全卷之一

梁惠王章句上

凡七章。

孟子見梁惠王，

梁惠王，魏侯罃於耕反。也。都大梁，趙氏曰：按，魏初都安邑，在漢河東郡安邑縣，至惠王徙大梁，在漢陳留郡浚儀縣。僭稱王，謚曰惠。《史記》：惠王三十五年，新安倪氏曰：按《綱目》，周顯王三十三年乙酉爲惠王三十五年。卑禮厚幣以招賢者，而孟軻至梁。問：「孟子不見諸侯，其見惠王，何也？」朱子曰：不見諸侯，不先往見也；見惠王，答其禮也。先王之禮，未仕不得見諸侯。時士鮮自重，而孟子猶守此禮。故所居之國，未仕，必君先就見，然後往見；異國君不得越竟，必以禮先焉，然後往答其禮耳。《史記》得其事之實矣。

王曰：「叟，不遠千里而來，亦將有以利吾國乎？」

叟，長上聲。老之稱。王所謂利，蓋富國彊兵之類。西山真氏曰：當時王道不明，人心陷溺，惟知有利而已。故惠王利國之問，發於見賢之初。

孟子對曰：「王何必曰利？亦有仁義而已矣。

仁者，心之德，愛之理。義者，心之制，事之宜也。朱子曰：仁言心之德，見得可包四者；義者心之制，只是說義。○心之德是混淪說，愛之理方說到親切處。心之制是說義之體，程子所謂「處物爲義」是也；事之宜是就千條萬緒，各有所宜處說，揚雄言「義以宜之」，韓愈言「行而宜之之謂義」。若只以義爲宜，則義有在外意思。須如程子所言，則處物者在心而非外也。事之宜雖若在外，然所以制其宜則在心也。

○心之制如利斧，事來劈將去，可底從這一邊去，不可底從那一邊去。○仁兼義言者，是言體；專言者，是兼體用而言。○仁對義爲體用，仁又自有仁之體用，義又自有義之體用。○所謂事之宜，方是指那事物當然之理，未説到處置合宜處也。○問：「人所以爲性者五，獨舉仁義，何也？」曰：天地所以生物，不過陰陽五行，而五行實一陰陽也；人性雖有五，然曰仁義，則大端已舉矣。以陰陽五行言，則木火皆陽，金水皆陰，而土無不在；以性言，則禮者仁之餘，智者義之歸，而信亦無不在也。又曰：禮者仁之著，智者義之藏。又曰：仁存諸心，性之所以爲體也；義制夫事，性之所以爲用也。然以性言之則皆體也，以情言之則皆用也，以陰陽言之則義體而仁用也，以存心制事言之則仁體而義用也。錯綜交羅，惟其所當，而各有條理焉。○疊山謝氏曰：夫子罕言仁，不過於隨事發見處言。孟子「仁，人心」一語直説仁之本體，此朱子於《論》註先言愛而《孟》註先言心，真得孔、孟之要旨。○諸葛氏曰：《語》之「爲仁」猶曰「行仁」，以仁之用言，故《集註》先言愛之理；《孟子》此章以仁之體言，故《集註》先言心之德。○雲峯胡氏曰：心之德是體，愛之理是用；心之制是體，事之宜是用。《孟子》所言「仁義」是包體用而言，《論語》所謂「爲仁」是以仁之用言。此二句乃一章之大指，下文乃詳言之。後多放與「倣」同。此。

「王曰何以利吾國，大夫曰何以利吾家，士庶人曰何以利吾身：上下交征利，而國危矣。萬乘之國，弒其君者必千乘之家；千乘之國，弒其君者必百乘之家。萬取千焉，千取百焉，不爲不多矣。苟爲後義而先利，不奪不饜。乘，去聲。饜，於豔反。

此言求利之害，以明上文「何必曰利」之意也。征，取也。上取乎下，下取乎上，故曰「交征」。國危，謂將有弒奪之禍。乘，車數也。萬乘之國者，天子畿音祈。內地方千里，出車萬乘；千乘之家者，天子之公卿采音菜。地方百里，出車千乘也。千乘之國，諸侯之國；百乘之家，諸侯之大夫也。《前漢·刑法志》：殷、周以兵定天下矣。天下既定，戢藏干戈，教以文德，而猶立司馬之官，設六軍之衆，司馬掌邦政，軍旅屬焉。萬二千五百人爲軍，王則六軍也。因井田而制軍賦：地方一里爲井，井十爲通，通十爲成，成方十里；成十爲終，終十爲同，同方百里；同十爲封，封十爲畿，畿方千里。有税有賦。税以足食，賦以足兵。四井爲邑，四邑爲丘。丘，十六井也，有戎馬一疋，牛三頭。四丘爲甸。甸，六十四井也，有戎馬四疋，兵車一乘，牛十二頭，甲士三人，在車上者。卒七十二人，干戈備具。是謂乘馬之法。一井八家，一甸六十四井，計田五百七十六頃，五百一十二家，出士卒七十五人，則殷、周之制，不及七家給一兵也。又兵車一乘有牛馬共十六，計三十二家又出一馬或牛也。一同百里，提封萬井，提，舉也，舉四封之内也。除山川沈斥、城池邑居、園囿術路，三千六百井，沈斥，水田舄鹵也。沈謂淵深，❶水之下也。斥，鹹鹵之地。術，大道也。定出賦六千四百井，戎馬四百疋，兵車百乘，此卿大夫采地之大者也，采，官也。因官食地，故曰采地。是謂百乘之家。一封三百一十六里，提封十萬井，定出賦六萬四千井，戎馬四千疋，兵車千乘，此諸侯之大者也，是謂千乘之國。天子畿方千里，提封百萬井，定出賦六十四萬井，戎馬四萬疋，兵車萬乘，故稱萬乘之主。戎馬、車徒、干戈素具。弒，下殺上也。饜，足也。言臣之於君，每十分扶問反。下同。而取其一分，新安陳氏曰：以制地定法言，天子萬乘，諸侯取十之一得千乘；諸侯千乘，大夫取十之一得百乘。亦已多矣。若又以義爲後而以利爲先，則不弒其君而盡奪之，其心未肯以爲足也。慶源輔氏曰：《集註》發明「不奪不饜」，最説得人心求利之意出。蓋尚義則循理而有制，徇利則横流而無節，故不弒逆而盡奪之，其心猶有所不足也。○新安陳氏曰：此章始末兼言仁義，中單言義者，蓋仁有温然慈愛之意，義有截然斷制之意。取其斷制以勝私去利，則義之用爲尤切。兼言仁義，該體用之全也；單言義，取功用之切也。下文仁施於親，義施於君，此對君言之，故單言義，亦通。

「未有仁而遺其親者也，未有義而後其君者也。」

此言仁義未嘗不利，以明上文「亦有仁義

❶「淵」，《漢書·刑法志》顏師古注作「居」。

而已」之意也。遺，猶「棄」也。後，不急也。言仁者必愛其親，義者必急其君。故人君躬行仁義而無求利之心，則其下化之，自親戴於己也。朱子曰：仁者，人也。其發則專主於愛，而愛莫切於愛親，故人仁則必不遺其親矣。義者，宜也。其發則事皆得其宜，而所宜者莫大於尊君，故人義則必不後其君矣。○慶源輔氏曰：仁義，人心之固有。人君躬行仁義以感之，而無求利之心以誘之，則人心之固有者亦皆興起，而自然尊君親上，有不待外求而勉强爲之也。○雲峯胡氏曰：人性有五，仁義爲先；人倫有五，君親爲先。所以孟子揭此於七篇之首。然此二句本文仁、義二字指下之人而言，《集註》必自人君躬行上説來者，蓋上文先言王而後言大夫士庶，惟上之人求利，而後下皆求利，故《集註》於此揭人君躬行仁義而無求利之心，故其下化之而自有仁義之利也。○新安倪氏曰：孟子謂「何必曰利，亦有仁義而已矣」，是以利對仁義而分言之；《集註》於此節云仁義未嘗不利，是以仁義合利而貫言之，若與《孟子》上文有不同者，何哉？蓋有仁義中之利，有仁義外之利。外仁義以求利，孟子之所戒，此章之大旨也；行仁義而得利，《集註》之所發明，❶亦孟子此節之本意也。不遺其親即是親親之仁，不後其君即是尊君之義，豈非仁義中自然之利乎？

「王亦曰仁義而已矣，何必曰利？」

重平聲。言之，以結上文兩節之意。○此章言仁義根於人心之固有，天理之公也；利心生於物我之相形，人欲之私也。慶源輔氏曰：利心人本無之，只緣有己有物，彼此相形，便生出較短量長、争多競少之意，遂欲己長人短，人少己多，偏詖反側，惟己是徇，故曰「人欲之私」也。循天理，則不求利而自無不利；徇人欲，則求利未得而害已隨之。慶源輔氏曰：循天理者，無所爲而爲，故不求利，然成己成物，各得其宜，故自無不利；徇人欲者，有所爲而爲，故雖求利而未必得，然妨人害物，招尤取禍，故害常隨之。所謂「毫

❶「所」，原漫漶不清，今據四庫本補。

釐之差，千里之繆」。靡幼反。此《孟子》之書所以造端託始之深意，學者所宜精察而明辨也。覺軒蔡氏曰：學者細玩「而已矣」與「何必」之辭，見孟子語意嚴厲，斬釘截鐵，斷斷然只説仁義，更不向利上去。若董子「正其誼不謀其利，明其道不計其功」，意亦得其傳者歟？○雲峯胡氏曰：子朱子深有取於三山黄登之言，曰：「天下一切人都把『害』對『利』，事事上只見得利害，不問義理。須知『利』字乃對『義』字，明得義利，便自無乖争之事。」《集註》所謂「循天理則不求利而自無不利」，是以「利」字與「義」字對，而利不出乎義之外；「徇人欲則求利未得而害已隨之」，是以「利」字與「害」字對，而害已藏於利之中。○

太史公曰：新安陳氏曰：司馬談爲太史令，子遷尊其父，故謂之「公」。遷繼其職，仍稱「太史公」。西漢龍門人。「余讀《孟子》書，至梁惠王問『何以利吾國』，未嘗不廢書而嘆也。曰：嗟乎，利，誠亂之始也！夫子罕言利，常防其源也。故曰：『放上聲。於利而行，多怨。』自天子以至於庶人，好去聲。利之弊，何以異哉？」問：「太史公之嘆，其果知孟子之學耶？」朱子曰：未必知也。以其言之偶得其要，是以謹而著之耳。

程子曰：「君子未嘗不欲利，但專以利爲心則有害。惟仁義，則不求利而未嘗不利也。」慶源輔氏曰：利者，民生所不可無者也。故乾之四德曰利，《書》之三事曰利。此所謂君子未嘗不欲利，但專欲求利則不顧義理，專欲利己而必害於人，惟能循仁義而行，則體順有常而自無不利。當是之時，天下之人惟利是求而不復扶又反。知有仁義。故孟子言仁義而不言利，所以拔本塞先則反。源而救其弊。此聖賢之心也。龜山楊氏曰：君子以義爲利，不以利爲利。使其民不後其君親，則國治矣，利孰大焉？故曰：「亦有仁義而已。何必曰利？」○朱子曰：凡事不可先有箇利心。才説着利，必害於義。聖人做處，只向義邊做。然義未嘗不利，但不可先説道利，不可先有求利之心。蓋緣本來道理只有一箇仁義，更無别物事。

義是事事要合宜，以利心爲仁義，即非仁義之正，不待有不利然後仁義阻也。○雲峯胡氏曰：孟子之得於子思者，曰仁義所以利之也。及告梁王，則言仁義而不言利。蓋子思所言者，利物之利；梁王所問者，利己之利也。程子以爲「拔本塞源」者，所以救當時流弊之極；朱子以爲「造端託始」者，所以謹夫學者心術之初。○新安陳氏曰：《孟子》一書，以遏人欲存天理爲主。「何必曰利」，遏人欲也；「亦有仁義」，存天理也。自此以後，鮮有不可以此六字該貫章旨者。○東陽許氏曰：君子利己之心不可有，利物之心不可無。孟子不言利，是專攻人利己之心。絶利己之心，然後可行利物之事。然利物乃所以利己也。至於不遺親後君，則己亦無不利矣。但不可假仁義以求利耳。

○孟子見梁惠王。王立於沼上，顧鴻鴈麋鹿，曰：「賢者亦樂此乎？」樂音洛。篇内同。

沼，池也。鴻，鴈之大者；麋，鹿之大者。

孟子對曰：「賢者而後樂此。不賢者雖有此，不樂也。

此一章之大指。新安陳氏曰：揭大指於前而分開照應於後，此《孟子》諸章例也。首章及此章皆如此。此後當以此法觀之，不一一提掇。○南軒張氏曰：孟子若答云「賢者何樂乎此」，則非惟告人之道不當爾，而於理亦有未完也。今云然，則辭氣不迫而理完矣。又曰：王所謂樂，人欲之私，以自逸爲樂也；孟子所謂賢者樂此，天理之公，與民同樂者也。○雙峯饒氏曰：王意謂賢者未必樂此，自家有慚；孟子説惟是賢者樂此，出王之意外。

「《詩》云：『經始靈臺，經之營之。庶民攻之，不日成之。經始勿亟，庶民子來。王在靈囿，麀鹿攸伏。麀鹿濯濯，白鳥鶴鶴。王在靈沼，於牣魚躍。』文王以民力爲臺爲沼，而民歡樂之，謂其臺曰『靈臺』，謂其沼曰『靈沼』，樂其有麋鹿魚鼈。古之人與民偕樂，故能樂也。亟音棘。麀音憂。鶴，《詩》作「翯」，户角反。於音烏。牣音刃。❶

❶「刃」，原作「刀」，今據四庫本、孔本、陸本及《輯釋》改。

此引《詩》而釋之，以明「賢者而後樂此」之意。《詩》，《大雅・靈臺》之篇。經，量度待洛反。也。靈臺，文王臺名也。《詩傳》：「國之有臺，所以望氛祲、察災祥，時觀游、節勞佚也。謂之『靈』者，言其倏然而成，如神靈所爲也。」營，謀爲也。攻，治也。不日，不終日也。亟，速也，言文王戒以勿亟也。子來，如子來趨父事也。靈囿、靈沼，臺下有囿，囿，所以域養禽獸。囿中有沼也。麀，牝婢忍反。鹿也。伏，安其所，不驚動也。濯濯，肥澤貌。鶴鶴，潔白貌。於，歎美辭。牣，滿也。孟子言文王雖用民力，而民反歡樂之，既加以美名，而又樂其所有。蓋由文王能愛其民，故民樂其樂，而文王亦得以享其樂也。雙峯饒氏曰：自樂便不是仁，同樂便是仁。如文王未嘗無靈臺靈沼，然與民同樂，便是天理。文王畢竟自朝至于日中昃，不遑暇食，用咸和萬民。人必得所，然後有此樂。此所謂「後天下之樂而樂」。

「《湯誓》曰：『時日害喪？予及女偕亡！』民欲與之偕亡，雖有臺池鳥獸，豈能獨樂哉？」害音曷。喪，去聲。女音汝。

此引《書》而釋之，以明「不賢者雖有此，不樂」之意也。《湯誓》，《商書》篇名。時，是也。日，指夏桀。害，何也。桀嘗自言：「吾有天下，如天之有日。日亡，吾乃亡耳。」趙氏曰：所引桀語，出《尚書大傳》。民怨其虐，故因其自言而目之曰：「此日何時亡乎？若亡，則我寧與之俱亡。」蓋欲其亡之甚也。孟子引此，以明君獨樂而不恤其民，則民怨之而不能保其樂也。龜山楊氏曰：齊王顧鴻鴈麋鹿以問孟子，孟子因以謂賢者而後樂此。至其論文王、夏桀之所以異，則獨樂不可也。世之君子，其賢者乎，則必語王以憂民而勿爲臺沼苑囿之觀，是拂其欲也；其佞者乎，則必語王以自樂而廣其侈心，是縱其欲也：二者皆非能引君以當道。唯孟子之言，常於毫髮之間剖析利善之所在，使人君化焉而不自知。夫如是，其在朝則可以格君心之非，而其君易行矣。○南軒張氏曰：民，一也，得其心則子來而樂君之樂，失其心則害喪而亡君之亡。究其本，則由夫順理與徇欲之分而已。人君常懷不敢自樂之心，則足以遏人欲矣；常懷與民偕樂之心，則足以擴天理矣。○雙峯饒氏曰：《孟子》之書，句句是事實。說仁義，便說「未有仁而遺其親，未有義而後其君」，爲仁義事實；說「賢者樂此，不賢者雖有此不樂」，便說文王靈臺靈沼，《湯誓》「時日曷喪」，爲同樂、獨樂事實。○新安陳氏曰：南軒「遏人欲、擴天理」六字，可斷盡《孟子》七篇，謹提出以示學者。夫同一臺池苑囿、鳥獸魚鼈耳，賢者循天理之公，愛民而與之同樂，則民樂君之樂，而君得享其樂；不賢者徇人欲之私，不恤民而自樂，則民欲君之亡，君安得有此樂？天理、人欲同行異情，詳見後章。

○梁惠王曰：「寡人之於國也，盡心焉耳矣。河內凶則移其民於河東，移其粟於河內，河東凶亦然。察鄰國之政，無如寡人之用心者。鄰國之民不加少，寡人之民不加多，何也？」

寡人，諸侯自稱，言寡德之人也。河內、河東，皆魏地。凶，歲不熟也。移民以就食，移粟以給其老稚之不能移者。移粟，民自移其粟耳。

孟子對曰：「王好戰，請以戰喻。填然鼓之，兵刃既接，棄甲曳兵而走。或百步而後止，或五十步而後止，以五十步笑百步，則何如？」曰：「不可。直不百步耳，是亦走也。」曰：「王如知此，則無望民之多於鄰國也。好，去聲。填音田。

填，鼓音也。兵，以鼓進，以金退。直，猶但也。如《詩》「匪直也人」之「直」。言此以譬鄰國不恤其民，惠王能行小惠，然皆不能行王道以養其民，不可以此而笑彼也。楊氏曰：「移民、移粟，荒政之所不廢也。然不能行先王之道而徒以是爲盡心焉，則末矣。」慶源輔氏曰：《周禮・司徒》「以荒政十有二聚萬民」，❶雖無所謂移粟之事，然大荒、大札，則令邦國移民以辟災就賤。

「不違農時，穀不可勝食也；數罟不入洿池，魚鼈不可勝食也；斧斤以時入山林，材木不可勝用也。穀與魚鼈不可勝食，材木不可勝用，是使民養生喪死無憾也。養生喪死無憾，王道之始也。勝音升。數音促。罟音古。洿音烏。

農時，謂春耕、夏耘、秋收之時。凡有興作，不違此時，至冬乃役之也。不可勝食，言多也。數，密也。罟，網也。洿，窊烏瓜反。下之地，水所聚也。古者網罟必用四寸之目。魚不滿尺，市不得粥，余六反。人不得食。山林川澤，與民共之，而有厲禁。《周禮・地官・司徒・山虞》：「掌山林之政令，物爲之厲而爲之守禁。仲冬斬陽木，仲夏斬陰木。或謂陽木，生山南者；陰木，生山北者。凡服耜，斬季材，以時入之。服，牝服，車之材也。季，猶穉也。服與耜宜用穉材，尚柔韌也。令萬民時斬材，有期日。」○「澤虞，掌國澤之政令，爲之厲禁。使其地之人守其材物，以時入之于王府，頒其餘于萬民。」○雲峯胡氏曰：文王治岐，澤梁無禁，此所謂「山林川澤與民共之」，即是澤梁無禁。無禁者，王者愛民之仁也，雖無禁而有厲禁，又王者愛物之仁也。《周禮・山虞》：「掌山林之政令，物爲之厲而爲之守禁。」註：「物爲之厲，每物有藩界也。爲之守禁，爲守者設禁令也。守者，謂其地之民占伐林木者也。鄭司農云：厲，遮列守之也。」以是觀之，澤梁無禁者，不禁民之取；而有厲禁者，禁民之不以時取也。草木零落，然後斧斤入焉。《禮記・王制》：「獺祭魚，然後漁人入澤梁。豺祭獸，然後田獵。鳩化爲鷹，然後設罻羅。草木零落，然後入山林。」此皆爲治去聲。

❶「司徒」，按引文出《大司徒》。

之初，法制未備，且因天地自然之利而撙祖本反。節愛養之事也。然飲食宮室所以養生，祭祀棺槨所以送死，皆民所急而不可無者。今皆有以資之，則人無所恨矣。王道以得民心爲本，故以此爲王道之始。慶源輔氏曰：養生、送死乃人世之始終。於是二者皆有以濟之，則人世之始終一無所憾，而民心得矣。此其所以爲王道之始也。○新安陳氏曰：「法制未備」，謂聖人未行井田法以前。「天地自然之利」，謂穀魚材木之類。「撙節愛養」，謂不違農時、不用數罟、斧斤時入之類。「王道之始」，謂王制未備，王道未成，不過初焉事。下一節《集註》云「是王道之成也」，正與此「王道之始」相對。

「五畝之宅，樹之以桑，五十者可以衣帛矣；鷄豚狗彘之畜，無失其時，七十者可以食肉矣；百畝之田，勿奪其時，數口之家可以無飢矣；謹庠序之教，申之以孝悌之義，頒白者不負戴於道路矣。七十者衣帛食肉，黎民不飢不寒，然而不王者，未之有也。

衣，去聲。畜，許六反。數，去聲。凡有天下者，人稱之曰王，則平聲；據其身臨天下而言曰王，則去聲。後皆倣此。

五畝之宅，一夫所受。二畝半在田，二畝半在邑。田中不得有木，恐妨五穀，故於墻下植桑，以供蠶事。趙氏曰：古者一夫一婦受私田百畝、公田十畝。八家是爲八百八十畝，餘公田二十畝，八家分之，得二畝半以爲廬舍。城邑之居亦各得二畝半。春令民畢出在野，冬則畢入於邑。在野曰廬，在邑曰里。廬各在其田中，而里聚居也。五十始衰，非帛不煖，未五十者不得衣也。畜，養也。時，謂孕字之時，如孟春犧牲毋用牝之類也。《禮記·月令》孟春之月：「命樂正入學習舞，乃脩祭典，命祀山林川澤，犧牲毋用牝。禁止伐木。毋覆巢，毋殺孩蟲、胎、夭、飛鳥。」夭，烏老反。胎，懷孕者；夭，始生者。七十非肉不飽，未七十者不得食也。問：「既曰『魚鼈不可勝食』矣，又言老者始可食肉，何也？」朱子曰：魚鼈，自生之物，養其小而食其大，老幼之所同也。至於芻豢之畜，人力所爲，則非七十之老不得以食之矣。○南軒張氏曰：衣帛食肉必曰「五十」、「七十」者，民之欲無窮，而桑蠶畜養之利有限。不爲之制，則爭逐其欲，而老者或不得衣之食之矣。又使知老者之當養、其老幼之有别，教亦行乎其中矣。日用飲食，無非教也，不待庠序而後教也。百畝之田，亦一夫所受。至此，則經界正，井地均，無不受田之家矣。趙氏曰：古以百步爲畝，今以二百四十步爲畝。古百畝當今之四十一畝也。經界，謂治地分田，經畫其溝塗封植之界也。庠、序，皆學名也。申，重直用反。也，丁寧反覆之意。善事父母爲孝，善事兄長上聲。下同。爲悌。頒，與「班」同，老人頭半白黑者也。負，任在背；戴，任在首。夫音扶。民衣食不足則不暇治禮義，而飽煖無教則又近於禽獸。故既富而教以孝悌，則人知愛親敬長而代其勞，不使之負戴於道路矣。衣帛、食肉但言七十，不言五十。舉重以見形甸反。輕也。黎，黑也。黎民，黑髮之人，猶秦言「黔其廉反。首」也。《史記・秦紀》：始皇三十四年，丞相李斯上書，有曰「惑亂黔首」。黔首，黑頭也。少去聲。壯之人雖不得衣帛食肉，然亦不至於飢寒也。此言盡法制品節之詳，雙峯饒氏曰：五畝宅、百畝田，是法制；五十衣帛、七十食肉，是品節。有法制無品節，則泛而不足用；有品節無法制，則於何處取用？極財成輔相去聲。之道，以左右民，《易・泰卦・象》曰：「天地交，泰，后以裁成天地之道，輔相天地之宜，以左右民。」○左、右並去聲。如左右手之「右」，本音有。是王道之成也。慶源輔氏曰：註云「盡法制品節之詳，極財成輔相之道」，則民情之變故已備見，聖人之制作已大成。「以左右民」，則不惟制民之産，使之有以養其生，而又爲之學校之教，使之得以全其性。如帝堯所謂「正之直之，輔之翼之，使自得之」，是爲王道之大成也。○新安陳氏曰：「極財成輔相」，總言田桑畜養之事；「以左右民」，就富教斯民説，乃王道之終事。應上文「王道之始也」一句。

「狗彘食人食而不知檢，塗有餓莩而不知發。人死則曰非我也，歲也。是何異於刺人而殺之，曰非我也，兵也？王無罪歲，斯天下之民至焉。」莩，平表反。刺，七亦反。

檢，制也。莩，餓死人也。發，發倉廩以賑音震。通作「振」。起也，救也。貸他代反。也。歲，謂歲之豐凶也。惠王不能制民之産，又使狗彘得以食人之食，則與先王制度品節之意異矣。至於民飢而死，猶不知發，則其所移，特民間之粟而已。乃以民不加多歸罪於歲凶，是知刃之殺人，而不知操七刀反。刃者之殺人也。不罪歲，則必能自反而益脩其政，即上文所言王道。「天下之民至焉」，則不但多於鄰國而已。○程子曰：「孟子之論王道，不過如此，可謂實矣。」新安陳氏曰：王道不出農桑教養等實事，豈求之高遠難行者哉？又曰：「孔子之時，周室雖微，天下猶知尊周之爲義，故《春秋》以尊周爲本。至孟子時，七國争雄，天下不復扶又反。知有周，而生民之塗炭已極。當是時，諸侯能行王道，則可以王去聲。矣。此孟子所以勸齊、梁之君也。蓋王者，天下之義主也。聖賢亦何心哉？視天命之改與未改耳。」朱子曰：孔子尊周，孟子不尊周，如冬裘夏葛，飢食渴飲，時措之宜異爾。此齊桓不得不尊周，亦迫於大義不得不然。夫子筆之於經，明君臣之義於萬世，非專爲美桓公也。孔、孟易地，則皆然。得時措之宜，則並行而不相悖矣。○雲峯胡氏曰：不有孔子之論，則在下者不知有尊王之義，而民可以無君矣；不有孟子之論，則在上者不知天命之改不改在民心之向背，而君可以無民矣。○新安陳氏曰：天命之改未改，驗之人心而已。人心猶知尊周，可驗天命未改，則當守天下之經，文王、孔子之事是也；人心不知有周，可驗天命已改，不得不達天下之權，武王、孟子之事是也。司馬温公、李泰伯尚不達此而非孟子，固哉！讀者不可不勘破此義。

○梁惠王曰：「寡人願安承教。」

承上章，言願安意以受教。

孟子對曰：「殺人以梃與刃，有以異乎？」曰：「無以異也。」梃，徒頂反。

梃，杖也。

「以刃與政，有以異乎？」曰：「無以異也。」

孟子又問而王答也。新安陳氏曰：政謂虐政。梃、刃、政殺人，承上章歲、兵之意而敷演之。

曰：「庖有肥肉，廐有肥馬，民有飢色，野有餓莩。此率獸而食人也。

厚斂力驗反。於人以養禽獸，而使民飢以死，則無異於驅獸以食人矣。新安陳氏曰：此因前章狗彘食人食，塗有餓莩之意而究言之，即以虐政殺人也。

「獸相食，且人惡之。爲民父母行政，不免於率獸而食人，惡在其爲民父母也？「惡之」之惡，去聲。「惡在」之惡，平聲。

君者，民之父母也。惡在，猶言「何在」也。

「仲尼曰：『始作俑者，其無後乎？』爲其象人而用之也。如之何其使斯民飢而死也？」俑音勇。爲，去聲。

俑，從去聲。下同。葬木偶人也。古之葬者，束草爲人以爲從衛，謂之「芻靈」，略似人形而已。中古易之以俑，則有面目機發而太似人矣。趙氏曰：木人設機而能踊跳，故名曰「俑」。故孔子惡去聲。下同。其不仁，而言其必無後也。新安陳氏曰：作俑者，殺人殉葬之漸。孔子惡之者以此。○《禮記・檀弓下》：「孔子謂爲明器者，知喪道矣，備物而不可用也。哀哉！死者而用生者之器也，不殆於用殉乎哉？其曰『明器』，神明之也。塗車芻靈，自古有之，明器之道也。孔子謂爲芻靈者善，謂爲俑者不仁，不殆於用人乎哉？」孟子言此作俑者但用象人以葬，孔子猶惡之，况實使民飢而死乎？○李氏曰：「爲人君者固未嘗有率獸食人之心，然徇一己之欲而不恤其民，則其流必至於此，故以爲民父母告之。夫音扶。父母之於子，爲去聲。之就利避害，未嘗頃刻而忘于懷，何至視之不如犬馬乎？」疊山謝氏曰：此章以人對獸，極言人君不行仁政，視人猶獸也。天地間難得者人。象人而用之，猶不免於無後，豈可率獸食人，不行王政，一至於此乎？○新安陳氏曰：爲人君者有作民父母之責，固未嘗有率獸食人之心。惟徇欲而不恤民，則其流至此而不自覺，故以「率獸食人」箴其昏迷之錮習，而以「爲民父母」觸其惻隱之本心。孟子之言，深切著明如此，而王不悟，亦末如之何也已。

右二章，戒梁王厲民自養，率獸食人，遏人欲也；勉其行王道，以爲民父母爲心，擴天理也。

○梁惠王曰：「晉國，天下莫强焉，叟之所知也。及寡人之身，東敗於齊，長子死焉，西喪地於秦七百里，南辱於楚，寡人恥之。願比死者一洒之，如之何則可？」長，上聲。喪，去聲。比，必二反。洒，與「洗」同。

魏本晉大夫魏斯，與韓氏、趙氏共分晉地，號曰「三晉」，故惠王猶自謂晉國。惠王，斯之孫也。惠王三十年，齊擊魏，破其軍，虜太子申。《史記·魏世家》惠王三十年：「魏伐趙，趙告急齊。齊宣王用孫子計，救趙擊魏。魏遂大興師，使龐涓將，而令太子申爲上將軍。」「與齊人戰，敗於馬陵。齊虜魏太子申，殺將軍涓。軍遂大破。」十七年，秦取魏少去聲。梁。《史記·魏世家》惠王十七年，魏「與秦戰元里。秦取我少梁」。元里、少梁，皆魏地邑名。後魏又數音朔。獻地於秦。《史記·商君傳》：秦孝公「使衛鞅將兵伐魏。魏使公子卬將而擊之。軍既相距，衛鞅遺魏將公子卬書，曰：『吾始與公子驩，今俱爲兩國將，不忍相攻。可與公子面相見盟，樂飲而罷兵，以安秦魏。』魏公子卬以爲然。會盟已歛，而衛鞅伏甲士襲虜公子卬，因攻其軍，盡破之以歸秦。魏惠王恐，使使割河西之地獻於秦以和，而魏遂去安邑，徙都大梁」。又與楚將去聲。昭陽戰敗，亡其七邑。《史記・楚世家》懷王六年：「楚使柱國昭陽將兵而攻魏。破之於襄陵，得邑八。」○張存中曰：按《史記》，魏襄王十三年，楚敗我襄陵，不言邑數，楚懷王六年得邑八，與《集註》「七邑」不合。未知孰是。比，猶「爲」去聲。也。言欲爲死者雪其耻也。慶源輔氏曰：惠王之志，疑若剛勇而有爲者。然細考之史，則其敗於三國，皆非義舉也。徒以争城争地，不失之貪，則失之繆。事既如此，猶不知所以自反，乃於見賢之際，歷叙其喪敗，而欲爲死者一洗之。此正如匹夫賤人，勢出無聊，不勝其忿，而求一快者所爲耳。豈有君人之度而知所謂大勇之理哉？

孟子對曰：「地方百里而可以王。

百里，小國也。然能行仁政，則天下之民歸之矣。

「王如施仁政於民，省刑罰，薄税斂。深耕易耨，壯者以暇日修其孝悌忠信，入以事其父兄，出以事其長上。可使制梃，以撻秦楚之堅甲利兵矣。省，所梗反。斂、易，皆去聲。耨，奴豆反。長，上聲。

省刑罰、薄税斂，此二者，仁政之大目也。新安陳氏曰：省刑則不伐民生，薄賦則民得養生，所以爲仁政之大目。易，治也。耨，耘也。盡己之謂忠，以實之謂信。君行仁政，則民得盡力於農畝，而又有暇日以修禮義，是以尊君親上而樂音洛。下同。於效死也。朱子曰：魏地迫近於秦，無時不受兵，割地求成無虚日。孟子之言似若容易，蓋當時之人焦熬已甚，率歡欣鼓舞之民而征之，自是見效速。後來公子無忌率五國師直擣至函谷關，可見。○慶源輔氏曰：仁政在於養民而已。省刑罰則民不至無所措其手足，而得以安其生；薄税斂則民不至有所闕於衣食，而得以保其生。故孟子言仁政，首及此二者，下面數句則又其效驗也。深耕易耨，則薄税斂之所致也。重税厚斂則民不聊生，民不聊生則其於農事，亦苟且鹵莽而已。壯者以暇日修其孝悌忠信，入以事父兄，出以事長上，則省刑罰之所致也。嚴刑峻罰則民不樂生，民不樂生則其於人道，亦何暇修爲之哉？

「彼奪其民時，使不得耕耨以養其父母。父母凍餓，兄弟妻子離散。養，去聲。

彼，謂敵國也。

「彼陷溺其民，王往而征之，夫誰與王敵？夫音扶。

陷，陷於阱；通作「穽」，疾郢、才性二反。穿地陷獸也。溺，溺於水。暴虐之意。征，正也。以彼暴虐其民，而率吾尊君親上之民往正其罪，彼民方怨其上而樂歸於我，則誰與我爲敵哉？

「故曰：『仁者無敵。』王請勿疑！」

「仁者無敵」，蓋古語也。以「故曰」二字知之。「百里可王」，以此而已。恐王疑其迂闊，故勉使「勿疑」也。○孔氏曰：孔氏，名文仲，字經父，臨江人。「惠王之志在於報怨，孟子之論在於救民。所謂『唯天吏則可以伐之』，蓋孟子之本意。」南軒張氏曰：惠王憤其軍師之敗，欲一洒之，是乃不勝其忿欲之私耳。孟子所以告之者，乃爲國之常道，其所施爲，皆有實事。夫王政之所以不行者，以時君謀利計功之念深，每每致疑而莫肯力行故也。使其以先王之治爲必可法，以聖賢之言爲必可信而力行之，則孰禦焉？○慶源輔氏曰：註引孔氏之言，蓋怨有當報者，有不當報者。若惠王之事，則所謂不當報者也。不當報而報，則是忿懥者之所爲耳。忿懥者之所爲，則其心熏灼焚燒，愈撲愈熾，不至於大敗極壞而不已。若所謂志於救民，則至誠惻怛，成己以成物，一日有一日之功。其曰「唯天吏則可以伐之」，其所以自治者嚴矣。○勿軒熊氏曰：當時七雄皆大國也，孟子獨惓惓於齊梁者，欲「得志行乎中國」也。若秦楚，則蠻夷戎狄之裔，七篇之書，深鄙外之。蓋其得志，必非天下生民之福。自周之衰，天下大勢，不入于楚，必入于秦，聖賢已逆知其所趨矣。當時孟子止言深耕易耨、孝悌忠信，則可以制梃而撻秦楚，自一等富强而言，豈不大迂闊而不切於事情？ 然後來秦亡，不過起於揭竿斬木之匹夫，堅甲利兵果可恃乎？ 孟子之言，不我誣也。○新安陳氏曰：逞忿報怨，私欲也；行仁救民，公理也。行仁則自無敵。不得已而用兵，亦正之之征也。不行仁而惟報私怨，忿争而已矣。豈惟怨不可報？ 敗亡常必由之。此章亦所以遏人欲、擴天理也。

○孟子見梁襄王。

襄王，惠王子。名赫。新安倪氏曰：按《通鑑》慎靚王二年壬寅，惠王卒。孟子去魏適齊，是一見襄王後即去也。

出，語人曰：「望之不似人君，就之而不見所畏焉。卒然問曰：『天下惡乎定？』吾對曰：『定于一。』語，去聲。卒，七没反。惡，平聲。

語，告也。不似人君、不見所畏，言其無威儀也。新安倪氏曰：《左氏傳》云：「有威而可畏謂之威，有儀而可象謂之儀。」不似人君，無可象之儀也；不見所畏，無可畏之威也。卒然，急遽之貌。蓋容貌辭氣，乃德之符。新安陳氏曰：德存於中，容貌辭氣乃德之符驗可見於外者。其外如此，則其中之所存者可知。王問列國分争，天下當何所定？ 孟子對以必合于一然後定也。問：「孟子以梁襄王不似人君、不見所畏而譏之，然則必以勢位自高而厲威嚴以待物邪？」朱子曰：不然也。夫有諸中者必形諸外。有人君之德則必有人君之容，有人君之容則不必作威而自有可畏之威矣。曰：「言之急遽，亦何譏邪？」曰：《艮》之六五「以中正」而「言有序」。而吕氏亦曰：「志定者其言重以舒，不定者其言輕以疾。」然則言貌固皆内德之符，不惟可以觀人，學者雖以自省可也。曰：「孔子居是邦，不非其大夫，而孟子誦言其君之失如此，何邪？」曰：聖賢之分，固不同矣。且孔子仕於諸侯，而孟子爲之賓師，其地有不同也。抑七篇之中無復與襄王言者，豈孟子自是而不復久於梁邪？

「『孰能一之？』

王問也。

「對曰：『不嗜殺人者能一之。』嗜，時利反。甘也。覺軒蔡氏曰：好生不嗜殺，天地生物之心也。必得天地此心，然後可爲天之子，爲民之父母。此言，萬世人牧之龜鑑也。

「『孰能與之？』王復扶又反。問也。與，猶「歸」也。

「對曰：『天下莫不與也。王知夫苗乎？七八月之間旱，則苗槁矣。天油然作雲，沛然下雨，則苗浡然興之矣。其如是，孰能禦之？今夫天下之人牧，未有不嗜殺人者也。如有不嗜殺人者，則天下之民皆引領而望之矣。誠如是也，民歸之由水之就下，沛然誰能禦之？』」夫音扶。浡音勃。由，當作「猶」，古字借用。後多倣此。

周七八月，夏五六月也。《孟子》內並以周月言，與《春秋左傳》同。油然，雲盛貌；沛然，雨盛貌；浡然，興起貌。禦，禁止也。人牧，謂牧民之君也。領，頸也。蓋好去聲。下同。生惡去聲。死，人心所同。故人君不嗜殺人，則天下悦而歸之。○蘇氏曰：「孟子之言，非苟爲大而已。然不深原其意而詳究其實，未有不以爲迂者矣。予觀孟子以來，自漢高祖，及光武，及唐太宗，及我太祖皇帝，能一天下者四君，皆以不嗜殺人致之。其餘殺人愈多而天下愈亂。秦、晉及隋，力能合之而好殺不已，故或合而復扶又反。分，晉武合之，劉石亂而分王江東。或遂以亡國。秦、隋。孟子之言，豈偶然而已哉？」慶源輔氏曰：「不嗜殺」之對，以見理勢之當然，非有爲而爲之者也。蓋人君之心誠能不嗜殺人，則舉天下皆在吾仁愛之中，又孰有渙散乖戾而不一歸於我哉？固非以不嗜殺人爲一天下之具也。○新安陳氏曰：嗜殺，人欲之殘虐也；不嗜殺，天理之惻隱也。此亦遏人欲、存天理也。

○齊宣王問曰：「齊桓、晉文之事，可得聞乎？」

齊宣王，姓田氏，名辟音璧。彊。渠良反。○趙氏曰：田氏本陳公子完之後。初以陳爲氏，後改姓田氏。至田和，始簒齊而有之。辟彊，和之曾孫，是爲宣王。諸侯僭稱王也。齊桓公、名小白。晉文公，名重耳。皆霸諸侯者。

孟子對曰：「仲尼之徒，無道桓、文之事者，是以後世無傳焉。臣未之聞也。無以，則王乎？」

道，言也。董子曰：「仲尼之門，五尺童子羞稱五伯，「霸」同。爲去聲。其先詐力而後仁義也。」亦此意也。新安倪氏曰：董子，名仲舒，西漢廣川人。此語見《漢書》本傳，對江都易王問粵有三仁，而曰：「仁人者，正其誼不謀其利，明其道不計其功，是以仲尼之門，五尺童子羞稱五伯，爲其先詐力而後仁義也。」○西山真氏曰：孟子後能深闢五伯者，惟仲舒爲然。以、已通用。無已，必欲言之而不止也。王，去聲。謂王天下之道。程子曰：得天下之正，極人倫之至者，堯舜之道也；用其私心，依仁義之偏者，霸者之事也。「王道如砥」，本乎人情，出乎禮義，若履大路而行，無復回曲；霸者崎嶇反側於曲徑之中，而卒不可與入堯舜之道。故誠心而王則王矣，假之而霸則霸矣。二者其道不同，在審其初而已。○龜山楊氏曰：齊宣王見孟子於雪宮，曰：「賢者亦有此樂乎？」而孟子答以晏子之言，則霸者之事非無傳也。孟子務引其君以當道，則桓、文之事特詭遇而已。「大匠不爲拙工改廢繩墨」，故曰：「無已，則王乎？」○范氏曰：按《論語》，孔子曰：「桓公九合諸侯，不以兵車，管仲之力也。微管仲，吾其被髮左衽矣。」孔子美齊桓、管仲之功如此，孟子言「仲尼之門無道桓、文之事者」。聖人於人，苟有一善，無所不取。齊桓、管仲有功於天下，故孔子稱之。若其道，則聖人之所不取也。○朱子曰：「無道桓、文之事」，事者，營霸之事，儒者未嘗講求。如桓公霸諸侯、一匡天下，則誰不知？至於經營霸業之事，儒者未嘗言也。

曰：「德何如則可以王矣？」曰：「保民而王，莫之能禦也。」

保，愛護也。慶源輔氏曰：保，如「保赤子」之保。○新安陳氏曰：王道甚大，其要只在保民。「保民而王」一句，爲此章之綱領。

曰：「若寡人者，可以保民乎哉？」曰：「可。」曰：「何由知吾可也？」曰：「臣聞之胡齕曰：王坐於堂上，有牽牛而過堂下者。王見之，曰：『牛何之？』對曰：『將以釁鐘。』王曰：『舍之，吾不忍其觳觫，若無罪而就死地。』對曰：『然則廢釁鐘與？』曰：『何可廢也？以羊易之。』不識有諸？」齕音核。釁，許刃反。舍，上聲。觳，音斛。觫，音速。與，平聲。

胡齕，下没反。《集註》音核，核字有二音，宜審。齊臣也。釁鐘，新鑄鐘成，而殺牲取血，以塗其釁郄乞逆反。也。觳觫，恐懼貌。孟子述所聞胡齕之語而問王，不知果有此事否？

曰：「有之。」曰：「是心足以王矣。百姓皆以王爲愛也，臣固知王之不忍也。」

王見牛之觳觫而不忍殺，即所謂「惻隱之心，仁之端也」。擴而充之，則可以保四海矣。故孟子指而言之，欲王察識於此而擴充之也。愛，猶「吝」也。雲峯胡氏曰：《孟子》一書言心學甚詳，此是第一箇「心」字。「是心」，何心也？人之本心也。即此本心而推之，所謂「先王有不忍人之心，斯有不忍人之政」者也。須看《集註》「察識」、「擴充」四字。察識屬知，擴充屬行。○新安陳氏曰：「是心足以王矣」一句，最緊切。觀王有此愛物之心，即可知王有仁民之心，而可以保民矣。所以指言王之此心，即是足以王天下之本。真氏云「王道不外乎保民，而保民又不外乎此心」，是也。

王曰：「然，誠有百姓者。齊國雖褊小，吾何愛一牛？即不忍其觳觫，若無罪而就死地，故以羊易之也。」

言以羊易牛，其迹似吝，實有如百姓所譏者。然我之心，不如是也。雙峯饒氏曰：《論語》「小不忍」，朱子兼婦人之仁、匹夫之勇説。婦人不能忍其愛，匹夫不能忍其忿：這箇又是要忍得了。○雲峯胡氏曰：饒氏發明兩「不忍」字甚好。孟子所謂「不忍」者，如齊宣王見牛之觳觫將死，一念之發，非有所勉强，自然而然者也。君子謂之「仁」。《論語》所謂「小不忍」者，如婦人匹夫一念之發，不能有所禁止，而一聽其自然者也。君子不謂之「義」。○新安倪氏曰：《論語》之「小不忍」云者，不忍之念發於私小，常人之所不能禁止者也；《孟子》之「不忍」云者，不忍之念出乎正大，君子之所當擴充者也。

曰：「王無異於百姓之以王爲愛也。以小易大，彼惡知之？王若隱其無罪而就死地，則牛、羊何擇焉？」王笑曰：「是誠何心哉？我非愛其財而易之以羊也，宜乎百姓之謂我愛也。」惡，平聲。

異，怪也。隱，痛也。擇，猶「分」也。言牛羊皆無罪而死，何所分别彼列反。而以羊易牛乎？孟子故設此難，去聲。欲王反求而得其本心。王不能然，故卒無以自解於百姓之言也。慶源輔氏曰：宣王既無講學之功，不知反求之理，而徒自辯解於百姓之言，故孟子又設此以問難之。蓋欲王反求而得其本心不忍之實，而王猶不能然也。○東陽許氏曰：上言「臣固知王之不忍」，下言「彼惡知之」。蓋宣王見牛不忍之心雖發，而不自知其爲仁之端，故以「知」與「惡知」相對説，以爲常人雖爲利欲所昏，而本然之善終未嘗泯，但時或發，每不自覺而不能充之爾。故孟子以爲惟君子爲能知之，衆人不能知也。是啓王之心，使凡遇善心發時，便須識得，即就此推充，自小以及大，自近以及遠，即其一端推之至其極，則仁不可勝用矣。

曰：「無傷也。是乃仁術也，見牛未見羊也。君子之於禽獸也，見其生，不忍見其死；聞其聲，不忍食其肉。是以君子遠庖厨也。」遠，去聲。

無傷，言雖有百姓之言，不爲害也。術，謂法之巧者。蓋殺牛既所不忍，釁鍾又不可廢，於此無以處上聲。之，則此心雖發而終不得施矣。然見牛，則此心已發而不可遏；未見羊，則其理未形而無所妨。朱子曰：「見牛未見羊也」，「未」字有意味。蓋言其體則無限量，言其用則無終窮。充擴得去，有甚盡時？故以羊易牛，則二者得以兩全而無害，此所以爲仁之術也。朱子曰：齊王見牛觳觫而不忍之心萌，故以羊易之。孟子所謂「無傷」，蓋乃護得齊王仁心發見處。術，猶方便也。○「術」字本非不好底字，只緣後來把做變詐看了，便道是不好。却不知天下事有難處，須看有箇巧底道理始得。當齊王見牛之時，惻隱之心已發乎中，又見釁鍾事大，似住不得，只得以所不見者而易之。既周旋得那事，又不抑遏了這不忍之心，此心乃得流行。若當時無箇措置，便抑遏了這不忍之心，遂不得而流行矣。此乃所謂「術」也。

聲，謂將死而哀鳴也。蓋人之於禽獸，同生而異類。故用之以禮，而不忍之心施於見聞之所及。其所以必遠庖厨者，亦以預養是心，而廣爲仁之術也。朱子曰：君子於物，愛之而已。食以時，用以禮，不身翦，不暴殄，既足以盡吾心矣。其愛之者，仁也；其殺之者，義也。齊王之不忍施於見聞之所及，正合愛物淺深之宜。若仁民之心，則豈爲其不見之故，而忍以無罪殺之哉？○慶源輔氏曰：唯其不忍之心止施於見聞之所及，故古之君子知學問者必遠其庖厨，乃所以預養是不忍之心，不使之見其生、聞其聲，以推廣其爲仁之術，不必屑屑然以其所不見而易其所見也。孟子言此，以見宣王之初心本無不善。以羊易牛，然後仁義之心得以兩全而無害也。○雲峯胡氏曰：一本心也，已發在於擴充，未發在於預養。

王説曰：「《詩》云：『他人有心，予忖度之。』夫子之謂也。夫我乃行之，反而求之，不得吾心。夫子言之，於我心有戚戚焉。此心之所以合於王者，何也？」說音悅。忖，七本反。度，待洛反。「夫我」之夫音扶。

《詩》，《小雅·巧言》之篇。戚戚，心動貌。王因孟子之言而前日之心復扶又反。萌，乃知此心不從外得。然猶未知所以反其本而推之也。南軒張氏曰：宣王聞孟子之言有得於心而說，謂己雖行之，及反而求之則有不能以自得者。及孟子抽其端緒以告，則戚然有動於中，當時不忍之意，宛然而形。○慶源輔氏曰：戚戚，心動而有所慘傷也。孟子所言，曲盡其理，故宣王前日之心復動于中，而委蛇曲折之意莫不盡見，而亦莫非吾心本然之善，非從外而得也。向非孟子據理之極、知言之要，深得夫開導誘掖之術，則亦何能使宣王前日不忍之心復萌也哉？宣王此心雖發動，而其端尚微，其體未充，而又未知所以用力推廣之方，故孟子此下復以「用力」、「用明」、「用恩」之說以曉切之。○雲峯胡氏曰：齊王於其本心畧能察識，自此以下，孟子皆教之以擴充。○新安陳氏曰：「此心之所以合於王者，何也？」王此句亦問得緊切，與孟子「是心足以王矣」一句相照應。

曰：「有復於王者曰：『吾力足以舉百鈞而不足以舉一羽，明足以察秋毫之末而不見輿薪。』則王許之乎？」曰：「否。」「今恩足以及禽獸，而功不至於百姓者，獨何與？然則一羽之不舉，爲不用力焉；輿薪之不見，爲不用明焉；百姓之不見保，爲不用恩焉。故王之不王，不爲也，非不能也。」與，平聲。「爲不」之爲，去聲。

復，白也。鈞，三十斤。百鈞，至重難舉也。羽，鳥羽。一羽，至輕易去聲。下同。舉也。秋毫之末，毛至秋而末鋭，小而難見也；輿薪，以車載薪，大而易見也。許，猶「可」也。「今恩」以下，又孟子之言也。蓋天地之性，人爲貴。故人之與人，又爲同類而相親。是以惻隱之發，則於民切而於物緩；推廣仁術，則仁民易而愛物難。雙峯饒氏曰：《集註》「惻隱之發」是就心上説，「推廣仁術，則仁民易而愛物難」是就術上説。人性靈，所以仁民易；物無知，如何感得他動？所以愛物難。今王此心能及物矣，則其保民而王，非不能也，但自不肯爲耳。南軒張氏曰：「親親而仁民，仁民而愛物」，此天理之大同，由一本而其施有序也。豈有於一牛則能不忍，而不能保民者？蓋方見牛而不忍者，無以蔽之而其愛物之端發見也；其不能加恩於民者，有以蔽之而仁民之理不著也。然即夫愛物之端，可以知夫仁民之理素具，能反而循其不忍之實，則其所謂仁民者固可得也。○慶源輔氏曰：「天地之性人爲貴，而人之與人，又爲同類而相親，故惻隱之發，於民切於物緩」：皆自然而然，雖至愚之人亦莫不然。學者須是臨事體察，看教分曉，不可模糊率畧，聽其自然，事過便休。若夫「推廣仁術，則仁民易而愛物難」，所以難、所以易者：且以凡人言之。推廣此心，愛及同類者，其勢便，其事易；至於物，則有不得已而資以爲用者，使之皆被吾之愛而無傷，則其勢遠，其事難。自君人者言之。發政施仁，使民得以遂其生者，其事便，其事易；極輔相財成之道，使庶類繁殖，鳥獸魚鼈咸若者，其勢遠，其事難。今王此心既發於見牛之際，而又有以處之，而使是心得以流行矣，則是於其勢遠而事難者既能有以及之，則以是心而施於勢近而事易、與之同類而相親，所謂「保民而王」者，則豈有不能者哉？但自不肯爲耳。○新安陳氏曰：「今恩足以及禽獸，而功不至於百姓者，獨何與」，此二句難得最緊切，乃是一大章文意警策處。下文又以此二句再難以結之。王能其緩且難者，而失之於切且易者，何也？使王能自其不忍之形於愛物者，充廣之以仁民，特舉而措之耳。

曰：「不爲者與不能者之形，何以異？」曰：「挾太山以超北海，語人曰『我不能』，是誠不能也。爲長者折枝，語人曰『我不能』，是不爲也，非不能也。故王之不王，非挾太山以超北海之類也。王之不王，是折枝之類也。語，去聲。「爲長」之爲，去聲。長，上聲。折，之舌反。

形，狀也。挾，以腋持物也。超，躍而過也。爲長者折枝，以長者之命折草木之枝，言不難也。是心固有，不待外求。擴而充之，在我而已，何難之有？

「老吾老，以及人之老；幼吾幼，以及人之幼。天下可運於掌。《詩》云：『刑于寡妻，至于兄弟，以御于家邦。』言舉斯心加諸彼而已。故推恩足以保四海，不推恩無以保妻子。古之人所以大過人者，無他焉，善推其所爲而已矣。今恩足以及禽獸而功不至於百姓者，獨何與？與，平聲。

老，以老事之也。吾老謂我之父兄，人之老謂人之父兄。幼，以幼畜許六反。之也。吾幼謂我之子弟，人之幼謂人之子弟。運於掌，言易去聲。下同。也。《詩》，《大雅·思齊》莊皆反。之篇。刑，法也。寡妻，寡德之妻，謙辭也。御，治也。不能推恩，則衆叛親離，故無以保妻子。蓋骨肉之親，本同一氣，又非但若人之同類而已。故古人必由親親推之，然後及於仁民，又推其餘，然後及於愛物，皆由近以及遠，自易以及難。今王反之，則必有故矣。故復扶又反。推本而再問之。新安陳氏曰：末二句再問難以結之，十分精神，文法亦有照應收拾。○和靖尹氏曰：「善推其所爲」，學者最要，推也。因一事則推之，大有所益。「言舉斯心加諸彼」是也。○南軒張氏曰：孟子非使之以其愛物者及人，蓋使之因愛物以循其不忍之實，而反其所謂一本者，以「親親而仁民，仁民而愛物」，此所謂王道也。○慶源輔氏曰：「人之骨肉本同一氣而生，又非但若人之同類而已」，故於心爲至親至切，而行仁必自孝弟始，然後可以推而及民與物也。勢有近遠，當由近以及遠；事有難易，當自易以及難。老吾老、幼吾幼以及人之老幼，刑寡妻，至兄弟，以御于家邦，此皆自然之序，而人所不自已者。若或反此，則必有其故矣。是不可不致其克復之功，使之循序而進。不然，則倒行而逆施之，如無源之水、無根之木，不旋踵而乾涸枯瘁矣。○雙峯饒氏曰：因愛牛之心說到此，欲其因愛物之心反而見得仁民，因愛人之心反而見得親親；又因親親推而至於仁民，由仁民推而至於愛物。運於掌，言其近而易。天下雖大，只由一家老老幼幼推去，又何難且遠之有？「運於掌」與「視諸掌」不同。運屬行，視屬知。那箇是易知，這箇是易行。○西山真氏曰：由親以及民，由民以及物，此古人之善推也；能及物而不能及民，此宣王之不善推也。○魯齋王氏曰：「善推其所爲」一句，是孟子平生功夫受用只在此。○雲峯胡氏曰：須要看《集註》三節議論貫穿處。始言愛物，則曰「人之於禽獸，同生而異類」；繼言仁民，則曰「天地之性，人爲貴，故人之與人，又爲同類而相親」；此言「老老幼幼」，則曰「骨肉之親，本同一氣，又非但若人之同類而已」。曰「同生」，曰「同類」，曰「同氣」，是爲理一而分殊；雖推之有序，然皆不過自吾本心而推之，是爲分殊而理一也。大抵此章凡千餘言，大要只二句。欲其察識此心於方發之初，故曰「是心足以王矣」；欲其擴充此心於已發之後，故曰「善推其所爲而已矣」。

「權，然後知輕重；度，然後知長短。物皆然，心爲甚。王請度之。「度之」之度，待洛反。❶

權，稱去聲。下同。錘直垂反。也；度，丈尺也。度之，謂稱量之也。言物之輕重長短，人所難齊，必以權度度上如字。下待洛反，下文「不度」，音同。之而後可見；若心之應物，則其輕重長短之難齊而不可不度以本然之權度，又有甚於物者。今王恩及禽獸而功不至於百姓，是其愛物之心重且長而仁民之心輕且短，失其當然之序而不自知也。故上文既發其端，新安陳氏曰：指「恩足以及禽獸，而功不至於百姓」二句。而於此請王度之也。朱子曰：物易見，心無形。度物之輕重長短易，度心之輕重長短難。度物差了只是一事，心差了時，萬事差，所以心爲甚。又曰：愛物宜輕，仁民宜重，此是權度，以此去度。○「本然之權度」亦只是此心。此心本然萬理皆具，應物之時，須是子細看合如何，便是本然之權度也。如齊王見牛而不忍之

❶「待」，原作「持」，今據四庫本及《四書通》改。

心見，此是合權度處。及至興甲兵、危士臣、結怨於諸侯，又却忍爲之，便是不合權度，失其本心。○慶源輔氏曰：此指宣王之心偏詖處言之也。必先見得其輕重長短如此分明了，然後究其所以然之故，則吾心之蔽始可去，而本然之理始可復。此孟子所以引物資權度之說，而使王自稱量其心也。

「抑王興甲兵，危士臣，構怨於諸侯，然後快於心與？」與，平聲。

抑，發語辭。士，戰士也。構，結也。孟子以王愛民之心所以輕且短者，必其以是三者爲快也。然三事實非人心之所快，有甚於殺觳觫之牛者。故指以問王，欲其以此而度之也。慶源輔氏曰：孟子恐王不知所以稱量之要，故舉興甲兵、危士臣、構怨於諸侯三事，使王度之。蓋宣王愛民之心所以輕且短者，實以是三者之爲快蔽之也。夫此三事乃人心之所不忍，有甚於殺觳觫之牛者。王若以是爲快，則宜乎愛民之心輕且短也。○雲峯胡氏曰：上一節一「心」字亦指本心而言。蓋謂本心之中有自然之權度，非自外來也。此節一「心」字與後數箇「欲」字，便非本心矣。本心難於擴充，而欲心易於蔽錮，此王道所以不行也。

王曰：「否。吾何快於是？將以求吾所大欲也。」

不快於此者，心之正也；而必爲此者，欲誘之也。欲之所誘者獨在於是，是以其心尚明於他，而獨暗於此。此其愛民之心所以輕短，而功不至於百姓也。慶源輔氏曰：辟土地、朝秦楚、莅中國、撫四夷，是其本志也；興甲兵、危士臣、構怨於諸侯，則末流之禍耳。有是志則有是禍矣。指其末流之禍則以爲不快於此者，心之明也；而卒溺於初志之失而不知反者，欲誘之也。「其心尚明於他」者，謂不忍一牛之觳觫也；「而獨暗於此」者，謂功不至於百姓也。○新安陳氏曰：所大欲者，人欲之橫流，所以不能仁民而擴天理之公也。

曰：「王之所大欲，可得聞與？」王笑而不言。曰：「爲肥甘不足於口與？輕煖不足於體與？抑爲采色不足視於目與？聲音不足聽於耳與？便嬖不足使令於前與？王之諸臣皆足以供之，而王豈爲是哉？」曰：「否。吾不爲是也。」曰：「然則王之所大欲可知已。欲辟土地，朝秦楚，莅中國，而撫四夷也。以若所爲求若所欲，猶緣木而求魚也。」與，平聲。「爲肥」、「抑爲」、「豈爲」、「不爲」之爲，皆去聲。便、令，皆平聲。辟，與「闢」同。朝音潮。

便嬖，近習嬖幸之人也。已，語助辭。辟，開廣也。朝，致其來朝也。秦、楚，皆大國。莅，臨也。新安陳氏曰：所大欲在此，所以初發問便欲聞桓、文霸圖事。若，如此也。所爲，指興兵結怨之事。緣木求魚，言必不可得。

王曰：「若是其甚與？」曰：「殆有甚焉。緣木求魚，雖不得魚，無後災；以若所爲，求若所欲，盡心力而爲之，後必有災。」曰：「可得聞與？」曰：「鄒人與楚人戰，則王以爲孰勝？」曰：「楚人勝。」曰：「然則小固不可以敵大，寡固不可以敵衆，弱固不可以敵强。海內之地方千里者九，齊集有其一。以一服八，何以異於鄒敵楚哉？蓋亦反其本矣。「甚與」、「聞與」之與，平聲。

殆、蓋，皆發語辭。鄒，小國；楚，大國。齊集有其一，言集合齊地其方千里，是有天下九分扶問反。之一也。新安陳氏曰：千里者九，齊、楚、燕、秦、趙、魏、韓、宋、中山也。以一服八，必不能勝，即有敗亡之禍。所謂後災也。反本，說見形甸反。下文。

「今王發政施仁，使天下仕者皆欲立於王之朝，耕者皆欲耕於王之野，商賈皆欲藏於王之市，行旅皆欲出於王之途，天下之欲疾其君者，皆欲赴愬於王。其如是，孰能禦之？」朝音潮。賈音古。愬，與「訴」同。

行貨曰商，居貨曰賈。發政施仁，所以王去聲。天下之本也。近者悦，遠者來，則大小彊弱非所論矣。蓋力求所欲，則所欲者反不可得；能反其本，則所欲者不求而至。與首章意同。南軒張氏曰：行王政者，心非欲傾他國以自利也。惟以民困爲已任，爲吾所當爲，而天下自歸心焉。夫欲朝秦楚、莅中國，自世俗言，則以爲有志；自聖賢觀之，苟不本乎公理，特出於忮求矜伐之私耳。齊王惟汲汲於濟其私，非惟不克濟，而禍患隨之。蹈私欲，固危道也。由孟子所言以發政施仁，則公理之所存，可大之業自可馴致。此天理、人欲之分也。○慶源輔氏曰：力求所欲，則徇欲也，有爲而爲之也。計獲求得，用力雖勞，而所欲者反不如所期。能反其本，則循理者也，無所爲而爲之也。先難後獲、先事後得，而可大之業自爾循至。此天理、人欲之分也。

王曰：「吾惛，不能進於是矣。願夫子輔吾志，明以教我。我雖不敏，請嘗試之。」惛，與「昏」同。曰：「無恒産而有恒心者，惟士爲能。若民，則無恒産，因無恒心。苟無恒心，放辟邪侈，無不爲已。及陷於罪，然後從而刑之，是罔民也。焉有仁人在位，罔民而可爲也？恒，胡登反。辟，與「僻」同。焉，於虔反。恒，常也。産，生業也。恒産，可常生之業也；恒心，人所常有之善心也。士嘗學問，知義理，故雖無恒産，而有常心。民則不能然矣。罔，猶「羅罔」，欺其不見而取之也。慶源輔氏曰：「恒産，常生之業」，則下文所言「五畝之宅」、「百畝之田」，是也；「恒心，常有之善心」，則下文所言「善」與「禮義」，是也。善又禮義之總名。緣民無常産，所以無常心，故不知禮義而陷於放辟邪侈也。若遂從而刑之，是誠無異於以羅網罔民，「欺其不見而取之也」。○雲峯胡氏曰：此「心」字亦指本心而言，但指其在士民者言之。

「是故明君制民之産，必使仰足以事父母，

俯足以畜妻子，樂歲終身飽，凶年免於死亡。然後驅而之善，故民之從之也輕。畜，許六反。下同。

輕，猶「易」去聲。也。此言民有常產而有常心也。

「今也制民之產，仰不足以事父母，俯不足以畜妻子，樂歲終身苦，凶年不免於死亡。此惟救死而恐不贍，奚暇治禮義哉？治，平聲。凡「治」字爲理物之義者，平聲；爲已理之義者，去聲。後皆倣此。

贍，時念反。足也。此所謂無常產而無常心者也。

「王欲行之，則盍反其本矣！

盍，何不也。使民有常產者，又「發政施仁」之本也。新安陳氏曰：「則盍反其本矣」，與前「蓋亦反其本矣」當對觀。「發政施仁」，是所以王天下之本；使民有常產，又是「發政施仁」之本也。說見形甸反。下文。

「五畝之宅，樹之以桑，五十者可以衣帛矣；鷄豚狗彘之畜，無失其時，七十者可以食肉矣；百畝之田，勿奪其時，八口之家可以無飢矣；謹庠序之教，申之以孝悌之義，頒白者不負戴於道路矣。老者衣帛食肉，黎民不飢不寒，然而不王者，未之有也。」音見前篇。

此言制民之產之法也。趙氏曰：趙氏，名岐，詳見《序說》中註。「八口之家，次上農夫也。此王政之本、常生之道，故孟子爲去聲。齊、梁之君各陳之也。」楊氏曰：「爲天下者，『舉斯心加諸彼而已』。然雖『有仁心仁聞去聲。而民不被其澤』者，『不行先王之道』故也。故以制民之產告之。」

○此章言人君當黜霸功，行王道，而王道之要，不過推其不忍之心，以行不忍之政而已。齊王非無此心，而奪於功利之私，不能擴充以行仁政，雖以孟子反覆曉告精切如此，而蔽固已深，終不能悟，是可歎也！南軒張氏曰：孟子如對鴻鴈麋鹿之問，及對好樂、好色、好貨，皆徐引之當道，何其辭氣不迫也！至於利國之問，則應以何必曰利；桓、文之問，則對以無道、無傳；論管、晏，則曰管仲，曾西之所不爲；言交兵之不利，則曰號則不可：又何其嚴也！自後世觀之，後數說比之前數者，宜若未至甚害，而攻之反甚切，何歟？蓋前數者，一病爲一事耳，故紬繹其性之端以示之，使之曉然知反躬之要，則天理可明而人欲可遏矣。至於霸者功利之説，易以惑人，人或趨之，則大體一差，雖有嘉言善道，亦何由入？戰國諸侯，其失正在乎此。故闢之不可不嚴也。〇雲峯胡氏曰：此章甚詳，《集註》斷之甚約，蓋欲黜霸功則心之所向者正，能行王道則心之所充者大。「先王有不忍人之心，斯有不忍人之政。」今雖有不忍之心，而不能推之以行不忍之政，無他，奪於功利之私也。「功利」二字，依舊是向霸功上去，入于彼必出於此，世安有不能黜霸功而能行王道者哉？此孟子所以斷然以爲仲尼之徒所不道也。

孟子集註大全卷之一

孟子集註大全卷之二

梁惠王章句下

凡十六章。

莊暴見孟子，曰：「暴見於王，王語暴以好樂，暴未有以對也。」曰：「好樂何如？」孟子曰：「王之好樂甚，則齊國其庶幾乎！」「暴見於」之見，音現，下「見於」同。「語」字，去聲。下同。好，去聲。篇內並同。

莊暴，齊臣也。庶幾，近辭也。言近於治。去聲。

他日，見於王，曰：「王嘗語莊子以好樂，有諸？」王變乎色，曰：「寡人非能好先王之樂也，直好世俗之樂耳。」

變色者，慚其好之不正也。東陽許氏曰：「王語暴以好樂」，蓋論及所好之俗樂。「暴未有以對」，蓋莊暴亦知俗樂之不足好，欲諫而未得其辭，故以告孟子。○王變色，是愧前與暴論者不可聞於孟子，故其下直言之。

曰：「王之好樂甚，則齊其庶幾乎！今之樂，由古之樂也。」

今樂，世俗之樂；古樂，先王之樂。

曰：「可得聞與？」曰：「獨樂樂，與人樂樂，孰樂？」曰：「不若與人。」曰：「與少樂樂，與衆樂樂，孰樂？」曰：「不若與衆。」「聞與」之與，平聲。「樂樂」，下字音洛。「孰樂」，亦音洛。

獨樂音洛。下同。不若與人，與少樂不若與衆，亦人之常情也。

「臣請爲王言樂。爲，去聲。

此以下皆孟子之言也。

「今王鼓樂於此，百姓聞王鍾鼓之聲、管籥之音，舉疾首蹙頞而相告曰：『吾王之好鼓樂，夫何使我至於此極也？父子不相見，兄弟妻子離散。』今王田獵於此，百姓聞王車馬之音，見羽旄之美，舉疾首蹙頞而相告曰：『吾王之好田獵，夫何使我至於此極也？父子不相見，兄弟妻子離散。』此無他，不與民同樂也。蹙，子六反。頞音遏。夫音扶。「同樂」之樂音洛。

鐘、鼓、管、籥，皆樂器也。新安陳氏曰：管，笙也。籥，如笛而六孔，或曰「簫」也。舉，皆也。疾首，頭痛也。蹙，聚也。頞，額也。人憂戚則蹙其額。極，窮也。羽旄，旌屬。趙氏曰：《春秋傳》：「范宣子假羽旄於齊。」「晉人假羽旄於鄭。」註：「析羽爲旌，王者游車所建也。」按，《周禮·司常》：「九旗」之數有「全羽」、「析羽」，釋云：「全羽、析羽，直有羽而無帛。」不與民同樂，謂獨樂其身而不恤其民，使之窮困也。新安陳氏曰：因好樂而及田獵，以王亦好田獵故也。

「今王鼓樂於此，百姓聞王鍾鼓之聲、管籥之音，舉欣欣然有喜色而相告曰：『吾王庶幾無疾病與？何以能鼓樂也？』今王田獵於此，百姓聞王車馬之音，見羽旄之美，舉欣欣然有喜色而相告曰：『吾王庶幾無疾病與？何以能田獵也？』此無他，與民同樂也。「病與」之與，平聲。「同樂」之樂音洛。

與民同樂者，推好樂之心以行仁政，使民各得其所也。雙峯饒氏曰：「庶幾無疾病」，民唯恐君不安樂，有「愛之，欲其生」之意；若「時日害喪」，則「惡之，欲其死」矣。田獵雖非樂，推類而言之。

「今王與百姓同樂，則王矣。」

好樂而能與百姓同之，則天下之民歸之矣。所謂「齊其庶幾者」，如此。○范氏曰：「戰國之時，民窮財盡，人君獨以南面之樂音洛。下「同樂」同。自奉其身。孟子切於救民，故因齊王之好樂，開導其善心，深勸其與民同樂，而謂今樂猶古樂。其實，今樂、古樂何可同也？但與民同樂之意，則無古今之異耳。南軒張氏曰：與民同樂者，固樂之本也。好世俗之樂者，私欲也；與民同樂者，公理也。孟子不遽詆其所好而獨擴之以公理，可謂善啓告者。若必欲以禮樂治天下，當如孔子之言，必用韶舞，必放鄭聲。蓋孔子之言，爲邦之正道；孟子之言，救時之急務：所以不同。」楊氏曰：「樂以和爲主。使人聞鐘鼓管絃之音而疾首蹙頞，則雖奏以《咸》、《英》、《韶》、《濩》，胡故反。無補於治去聲。也。《前漢・禮樂志》：「昔黃帝作《咸池》，顓頊作《六莖》，帝嚳作《五英》，堯作《大章》，舜作《招》，讀作《韶》。禹作《夏》，湯作《濩》，武王作《武》，周公作《勺》。讀作《酌》。以上並樂名。《勺》，言能勺先祖之道也；《武》，言以功定天下也；《濩》，言救民也；《夏》，大承二帝也；《招》，繼堯也；《大章》，章之也；《五英》，英華茂也；《六莖》，及根莖也；《咸池》，備矣。」故孟子告齊王以此，姑正其本而已。」朱子曰：孟子開導時君，故曰「今之樂猶古之樂」。至於言「百姓聞樂音，欣欣然有喜色」處，則關閉得甚密。如「好色」、「好貨」，亦此類也。○慶源輔氏曰：范氏辨孔子、孟子之說，可謂平正明白，無餘蘊矣。而楊氏論樂以和爲主，及與民同樂爲樂之本，又可以足范氏之說。○新安陳氏曰：不卹民而自好世俗之樂，以縱其荒樂，人欲之縱肆也。因賢者之問，而自慚所好之不正，天理之萌動也。齊王慚之，孟子不詆而開導之，戒其縱獨樂之私，而勉其充同樂之公，遏人欲而擴天理也。王道在遏人欲、擴天理而已。

○齊宣王問曰：「文王之囿方七十里，有諸？」孟子對曰：「於傳有之。」囿音又。傳，直戀反。

囿者，蕃音煩。育鳥獸之所。古者四時之

田，皆於農隙，乞逆反。以講武事。《左傳》隱公五年春：「公將如棠觀魚者。臧僖伯諫曰：『凡物不足以講大事，大事謂祀與戎。戎，兵也。其材不足以備器用，則君不舉焉。君將納民於軌物者也。故講事以度軌量謂之軌，取材以章物采謂之物。不軌不物，謂之亂政。亂政亟行，所以敗也。故春蒐、夏苗、秋獮、冬狩，四者皆田獵之名。蒐，索，擇取不孕者。苗，爲除害也。獮，殺也。以殺爲名，順秋氣也。狩，圍守也。冬物畢成，獲則取之，無所擇也。皆於農隙以講事也。』」然不欲馳騖音務。於稼穡場圃之中，故度待洛反。閒曠之地以爲囿。然文王七十里之囿，其亦三分天下有其二之後也與？音余。○南軒張氏曰：意齊王欲廣其囿，諛佞之徒必有假文王事以逢之者。文王豈崇囿如此？蓋其蒐田所及，民以爲王之囿耳。以芻、雉得往，知其然也。傳，謂古書。慶源輔氏曰：孟子時有之，今不復存。孟子所謂「於傳有之」，亦言據古書有此說耳，然未必其然否也。

曰：「若是，其大乎！」曰：「民猶以爲小也。」曰：「寡人之囿方四十里，民猶以爲大，何也？」曰：「文王之囿方七十里，芻蕘者往焉，雉兔者往焉，與民同之。民以爲小，不亦宜乎？芻音初。蕘音饒。

芻，草也。蕘，薪也。

「臣始至於境，問國之大禁，然後敢入。臣聞郊關之内有囿方四十里，殺其麋鹿者如殺人之罪，則是方四十里爲阱於國中。民以爲大，不亦宜乎？」阱，才性反。

禮，入國而問禁。《禮記·曲禮》：「入境而問禁，入國而問俗，入門而問諱。」國外百里爲郊，郊外有關。阱，坎地以陷獸者。言陷民於死也。新安陳氏曰：前篇「罔民」，與此「爲阱」，皆是借網取禽、阱取獸以諷切時君之禽獸其民。苑、囿，一也。設禁阱民者，人欲之私；與民同利者，天理之公。無非欲遏人欲、擴天理而已。

○齊宣王問曰：「交鄰國有道乎？」孟子對

曰：「有。惟仁者爲能以大事小，是故湯事葛，文王事昆夷；惟智者爲能以小事大，故大王事獯鬻，句踐事吴。獯音熏。鬻音育。句音鈎。

仁人之心，寬洪惻怛，當葛反。○慶源輔氏曰：寬洪，仁者之量；惻怛，仁者之意。而無較計大小彊弱之私。故小國雖或不恭，而吾所以字之之心自不能已。程子曰：凡人有所計較者，皆私意也。仁者欲人之善而矜人之惡，不計較小大彊弱而事之，故能保天下。犯而不較，亦樂天順理者也。○新安陳氏曰：惟仁者能忘己之大而事鄰國之小。實只字之，若事之耳。智者明義理，識時勢，故大國雖見侵陵，而吾所以事之之禮，尤不敢廢。新安陳氏曰：惟智者爲能安己之小，而事鄰國之大。朱子云：智者不特是見得利害明，道理自合恁地。小之事大，弱之事强，皆是道理合恁地。湯事見形甸反。下同。後篇。文王事見《詩·大雅》。大王事見後章，所謂「狄人」，即獯鬻也。《詩·綿》八章：「肆不殄厥慍，亦不隕厥問，柞子洛反。棫音域。拔蒲貝反。❶矣，行道兑吐外反。矣。混音昆。夷駾徒對反。矣，維其喙吁貴反。矣。」駾，突也。喙，息也。言大王雖不能殄絶混夷之慍怒，亦不隕墜己之聲問。蓋雖聖賢不能必人之不怒己，但不廢其自脩之實耳。然大王始至此岐下之時，林木深阻，人物鮮少。至於其後，生齒漸繁，歸附日衆，則木拔道通，昆夷畏之，而奔突竄伏，維其喙息而已。言德盛而昆夷自服也。蓋已爲文王之時矣。句踐，越王名，事見《國語》、《史記》。《國語·吴語》、《史記·越王勾踐世家》同云：越王勾踐，芈姓。❷興兵伐吴。吴王夫差，姬姓。聞之，悉發精兵擊越。敗之夫音扶。椒。今大湖中椒山，是也。越王乃以餘兵五千人保棲於會古外反。稽。山名，在山陰南七里。吴王追而圍之。越王乃令大夫種行成於吴。成者，平也。求平於吴也。膝行頓首曰：「君王亡臣勾踐，使臣種敢告下執事：勾踐請爲臣，妻爲妾。」吴王將許之，子胥言於吴王曰：「天以越賜吴，勿許也。」種還

❶「貝」，原作「具」，今據《四書纂箋》、《經典釋文》卷七改。

❷「芈」，四庫本作「姒」。

以報。勾踐欲殺其妻子，燔寶器，觸戰而死。種止勾踐曰：「夫吴太宰嚭貪，可誘以利，請行猶「微行」。言之。」❶於是勾踐乃以美女寶器，令種間以獻吴太宰嚭。嚭受，乃見大夫種於吴王。種頓首言曰：「願大王赦勾踐之罪，盡入其寶器。不幸不赦，勾踐將盡殺其妻子，燔其寶器，五千人觸戰，必有當也。」嚭因説吴王曰：「越以服爲臣，若將赦之，此國之利也。」卒赦越，罷兵歸。○朱子曰：仁者自然合理，智者知理之當然而敬以循之，其大概是如此。若細分之，則太王、勾踐意思自不同也。○潛室陳氏曰：仁者無計較之私，忘其孰大而孰小；智者有度量之明，自知小不能敵大。○雲峯胡氏曰：本文「大事小」、「小事大」，《集註》則曰「大字小」、「小事大」，一「字」字，尤見仁人之心。然大之字小，猶未足以見其仁，必小國雖或不恭，而字之之心自不能已，乃見大者之仁；小之事大，猶未足以見其智，必大國雖見侵陵，而事之之禮尤不敢廢，乃足以見小者之智。

「以大事小者，樂天者也；以小事大者，畏天者也。樂天者保天下，畏天者保其國。樂音洛。

天者，理而已矣。大之字小、小之事大，皆理之當然也。自然合理，故曰樂天；不敢違理，故曰畏天。包含徧覆，敷救反。無不周徧，保天下之氣象也；制節謹度，不敢縱逸，保一國之規模也。問「樂天」、「畏天」不同：「以仁者而居小國，固不免爲智者之事；使智者而居大國，則未必能爲仁者之舉。何者？智者分别曲直，未必能容忍而不與之較，如仁者之爲也。」朱子曰：得之。○仁者與天爲一，智者聽天所命。與天爲一者嘉人之善，矜人之惡，無所擇於利害，故能以大事小；聽天所命者循理而行，順時而動，不敢用其私心，故能以小事大。○何叔京曰：仁者以天下爲度，一視而同仁，惟欲人各得其所，不復計彼此强弱之勢，故以大事小而不以爲難。如葛與昆夷之無道，湯、文慇懃而厚恤之，及終不可化而禍及於人，然後不得已而征伐之，仁之至也。智者達於事變而知理之當然，故以小事

❶「行」上，陸本及《史記·越王勾踐世家》有「間」字。

大而不敢忽。然而必自强於政治，期於有以自立。如獯鬻與吴之方强，大王、勾踐外卑躬而事之，内則治其國家，和其民人，終焉或興王業，或刷其恥，此智之明也。使湯、文保養夷、葛，惡極而不能去，是不仁而縱亂也；大王勾踐惟敵之畏，而終不能自强，是無恥而苟安也：又何取於仁智哉？○慶源輔氏曰：「天者，理而已矣」，即程子所謂「夫天，尊言之即道也」。❶以道理言，則大者自當字小，此天之所以覆地也；小者自當事大，此坤之所以承乾也。又曰：「保天下」、「保其國」，言仁、智者之氣象規模有此效也，非謂仁者、智者之心欲其如此也。○雲峯胡氏曰：「字之之心，自不能已」，即是「自然合理」；「事之之禮，尤不敢廢」，即是「不敢違理」。「包含徧覆，無不周徧」，即其「字之之心」，而其氣象愈充拓愈恢宏；「制節謹度，不敢縱逸」，即其「事之之禮」，而其規模愈收斂愈嚴謹。《集註》措辭之精微如此。

「《詩》云：『畏天之威，于時保之。』」

《詩》，《周頌・我將》之篇。❷時，是也。新安陳氏曰：引《詩》不及「樂天」一邊，亦偶然耳。○朱子曰：此智者畏天而保其國之事。○雙峯饒氏曰：天理當然，違之則有禍，此便是天威了。

王曰：「大哉言矣！寡人有疾，寡人好勇。」

言以好勇，故不能事大而恤小也。新安陳氏曰：大之事小，善待之而已，非小事之也。《集註》於「大事小」必曰「字小」，又曰「恤小」，而於「事大」不易「事」字，蓋欲發明孟子意，不可不畧易此字也。

對曰：「王請無好小勇。夫撫劍疾視，曰：『彼惡敢當我哉？』此匹夫之勇，敵一人者也。王請大之。

「夫撫」之夫音扶。惡，平聲。

疾視，怒目而視也。小勇，血氣所爲；大勇，義理所發。趙氏曰：血氣所爲之勇，如溝澮之水，暴集隨涸，故謂之「小」；義理所發之勇，天開地闢，

❶「尊」、「即」，元刻本宋程頤《伊川易傳》卷一、宋朱鑒《朱文公易説》卷三作「事」、「則」。

❷「詩」，原脱，今據四庫本補。

自不能已，故謂之「大」。

「《詩》云：『王赫斯怒，爰整其旅，以遏徂莒，以篤周祜，以對于天下。』此文王之勇也。文王一怒而安天下之民。

《詩》，《大雅·皇矣》篇。赫，赫然，怒貌。爰，於也。旅，衆也。遏，《詩》作「按」，止也。徂，往也。莒，《詩》作「旅」。徂旅，謂密人侵阮、徂共音恭。之衆也。篤，厚也。祜，福也。對，答也。以答天下仰望之心也。《詩·皇矣》：「帝謂文王：無然畔援，無然歆羡，誕先登于岸。密人不恭，敢距大邦，侵阮徂共。王赫斯怒，爰整其旅，以按音遏。徂旅，以篤周祜，以對于天下。」密，密須氏，姞姓之國，在今寧州。阮，國名，在今涇州。共，阮國之地名，今涇州共池是也。此言文王征伐之始也，無所畔援歆羡，大能先造道之極。因密人不恭，是以如此。 此文王之大勇也。新安陳氏曰：怒者，勇之發也。因「王赫斯怒」一「怒」字，發出「一怒安民」之說。蓋自赫怒舉兵「以對于天下」，而生出此意。

「《書》曰：『天降下民，作之君，作之師。惟曰其助上帝，寵之四方。有罪無罪惟我在，天下曷敢有越厥志？』一人衡行於天下，武王恥之。此武王之勇也。而武王亦一怒而安天下之民。衡，與「橫」同。

《書》，《周書·泰誓》之篇也。然所引與今《書》文小異，雙峯饒氏曰：《書》言「寵綏四方」，指君而言；《孟子》言「寵之四方」，指天而言。《書》之「有罪無罪」，指紂而言；《孟子》之「有罪無罪」，指諸侯而言。《書》之「越厥志」，指君而言；《孟子》之「越厥志」，指民而言。二者大段不同。想古人之書與今多不同，多是人記得，人家不常有此本。今且依此解之。寵之四方，寵異之於四方也。有罪者我得而誅之，無罪者我得而安之。我既在此，則天下何敢有過越其心志而作亂者乎？衡行，謂作亂也。孟子釋《書》意如此，而言武王亦大勇也。慶源輔氏曰：

寵異，謂天寵異武王於天下也。「亶聰明」，是以天德寵異之也；「作元后」，是以天位寵異之也。「心志」，謂天下之心志也。人之作亂，皆過越其心志之故耳。若守其心志，無所過越，則何至有作亂之事乎？此武王以天下之重自任也。

「今王亦一怒而安天下之民，民惟恐王之不好勇也。」

王若能如文、武之爲，則天下之民望其一怒以除暴亂，而拯己於水火之中，惟恐王之不好勇耳。○此章言人君能懲小忿，則能恤小事大以交鄰國；能養大勇，則能除暴救民以安天下。慶源輔氏曰：君人者必能懲小忿然後能養大勇，所謂「人能有所不爲，然後可以有爲」也。○新安陳氏曰：《章旨》「能懲小忿」四字，實自「寡人好勇」一句發出。齊王所好之勇，小忿也；孟子所言之勇，大勇也。張敬夫曰：「小勇者，血氣之怒也；大勇者，理義之怒也。血氣之怒不可有，理義之怒不可無。知此，則可以見性情之正而識天理、人欲之分矣。」龜山楊氏曰：人君固不可無勇，而齊王以是爲有疾，故孟子告以文武之事，使廓而大之，則安天下無足爲者矣。○雙峯饒氏曰：怒得是便是天理，怒得不是便是人欲。孟子之論，大概要分別天理、人欲於毫釐之間，如同樂、獨樂之類。○雲峯胡氏曰：夫子嘗以智仁勇三者並言，此「勇」字亦當連前「仁」、「智」字並言。仁智中之勇，是謂大勇；小勇者，不仁不智者也。不仁者徒逞血氣，而於義理之勇必無之；不智者不明義理，而於血氣之勇必有之。

○齊宣王見孟子於雪宮。王曰：「賢者亦有此樂乎？」孟子對曰：「有。人不得，則非其上矣。樂音洛。下同。

雪宮，離宮名。言人君能與民同樂，則人皆有此樂。不然，則下之不得此樂者，必有非其君上之心。明人君當與民同樂，不可使人有不得者，非但當與賢者共之而已也。慶源輔氏曰：離猶「別」也。別在其所居宮室之外，故曰「離宫」。「君能與民同樂則人皆有此樂」，此釋「有」之一字。「下不得此樂者必有非君上之心」，此釋「人不得則非其上矣」一句。○雲峯胡氏曰：觀《集註》「非但當與賢者共之」一句，便見得梁惠王問「賢者亦樂此」與齊宣王問「賢者亦有此樂」，兩「賢」字似同而實有不同。孟子答以「賢者而後樂此，不賢者雖有此不樂」，所謂賢者皆指君而言。此則答以「有」之一字者，謂賢者有此樂也。然非特賢者有此樂，凡人皆欲有此樂。「人有不得其樂，則必有非其上之心矣」，是知此樂當與凡人共之，不但當與賢者共之也。如此，則兩處「賢」字不同。又按，饒氏謂朱子云「賢者亦樂此」其辭遜，「賢者亦有此樂」其辭驕。以此觀之，《語録》謂沼上之對其辭遜，雪宫之對其辭夸，傳録之誤明矣。蓋謂之驕者，當以問字言，不當以對字言也。

「不得而非其上者，非也；爲民上而不與民同樂者，亦非也。

下不安分，扶問反。上不恤民，皆非理也。

慶源輔氏曰：下不得而非其上者，不知命也，故謂之「不安分」；爲民上而不與民同樂者，不知義也，故謂之「不恤民」。

「樂民之樂者，民亦樂其樂；憂民之憂者，民亦憂其憂。樂以天下，憂以天下，然而不王者，未之有也。

樂民之樂，而民樂其樂，則樂以天下矣；憂民之憂，而民憂其憂，則憂以天下矣。

南軒張氏曰：憂樂不以己而以天下，天理之公也。於是舉景公事，蓋道其國故典以告之。○慶源輔氏曰：君以民之樂爲樂，則民亦以君之樂爲樂。如是，則君以民爲體，民以君爲心，天下雖大，兆民雖多，其懽忻愉怡、痒痾疾痛，舉切於吾之身矣。君能體仁如此，則天下之民，其將何往？雖欲無王，不可得也。

「昔者齊景公問於晏子曰：『吾欲觀於轉附、朝儛，遵海而南，放于琅邪。吾何脩而可以比於先王觀也？』朝音潮。放，上聲。

晏子，齊臣，名嬰。轉附、朝儛，皆山名也。遵，循也。放，至也。琅邪，余遮反。齊東南境上邑名。觀，游也。

「晏子對曰：『善哉，問也！天子適諸侯曰巡狩。巡狩者，巡所守也。諸侯朝於天子曰述職。述職者，述所職也：無非事者。春省耕而補不足，秋省斂而助不給。夏諺曰：「吾王不遊，吾何以休？吾王不豫，吾何以助？一遊一豫，爲諸侯度。」狩，舒救反。省，悉井反。

述，陳也。省，視也。斂，收穫也。給，亦「足」也。夏諺，夏時之俗語也。豫，樂音洛。也。巡所守，巡行諸侯所守之土也；述所職，陳其所受之職也：趙氏曰：巡所守者，自上察下也；述所職者，自下達上也。王十二年一巡狩，諸侯六年一朝。皆無有無事而空行者。而又春、秋循行去聲。郊野，察民之所不足而補助之。故夏諺以爲王者一遊一豫，皆有恩惠以及民，而諸侯皆取法焉。不敢無事慢遊以病其民也。新安陳氏曰：以上晏子言先王之法，此下言當時之弊。

「『今也不然：師行而糧食。飢者弗食，勞者弗息，睊睊胥讒，民乃作慝。方命虐民，飲食若流。流連荒亡，爲諸侯憂。睊，古縣反。

今，謂晏子時也。師，衆也。二千五百人爲師。《春秋傳》曰：「君行師從。」《左傳》定公四年：「劉文公合諸侯于召陵，謀伐楚。衛侯令祝鮑從辭曰：『君以軍行，祓社釁鼓，師出，先有事祓禱於社，謂之宣社。於是殺牲以血塗鼓鼙，謂之釁鼓。祝奉以從，奉社主也。於是乎出竟。若嘉好之事，謂朝會。君行師從，卿行旅從，五百人爲旅。臣無事焉。』」糧，謂糗去久反。熬米麥也。又丘救反。糒音備。之屬。睊睊，側目貌。胥，相也。讒，謗也。慝，怨惡烏路反。也。言民不勝平聲。其勞而起怨謗也。方，逆也。命，王命也。若流，如水之流無窮極也。流連荒亡，解見形甸反。下文。諸侯，謂附庸之國、縣邑之長。上聲。○慶源輔氏曰：晏子主言齊事而云「爲諸侯憂」，故知爲「附庸之國、縣邑之長」也。王者之命諸侯，豈固欲其如此哉？不過使之愛養斯民而已。逆王命，則虐必及其民矣。〇雙峯饒氏曰：「師行而糧食」，君之行也以師，其食也以糧，一「而」字在中間，見得是兩事。「方命」之「命」是好底命，天子之命必是教他撫一國之民。今也如此，則是逆王命了。又曰：「爲諸侯度」指先王言，「爲諸侯憂」指時君言。

「『從流下而忘反謂之流，從流上而忘反謂之連，從獸無厭謂之荒，樂酒無厭謂之亡。』厭，平聲。樂音洛。

此釋上文之義也。從流下，謂放舟隨水而下；從流上，時掌反。謂挽舟逆水而上。從獸，田獵也。荒，廢也。樂酒，以飲酒爲樂也。亡，猶「失」也。言廢時、失事也。雙峯饒氏曰：荒是「廢時」，亡是「失事」。

「『先王無流連之樂、荒亡之行，惟君所行也。』「之行」之「行」，去聲。

言先王之法、今時之弊，二者惟在君所行耳。

「景公說。大戒於國，出舍於郊。於是始興發補不足。召大師曰：『爲我作君臣相說之樂。』蓋《徵招》、《角招》是也。其詩曰：『畜君何尤？』畜君者，好君也。」說音悅。爲，去聲。樂，如字。徵，陟里反。招，與「韶」同。畜，勑六反。

戒，告命也。出舍，自責以省悉井反。民也。興發，發倉廩也。大師，樂官也。君臣，己與晏子也。樂有五聲，三曰角，爲民；四曰徵，爲事。《禮記·樂記》：「宮爲君，商爲臣，角爲民，徵爲事，羽爲物。」注：「宮絃最大，用八十一絲，聲重而尊，故爲君。商屬金，金爲決斷臣事也，絃用七十二絲，次宮，如臣次君者也。角，觸也，物觸地而出，載芒角也，❶絃用六十四絲，聲居宮羽之中，屬木，以其清濁中，民之象也。徵屬夏，夏時正長，萬物皆成

❶「載」，《漢書·律曆志上》作「戴」。

形體，事亦有體故配事，絃用五十四絲。羽爲水，聚清物之象，故爲物，絃用四十八絲。」《招》，舜樂也。其詩，《徵招》、《角招》之詩也。尤，過也。言晏子能畜止其君之欲，宜爲君之所尤，然其心則何過哉？孟子釋之，以爲臣能畜止其君之欲，乃是愛其君者也。新安陳氏曰：上文引援景公、晏子事實，只末一句是孟子說。○西山真氏曰：《易》之大、小畜皆以止爲義。凡止君之欲者，乃所以爲愛君也；縱君之欲者，其得爲愛君乎？忠臣之心，惟恐其君之有欲；奸臣之心，惟恐其君之無欲。○尹氏曰：「君之與民，貴賤雖不同，然其心未始有異也。孟子之言，可謂深切矣。齊王不能推而用之，惜哉！」南軒張氏曰：孟子羞稱管、晏，今乃引晏子之言，何也？蓋羞稱者，其大法也；言與事有可取，亦不可没也。亦見與人爲善，至公至平之心也。○雲峯胡氏曰：齊景能聽晏子之說，而齊宣不能受孟子之説，是可「惜」也。○新安陳氏曰：此章與沼上之對畧相似。大意主於不自樂，而與民同樂耳。「樂民之樂」、「憂民之憂」，雖平說，然憂樂相反而實相關。憂民之憂者，必不暇樂己之樂；樂己之樂者，必不知憂民之憂。惟先「憂以天下」，而後能「樂以天下」也。前一截已盡之，後不過引一段故實耳。不與民同樂，人欲也；憂樂以天下，天理也。「遊豫，爲諸侯度」，天理也；「流連，爲諸侯憂」，人欲也。無非遏人欲、擴天理也。又舜之《韶》，遺音必有在齊者。孔子在齊聞《韶》，景公樂亦名《招》可見。

○齊宣王問曰：「人皆謂我毁明堂，毁諸，已乎？」

趙氏曰：「明堂，泰山明堂。周天子東巡守、去聲。朝音潮。諸侯之處。」漢時遺址音止。尚在。人欲毁之者，蓋以天子不復扶又反。巡守，諸侯又不當居之也。王問當毁之乎，且止乎？慶源輔氏曰：《漢書·郊祀志》武帝元封元年封泰山。泰山東北址古有明堂處。云欲毁明堂，正與子貢欲去告朔餼羊之意同，以其無用故欲去之也。

孟子對曰：「夫明堂者，王者之堂也。王欲行王政，則勿毁之矣。」夫音扶。

明堂，王者所居以出政令之所也。能行王政，則亦可以王去聲。矣。何必毁哉？朱子《明堂説》曰：論明堂制者非一。竊意當有九室，如井田之制。東之中爲青陽太廟。東之南爲青陽右个，東之北爲青陽左个。南之中爲明堂太廟。南之東即東之南，爲明堂左个；南之西即西之南，爲明堂右个。西之中爲總章太廟。西之南即南之西，爲總章左个；西之北即北之西，爲總章右个。北之中爲玄堂太廟。北之東即東之北，爲玄堂右个；北之西即西之北，爲玄堂左个。中爲太廟太室。凡四方之太廟異方所。其左个右个，則青陽之左个乃玄堂之右个，明堂之右个乃總章之左个也；總章之右个乃玄堂之左个，明堂之左个乃青陽之右个也。但隨其時之方位開門耳。太廟太室，則每季十八日天子居焉。古人制事多用井田遺意，此恐然也。新安倪氏曰：此朱子按《禮記·月令》爲説。

王曰：「王政可得聞與？」對曰：「昔者文王之治岐也，耕者九一，仕者世禄，關市譏而不征，澤梁無禁，罪人不孥。老而無妻曰鰥，老而無夫曰寡，老而無子曰獨，幼而無父曰孤。此四者，天下之窮民而無告者。文王發政施仁，必先斯四者。《詩》云：『哿矣富人，哀此煢獨。』」與，平聲。孥音奴。鰥，姑頑反。哿，工可反。煢，音瓊。

岐，周之舊國也。趙氏曰：按，岐山在漢右扶風美陽縣西北，唐屬岐州岐山縣。山之南有周原，蓋周之舊國。九一者，井田之制也。方一里爲一井，其田九百畝。中畫井字，界爲九區，一區之中爲田百畝，中百畝爲公田，外八百畝爲私田。八家各受私田百畝，而同養去聲。公田，是九分扶問反。而税其一也。世禄者，先王之世，仕者之子孫皆教之，教之而成材則官之。如不足用，亦使之不失其禄。蓋其先世嘗有功德於民，故報之如此，忠厚之至也。關，謂道路之關；市，謂都邑之市。譏，察也。征，稅也。關市之吏察異服異言之人，而不征商賈音古。之稅也。澤，謂瀦水；梁，謂魚梁。與民同利，不設禁也。問：「文王治岐，關市不征，澤梁無禁。成周門關市廛皆有限守，山林川澤悉有厲禁，何也？」潛室陳氏曰：文王因民所利而利之，乃王道之始；成周經制大備，乃王道之成。孥，妻子也。惡惡止其身，不及妻子也。新安陳氏曰：世祿，善善長也；不孥，惡惡短也。先王養民之政，導其妻子，使之養其老而恤其幼。不幸而有鰥寡孤獨之人，無父母妻子之養，則尤宜憐恤，故必以爲先也。《詩》，《小雅・正月》之篇。哿，可也。煢，困悴秦醉反。貌。新安陳氏曰：《正月》末章之意云：亂至於此，富人猶或可勝；煢獨甚矣，其可哀也。○雙峯饒氏曰：都鄙用助法，鄉遂用貢法，此周所以兼二代之法。井田之法，坦平處可行，江南想從古行貢法。關是道路撙節處，市是市井。澤是水所都處，梁是水所通處。耕者九一、仕者世祿，是士農工商皆有所養。惟鰥寡孤獨無所告，故發政施仁必先斯四者。

王曰：「善哉言乎！」曰：「王如善之，則何爲不行？」王曰：「寡人有疾，寡人好貨。」對曰：「昔者公劉好貨。《詩》云：『乃積乃倉，乃裹餱糧，于槖于囊。思戢用光。弓矢斯張，干戈戚揚，爰方啓行。』故居者有積倉，行者有裹糧也，然後可以『爰方啓行』。王如好貨，與百姓同之，於王何有？」餱音侯。槖音託。戢，《詩》作「輯」，音集。

王自以爲好貨，故取民無制，而不能行此王政。公劉，后稷之曾孫也。《詩》，《大雅・公劉》之篇。積，露積也。餱，乾音干。糧也。無底曰槖，有底曰囊，皆所以盛音成。餱糧也。戢，安集也。言思安集其民人，以光大其國家也。戚，斧也。

揚，鉞音越。也。爰，於也。啓行，言往遷于豳悲巾反。也。何有，言不難也。孟子言公劉之民富足如此，是公劉好貨而能推己之心以及民也。今王好貨亦能如此，則其於王天下也，何難之有？西山真氏曰：人君豈不事儲峙之富？惟能推此心，使斯民亦有餱糧之積，可也。

王曰：「寡人有疾，寡人好色。」對曰：「昔者大王好色，愛厥妃。《詩》云：『古公亶父，來朝走馬，率西水滸，至於岐下。爰及姜女，聿來胥宇。』當是時也，内無怨女，外無曠夫。王如好色，與百姓同之，於王何有？」大音泰。

王又言此者，好色則心志蠱惑，用度奢侈，而不能行王政也。大王，公劉九世孫。《詩》，《大雅·緜》之篇也。古公，大王之本號，後乃追尊爲大王也。亶父，音甫。大王名也。來朝走馬，避狄人之難去聲。也。新安陳氏曰：來朝，其來以朝也。古人紀事蓋有此例，如《書》曰「王朝步自周」、「周公朝至于洛」。率，循也。滸，呼五反。水厓也。岐下，岐山之下也。姜女，大王之妃也。胥，相也。宇，居也。曠，空也。無怨、曠者，是大王好色而能推己之心以及民也。南軒張氏曰：齊王好貨、好色，孟子以公劉、太王對。但謂公劉好貨、太王好色，而不知實未嘗好也。二君處心平和，無一毫物我之私。如曰「居者有積倉，行者有裹糧」，豈惟欲其國富？而亦欲其民富也。如曰「内無怨女，外無曠夫」，不惟君有室家，而民亦欲其有室家也。「好」字雖同，而所以爲好則異，故孟子曰：「王如好貨、好色，與百姓同之，於王何有？」二君之好，天理也；齊王之好，人欲也。○新安陳氏曰：孟子之言，有因其近似而發揮之以足己意者。如公劉好貨，本無事實，只「乃積乃倉」一句；太王好色亦無事實，只「爰及姜女」一句而已。然欲開導時君，意正辭辯。○楊氏曰：「孟子與人君言，皆所以擴充其善心擴天理。而格其非心，遏人欲。不止就事論事。若使爲人臣者論事每如此，豈不能堯舜其君乎？」愚謂此篇自首章至此，大意皆同。蓋鐘鼓、苑囿、游觀之樂，音洛。與夫音扶。好勇、好貨、好色之心，皆天理之所有，而人情之所不能無者。然天理、人欲，同行異情。循理而公於天下者，聖賢之所以盡其性也；縱欲而私於一己者，衆人之所以滅其天也。二者之間，不能以髮，而其是非得失之歸，相去遠矣。故孟子因時君之問，而剖普后反。析於幾平聲。微之際，皆所以遏人欲而存天理。其法似疏平聲。而實密，其事似易去聲。而實難。慶源輔氏曰：「法似疎而實密，事似易而實難」，蓋不直禁其好勇好色，則似若疎且易矣。然必使爲公劉、太王之事，推己之心以及民，循理而不縱欲，公天下而不私一己，則其實又甚密而且難矣。法指孟子之說，事指公劉、太王之事。非孟子據理之極、知言之要，何能辨析其精微如此哉？學者以身體之，則有以識其非曲學阿世之言，而知所以克己復禮之端矣。新安陳氏曰：「克己復禮之端」，即謂天理、人欲二者之間，幾微之際也。○問：「孟子答梁惠王問利，直掃除之，此處却如此引導之，何也？」朱子曰：此處亦自分義利，特人自不察耳。○慶源輔氏曰：鐘鼓、苑囿、遊觀之樂，與夫好勇、好貨、好色之心，固天理、人情之所不能無者，但有理與欲、公與私之異耳。故《集註》舉胡氏天理、人欲同行異情之說而辨析之。夫聖賢之與衆人，其於好貨好色，其行雖同而其情則異。循理而公天下者，聖賢之所以盡其性，此即公劉、太王與民共欲之事也；縱欲而私於一己者，衆人之所以滅其天理，此即齊王自以爲疾之事也。二者同異，不過毫髮之間，而其終之是非得失，則其相去遂有盡性滅天、興王絕世之相反。《集註》言此，不但贊其理之密，正欲使學者因其言以反諸身，至誠體察於所謂毫髮之際，然後力求所以循夫理而克其欲耳。○雲峯胡氏曰：天理、人欲同行異情，出五峯胡氏之言，朱子平日深取之，今引以釋此章者，如齊王好色，太王亦好色，是同行也；齊王是行從人欲上去，太王是行歸天理上來，是異情也。同行則天理人欲之幾若不能以髮，異情則天理人欲之判不啻霄壤矣。凡曲學阿世者，非逢君之惡，則長君之惡；孟子之言，無非止君之惡而誘君於善，無非遏人欲而存天理也。

○孟子謂齊宣王曰：「王之臣有託其妻子於其友而之楚遊者。比其反也，則凍餒其妻子。則如之何？」王曰：「棄之。」比，必二反。

託，寄也。比，及也。棄，絶也。

曰：「士師不能治士，則如之何？」王曰：「已之。」

士師，獄官也。其屬有鄉士、遂士之官，士師皆當治之。已，罷去上聲。也。《周禮·秋官·司寇》：「刑官之屬：士師、鄉士、遂士、縣士。」注：「鄉士，掌六鄉之獄。遂士，掌六遂之獄。縣士，掌縣獄。」

曰：「四境之内不治，則如之何？」王顧左右而言他。治，去聲。

孟子將問此，而先設上二事以發之。及此而王不能答也。其憚於自責、恥於下問如此，不足與有爲可知矣。慶源輔氏曰：顧左右以釋其愧，言他事以亂其辭。有護疾忌醫之心，無責己求言之意。○雙峯饒氏曰：「自責」、「下問」，《集註》自爲他開兩條路。當言：「此則寡人之罪也。」這便是「自責」；又當言：「如何可以治人？」這便是下問。齊王亦無服善之心，故顧左右而言他。後來因孔距心之辭，則不「憚於自責」矣，然亦「恥於下問」。○趙氏曰：「言君臣上下，并王與士師言。各勤其任，無墮許規反。其職，乃安其身。」

○孟子見齊宣王，曰：「所謂故國者，非謂有喬木之謂也，有世臣之謂也。王無親臣矣。昔者所進，今日不知其亡也。」

世臣，累魯水反。世勳舊之臣，與國同休戚

者也；親臣，君所親信之臣，與君同休戚者也。此言喬木、世臣，皆故國所宜有。然所以爲故國者，則在此而不在彼也。此謂世臣，彼謂喬木。昨日所進用之人，今日有亡去而不知者，則無親臣矣。況世臣乎？

王曰：「吾何以識其不才而舍之？」舍，上聲。

王意以爲此亡去者，皆不才之人，我初不知而誤用之，故今不以其去爲意耳。因問何以先識其不才而舍之邪？

曰：「國君進賢，如不得已，將使卑踰尊，疏踰戚，可不慎與？平聲。

如不得已，言謹之至也。蓋尊尊親親，用世臣而尊其尊、親其親。禮之常也。然或尊者親者未必賢，則必進疏遠之賢而用之，是使卑者踰尊，非尊尊之常。疏者踰戚，非親親之常。非禮之常，故不可不謹也。朱子曰：孟子言「昔者所進，今日不知其亡」，故王問「何以識其不才而舍之」，而孟子告以「進賢如不得已」，蓋於進退之間，無所不審，非但使之致察於去人殺人也。○慶源輔氏曰：先儒皆以「如不得已」一句連下文說。言不得已則將使卑踰尊，疏踰戚，故不可不謹。雖若可通，然如此，則是國君用人，惟不得已之際，方致其謹，非孟子意也。故《集註》直以「如不得已」一句連上文說。言如不能得已，是至謹之意。人君於進賢之際，皆不可不謹。故於下段結之云「所謂進賢如不得已者如此」。至於尊者親者未必賢，則又將進其踈遠之賢者而用之，至使卑者踰尊，疏者踰戚，則又非禮之常，尤不可不謹也。

「左右皆曰賢，未可也。諸大夫皆曰賢，未可也。國人皆曰賢，然後察之。見賢焉，然後用之。左右皆曰不可，勿聽。諸大夫皆曰不可，勿聽。國人皆曰不可，然後察之。見不可焉，然後去之。去，上聲。

左右，近臣。其言固未可信。諸大夫之言，宜可信矣，然猶恐其蔽於私也。至於國人，則其論公矣。然猶必察之者，蓋人有同俗而爲衆所悦者，新安陳氏曰：若孟子所論鄉原，「一鄉皆稱原人」是也。亦有特立而爲俗所憎者，新安陳氏曰：若韓子所論伯夷特立獨行而舉世非之是也。故必自察之而親見其賢否之實，然後從而用舍上聲。之，則於賢者知之深，任之重，而不才者不得以幸進矣。所謂「進賢如不得已」者如此。慶源輔氏曰：所謂「察之」，則必因言以察其心，考迹以察其用。如孔子之視所以、觀所由、察所安，然後能親見其賢否之實，從而用舍之。則於賢者非徒知之，知之必深而無所疑；非徒任之，任之必重而不可易。至於不才亦不容於幸進矣。○新安陳氏曰：如此方見進賢謹之之至，如必不得已而然者。要之，用舍之道，參之於衆而察之於獨。不賢者固去之勿疑矣，賢者必任之勿貳，是即君所親信之臣也。此非親信之以己之私，而實親信之以國人之公，所謂「民之所好好之」也。今日爲王之親臣，他日託孤寄命，即爲國家之世臣矣。

「左右皆曰可殺，勿聽。諸大夫皆曰可殺，勿聽。國人皆曰可殺，然後察之。見可殺焉，然後殺之。故曰：『國人殺之也。』

此言非獨以此進退人才，至於用刑，亦以此道。蓋所謂天命、結上文進人才。天討，結此一節。皆非人君之所得私也。南軒張氏曰：既言進退人才之道，復及於可殺者，蓋如舜之於四凶、孔之於少正卯，天討之施，有不可已者也。「曰國人殺之」，言非己殺之，因國人之公心耳。然則其用是人、去是人，亦非吾用之去之，國人用之去之也。蓋「天聰明自我民聰明」，國人之公心，即天理之所存。一毫私意加於其間，則非天之理矣。○新安陳氏曰：因用舍而及刑殺，亦是孟子敷演以明其意。不才者舍之，有罪而甚焉者殺之也。

「如此，然後可以爲民父母。」

傳去聲。曰：《大學》傳文。「民之所好，好之；民之所惡，惡之，此之謂民之父母。」新安陳氏曰：總結上文「用之」、「去之」、「殺之」三節意。

○齊宣王問曰：「湯放桀，武王伐紂，有諸？」孟子對曰：「於傳有之。」傳，直戀反。

放，置也。《書》曰成湯放桀于南巢。

曰：「臣弒其君，可乎？」

桀、紂，天子；湯、武，諸侯。

曰：「賊仁者謂之賊，賊義者謂之殘，殘賊之人謂之『一夫』。聞誅一夫紂矣，未聞弒君也。」

賊，害也；殘，傷也。害仁者凶暴淫虐，滅絶天理，故謂之賊；害義者顛倒錯亂，傷敗彝倫，故謂之殘。一夫，言衆叛親離，不復扶又反。以爲君也。《書》曰：「獨夫紂。」蓋四海歸之則爲天子，天下叛之則爲獨夫。所以深警齊王，垂戒後世也。

新安陳氏曰：紂罪浮於桀，故下文單説紂。○朱子曰：傷敗彝倫，只是小小「傷敗常理」，如不以禮食、不親迎之類。若是紾兄臂、踰東家墻，便是「絶滅天理」。

《周書》「怠勝敬者滅」，即「賊仁謂賊」之意；「欲勝義者凶」，即「賊義謂殘」之意。賊義是就一事上説，賊仁是就心上説。其實賊義便是賊那仁底，但分而言之則如此。○賊仁是將三綱五常天秩之禮一齊壞了。義隨事制宜，賊義只是於此一事不是，更有他事在。○賊仁者，無愛心而殘忍之謂也；賊義者，無羞惡之心之謂也。○問：「賊仁是害心之理，賊義是見於所行處傷其理。」曰：以義爲見於所行，便是告子義外矣。義在内不在外，義所以度事亦是心度之。然此果何以別？蓋賊之罪重，殘之罪輕。仁義皆是心，仁是天理根本處，賊仁則大倫大法虧滅了，便是殺人底人一般；義是就一節一事上言，一事上不合宜，便是傷義，似手足上損傷一般，所傷者小，尚可以補。○慶源輔氏曰：賊之爲害深，殘之爲害淺。凶暴淫虐指發於中者言，顛倒錯繆指見於事者言。然發於中者必見於外，見於事者實生於心。絶滅天理則是殄闕其本根，傷敗彝倫則是損害其枝葉。衆叛親離，不復君之，此賊仁賊義衆惡皆備之證驗也。此事自君言之則理所當然，自臣下言之則不得已之大變。故《集註》下文擧王勉之語，所以著萬世爲臣者之大戒。○新安陳氏曰：賊仁賊義細分之，有絶本根，傷枝葉之殘，然仁義皆根於心，未有賊仁而不賊義者，所以下文只以殘賊之人總言其惡耳。孟子此言雖意在警齊王，然亦見英氣太露處。○王勉建安人。曰：「斯言也，惟在下者有湯武之仁而在上者有桀紂之暴則可，不然，是未免於篡弒之罪也。」雲峯胡氏曰：無孟子之説無以警後世之爲人君者，無王氏之説無以警後世之爲人臣者。然孟子曰：「有伊尹之志則可，無伊尹之志則篡。」王氏之説未嘗不自孟子中來。

○孟子見齊宣王曰：「爲巨室，則必使工師求大木。工師得大木，則王喜，以爲能勝其任也。匠人斲而小之，則王怒，以爲不勝其任矣。夫人幼而學之，壯而欲行之，王曰『姑舍女所學而從我』，則何如？勝，平聲。夫音扶。舍，上聲。女音汝。下同。

巨室，大宮也。工師，匠人之長；上聲。匠人，衆工人也。姑，且也。言賢人所學者大而王欲小之也。

「今有璞玉於此，雖萬鎰，必使玉人彫琢之。至於治國家，則曰『姑舍女所學而從我』，則何以異於教玉人彫琢玉哉？」鎰音溢。

璞，玉之在石中者。鎰，二十兩也。趙氏曰：《國語》云「二十四兩爲鎰」。趙岐誤註，《集註》因之。○東陽許氏曰：萬鎰，謂璞玉之價直萬鎰之金也。玉人，玉工也。不敢自治而付之能者，愛之甚也；治國家則徇私欲而不任賢，是愛國家不如愛玉也。雙峯饒氏曰：兩箇譬喻是兩意。前譬是説任賢不如任匠，後譬是説愛國不如愛玉。○范氏曰：「古之賢者常患人君不能行其所學，而世之庸君亦常患賢者不能從其所好。去聲。是以君臣相遇，自古以爲難。孔孟終身而不遇，蓋以此耳。」新安陳氏曰：前譬王欲小用賢者，後譬王不專用賢者。所以不能用賢，皆己之私欲害之。庸君必不能行賢者之所學，賢者必不肯從庸君之所好，此遇合所以難也。

○齊人伐燕，勝之。

按《史記》，燕平聲。王噲音快。讓國於其相去聲。子之而國大亂，齊因伐之。燕士卒不戰，城門不閉，遂大勝燕。《史記·燕世家》：燕王噲用其相子之。蘇代爲齊使於燕，以事激燕王以尊子之。於是燕王大信子之。鹿毛壽謂燕王：「不如以國讓相子之。人之謂堯賢者，以其讓天下於許由。許由不受，有讓天下之名而實不失天下。今王以國讓於子之，子之必不敢受，是王與堯同行也。」燕王因屬國於子之。子之南面行王事，而噲老不聽政，顧爲臣。國事皆決於子之。三年，國大亂。百姓恫恐，將軍市被與太子平謀，將攻子之。諸將謂齊湣王曰：「因而赴之，破燕必矣。」齊王令人告燕太子，太子因與市被圍公宫，攻子之，不克。將軍市被及百姓反攻太子平，市被死以徇。因構難數月，死者數萬，衆人恫恐，百姓離怨。孟軻謂齊王曰：「今伐燕，此文武之時，不可失也。」王因令章子將五都之兵，因北地之衆以伐燕。士卒不戰，城門不閉，燕王噲死，齊大勝燕，子之亡。二年而燕人共立太子平，是爲燕昭王。

宣王問曰：「或謂寡人勿取，或謂寡人取之。以萬乘之國伐萬乘之國，五旬而舉之，人力不至於此。不取，必有天殃，取之，何如？」乘，去聲。下同。

以伐燕爲宣王事，與《史記》諸書不同。已見形甸反。《序説》。何氏曰：萬乘之國，非諸侯之制也。今燕齊互相侵奪而皆有之，故以萬乘之齊伐萬乘之燕，勢均力敵，但以五旬而即舉之。若以人力論之，不能至於如此之易，意者其天乎？「不取必有天殃」，齊王本有利燕之心，特託天而遂其私耳。孟子之對則不歸之天而歸之人。

孟子對曰：「取之而燕民悦，則取之。古之人有行之者，武王是也。取之而燕民不悦，則勿取。古之人有行之者，文王是也。

商紂之世，文王三分天下有其二以服事商。至武王十三年，乃伐紂而有天下。張子曰：「此事間不容髮。一日之間天命未絶則是君臣，當日命絶則爲獨夫。然命之絶否，何以知之？人情而已。諸侯不期而會者八百，武王安得而止之哉？」朱子曰：此亦是齊王欲取燕，故引之於文武之道。非謂文王欲取商，以商人不悦而止；武王見商人悦己，遂取之也。直是論其理如此耳。○慶源輔氏曰：文王、武王豈有一毫利天下之心哉？亦順天命而不敢違焉耳。而張子之説爲尤嚴。所謂間不容髮之際，非理明義精、德至聖人者，孰能處之而無愧哉？纔有一毫利心則失之矣。然其命之絶否則亦不過察於人情，又與孟子之言實相表裏也。

「以萬乘之國伐萬乘之國，簞食壺漿以迎王師，豈有他哉？避水火也。如水益深，如火益熱，亦運而已矣。」簞音丹。食音嗣。

簞，竹器；食，飯也。運，轉也。言齊若更爲暴虐，則民將轉而望救於他人矣。○趙氏曰：「征伐之道，當順民心。民心悦則天意得矣。」新安陳氏曰：齊王言天命，孟子欲其以人心觀天命。欲知天命，當觀人心；欲得人心，當施仁政。燕之可取不可取，決之以此足矣。惟仁可以易暴。燕人避燕之虐，望齊之仁而歸之，齊苟不施仁而益暴，得非以暴易暴而益甚之乎？蓋警之也。

○齊人伐燕，取之，諸侯將謀救燕。宣王曰：「諸侯多謀伐寡人者，何以待之？」孟子對曰：「臣聞七十里爲政於天下者，湯是也，未聞以千里畏人者也。

千里畏人，指齊王也。新安陳氏曰：七十里爲政、千里畏人，立兩句爲柱，下文分兩節應之。

「《書》曰：『湯一征，自葛始。天下信之。東面而征西夷怨，南面而征北狄怨，曰：「奚爲後我？」』民望之，若大旱之望雲霓也。歸市者不止，耕者不變。誅其君而弔其民，若時雨降。民大悦。《書》曰：『徯我后，后來其蘇。』霓，五稽反。徯，胡禮反。

兩引《書》，皆《商書·仲虺許偉反。之誥》

文也，與今《書》文亦小異。一征，初征也。天下信之，信其志在救民不爲暴也。奚爲後我，言湯何爲不先來征我之國也。霓，虹也。雲合則雨，虹見形甸反。則止。變，動也。徯，待也。后，君也。蘇，復生也。他國之民皆以湯爲我君而待其來，使己得蘇息也。此言湯所以七十里而爲政於天下也。

「今燕虐其民，王往而征之，民以爲將拯己於水火之中也，簞食壺漿以迎王師。若殺其父兄，係累其子弟，毀其宗廟，遷其重器，如之何其可也？天下固畏齊之彊也，今又倍地而不行仁政，是動天下之兵也。累，力追反。

拯，救也。係累，縶縛也。重器，寶器也。畏，忌也。倍地，并去聲。燕而增一倍之地也。齊之取燕若能如湯之征葛，則燕人悅之而齊可爲政於天下矣。今乃不行仁政而肆爲殘虐，則無以慰燕民之望而服諸侯之心，是以不免乎以千里而畏人也。

「王速出令，反其旄倪，止其重器，謀於燕衆，置君而後去之，則猶可及止也。」旄，與「耄」同。倪，五稽反。

反，還也。旄，老人也；倪，小兒也。謂所虜略之老小也。猶，尚也。及止，及其未發而止之也。雙峯饒氏曰：當時只是子噲、子之爲亂，燕民自無罪。齊王只當誅子噲、子之，別立君而去，不當取他國，這時只當定亂。「定亂」者取其亂者而誅之，如湯十一征，不是全滅其國；「取之」則是蹊田而奪之牛；齊王殺其父兄、係累其子弟、毀其宗廟、遷其重器，是滅其國了。○新安陳氏曰：此是爲齊畫一策。如此區處，畧無所利於燕，庶幾湯誅君弔民，非富天下之爲，則可逆止諸侯之兵矣。○范氏曰：「孟子事齊、梁之君，論道德則必稱堯、舜，論征伐則必稱湯、武。蓋治民不法堯、舜則是爲暴，行師不法湯、武則是爲亂。豈可謂吾君不能而舍上聲。所學以徇之哉？」慶源輔氏曰：范氏發明孟子此意甚好。蓋莫非道也，而堯、舜之道則正道也；莫非師也，而湯、武之師則天討也。《集註》又益以「豈可謂吾君不能而舍所學以徇之哉」一句，尤爲有功於學者，此萬世臣子事君之大法也。

○鄒與魯鬨。穆公問曰：「吾有司死者三十三人，而民莫之死也。誅之則不可勝誅，不誅則疾視其長上之死而不救，如之何則可也？」鬨，胡弄反。勝，平聲。長，上聲。下同。

鬨，鬭聲也。穆公，鄒君也。不可勝誅，言人衆不可盡誅也。長上，謂有司也。民怨其上，故疾視其死而不救也。

孟子對曰：「凶年饑歲，君之民老弱轉乎溝壑，壯者散而之四方者，幾千人矣。而君之倉廩實，府庫充，有司莫以告。是上慢而殘下也。曾子曰：『戒之戒之！出乎爾者，反乎爾者也。』夫民今而後得反之也。君無尤焉。幾，上聲。夫音扶。

轉，飢餓輾音展。轉而死也。充，滿也。上，謂君及有司也。尤，過也。

「君行仁政，斯民親其上，死其長矣。」

君不仁而求富，是以有司知重斂力驗反。而不知恤民。故君行仁政，則有司皆愛其民而民亦愛之矣。新安陳氏曰：有司所以然者，皆君不行仁政之故。孟子對鄒君言，故畧有司而專勉君，正本之論也。○范氏曰：「《書》曰：『民惟邦本，本固邦寧。』《夏書·五子之歌》篇。有倉廩府庫，所以爲去聲。民也。豐年則斂之，凶年則散之，恤其飢寒，救其疾苦。是以民親愛其上，有危難去聲。則赴救之，如子弟之衛父兄、手足之捍音汗。頭目也。穆公不能反己，猶欲歸罪於民，豈不誤哉？」南軒張氏曰：有司視民之死而不救，故民視有司之死而亦莫之救，所以爲得反之也。君行仁政而以民爲心，民亦將以君爲心，而親其上、死其長矣。此感應之理也。曾子「戒之戒之」之語非特爲人上者不可須臾忘，檢身者亦當深體之。○新安陳氏曰：上之愛民如父母之於子，則民之衛上如子弟之衛父兄。鄒君知罪民而不知反己，孟子惟以行仁政勉之，而誅不誅忘言焉。得反之之意，凛然可畏，真深切之論。死其長，如「回何敢死」之死，謂忘身救上，死且不避也。平時親其上，當危難則死其長。

○滕文公問曰：「滕，小國也，間於齊、楚。事齊乎，事楚乎？」間，去聲。

滕，國名。

孟子對曰：「是謀，非吾所能及也。無已，則有一焉。鑿斯池也，築斯城也，與民守之，效死而民弗去，則是可爲也。」

「無已」見形甸反。前篇。一，謂一說也。效，猶「致」也。國君死社稷，《禮記·曲禮》：「國君死社稷，大夫死衆，士死制。」衆，謂師衆。大夫率師，敗則死之。制，謂命令。士受命，或迫以死，寧死而不可棄君命也。故致死以守國；至於民亦爲去聲。之死守而不去，則非有以深得其心者不能也。○此章言有國者當守義而愛民，不可僥倖而苟免。南軒張氏曰：與其望二國矜己以求安，不若思所以自强而立國。鑿池築城，與民效死以守之，是在我所當爲之事，爲吾所當爲而已。然固國以得民爲本，民心不附，雖有金城湯池，誰與守之？使民效死而不忍去，非得之有素，不能然也。○慶源輔氏曰：築城鑿池、致死以守者，守義也。使民亦爲之死守而不去，則非愛民者不能也。若夫間於二國而徒欲擇强者而事之，以覬一日之安，則是僥倖苟免而已。○雲峯胡氏曰：不守義，不能效死而不去；不愛民，不能使民亦效死而不去。○新安陳氏曰：守義，守死社稷之義以倡其民也。愛民當在平時。○城池，地利也；民弗去，人和也。復致死而守義以倡之，此守國之正法也。

○滕文公問曰：「齊人將築薛，吾甚恐，如

之何則可？」

薛，國名。近滕。齊取其地而城之，故文公以其偪與「逼」同，筆力反。已而恐也。

孟子對曰：「昔者大王居邠，狄人侵之，去之岐山之下居焉。非擇而取之，不得已也。

邠，與「豳」同。

邠，地名。言大王非以岐下爲善，擇取而居之也。説見形甸反。下章。

「苟爲善，後世子孫必有王者矣。君子創業垂統，爲可繼也。若夫成功，則天也。君如彼何哉？彊爲善而已矣。」夫音扶。彊，上聲。

創，造也。統，緒也。言能爲善，則如大王雖失其地而其後世遂有天下，乃天理也。然君子造基業於前而垂統緒於後，但能不失其正，令平聲。後世可繼續而行耳。若夫成功，則豈可必乎？彼，齊也。君之力既無如之何，則但彊於爲善，使其可繼而俟命於天耳。○此章言人君當竭力於其所當爲，不可徼幸與「僥倖」通。於其所難必。朱子曰：孟子言「若夫成功則天也，君如彼何哉，彊爲善而已矣」，初無望報之心也。「苟爲善，後世子孫必有王者矣」，乃爲太王避狄而言。《易大傳》曰：「積善之家必有餘慶。」《書》曰：「作善降之百祥。」亦豈望報乎？○南軒張氏曰：所謂「爲善」，循天理而不爲己私也。爲善者初不期後世之有王而必有王者，理則然也。開久大之基，爲其可繼者而已，而不必其成功也。若有期於成功之意，則欲速而見利，私意一生，無復可繼之實矣。○雲峯胡氏曰：《集註》兩章皆言「不可僥倖」。大凡僥倖者，不爲夫理之所當爲，而徒覬夫意外之得者也。前章是守義愛民，當盡其在我者而不可僥倖其在人者；此章是勉强爲善，當盡其在我者而不可僥倖其在天者。

○滕文公問曰：「滕，小國也。竭力以事大國，則不得免焉。如之何則可？」孟子對曰：「昔者大王居邠，狄人侵之。事之以皮幣，不得免焉；事之以犬馬，不得免焉；事之以珠玉，不得免焉。乃屬其耆老而告之曰：『狄人之所欲者，吾土地也。吾聞之也：「君子不以其所以養人者害人。」二三子何患乎無君？我將去之。』去邠，踰梁山，邑于岐山之下居焉。邠人曰：『仁人也，不可失也。』從之者如歸市。屬音燭。

皮，謂虎豹麋鹿之皮也。幣，帛也。屬，會集也。土地本生物以養人，今爭地而殺人，是以其所以養人者害人也。邑，作邑也。歸市，人衆而爭先也。南軒張氏曰：太王之言忠厚不迫，其遷本以全民，不敢必民之歸而強之徙也。曰「二三子何患乎無君」，此天地之心，真保民之主也！民心自不容釋乎太王，戴其仁有素矣。然太王之事，非德盛而達權，不足以與此。○東陽許氏曰：太王自邠遷岐，民從之如歸市。史所謂：「居三月成城郭，一年成邑，三年成都，而民五倍其初。」蓋非獨邠民，近於岐周之民皆歸之也。當時西方地近戎狄，皆間隙之地，非封國之疆界，故太王得優游遷徙。若滕在中國，又介大國之間，無可遷之地。民雖或從之，亦無所往。孟子特舉太王之得民以警文公爾，故下文言「效死」，乃其正也。

「或曰：世守也，非身之所能爲也，效死勿去。

又言或謂土地乃先人所受而世守之者，非己所能專，但當致死守之，不可舍上聲。去。此國君死社稷之常法，傳去聲。所謂「國滅君死之，正也」，正謂此也。《公羊傳》：襄公六年十有二月，齊侯滅萊。曷爲不言「萊君出奔」？國滅君死之，正也。不書「殺萊君」者，舉滅國爲重。

「君請擇於斯二者。」

能如大王則避之，不能則謹守常法。蓋遷國以圖存者，權也；守正而俟死者，義也。《記·禮運》：故國有患，君死社稷謂之義，大夫死宗廟謂之變。○問：「《集註》『義』字當改作『經』」

字。」朱子曰：思之誠是。蓋義便近權，或可如此，或可如彼，皆義也。經則一定而不易，既對「權」字，須著用「經」字。審己量力，擇而處上聲。之，可也。慶源輔氏曰：遷國以圖存者，太王是也；守正而俟死者，國君死社稷是也。在文公唯有此二法，故併舉以告之。然權非大賢以上不能爲，經則人皆當勉也，故使文公審己量力擇而取其一焉。夫太王之事，非文公所能爲。然則孟子之意，固欲文公勉守其常法耳。○楊氏曰：「孟子之於文公，始告之以效死而已，禮之正也。至其甚恐，則以大王之事告之，非得已也。然無大王之德而去，則民或不從而遂至於亡，則又不若效死之爲愈，故又請擇於斯二者。」又曰：「孟子所論，自世俗觀之則可謂無謀矣，然理之可爲者不過如此，舍上聲。此則必爲儀、秦張儀、蘇秦。之爲矣。凡事求可、功求成，取必於智謀之末而不循天理之正者，非聖賢之道也。」問：「孟子對滕文公二段皆是無可柰何，只得勉之爲善之辭。想見滕國至弱，都主張不起，故如此。」朱子曰：滕是必亡無可疑者，况王政不是一日行得底事，他又界在齊、楚之間，二國視之如太山之壓雞卵耳。若教他粗成次第，此二國亦必不見容也。若湯、文之興，皆在空間之地，無人來覰他，故日漸盛大。若滕，則實是難保也。

○魯平公將出，嬖人臧倉者請曰：「他日君出，則必命有司所之。今乘輿已駕矣，有司未知所之，敢請。」公曰：「將見孟子。」曰：「何哉，君所爲輕身以先於匹夫者？以爲賢乎？禮義由賢者出，而孟子之後喪踰前喪，君無見焉。」公曰：「諾。」乘，去聲。

乘輿，君車也。駕，駕馬也。孟子前喪父，後喪母。踰，過也。言其厚母薄父也。諾，應辭也。新安陳氏曰：平公將見孟子，必得之於樂克，所以沮於臧倉。後克入見，審問不見之故。

樂正子入見，曰：「君奚爲不見孟軻也？」曰：「或告寡人曰孟子之後喪踰前喪，是以不往見也。」曰：「何哉，君所謂踰者？前以士，後以大夫；前以三鼎而後以五鼎與？」曰：「否，謂棺槨衣衾之美也。」曰：「非所謂踰也，貧富不同也。」「入見」之見音現。與，平聲。

樂正子，孟子弟子也。雙峯饒氏曰：樂正是樂官之長，恐其先世曾作樂官來，子孫遂以爲姓。樂正裘亦是一人，以此見樂正是姓。如司馬，亦是因官以爲姓。仕於魯。三鼎，士祭禮；五鼎，大夫祭禮。雙峯饒氏曰：五鼎是大夫之禮，羊豕魚腊膚；三鼎是士之禮，特豕魚腊。

樂正子見孟子，曰：「克告於君，君爲來見也。嬖人有臧倉者沮君，君是以不果來也。」曰：「行或使之，止或尼之，行止非人所能也。吾之不遇魯侯，天也，臧氏之子焉能使予不遇哉？」爲，去聲。沮，慈呂反。尼，女乙反。焉，於虔反。

克，樂正子名。沮、尼，皆止之之意也。言人之行必有人使之者，其止必有人尼之者。然其所以行、所以止，則固有天命而非此人所能使，亦非此人所能尼也。然則我之不遇，豈臧倉之所能爲哉？○此章言聖賢之出處上聲。關時運之盛衰，乃天命之所爲，非人力之可及。龜山楊氏曰：孟子之遇不遇，治亂興衰之所繫，天實爲之，非人所能也。夫何怨尤之有？○范氏曰：在孟子可以言天，在魯侯不可以言天。賢者在己者有義，在天者有命，脩其在己而聽其在天。至於人君，則當尊用賢德，奉行天命，不當諉之天也。○慶源輔氏曰：《章旨》之說深得聖賢出處之道。樂正子亦未免以世俗之心窺孟子，故孟子以此發之。○雙峯饒氏曰：孔子有兩說：「道之將行也與？命也；道之將廢也與？命也。」與孟子此章一同，皆取必於天。「天之將喪斯文也，後死者不得與於斯文也；天之未喪斯文也，匡人其如予何？」這是取必於己。言天既欲喪斯文，必不使我得與於斯文；天既使我得與於斯文，則是天必不喪斯文。一說是我之命係乎天，是以天爲主；一說是天命係乎我，是以我爲主：二者相爲賓主。那箇是聖人之言，這箇是賢人之言。孔子告子服景伯是與常人說話，又低得一等。

孟子集註大全卷之二

孟子集註大全卷之三

公孫丑章句上

凡九章。

公孫丑問曰：「夫子當路於齊，管仲、晏子之功，可復許乎？」復，扶又反。

公孫丑，孟子弟子，齊人也。當路，居要地也。管仲，齊大夫，名夷吾，相去聲。桓公，霸諸侯。許，猶「期」也。孟子未嘗得政，丑蓋設辭以問也。慶源輔氏曰：此必丑初見孟子時事。觀其語意，恐孟子不敢以管、晏自許，是全未知孟子也。○西山真氏曰：齊宣既慕桓、文，丑復慕管、晏，蓋霸者功利之説深入人心已久，故不惟時君慕之，而學者亦慕之也。

孟子曰：「子誠齊人也，知管仲、晏子而已矣！

齊人但知其國有二子而已，不復扶又反。知有聖賢之事。慶源輔氏曰：世衰道微，聖學不明。人不知有學問，則亦不復知有聖賢之事業。雖有英才美質，不覺溺於時俗之見聞而已。此齊人之所以但知其國之有二子也。

「或問乎曾西曰：『吾子與子路孰賢？』曾西蹵然曰：『吾先子之所畏也！』曰：『然則吾子與管仲孰賢？』曾西艴然不悦曰：『爾何曾比予於管仲？管仲得君如彼其專也，行乎國政如彼其久也，功烈如彼其卑也！爾何曾比予於是？』」蹵，子六反。艴音拂，又音勃。曾並音增。

孟子引曾西與或人問答如此。曾西，曾子之孫。蹵，不安貌。先子，曾子也。

艴，怒色也。「曾」之言「則」也。烈，猶「光」也。桓公獨任管仲四十餘年，是專且久也。管仲不知王道而行霸術，故言功烈之卑也。楊氏曰：「孔子言子路之才曰：『千乘之國，可使治其賦也。』使其見形甸反。於施爲，如是而已，其於九合諸侯、一正天下，固有所不逮也。然則曾西推尊子路如此而羞比管仲者，何哉？譬之御者，子路則範我馳驅而不獲者也；管仲之功，詭遇而獲禽耳。曾西，仲尼之徒也，故不道管仲之事。」問：「聖人分明是大管仲之功而孟子硬以爲卑，如何？」朱子曰：孟子是不肯做他底，是見他做得那規模來低。○慶源輔氏曰：楊氏斷置得極分明。子路之才視管仲誠爲不及，然子路之所學則聖人之道，其於管仲之事蓋有所不屑爲者。或曰：楊氏本説但云：「子路譬之御者，則範我馳驅者，若管仲蓋詭遇耳。」此則是以御而譬其所爲，未説到功效上。今《集註》增益之曰：「子路則範我馳驅而不獲者也，管仲之功詭遇而獲禽耳。」則是并與功都説了。然按孟子，範我馳驅是一人，不獲又是一人；詭遇是一人，獲禽又是一人。今若作一人看，則似以子路爲御之善而射未善，然射、御又非一人所能兼者，恐不若只從其本説之爲得也。曰：非是之謂也。《集註》之意，蓋謂子路是範我馳驅而不遇王者，故不獲；管仲則詭遇以逢桓公之爲，故得禽多耳。○雙峯饒氏曰：使王良得善射者而御之，則範我馳驅，正所以獲禽，即《詩》所謂「不失其馳，舍矢如破」。儻以孔孟之道而遇明主，則治國平天下皆餘事耳。

曰：「管仲，曾西之所不爲也，而子爲我願之乎？」「子爲」之爲，去聲。

曰，孟子言也。願，望也。

曰：「管仲以其君霸，晏子以其君顯。管仲、晏子猶不足爲與？」與，平聲。

顯，顯名也。

曰：「以齊王，由反手也。」王，去聲。由，猶通。

反手，言易去聲。也。

曰：「若是，則弟子之惑滋甚。且以文王之德，百年而後崩，猶未洽於天下。武王、周公繼之，然後大行。今言王若易然，則文王不足法與？」易，去聲。下同。與，平聲。

滋，益也。文王九十七而崩，言「百年」，舉成數也。《禮記・文王世子》：「文王九十七而終。」文王三分天下才有其二。武王克商，乃有天下。周公相去聲。成王，制禮作樂，然後教化大行。東陽許氏曰：武王、周公繼之，然後大行，此言周公制禮作樂之後，雖殷之頑民莫不率化趨善之時也。

曰：「文王何可當也？由湯至於武丁，賢聖之君六七作。天下歸殷久矣，久則難變也。武丁朝諸侯，有天下，猶運之掌也。紂之去武丁未久也，其故家遺俗，流風善政猶有存者。又有微子、微仲、王子比干、箕子、膠鬲，皆賢人也，相與輔相之。故久而後失之也。尺地莫非其有也，一民莫非其臣也。然而文王猶方百里起，是以難也。朝音潮。鬲音隔，又音歷。「輔相」之相，去聲。「猶方」之猶，與「由」通。

當，猶「敵」也。商自成湯至于武丁，中間太甲、太戊、祖乙、盤庚，皆賢聖之君。作，起也。自武丁至紂凡七世。故家，舊臣之家也。雙峯饒氏曰：故家舊臣、遺俗舊民，是說在下底；流風之化、善政之事，是說在上底。

「齊人有言曰：『雖有知慧，不如乘勢；雖有鎡基，不如待時。』今時，則易然也。知音智。鎡音兹。

鎡基，田器也。時，謂耕種之時。

「夏后、殷、周之盛，地未有過千里者也，而齊有其地矣；雞鳴狗吠相聞而達乎四境，而齊有其民矣。地不改辟矣，民不改聚矣，行仁政而王，莫之能禦也。辟，與「闢」同。

此言其勢之易去聲。也。三代盛時，王畿音祈。不過千里。今齊已有之，異於文王之百里。又雞犬之聲相聞，自國都以至于四境，言居民稠密也。雙峯饒氏曰：「勢」是指事力而言。有地則有財，有民則有兵。地廣則財富，民衆則兵强。既富且强，所以舉事易。文王百里，地狹民少，所以難。

「且王者之不作，未有疏於此時者也；民之憔悴於虐政，未有甚於此時者也。飢者易爲食，渴者易爲飲。

此言其時之易也。自文、武至此七百餘年，異於商之賢聖繼作；民苦虐政之甚，異於紂之猶有善政。易爲飲食，言飢渴之甚，不待甘美也。

「孔子曰：『德之流行，速於置郵而傳命。』郵音尤。

置，驛也；郵，馹音日。也，新安陳氏曰：如漢五里一置。《左傳》：「楚子乘馹會師。」○東陽許氏曰：《字書》：「馬遞曰置，步遞曰郵。」《漢·西域傳》「因騎置以聞」，師古曰：「即今驛馬也。」《黄霸傳》「郵亭」，師古曰：「書舍，謂傳送文書所止處，如今驛館。」所以傳命也。孟子引孔子之言如此。雙峯饒氏曰：德之流行，即是應前面「文王之德」底「德」字。蓋德是本，全靠時勢不得。有智慧而後可以乘勢，有鎡基而後可以待時。若無德，雖有時勢，何以行之？

「當今之時，萬乘之國行仁政，民之悦之，猶解倒懸也。故事半古之人，功必倍之，惟此時爲然。」乘，去聲。

倒懸，諭困苦也。所施之事半於古人而功倍於古人，由時勢易而德行速也。問：「孟子既卑管仲，使孟子當管仲之時，則如之何？」雙峯饒氏曰：亦只是合諸侯以尊周室。但孟子則真能使王室尊安而諸侯各循王度，管仲不過假尊周之名以蓋其摟諸侯之實，其所爲實文武之罪人也。王霸之分，只在誠僞。孔子作《春秋》，亦不過欲諸侯尊周室、循周制而已。○新安陳氏曰：丑並論管、晏，孟子只及管仲而不及晏。蓋晏之事功又在管之下，不必言也。晏事景公，政在陳氏，晏未嘗當齊政也。晏才不及管而其人稍正於管，其人無可譏，其事無可言，此孟子所以置晏不言而專及管歟？

○公孫丑問曰：「夫子加齊之卿相，得行道焉，雖由此霸、王，不異矣。如此則動心否乎？」孟子曰：「否，我四十不動心。」相，去聲。

此承上章，又設問孟子若得位而行道，則雖由此而成霸、王之業，亦不足怪。任大責重如此，亦有所恐懼疑惑而動其心乎？雙峯饒氏曰：《集註》「恐懼疑惑」四字雖是説心之所以動，然「恐懼」字是爲下文「養氣」張本，「疑惑」字是爲下文「知言」張本。要之，不疑惑，然後能不恐懼，故《集註》論心之動則以「恐懼」居先，論心之所以不動則又以「無所疑惑」居先。四十彊仕，君子道明德立之時。孔子四十而不惑，亦「不動心」之謂。朱子曰：盡心知性，無所疑惑；動皆合義，無所畏怯。雖當盛位、行大道，亦沛然行其所無事而已，何心動之有？《易》所謂「不疑其所行」者蓋如此，而孔子之「不惑」亦其事也。公孫丑非謂孟子以卿相富貴動其心，謂霸、王事大，恐孟子擔當不過，有所疑懼而動其心耳。不知霸、王當甚閑事？○雙峯饒氏曰：「道明」屬「知言」，「德立」屬「養氣」。○陵陽李氏曰：明則不疑，立則不懼。然未有不明而能立者，故知言、養氣雖二事並進，而其序必以知言爲先，孔子「不惑」則自不動矣。○雲峯胡氏曰：孔子「四十而不惑」在「三十而立」之後，德立而道明，「誠而明」者也；孟子所以四十不動心者，先知言而後養氣，道明而後德立，「明而誠」者也。○東陽許氏曰：疑懼即是動心處，《集註》却言「有所恐懼疑惑而動其心」，似疑懼又在動心之外者。蓋心本虛靈静一，能明天下之理者此也，足以應天下之事亦此也。今理有所不能明而疑，事有所不能應而懼，然則疑懼乃動心之目，心因疑懼而動，而疑懼非心之所動也。

曰：「若是則夫子過孟賁遠矣。」曰：「是不難。告子先我不動心。」賁音奔。孟賁，勇士。賁，齊人，能生拔牛角。秦武好多力士，賁往歸之。告子，名不害。孟賁，血氣之勇，丑蓋借之以贊孟子不動心之難。孟子言告子未爲知道，乃能先我不動心，則此未足爲難也。❶朱子曰：孟子是義精理明，天下之物不足以動其心。告子之不動心，是硬把定，是麤法強制而能不動，非若孟子酬酢萬變而不動也。○南軒張氏曰：孟子以集義爲本，告子則以義爲外。故在孟子則心體周流，人欲不萌而物各止其所者也；在告子則心制其欲，專固凝滯而能不動者也。○慶源輔氏曰：告子外義未爲知道，然未四十時已能不動心，其不動心又先於孟子。以此觀之，則不動心未足爲難可知也。○新安陳氏曰：告子強制其心而能不動，孟子有定見，有定力而自然心不動，此處孟子亦姑借告子以淺說耳。

曰：「不動心有道乎？」曰：「有。

程子曰：「心有主則能不動矣。」新安陳氏曰：「有主」二字包得闊，下文黝、舍、曾、孟皆是有主，但有精粗之分。

「北宮黝之養勇也，不膚撓，不目逃。思以一毫挫於人，若撻之於市朝。不受於褐寬博，亦不受於萬乘之君。視刺萬乘之君若刺褐夫。無嚴諸侯。惡聲至，必反之。」黝，伊糾反。撓，奴效反。朝音潮。乘，去聲。

北宮，姓；黝，名。膚撓，肌膚被刺而撓屈也；目逃，目被刺而轉睛逃避也。挫，猶「辱」也。褐，毛布。以毳織布。寬博，寬大之衣，賤者之服也。不受者，不受其挫也。刺，殺也。嚴，畏憚也。言無可畏憚之諸侯也。黝蓋刺客之流，以必勝爲主而不動心者也。慶源輔氏曰：《集註》云「黝蓋刺客之流」，以其言所謂「視刺萬乘之君若刺褐夫」而知之也。「以必勝爲主」，亦以其言而知之。惟其心以必勝

❶「此」下，四庫本、陸本及《四書章句集註》有「亦」字。

人爲主，故無有尊貴，視之一如匹夫，不受其挫，必反報之。〇雙峯饒氏曰：惡聲必反，不專謂諸侯，於褐寬博、萬乘皆然。〇東陽許氏曰：一毫挫於人，謂所辱者至小也。不受者，必報之也。不惟必報於賤者，雖貴者亦必報之。惡聲至，必反之，謂不惟辱來必報，雖言小不善亦必報也。

「孟施舍之所養勇也，曰：『視不勝猶勝也。量敵而後進，慮勝而後會，是「畏三軍」者也。舍豈能爲必勝哉？能無懼而已矣。』舍，去聲。下同。

孟，姓；施，發語聲；舍，名也。會，合戰也。舍自言其戰雖不勝，亦無所懼。若量敵慮勝而後進戰，則是無勇而畏三軍矣。舍蓋力戰之士，以無懼爲主而不動心者也。朱子曰：量力、慮勝是畏三軍者，此舍譏別人。舍自云我則能無懼而已。問「施，發語聲」。曰：此古註説，後面只稱舍可見。問：有何例可按？曰：如「孟之反」、「舟之僑」、「尹公之他」之類。〇慶源輔氏曰：註云「舍蓋力戰之士」，亦以其言而知之也。惟其心以無懼爲主，故不問其徒之衆寡、我之勝否，遇敵則戰也。〇新安陳氏曰：黝、舍皆以心有主而能不動。一則主於必勝，一則主於無懼：蓋是麤猛之不動心。孟子此處且敷演粗説。〇東陽許氏曰：黝、舍不動心，本又在告子之下。公孫丑又以孟賁比孟子，故孟子亦以勇士之類言之。

「孟施舍似曾子，北宮黝似子夏。夫二子之勇未知其孰賢，然而孟施舍守約也。夫音扶。

黝務敵人，舍專守己；慶源輔氏曰：黝務敵人，謂專以必勝於人爲主也；舍專守己，謂專以我無所懼爲主也。子夏篤信聖人，曾子反求諸己。問「子夏篤信聖人」。朱子曰：這箇雖無事實，但看他言語，如「日知其所亡，月無忘其所能」、「博學而篤志，切問而近思」，看他此處。又把《孟子》北宮黝來比，便見他篤信聖人處。〇雙峯饒氏曰：曾子反求諸己。便是聖人與他説話，他也未敢便以爲然，必要求諸己以審其理而後信；子夏篤信聖人，則以聖人之言爲必可信，不問説得是與未是便信了。故二子之與曾子、子夏雖非等倫，然論其氣象則各有所似。賢，猶「勝」也。約，要也。言論二子之勇則未知誰勝，論其所守則舍比於黝爲得其要也。問：如何是孟施舍守約處？朱子曰：北宮黝便勝人，孟施舍却只是能無懼而已矣。如曰「視不勝猶勝也」，此是孟施舍自言其勇如此。孟子言此二子之勇未知其孰勝，但孟施舍所守得其要也。蓋不論其勇之孰勝，但論其守之孰約。且二子之似曾子、子夏，直以其守氣養勇之分量淺深爲有所似耳，豈以其德哉？○雙峯饒氏曰：孟施舍取必於己，其氣象似曾子之反求諸己；北宮黝取必於人，其氣象似子夏之篤信聖人。此是論二子之勇有所似，非論其是非等級也。然將二子所守來比量，則孟施舍守其在我者爲得其所守之要耳。○凡言「守約」，不是「守這約」。約，要也。言所守者得其要也。「守得其約」，則「守」字活；言「守定這約」，則「守」字死了。

「昔者曾子謂子襄曰：『子好勇乎？吾嘗聞大勇於夫子矣：自反而不縮，雖褐寬博，吾不惴焉；自反而縮，雖千萬人，吾往矣。』

好，去聲。惴，之瑞反。

此言曾子之勇也。子襄，曾子弟子也。夫子，孔子也。縮，直也。《檀弓》曰：「古者冠縮縫，今也衡縫。」又曰：「棺束縮二衡三。」衡，與「横」同。引二説證縮爲直。惴，恐懼之也；往，往而敵之也。朱子曰：《儀禮》、《禮記》多有「縮」字，每與「衡」字作對。下文「直養」之説蓋本於此，乃一章大指所繫，不可失也。○自反縮與不縮，所以不動只在方寸之間。若仰不愧、俯不怍，看如何大利害皆不足以易之；若有一毫不直，則此心便索然。黝、舍是不畏死而不動心，告子是不認義理而不動心，曾子是自反而縮而不動心。○雙峯饒氏曰：縮不縮指理言，不惴、吾往指氣言。理者氣之主，理直則氣壯，理曲則氣餒。吾之理不直，雖一夫之賤，亦爲之屈；吾之理直，雖千萬人之衆，在所必伸。孟子因丑有「過孟賁」之語，所以先説黝、舍，然後説歸曾子來。○魯齋王氏曰：朱子云：「孟子養氣之論孔子已道了，曰『內省不疚，夫何憂何懼』。」愚謂與此正相表裏。「自反」則「內省」也，「直」則「不疚」矣，「雖千萬人，吾往」，「不憂不懼」也。○新安陳氏曰：此曾子之大勇，以義理之直爲主而不動心者也。孟子之論至此始精細，下文「至大至剛，以直養而無害」之説蓋自此「自反而縮」發之也。

「孟施舍之守氣又不如曾子之守約也。」

言孟施舍雖似曾子，然其所守乃一身之氣，又不如曾子之反身循理，所守尤得其要也。孟子之不動心，其原蓋出於此，下文詳之。朱子曰：孟子説「曾子謂子襄」一段已自盡了，只爲公孫丑問得無了期，故後面有許多説話。此一段爲被他轉換問，所以答得亦周匝。然就前段看，語脉氣象雖無後截，亦自可見前一截已自具得後面許多意思足。○守約只是所守之約，言北宮黝之守氣不似孟施舍守氣之約，孟施舍之守氣又不如曾子所守之約也。孟施舍就氣上做工夫，曾子就理上做工夫。○慶源輔氏曰：論舍之氣象，雖大略有似於曾子，然舍之所守不過是一身之血氣，固未嘗反之於心以自顧其直與不直也。其視曾子之自反以縮不縮爲勇怯，則其所守之要非舍之所能知、所可比也。反身謂「自反」，循理謂「直」。○雙峯饒氏曰：或問：孟子之不動心如何原於曾子？曰：浩然之氣便是大勇，以直養便是自反而縮，行有不慊於心則餒便是自反而不縮。

曰：「敢問夫子之不動心與告子之不動心，可得聞與？」「告子曰：『不得於言，勿求於心；不得於心，勿求於氣。』不得於心勿求於氣，可；不得於言勿求於心，不可。夫志，氣之帥也；氣，體之充也。夫志至焉，氣次焉。故曰：『持其志，無暴其氣。』」「聞與」之與，平聲。「夫志」之夫，音扶。

此一節公孫丑之問，孟子誦告子之言，又斷丁亂反。下同。以己意而告之也。告子謂於言有所不達則當舍上聲。置其言而不必反求其理於心，於心有所不安則當力制其心而不必更求其助於氣：此所以固守其心而不動之速也。速謂年未四十。○

朱子曰：告子之意，以爲言語之失當直求之於言而不足以動吾之心，念慮之失當直求之於心而不必更求之於氣。蓋其天資剛勁有過人者，力能堅忍固執以守其一偏之見，所以學雖不正而能先孟子不動心也。觀其論性數章，理屈詞窮則屢變其説以取勝，終不能從容反覆，審思明辨，因其所言之失而反之於心以求至當之歸，此其不得於言而不求諸心之驗也。○告子只去守箇心得定，都不管外面，是亦得，不是亦得。孟子之意，謂是心有所失則見於言，如肝病見於目相似。

孟子既誦其言而斷之曰：彼謂不得於心而勿求諸氣者，急於本而緩其末，猶之可也；

慶源輔氏曰：「不得於心勿求於氣可」，氣固有時而能動其心，然心之不正則未必皆氣使之。大抵心是本，氣是末。故程子亦曰：「人必有仁義之心，然後有仁義之氣睟然達於外。」此「不得於心勿求諸氣」所以爲急於本而緩其末。「猶之可也」猶言「尚爲可也」。

謂不得於言而不求諸心，則既失於外而遂遺其內，其不可也必矣。

朱子曰：以下文觀之，氣亦能反動其心，則勿求於氣之説亦未爲盡善。但心動氣之時多，氣動心之時少，故孟子取其彼善於此而已。至於言則雖發於口而實出於心，內有蔽、陷、離、窮之病，則外有詖、淫、邪、遁之失。不得於言而每求諸心，則其察理日益精矣。孟子所以知言養氣以爲不動心之本者，用此道也。而告子反之，是徒見言之發於外而不知其出於中，不知言便不知義，所以外義也。其害理深矣，故斷然以爲不可。於此可見告子之不動心所以異於孟子，而亦豈能終不動哉？

然凡曰「可」者，亦僅可而有所未盡之辭耳。若論其極，則志固心之所之而爲氣之將去聲。帥，然氣亦人之所以充滿於身而爲志之卒徒者也。

慶源輔氏曰：心有知而氣無知。雖云氣一則能動志，然大抵是氣隨心動，故以志爲氣之將帥，氣從志所使猶卒徒之聽命於將帥也。不言心而言志者，志者心之動而有所之處也。但志則就其動處言，故尤切耳。下文又言「是氣也而反動其心」，亦可見矣。心無形而氣有質，雖云心爲本、氣爲末，然人之所以充滿其身而不至餒之者，實賴氣爲志之卒徒也。志而無氣則志無所使，亦由將帥而無卒徒則亦虛名而已。○新安陳氏曰：吕與叔《克己銘》云：「志以爲帥，氣爲卒徒。」此蓋就「帥」字上生出「卒徒」字。故志固爲至極，而氣即次之。人固當敬守其志，然亦不可不致養其氣，蓋其内外本末交相培養。此則孟子之心所以未嘗必其不動而自然不動之大略也。潛室陳氏曰：《集註》謂「致養其氣」即「無暴」。氣發得暴，失養故也。必言「致」者，見養氣之難。須以集義爲本，又無正、忘、助長之弊，方爲能致養也。○雲峯胡氏曰：《集註》於「持志」謂「守其志」可也。必曰「敬守其志」，添入一「敬」字最有意。蓋孟子養氣之功在集義，而所以集義者在敬。敬、義夾持，方爲成德之事。或疑兩「言」字不同。告子「不得於言」，己之言也；孟子「知言」，天下之言也。愚嘗應之曰：理，一而已。告子於己之言且不能反求其理，如何能於天下之言而求其理？孟子於天下之言能究極其理，則於己之言可知也。○新安陳氏曰：下文知言養氣，其根已安於此。告子不得於言即不求其理於心，是不知言也；不得於心即不求其助於氣，是不養氣也。孟子、告子其不動心之名雖同，而其所以不動心之本則相反而全不同者在此。

「既曰『志至焉，氣次焉』，又曰『持其志，無暴其氣』者，何也？」曰：「志壹則動氣，氣壹則動志也。今夫蹶者趨者，是氣也，而反動其心。」夫音扶。

公孫丑見孟子言志至而氣次，故問如此則專持其志可矣，又言無暴其氣，何也？壹，專一也。蹶，姑衛反，又音厥。顛躓音至。也；趨，走也。孟子言志之所向專一則氣固從之，然氣之所在專一則志亦反爲之動。慶源輔氏曰：志者心之所之，故可言「向」。氣則做出來底便是，不可以「向」言，只得下「在」字。下文云「氣專在是」，兩「在」字相照應，察理精矣。如人顛躓、趨走，則氣專在是而反動其心焉，所以既持其志而又必無暴其氣也。程子曰：「志動氣者什九，氣動志者什一。」程子曰：告子不得於言勿求於心，蓋不知義在内也。志帥氣也。持定其志，無暴亂其氣，兩事也。志專一則動氣，氣專一則動志，然志動氣爲多。且若志專在淫辟，豈不動氣；氣專在喜怒，豈不動志？故蹶者趨者反動其心。○朱子曰：爲告子將氣說得太低了，故說志最緊要，氣亦不可緩。故曰「志至氣次」、「持其志，無暴其氣」，是兩邊做工夫。志即是心之所向，而今欲做一件事，這便是「志」。持其志便是養心，不是持志外別有箇養心。如喜怒，若當喜也須喜，當怒也須怒，這便是持志。若喜得過分一向喜，怒得過分一向怒，則氣便暴了，志却反爲所動。蹶、趨是氣也，他心本不曾動，只忽然喫一跌，氣打一暴，則其心便動了。❶○問：蹶趨反動其心，若是志養得堅定，莫須蹶趨亦不能動得否？曰：人之奔走，如何心不動？曰：蹶趨多遇於卒然不虞之際，所以易得動心。曰：是。○問：在車聞鸞和，行鳴佩玉，皆所以無暴其氣。今既無此，不知如何而爲無暴？曰：凡人多動作，多語笑，做力所不及底事。且如只行得五十里，却硬要行百里，皆是暴其氣。學者須事事節約，莫教過當，此便是養氣之道。志動氣，是源頭濁者，故下流亦濁也；氣動志者，却是下流壅而不泄，反濁了上面也。○問：《程氏遺書》云「志一動則動氣，氣一動則動志」，《外書》云「志專一則動氣，氣專一則動志」，二說孰是？曰：此必一日之語。學者同聽之而所記各有淺深，類多如此。「志一動則動氣，氣一動則動志」，此言未說動氣、動志而先言志動、氣動，反添一「動」字了，固不若後一說所記得其本旨。蓋曰志專一固可動氣，而氣專一亦可以動其志也。○問：持志、養氣之爲交養，何也？曰：持志所以直其內，無暴所以防於外。兩者各致其功而無所偏廢，則志正而氣自完，氣完而志益正。其於存養之功且將無一息之不存矣。○問：養氣次第功夫，内外是交盡，不可靠自己自守其志便謂無事。氣纔不得其平，志亦不得其安。故孟子以蹶、趨形容之。告子所謂「不得於心，勿求於氣」是未爲全論。程子所以言「氣動志者什一」，正謂是爾。曰：然。兩者相夾著，方始德不孤。○雙峯饒氏曰：志，帥也；氣，卒徒也。如周亞夫軍中夜驚，亞夫堅卧不起。不起固是帥之定處，然設或被他驚不已，自家如何睡得安？於此見持其志又不可不養其氣。○

❶「氣打」至「便動了」十字，《語類》卷五二作「氣便一暴則其心已打動了」。

君子所以足容重、手容恭、聲容静、氣容肅，行中鸞和、步中《采齊》，皆是要無暴其氣。○新安陳氏曰：前言心與氣，忽又變心言志者，蓋心以全體言，志以心之動而有所向處言。欲致持之之功，則就其動而有所向處用力。若心則不可言「持」矣，故「志」字尤切。後云「氣壹即動志」，即以是氣也而反動其心證之，可見動其心即是動志矣。程子什九、什一之説，蓋言志動氣之時多，十中常有九，所以志爲至；氣動志之時少，十中亦有一，所以氣亦次焉也。

「敢問夫子惡乎長？」曰：「我知言，我善養吾浩然之氣。」惡，平聲。

公孫丑復扶又反。問孟子之不動心所以異於告子如此者，有何所長而能然，而孟子又詳告之以其故也。知言者，盡心知性，於凡天下之言無不有以究極其理而識其是非得失之所以然也。朱子曰：知言便是窮理。不先窮理見得是非，如何養得氣？須是道義一一審處得是，其氣方充大。○孟子論浩然之氣一段，緊要全在「知言」上，所以《大學》許多工夫全在格物致知。格物則能知言，誠意則能養氣。○知言、養氣雖是兩事，其實相關，正如致知格物、正心誠意之類。若知言，便見得是非邪正義理昭然，此浩然之氣自生。○「知」是知得此理，告子便不理會，故以義爲外。○雲峯胡氏曰：《論語》亦曰「不知言，無以知人」，但《論語》爲初學而言，故《集註》但曰「言之得失可以知人之邪正」；孟子則自言也，故《集註》釋之比《論語》尤詳且重。《論語》之「知言」爲知人之端，人德之事；孟子之「知言」爲養氣之本，成德之事。浩然，盛大流行之貌。氣即所謂「體之充」者，本自浩然，失養故餒。惟孟子爲善養之，以復其初也。朱子曰：「浩然之氣」乃指其本來體段而言。○酬酢應接舉皆合義，則俯仰並無愧怍，故其氣自然盛大流行。○慶源輔氏曰：盛大言其體，流行言其用。才怯小則便非氣之本體，才鬱塞則便非氣之本用。氣即天地之氣而人之所以充滿其身者。其本然之體用自是浩然，由失其養，故餒乏而不充乎體。○雙峯饒氏曰：孟子之言「善養氣」，是以成德言，非是説做工夫，下文「必有事焉而勿正」以下却是説養氣做工夫處。○雲峯胡氏曰：《集註》、《章句》言「復其初」者凡三：《論語》謂人之性其初本善，學者當「明善以復其初」；《大學》謂人之心其初本自光明，學者當「明之以復其初」。此言人之氣其初本自盛大流行，惟孟子能「善養之以復其初」。然非學以復此心、此性之初者，未必能復此氣之初也。故孟子養氣先之以知言。

蓋惟知言則有以明夫音扶。下同。道義而於天下之事無所疑；養氣則有以配夫道義而於天下之事無所懼：此其所以當大任而不動心也。慶源輔氏曰：《集註》「疑」、「懼」二字以應此章第一節註文「疑惑恐懼」四字也。道，體也；義，用也。言「道義」以該體用也。知言則於道義究極無餘，一事來則以一理應之，夫復何「疑」之有？養氣則於道義襯貼得起，勇猛果決而不留行，夫復何「懼」之有？○雙峯饒氏曰：浩然之氣即達德中之「勇」，不動心即是「勇者不懼」，添一箇知言即是「智者不惑」。○雲峯胡氏曰：章首公孫丑問動心，《集註》以爲「有所恐懼疑惑」，先「懼」而後「疑」者，懼者心之動，疑者心之所由以動也。「恐懼」二字於「動」字最切，而「疑惑」二字已藴「知言」之意。此則釋「知言」、「養氣」二句，故先「疑」而後「懼」。○東陽許氏曰：知言則盡心知性，萬理洞然，何所疑惑；養氣則動皆合義，遇事即行，何有畏怯？二者既全，何能動心？

告子之學與此正相反，其不動心殆亦冥然無覺，悍然不顧而已爾。問知言養氣之説。朱子曰：孟子之不動心，知言以開其前，故無所疑；養氣以培其後，故無所懾。如智勇之將，勝敗之形、得失之算判然於胸中，而熊虎貔貅百萬之衆又皆望其旌旄，聽其金鼓，爲之赴湯蹈火，有死無二：是以千里轉戰，所向無前。其視告子之不動心，正猶勇夫悍卒初無制勝料敵之謀，又無蚍蜉蟻子之援，徒恃其勇而挺身以赴敵也，其不爲人所擒者，特幸而已。告子之學，他雖無所考證，然以孟子此章之言反覆求之，亦曉然可見矣。先引告子之言以張本於前，後言己之所長以著明於後。今以其同者而比之，則告子所「不得之言」即孟子所知之言，告子所「勿求之氣」即孟子所養之氣也。以其異者而反之，則告子之所以失即孟子之所以得，孟子之所以得即告子之所以失也。是其彼此之相形、前後之相應固有不待安排而不可移易者。○慶源輔氏曰：孟子能知人言之是非，告子乃自以其言爲外而不復考；孟子善養其氣，而告子乃以氣爲末而不知求：此所謂「正相反」也。其不動心者不過是硬把定其心，冥冥然都無知覺，於一切事皆漠然與之扞格而不顧耳，亦豈能終不動哉？然其所以能不動者，亦幸而已。○新安陳氏曰：「冥然無覺」則不能無疑，「悍然不顧」非真能無懼也。

「敢問何謂浩然之氣。」曰：「難言也。

孟子先言知言而丑先問養氣者，承上文方論志、氣而言也。難言者，蓋其心所獨得而無形聲之驗，有未易去聲。以言語形容者。故程子曰：「觀此一言，則孟子之實有是氣可知矣。」問：浩然之氣與血氣如何？朱子曰：只是一氣。義理附于其中則爲浩然之氣，不由義理而發則只爲血氣。然人所稟氣亦自不同，有稟得盛者則爲人强壯，隨分亦有立作，使之做事亦隨分做得出；若稟得衰者則委靡巽懦，都不解有所立作。唯是養成浩然之氣則却與天地爲一，更無限量。○孟子先説知言後説養氣，而公孫丑先問氣者，向來只爲他承上文先論志、氣而言也，今看來不然，乃是公孫丑會問處。留得知言在後面問者，蓋知言是末後合尖上事。如《大學》説正心誠意只合殺在「致知在格物」一句，蓋是用功夫起頭處。

「其爲氣也，至大至剛，以直養而無害，則塞于天地之間。

至大，初無限量；去聲。至剛，不可屈撓。女巧、女教二反。蓋天地之正氣而人得以生者，其體段本如是也。慶源輔氏曰：初無限量便是盛大，不可屈撓便是流行，即所謂浩然之氣也。不言用者，舉體則足以該之矣。惟其自反而縮，新安陳氏曰：照應本章上文釋之，「以直」之「直」字即是上文「縮」字意。則得其所養而又無所作爲以害之，則其本體不虧而充塞無間去聲。矣。新安陳氏曰：充塞彌滿乎天地之間，而無有間斷之者矣。○程子曰：浩然之氣難識，須要識得，當行不慊於心之時，自然有此氣象。○問：伊川於「至大至剛以直」點句，先生却於「剛」字點句。朱子曰：若於「直」字點句，則「養」字全無骨力。○至大至剛，氣之本體，以直養而無害是用功處，塞于天地之間乃是效也。○問：他書不説養氣，只孟子言之，何故？曰：這源流便在那箇「心廣體胖」、「内省不疚，夫何憂何懼」處來。大抵只是一氣，又不是别將箇甚底去養他。但集義便是養氣，知言便是知得這義。人能仰不愧、俯不怍時，看這氣自是浩然塞乎天地之間。○纔説「浩然」便有剛果意思，如長江大河浩浩然而來也。富貴、貧賤、威武不能淫、移、屈之類皆低，不可以語此。丑本意只是設問孟子能擔當得此樣大事否，故孟子所答只説許多剛勇，故説出浩然之氣。只就問答本文看之，便見子細。○魯齋王氏曰：此所謂「其爲氣也」，氣之體；下文所謂「其爲氣也」，氣之用。　程子曰：「天人，一也，更不分别。必列切。　浩然之氣乃吾氣也，養而無害則塞乎天地，一爲私意所蔽則欿音坎。然而餒，知其小也。」謝氏曰：「浩然之氣須於心得其正時識取。」又曰：「浩然是無虧欠時。」朱子曰：天地之氣無處不到，無處不透。是他氣剛，雖金石也透過去。人便是稟得這箇氣無欠闕，所以程子曰：「天人，一也，更不分别。浩然之氣乃吾氣也。」○問：浩然之氣是稟得底否？曰：只是這箇氣。若不曾養得，剛底便粗暴，弱底便衰怯。○問：孟子説浩然之氣，却不分稟賦清濁説。曰：此章孟子之意不是説氣稟，只因説不動心衮説到這處。似今人説「氣魄」相似，有這氣魄便做得這事，無氣魄便做不得。○慶源輔氏曰：浩然之氣本是天地之正氣，然天人一理，故孟子更不分别，直以爲己之氣也。養而無害，則全其本體而塞乎天地；若不務集義而所爲一有私意遮隔了，則便不流行而欿然餒乏不足以充乎身，而失其正大之體也。○雙峯饒氏曰：人得天地之氣以生。天地之氣如此剛大，人之氣亦合如此剛大。其所以不能如此者，不善養之故也。程子曰：「人與天地一氣也，人特自小耳。」且如文武一怒而安天下之民，也只是這氣做出來。他底却與天地一般樣至大至剛，只是善養故耳。○雲峯胡氏曰：此氣是天地之正氣。心得其正，便是不失其所得於天地之正者。○東陽許氏曰：此氣本得於天，故至大至剛。剛、大，天之體段也。聖人生知安行，無非直道，不假乎養；衆人知不明，自害其剛大，故須直以養之。直即義也。塞天地，言其效也。

「其爲氣也，配義與道。無是，餒也。餒，奴罪反。

配者，合而有助之意。慶源輔氏曰：此意本於李先生曰「配是襯貼起來」，朱子謂「襯貼」二字説「配」字極親切。蓋道義是虚底物，本自孤單，得這氣襯貼起來便張大，無所不達。今人做事亦有合於道義者，若無此氣則只是一箇衰颯底人。李先生又曰「氣與道義一衮出來」，朱子謂「一衮出來」説得道理好。孟子分明説「配義與道」，不是兩物相補貼，只是一衮發出來。故朱子用此意而就「配」字説出此句，蓋已極於精切矣。○雙峯饒氏曰：合而有助，譬如妻之配夫，以此合彼而有助於彼者也。蓋理氣不相離，氣以理爲主，理以氣爲輔。大凡人不能爲善，爲是無那氣來襯貼；有那氣來襯貼起，做得定是有力。○雲峯胡氏曰：所謂「合」，即延平所謂「一衮出來」之意；所謂「助」，即延平所謂「襯貼起來」之意也。**義者，人心之裁制；道者，天理之自然。餒，飢乏而氣不充體也。言人能養成此氣，則其氣合乎道義而爲之助，使其行之勇決，無所疑憚。若無此氣，則其一時所爲雖未必不出於道義，然其體有所不充，則亦不免於疑懼而不足以有爲矣。**新安陳氏曰：「疑憚」、「疑懼」四字仍應前註文「疑惑恐懼」字意。憚即恐懼也。○程子曰：浩然之氣，天地之正氣。大則無所不在，剛則無所屈。以直道順理養而無害，則塞乎天地之間。有少私意即是氣虧。無不義便是「集義」，有私意便是「餒」。○率氣在志，養氣在直。内有私意則餒，無不義則浩然。○朱子曰：道、義別而言，則道是物我公共自然之理，義即吾心之能斷制者，所用以處此理者也。○「道」是舉體統而言，「義」是就此一事所處而言。如父當慈，子當孝；君當仁，臣當敬：此義也；所以孝慈、所以仁敬，則道也。故後面只説「集義」。○道義是公共無形影底物事，氣是自家身上底。自家若無這氣，則道義自道義、氣自氣，如何助得他？○兩箇「其爲氣也」，「至大至剛」是說此氣之體段，「配義與道」是說此氣可將如此用，是說氣之功用。○或問：何以言氣之配義與道也？曰：道，體也；義，用也：二者皆理也，形而上者也，氣也者，器也，形而下者也。以本體言之，則有是理而後有是氣，而理之所以行又因氣以爲質也；以人言之，則必明道集義然後能生浩然之氣，而義與道又因是氣而後得以行焉。蓋三者雖有上下體用之殊，然其渾合而無間也乃如此。苟不知所以養而有以害之，則理自理、氣自氣，其浩然而充者且將爲慊然之餒矣。或略知道義之爲貴而欲恃之而有爲，亦且散漫蕭索而不能以自振矣。○雙峯饒氏曰：浩然之氣，全靠道義在裏面做骨子。無這道義，氣便軟弱。蓋緣有是理而後有是氣，理是氣之主。如天地二五之精氣，以有太極在裏面做主，所以他底常恁地浩然。

「是集義所生者，非義襲而取之也。行有不慊於心則餒矣。我故曰告子未嘗知義，以其外之也。慊，口簟反，又口劫反。

集義，猶言「積善」，蓋欲事事皆合於義也。襲，掩取也，如「齊侯襲莒」音舉。之襲。《春秋》襄公二十三年：秋，齊侯伐晉。冬，齊侯襲莒。註：輕行掩其不備曰「襲」。因伐晉，還襲莒。○輕，遣政反。言氣雖可以配乎道義，而其養之之始乃由事皆合義，自反常直，是以無所愧怍而此氣自然發生於中。非由只行一事偶合於義，便可掩襲於外而得之也。朱子曰：直只是無私曲，集義只是事事上皆直。仰不愧於天、俯不怍於人，便是浩然之氣。而今只將自家心體驗到那無私曲處，自然有此氣象。○「以直養」是「自反而縮」，「集義」是「以直養」。然此工夫須積漸。集義自然生此浩然之氣，不是行一二件合義底事能搏取浩然之氣也。集義是歲月積久之功，襲取是一朝一夕之事，從而掩取，終非己有也。○此上三句本是說氣，下兩句「是」字與「非」字對，「襲」字與「生」字對。其意蓋曰：此氣乃集義而自生於中，非行義而襲取之於外云爾。○「生」字正與「取」字對。生是自裏面生出，取是自外面取來。○義襲是於一事之義勇而爲之以壯吾氣，然無生底道理，只是些客氣耳，不久則消矣。慊，快也，足也。

言所行一有不合於義而自反不直，則不足於心而其體有所不充矣。然則義豈在外哉？朱子曰：孟子許多論氣只在「集義所生」一句上。只是件件合宜，無一事不求箇是，自然積得多，則胸中仰不愧、俯不怍。纔有些子不合道理，心下便不足。○新安陳氏曰：集義則浩然之氣生，行有不合義而心不慊則此氣餒，可見義在内非由外矣。告子不知此理，乃曰「仁内義外」而不復扶又反。以義爲事，則必不能集義以生浩然之氣矣。上文「不得於言，勿求於心」即「外義」之意，詳見形甸反。《告子上》篇。問：「配義與道」是氣助道義而行。又曰：「集義所生」是氣又自集義而生。朱子曰：初下工夫時，集義然後生浩然之氣；氣已養成，又却助他道義而行。○告子之病蓋不知心之慊處即是義之所安，其不慊處即是不合於義，故直以義爲外而不求。○告子直是將義屏除去，只就心上理會。因舉陸子静云「讀書講求義理，正是告子義外工夫」，某曰不然。如子静不讀書，不求義理，只静坐澄心，却是告子外義。○雙峯饒氏曰：先説氣配義與道，後説「集義」而不及「道」者，蓋道是體，義是用。浩然之氣有體有用，其體配道，其用配義，故曰「配義與道」，其體用一也。言用則體在其中，體上無做工夫處，故只説集義。○二「餒」字之分，「無是餒也」是無氣則道義餒，「行有不慊則餒」是無道義則氣餒：所指不同。蓋二者相資，論其用則道義非氣無以行，論其體則氣非道義無以生。○新安陳氏曰：二「是」字亦不同。「無是餒也」，此「是」字指浩然之氣言；「是集義所生」，此「是」字正與下句「非」字相呼喚，猶言是如此非如彼耳。○雲峯胡氏曰：「集義」即是「以直養」，「義襲而取之」即是有所作爲以害之。《集註》訓「慊」字與《大學》音義同，自慊則心廣體胖，不慊則餒。「餒」字正與「廣」字、「胖」字相反。《集註》訓「以直養」則曰「自反而縮」，此則言「自反常直」、「自反不直」，見得孟子養氣之論正自夫子所謂「自反而縮」來也。

「必有事焉而勿正。心勿忘，勿助長也。無若宋人然。宋人有閔其苗之不長而揠之者，芒芒然歸，謂其人曰：『今日病矣，予助苗長矣。』其子趨而往視之，苗則槁矣。天下之不助苗長者，寡矣。以爲無益而舍之者，不耘苗者也；助之長者，揠苗者也。非徒無益，而又害之。」長，上聲。揠，烏八反。舍，上聲。

「必有事焉而勿正」，趙氏、程子以七字爲句，極是。近世或并下文「心」字讀之者亦通。必有事焉，有所事也，如「有事於顓臾」之「有事」。問：必有事焉當用敬否？程子曰：敬只是涵養一事。必有事焉，須當集義。只知用敬不知集義，却是都無事也。又問：義莫是中理否？曰：中理在事，義在心內。苟不主義，浩然之氣從何而生？○朱子曰：集義是養氣之丹頭，必有事是集義之火法。必有事焉，言養氣者必以集義爲事，須要把做事去做。如主敬也須把做事去主，如求放心也須把做事去求。正，預期也。《春秋傳》曰：「戰不正勝。」是也。《公羊傳》僖公二十六年：「夏，齊人伐我北鄙。公子遂如楚乞師。乞者何？卑辭也。曷爲以外內同若辭？重師也。曷爲重師？師出不正反，戰不正勝也。」不正者，不期也。反，復也；勝，捷也。如作「正心」，義亦同。此與《大學》之所謂「正心」者語意自不同也。此言養氣者必以集義爲事而勿預期其效，其或未充則但當勿忘其所有事，而不可作爲以助其長，乃集義養氣之節度也。閔，憂也。揠，拔也。芒芒，無知之貌。其人，家人也。病，疲倦也。舍之而不耘者，忘其所有事；揠而助之長者，正之不得而妄有作爲者也。然不耘則失養而已，揠則反以害之，無是二者則氣得其養而無所害矣。朱子曰：勿正，勿待也；勿忘，勿忘以集義爲事也；助長，待之不至而拔之使長也。正者，等待期望之意。如一邊集義，一邊在此等待那氣生，等來等去却便去助長。氣未至於浩然，便作起令張主，❶謂己剛毅無所屈

❶「主」，原作「王」，今據陸本改。

撓，便更發揮去做事，便是「助長」。「必有事焉勿忘」是論集義工夫，「勿正勿助長」是論氣之本體，上添一件物事不得，不要等待，不要催促。○論集義所生則義爲主，論配義與道則氣爲主。一向都欲以義爲主，故失之。○人能集義以養其浩然之氣，故事物之來自有以應之，不可萌一期待之心，少間待之不得，則必出於私意，有所作爲而逆其天理矣，是助之長也。今人之於物，苟施種植之功，至於日至之時則自然成熟。若方種而待其必長，不長則從而拔之，其逆天害物也甚矣。○「養氣」一章在不動心，不動心在勇，勇在氣，氣在集義，勿忘勿助長又是那集義底節度。若告子則更不理會言之得失、事之是非、氣之有平有不平，只是硬制壓那心使不動，恰如説「打硬修行」一般。○問：此氣是稟得天地底來，是集義方生？曰：本自浩然，被人自少時壞了，今當集義方能生。曰：有人不知集義，合下便恁地剛勇，是如何？曰：此只是麤氣，便是黝、舍之勇，亦終有餒時。此章須從頭節節看來看去，首尾貫通，見得活方是，不可只略涉獵説得去便了。○南軒張氏曰：勿助長者，待其自充，不可强使之充也。此爲循天理之當然而不以人爲加之。然欲不忘則近於助長，欲不助長則或忘之：二者之間，守之爲難。學者多知忘之爲害，不知助長之爲害尤甚，故引揠苗爲喻。閔苗之不長，猶憂氣之未充也；揠以助長，猶作其氣而使之充也。或曰：二程多以「必有事焉」爲有事乎敬，而孟子則主於集義，有異乎？曰：無以異也。孟子所謂持志，即敬之道也。非持其志，其能以集義乎？敬、義蓋相須而成者也。○雙峯饒氏曰：「有事」、「勿忘」是説「以直養」，「勿正」、「勿助」是説「養而無害」。「必有事焉而勿忘勿助長」是集義工夫。正而助長是要「義襲而取」。「集義」、「義襲」兩句乃是一段骨子。以集義爲無益而忘之者，不耘苗者也；以義襲爲心，預期其效而助長者，揠苗者也。惟其是集義所生者，故當必有事焉，心勿忘；惟其非義襲而取之，故當勿正勿助長。以直養而無害是養之之正道，集義所生是養之之成功，有事勿忘是做工夫處。○前説持志、無暴氣是兩事，後説養氣不及持志，言集義則持志在其中。今日集義，明日又集義，則此志全在義上。有事勿忘，念念在集義上。忘便是不能持其志，助長便是暴其氣。○問：天下之不助苗長者寡矣，其意何謂？曰：此是説天下之人平時不能養其氣者，皆是臨時助長以暴其氣也。似浩然，却不是自家集義所生底，故乍長乍消，易盈易縮，適足以戕賊其氣而已。不特養氣不可助長，凡事皆不可助長。如看書未通，不能潛心玩索而强探力索之類皆是助長。○雲峯胡氏曰：「必有事焉」是念念必合乎義而無一念之不義也，事事必合乎義而無一事之不義也。謂之「有事」，是集義之外無他事；謂之「必有事」，是此事之外無他念也。但必於此者每有所期於彼，必而勿正則先事後得，集義之心始無間斷；期之不得者，又易忘其所有事，勿正而不忘則集義之心愈無間斷。正、忘、助三字相因，皆是爲害，助之害愈甚。大抵必有事，是集義，是以直養；正、忘、助是義襲，是害。所以孟子始曰「無害」，終曰「害之」。孟子論養氣工夫是一正一反，《集註》亦是一正一反。論「以直養」，正説曰「自反常直」，反説曰「自反不直」；論害之，正説曰「不可作爲以助其長」，又反説曰「正之不得而妄有作爲」：前後相應，學者當字字體認。

如告子不能集義而欲彊上聲。制其心，則必不能免於正助之病。其於所謂浩然者，蓋不惟不善養，而又害之矣。慶源輔氏曰：集義而不忘其所事則氣得其義，勿正而不妄作爲則氣無所害。如此則日引月長，而充塞天地之體，沛然流行之用將不期然而然矣。又曰：所謂揠而反害之者，正指告子而言。

「何謂知言？」曰：「詖辭知其所蔽，淫辭知其所陷，邪辭知其所離，遁辭知其所窮。生於其心，害於其政；發於其政，害於其事。聖人復起，必從吾言矣。」詖，皮寄反。復，扶又反。

此公孫丑復扶又反。問而孟子答之也。詖，偏陂卑義反。也；淫，放蕩也；邪，邪僻也；遁，逃避也。四者相因，言之病也。蔽，遮隔也；陷，沈俗作「沉」，非。溺也；離，叛去也；窮，困屈也。四者亦相因，則心之失也。人之有言，皆出於心。其心明乎正理而無蔽，然後其言平正通達而無病。苟爲不然，則必有是四者之病矣。朱子曰：詖、淫、邪、遁、蔽、陷、離、窮，四者相因。心有所蔽，只見一邊，不見一邊。如楊氏爲我、墨氏兼愛，各只見一邊，故其辭「詖」。詖是偏陂。此理本平正，他只説得一邊。字凡從「皮」皆是一邊意。如「跛」是脚一長一短，「坡」是山一邊斜。蔽則陷。陷，深入之義也。是身陷在那裏，如陷溺於水，只見水不見岸了，故其辭放蕩而過，説得週遮浩瀚，纔恁地陷入深了，於是一向背却正路開去愈遠，遂與正路相離了，故其辭「邪」。既離去了正路，他那物事不成物事，畢竟用不得，遂至於窮。窮是説不去了，故其辭「遁」。遁是既離後走脚底話。如楊子本是不拔一毛以利天下，却説天下非一毛所能利；夷子本説愛無差等，却説施由親始；佛氏本無父母，却説《父母經》：皆是遁辭。○問：楊、墨似詖，莊、列似淫，儀、秦似邪，佛似遁。曰：不必如此分別。有則四者俱有，其序自如此。○此一章專以知言爲主。若不知言，則自以爲義而未必是義，自以爲直而未必是直，是非且莫辨矣。然説知言又只説知詖、淫、邪、遁四者。蓋天下事只有一箇是與不是而已。若辨得那不是底，則便識得那是底了。然非見得道理十分分明，則不能辨得親切。且如集義，皆是見得道理分明，則動静去處皆循道理，無非集義也。○蔡氏曰：知言則善惡邪正皆當知之。此之所「知」，獨詖淫邪遁之辭，何也？蓋孟子之時，楊、墨之言盈天下，正人心、息邪説莫此爲急。故曰「楊、墨之道不息，孔子之道不著」，此其意也。○慶源輔氏曰：言形於外，故以「病」言；心存於中，故以「失」言。○雙峯饒氏曰：詖淫邪遁雖是四件，却只是兩件。詖淫屬陽，邪遁屬陰。蓋詖尚有一邊是道理，邪則并這一邊亦離了。淫是詖之深，遁是邪之極。如楊墨初以爲我、兼愛爲仁義，雖非仁義之全體，猶自見得仁義之一偏。其終也至於無父、無君，則其離仁義也遠矣。天下道理好底四件，不好底亦四件。元亨利貞、仁義禮智是好底，詖淫邪遁、意必固我是不好底。好底相因，不好底亦相因。元亨利貞起於元，仁義禮智起於仁；意必固我起於意，詖淫邪遁起於詖。當看四箇「所」字，如看病相似。詖淫邪遁是病證，蔽陷離窮是病源，所蔽所陷所離所窮是病源之所在。墨氏之蔽在於見仁而不見義，楊氏之蔽在於見義而不見仁。其蔽雖同而所以蔽則異。孟子知言如明醫然，纔見病證便説病源在何處。欲治蔽陷離窮之病，在先去其蔽，無所蔽便無下面三件。蔽之源不一，有爲氣稟所蔽，有爲物欲所蔽，有爲學術所蔽，有爲習俗所蔽。問：去蔽之道當如何？曰：孔子嘗謂「六言六蔽」，皆基於「不好學」。欲去蔽者，當自好聖賢之學始。○雲峯胡氏曰：《集註》釋「我知言」曰「識其是非得失之所以然」。此所謂「言之病」者，其然也；所謂「心之失」者，即所以然也。特上文汎指天下之言，故兼是非得失而知之；此則似指告子之言，故專於其失者而知之也。○新安倪氏曰：《集註》既釋詖陷離窮四者，而下文則曰「其心明乎正理而無蔽，然後其言平正通達而無病」，又提出「蔽」之一字者，蓋四者之失必起於蔽。饒氏謂「無所蔽便無下面三件」，亦其深得《集註》之意者歟？

即其言之病而知其心之失，又知其害於政事之決然而不可易者如此，非心通於道而無疑於天下之理，其孰能之？

問：孟子知言處説「生於其心，害於其政」，先「政」而後「事」；闢楊、墨處説「作於其心，害於其事」，先「事」而後「政」。朱子曰：先事而後政，是自微而至著；先政而後事，是自大綱而至節目。○慶源輔氏曰：孟子之所以能知言也，因其言之病而知其心之失，是即其用而知其體也；又知其害於政事之決然而不可易者如此，是據其始而知其終也。非心與理一，其於天下之事如燭照數計略無所疑者，何能如是哉？不然，則知其用者或不知其體，見其始者或不見其終者有矣。○雙峯饒氏曰：政者事之大體，事者政之條目。心纔不正，到處有害。政、事皆心之所發，於大體既有害則小者可知，故曰「發於其政，害於其事」。後篇説「作於其事，害於其政」，是條目上既有害則大者亦可知。○雲峯胡氏曰：所謂「害」者皆指異端之害而言。詖淫邪遁之言即異端之言也。其害或先政而後事，或先事而後政，但言無大無小，無不有害，不必拘先後也。

彼告子者不得於言而不肯求之於心，至爲義外之説，則自不免於四者之病，其何以知天下之言而無所疑哉？

新安陳氏曰：《集註》於養氣、知言兩節皆解上告子身上，以終前「不得於言」至「勿求於心」不可之説。

程子曰：「心通乎道然後能辨是非，如持權衡以較音教。輕重，孟子所謂『知言』是也。」又曰：「孟子知言，正如人在堂上方能辨堂下人曲直。

新安陳氏曰：此言必有超於衆人之見，然後能知衆人之言也。

若猶未

免雜於堂下衆人之中，則不能辨決矣。」問：程子之説，莫直是喻心通於道者否？朱子曰：此只是言見識高似他，方能辨他是非得失。若見識與他一般，如何解辨得他？○雙峯饒氏曰：知言當如何用功？程子「心通乎道」之説便是發明知言之要，亦須格物上做來。道便是箇權衡，以道觀人如持權衡以較輕重，無有能逃之者。知言便是知道，孟子不欲以「知道」自謂，所以只説知言。告子以義爲外，所以只取必於口，全不反求諸心。如杞柳之説孟子闢之，則又移爲湍水之説，第一説用不得又換第二説，是之謂「遁辭」。○新安陳氏曰：此章甚長，頭緒頗多，其要旨未易究也。「知言養氣」下《集註》標出綱領，而未及所以能知言養氣之本。朱子《與郭冲卿帖》云：「孟子之學蓋以窮理集義爲始，不動心爲效。蓋惟窮理爲能知言，惟集義爲能養氣。理明而無所疑，氣充而無所懼，故能當大任而不動心。考於本章次第可見矣。」此章要指惟此帖盡之而無餘藴。集義故能養氣，孟子所已言；窮理故能知言，孟子所未言。心通乎道而無疑於天下之理，程子固言之，而提綱挈領以示後學，未有如朱子此帖之明的周備者也。明理以「知」言，知之之事；集義以養氣，行之之事：不出乎知行二者而已。此章雖未終於此，而正意止於此。

「宰我、子貢善爲説辭，冉牛、閔子、顔淵善言德行。孔子兼之，曰：『我於辭命則不能也。』然則夫子既聖矣乎？」行，去聲。

此一節，林氏以爲皆公孫丑之問，是也。林氏，名之奇，字少穎，三山人。説辭，言語也；説，如字。或讀如「稅」者，非。德行，得於心而見形甸反。於行事者也。三子善言德行者，身有之，故言之親切而有味也。公孫丑言數子各有所長而孔子兼之，然猶自謂不能於辭命。今孟子乃自謂我能知言，又善養氣，則是兼言語、德行而有之，然則豈不既聖矣乎？此「夫子」指孟子也。問：「善爲説辭則於德行或有所未至，善言德行則所言皆其自己分上事也。」朱子曰：得之。○慶源輔氏曰：知言則在我在人一也。知其如此則於言語辭命何患不能？養氣自集義生，豈非德行乎？○程子曰：「孔子自謂不能於辭命者，欲使學者務本而已。」雲峯胡氏曰：此以後因公孫丑提出一「聖」字爲問，故專發明一「聖」字。

曰：「惡，是何言也？昔者子貢問於孔子曰：『夫子聖矣乎？』孔子曰：『聖則吾不能，我學不厭而教不倦也。』子貢曰：『學不厭，智也；教不倦，仁也。仁且智，夫子既聖矣。』夫聖，孔子不居。是何言也？」惡，平聲。「夫聖」之夫音扶。

惡，驚歎辭也。「昔者」以下，孟子不敢當丑之言而引孔子、子貢問答之辭以告之也。此「夫子」指孔子也。學不厭者，智之所以自明；教不倦者，仁之所以及物。再言「是何言也」以深拒之。朱子曰：《中庸》「成己，仁也」是體，「成物，智也」是用；此「學不厭，智也」是體，「教不倦，仁也」是用。○潛室陳氏曰：仁、智互爲體用。義精仁熟之後，道理縱看横看皆可。智爲體則仁爲用，仁爲體則智爲用。○雙峯饒氏曰：不厭不倦，須粘上「聖」字説。言學聖人之道而不厭，又以聖人之道教人而不倦。○子貢此言與《中庸》不同，詳見《中庸》第二十五章《章句》、《或問》、《輯釋》論之。

「昔者竊聞之：子夏、子游、子張皆有聖人之一體，冉牛、閔子、顔淵則具體而微，敢問所安？」

此一節，林氏亦以爲皆公孫丑之問，是也。一體，猶「一肢」也；具體而微，謂有其全體，但未廣耳。安，處上聲。下同。也。公孫丑復扶又反。問孟子既不敢比孔子，則於此數子欲何所處也？朱子曰：聖人道大而能博。如游、夏得其文學，子張得其威儀，皆一體也。惟顔淵、冉、閔氣質不偏，理義完具，獨能具有聖人之全體，但未若聖人之大而化之，無限量之可言，故以爲「具體而微」耳。

曰：「姑舍是。」舍，上聲。

孟子言且置是者，不欲以數子所至者自處也。陵陽李氏曰：問：如《集註》之説，則孟子猶有不足於顔子歟？天台潘氏曰：孟子之志願學孔子，是誠有不足於顔子者。蓋非不足於顔子，以顔子不幸短命而未至於聖人之域。前輩云「纔遜第一等事與別人做，便是自棄古人之志」，大率如此。然立志之後須要力行以酬其志，不可徒有此志也。

曰：「伯夷、伊尹何如？」曰：「不同道。非其君不事，非其民不使，治則進，亂則退，伯夷也。何事非君，何使非民？治亦進，亂亦進，伊尹也。可以仕則仕，可以止則止，可以久則久，可以速則速，孔子也：皆古聖人也。吾未能有行焉。乃所願，則學孔子也。」治，去聲。

伯夷，孤竹君之長上聲。子。兄弟遜國，避紂隱居，聞文王之德而歸之。及武王伐紂，去而餓死。伊尹，有莘之處上聲。士，湯聘而用之。使之就桀，桀不能用，復歸於湯。如是者五，乃相去聲。湯而伐桀也。三聖人事詳見形甸反。此篇之末及《萬章下》篇。魯齋王氏曰：乃所願則學孔子，後四段盡在此句。○雲峯胡氏曰：孟子以顔子具聖人之體而未極其大，故欲學其大者；以伯夷、伊尹有聖人之德而未極其全，故欲學其全者。故此以下則專言夫子之聖。

「伯夷、伊尹於孔子，若是班乎？」曰：「否。自有生民以來，未有孔子也。」

班，齊等之貌。公孫丑問而孟子答之以不同也。

曰：「然則有同與？」曰：「有。得百里之地而君之，皆能以朝諸侯、有天下。行一不義，殺一不辜，而得天下，皆不爲也。是則同。」與，平聲。朝音潮。

有，言有同也。以百里而王去聲。天下，

德之盛也；行一不義、殺一不辜而得天下有所不爲，心之正也。問：伯夷、伊尹之行一不義、殺一不辜而得天下有所不爲，何以言之也？朱子曰：以其遜國而逃，諫伐而餓，非道義一介不取與觀之，則可見矣。○魯齋王氏曰：此亦是自反而不縮，所以不爲也。聖人之所以爲聖人，其根本節目之大者惟在於此。於此不同則亦不足爲聖人矣。新安陳氏曰：上文德之盛，根本之大也；心之正，節目之大也。大根本節目同而小處不同，皆可以言「聖人」。若大處不同則大本已非，吾何以觀之哉？

曰：「敢問其所以異。」曰：「宰我、子貢、有若智足以知聖人，汙不至阿其所好。汙音蛙。好，去聲。

汙，下也。三子智足以知夫子之道。假使汙下，必不阿私所好而空譽平聲。之。明其言之可信也。朱子曰：汙是汙下不平處，或是當時方言。當屬下句讀。○慶源輔氏曰：智足以知聖人則其智識高明矣，阿私所好而空譽之則其識趣汙下矣。高明與汙下正相反，高明則必不至汙下矣。❶反覆極言之以明三子之言必可信耳。

「宰我曰：『以予觀於夫子，賢於堯舜遠矣。』

程子曰：「語聖則不異，事功則有異。夫子賢於堯舜，語事功也。蓋堯舜治天下，夫子又推其道以垂教萬世。堯舜之道非得孔子，則後世亦何所據哉？」問：夫子賢於堯舜，有論宰我此言之失者。南軒張氏曰：殊不思孟子引宰我此言爲甚。曰：《遺書》謂「語聖則不異，事功則有異」。曰：便是這箇意思。五峯云「成一時之勳業有限，開萬世之道學無窮」，亦是此意。○慶源輔氏曰：「語聖則不異」，以其德言也；「事功則有異」，就其所爲事與成功而言也。「堯舜治天下，夫子又推其道以垂教萬世」，此言事功久遠之不同也；「堯舜之道非得孔子，則後世亦何所據哉」，此言事功始終成就之不同

❶「必不」，原作「不必」，今據四庫本、陸本及《四書纂疏》改。

也。〇新安陳氏曰：後世聖賢之君不作，異端漸熾。苟非得孔子祖述堯舜以詔後世，則無所據依以入堯舜之道矣。輔氏有言：「當時若無孔子，今人連堯舜也不識。」由此言之，則孔子爲天地立心，爲生民立命，爲往聖繼絶學，爲萬世開太平，其功業豈不賢於堯舜遠哉？宰予此言可謂深知孔子，其得在言語之科宜矣。此孟子所以表而出之於子貢、有若之言之先也歟？

「子貢曰：『見其禮而知其政，聞其樂而知其德。由百世之後，等百世之王，莫之能違也。自生民以來，未有夫子也。』」

言大凡見人之禮則可以知其政，聞人之樂則可以知其德。是以我從百世之後，差楚宜反。等百世之王，無有能遁其情者，新安陳氏曰：差等，猶言「品第」。情，實也。以見禮知政、聞樂知德二句鑒之，皆不能逃於洞察之下。而見其皆莫若夫子之盛也。問：見其禮而知其政、聞其樂而知其德是謂夫子，是謂他人？朱子曰：只是大概如此説。子貢之意蓋言，見人之禮便可知其政，聞人之樂便可知其德，所謂由百世之後等百世之王，莫有能違我之見者。所以斷然謂「自生民以來未有孔子」，此子貢以其所見而知夫子之聖如此也。一説夫子見人之禮而知其政，聞人之樂而知其德，由百世之後等百世之王，莫有能逃夫子之見者，此子貢所以知其爲生民以來未有也。然不如前説之順。

「有若曰：『豈惟民哉？麒麟之於走獸，鳳凰之於飛鳥，泰山之於丘垤，河海之於行潦，類也；聖人之於民，亦類也。出於其類，拔乎其萃。自生民以來，未有盛於孔子也！』」垤，大結反。❶潦音老。

麒麟，毛蟲之長；上聲。下同。鳳凰，羽蟲之長。垤，蟻封也；行潦，道上無源之水也。出，高出也；拔，特起也。特，挺然孤特也。萃，聚也。衆所聚之中。言自古聖人固皆異於衆人，新安陳氏曰：此「聖人」字是汎説從

❶「大」，原作「夭」，今據《四書纂疏》改。

古以來之聖人。然未有如孔子之尤盛者也。

○程子曰：「孟子此章擴前聖所未發，指養氣與知言而言也。學者所宜潛心而玩索色栢反。也。」雙峯饒氏曰：孟子要學聖人，故於子游、子夏、子張、冉牛、閔子、顔淵皆曰「姑舍是」；伯夷、伊尹雖是古聖人，然伯夷偏於清，伊尹偏於任，不若孔子之時中，故曰「乃所願則學孔子」。解《孟子》與解《論語》不同。《論語》章句短，《孟子》章句長。須要識他全章大指所在，又須看教前後血脉貫通而後可。○雲峯胡氏曰：公孫丑疑孟子動心，孟子遂極言養氣知言之功；公孫丑疑其知言養氣之既聖，孟子遂極言夫子之聖之盛。要之，夫子之聖不假乎養氣知言，孟子之養氣知言乃學而至聖者也。前則深斥告子，闢異端也；後則推尊孔子，承聖道也。前後之言若不相貫而實相貫，學者味之。

○孟子曰：「以力假仁者霸，霸必有大國；以德行仁者王，王不待大。湯以七十里，文王以百里。

力，謂土地甲兵之力。假仁者，本無是心而借其事以爲功者也。霸若齊桓、晉文是也。以德行仁則自吾之得於心者推之，無適而非仁也。朱子曰：以德行仁，德非止謂有救民於水火之誠心。這「德」字説得來闊，是自己身上事都做得來是，無一不備了，所以行出來便是仁。且如湯「不邇聲色，不殖貨利」，至「彰信兆民」，是先有前面底方能彰信兆民，救民水火之中。若無前面底，雖欲救民，不可得也。武王「亶聰明作元后」，是亶聰明方能作元后，救民水火之中。若無這亶聰明，雖欲救民，其道何由？○行仁便自仁中行出，皆仁之德。若假仁便是恃其甲兵之强、財賦之多，須有如是資力方可服人。是假仁之名以欺其衆，非有仁之實也。○以力假仁，仁與力是兩箇；以德行仁，仁便是德，德便是仁。○雙峯饒氏曰：或引「包茅不入，昭王不復」是「假仁」。曰：此是「假義」，不是「假仁」。請問「假仁」。曰：救民，仁也；尊君，義也。湯放桀，武伐紂，以救民爲主，其事屬仁；齊問罪於楚，以尊周爲主，其事屬義。孟子不説「假義」却説「假仁」，蓋仁包五常，言仁則義在其中。如伐原示信、大蒐示禮皆是假仁處。

「以力服人者非心服也，力不贍也；以德服人者，中心悦而誠服也。如七十子之服孔子也。《詩》云：『自西自東，自南自北，無思不服。』此之謂也。」

贍，時驗反。足也。《詩》，《大雅·文王有聲》之篇。王、霸之心，誠、僞不同，故人所以應之者其不同亦如此。慶源輔氏曰：以力假仁者僞也，假而行之，終非己有，非僞而何？以德行仁者誠也。所謂「誠」者，成己成物者也。己以僞感，人以僞應；己以誠感，人以誠應：如形聲影響之相隨，蓋不容於有異也。○鄒氏曰：鄒氏，名浩，字志完。毗陵人。「以力服人者，有意於服人而人不敢不服；以德服人者，無意於服人而人不能不服。從古以來論王霸者多矣，未有若此章之深切而著明者也。」問王霸之別。朱子曰：以力假仁者不知仁之在己而假之也，以德行仁則其仁在我而惟所行矣。以執轅濤塗、侵曹伐衛之事而視夫東征西怨、虞芮質成者，則人心之服與不服可見。若七十子之從孔子，至於流離飢餓而不去，此又非有名位勢力以驅之也。孟子真可謂「長於譬喻」也。○慶源輔氏曰：鄒氏以「有意」「無意」釋「力」與「德」字，最爲簡要。然其所謂無意者，非如木石之無意者，無期必之私意耳。若夫正心脩身之道，則自有不可已者。至論「自古論王霸未有如是之深切著明」者，亦爲得之。其視董子「美玉碔砆」之喻、荀子降禮尊賢、重法愛民與夫曰粹曰駁諸説皆爲優矣。○新安陳氏曰：王道純乎天理，霸之假雜以人欲。崇王道黜霸功，亦擴天理遏人欲也。

○孟子曰：「仁則榮，不仁則辱。今惡辱而居不仁，是猶惡濕而居下也。

惡，去聲。下同。好去聲。榮惡辱，人之常情。然徒惡之而不去上聲。其得之之道，不能免也。朱子曰：此亦只是爲下等人言。若是上等人，他豈以榮辱之故而後行仁哉？○蔡氏曰：程子《易·比卦》彖傳曰：「且得他畏危亡之禍而求所以比輔其民，猶勝於全不顧者。」此章近之。

「如惡之，莫如貴德而尊士。賢者在位，能者在職，國家閒暇，及是時明其政刑，雖大國必畏之矣。閒音閑。

此因其惡辱之情而進之以彊上聲。仁之事也。新安倪氏曰：《禮記·表記》云「畏罪者彊仁」，謂勉彊行仁也。「貴德」以下皆彊仁之事目。貴德，猶「尚德」也。士則指其人而言之。賢，有德者，使之在位則足以正君而善俗；能，有才者，使之在職則足以修政而立事。國家閒暇，可以有爲之時也。詳味「及」字，則惟日不足之意可見矣。或謂：賢者在位、能者在職，謂賢者有德，但使之在位而不任事；能者有才，所以使之在職而任事。雙峯饒氏曰：如此説則賢者是箇無能底人。蓋凡是賢者，皆當使之在位，然賢者所能却不同。就其間使能敷教者在敷教之位，能治獄者在治獄之位。既有其位，便有其職。天下豈有無職之位，豈有無能之賢？○新安陳氏曰：《春秋傳》云：「及猶『汲汲』也。」及是時而明政刑，即《書》所謂「吉人爲善，惟日不足」之意。此一節應「仁則榮」也。

「《詩》云：『迨天之未陰雨，徹彼桑土，綢繆牖户。今此下民，或敢侮予？』孔子曰：『爲此詩者，其知道乎？能治其國家，誰敢侮之？』」徹，直列反。土音杜。綢音稠。繆，武彪反。

《詩》，《豳風·鴟處脂反。鴞》吁驕反。之篇，周公之所作也。迨，及也。徹，取也。桑土，桑根之皮也。綢繆，音矛。纏綿補葺七入反。也。牖户，巢之通氣出入處也。予，鳥自謂也。言我之備患詳密如此，今此在下之人或敢有侮予者乎？周公以鳥之爲巢如此，比君之爲國亦當思患而預防之。孔子讀而贊之，以爲知道也。雲峯胡氏曰：「爲此詩者其知道乎」，《孟子》凡兩引之。彼則爲詩者知率性之道，此則爲詩者知治國平天下之道也。

「今國家閒暇，及是時般樂怠敖，是自求禍也。般音盤。樂音洛。敖音傲。

言其縱欲偷安，亦惟日不足也。雙峯饒氏曰：般樂則不暇「明其政刑」，怠敖則不暇「貴德尊士」。○新安陳氏曰：及是時而縱欲偷安，亦《書》所謂「凶人爲不善，惟日不足」之意。此一節應「不仁則辱」也。

「禍福無不自己求之者。

結上文之意。新安陳氏曰：仁榮，福也；不仁之辱，禍也：皆自己求之。

「《詩》云：『永言配命，自求多福。』《太甲》曰：『天作孽，猶可違；自作孽，不可活。』此之謂也。」孽，魚列反。

《詩》，《大雅·文王》之篇。永，長也。言，猶「念」也。配，合也；命，天命也。此言福之自己求者。《太甲》，《商書》篇名。孽，禍也。違，避也。活，生也，《書》作「逭」，音换。逭，猶「緩」也。此言禍之自己求者。蔡氏曰：及時明政刑，「自求福」也，仁榮者如此；及時而樂敖，「自作孽」也，不仁之辱如此。○新安陳氏曰：《記》云：「仁者安仁，知者利仁，畏罪者彊仁。」此因戰國諸侯惡辱而勉以行仁，正畏罪强仁之事。勉之存天理而享仁之榮，戒之徇人欲以遠不仁之辱，亦遏人欲擴天理也。

○孟子曰：「尊賢使能，俊傑在位，則天下之士皆悦而願立於其朝矣；朝音潮。

俊傑，才德之異於衆者。雙峯饒氏曰：俊傑謂人中之俊傑者，即指賢能而言。「尊賢使能」便是「俊傑在位」。尊非禮貌之虚文，與之共天位、治天職以至去讒遠色、賤貨貴德，皆尊賢之道。

「市廛而不征，法而不廛，則天下之商皆悦而願藏於其市矣；

廛，市宅也。張子曰：「或賦其市地之廛而不征其貨，《禮記·王制》：「古者公田藉而不税，市廛而不税，關譏而不征。」或治以市官之法而不賦其廛。《周禮・地官司徒》：「司市，市官。掌市之治教政刑，量度禁令。以次序分地而經市，以陳肆辨物而平市，以政令禁物靡而均市，以商賈音古。阜貨而行市，以量度教賈「價」同。而徵債，音育。以質劑即隨反。結信而止訟，《爾雅》：「劑，齊也。」質劑，謂兩書一札而別之也。若今「手書」，言保物要還矣。以賈音古。民禁僞而除詐，以刑罰禁虣皮告反。而去盜，以泉府同貨而斂賒。大市日仄「昃」同。而市，百族爲主；朝市朝時而市，商賈爲主；夕市夕時而市，販夫販婦爲主。」蓋逐末者多則廛以抑之，少則不必廛也。」朱子曰：市廛而不征，謂使居市之廛者各出廛賦若干，如今人賃鋪面相似，更不征稅其所貨之物。法而不廛，則但治之以市官之法而已，雖廛賦亦不取之也。問：古之爲市者以其所有易其所無者，有司者治之耳。此是《周禮》市官之法否？曰：然。如漢之獄市之類，皆是古之遺制。○問：市廛此市在何處？曰：此都邑之市。國都如井田樣，畫爲九區，面朝背市，左祖右社。中一區，君之宮室。宮室前一區爲外朝，朝會藏庫之屬皆在焉。後一區爲市，市四面有門，每日市門開則商賈百物皆入，惟民得入，公卿大夫士皆不得入，入則有罰。市官之法，如《周禮》司市平物價、治爭訟、譏察異服異言之類。左右各三區，皆民所居。外朝一區，左則宗廟，右則社稷。此國君都邑規模之大概也。

「關譏而不征，則天下之旅皆悅而願出於其路矣；

解見形甸反。前篇。雙峯饒氏曰：關譏之制，凡衆途所會之地則立關以限之，行旅有節傳方可度關，以此稽考其來歷，以防姦宄。節是使者所持之節，傳如今「脚引」及州縣移文。或用節，或用傳，《周禮》所謂「以節傳出納之」者是也。

「耕者助而不稅，則天下之農皆悅而願耕於其野矣；

但使出力以助耕公田，而不稅其私田也。

「廛無夫里之布，則天下之民皆悅而願爲之氓矣。氓音盲。

《周禮》：「宅不毛者有里布，民無職事者出夫家之征。」鄭氏謂宅不種桑麻者罰之使出一里二十五家之布，民無常業者罰之使出一夫百畝之税、一家力役之征也。《周禮・地官司徒》載師職：「凡宅不毛者有里布，田不耕者出屋粟，民無職事者出夫家之征。」鄭司農云：「宅不毛者謂不樹桑麻也。里布者，布參印書，廣二寸，長二尺，以爲幣貿易物。《詩》云『抱布貿絲』，貿此布也。或曰：布，泉。」鄭玄曰：宅不毛者罰以一里二十五家之泉。空田者罰以三家之税粟，以共吉凶二服及喪器也。民雖有閒無職事者，猶出夫税、家税也。夫税者，百畮之税；家税者，出士徒車輦，給繇役。

今戰國時一切取之。市宅之民已賦其廛，又令平聲。出此夫里之布，非先王之法也。氓，民也。問一里二十五家之布。朱子曰：亦不可考。又問：民無常産者，罰之如何恁地重？曰：後世之法與此正相反。農民賦税丁錢却重，而游手浮浪之民泰然都不管他。○慶源輔氏曰：先王之政，宅不種桑麻與閑民無職事者，上之人皆有法以抑之，此所以當其盛時民皆著業而無游手與貧困者。所謂「窮民」，不過鰥寡孤獨者而已。戰國時如夫里之布一切取之，皆末流之害，縱人欲滅天理者也。❶ ○雙峯饒氏曰：家征是力役之征，如今庶役；夫征是粟米之征，即百畝之税，如今輸租；里布是布縷之征，即五畝之税，如今納絹。

「信能行此五者，則鄰國之民仰之若父母矣。率其子弟攻其父母，自生民以來，未有能濟者也。如此則無敵於天下。無敵於天下者，『天吏』也。然而不王者，未之有也。」呂氏曰：「奉行天命，謂之『天吏』。廢興存亡，惟天所命，不敢不從。若湯武是也。」雙峯饒氏曰：吏，君所命；天吏，天所命。君所命者可以刑人殺人，凡有罪者得而刑殺之；天所命者可以征人伐人，凡暴亂之國皆得而征伐之。○此章言能行王政則寇戎爲父子，不行王政則赤子爲仇讎。雙峯饒氏曰：「無敵於天下」一句乃是此章之大旨。蓋能行王者之政則可以興王者之治。當時諸侯不得民心，惟務侵人土地，故孟子教之但行王政以恤其民，使吾國之民仰之若父母，則天下之民亦仰

❶「縱」，四庫本作「樂」。

之若父母矣。如此則東征西伐，何向不服？不然，吾國之民亦仇敵也，況鄰國乎？○新安陳氏曰：欲除後世過取以奉其私之弊而一行之以先王之法，皆所以遏人欲擴天理也。

○孟子曰：「人皆有不忍人之心。

天地以生物爲心，而所生之物因各得夫音扶。天地生物之心以爲心，所以人皆有不忍人之心也。朱子曰：無天地生物之心則没這身，纔有這血氣之身便具天地生物之心矣。○天地以生物爲心。天包著地，別無所作爲，只是生物而已。譬如飯甑蒸飯，從裏面蒸上，到上面又下來，只管在裏面衮，便蒸得熟。天地即是包得許多氣在這裏無出處，衮一番便生一番物。所謂「爲心」者，豈切切然做？似磨子相似，只會磨出這物事。○雙峯饒氏曰：人心慈愛惻怛，纔見人便發將出來，更忍不住，所以謂之「不忍人」。仁之爲德，在天地則爲生物之心，在人則爲不忍人之心。天地能生物，人不能生物，但是愛人之心即是生物之心。程子云「惻隱之心，人之生道也」，正此之謂。○西山真氏曰：天地造化無他作爲，惟以生物爲事。觀夫春夏秋冬，往古來今，生意周流，何嘗一息間斷？天地之心於此可見。萬物從天地生意中出，故物物皆具此理，何况人爲最靈，宜乎皆有不忍人之心也。○新安陳氏曰：不忍即是仁，忍則非仁。性中有此仁，發出來便是不忍人之心。所以後面提起所以謂「人皆有不忍人之心」者，便指出惻隱之心以當之。見孺子將入井而惻隱者何也？蓋不忍見此子之如此也，若見此而不動心則頑忍非人矣。天地之大德曰「生」，人得天地之德曰「好生」。好生之德即所謂「得天地生物之心以爲心」也。

先王有不忍人之心，斯有不忍人之政矣。以不忍人之心行不忍人之政，治天下可運之掌上。

言衆人雖有不忍人之心，然物欲害之，存焉者寡，故不能察識而推之政事之間。惟聖人全體此心，仁之體。隨感而應，仁之用。故其所行無非不忍人之政也。雙峯饒氏曰：斯，猶「即」也。聖人之心無物欲之蔽，纔有不忍人之心即有不忍人之政，不待充廣而後能也。若衆人，則須待充廣。○西山真氏曰：人有是心而私欲間斷之，故不能達之於用。惟聖人全體此心，私欲不雜，故有此仁心便有此仁政，自然流出更無壅遏。天下雖大，運以此心而有餘矣。

「所以謂『人皆有不忍人之心』者，今人乍見孺子將入於井，皆有怵惕惻隱之心。非所以内交於孺子之父母也，非所以要譽於鄉黨朋友也，非惡其聲而然也。怵音黜。内，讀爲「納」。要，平聲。惡，去聲。下同。

乍，猶「忽」也。怵惕，驚動貌。惻，傷之切也；隱，痛之深也。此即所謂「不忍人之心」也。慶源輔氏曰：怵惕，心驚懼而起念之意。緣卒乍而見，故心驚懼而動也。惻隱，由傷深而痛深。自淺而深，皆所以名狀不忍人之心，可謂善形容矣。内，結。要，求。聲，名也。言乍見之時便有此心隨見而發，非由此三者而然也。程子曰：「滿腔苦江反。子是惻隱之心。」朱子曰：「腔子」猶言「軀殼」耳。「滿腔子」只是言充塞周徧，本來如此。是就人身上指出理充塞處，最爲親切。若於此見得，則萬物一體，更無内外之別；若見不得，却去腔子外尋，則莽莽蕩蕩無交涉矣。又曰：腔子，身裏也。言滿身裏皆惻隱之心。在腔子裏亦只云心在身裏，滿這箇軀殼都是惻隱之心，纔觸著便是這箇物事出來。大感則大應，小感則小應。○勉齋黄氏曰：陵陽李氏謂：「腔子」指人身言，天地間充塞上下，渾然生物之意無有空處。人得此以爲心，則亦四體百骸充塞徧滿，無非此惻隱之心，觸處即是，無有欠缺也。此説極是。

謝氏曰：「人須是識其真心。方乍見孺子入井之時其心怵惕，乃真心也，非思而得，非勉而中，去聲。天理之自然也。内交、要譽、惡其聲而然，即人欲之私矣。」朱子曰：方乍見孺子時也，著手脚不得，縱有許多私意也未暇思量到。問：心所發處不一，便説惻隱，如何？曰：惻隱之心渾身皆是，無處不發。如見赤子有惻隱之心，見一蟻亦豈無此心？○如孺子入井，如何不推得其他底出來，只推得惻隱之心出來？蓋理各有路，如做得穿窬底事，如何令人不羞惡？偶遇一人衣冠而揖我，我便亦揖他，如何不恭敬？事有是非，必辨別其是非。試看是甚麽去感得他何處一般出來。○惡其聲是惡被不救人之名。○西山真氏曰：孺子未有所知而將入于井，乍見之者無問賢愚，皆有傷痛之心。方此心驟發之時，非欲以此内交，非欲以此干譽，非欲以避不仁之名也。倉卒之間，無安排矯飾而天機自動，此所謂「真心」也。○雲峯胡氏曰：《集註》與謝氏皆看得「乍見」二字緊。蓋惟倉卒忽然而見之時，此心便隨所見而發，正是本心發見處。若既見之後，稍涉安排商略，便非本心矣。

「由是觀之，無惻隱之心，非人也；無羞惡之心，非人也；無辭讓之心，非人也；無是非之心，非人也。惡，去聲。下同。

羞，恥己之不善也；惡，憎人之不善也。辭，解使去己也；讓，推吐雷反。以與人也。是，知其善而以爲是也；非，知其惡而以爲非也。人之所以爲心，不外乎是四者，故因論惻隱而悉數上聲。之。言人若無此則不得謂之人，所以明其必有也。

問：上蔡見明道先生，舉史文成誦。明道謂其玩物喪志，上蔡汗流浹背，面發赤色。明道云：「此便是惻隱之心。」公且道上蔡聞得過失，恁地慚惶，自是羞惡之心，如何却説道見得惻隱之心？久之，朱子曰：惟是有惻隱之心方會動，若無惻隱之心却不會動。惟是先動方始有羞惡，方始有恭敬，有是非，動處便是惻隱。若不會動，却不成人。若不從動處發出，所謂羞惡者非羞惡，所謂恭敬者非恭敬，是非者非是非。天地生生之理，這些動意未嘗止息，看如何梏亡，亦未嘗盡消滅，自是有時而動。學者只怕間斷了。○羞惡、辭讓、是非雖與惻隱並説，但此三者皆是自惻隱中發出來，因有惻隱後方有此三者。惻隱比三者又較大。○或問：孟子專論不忍人之心而後乃及乎四端，何也？曰：不忍之心即惻隱之謂也。性之德爲仁義禮知，而一以包三者仁也；情之發爲四端，而一以貫三者惻隱也。然則其言之安得無先後之别耶？○慶源輔氏曰：人之所以爲心雖不外是四者，然仁則又貫乎三者之中，故此因論惻隱而悉數之也。至於言人若無此心則非人也者，所以明其必有而使人知反求之於己也。○西山真氏曰：孟子始言惻隱之心，至此則兼羞惡、辭讓、是非而言者，蓋仁爲衆善之長，有惻隱則三者從之矣，惻隱不存，三者亦何有哉？然賦形爲人，孰無此心？苟無此心則非人矣。所謂「無」者，豈其固然哉？私欲閉塞而失其本真耳。○莆田黄氏曰：「由是觀之」，「是」字指孺子入井一事説。論惻隱便引箇羞惡、辭讓、是非之心出來。

「惻隱之心，仁之端也；羞惡之心，義之端也；辭讓之心，禮之端也；是非之心，知之端也。

惻隱、羞惡、辭讓、是非，情也；仁、義、禮、知，性也。心，統性情者也。朱子曰：性者心之理，情者心之用，心者性情之主。○性是静，情是動，心兼動静而言。統如「統兵」之統，心有以主宰之也。動静皆主宰，非是静時無所主，及至動時方有主宰也。○新安陳氏曰：性、情字皆從心。心涵養此性，心統性也；心節制此情，心統情也。性如在營之軍，情如臨陣之軍，皆將實統之。心統性情當以是觀焉。又曰：此六字，横渠語。**端，緒**音序。**也。**潛室陳氏曰：端者，端倪也，物之緒也。譬之繭絲，外有一條緒，便知得内有一團絲。若其無絲在内，則緒何由而見於外？○莆田黄氏曰：註謂「端，首也」，疏謂「端，本也」，《集註》以爲緒也。如繅絲然，先尋其緒，則千絲萬絲續續而上。**因其情之發而性之本然可得而見，猶有物在中而緒見**形甸反。**於外也。**問：「四端」之端，《集註》以爲端緒。向見蔡季通説端乃是尾，如何？朱子曰：以體用言之，有體而後有用，故端亦可謂之尾；若以始終言之，則四端是始發處，故亦可以端緒言之。二者各有所指，自不相礙也。○問：孟子説仁、義、禮、智，義在第二；太極圖以義配利，則在第三。曰：仁、義、禮、智猶言東、西、南、北，元、亨、利、貞猶言東、南、西、北，一箇是對説，一箇是從一邊説起。○問：元、亨、利、貞自有次第，仁、義、禮、智因感而發，則無次第。曰：發時無次第，生時自有次第。○四端八箇字，每字是一意。惻是方惻然有此念起，隱是惻然後隱痛，比惻爲深。羞者羞己之惡，惡者惡人之惡。辭者辭己之物，讓者推與他人。是、非自是兩樣分明。但仁是總名，若説仁義便如陰陽，若説四端便如四時，若分四端八字便如八節。○惻隱自是情，仁自是性。性即是這道理。仁本難説，中間却是愛之理，發出來方有惻隱。義却是羞惡之理，發出來方有羞惡。禮却是辭遜之理，發出來方有辭遜。智却是是非之理，發出來方有是非。仁、義、禮、智是未發底道理，惻隱、羞惡、辭遜、是非是已發底端倪。如桃仁、杏仁是仁，到得萌芽却是惻隱。又曰：仁、義、禮、智本體自無形影，要捉摸不著，只得將他發動處看却自見得。程子云「以其惻隱知其有仁」，此八字説得最親切分明。也不道惻隱便是仁，又不道掉了惻隱別取一箇物事説仁。○惻隱、羞惡多是因逆其理而見。惟有所可傷，這裏惻隱之端便動；惟有所可惡，這裏羞惡之端便動。若是事親從兄，又是自然順處見之。○一心之中，仁、義、禮、智各有界限，而其性情體用又各自有分別。須是見得分明，然後就此四者之中又自見得仁、義兩字是箇大界限。如天地造化四序流行，而其實不過於一陰一陽而已。「仁」字是箇生底意思，通貫周流於四者之中。仁固仁之本體，義則仁之斷制，禮則仁之節文，智則仁之分別也。正如春之生氣貫徹四時，春則生之生也，夏則生之長也，秋則生之收也，冬則生之藏也。○北溪陳氏曰：四端之説是説外面可見底以驗其中之所有。惟是有四者之體，故四者端緒自然發見於外。○潛室陳氏曰：性是太極渾然之全體，本不可以各目言。孟子時異端蠭起，往往以性爲不善。孟子苟但曰渾然本體，則恐爲無星之秤、無寸之尺而終不足以曉天下，於是別而言之，界爲四破而四端之説於是乎立。蓋四端之未發也，性雖寂然不動，而其中自有條理，自有間架，不是籠統都是一物。所以外邊纔動，其中便應。如赤子之事感，則仁之理便應而惻隱之心形；如蹴爾嘑爾之事感，則義之理便應而羞惡之心形；如過朝廷、過宗廟之事感，則禮之理便應而恭敬之心形；如妍醜美惡之事感，則智之理便應而是非之心形。蓋由其中間衆理渾然各各分明，故外邊所遇隨感隨應。析而四之以示學者，使知渾然全體之中粲然有條如此，則性之善可知矣。然四端之未發也，渾然全體之理，無聲臭之可言，無形象之可見，何以知其粲然有條如此？蓋是理之可驗，乃依然就他發處驗得。凡物必有本根而後有枝葉，見其枝葉則知其本根。性之理雖無形，而端緒之發則可驗。○雙峯饒氏曰：孟子論性，唯是這一章説得最分曉。

「人之有是四端也，猶其有四體也。有是四端而自謂不能者，自賊者也；謂其君不能者，賊其君者也。

四體，四肢，人之所必有者也。自謂不能者，物欲蔽之耳。

「凡有四端於我者，知皆擴而充之矣，若火之始然，泉之始達。苟能充之，足以保四海；苟不充之，不足以事父母。」擴音廓。

擴，推廣之意；充，滿也。四端在我，隨處發見。形甸反。知皆即此推廣而充滿其本然之量，去聲。則其日新又新，將有不能自已者矣。能由此而遂充之，則四海雖遠，亦吾度内，無難保者；不能充之，則雖事之至近而不能矣。朱子曰：人之一心，在外者要收入來，如「求放心」章是也；在内者又要推出去，此章是也。《孟子》一部書皆是此意。大抵一收一放，一闔一闢，道理森然。○問「推」與「充」字。曰：推是從這裏推將去，如老吾老以及人之老，幼吾幼以及人之幼。到得充，則填得來滿了。如注水相似。推是注水下去，充則注得器滿了。蓋仁義之性本自可以充塞天地，若自不能充廣則無緣得這殼子滿，只是空殼子。○問：「知」字是重字還是輕字？曰：不能擴充者，正爲不知，都只是冷過了。若能知而擴充，其勢甚順，如乘快馬、放下水船相似。○問：兩説「充」字未曉。曰：上只説「知皆擴而充之」，只説知得了要推廣以充滿此心之量；下云「苟能充之，足以保四海」，是能充滿此心之量。上帶「知皆擴」字説，下就能充滿説。惟擴而後能充，能充則不必説「擴」矣。○此心之量本足以包括天地，兼利萬物。只是人自不能充滿其量，所以推不去。或能推之於一家而不能推之於一國，或能推之於一國而不足以及天下，此皆是未足以盡其本然之量。須是充滿其量，自然足以保四海。○雙峯饒氏曰：《集註》「即此推廣」是釋「擴」字，「滿其本然之量」是釋「充」字。自親親而仁民而愛物，推至於無一民一物之不愛，是充仁之量；自一事之得宜，推至於無一事之不得宜，是充義之量。禮、智皆然。人能充廣則四端之流行發達常如火始然、泉始達，其勢方張而不可遏，便由此而可以燎原赴海。若不能充廣則如火始然而即滅，泉始達而即壅，便只恁地休了。所以《集註》云「日新又新」，「新」字正是發明二「始」字之意。問：四端衆人皆有，若擴充似非衆人所能。曰：「知皆擴而充之」，其緊要在「知」字「皆」字。衆人之中若有能知所以擴而充之，又於四者皆能擴而充之，則便是人中之君子，但患人不知不爲耳。○張氏彭老。曰：朱子云若以始終言之則四端是始發處，「端」訓始字尤切，如「發端」、「履端」、「開端」之類皆始也。孟子既言之，凡有四端，「若火始然，泉始達」。始然便是火之端，始達便是泉之端，惻隱羞惡便是仁義之端。此心始動乃是情可爲善處。是心也，人皆有之，然不能無智愚之異，由充與不能充而已。如乍見孺子將入井，看是何等人，皆有惻隱之心，此所謂仁之端。苟能因此廣而充之，其仁將不可勝用。不能充廣，天理纔動，人欲便萌，於是納交等心生，循是而人欲日長，天理日消，而仁之端斬然矣。此「自謂不能」者也。始於充與不能充之分，終乃天壤隔焉。○雲峯胡氏曰：《集註》於《盡心》曰「盡其心之量」，此則曰「充滿其本然之量」，須看朱子如何下一「量」字。蓋體無所不具，用無所不周，此心之量本如是其大也。知性則有以盡此心本然之量，知此性之發而擴充之則有以滿此心本然之量。

○此章所論人之性情、心之體用，本然全具而各有條理如此。學者於此反求默識而擴充之，則天之所以與我者可以無不盡矣。慶源輔氏曰：《集註》「反求默識」者，格物致知窮理之事也；「擴充之」者，誠意正心力行之事也。既能窮理，又能力行，則天之所以予我仁、義、禮、智之性可以各各充滿其量而無遺憾矣。前言「日新又新，將有不能自已」，所以言其推廣之意於其始也；此言「天之所以與我者可以無不盡矣」，所以言充滿於其後之意也。○程子曰：「人皆有是心，惟君子爲能擴而充之。不能然者，皆自棄也。然其充與不充亦在我而已矣。」雲峯胡氏曰：性者心之體，其未發也本然全具；情者心之用，其初發也各有條理。反求默識，知之事；擴充，行之事。至於天之與我者無不盡，即是盡心而知之無不盡，盡性而行之無不盡也。又曰：「四端不言信者，既有誠心爲四端，則信在其中矣。」愚按，四端之信猶五行之土，無定位，無成名，無專氣，而水、火、金、木無不待是以生者。故土於四行無不在，於四時則寄王去聲。焉，其理亦猶是也。

朱子曰：四端不言信，如實是惻隱，實是羞惡，信便在其中。○土於四時各寄王十八日。或謂王於戊、己，然季夏乃土之本宮，故尤王於夏末。《月令》載中央土者以此。○潛室陳氏曰：五行無土位，位在四象之中；五常無信位，位在四端之中。○雲峯胡氏曰：按饒氏云：以四方論之，土無定位，無成名，無專氣；以五方論之，亦未嘗無定位、成名、專氣，不可執一看。愚見朱子之説是就五方看方見得。試以《河圖》看之。五土居中，似有定位。然三八木位乎東，不可以西；一六水位乎北，不可以南。如中間五點，則自具五方而於東西南北無所不該，似有定位而實無定位也。一二三四各因五而後成七八九六，故於四季各寄王十八日。木、火、金、水各專生長收藏之一氣而各成生長收藏之一名，然無土皆不可。是則土無專氣而氣無所不貫，土無成名而名無所不成。就四方看如此，就五方看亦如此，似不必分也。分看則論土於四行之外，是猶論信於四端之外；合看則土實在四行之中，而信在四端之中也。○新安陳氏曰：此章始專以不忍人之仁言，繼因體驗惻隱之心而悉及羞惡、辭讓、是非之心。貫四者，一仁也。惟聖人能以是心行是政，「安而行之」者也；惟君子能知其本有是心而擴充之，「勉而行之」者也；若衆人則不能識察，❶不能擴充，此心雖發，隨發隨泯，真「自棄」也。又按，人皆有不忍人之心，同此天理也。物欲害之則天理之存焉者寡矣。見孺子而惻隱，天理也；内交之類，即人欲矣。四端能充不能充之，分判於擴天理與徇人欲而已。此章亦在於遏人欲擴天理也。

○孟子曰：「矢人豈不仁於函人哉？矢人惟恐不傷人，函人惟恐傷人。巫、匠亦然。故術不可不慎也。」

函，甲也。惻隱之心，人皆有之。是矢人之心本非不如函人之仁也。巫者爲去聲。人祈祝，利人之生；匠者作爲棺槨，利人

❶「識察」，四庫本倒其文。

之死。新安陳氏曰：此只借以術之當擇説起，引上人當擇仁而處之。

「孔子曰：『里仁爲美。擇不處仁，焉得智？』夫仁，天之尊爵也，人之安宅也。莫之禦而不仁，是不智也。焉，於虔反。夫音扶。里有仁厚之俗者猶以爲美，人擇所以自處上聲。而不於仁，安得爲智乎？此孔子之言也。新安陳氏曰：孔子之意本言擇里，孟子引之以證擇術，微有不同。《集註》於此只以孟子之意釋孔子之言，故與《語》註小異。仁、義、禮、智皆天所與之良貴，而仁者天地生物之心，得之最先而兼統四者，所謂「元者善之長」上聲。也，故曰「尊爵」。問：「仁，天之尊爵」，先生解曰「仁者天地生物之心，得之最先」，如何是得之最先？朱子曰：人得那生底道理，所謂心生道也。有是心，斯有是形以生也。○新安陳氏曰：「元者善之長也」，此句出《易·乾卦·文言》，引以爲證。元者，生意之始，爲亨、利、貞之長。在人則爲本心全體之德，有天理自然之安，無人欲陷溺之危。人當常在其中而不可須臾離去聲。者也，故曰「安宅」。此又孟子釋孔子之意，以爲仁道之大如此而自不爲之，豈非不智之甚乎？慶源輔氏曰：五性皆人心之德，而仁則周貫乎四者之中，故爲本心全體之德。天理有則而不流，故有自然之安；人欲横流而無止，故有陷溺之危。克盡人欲，純是天理，方始是仁，此所以有安而無危也。人當常處其中而不可須臾離，即所謂「依於仁」、「造次必於是，顛沛必於是」之意，此聖門學者必以求仁爲先務也。○西山真氏曰：仁乃我所自有，苟欲爲之，誰能止者？乃甘心於不仁，豈非不智乎？故仁智二者常相須焉。不仁斯不智矣，下文言之；不智斯不仁矣，此是也。

由，與「猶」同。

「不仁不智，無禮無義，人役也。人役而恥爲役，由弓人而恥爲弓、矢人而恥爲矢也。以不仁，故不智；不智，故不知禮義之所在。慶源輔氏曰：不仁則頑然不覺，故不智；不智則懵然無知，故不知禮義所在。

「如恥之，莫如爲仁。

此亦因人愧恥之心而引之，使志於仁也。不言智、禮、義者，仁該全體，能爲仁則三者在其中矣。

「仁者如射。射者正己而後發。發而不中，不怨勝己者，反求諸己而已矣。」中，去聲。

「爲仁由己，而由人乎哉？」雙峯饒氏曰：此上三四章皆是爲當時君大夫言之，此章與「仁則榮」二章之意同，皆是教時君因恥辱而勉於仁。言不能行仁則既無尊爵之可貴，又無安宅之可居。安富尊榮皆無之而爲人役不免焉，則不當歸怨於人，但當反求諸己。己能爲仁，大國安能役之？此「役」字即「小國役大國」、「楚六千里爲讎人役」之「役」。○新安陳氏曰：此章以尊爵、安宅論仁，其理甚精微；勉人爲仁，其意甚切至。既言莫之禦而不仁，又言反求諸己，皆言爲仁由己，其機在我不在人也。仁固包義、禮、智，然人所以不爲仁者，由於是非之心不明與羞惡之心不正耳。故孟子先言是不智也，欲人以是非之智而擇爲仁之術；繼言如恥之，欲人以羞惡之義而決爲仁之機也。

○孟子曰：「子路人告之以有過則喜。

喜其得聞而改之，其勇於自修如此。周子曰：「仲由喜聞過，令名無窮焉。今人有過，不喜人規，如諱疾而忌醫，寧滅其身而無悟也。噫！」程子曰：「子路人告之以有過則喜，亦可謂百世之師矣。」南軒張氏曰：聞過則喜，非能克其驕吝者不能。驕則自以爲善而惡人議己，吝則安其故常而不能從人。子路用力於克己，其功深矣。○慶源輔氏曰：人受天地之中以生，本自無過。所以有過者，非出於氣稟之偏，則由乎物欲之誘。人能知而改之，則可以復於本然之善；不知則其過愈深，將陷溺焉而失其所以爲人矣。是豈可不懼哉？人有告我以過，我因得而改之以復於善，則又豈可不以爲喜乎？然非子路之勇於自修，則亦不能然也。○新安陳氏曰：程子深贊子路，欲學者師之以脩身補過也。

「禹聞善言則拜。《書》曰：「禹拜昌言。」蓋不待有過而能屈己以受天下之善也。慶源輔氏曰：子路，賢者也，故不能無過，但勇於自修，是以喜於得聞而改之。禹則聖人也，其心純是天理本然之善，故不待其有過，但一聞善言則至誠屈己，拜而受之。

「大舜有大焉，善與人同。舍己從人，樂取於人以爲善。舍，上聲。樂音洛。

言舜之所爲又有大於禹與子路者。善與人同，公天下之善而不爲私也。己未善則無所係吝解「舍」字。而舍以從人，人有善則不待勉强上聲。解「樂」字。而取之於己：此「善與人同」之目也。程子曰：樂取於人爲善，便是與人爲善。與人爲善乃公也。○問「善與人同」。朱子曰：善者天下之公理，本無在己在人之別。但人有身，不能無私於己者，故有物我之分焉。惟舜之心無一毫有我之私，是以能公天下之善以爲善，而不知其孰爲在己、孰爲在人，所謂「善與人同」也。舍己從人，言其不先立己而虛心以聽乎天下之公，蓋不知善之在己也；樂取於人以爲善，言其見人之善則至誠樂取而行之於身，蓋不知善之在人也。此二者，善與人同之目也。然此二章本一事，特交互言之，以見聖人之心表裏無間如此耳。○大舜樂取諸人以爲善，是成己之善，是與人爲善，也是著人之善。○慶源輔氏曰：禹聞善言則拜，聞之者禹也，言之者人也，以我之聞聞彼之善，拜以受之，猶有人己之分也。至於舜則善與人同耳。善與人同者，蓋善乃天下之公，非人己所得而私者，故曰公天下之善而不爲私也。○雙峯饒氏曰：舜之稱堯，方以舍己從人爲「惟帝時克」。聖人雖生知而不自以爲生知，常虛心以受人之善。己之所爲偶有未盡而人之所見有善於己，即舍而從之，無一毫執吝之意，乃所以見聖人之無我而非人所及也。

「自耕稼陶漁以至爲帝，無非取於人者。

舜之側微，耕于歷山，陶于河濱，漁于雷澤。《史記·五帝紀》：「舜耕歷山，歷山之人皆讓畔；漁雷澤，雷澤之人皆讓居；陶河濱，河濱器皆不苦窳。病也。一年所居成聚，二年成邑，三年成都。」歷山，在河東。雷澤，夏兗州，今屬濟陰。河濱，濟陰定陶西南。

「取諸人以爲善，是與人爲善者也。故君子莫大乎與人爲善。」

與，猶「許」也，助也。取彼之善而爲之於我，則彼益勸於爲善矣，是我助其爲善也。能使天下之人皆勸於爲善，君子之善孰大於此？慶源輔氏曰：舜之取人以爲善，初未嘗有助人爲善之意也。孟子推説其事，故以爲取諸人以爲善是乃助人之爲善也。因吾取人之善以爲善而使天下之人皆勸於爲善，則是聖人成己成物之事，故曰：「君子之善，孰大於此？」○此章言聖賢樂音洛。善之誠，初無彼此之間，去聲。故其在人者有以裕於己，在己者有以及於人。朱子曰：禹聞善言則拜，猶著意做；舜與人同，是自然氣象。聖人之拜固出於誠意，然拜是容貌間，未見得行不行。若舜，則真見於行事處。己未善則舍己之未善而從人之善，人有善則取人之善而爲己之善。人樂於見取，便是許助他爲善也。○慶源輔氏曰：《集註》所謂「聖賢」，兼子路、禹、舜言之。三人雖淺深大小不同，其樂善之誠皆無彼此之間。末二句却單説舜。○新安陳氏曰：舜事優於禹，禹事優於子路。然學者之希賢希聖，未有無其序者。常人徇欲背理，諱過飾非，視子路之心已相背馳，何敢言舜禹事？必先忘私克己，然後能至公而自然無私，故必如子路之克己私，始漸能如聖人之與人爲公耳。○新安倪氏曰：語録云三者本意只是取人但有淺深，而與人爲善乃是孟子再疊一意以發明之。即此條以證《集註》之説，則是三人皆有樂善之誠，子路樂於聞人告之以有過，禹樂於聞人之善言而拜，舜樂取人以爲善：雖有淺深，是皆「在人者有以裕於己」也。末一句所謂「在己者有以及於人」乃是申明孟子再疊之意耳。輔氏謂末二句皆單説舜，竊恐未然。

○孟子曰：「伯夷非其君不事，非其友不友。不立於惡人之朝，不與惡人言。立於惡人之朝，與惡人言，如以朝衣朝冠坐於塗炭。推惡惡之心，思與鄉人立，其冠不正，望望然去之，若將浼焉。是故諸侯雖有善其辭命而至者，不受也。不受也者，是亦不屑就已。朝音潮。「惡惡」上去聲，下如字。浼，莫罪反。

塗，泥也。鄉人，鄉里之常人也。望望，去而不顧之貌。浼，汙去聲。也。屑，趙氏曰：「潔也。」《說文》曰：「動作切切也。」不屑就，言不以就之爲潔而切切於是也。合趙氏、《說文》二說以解一「屑」字。已，語助辭。朱子曰：世之所謂清者，不就惡人耳。若善辭令而來者，固有時而就之。惟伯夷不然，此其所以爲聖之清也。柳下惠不屑之意亦然。○新安陳氏曰：此言伯夷之清嚴於惡惡而不輕與人群也。

「柳下惠不羞汙君，不卑小官。進不隱賢，必以其道；遺佚而不怨，阨窮而不憫。故曰：『爾爲爾，我爲我。雖袒裼裸裎於我側，爾焉能浼我哉？』故由由然與之偕而不自失焉，援而止之而止。援而止之而止者，是亦不屑去已。」佚音逸。袒音但。裼音錫。裸，魯果反。裎音程。「焉能」之焉，於虔反。

柳下惠，魯大夫展禽，居柳下而謚惠也。不隱賢，不枉道也。遺佚，放棄也。阨，困也。憫，憂也。「爾爲爾」至「焉能浼我哉」，惠之言也。袒裼，露臂也；裸裎，露身也。由由，自得之貌。偕，並處上聲。也。不自失，不失其正也。「援音爰。而止之而止」者，言欲去而可留也。朱子曰：進不隱賢，便是「必以其道」。人有所見，不肯發出，尚有所藏，便是「枉道」。○問：《集註》謂：「不隱賢，不枉道也。」疑與下文「必以其道」意相重。曰：兩句相承，只作一句讀，文勢然也。○所以不解作「不蔽賢」，謂其下文云「必以其道」。若作「蔽賢」說，則下文不同矣。○不隱賢，謂不隱避其賢。如己當廉却以利自汙，己當勇却以怯自處之類，乃是隱賢，是枉道也。○雙峯饒氏曰：他人不羞汙君、不卑小官必至於苟進，而柳下惠則不隱賢；他人見袒裼裸裎而與之偕則必至於流，而柳下惠則不自失：此其所以爲聖人之和而異乎常人之和也。○新安陳氏曰：此言惠之和，寬以處衆而不輕與人絶也。

孟子曰：「伯夷隘，柳下惠不恭。隘與不恭，君子不由也。」

隘，狹窄側格反。也；不恭，簡慢也。夷、惠之行去聲。固皆造七到反。乎至極之地，然既有所偏則不能無弊，故不可由也。朱子曰：伯夷既清，必有隘處；柳下惠既和，必有不恭處：道理自是如此。孟子恐後人以隘爲清，以不恭爲和，故曰：「隘與不恭，君子不由也。」問：「如伯夷之清而不念舊惡，柳下惠之和而不以三公易其介，此其所以爲聖之清、聖之和也。但其流弊則有隘與不恭之失。」曰：這也是諸先生恐傷觸二子，所以説流弊。今以聖人觀二子，則二子多有欠闕處，纔有欠闕處便有弊，所以孟子直説他隘與不恭，不曾説末流如此。如不念舊惡、不以三公易其介固是清、和好處，然十分只救得一分，救不得那九分清和之偏處了。○問：不恭是處己，是待人？曰：是待人如此。其心玩世，視人如無也。○清、和皆是一偏，學之便有隘、不恭處。使懦夫學和愈不恭，鄙夫學清愈隘矣。「可爲百世師」，謂能使薄者寬，鄙者敦，頑者廉，懦者立。「君子不由」，不由其隘與不恭也。○夷隘惠不恭，不必言效之而不至者其弊如此，只二子所爲已有弊矣。○雲峯胡氏曰：道惟中則無弊。夷、惠不合乎中庸之道，故君子所不由。夫子之道，大中至正之準，故孟子所願學。○新安陳氏曰：《孟子》一書言夷、惠者不一，以「百世之師」稱之，以「聖之清、和」許之，此章則謂其「隘」、❶「不恭」，似若相反。蓋孟子實欲人法夷、惠之得，又恐人不知戒夷、惠之失，其憂學者至矣。呂伯恭曰：「學伯夷者未必得其清而先得其隘，學惠者未必得其和而先得其不恭。」大抵清之極易至於隘，和之極易至於不恭，學之者當法其清和之得而戒其隘不恭之失可也。

孟子集註大全卷之三

❶「隘」下，四庫本有「與」字。

孟子集註大全卷之四

公孫丑章句下

凡十四章。自第二章以下，記孟子出處上聲。行實爲詳。

孟子曰：「天時不如地利，地利不如人和。

天時，謂時日支干、孤虛王相並去聲。之屬也。蔡氏曰：時，四時也；日，日辰也。《史記》注：「六甲孤虛法：甲子旬戌、亥爲孤，辰、巳爲虛。」後五甲倣此。如今人以甲子旬無戌、亥爲空亡，是以空亡爲孤也。辰、巳與戌、亥對，辰、巳爲虛。王相，如東方木，旺相於卯之類。○慶源輔氏曰：時，十二時；日，十日。支，十二支；干，十干也。○雙峯饒氏曰：此大概以五行衰旺言之。五行有孤虛，時有旺相。時，春屬木，甲乙木生丙丁火，便是木旺而火相。「旺」字即是「王」字。相，王之次也。金到這裏衰，所以孤。孤者，無輔助之意，如今説「四廢」。然水爲母，木爲子，子實則母虛，水到此所以虛。或問：此説「時日」，或是方所？曰：二者一般，一箇是横，一箇是直。所以天德月德日，亦有天德月德方，大意如此。其間又自有細密處。險阻城池之固也。人和，得民心之和也。地利，立兩句爲柱，下文分兩邊自解之。

「三里之城，七里之郭，環而攻之而不勝。夫環而攻之，必有得天時者矣。然而不勝者，是天時不如地利也。夫音扶。

三里、七里，城郭之小者。郭，外城。環，圍也。言四面攻圍，曠日持久，必有值天時之善者。

「城非不高也，池非不深也，兵革非不堅利也，米粟非不多也，委而去之，是地利不如人和也。

革，甲也。粟，穀也。委，棄也。言不得民心，民不爲去聲。守也。趙氏曰：古甲以革爲之，故函人爲攻皮之工。後世始用金曰「鎧」。○雙峯饒氏曰：非謂可以全無天時地利，但不如人和爾。用兵也要天時地利，但人和是本。人心不和，雖有天時地利，亦不可取勝。況時不時屬天，利不利屬地，人心和不和則在我而已。在天地者難必，在我者可恃。

「故曰：域民不以封疆之界，固國不以山谿之險，威天下不以兵革之利。得道者多助，失道者寡助。寡助之至，親戚畔之；多助之至，天下順之。

域，界限也。南軒張氏曰：得道者，順乎理而已。舉措順理，則人心悦服矣。先王之所以致人和者在此，而極夫多助之效，至於天下順之，其王也孰禦？一失道，則違拂人心。心之所睽，雖親亦踈也，不亦孤且殆哉？雖有高城深池，誰與爲守？○雙峯饒氏曰：緊要在「得道」二字上。○新安陳氏曰：封疆山谿兵革，皆末也。不以，不全以此也。其本在得道而已。

「以天下之所順攻親戚之所畔，故君子有不戰，戰必勝矣。」

言不戰則已，戰則必勝。○尹氏曰：「言得天下者，凡以得民心而已。」新安陳氏曰：此章言用兵在得人心，得人心在得道。得道以得人心，則地利之險人爲之守，天時之善人爲之乘。先王之守國家，用天下，本末具舉如此。固以得道得人心爲本而亦不廢天時地利之末。孟子見當時用兵者惟以天時地利爲務，而不知以得道得人心爲本，故發此論。

○孟子將朝王。王使人來曰：「寡人如就見者也，有寒疾，不可以風。朝將視朝，不識可使寡人得見乎？」對曰：「不幸而有疾，不能造朝。」章内「朝」並音潮，唯「朝將」之朝如字。造，七到反。下同。

王，齊王也。孟子本將朝王，王不知而託疾以召孟子，故孟子亦以疾辭也。問：莫是齊王不合託疾否？朱子曰：未論託疾。孟子之意只是説他不合來召。爲其賓師，有事則王自來見，或自往見。若王召之，則有自尊之意，故不往見。在他國時，諸侯無越境之理，只得以幣來聘，故賢者受其幣而往見之。答陳代「如不待其招而往何哉」，此以在他國而言；答萬章「天子不召師而况諸侯乎」，此以在其國而言。〇孟子於此，處賓師之位未嘗受禄，非齊王所得臣也。王不能見而乃召之，既失禮矣，其托疾又不誠，若何而可往哉？〇新安陳氏曰：王託疾以召，孟子亦託疾以辭，欲其稱也。與孔子亦瞰陽貨之亡同意。

明日出弔於東郭氏。公孫丑曰：「昔者辭以病，今日弔，或者不可乎？」曰：「昔者疾，今日愈，如之何不弔？」

東郭氏，齊大夫家也。昔者，昨日也。或者，疑辭。辭疾而出弔，與孔子不見孺悲取瑟而歌同意。慶源輔氏曰：孔子以疾辭孺悲而不見，然又取瑟而歌，使之知其非疾，所以警教孺悲也。孟子以疾辭齊王而不往朝，然又出弔東郭而使之知其非疾者，所以警教齊王也。此皆聖賢至誠應物而得乎時中之義也。

王使人問疾。醫來，孟仲子對曰：「昔者有王命，有采薪之憂，不能造朝。今病小愈，趨造於朝，我不識能至否乎？」使數人要於路曰：「請必無歸而造於朝！」要，平聲。

孟仲子，趙氏以爲孟子之從去聲。昆弟，學於孟子者也。采薪之憂，言病不能采薪，謙辭也。仲子權辭以對，又使人要孟子，令平聲。勿歸而造朝以實己言。新安陳氏曰：王先託疾以召，意本不誠。今問疾醫來，虛文美觀，意亦非誠也。仲子遂權對促朝。

不得已而之景丑氏宿焉。景子曰：「內則父子，外則君臣，人之大倫也。父子主恩，君臣主敬。丑見王之敬子也，未見所以敬王也。」曰：「惡！是何言也？齊人無以仁義與王言者，豈以仁義爲不美也？其心曰『是何足與言仁義也』云爾，則不敬莫大乎是。我非堯舜之道不敢以陳於王前，故齊人莫如我敬王也。」惡，平聲。下同。景丑氏，齊大夫家也。景子，景丑也。惡，歎辭也。景丑所言，敬之小者也；孟子所言，敬之大者也。慶源輔氏曰：丑之説，擎跽曲拳、奔走承順之敬，敬君以貌，世俗之所知，故曰「敬之小」。孟子所言，陳善閉邪，致君堯舜之敬，敬君以心，聖賢之所行，故曰「敬之大」。○西山真氏曰：景子但知聞命奔走爲敬其君，不知以堯舜之道告其君。僕隸之臣，唯唯承命，外若敬其君，然心實薄之曰：「是何足與言仁義？」此不敬之大者也。

景子曰：「否，非此之謂也。禮曰：父召無諾，君命召不俟駕。固將朝也，聞王命而遂不果，宜與夫禮若不相似然。」夫音扶。下同。禮曰：「父命呼，唯以水反。而不諾。」又曰：「君命召，在官不俟屨，官謂朝内。在外不俟車。」並出《禮記·玉藻》篇。言孟子本欲朝王而聞命中止，似與此禮之意不同也。

曰：「豈謂是與？曾子曰：『晉、楚之富，不可及也。彼以其富，我以吾仁；彼以其爵，我以吾義：吾何慊乎哉？』夫豈不義而曾子言之？是或一道也。天下有達尊三：爵一，齒一，德一。朝廷莫如爵，鄉黨莫如齒，輔世長民莫如德。惡得有其一以慢其二哉？與，平聲。慊，口簟反。長，上聲。慊，恨也，少也。或作「嗛」，字書以爲口銜物也。然則「慊」亦但爲心有所銜之義。其爲快、爲足、爲恨、爲少，則因其事而所銜有不同耳。孟子言我之意非如景子之所言者，因引曾子之言而云：夫此豈是不義而曾子肯以爲言？是或别有一種上聲。道理也。達，通也。蓋通天下之所尊有此三者。曾子之説，蓋以德言之也。今齊王但有爵耳，安得以此慢於齒、德乎？朱子曰：「達尊」之説，達，通也。三者不相值，則各伸其尊而無所屈。一或相值，則通視其重之所在而致隆焉。故朝廷之上，以伊、周之忠聖耆老而祗奉嗣王，左右孺子不敢以其齒、德加焉。至論輔世長民之任，則太甲、成王固拜手稽首於伊、周之前矣。其迭爲屈伸以致崇極之義，不異於孟子之言也。故曰：通視其重之所在而致隆焉。惟可與權者知之。爵也，齒也，蓋有偶然而得之者，是以其尊施於朝廷者則不及於鄉黨，施於鄉黨者則不及於朝廷，而人之敬之也亦或以貌而不以心。惟德得於心，充於身，刑於家，推於鄉黨而達於朝廷者也。曾子曰：「彼以其富，其爵，我以吾義、吾仁。」子思曰：「事之云乎，豈曰友之云乎？」孟子曰：「惡得有其一以慢其二哉？」師弟子間，意見之相合固如此。○雙峯饒氏曰：景子之言是人臣事君之常，孟子之言是人君尊賢之道。○東陽許氏曰：仁者循理樂天、安貧守分，故不知彼之富；義者審度事宜、進退有制，故不羨彼之爵。富只在彼，爵可加我，故用仁義字不同。

「故將大有爲之君，必有所不召之臣，欲有謀焉則就之。其尊德樂道，不如是不足與有爲也。樂音洛。

大有爲之君，大有作爲、非常之君也。程子曰：「古之人所以必待人君致敬盡禮而後往者，非欲自爲尊大也，爲去聲。是故耳。」雙峯饒氏曰：不如是，指謀焉則就之。

「故湯之於伊尹，學焉而後臣之，故不勞而王；桓公之於管仲，學焉而後臣之，故不勞而霸。

先從受學，師之也；後以爲臣，任之也。雙峯饒氏曰：何處見得學而後臣？蓋學，師之；臣，相之也。觀尹之辭，無所遜於湯；桓之於管，一則曰「仲父」，二則曰「仲父」，亦可見師之之意。

「今天下地醜德齊，莫能相尚。無他，好臣其所教而不好臣其所受教。好，去聲。

醜，類也。尚，過也。所教，謂聽從於己，可役使者也；所受教，謂己之所從學者也。

「湯之於伊尹，桓公之於管仲則不敢召。管

仲且猶不可召，而況不爲管仲者乎？」不爲管仲，孟子自謂也。慶源輔氏曰：不爲管仲，孟子到此不得已而直言之。不如是則公孫丑之徒終不足以知此義也。范氏曰：「孟子之於齊，處上聲。賓師之位，非當仕、有官職者，故其言如此。」問賓師如何。朱子曰：當時有所謂「客卿」是也。大概尊禮之而不居職任事，但召之則不往。○新安陳氏曰：若當仕有官職，乃可以其官召之耳。○此章見賓師不以趨走承順爲恭，而以責難陳善爲敬，新安陳氏曰：恭見於外貌者，故於「趨走承順」言之；敬存於中心者，故於「責難陳善」言之。人君不以崇高富貴爲重，而以貴德尊士爲賢，則上下交而德業成矣。南軒張氏曰：孔子膰肉不至而去魯，不知者以爲爲肉，知者以爲爲無禮，皆非知孔子者。孟子不朝而出弔，不知者或以爲要君，知者則以爲太甚矣。公孫、仲子以門人近屬猶不克知，何怪於景丑乎？將朝，禮也；聞王託疾之言而不往，義也。明日出弔，欲王深惟其故，取瑟意也。使仲子知孟子之心，則告之曰：「昔者疾，今日愈而出弔矣。」豈不正大，而何必爲是紛紛哉？王託疾要賢，邪志也；孟子方引以當道，可徇其邪志乎？孟子知人皆可爲堯、舜，故以堯、舜事望王。若以僕僕共命爲敬，則僕妾服役之事耳。孟子於公孫、仲子告之不詳，二子，學者也，欲其深省而自識；於景子陳義著明如此，景子，大夫也，庶幾其有以啓悟王心焉。初不可召而後爲卿於齊，何也？王始不能如湯之於伊尹，猶望其感悟於終也。賢者伸縮變化，皆有深意存焉。○慶源輔氏曰：天地交而後萬物遂，上下交而後德業成，此自然之理也。世衰道微，君不知下賢，惟知恃勢以驕賢者；下不知自重，惟知自屈以諂時君。上日驕而下日諂，上下之情扞格而不接，德之與業渙散而無成。天下日趨於亂，而世俗猶以孟子爲迂闊，亦可悲矣！○新安陳氏曰：上下之交惟不苟合，然後可合耳。

○陳臻問曰：「前日於齊，王餽兼金一百而不受；於宋，餽七十鎰而受；於薛，餽五十鎰而受。前日之不受是則今日之受非也，今日之受是則前日之不受非也，夫子必居一於此矣！」

陳臻，孟子弟子。兼金，好金也，其價兼倍於常者。一百，百鎰音逸。也。

孟子曰：「皆是也。皆適於義也。慶源輔氏曰：陳臻則就事迹校量，孟子則以義理斷制。

「當在宋也，予將有遠行。行者必以贐。辭曰『餽贐』，予何爲不受？贐，徐刃反。

贐，送行者之禮也。

「當在薛也，予有戒心。辭曰『聞戒，故爲兵餽之』，予何爲不受？「爲兵」之「爲」，去聲。

時人有欲害孟子者，孟子設兵以戒備之。薛君以金餽孟子爲兵備，辭曰：聞子之有戒心也。有其辭，則義可受矣。

「若於齊，則未有處也。無處而餽之，是貨之也。焉有君子而可以貨取乎？」焉，於虔反。

無遠行、戒心之事，是未有所處上聲。也。未有所處，則無辭而義不可受矣。取，猶致也。朱子曰：「取」是羅致之意。輕受之，便是被他以貨賄籠絡了。問：「處」字是「處物爲義」之處否？曰：是。○南軒張氏曰：人於不當受而受，其動於物固也。當受不受，亦是爲物所動。何則？以其蔽於物而見物之大也。聖賢從容不迫，惟義之安，外物何有焉？物有大小，義之所在一耳。○新安陳氏曰：孟子辭受從容，惟義之安。陳臻欲辭則皆辭，受則皆受，而不知隨事以酌其義，固哉！○尹氏曰：「言君子之辭受取予，通作「與」。唯當去聲。於理而已。」慶源輔氏曰：孟子於此無予，尹氏併予言之者，學者觀此，非特可知辭與取之義，亦可知所予矣。

○孟子之平陸，謂其大夫曰：「子之持戟之士，一日而三失伍，則去之否乎？」曰：「不待三。」去，上聲。

平陸，齊下邑也。大夫，邑宰也。戟，有枝兵也。士，戰士也。伍，行音杭。列也。去之，殺之也。

「然則子之失伍也亦多矣！凶年饑歲，子之民老羸轉於溝壑，壯者散而之四方者幾千人矣！」曰：「此非距心之所得爲也。」幾，上聲。

子之失伍，言其失職猶士之失伍也。距心，大夫名。對言此乃王之失政使然，❶非我所得專爲也。雙峯饒氏曰：「凶年」説得闊，如水旱疾疫之類，「饑歲」只是五穀不熟。

曰：「今有受人之牛羊而爲之牧之者，則必爲之求牧與芻矣。求牧與芻而不得，則反諸其人乎，抑亦立而視其死與？」曰：「此則距心之罪也！」爲，去聲。「死與」之與，平聲。

牧之，養之也。牧，牧地也；芻，草也。孟子言若不得自專，何不致其事而去？

他日見於王曰：「王之爲都者，臣知五人焉，知其罪者惟孔距心。」爲王誦之。王曰：「此則寡人之罪也！」見音現。「爲王」之「爲」，去聲。

爲都，治邑也。邑有先君之廟曰都。《左傳》莊公二十八年：「築郿，非都也。凡邑有宗廟先君之主曰『都』，無曰『邑』。邑曰『築』，都曰『城』。」《周禮》：四縣爲都，四井爲邑。然宗廟所在，雖邑曰都，尊之也。孔，大夫姓也。爲王誦其語，欲以風❷去聲。曉王也。○陳氏曰：陳氏，名暘，字晉臣。三山人。孟子一言而齊之君臣舉知其罪，固足以興邦矣。然而齊卒不得爲善國者，豈非説音悦。而不繹，從而不改故邪？慶源輔氏曰：孟子一言而齊之君臣舉知其罪者，理明辭達，長於譬喻而能感發於人故也。然齊之君臣雖知其罪而終不能改繹者，志小氣輕。志小則易定，蓋原不曾有大底規模；氣輕則多率，多率則凡事説過便休，都無那自訟自責之意。如此則何緣會改？○雲峯胡氏曰：齊之君

❶「失」，原作「大」，今據四庫本、陸本及《四書章句集註》改。

❷「欲」，原作「所」，今據四庫本及《四書章句集註》改。

臣一時聞孟子之言，皆知其罪，天理之乍明也；終於不改，人欲錮之也。

○孟子謂蚳鼃曰：「子之辭靈丘而請士師，似也，爲其可以言也。今既數月矣，未可以言與？」蚳音遲。鼃，烏化反。爲，去聲。與，平聲。

蚳鼃，齊大夫也。靈丘，齊下邑。似也，言所爲近似有理。可以言，謂士師近王，得以諫刑罰之不中去聲。者。

蚳鼃諫於王而不用，致爲臣而去。

致，猶「還」也。

齊人曰：「所以爲蚳鼃則善矣，所以自爲則吾不知也。」爲，去聲。

譏孟子道不行而不能去也。

公都子以告。

公都子，孟子弟子也。

曰：「吾聞之也：有官守者不得其職則去，有言責者不得其言則去。我無官守，我無言責也，則吾進退豈不綽綽然有餘裕哉？」

官守，以官爲守者；言責，以言爲責者。綽綽，寬貌；裕，寬意也。孟子居賓師之位，未嘗受祿，故其進退之際，寬裕如此。

南軒張氏曰：孟子異乎蚳鼃，故得從容不迫，陳善閉邪以俟王之改，可徐處乎進退之宜也。然卒致爲臣而歸，誠意備至，啓告曲盡而王終莫悟，則有去之而已。然三宿出晝，猶庶幾王之改，終從容不迫也。豈悻悻者能識之？○慶源輔氏曰：距心有官守，蚳鼃有言責。鼃雖未自以爲罪，然諫不行能去；距心雖知其罪，然如是而止，不聞其能去也：鼃賢於距心矣。○雙峯饒氏曰：餘裕是寬緩不迫之意。賓師從容規諷，以漸而入，如今朋友相似，少焉不入亦當去，但寬得些子。不如那有官守言責者恁地逼迫，不得其職，不得其言，則目下便著休。或疑孔子不脫冕而行與孟子之説不同。曰：正是一般。蓋孔子有去志久矣，但去得不恁地逼迫。後來膰肉不至，方不脫冕而行。且如衛靈公可謂無道，然亦以賓禮待孔子，故孔子在衛極多時。後來却因問陳，明日遂行，亦是久有去志，因此遂行耳。尹氏曰：

「進退久速，當去聲。於理而已。」雲峯胡氏曰：《集註》前引尹氏言「君子之辭受取予，唯當於理而已」，此又引其言曰「進退久速，當於理而已」，蓋天理人欲之幾最不可不辨。當辭而辭是天理，受即非矣；可久而久是天理，速即非矣。如此則當於理，不如此則涉於欲，故惟聖人能審其幾焉。

○孟子爲卿於齊，出弔於滕。王使蓋大夫王驩爲輔行。王驩朝暮見，反齊、滕之路，未嘗與之言行事也。蓋，古盍反。見音現。蓋，齊下邑也。王驩，王嬖臣也。輔行，副使去聲。下同。也。反，往而還也。行事，使事也。慶源輔氏曰：使事，謂弔祭之禮、邦交之儀，凡禮文制數皆是。

公孫丑曰：「齊卿之位不爲小矣，齊、滕之路不爲近矣，反之而未嘗與言行事，何也？」

曰：「夫既或治之，予何言哉？」夫音扶。王驩蓋攝卿以行，故曰「齊卿」。夫既或治之，言有司已治之矣。孟子之待小人，不惡而嚴如此。南軒張氏曰：孟子雖爲卿而實賓師也，則夫禮文制數固可付之於有司。是王驩雖曰輔行，然齊王之意，特欲藉孟子以爲重，有司之事不敢以煩而驩則行之也。孟子特統其大綱於上，而驩則共其事於下。若驩於事上之禮有失，邦交之儀有曠，則孟子固不免有言以正其事之失也。彼既或治之，未見有可正之事，則亦烏用有言哉？○慶源輔氏曰：夫既或治之，正答公孫丑「未嘗與之言行事」一句。孟子言使事有司既已治之而得其宜矣，自不須更與王驩言也。只此句便見孟子之待小人「不惡而嚴」之意。使有司不能治其事，於禮儀制數有曠闕不齊整處，而孟子固不與驩言而正之，則非所謂「不惡」矣。今有司既已能治辨其事而猶與之言，則便有徇之之意，而不可謂之「嚴」矣。然自常情觀之，孟子之不與驩言，不以爲惡之而不欲與之言，則以爲易之而不足與之言矣。夫惡之而不欲與之言則隘，易之而不足與之言則忽。隘與忽，孟子無是心也。但言有司既已能治辨其事而不與之言，則亦是順理之事，而其中自有「不惡而嚴」之意耳。故愚嘗謂君子之待小人，有正己而無屈意，有容德而無過禮。惡惡之心雖不能無，然亦不爲已甚之疾也。○新安陳氏曰：君子以遠小人。「不惡而嚴」，《易·遯卦·大象傳》文。孟子於王驩不欲與言，於弔公行子亦可見。今答丑不過平平説，所以不與言之意未始及也，蓋欲使丑自悟耳。○治之，朱子以爲有司，南軒以爲驩，正是治之者。

○孟子自齊葬於魯，反於齊，止於嬴。充虞請曰：「前日不知虞之不肖，使虞敦匠事。嚴，虞不敢請。今願竊有請也。木若以美然。」

孟子仕於齊，喪去聲。母歸葬於魯。嬴，齊南邑。充虞，孟子弟子，嘗董治作棺之事者也。嚴，急也。木，棺木也。以，已通。以美，太美也。

曰：「古者棺椁無度。中古棺七寸，椁稱之，自天子達於庶人。非直爲觀美也，然後盡於人心。稱，去聲。

度，厚薄尺寸也。中古，周公制禮時也。椁稱之，與棺相稱也。欲其堅厚久遠，非特爲人觀視之美而已。直，但也。○慶源輔氏曰：人子之喪親，所以爲之棺椁者，蓋欲其堅厚以歷久遠而已，非是欲爲人觀視之美也。蓋必如此，然後於人心爲盡耳。「盡於人心」此一句須當自體之。若後世之厚葬，却只是欲爲人觀美之故也。○古者棺椁無度，想只是過於厚。觀《易》「喪葬取之大過」可見。至周公制禮時，始爲七寸之制也。棺七寸則椁亦七寸也。○雙峯饒氏曰：周七寸只如今四寸許。

「不得不可以爲悦，無財不可以爲悦。得之爲有財，古之人皆用之，吾何爲獨不然？

不得，謂法制所不當得。得之爲有財，言得之而又爲有財也。或曰：「爲」當作「而」。慶源輔氏曰：不得、得之，泛説葬禮。如重累之數、牆翣之飾既有定制，則不可得以爲悦，非獨指棺椁而言也。

「且比化者無使土親膚，於人心獨無恔乎？

比，必二反。恔音效。

比，猶爲去聲。下同。也。化者，死者也。恔，快也。言爲死者不使土親近其肌膚，於人子之心豈不快然無所恨乎？

「吾聞之也：君子不以天下儉其親。」

送終之禮，所當得爲而不自盡，是爲去聲。天下愛惜此物而薄於吾親也。問「不以天下儉其親」。朱子曰：以，猶「爲」也。不爲天下惜棺椁之費而儉於其親也。王氏《中說》記太原府君之言：「一布被二十年不易，曰：『無爲費天下也。』」文意畧與此同。○吕氏曰：註云「所當得爲而不自盡」，則便是倒行逆施不順理底。於所厚者薄，則無所不薄矣。墨子之葬，以薄爲道者，即是此意。○新安陳氏曰：此章當味「盡於人心」及「悦」與「恔」字。人子事親，至葬而終，凡附於身與棺，必誠必信，勿之有悔焉。蓋不如是，無以盡於吾心。不爲悦，不爲恔也。必悦且恔，然後於心爲盡。不得爲而僭爲與可爲而不爲，皆非盡於人心。曰「不得不可以爲悦」，則制不得爲者決不敢過；曰「得之有財，何獨不然」，則力所能爲者亦何忍於不及厚？所當厚而不儉於親，無非天理也。盡於人心，盡天理而已矣。

○沈同以其私問曰：「燕可伐與？」孟子曰：「可。子噲不得與人燕，子之不得受燕於子噲。有仕於此而子悦之，不告於王而私與之吾子之禄爵，夫士也亦無王命而私受之於子，則可乎？何以異於是？」「伐與」之與，平聲。下「伐與」、「殺與」同。夫音扶。

沈同，齊臣。以私問，非王命也。子噲、子之事見形甸反。下一節「解見」音同。前篇。諸侯土地人民受之天子，傳之先君。私以與人，則與者、受者皆有罪也。仕，爲官也；士，即從仕之人也。慶源輔氏曰：沈同問燕可伐否耳，固不問以齊伐燕爲如何也。若是以王命來問，孟子必當詳告之，不但曰可而已也。○註云「與者受者皆有罪」，謂不由其道，妄取妄予如子噲、子之之徒者。由其道，則三聖之授受乃先天而天弗違之事，不可以罪言也。

齊人伐燕。或問曰：「勸齊伐燕，有諸？」

曰：「未也。沈同問燕可伐與，吾應之曰可，彼然而伐之也。彼如曰孰可以伐之，則將應之曰爲天吏則可以伐之。今有殺人者，或問之曰人可殺與，則將應之曰可；彼如曰孰可以殺之，則將應之曰爲士師則可以殺之。今以燕伐燕，何爲勸之哉？」

天吏，解見上篇。言齊無道與燕無異，如以燕伐燕也。《史記》亦謂孟子勸齊伐燕，蓋傳聞此説之誤。○楊氏曰：「燕固可伐矣，故孟子曰『可』。使齊王能誅其君、弔其民，何不可之有？乃殺其父兄、虜其子弟而後燕人畔之，乃以是歸咎孟子之言，則誤矣。」朱子曰：孟子言伐燕處有四。燕父子君臣如此，固有可伐之理。然孟子不曾教齊不伐，亦不曾教齊必伐，但曰惟「天吏則可以伐之」。○或謂孟子於沈同之問，曷爲不盡其辭以告之？曰：沈同固非能伐燕者。且其以私來問，又不言齊之將伐燕也，則直以可伐之理告之足矣。若遂探其情而預設辭以伐之，則是猜防險詖之私爾，豈所謂聖賢之心哉？且齊雖無道，若能拯燕之遺民於水火之中而無殺戮繫累之暴，則其伐之也，亦何爲而不可哉？○雙峯饒氏曰：惟士師則可以殺有罪之人，泛泛如何可以擅殺；惟天吏可以伐無道之國，諸侯如何可以擅相征伐？天吏，天所命者；士師，君所命者。天吏以其有道，故天命之征伐，如湯武是也。沈同安曉此理？但知人之可伐而不知己之不可伐人。

○燕人畔。王曰：「吾甚慚於孟子。」

齊破燕後二年，燕人共立太子平爲王。平即昭王。

陳賈曰：「王無患焉。王自以爲與周公孰仁且智？」王曰：「惡！是何言也？」曰：「周公使管叔監殷，管叔以殷畔。知而使之，是不仁也；不知而使之，是不智也。仁智，周公未之盡也，而況於王乎？賈請見而解之。」惡、監皆平聲。

陳賈，齊大夫也。管叔，名鮮。武王弟，周公兄也。武王勝商殺紂，立紂子武庚而使管叔與弟蔡叔、霍叔監其國。武王崩，成王幼，周公攝政。管叔與武庚畔，周公討而誅之。

見孟子，問曰：「周公何人也？」曰：「古聖人也。」曰：「使管叔監殷，管叔以殷畔也，有諸？」曰：「然。」曰：「周公知其將畔而使之與？」曰：「不知也。」「然則聖人且有過與？」曰：「周公，弟也；管叔，兄也。周公之過，不亦宜乎？

言周公乃管叔之弟，管叔乃周公之兄，然則周公不知管叔之將畔而使之，其過有所不免矣。或曰：「周公之處上聲。下同。管叔不如舜之處象，何也？」游氏曰：「象之惡已著而其志不過富貴而已，故舜得以是而全之。若管叔之惡則未著而其志其才皆非象比也，周公詎忍逆探平聲。其兄之惡而棄之邪？周公愛兄，宜無不盡者。管叔之事，聖人之不幸也。舜誠信而喜象，周公誠信而任管叔，此天理人倫之至，其用心一也。」程子曰：象憂亦憂，象喜亦喜，蓋天理人情於是爲至。舜之於象，周公之於管叔，其用心一也。夫管叔未嘗有惡也，使周公逆知其將畔，果何心哉？惟管叔之畔非周公所能知，則其過有所不免矣。故孟子曰：「周公之過，不亦宜乎？」○問：周公誅管叔，自公義言之，其心固正大直截；自私恩言之，其情終有不自滿處。所以孟子謂「周公之過不亦宜乎」者以此。朱子曰：周公豈得已爲此哉？莫到恁地較好。胡氏云：❶象得罪於舜，故封之；管、蔡流言將危周公以間王室，得罪於天下，故誅之。非周公誅之，天下之所當誅。周公豈得而私之哉？舜處其常，周公處其變，此聖人所以同歸於道也。○慶源輔氏

❶「胡氏云」，宋蔡模《孟子集疏》卷四作「致堂胡氏曰」，當是另一條。

曰：周公不忍料兄之惡而使之，故不免有過，是以孟子亦言「周公之過，不亦宜乎」，不説周公無過也。○雲峯胡氏曰：「詎忍逆探其兄之惡而棄之」，此一句最見得周公之用心。舜之心誠信而喜象，不忍逆以其弟爲詐，舜爲兄之道盡矣；周公之心誠信而任管叔，不忍逆以其兄爲畔，周公爲弟之道盡矣。故曰：「此天理人倫之至。」人倫即是天理，特分而言之。天理，其自然者；人倫，其當然者爾。

「且古之君子過則改之，今之君子過則順之。古之君子，其過也如日月之食，民皆見之；及其更也，民皆仰之。今之君子，豈徒順之，又從而爲之辭！」更，平聲。

順，猶「遂」也。更，改也。辭，辯也。更之則無損於明，故民仰之；順而爲之辭則其過愈深矣。責賈不能勉其君以遷善改過而教之以遂非文去聲。過也。新安陳氏曰：孟子窺賈爲君文過之心於不言之表而責之。○林氏曰：「齊王慙於孟子，蓋羞惡去聲。之心有不能自已者。使其臣有能因是心而將順之，則義不可勝平聲。用矣。而陳賈鄙夫方且爲去聲。之曲爲辯説而沮在吕反。其遷善改過之心，長上聲。其飾非拒諫之惡，故孟子深責之。然此書記事散出而無先後之次，故其説必參考而後通。若以第二篇十章、「齊人伐燕勝之」章。十一章「齊人伐燕取之」章。置之前章之後、此章之前，則孟子之意不待論説而自明矣。」南軒張氏曰：周公於管叔，親愛之而不知其將畔，其過也宜矣。賈爲君文過，過之中又生過焉。○汪氏曰：己富貴而兄弟無位，仁者弗爲也；兄弟惡未萌而以惡逆之，智者弗爲也。自陳賈觀之，以周公爲仁智未之盡；由君子觀之，周公實仁且智者也。不期以畔而卒至於畔，不免於過，乃所遭之不幸也。及其畔也，不以私恩害公義，誅之以安宗社天下，是於過爲能改矣，其不得已而行權也。

○孟子致爲臣而歸。

孟子久於齊而道不行，故去也。

王就見孟子曰：「前日願見而不可得，得侍同朝甚喜。今又棄寡人而歸，不識可以繼此而得見乎？」對曰：「不敢請耳，固所願也。」朝音潮。

新安陳氏曰：謙言得侍賢者，同朝者皆甚喜。

他日王謂時子曰：「我欲中國而授孟子室，養弟子以萬鍾，使諸大夫國人皆有所矜式，子盍爲我言之？」爲，去聲。

時子，齊臣也。中國，當國之中也。萬鍾，穀祿之數也。鍾，量去聲。名，受六斛四斗。矜，敬也；式，法也。盍，何不也。

趙氏曰：四豆爲區，區受斗六升；四區爲釜，釜受六斗四升；十釜爲鍾，受六斛四斗。

時子因陳子而以告孟子，陳子以時子之言告孟子。

陳子，即陳臻也。

孟子曰：「然。夫時子惡知其不可也？如使予欲富，辭十萬而受萬，是爲欲富乎？」夫音扶。惡，平聲。

孟子既以道不行而去，則其義不可以復扶又反。留。而時子不知，則又有難顯言者，故但言設使我欲富，則我前日爲卿嘗辭十萬之祿，今乃受此萬鍾之饋，是我雖欲富，亦不爲此也。汎本非欲富乎？○慶源輔氏曰：齊王告時子是就人欲中計較。孟子之意，道合則從，不合則去，惡用是多端爲哉？○註云孟子「有難顯言者」，顯言之，則訐揚齊王之失而有戾於我固所願之仁。

「季孫曰：『異哉，子叔疑！使己爲政，不用則亦已矣，又使其子弟爲卿。人亦孰不欲富貴？而獨於富貴之中有私龍斷焉！』龍音壟。

此孟子引季孫之語也。季孫、子叔疑，不知何時人。龍斷，岡壟之斷而高也。義見形甸反。下文。蓋子叔疑者嘗不用而使其子弟爲卿，季孫譏其既不得於此而又欲求得於彼，如下文賤丈夫登龍斷者之所爲也。孟子引此以明道既不行，復扶又反。受其禄，則無以異此矣。慶源輔氏曰：舉季孫所譏子叔疑之事以見我不敢傚此之意。辭禄而受餽雖多寡之不同，畢竟是既不得於此而又求得於彼也。

「古之爲市者以其所有易其所無者，有司者治之耳。有賤丈夫焉，必求龍斷而登之，以左右望而罔市利。人皆以爲賤，故從而征之。征商自此賤丈夫始矣！」

孟子釋「龍斷」之說如此。治之，謂治其争訟。左右望者，欲得此而又取彼也。罔，謂罔羅取之也。雙峯饒氏曰：「左右望」是欲全得之。萬一不得於此，亦可得於彼。不得於此是譬喻辭十萬，得於彼是譬喻受萬。從而征之，謂人惡去聲。其專利，故就征其税。後世緣此，遂征商人也。慶源輔氏曰：文王關譏不征，是三代之初皆如此。○新安陳氏曰：孟子有引喻以終之而不復說上正意者，此章之類是也。○程子曰：「齊王所以處上聲。孟子者未爲不可，孟子亦非不肯爲國人矜式者。但齊王實非欲尊孟子，乃欲以利誘之，故孟子拒而不受。」新安陳氏曰：齊王固不得待孟子之道，尤爲不知孟子之心。

○孟子去齊，宿於晝。晝，如字。或曰當作「畫」，音獲。下同。

晝，齊西南近邑也。

有欲爲王留行者，坐而言。不應，隱几而卧。爲，去聲。下同。隱，於靳反。

隱，憑也。客坐而言，孟子不應而卧也。

客不悦，曰：「弟子齊宿而後敢言，夫子卧而不聽，請勿復敢見矣。」曰：「坐，我明語子。昔者魯繆公無人乎子思之側則不能安子思，泄柳、申詳無人乎繆公之側則不能安其身。齊，側皆反。復，扶又反。語，去聲。

齊宿，齊戒越宿也。繆音穆。公尊禮子思，常使人候伺音笥。道去聲。達誠意於其側，乃能安而留之也。泄柳，魯人；申詳，子張之子也。繆公尊之不如子思，然二子義不苟容，非有賢者在其君之左右維持調護之則亦不能安其身矣。問：「泄柳、申詳無人乎繆公之側則不能安其身」，二子之賢，其心固如是乎？ 朱子曰：非謂二子之心倚君側之人也，語其勢則然耳。若二子之心如此，則與世之垢面汙行而事君側便嬖之人者何以異乎？ ○慶源輔氏曰：繆公好賢之切，惟恐有不當其意者，常使人道達誠意乃能安而留之。泄柳嘗閉門以避繆公，不苟合可見；申詳見《禮記》，與泄柳並稱，其賢可知。繆公待子思，恐子思不察己之誠也；二子非有賢者調護之，則又恐君不察己之誠也。德若子思則自有此應，若只及得二子，則自處又當如此。下此則苟容以徇君者也。

「子爲長者慮而不及子思。子絶長者乎，長者絶子乎？」長，上聲。

長者，孟子自稱也。言齊王不使子來而子自欲爲去聲。下「以爲」同。王留我，是所以爲我謀者不及繆公留子思之事而先絶我也。我之卧而不應，豈爲先絶子乎？ 慶源輔氏曰：孟子之自處不在子思之下，故意或人之爲我謀不及繆公留子思之事也。蓋有欲爲王留行者，雖有愛賢之意而不知待賢者之禮，故孟子告之如此。○新安倪氏曰：孟子之於齊，齊王既不能如繆公之待子思，固無以安孟子矣；次焉而齊之羣臣又無賢者爲之維持調護，孟子亦豈能安其身哉？ 孟子之德無愧子思，齊王如繆公之待子思，宜也。故末又以「不及子思」爲言。泄柳、申詳之事，姑引以言齊之無賢臣耳。

○孟子去齊。尹士語人曰：「不識王之不可以爲湯武則是不明也，識其不可然且至則是干澤也。千里而見王，不遇故去，三宿而後出晝，是何濡滯也？ 士則兹不悦。」

尹士，齊人也。干，求也。澤，恩澤也。濡滯，遲留也。

高子以告。

高子，亦齊人，孟子弟子也。

曰：「夫尹士惡知予哉？千里而見王，是予所欲也；不遇故去，豈予所欲哉？予不得已也。夫音扶。下同。惡，平聲。

見王，欲以行道也。今道不行，故不得已而去，非本欲如此也。

「予三宿而出晝，於予心猶以爲速。王庶幾改之！王如改諸，則必反予！

所改，必指一事而言，然今不可考矣。

「夫出晝而王不予追也，予然後浩然有歸志。予雖然，豈舍王哉？王由足用爲善。王如用予則豈徒齊民安，天下之民舉安。王庶幾改之，予日望之！

浩然，如水之流，不可止也。楊氏曰：「齊王天資朴實，如好勇、好貨、好色、好世俗之樂，皆以直告而不隱於孟子，故足以爲善。若乃其心不然而謬爲大言以欺人，是人終不可與入堯舜之道矣，何善之能爲？」

「予豈若是小丈夫然哉？諫於其君而不受，則怒悻悻然見於其面，去則窮日之力而後宿哉？」悻，形頂反。見音現。

悻悻，怒意也。窮，盡也。

尹士聞之曰：「士，誠小人也！」

此章見聖賢行道濟時汲汲之本心，愛君澤民惓惓音權。之餘意。慶源輔氏曰：《集註》「本心」謂其初本欲如此也，「餘意」則後來不得已之意耳。詳玩此兩句，便可見聖賢之心。千里見王，王如用予，豈特齊民安？天下之民舉安：此其行道濟時汲汲之本心；三宿出晝，王庶幾改之，予日望之：此其愛君澤民惓惓之餘意。李氏曰：「於此見君子『憂則違之』之情，而荷何可反。蕢者所以爲果也。」《易·乾卦·文言》：「樂則行之，憂則違之。」○朱子曰：孟子與荷蕢皆是「憂則違之」，但荷蕢者果於去，不若孟子之遲遲吾行。蓋得時行道者，聖人之本心；不遇而去者，聖人之不得已。此與孔子去魯之心同。蓋聖賢憂世濟時之誠心非若荷蕢之果於去也。○南軒張氏曰：齊王資雖鈍而不敏，然異夫飾非矯情以自欺欺人者。故孟子有望焉，以爲王如用予，天下舉安。蓋其安天下之道已素定於胸中，而其本則在於格君心，故拳拳望王之改之也。若夫諫而不用，去則窮日而後宿者，是私意所發。其諫也固無誠意之感，其去也又無忠厚之氣，真小丈夫哉！○雙峯饒氏曰：方其來也，只望齊王能行其道；及其去也，又望王能改過：此聖賢仁厚之意。蓋決然去者，義也；欲去不去者，仁也。李氏所以説「憂則違之之情」，憂只是不樂違去也，當看「情」字。○雲峯胡氏曰：孟子憂則違之若與荷蕢同，而其憂則違之之情與荷蕢之恝然忘情者大不同也。○新安陳氏曰：孟子所歷，如滕文雖慕道，然國微弱，道必難行。其次如魯沮於臧倉，又必不行。大國，齊、梁也。梁惠不足與有行，襄尤劣矣。庶幾焉者，其齊宣乎？齊有易以安天下之勢，孟子又有安天下之道。王天資誠朴，若可與有行者，所以拳拳望之有不能自已焉。於此終不遇合，則孟子之道，知其不行矣！

○孟子去齊。充虞路問曰：「夫子若有不豫色然。前日虞聞諸夫子曰：『君子不怨天，不尤人。』」

路問，於路中問也。豫，悦也。尤，過也。此二句實孔子之言，蓋孟子嘗稱之以教人耳。

曰：「彼一時，此一時也。

彼，前日；此，今日。新安陳氏曰：前日言不怨尤之時與今日所遇之時不同。

「五百年必有王者興，其間必有名世者。

自堯舜至湯、自湯至文武皆五百餘年而聖人出。名世，謂其人德業聞去聲。望可名於一世者爲之輔佐，若皐陶、稷、契、私列反。伊尹、萊朱、太公望、散素亶反。宜生之屬。

「由周而來七百有餘歲矣。以其數則過矣，以其時考之則可矣。

周，謂文、武之間。數，謂五百年之期；時，謂亂極思治、去聲。可以有爲之日。於是而不得一有所爲，此孟子所以不能無不豫也。

「夫天未欲平治天下也。如欲平治天下，當今之世，舍我其誰也？吾何爲不豫哉？」夫音扶。舍，上聲。

言當此之時而使我不遇於齊，是天未欲平治天下也。然天意未可知而其具又在我，我何爲不豫哉？新安陳氏曰：天意或欲平治天下，亦未可知。其具，謂能平治天下之道也。然則孟子雖若有不豫然者而實未嘗不豫也。蓋聖賢憂世之志、樂音洛。天之誠有並行而不悖者，於此見矣。朱子曰：或問文中子曰：「聖人有憂乎？」曰：「天下皆憂，吾獨得不憂。」又曰：「樂天知命，吾何憂？」若孟子不忘天下之憂而亦不害其樂天知命之樂，其庶幾乎！○慶源輔氏曰：不能無不豫，憂世之志也；實未嘗不豫，樂天之誠也。憂樂自常情觀之則相反，自聖賢言之則並行而不悖也。○自「五百年」至「則可矣」觀之則孟子不能無不豫然也，自「夫天未欲平治」以下觀之則孟子實未嘗不豫也。○雙峯饒氏曰：孟子到此亦末如之何，所以只得歸之天。

○孟子去齊，居休。公孫丑問曰：「仕而不受祿，古之道乎？」

休，地名。

曰：「非也。於崇，吾得見王，退而有去志，不欲變，故不受也。

崇，亦地名。孟子始見齊王，必有所不合，新安陳氏曰：道不行於齊，其幾已先見乎此。故有去志。變，謂變其去志。

「繼而有師命，不可以請。久於齊，非我志也。」

師命，師旅之命也。國既被兵，難請去也。新安陳氏曰：恐只是因師旅之事而戒嚴耳。○孔氏曰：「仕而受祿，禮也；不受齊祿，義也。義之所在，禮有時而變。公孫丑欲以一端裁之，不亦誤乎？」南軒張氏曰：孟子之去齊，三宿出晝猶以爲速，而謂初見已有去志、久於齊非我志，何也？蓋孟子雖庶幾齊王之可與有爲，而可去之幾未嘗不先覺也。初見察王之情必有不能受者，又以其質亦有可取，故不受其祿，姑留以觀其感悟與否也。初志雖欲去而猶有望焉，豈徒爲苟留也哉？此篇載孟子於齊始終去就久速之義甚備，學者所宜深究也。○慶源輔氏曰：禮則有常，義則有權。如君命召不俟駕，禮也；有不召之臣，便是義。孔氏謂「仕而受祿禮也，不受齊祿義也」，說得自好。○雙峯饒氏曰：「有見行可之仕，有際可之仕，有公養之仕」，孟子當時見王於崇，便有不合處，難於委質爲臣，所以止爲際可之仕。見行可者，見這道理漸可行也。孟子自崇既退之後，未見其道之可行，所以終於不受祿。○新安陳氏曰：不受卿祿，此孟子最高處。其超然不屈、進退餘裕本全在此。一受其祿則爲祿所縻，是爲祿而仕耳。十萬之祿脫屣而去，齊王猶欲以萬鍾縻之，豈知孟子者？吾意戰國之世高節如許，惟孟子一人而已。庶幾焉者，其魯仲連乎？

孟子集註大全卷之四

孟子集註大全卷之五

滕文公章句上

凡五章。

滕文公爲世子。將之楚，過宋而見孟子。

世子，太子也。

孟子道性善，言必稱堯、舜。

道，言也。性者，人所稟於天以生之理也。渾上聲。然至善，未嘗有惡。人與堯、舜初無少異，但衆人汩音骨。於私欲而失之，堯、舜則無私欲之蔽而能充其性爾。新安陳氏曰：「四端」章雖言性情之理而「性」字未説出，「性」字始見於此而詳見《告子》、《盡心篇》。充其性即「擴而充之」之充。故孟子與世子言每道性善，而必稱堯、舜以實之。欲其知仁、義不假外求，聖人可學而至，而不懈居隘反。於用力也。新安陳氏曰：《集註》已包後面成覸等三説之意。門人不能悉記其辭而撮其大旨如此。慶源輔氏曰：朱子既斷孟子之書以爲孟子自著，則似此處皆當改。此是後來不曾改得。程子曰：「性，即理也。天下之理原其所自，未有不善。喜怒哀樂音洛。未發，何嘗不善？發而中節，即無往而不善；發不中節，然後爲不善。故凡言『善惡』皆先『善』而後『惡』，言『吉凶』皆先『吉』而後『凶』，言『是非』皆先『是』而後『非』。」問：孔子言性與天道不可得而聞，孟子乃開口便説性善，是如何？朱子曰：孟子也只是大概説性善，至於性之所以善處也少説。須是如説「一陰一陽之謂道，繼之者善也，成之者性也」，方是説「性與天道」耳。

〇《易》言「繼善」是指未生之前，孟子言性善是指已生之後。雖曰已生，然其本體初不相離也。〇孟子見滕文公便道性善，他欲人先知得一箇本原，則爲善必力，去惡必勇。〇伊川謂「性即理也」一句，直自孔子後惟伊川説得盡，這一句便是千萬世説性之根基。理是箇公共底物事，不解會不善。人做不是自是失了性，却不是壞了著修。又曰：未發之前氣不用事，所以有善而無惡。〇性善者以理言之，稱堯、舜者質其事以實之，所以互相發也。其意蓋曰：知性善則知堯、舜之必可爲矣，知堯、舜之可爲則其於性善也信之益篤，而守之益固矣。〇問：「性善」之「性」與「堯、舜性之」之「性」如何？曰：「性善」之「性」實，「性之」之「性」虚。性之只是合下稟得，自下便將來受用。〇性善，故人皆可爲堯、舜；必稱堯、舜，所以驗性善之實。〇問：人未能便至於堯、舜而孟子言必稱之，何也？曰：「道性善」與「稱堯、舜」二句正相表裏。蓋人之不至於堯舜者是他力量不至，固無可柰何。然人須當以堯舜爲法。人到得堯舜地位，方做得一箇人，無所欠闕。然也只是本分事，這便是「止於至善」。〇問：「孟子道性善」，看來孟子言赤子將入井有怵惕惻隱之心，此只就情上見；如言「孩提之童無不愛其親」，亦只是就情上説。曰：未發時怵惕惻隱與孩提愛親之心皆在裏面了，少間發出來即是未發底物事，静也只是這物事，動也只是這物事。如孟子所説，正要人於發動處見得是這物事即是静時所養底物事，静時若存守得這物事，則日用流行即是這物事。而今學者且要識得動静只是一箇物事。〇問：「孟子道性善」，蓋謂性無有不善也。明道乃以爲「善固性也，然惡亦不可不謂之性」，其義如何？潛室陳氏曰：纔識氣質之性，即善惡方各有著落，不然則惡從何處生？以孟子説未備，故程門發此義。孟子專説義理之性則惡無所歸，是「論性不論氣」，孟子之説爲未備；專説氣稟則善爲無别，是「論氣不論性」，諸子之論所以不明夫本也。程子兼氣質論性。〇雲峯胡氏曰：孔子亦嘗説性善，曰「繼之者善，成之者性」。但「善」字從造化發育處説，不從人生稟受處説。子思曰「天命之謂性，率性之謂道」，正是從源頭説性之本善，但不露出一「善」字。「性善」之論自孟子始發之。《集註》釋「性者人稟於天以生之理也」，此一句便闢倒告子所謂「生之謂性」。蓋生不是性，生之理是性。天地間豈有不好底道理？故曰「渾然至善，未嘗有惡」。古今只是一箇道理，故曰「人與堯舜初無少異」。孟子道性善，言其理也；稱堯、舜以實之，言其事也。天下無理外之事，能爲堯、舜所爲之事便是不失吾所得以生之理。然而人不能皆堯、舜者，氣質之拘、物欲之蔽也。《集註》言「物欲」不言「氣質」，蓋以孟子不曾說到氣質之性，故但據孟子之意言之。程子曰：「『性善』二字，孟子擴前聖之所未發而有功於聖門。」愚亦敢曰：「性即理也」一句，程子擴前聖所未發而有功於孟子。○新安陳氏曰：「性善」是虛說其理，「稱堯、舜」是指能盡性之人以實其說。如朱子著《小學書》，列「立教、明倫」於前，盡是說其理；列「實立教、實明倫」於後，並是實有是人，實有是事，以實前面之說。此之謂「實之」。何以驗人性之善哉？觀堯、舜能盡其性而爲大聖人，則可以知同有是性者之皆可以爲聖人而不懈於學聖人矣。所以「言性善」而「必稱堯、舜」以實之歟？

世子自楚反，復見孟子。孟子曰：「世子疑吾言乎？夫道一而已矣。復，扶又反。夫音扶。時人不知性之本善而以聖賢爲不可企及，故世子於孟子之言不能無疑而復來求見，蓋恐別有卑近易去聲。行之說也。孟子知之，故但告之如此，以明古今聖愚本同一性，前言已盡，無復扶又反。下同。有他說也。朱子曰：當戰國之時，聖學不明，天下之人但知功利之可求，而不知己性之本善，聖賢之可學。聞是說者非惟不信，往往亦不復致疑於其間。若文公則雖未能盡信而已能有所疑矣，是其可與進道之萌芽也。故孟子於其去而復來，迎而謂之曰「世子疑吾言乎」，而又告之曰「夫道一而已矣」。蓋古今聖愚同此一性，則天下固不容有二道。但在篤信力行則天下之理雖有至難，猶必可至，况善乃人之所本有而爲之不難乎？○雲峯胡氏曰：按饒氏謂「道一而已矣」與「性一而已矣」不同，性以所禀言之，道以所由言之。《集註》此處說得「性」字稍重。愚謂《集註》不曰「同一道」而曰「同一性」者，蓋推本而言，欲自上文「性善」說來。性之外也無所謂道，同此性即同此道，又何疑焉？

「成覸謂齊景公曰：『彼，丈夫也；我，丈夫也。吾何畏彼哉？』顏淵曰：『舜，何人也；

子，何人也？有爲者亦若是。』公明儀曰：『「文王，我師也。」周公豈欺我哉？』覸，古莧反。

成覸，人姓名。彼，謂聖賢也。有爲者亦若是，言人能有爲則皆如舜也。公明，姓；儀，名：魯賢人也。文王我師也，蓋周公之言。公明儀亦以文王爲必可師，故誦周公之言而歎其不我欺也。孟子既告世子以道無二致，而復引此三言以明之，欲世子篤信力行以師聖賢，不當復求他説也。朱子曰：孟子引三段説話，教人如此發憤勇猛向前，日用之間不得存留一毫人欲之私在這裏，此外更無別法。若如此有箇奮迅興起處，方有田地可下工夫。不然則是畫脂鏤冰，無真實得力處。○雲峯胡氏曰：性之本善，堯、舜無異於人；行之不力，人自異於堯、舜。

「今滕絶長補短，將五十里也，猶可以爲善國。《書》曰：『若藥不瞑眩，厥疾不瘳。』」瞑，莫甸反。眩音縣。

絶，猶「截」也。《書》，《商書·説音悦。命篇》。瞑眩，憒古對反。亂。言滕國雖小，猶足爲治。去聲。但恐安於卑近不能自克，則不足以去上聲。惡而爲善也。朱子曰：滕小，不過如今一鄉。孟子只説「可爲善國」，終不成以告齊、梁之君者告之。○人要爲聖賢，須是猛起。如服瞑眩之藥以除深痼之疾，直是不可悠悠。○蔡氏曰：《方言》云：「飲藥而毒，海岱之間謂之瞑眩。」○勉齋黄氏曰：歷引三人之言，所以釋滕文之疑；終以藥瞑眩，所以厲其志。○雙峯饒氏曰：前面文公再去見孟子時，是疑其資稟凡下，不可以爲堯、舜，故孟子以成覸以下三説答之；末後孟子恐文公又自疑其土地狹小，故以瞑眩之説告之。文公後來也能問喪禮、問經界，亦足見其有爲處。○愚按，孟子之言性善，始見形甸反。於此而詳具於《告子》之篇。然默識如字。而旁通之，則七篇之中無非此理。其所以「擴前聖之未發」而「有功於聖人之門」，程子之言信矣。西山真氏曰：

「七篇之中無非此理」者，如言仁義，言四端，蓋其大者。至於因齊王之愛牛而勸之以行王政，亦因其性善而引之當道也。以此推之，他可識矣。○新安陳氏曰：林氏於下章言喪禮處謂可驗人性之善，亦當以此意類推之。

○滕定公薨。世子謂然友曰：「昔者孟子嘗與我言於宋，於心終不忘。今也不幸至於大故，吾欲使子問於孟子然後行事。」定公，文公父也。然友，世子之傅也。大故，大喪也。事，謂喪禮。

然友之鄒，問於孟子。孟子曰：「不亦善乎？親喪，固所自盡也。曾子曰：『生事之以禮，死葬之以禮，祭之以禮，可謂孝矣。』諸侯之禮，吾未之學也。雖然，吾嘗聞之矣。三年之喪，齊疏之服，飦粥之食，自天子達於庶人，三代共之。」齊音資。疏，所居反。飦，諸延反。

當時諸侯莫能行古喪禮而文公獨能以此爲問，故孟子善之。又言父母之喪固人子之心所自盡者，蓋悲哀之情、痛疾之意非自外至，宜乎文公於此有所不能自已也。但所引曾子之言本孔子告樊遲者，豈曾子嘗誦之以告其門人歟？三年之喪者，子生三年然後免於父母之懷，故父母之喪必以三年也。齊，衣下縫音逢。也。不緝七入反。曰「斬衰」，音催。下同。緝之曰「齊衰」。疏，麤也，麤布也。飦，糜也。喪禮，三日始食粥，既葬乃疏食。音嗣。○《記·喪大記》：「君之喪，子、大夫、公子、衆士皆三日不食，子、大夫、公子食粥，士疏食水飲，夫人、世婦、諸妻皆疏食水飲。大夫之喪，主人室老子姓皆食粥，衆士疏食水飲，室老，其貴臣也。衆士，謂衆臣。妻妾疏食水飲。士亦如之。既葬，主人疏食水飲，不食菜果，婦人亦如之。君、大夫、士一也，練而食菜果，祥而食肉。」此古今貴賤通行之禮也。朱子曰：孟子說制度，皆舉其綱而已。如田之十一、喪之自天子達之類。

○孟子答滕文公喪禮，不説到細碎上，只説「齊疏之服、飦粥之食，自天子達於庶人」，這二項便是大原大本。自盡其心，喪禮之大本也；三年、齊疏、飦粥，喪禮之大經也。孟子生戰國，不得見先王全經矣。然其學得孔氏之正傳而於文武之道識其大者，故其考論制度雖若疎闊，而於大本大經之際則有不可得而亂者。以是爲主而酌乎人情世變以文之，則禮雖先王未之有，亦可以義起矣。後世議禮者不明乎此，故常以其度數節文之小不備而不敢爲，卒以就乎大不備而後已，此劉向所以深嘆之也。然無孟子之學而强爲之，如叔孫通、曹褒之流，是又不免乎私意之鑿而已矣。○趙氏曰：「自天子達於庶人」是無貴賤之别，「三代共之」是無古今之異。

然友反命，定爲三年之喪。父兄百官皆不欲，曰：「吾宗國魯先君莫之行，吾先君亦莫之行也。至於子之身而反之，不可。且志曰：『喪祭從先祖。』曰：吾有所受之也。」

父兄，同姓老臣也。滕與魯俱文王之後而魯祖周公爲長，上聲。兄弟宗之，故滕謂魯爲宗國也。然謂二國不行三年之喪者，乃其後世之失，非周公之法本然也。志，記也。引志之言而釋其意，以爲所以如此者，蓋爲去聲。上世以來有所傳受，雖或不同，不可改也。然志所言本謂先王之世，舊俗所傳禮文小異而可以通行者耳，不謂後世失禮之甚者也。朱子曰：古宗國如周公兄弟之爲諸侯者，則皆以魯國爲宗。至戰國時，滕猶稱魯爲「宗國」也。○南軒張氏曰：考滕世子問孟子之辭，則三年之喪，其廢也久矣。其在周之末世乎？故曰「吾宗國魯先君莫之行，吾先君亦莫之行也」，又曰「喪祭從先祖，吾有所受之也」，然則其廢也久矣。世之治亂，此豈非其根柢耶？

謂然友曰：「吾他日未嘗學問，好馳馬試劒。今也父兄百官不我足也，恐其不能盡於大事。子爲我問孟子。」然友復之鄒問孟子，孟子曰：「然，不可以他求者也。孔子曰：『君薨聽於冢宰。歠粥，面深墨，即位而哭。百官有司莫敢不哀。先之也。上有好者，下必有甚焉者矣。君子之德，風也；小人之德，草也。草尚之風必偃。』是在世子。」好、爲，皆去聲。復，扶又反。歠，川悦反。

不我足，謂不以我滿足其意也。然者，然其不我足之言；不可他求者，言當責之於己。冢宰，六卿之長上聲。也。歠，飲也。深墨，甚黑色也。即，就也。尚，加也。《論語》作「上」，古字通也。偃，伏也。「必偃」以上皆孔子語。孟子言但在世子自盡其哀而已。慶源輔氏曰：當責之於己，是應前面「固所自盡」之説。在世子自盡其哀，是應上句「不可他求」之意。○雙峯饒氏曰：「君薨」君字統天子諸侯而言，「聽於冢宰」是國家政事皆聽命於冢宰，非「聽政」、「聽訟」之謂。

然友反命，世子曰：「然，是誠在我。」五月居廬，未有命戒，百官族人可謂曰知。及至葬，四方來觀之。顔色之戚、哭泣之哀，弔者大悦。

諸侯五月而葬。未葬，居倚廬於中門之外。居喪不言，故未有命令教戒也。《左傳》隱公元年：「天子七月而葬，同軌畢至。言「同軌」以別四夷之國。諸侯五月，同盟至。同在方嶽之盟。大夫三月，同位至。士踰月，外姻至。」此言赴弔各以遠近爲差，因爲葬節。○《禮記・喪大記》：「父母之喪，居倚廬不塗，寢苫枕凷，非喪事不言。」「可謂曰知」，疑有闕誤。或曰，皆謂世子之知禮也。慶源輔氏曰：「可」當作「皆」。如作「可」，不成文理。○林氏曰：「孟子之時，喪禮既壞。然三年之喪，惻隱之心，痛疾之意出於人心之所固有者，初未嘗亡也。惟其溺於流俗之弊，是以喪去聲。其良心而不自知耳。文公見孟子而聞性善、堯舜之説，則固有以啓發其良心矣，是以至此而哀痛之誠心發焉。及其父兄百官皆不欲行，則亦反躬自責，悼其前行去聲。之不足以取信，而不敢有非其父兄百官之心。雖其資質有過人者，而學問之力亦不可誣也。及其斷丁亂反。然行之而遠近見聞無不悦服，則以人心之所同然者自我發之，而彼之心悦誠服亦有所不期然而然者。人性之善，豈不信哉？」西山真氏曰：三年之喪，自唐虞三代未有改者。春秋之世，此禮廢墜。於是宰予欲短喪而孔子責其不仁，子思亦謂自朞以下貴賤有殊，父母之喪則一而已。方滕文用孟子言欲行此禮，父兄百官譁然争之。及違衆而行，又以爲知禮，何耶？蓋以爲不可行者，蹈常襲故之陋見；而以爲知禮者，秉彝好德之良心也。世降教失，雖以東魯文獻之邦猶不能行，何怪於滕之父兄乎？然文公一以身先之則幡然而悟，天理之在人心者固不可泯也。○雲峯胡氏曰：前章論性善，此章自是論三年之喪。《集註》引林氏説，首尾必舉性善而言者，蓋喪制，人子之心所自盡者，最可見人性之本善處。文公自悔其前日未嘗學問，而一旦力行其所聞於孟子者，是孟子一開發之際而文公之性善見矣。及其行之而遠近見聞莫不悦服，是文公一感發之頃而遠近之人性善皆見矣。於是益可信人性之無有不善，而堯舜之真可爲也。

○滕文公問爲國。

文公以禮聘孟子，故孟子至滕而文公問之。慶源輔氏曰：前云「使然友問」，後云「使畢戰問」，但此言「滕文公問」，則知是文公親問孟子也。蓋文公既即位，固不可越國往見孟子，則必是以禮聘孟子至滕而文公問之也。

孟子曰：「民事不可緩也。《詩》云：『晝爾于茅，宵爾索綯。亟其乘屋，其始播百穀。』

綯音陶。亟，紀力反。

民事，謂農事。《詩》，《豳風·七月》之篇。于，往取也。綯，絞古巧反。也。亟，急也。乘，升也。播，布也。言農事至重，人君不可以爲緩而忽之。故引《詩》言治屋之急如此者，蓋以來春將復扶又反。始播百穀而不暇爲此也。慶源輔氏曰：《詩》言民之趨於農功，自然如此其亟，孟子引之以證民事不可緩之説。然熟玩之，便見得民事真不可緩之意。人君者若能真知民事之不可緩，則於爲國也思過半矣。

「民之爲道也，有恒産者有恒心，無恒産者無恒心。苟無恒心，放辟邪侈無不爲已。及陷乎罪，然後從而刑之，是罔民也。焉有仁人在位，罔民而可爲也？音義並見前篇。是故賢君必恭儉禮下，取於民有制。

恭則能以禮接下，儉則能取民以制。趙氏曰：「禮下」，所以開世禄及學校之事也；「取民以制」，所以開制民常産及貢助徹之法也。

「陽虎曰：『爲富不仁矣，爲仁不富矣。』」

陽虎，陽貨。魯季氏家臣也。天理人欲不容並立。虎之言此，恐爲仁之害於富也；孟子引之，恐爲富之害於仁也。君子小人每相反而已矣。慶源輔氏曰：先儒多以爲孟子不以人廢言，《集註》則以爲言雖同而所取各異，其説尤的當。

「夏后氏五十而貢，殷人七十而助，周人百畝而徹，其實皆什一也。徹者，徹也；助者，藉也。徹，敕列反。藉，子夜反。

此以下乃言制民常産與其取之之制也。夏時一夫受田五十畝，而每夫計其五畝之入以爲貢。商人始爲井田之制，以六百三十畝之地畫爲九區，區七十畝。中爲公田，其外八家各授一區，但借其力以助耕公田而不復扶又反。稅其私田。所謂「助而不稅」。周時一夫受田百畝，鄉遂用貢法，十夫有溝。《周禮・夏官司徒・遂人》：「凡治野，夫間有遂，遂上有徑。十夫有溝，溝上有畛。百夫有洫，洫上有涂。千夫有澮，澮上有道。萬夫有川，川上有路以達于畿。」都鄙用助法，八家同井。《周禮・冬官考工記》：「匠人爲溝洫，九夫爲井，井間廣四尺、深四尺謂之溝。方十里爲成，成間廣八尺、深八尺謂之洫。方百里爲同，同間廣二尋、深二仞謂之澮。」此畿内采地之制。九夫爲井，井方一里，九夫所治之田也。耕則通力而作，收則計畝而分，故謂之「徹」。朱子曰：此亦不可詳知，但因洛陽議論中通徹而耕之説推之耳。或但耕則通力而耕，收則各得其畝，亦未可知也。其實皆什一者，貢法皆以十分扶問反。下同。之一爲常數。惟助法乃是九一，慶源輔氏曰：此以「文王治岐，耕者九一」及下文「請野九一而助」知其然也。而商制不可考。周制則公田百畝，中以二十畝爲廬舍。新安陳氏曰：二十畝分爲八家，家各二畝半以爲治田時所居，所謂「二畝半在田」是也。一夫所耕公田實計十畝，通私田百畝爲十一分而取其一，蓋又輕於十一矣。《前漢・食貨志》：「理民之道，地著爲本，地著，謂安土。故必建步立畮，正其經界。六尺爲步，步百爲畮，畮百爲夫，夫三爲屋，屋三爲井。井方一里，是爲九夫。八家共之，各受私田百畝，公田十畮，是爲八百八十畮，餘二十畮以爲廬舍。出入相友，守望相助，疾病相救，民是以和睦而教化齊同，力役生産可得而平也。民受田，上田夫百畮，中田夫二百畮，下田夫三百畮。歲耕種者爲不易，上田休一歲者爲一易，中田休二歲者爲再易，下田三歲更耕之，自爰其處。更，互也。爰，於也。農民户人已受田，其家衆男爲餘夫，亦以口受田如比。比，例也。士工商家受田，五口乃當農夫一人。此謂平土可以爲法者也。若山林藪澤、原陵淳鹵之地，淳，盡也。舃鹵之田不生五穀。各以肥磽多少爲差。民年二十受田，六十歸田。在野曰廬，在邑曰里。」竊料商制亦當似此，而以十四畝爲廬舍，一夫實耕公田七畝，是亦不過十一也。徹，通也，均也。藉，借也。朱子曰：嘗疑孟子所謂「夏后氏五十而貢，殷人七十而助，周人百畝而徹」，恐不解如此。先王疆理天下之初，做許多畎澮溝洫之類，大段是費人力了。若是自五十而增爲七十，自七十而增爲百畝，則田間許多疆理都合更改，恐無是理。孟子當時未必親見，只是傳聞如此，恐亦難盡信也。○問：所言井地之法，以《周禮》諸説考之亦未有悉合者，何也？曰：吾於前章固已論之矣。大抵孟子之言雖曰推本三代之遺制，然常舉其大而不必盡於其細也，師其意而不泥於文也。蓋其疏通簡易，自成一家，乃經綸之活法，而豈拘儒曲士牽制文義者之所能知哉？曰：三代受田多少之不同，何也？曰：張子嘗言之矣，陳氏、徐氏亦有説焉，然皆若有可疑者。蓋田制既定，則其溝涂畛域亦有一定而不可易者，今乃易代更制每有增加，則其勞民動衆，廢壞已成之業，使民不得服先疇之田畝，其煩擾亦已甚矣。不知孟子之言其所以若此者果何耶？陳氏云：「夏時洪水方平，可耕之地少，至商而寖廣，周而大備也。」徐氏云：「古者民約，故田少而用足，後世彌文而用廣，故授田之際隨時而加焉。」○南軒張氏曰：楊氏云：「徹者徹也，兼貢、助而通力也。故孟子曰：『請野九一而助，國中什一使自賦。』八家皆私百畝，其中爲公田，所謂九一而助也；國中什一使自賦，則用貢法矣：此周人所以爲徹也。鄭氏謂周制畿内用貢法，邦國用助法，有得於此歟？」

「龍子曰：『治地莫善於助，莫不善於貢。貢者，校數歲之中以爲常。樂歲粒米狼戾，多取之而不爲虐，則寡取之；凶年糞其田而不足，則必取盈焉。爲民父母使民盻盻然，將終歲勤動不得以養其父母，又稱貸而益之，使老稚轉乎溝壑：惡在其爲民父母也？』」樂音洛。盻，五禮反，從目從兮。或音「普莧反」者，非。養，去聲。惡，平聲。

龍子，古賢人。狼戾，猶「狼藉」，言多也。糞，壅於用反。也。盈，滿也。盻，《禮韻》胡計、吾計二反，謂陸音「五禮反」誤。恨視也。勤動，勞苦也。稱，舉也。貸，他代反。借也，取物於人而出息以償之也。益之，以足取盈之數也。稚，幼子也。問：貢法大禹之遺制，而其不善若此，何也？朱子曰：蘇氏、林氏嘗言之矣。蘇氏曰：「作法必始於粗，終於精。古之不爲此，非不智也，勢未及也。方其未有貢也，以貢爲善矣。及其既貢，而後知其有不善也。」林氏曰：「禹貢之法，九州之賦有錯出於他等者，不以爲歲之常數。又因遊豫，則視其豐凶而補助之。周制鄉遂用貢法，亦有司稼之官巡野觀稼，視年之上下以出斂法，則其弊未至如龍子之言。乃當時諸侯用貢法之弊耳。」○雙峯饒氏曰：稱貸而益之，如常年五石納官，凶年折了只納四石，而公家必取盈五石之數，則又貸他人一石來湊納以足其數。此所以見貢法之害。

「夫世祿，滕固行之矣。夫音扶。

孟子嘗言「文王治岐，耕者九一，仕者世祿」，二者，王政之本也。今世祿滕已行之，惟助法未行，故取於民者無制耳。蓋世祿者，授之土田，使之食其公田之入，實與助法相爲表裏，所以使君子小人各有定業而上下相安者也，故下文遂言助法。

「《詩》云：『雨我公田，遂及我私。』惟助爲有公田。由此觀之，雖周亦助也。雨，于付反。

《詩》，《小雅·大田》之篇。雨，降雨如字。也。言願天雨於公田而遂及私田，先公而後私也。當時助法盡廢，典籍不存，惟有此詩可見周亦用助，故引之也。朱子曰：孟子考之《周禮》行助法處有公田，行貢法處無公田。後面也不曾見《周禮》，只據《詩》裏說，用詩意帶將去。說「鄉田同井，出入相友，守望相助，疾病相扶持」，「井九百畝其中爲公田，八家皆私百畝同養公田」，說井田只說得這幾句，是多少好。這也是大原大本處，却不理會細碎。

「設爲庠序學校以教之。庠者，養也；校者，教也；序者，射也。夏曰校，殷曰序，周曰庠，學則三代共之，皆所以明人倫也。人倫明於上，小民親於下。

庠以養老爲義，校以教民爲義，序以習射爲義，皆鄉學也。學，國學也。共之，無異名也。倫，序也。父子有親，君臣有義，夫婦有別，長幼有序，朋友有信，此人之大倫也，庠序學校，皆以明此而已。

問：鄉學如何？朱子曰：皆是農隙而學。曰：孰與教之？曰：鄉大夫有德行而致其仕者教之。○慶源輔氏曰：鄉學有異名，國學無異名。然其明人倫以教之之事則同也。○雙峯饒氏曰：孟子教時君行仁政，只是教與養兩事。井田以養之，學校以教之。告齊王、滕公皆如此。小民親於下者，蓋百姓不親，五品不遜，所以教以人倫，使之君與臣自相親，父與子自相親，長與幼自相親，非「尊君親上」之親。○問：夫婦有別，如何相親？曰：夫婦無別則相瀆，瀆便相離了。

「有王者起，必來取法。是爲王者師也。

滕國褊俾淺反。小，雖行仁政，未必能興王業。然爲王者師，則雖不有天下而其澤亦足以及天下矣。聖賢至公無我之心於此可見。朱子曰：孟子語滕文只說「有王者起，必來取法」，不曾說便可以王，是亦要大國方做得。

「《詩》云：『周雖舊邦，其命維新。』文王之謂也。子力行之，亦以新子之國。」

《詩》，《大雅·文王》之篇。言周雖后稷以來舊爲諸侯，其受天命而有天下則自文王始也。子，指文公，諸侯未踰年之稱也。《左傳》僖公九年：「春，宋桓公卒，未葬，而襄公會諸侯，故曰『子』。凡在喪，王曰『小童』，公侯曰『子』。」「子」者，繼父之辭。《春秋》例：凡公侯卒未越一年而有王事，皆稱「子」也。○雙峯饒氏曰：新其國，小大雖不同，可以爲善，便是「新其國」。○東陽許氏曰：文公問爲國，孟子告以教養其民。有養然後可教，故先言分田制祿而後及學校也。自「民事不可緩」至「雖周亦助也」，養之事；「設爲庠序」至「小民親於下」，教之事；下至「新子之國」，總言之。答文公者止此，下答畢戰却只是言分田，蓋畢戰惟掌井田之事也。

使畢戰問井地。孟子曰：「子之君將行仁政，選擇而使子，子必勉之。夫仁政必自經界始。經界不正，井地不均，穀祿不平。是故暴君汙吏必慢其經界。經界既正，分田制祿可坐而定也。夫音扶。

畢戰，滕臣。文公因孟子之言而使畢戰

主爲井地之事，故又使之來問其詳也。井地，即井田也。經界，謂治地分田，經畫其溝塗封植之界也。雙峯饒氏曰：溝塗封植之界，經緯錯綜。直者爲經，橫者爲緯。只舉「經」字，有「緯」在其中。溝，溝洫之類；塗，道塗；封，土堠；植，種木爲界。此法不修，則田無定分去聲。而豪强得以兼并，去聲。故井地有不均，賦無定法，而貪暴得以多取，故穀禄有不平：此欲行仁政者之所以必從此始，而暴君汙吏則必欲慢而廢之也。有以正之，則分田制禄可不勞而定矣。慶源輔氏曰：度孟子來滕不久便去，故使畢戰往問。○若有仁君欲行仁政，使彼此均平，田無多少之差，則必從經界之事做起。而暴君汙吏貪得務多，只知有我不知有民，只知爲己不知爲人者，則必欲慢而廢之也。凡事須是敬則能立，纔有慢心，事日趨於弊壞也。

「夫滕，壤地褊小，將爲君子焉，將爲野人焉。無君子莫治野人，無野人莫養君子。夫音扶。養，去聲。

言滕地雖小，然其間亦必有爲君子而仕者，亦必有爲野人而耕者。是以分田、制禄之法不可偏廢也。雙峯饒氏曰：分田、制禄雖平說，然却相因。穀禄即井地中公田撥其穀以爲禄，分田始可制禄。○新安陳氏曰：分田以給野人，制禄以待君子。

「請野九一而助，國中什一使自賦。

此分田制禄之常法，所以治野人使養君子也。野，郊外都鄙之地也。九一而助，爲公田而行助法也。國中，郊門之内，鄉遂之地也。《周禮·司徒》：鄉老，遂人。百里内爲六鄉，外爲六遂。萬二千五百家爲鄉，六鄉七萬五千家，遂亦如之。遂人主六遂。六遂之地，自遠郊以達于畿，中有公邑、家邑、小都、大都焉。遂謂王國百里外也。田不井授，但爲溝洫，使什而自賦其一，蓋用貢法也。周所謂「徹法」者蓋如此。以此推之，當時非惟助法不行，其貢亦不止什一矣。朱子曰：國中行鄉遂之法。如五家爲比，五比爲閭，四閭爲族，五族爲黨，五黨爲州；又如五人爲伍，五伍爲兩，四兩爲卒，五卒爲旅，五旅爲師，五師爲軍：皆五五相連屬，所以行不得那九一之法，故只得什一使自賦。如都鄙却行井牧之法。鄉遂之法次第是一家出一人兵，且如五家爲比，比有一箇長了；井牧之法次第是三十家方出得士十人，徒十人。○此等亦難卒曉，須以《周禮》爲本而參取孟子、班固、何休諸説訂之，庶幾可見髣髴，然恐終不能有定論。但不可不盡其異同耳。○慶源輔氏曰：都鄙用助法則收公田所入以爲君子之禄，鄉遂用貢法則使什自賦一以充國家所用：此周所謂「徹法」也。前云「徹，通也，均也」，所以釋「徹」字之義，此則正言其法如此。○《集註》以其「請野九一而助」，則知助法之不行；又云「國中什一使自賦」，則當時之貢法亦有强取其賦於什一之外者矣。

「卿以下必有圭田，圭田五十畝。

此世禄常制之外又有圭田，所以厚君子也。圭，潔也。所以奉祭祀也。不言世禄者，滕已行之，但此未備耳。

「餘夫二十五畝。

程子曰：「一夫上父母，下妻子，以五口八口爲率，受田百畝。如有弟，是餘夫也。年十六，别受田二十五畝。俟其壯而有室，然後更受百畝之田。」愚按，此百畝常制之外又有餘夫之田以厚野人也。

問：卿大夫之圭田必有耕之者，豈亦有耕屬可耕乎？朱子曰：恐圭田只是給公田之在民者。大抵古者田禄皆是助法之公田充，而八家因爲之屬。如「有田一成、有衆一旅」是也。圭田恐亦如此。故《王制》云：「夫圭田無征。」○雙峯饒氏曰：圭田、餘夫亦是百畝中撥與他，半分則五十畝，四分則二十五畝。問：各受田百畝，六十歲傳與其子，子養其父，但只是長子受父之田。次子便是餘夫，别請二十五畝。若無子則百畝納之官。曰：然。問：人物繁庶，公家安得有許多田分授？曰：天地間只著得許多物事，少間人物過多，便自有乘除，亦理勢使之然也。

「死徙無出鄉。鄉田同井，出入相友，守望

相助，疾病相扶持，則百姓親睦。死，謂葬也；徙，謂徙其居也。同井者，八家也。友，猶「伴」也。守望，防寇盜也。

「方里而井。井九百畝，其中爲公田。八家皆私百畝，同養公田。公事畢，然後敢治私事。所以別野人也。養，去聲。別，彼列反。

此詳言井田形體之制，乃周之助法也。公田，以爲君子之祿；而私田，野人之所受。先公後私，所以別君子野人之分去聲。也。不言君子，據野人而言，省文耳。上言野及國中二法，此獨詳於治野者，國中貢法當世已行，但取之過於什一爾。慶源輔氏曰：上既言助法之善，故此下遂言周之助法也。「方里而井，井九百畝，其中爲公田」，便是井田形體之制也。

「此其大略也。若夫潤澤之，則在君與子矣！」夫音扶。

井地之法，諸侯皆去上聲。其籍，此特其大略而已。潤澤，謂因時制宜，使合於人情，宜於土俗，而不失乎先王之意也。或問潤澤之説。雙峯饒氏曰：前面説底是箇硬局子，到這裏須是要會變通，使合人情、宜土俗可也。潤澤非文飾之謂，乃是和軟底意思。不全是硬局子，温潤滑澤方可行得，此朱子善於形容孟子用心處。○呂氏曰：「子張子横渠。慨然有意三代之治。去聲。下言「治」同。論治人先務，未始不以經界爲急。講求法制，粲然備具。要平聲。之可以行於今。如有用我者，舉而措之耳。嘗曰：『仁政必自經界始。貧富不均，教養無法，雖欲言治，皆苟而已。世之病難行者未始不以亟奪富人之田爲辭。然茲法之行，悅之者衆。苟處上聲。之有術，期以數年，不刑一人而可復。所病者特上之未行耳。』乃言曰：『縱不能行之天下，猶可驗之一鄉。』方與學者議古之法，買田一方，畫爲數井，上不失公家之賦役，退以其私正經界，分宅里，立斂去聲。法，廣儲蓄，興學校，成禮俗，救菑與「災」通。恤患，厚本抑末。足以推先王之遺法，明當今之可行。有志未就而卒。」○愚按，喪禮、經界兩章見孟子之學，識其大者，是以雖當禮法廢壞之後，制度節文不可復扶又反。考，新安陳氏曰：喪禮有節文，經界之法有制度。二者皆廢壞，故不可詳考。而能因略以致詳，推舊而爲新，不屑於既往之迹而能合乎先王之意，真可謂「命世」、「亞聖」之才矣。南軒張氏曰：井田，王政之本；而經界，又井田之本也。大要在分田、制禄二事而已。田得其分則小民安其業，禄得其制則君子賴其養：上下相須而各宜焉，治之所由興也。人皆知商鞅廢井田、開阡陌，考孟子之言，則井田之廢久矣。蓋孟子時井田之法雖廢而井田之名猶在，暴君雖去其籍，猶不敢易其名也。至鞅始蕩然一泯其迹而掃除其阡陌，併與其名亡之矣！○雙峯饒氏曰：井田之法，黄帝開端便做成了，如何改得？商人七十畝，周人如何便更百畝？至於溝洫塗畛，亦非一朝一夕所能成。朱子亦嘗疑之。《王制》與《周禮》已不同，孟子多是臆度言之。井田可行於中原平曠之地，若是地勢高低，如何可井？恐江南是用貢法。阡陌是田間路。古人車制，一車闊六尺有餘，兩傍又翼之以人，占田太多。商君欲富國，所以鑿開阡陌爲田。前此諸侯欲富其國，井田大綱已自廢了，商君則索性壞却。

○有爲神農之言者許行，自楚之滕，踵門而告文公曰：「遠方之人聞君行仁政，願受一廛而爲氓。」文公與之處。其徒數十人，皆衣褐，捆屨織席以爲食。衣，去聲。捆音閫。

神農，炎帝神農氏，始爲耒耜教民稼穡者也。爲其言者，史遷所謂「農家者流」也。

《前漢・藝文志》：「農家者流，蓋出於農稷之官。播百穀，勸耕桑，以足衣食。」許，姓；行，名也。踵門，足至門也。仁政，上章所言井地之法也。廛，民所居也。氓，野人之稱。褐，毛布，賤者之服也。捆，扣椓竹角反。之欲其堅也。以爲食，賣以供食也。程子曰：「許行所謂神農之言，乃後世稱述上古之事失其義理者耳，猶陰陽醫方稱黃帝之說也。」問：許行爲神農之言而有君臣並耕、市不二價之說，何耶？朱子曰：程子之言盡矣，然以《易》考之，二者皆神農之所爲也。當時民淳事簡，容或有如許行之說者。及乎世變風移，至於唐虞之際，則雖神農復生，亦當隨時以立政，而不容固守其舊矣。況許行之妄，乃欲以是而行於戰國之時乎？○慶源輔氏曰：陰陽醫方所稱黃帝之說，如《素問》、《靈樞》之類是也。使真有神農、黃帝之說傳於世，孔、孟豈得而不稱述之哉？○新安陳氏曰：後世小道必推古聖賢爲宗，以求取信於世故也。

陳良之徒陳相與其弟辛負耒耜而自宋之滕，曰：「聞君行聖人之政，是亦聖人也。願爲聖人氓。」

陳良，楚之儒者。耜，所以起土；耒，其柄也。

陳相見許行而大悅，盡棄其學而學焉。陳相見孟子，道許行之言曰：「滕君則誠賢君也，雖然，未聞道也。賢者與民並耕而食，饔飧而治。今也滕有倉廩府庫，則是厲民而以自養也，惡得賢？」饔音雍。飧音孫。惡，平聲。

饔飧，熟食也。朝曰饔，夕曰飧。言當自炊爨七亂反。以爲食，而兼治民事也。厲，病也。許行此言，蓋欲陰壞音怪。孟子分別必列反。君子小人之法。

孟子曰：「許子必種粟而後食乎？」曰：「然。」「許子必織布而後衣乎？」曰：「否，許子衣褐。」「許子冠乎？」曰：「冠。」曰：「奚冠？」曰：「冠素。」曰：「自織之與？」曰：「否，以粟易之。」曰：「許子奚爲不自織？」曰：「害於耕。」曰：「許子以釜甑爨，以鐵耕乎？」曰：「然。」「自爲之與？」曰：「否，以粟易之。」衣，去聲。與，平聲。

釜，所以煮；甑，所以炊。爨，然火也。鐵，耜屬也。此語八反，皆孟子問而陳相對也。

「以粟易械器者不爲厲陶冶，陶冶亦以其械器易粟者，豈爲厲農夫哉？且許子何不爲陶冶，舍皆取諸其宮中而用之？何爲紛紛然與百工交易？何許子之不憚煩？」曰：「百工之事，固不可耕且爲也。」舍，去聲。

此孟子言而陳相對也。械下戒反。器，釜甑之屬也。陶，爲甑者；冶，爲釜鐵者。新安陳氏曰：厲陶冶、厲農夫之説乃是因行「厲民自養」之言，承其「厲」字而明辯以闢之。○雲峯胡氏曰：樊遲欲學稼，孔子斥之曰：「吾不如老農。」直謂其所學者小人之事，而舉大人之事以答之。孟子闢許行即此意也。但遲之志陋，不過欲自學之；許之學僻，欲以治國家：此孟子所以深闢之也。舍，止也。或讀屬音燭。上句，「舍」謂作陶冶之處也。

「然則治天下獨可耕且爲與？有大人之事，有小人之事。且一人之身而百工之所爲備，如必自爲而後用之，是率天下而路也。故曰：『或勞心，或勞力。勞心者治人，勞力者治於人。治於人者食人，治人者食於人。』天下之通義也。與，平聲。食音嗣。

此以下皆孟子言也。新安陳氏曰：百工之事不可耕且爲，此亦陳相對得理明處，故孟子即此二句以難之。百工之事尚不可耕且爲，而治天下國家乃可耕且爲歟？路，謂奔走道路，無時休息也。治於人者，見治於人也。食人者，出賦税以給公上也；食於人者，見食於人也。此四句皆古語而孟子引之也。首有「故曰」字，知其爲古語。君子無小人則飢，小人無君子則亂。以此相易，正猶農夫、陶冶以粟與械器相易，乃所以相濟而非所以相病也。治天下者豈必耕且爲哉？南軒張氏曰：滕文亦可謂賢君矣，而不克終用孟子之説，寂然無聞於後，意者許行之言有以奪之也。聽治於人者出力以食其上，而治人者享其食焉，此理天實爲之，萬世所共由者，故曰「天下之通義也」。如許行之説則昧天理之當然，務小惠以妨大德，昵私情以妨正體，卒歸於不可行耳。

「當堯之時，天下猶未平。洪水橫流，氾濫於天下。草木暢茂，禽獸繁殖，五穀不登，禽獸偪人，獸蹄鳥跡之道交於中國。堯獨憂之，舉舜而敷治焉。舜使益掌火，益烈山澤而焚之，禽獸逃匿。禹疏九河，瀹濟漯而注諸海，決汝漢，排淮泗而注之江，然後中國可得而食也。當是時也，禹八年於外，三過其門而不入，雖欲耕，得乎？瀹音藥。濟，子禮反。漯，他合反。

天下猶未平者，洪荒之世，生民之害多矣。聖人迭興，漸次除治，至此尚未盡平也。洪，大也。橫流，不由其道而散溢妄行也。氾濫，橫流之貌。暢茂，長上聲。盛也；繁殖，衆多也。五穀，稻、黍、稷、麥、菽也。登，成熟也。道，路也。獸蹄鳥跡交於中國，言禽獸多也。敷，布也。益，舜臣名。烈，熾也。禽獸逃匿，然後禹得施治水之功。疏，通也，分也。九河：曰徒駭，曰太史，曰馬頰，曰覆釜，曰胡蘇，曰簡，曰潔，曰鉤盤，曰鬲音隔。津。新安倪氏曰：蔡氏《書傳》云：按《爾雅》「九河」：一曰徒駭，二曰太史，三曰馬頰，四曰覆釜，五曰胡蘇，六曰簡潔，七曰鉤盤，八曰鬲津，其一則河之經流也。先儒不知河之經流，遂分「簡潔」爲二。此與《集註》小異。

《書傳》經朱子晚年訂正，當以爲定也。瀹，亦疏通之意。濟漯，二水名。决、排，皆去上聲。其壅塞也。汝漢淮泗，亦皆水名也。據《禹貢》及今水路，惟漢水入江耳，汝泗則入淮，而淮自入海。此謂四水皆入于江，記者之誤也。朱子曰：「决汝漢、排淮泗而注之江」，此但取其字數足以對偶而云爾，只是行文之失，無害於義理，不必曲爲之説也。○新安陳氏曰：「堯獨憂之」，所憂者大；舉舜、禹、益而用之，所憂在此，何暇於並耕？「雖欲耕，得乎」，是提掇耕事以照應前「獨可耕且爲與」一句。

「后稷教民稼穡，樹藝五穀，五穀熟而民人育。人之有道也，飽食煖衣，逸居而無教，則近於禽獸。聖人有憂之，使契爲司徒，教以人倫：父子有親，君臣有義，夫婦有别，長幼有序，朋友有信。放勳曰：『勞之來之，匡之直之，輔之翼之，使自得之，又從而振德之。』聖人之憂民如此，而暇耕乎？契音薛。别，彼列反。長，放，皆上聲。勞、來，去聲。

言水土平，然後得以教稼穡；衣食足，然後得以施教化。后稷，官名。棄爲之。然言教民，則亦非並耕矣。樹，亦種也；藝，殖也。契，亦舜臣名也。司徒，官名也。人之有道，言其皆有秉彝之性也。然無教則亦放逸怠惰而失之，故聖人設官而教以人倫，亦因其固有者而道去聲。之耳。《書》曰：「天叙有典，勑我五典五惇哉。」此之謂也。慶源輔氏曰：《集註》舉《書》以爲證者，「天叙」即所謂「固有」也，「勑而厚之」即所謂「道之」也。○新安陳氏曰：典者人道之常，天所次序本有此典也。勑，正也。我，謂君也。五典，即父子至朋友五者是也。惇，厚也。勑正自我，即天叙之本然者而品節之，然後有典。别而爲五典，而五者皆惇厚也。「惇典」如言「厚人倫」。放勳，本史臣贊堯之辭，孟子因以爲堯號也。德，猶「惠」也。堯言勞如字。者勞之，來如字。者來之，邪者正之，枉者直之，輔以立之，翼以行之，使自得其性矣，又從而提撕警覺解「振」字。以加惠焉，不使其放逸怠惰而或失之。蓋命契之辭也。問：振德是施惠否？朱子曰：是。然不是財惠之惠，只是施之以教化。上文匡、直、輔、翼等事是也。彼既自得之，又從而教之。○慶源輔氏曰：勞者勞之，來者來之，所以安其生也；邪者正之，枉者直之，所以正其德也；輔以立之，翼以行之，所以助其行也。自得，謂自得其性也；振，謂提撕警省也。此乃《大學》「新民」之功也。○新安陳氏曰：「聖人有憂之」，又言堯所憂者大，使契爲司徒以教民，所憂在此，何暇於並耕？「聖人之憂民如此而暇耕乎」，是再提掇耕事以照應「獨可耕且爲與」一句。

「堯以不得舜爲己憂，舜以不得禹、皋陶爲己憂。夫以百畝之不易爲己憂者，農夫也。

夫音扶。易，去聲。易，治也。堯、舜之憂民，非事事而憂之也，急先務而已。所以憂民者其大如此，則不惟不暇耕，而亦不必耕矣。慶源輔氏曰：舉農者之所憂以並堯舜之憂，見其小大廣狹之不倫，則不暇耕與不必耕可知矣。○新安陳氏曰：接上文三「憂」字而又發明出三「憂」字在三句中。聖人之憂在不得聖賢而用之，得而用之則足以釋己之憂矣。此《集註》所謂「急先務」也。聖人所以憂民者其大如此，若農夫之憂，憂之小者耳。許行又欲聖人憂百畝之憂，可乎？

「分人以財謂之惠，教人以善謂之忠，爲天下得人者謂之仁。是故以天下與人易，爲天下得人難。

爲、易，並去聲。分人以財，小惠而已；教人以善，雖有愛民之實，然其所及亦有限「人」者對「己」而言。而難久；教之者，僅己耳。惟若堯之得舜，舜之得禹、皋陶，乃所謂「爲天下得人」者，而其恩惠廣大，應「惠」字句。教化無窮矣，應「忠」字句。此所以爲仁也。「仁」字可包「惠」字、「忠」字。○慶源輔氏曰：以己之善而教人使人皆爲善，則是有愛民之實矣。然其所及亦止於吾力之所能與吾身之所及而已，故有限而難久也。○堯之得舜，舜之得禹、皋陶，則能廣吾力之所能而俾其恩惠極於廣大，繼吾身之所存而俾教化推於無窮矣，然後可以謂之「仁」。

「孔子曰：『大哉，堯之爲君！惟天惟大，惟堯則之，蕩蕩乎民無能名焉。君哉，舜也！巍巍乎有天下而不與焉。』堯、舜之治天下，豈無所用其心哉？亦不用於耕耳。

與，去聲。

則，法也。蕩蕩，廣大之貌。君哉，言盡君道也。巍巍，高大之貌。不與，猶言「不相關」。言其不以位爲樂音洛。也。新安陳氏曰：「亦不用於耕耳」，至此三提掇耕事以照應收結「獨可耕且爲與」一句。不特辯闢明白痛快，文法亦照顧得好。以上已辯倒許行之説，下文乃責陳相也。

「吾聞用夏變夷者，未聞變於夷者也。陳良，楚産也，悦周公、仲尼之道，北學於中國，北方之學者未能或之先也。彼，所謂豪傑之士也。子之兄弟事之數十年，師死而遂倍之。

此以下責陳相倍音佩。師而學許行也。夏，諸夏禮義之教也。變夷，變化蠻夷之人也；變於夷，反見變化於蠻夷之人也。産，生也。陳良生於楚，在中國之南，故北遊而學於中國也。先，過也。豪傑，才德出衆之稱。言其能自拔於流俗也。倍，與「背」同。言陳良用夏變夷，陳相變於夷也。慶源輔氏曰：陳良楚人而北學於中國，則是用夏變夷。陳相素學於陳良，乃爲許行所變，則是變於夷也。

「昔者孔子没，三年之外，門人治任將歸，入揖於子貢，相嚮而哭，皆失聲，然後歸。子貢反築室於場，獨居三年然後歸。他日，子夏、子張、子游以有若似聖人，欲以所事孔子事之。彊曾子，曾子曰：『不可。江漢以濯之，秋陽以暴之，皜皜乎不可尚已！』任，平聲。彊，上聲。暴，蒲木反。皜音杲。

三年，古者爲去聲。師心喪三年，若喪父而無服也。《記·檀弓》：「事師無犯無隱，左右就養無方，服勤至死，心喪三年。」又云：「孔子之喪，門人疑所服。子貢曰：『昔者夫子之喪顔淵，若喪子而無服。喪子路亦然。請喪夫子若喪父而無服。』」任，擔都濫反。也。場，冢上之壇場也。有若似聖人，蓋其言行去聲。氣象有似之者。如《檀弓》所記子游謂「有子之言似夫子」之類是也。《記·檀弓上》：有子問於曾子曰：「問喪於夫子乎？」問，鄭讀爲「聞」。喪，去聲，謂仕失位去國也。曰：「聞之矣。喪欲速貧，死欲速朽。」有子曰：「是非君子之言也。」曾子曰：「參也與子游聞之。」有子曰：「然。然則夫子有爲去聲。言之也。」曾子以斯言告於子游，子游曰：「甚哉，有子之言似夫子也！昔者夫子居於宋，見桓司馬自爲石椁，三年而不成。桓司馬，宋向戌之孫，名魋。夫子曰：『若是，其靡也！死不如速朽之愈也。』死之欲速朽，爲桓司馬言之也。南宫敬叔反，敬叔，孟僖子之子仲孫閲，蓋嘗失位去魯而得反。必載寶而朝。夫子曰：『若是，其貨也！喪不如速貧之愈也。』喪之欲速貧，爲敬叔言之也。」曾子以子游之言告於有子，有子曰：「然，吾固曰非夫子之言也。」曾子曰：「子何以知之？」有子曰：「夫子制於中都，中都，魯邑名。孔子嘗爲之宰，爲民作制。四寸之棺，五寸之椁，以斯知不欲速朽也。昔者夫子失魯司寇，將之荆，將應聘於楚。蓋先之以子夏，又申之以冉有，以斯知不欲速貧也。」所事孔子，所以事夫子之禮也。江漢水多，言濯之潔也；秋日燥烈，言暴之乾音干。也。皜皜，潔白貌。尚，加也。言夫子道德明著，光輝潔白，非有若所能彷妃兩反。佛音弗。也。或曰：此三語者，孟子贊美曾子之辭也。

「今也南蠻鴃舌之人，非先王之道，子倍子之師而學之，亦異於曾子矣。鴃，亦作「鵙」，古役反。

鴃，博勞也。惡聲之鳥，南蠻之聲似之。指許行也。

「吾聞『出於幽谷，遷于喬木』者，未聞下喬木而入於幽谷者。

《小雅・伐木》之詩云：「伐木丁丁，中耕反。鳥鳴嚶嚶。出自幽谷，遷于喬木。」新安陳氏曰：譬陳相由高趨下，不如禽能舍下遷喬也。

「《魯頌》曰：『戎狄是膺，荆舒是懲。』周公方且膺之，子是之學，亦爲不善變矣。

《魯頌・閟宮》之篇也。膺，擊也。荆，楚本號也。舒，國名，近楚者也。懲，艾音乂。也。今按此詩爲僖公之頌而孟子以周公言之，亦斷章取義也。斷，都管反，截之使斷也。若自然判絶則「徒管反」。○新安陳氏曰：不善變，謂變於夷也。

「從許子之道，則市賈不貳，國中無僞。雖使五尺之童適市，莫之或欺。布帛長短同則賈相若，麻縷絲絮輕重同則賈相若，五穀多寡同則賈相若，屨大小同則賈相若。」賈音價。下同。

陳相又言許子之道如此。蓋神農始爲市井，故許行又託於神農而有是説也。五尺之童，言幼小無知也。許行欲使市中所粥余六反。之物皆不論精粗美惡，但以長短輕重多寡大小爲價也。慶源輔氏曰：若不以精粗美惡言之，則無由説得通。此義未有人看得出，至《集註》而義始明。○雙峯饒氏曰：長短以丈尺言，輕重以權衡言，多寡以斗斛言：皆是比而同之，與共耕相似，便是「齊物」、「剖斗折衡而民不争」之説。凡託神農、黄帝者，皆老氏之説也。

曰：「夫物之不齊，物之情也。或相倍蓰，或相什伯，或相千萬。子比而同之，是亂天下也。巨屨、小屨同賈，人豈爲之哉？從許子之道，相率而爲僞者也，惡能治國家？」夫音扶。蓰音師，又山綺反。比，必二反。惡，平聲。

倍，一倍也；蓰，五倍也。什伯、千萬，皆倍數也。比，次也。孟子言物之不齊乃其自然之理，新安陳氏曰：情，實也。自然之理，即所謂物之實理也。其有精粗，猶其有大小也。若大屨、小屨同價，則人豈肯爲其大者哉？今不論精粗使之同價，是使天下之人皆不肯爲其精者而競爲濫惡之物以相欺耳。慶源輔氏曰：物之不齊乃物之情，而實天之理也。物各付物，止於其所，吾何容心於其間哉？若强欲齊之，私意横生，徒爲膠擾而物終不可齊也。故莊周之齊物，强欲以理齊之，猶爲賊夫道；况乎許子遂欲一天下之物而泯其一定之分，其蔽豈不甚哉？孟子應以「物之不齊，物之情也」，斯言足以發明天理之大，不但可以闢許行，而莊周之説併可坐見其偏矣。○東陽許氏曰：此章「孟子曰」以下三大節，自「許子必種粟而後食乎」至「不用於耕耳」，闢其假托神農之言；「吾聞用夏變夷」至「不善變矣」，責其倍師從許子之道；以下陳相之遁辭，故又闢其市賈不貳之説。

○墨者夷之，因徐辟而求見孟子。孟子曰：「吾固願見，今吾尚病。病愈，我且往見。夷子不來！」辟音壁，又音闢。

墨者，治墨翟之道者。夷，姓；之，名。徐辟，孟子弟子。孟子稱疾，疑亦託辭以觀其意之誠否。雲峯胡氏曰：許行與民並耕之説，是欲以其君下同於庶民；墨子兼愛之説，是欲以其親泛同於衆人：皆非聖人之道而自爲一端，此孟子所以深闢之也。

他日又求見孟子。孟子曰：「吾今則可以見矣。不直則道不見，我且直之。吾聞夷子，墨者。墨之治喪也，以薄爲其道也。夷子思以易天下，豈以爲非是而不貴也？然而夷子葬其親厚，則是以所賤事親也。」「不見」之見音現。

又求見，則其意已誠矣，故因徐辟以質之如此。直，盡言以相正也。《莊子》曰：「墨子生不歌，死無服，桐棺三寸而無椁。」《莊子·天下》篇：「古人喪禮貴賤有儀，上下有等。天子棺椁七重，諸侯五重，大夫三重，士再重。今墨子獨生不歌，死不服，桐棺三寸而無椁，以爲法式。」是墨之治喪以薄爲道也。易天下，謂移易天下之風俗也。夷子學於墨氏而不從其教，其心必有所不安者。故孟子因以詰克乙反。之。問：夷之請見而孟子終不見之，何也？朱子曰：孟子雖以闢邪説爲己任，然不過講明其説傳之當世，使聞者有以發悟於心而自得之耳，固不輕接其人，交口競辯以屈吾道之尊也。譬如蠻夷寇賊之害，聖人固欲去之，然豈肯被甲執兵而親與之角哉？○慶源輔氏曰：夷子雖師墨氏之教，至於葬親之時，天理自然發動，有不得如其師之説者，故不用其制而凡事從厚也。此於人情固宜有之，故孟子因舉此一事以詰之，而下文又舉喪葬之説以發其意。此正夷子之天理一點明處也。

徐子以告夷子，夷子曰：「儒者之道，古之人『若保赤子』，此言何謂也？之則以爲愛無差等，施由親始。」徐子以告孟子，孟子曰：「夫夷子信以爲人之親其兄之子，爲若親其鄰之赤子乎？彼有取爾也。赤子匍匐將入井，非赤子之罪也。且天之生物也使之一本，而夷子二本故也。夫音扶。下同。匍音蒲。匐，蒲北反。

若保赤子，《周書·康誥》篇文。此儒者之言也。夷子引之，蓋欲援音爰。儒而入於墨，慶源輔氏曰：夷子蓋以儒者「若保赤子」是愛他人子如愛我之赤子，有似於墨子愛無差等之説，故謂其欲引儒家入墨教中去。以拒孟子之非己。又曰愛無差楚宜反。等，施由親始，則推吐灰反。墨而附於儒，新安陳氏曰：之又曰：墨氏兼愛之學，愛其親與愛外人無差等之殊，但施則自親始耳。「施由親始」一句，髣髴竊取儒家立愛自親始之意，是推墨氏而依附於儒家也。以釋己所以厚葬其親之意：皆所謂「遁辭」也。新安陳氏曰：理屈辭窮，强爲此說以自逃遁也。孟子言人之愛其兄子與鄰之子本有差等。《書》之取譬，本爲去聲。小民無知而犯法，如赤子無知而入井耳。慶源輔氏曰：「彼有取爾也」一句，先儒說皆不明白。今斷以爲「《書》之取譬」，方說得通。蓋非謂愛凡人之赤子與兄弟之子一般也，言兄弟之子而不言己子者，蓋兄弟之子即與己之子無異也。且人物之生，必各本於父母而無二，乃自然之理，若天使之然也。故其愛由此立而推以及人，自有差等。今如夷子之言，則是視其父母本無異於路人，但其施之之序姑自此始耳，非「二本」而何哉？然於先後之間猶知所擇，則又本心之明有終不得而息者，此其所以卒能受命而自覺其非也。問：愛無差等，夷子既知此說，便當一親踈、合貴賤方得。今却曰施由親始，則是又將親踈對待而言，豈非吾之愛又有差等也哉？其辭牴牾，信乎其遁而窮矣。朱子曰：夷之所說愛無差等，此其大病。其言施由親始，雖若粗有差别，然亦是施此無差等之愛耳。故孟子但責其「二本」而不論其下句之自相矛盾也。夷之所以卒能感動而自知其非，蓋因下文極言非爲人泚之心，有以切中其病耳。此是緊要處，當着眼目。○「施由親始」一句乃是夷子臨時譔出來湊孟子，却不知「愛無差等」一句已自不是了。他所謂「施由親始」，便是把愛無差等之心施之。然把愛人之心推來愛親，是甚道理？○人之有愛，本由親立，推而及物，自有等級。今夷子先以愛無差等而施之則由親始，此夷子所以「二本」。○事他人之親如己之親，則是兩箇一樣重了，如一木有兩根也。○愛無差等何止「二本」？蓋千萬本也。○問：夷子學於墨矣，而必推其說以求合於儒，何也？曰：天下之理，其本有正而無邪，其始有順而無逆。故天下之勢，正而順者常重而無待於外，邪而逆者常輕而不得不資諸人：此理勢之必然也。胡不以近世之佛學觀之？吾所以拒彼者至矣，彼未嘗不求自附於吾儒。蓋不如是則尤反側而無以自安也。其理之悖、説之窮，於此亦可概見。惜世無孟子，無能因其所明以誘之者，是以卒於漂蕩而不反也。○慶源輔氏曰：《書》曰「立愛惟親」，《記》曰「立愛自親始」。蓋愛必始於愛親，因事親以立其愛，即所謂「孝弟爲仁之本」也。然後推以及民及物，自有差等輕重，此仁義所以相爲用也。夷子雖陷於墨教，而其天理一點之明終有不可息滅者，此蓋秉彝之心也。故其先親後踈之際，猶知所擇而不至於逆施。故孟子之言，得因所明而入之，夷子亦得因其明而受之也。○雙峯饒氏曰：夷之引「若保赤子」來證愛無差等，孟子謂其差認了此句意，「彼有取爾也」是説《周書》別有所取譬也。下二句却解《周書》本意。又曰：一本便有厚薄，如木然，根幹枝葉自有大小次第；二本則天下皆是父母，無分根幹枝葉了。蓋親親而仁民，仁民而愛物，各有差等不同。夷子不識，以爲愛無差等。○雲峯胡氏曰：本文云「使之一本」，而《集註》以「自然之理」釋之，蓋纔謂之「使」，便似涉於人爲。今曰「天使之」，則莫之爲而爲。故人物之生萬有不齊，無不一本而生者，若使之然。莫非自然，是之謂「天」。夷子二本，非天矣。《集註》後節釋「掩之誠是也」以爲「若所當然」，正與此「自然」二字相應。蓋凡人事之所當然者，即本於天理之自然者也。

「蓋上世嘗有不葬其親者。其親死，則舉而委之於壑。他日過之，狐狸食之，蠅蚋姑嘬之，其顙有泚，睨而不視。夫泚也，非爲人泚，中心達於面目。蓋歸反虆梩而掩之。掩之誠是也，則孝子仁人之掩其親，亦必有道矣。」蚋音汭。嘬，楚怪反。泚，七禮反。睨音詣。爲，去聲。虆，力追反。梩，力知反。

因夷子厚葬其親而言此，以深明「一本」之意。上世，謂太古也。委，棄也。壑，山水所趨也。蚋，蚊屬。姑，語助聲，或曰螻音婁。蛄音姑。也。嘬，攢祖官反。共食之也。顙，額也。泚，泚然汗出之貌。睨，邪視也；視，正視也。不能不視而又不忍正視，哀痛迫切，不能爲心之甚也。

非爲人泚，言非爲他人見之而然也。所謂「一本」者，於此見之尤爲親切。蓋惟至親故如此，在他人則雖有不忍之心，而其哀痛迫切不至若此之甚矣。反，覆也。虆，土籠盧紅反。也；梩，土轝音預。也。於是歸而掩覆敷救反。其親之尸。此葬埋之禮所由起也。此掩其親者若所當然，則孝子仁人所以掩其親者必有其道而不以薄爲貴矣。慶源輔氏曰：此又孟子畧其遁辭，而專以其良心之發有不容已處，深明夫惟一本，故其於親之喪哀痛迫切非他人之所可得同者。而因以見先王所制葬埋之禮，必誠必信，勿之有悔者，固皆自然之理；而墨子二本薄葬之説，爲杜譔安作而不可行也。○雙峯饒氏曰：厚葬其親，發於其心之不能自已，這便是夷子求見孟子之萌芽。孟子就舉上世不葬其親之説，亦見得發於不容已。蓋上世不葬其親，這一人於心有所不安却掩之，葬親之事自此始。若以爲掩得是，則孝子仁人之掩其親亦必自有箇道理，以此觀之，則厚葬其親自有不容已者。葬其親厚，則愛無差等之説不攻自破矣。《集註》「若所當然」四字説「掩之誠是」一句佳。

徐子以告夷子。夷子憮然爲間曰：「命之矣。」憮音武。間，如字。

憮然，茫然自失之貌。爲間者，有頃之間也。命，猶「教」也。言孟子已教我矣。朱子曰：「之」字，夷子名。若作虛字，不成句法。蓋因其本心之明以攻其所學之蔽，是以吾之言易去聲。下同。入而彼之惑易解也。慶源輔氏曰：孟子因夷之本心之明而入之，得《易》「納約自牖」之義。○雲峯胡氏曰：夷子之學墨，非也。而葬其親厚，此一「厚」字猶是夷子行得是處。「愛無差等，施由親始」，夷子之所言非也。然此一「始」字猶是夷子説得是處。所以可因其本心之明而教之也。○新安陳氏曰：驗人性之本善，於此章尤可見焉。

孟子集註大全卷之五

孟子集註大全卷之六

滕文公章句下

凡十章。勿軒熊氏曰：七章言出處之道，二章言仁政，一章言異端。

陳代曰：「不見諸侯，宜若小然。今一見之，大則以王，小則以霸。且志曰『枉尺而直尋』，宜若可爲也。」王，去聲。

陳代，孟子弟子也。小，謂小節也。枉，屈；直，伸也。八尺曰尋。枉尺直尋，猶屈己一見諸侯而可以致王霸，所屈者小，所伸者大也。南軒張氏曰：謂屈己事小，王霸爲大。此自春秋以來風俗習於霸者計較功利之說，而有是言。○新安陳氏曰：孟子平生以不見諸侯自守，故以此爲問。

孟子曰：「昔齊景公田，招虞人以旌。不至，將殺之。『志士不忘在溝壑，勇士不忘喪其元。』孔子奚取焉？取非其招不往也。如不待其招而往，何哉？」喪，去聲。

田，獵也。虞人，守苑囿之吏也。招大夫以旌，招虞人以皮冠。《左傳》：景公將殺虞人，虞人辭曰：「臣不見皮冠，故不敢進。」元，首也。志士固窮，常念死無棺椁，棄溝壑而不恨；勇士輕生，常念戰鬬而死，喪其首而不顧也：此二句乃孔子歎美虞人之言。夫音扶。虞人招之不以其物，尚守死而不往，況君子豈可不待其招而自往見之邪？此以上是掌反。告之以不可往見之意。朱子曰：「不忘」二字是活句，須向這裏參取。若果識得此意，辨得此心，則無入而不自得，而彼之權勢威力亦皆無所施矣。○南軒張氏曰：虞人守官，義不敢往，義有重於死故也。使一有畏死之心，應非其招，則見利忘義矣。自常情觀之，必重一死而以非其招爲細事。不知義之所在，事無巨細。苟愛一身之死而隳天命之正，則凡可以避死者無不爲，而弑父與君之所由生也。充虞人之心，「行一不義而得天下不爲」之心也，人紀之所由立也。是以夫子取之。

「且夫枉尺而直尋者，以利言也。如以利，則枉尋直尺而利，亦可爲與？夫音扶。與，平聲。

此以下正其所稱「枉尺直尋」之非。夫所謂枉小而所伸者大則爲之者，計其利耳。一有計利之心，則雖枉多伸少而有利，亦將爲之邪？甚言其不可也。和靖尹氏曰：有枉尺而直尋之心，則亦必至於枉尋而直尺矣。○朱子曰：援天下以道。若枉己便已枉道，則是已失援天下之具矣，更說甚事？自家身既已壞了，如何直人？天下事不可顧利害。凡人做事，多要趨利避害。不知纔有利，必有害。吾雖處得十分利，有害隨在背後，不如且在理上求之。○慶源輔氏曰：人一有計利之心則惟利是務。始猶有枉小直大之辨，浸浸不已，其終併大小皆不復計，不至滅天理壞人紀不止也。孟子所以極其流而言之。

「昔者趙簡子使王良與嬖奚乘，終日而不獲一禽。嬖奚反命曰：『天下之賤工也。』或以告王良，良曰：『請復之。』彊而後可。一朝而獲十禽。嬖奚反命曰：『天下之良工也。』簡子曰：『我使掌與女乘。』謂王良，良不可，曰：『吾爲之範我馳驅，終日不獲一；爲之詭遇，一朝而獲十。《詩》云：「不失其馳，舍矢如破。」我不貫與小人乘，請辭！』乘，去聲。彊，上聲。女音汝。爲，去聲。舍，上聲。

趙簡子，晉大夫趙鞅於兩反。也。王良，善御者也。嬖奚，簡子幸臣。與之乘，爲之御也。復扶又反。之，再乘也。彊而後可，嬖奚不肯，彊之而後肯也。一朝，自晨至食時也。掌，專主也。範，法度也。詭遇，不正而與禽遇也。言奚不善射，以法馳驅則不獲，廢法詭遇而後中去聲。下同。也。《詩》，《小雅·車攻》之篇。言御者不失其馳驅之法，而射者發矢皆中而力。今嬖奚不能也。貫，習也。朱子曰：「詭遇」是做人不當做底，「行險」是做人不敢做底。〇雙峯饒氏曰：射者是驅禽獸來迎而射之。此禽當中來，則可以正射；若來得不正，則或當左或當右以射之。御者自有法度，射者不過迎而射之，則不中非關御者事。詭遇是詭道以遇禽獸。射者不能迎而射之，而御者以詭遇則得中，非射者之能，乃御者之力也。又曰：前引虞人，明不可往見之意；後引王良，明不可枉尺直尋之意。

「御者且羞與射者比。比而得禽獸，雖若丘陵，弗爲也。如枉道而從彼何也？且子過矣，枉己者未有能直人者也。」比，必二反。比，阿黨也。若丘陵，言多也。南軒張氏曰：事無巨細，莫不有義利之兩端存焉。曰「比而得禽獸，雖若丘陵弗爲也」，學者要當立此志而後可以守身。〇或曰：「居今之世，出處上聲。去就不必一一中去聲。節，欲其一一中節則道不得行矣。」楊氏曰：「何其不自重也？枉己其能直人乎？古之人寧道之不行而不輕其去就，是以孔、孟雖在春秋、戰國之時，而進必以正，以至終不得行而死也。使不恤其去就而可以行道，孔、孟當先爲之矣。孔、孟豈不欲道之行哉？」慶源輔氏曰：欲道之行，仁也；進必以正，義也。仁、義並行而不悖，所以爲聖賢。〇新安陳氏曰：揚雄謂孔子見陽貨爲詘身以信道，龜山謂雄「非知孔子者。道外無身，身外無道。身詘矣而可以信道，吾未之信也」。當即此意以讀孟子此章。竊謂陳代以不見諸侯爲小節，殊不知自君子觀之，「守孰爲大？守身爲大」。枉己從人，失身莫大焉，不可以爲所屈者小也。枉己即是枉道，枉道決不能行道。所關之大如此，而可視爲小節乎？戒枉尋直尺而徇利，過人欲也；守義而不枉道，存天理也。不見諸侯凡三章，此章一也；此篇第七章公孫丑曰「不見諸侯何義」，二也；《萬章下》篇第七章萬章曰「敢問不見諸侯何義」，三也。宜參觀之。

○景春曰：「公孫衍、張儀豈不誠大丈夫哉？一怒而諸侯懼，安居而天下熄。」

景春，人姓名。公孫衍、張儀，皆魏人。怒則説音稅。諸侯使相攻伐，故諸侯懼也。新安陳氏曰：二人皆破六國之從以爲衡者。熄，如火之熄滅，以兵猶火故也。

孟子曰：「是焉得爲大丈夫乎？子未學禮乎？丈夫之冠也，父命之。女子之嫁也，母命之，往送之門，戒之曰：『往之女家，必敬必戒，無違夫子。』以順爲正者，妾婦之道也。焉，於虔反。冠，去聲。「女家」之女音汝。

加冠於首曰「冠」。去聲。女家，夫家也。婦人内夫家，以嫁爲歸也。夫子，夫也。女子從人，以順爲正道也。蓋言二子阿諛苟容，竊取權勢，乃妾婦順從之道耳，非丈夫之事也。雙峯饒氏曰：儀、衍雖使得諸侯懼，不過順其欲耳。諸侯志在土地，二人從而投其所好，説之征伐以得土地，不過妾婦之事爾。丈夫且不可爲，況大丈夫乎？

「居天下之廣居，立天下之正位，行天下之大道。得志與民由之，不得志獨行其道。富貴不能淫，貧賤不能移，威武不能屈：此之謂大丈夫。」

廣居，仁也；正位，禮也；大道，義也。朱子曰：此心廓然無一毫私意，直與天地同量，這便是「居天下之廣居」，便是居仁。到得自家立身，更無些子不當於理，這便是「立天下之正位」，便是立於禮。及推而見於事，更無些子不合於義，此便是「行天下之大道」，便是由義。論上面兩句則居廣居是體，立正位是用；論下面兩句則立正位是體，行大道是用。要之，能居天下之廣居，自然能立天下之正位、行天下之大道。

○「居」字就心上説，「立」字就身上説，「行」字就施爲上説。又曰：「正位」就處身上説，「大道」就處事上説。○「廣居」是不狹隘，以天下爲一家，中國爲一人，何廣如之？正位、大道只是不偏曲。○雲峯胡氏曰：《集註》於三句雖平説，朱子「廣居」一句極重。仁者之心以天地萬物爲一體。如廣居之内，何所不容？其所立所行，從可知矣。與民由之，推其所得於人也；「由」謂與民共由此仁禮義也。「所得」亦即此三者。獨行其道，守其所得於己也。「道」即仁禮義之道。淫，蕩其心也；移，變其節也；屈，挫其志也。趙氏曰：富貴則求得欲從，故易至蕩其心；貧賤則居約處困，故易至變其節；遇威武又易至隕穫震懼，故多挫懾其志氣。○何叔京名鎬，昭武人。曰：「戰國之時，聖賢道否，部鄙反。天下不復扶又反。見其德業之盛。但見姦巧之徒得志横行，氣焰以念反。可畏，遂以爲大丈夫。不知由君子觀之，是乃妾婦之道耳，何足道哉？」朱子曰：「居廣居」以下，惟集義養氣方到此地位。「富貴不能淫，貧賤不能移，威武不能屈」，以浩然之氣對著他，便能如此。○觀孟子答景春之問，直是痛快，三復令人胸次浩然，如濯江漢而暴秋陽也。○問：大丈夫之説，其詳可得聞乎？朱子曰：廓然大公，心不狹隘，則所居者真天下之廣居矣；履繩蹈矩，身不苟安，則所立者必天下之正位矣；秉彝循理，事不苟從，則所行者皆天下之大道矣。得志與民由之，則出而推此於人也；不得志獨行其道，則退而樂此於己也。如是則富貴豈能誘而淫其心，貧賤豈能撓而移其志，威武豈能脅而屈其節哉？此其視衍、儀之以睢盱側媚得志於一時，真可謂妾婦之爲，而所謂大丈夫者，其不在彼而在此也決矣。然此數言者，皆以「居廣居」、「立正位」、「行大道」爲主，而夫三言者又以「廣居」爲主也。○南軒張氏曰：公孫衍、張儀持合從連衡之説以動諸侯，景春徒見其言足以捭闔摇撼，而遂以爲大丈夫，其説固爲陋矣。而孟子以衍與儀比妾婦之道者，蓋事君以弼違爲義，不當徇其欲也。衍與儀不知正救其心術，而徒探其意之所欲爲以進其説，此何以異於妾婦之道無違夫子、以順爲正者乎？人受天地之中以生，與天地萬物本無有間。惟其私意自爲町畦而失其廣居，失其廣居則遷奪流蕩，亦無以立於正位而行其大道矣。與民由之，與共由乎此也。雖不得志，此道未嘗不由於己也。不能淫，不能淫此；不能移，不能屈，不能移此屈此也。此者，何也？廣居、正位、大道是也。蓋得乎己而外物舉不足以貳之也。所謂「大丈夫」者蓋如此。〇雲峯胡氏曰：當時但見姦巧之人氣焰可畏，豈知聖賢剛大浩然之氣哉？

〇周霄問曰：「古之君子仕乎？」孟子曰：「仕。傳曰：『孔子三月無君則皇皇如也。出疆必載質。』公明儀曰：『古之人三月無君則弔。』」傳，直戀反。質，與「贄」同。下同。

周霄，魏人。無君，謂不得仕而事君也。皇皇，如有求而弗得之意。《記》曰：「皇皇焉如有求而弗得。」出疆，謂失位而去國也。質，所執以見人者，如士則執雉也。《周禮·春官·大宗伯》：「以禽作六摯以等諸侯。孤執皮帛，卿執羔，大夫執鴈，士執雉，庶人執鶩，音木。工商執雞。」摯之爲言「至」也，所執以自致也。亦作「贄」。皮帛者，束帛而表以爲之飾。皮，虎豹之皮。羔，小羊，取其羣而不失其類。鴈取其候時而行。雉取其守介而死，不失其節。鶩取其不飛遷。❶雞取其守時而動。出疆載之者，將以見所適國之君而事之也。

「三月無君則弔，不以急乎？」

周霄問也。以、已通，太也。後章放上聲。此。

曰：「士之失位也，猶諸侯之失國家也。禮曰：『諸侯耕助，以供粢盛；夫人蠶繅，以爲衣服。犧牲不成，粢盛不潔，衣服不備，不敢以祭。惟士無田，則亦不祭。』牲殺器皿衣服不備，不敢以祭，則不敢以宴，亦不足弔乎？」盛音成。繅，素刀反。皿，武永反。

禮曰：諸侯爲籍秦昔反。百畝，冕而青紘，音宏。躬秉耒以耕，而庶人助以終畝，收而藏之御廩，以供宗廟之粢盛。《記·祭

❶「遷」，原作「先」，今據四庫本改。

義》：「昔者天子爲籍千畝，冕而朱紘，纓也。躬秉耒；諸侯爲籍百畝，冕而青紘，躬秉耒，以事天地山川社稷先古。以爲醴酪粢音咨。盛，於是乎取之，敬之至也。」○《周禮・天官・甸師》：「掌帥其屬而耕耨王籍，以時入之以共齍盛。」王以孟春躬耕帝籍。天子三推，三公五推，卿、諸侯九推，庶人終于畝。籍之爲言「借」也。王一耕之而使庶人耘芓終之。齍盛，祭祀所用穀也。粢，稷也。穀以稷爲長。在器曰盛。○《穀梁傳》桓公十四年：「天子親耕以供粢盛，王后親蠶以供祭服。甸粟而內三宮，三宮米而藏之御廩。」甸，甸師，掌田之官也。三宮，三夫人也。宗廟之禮，君親割，夫人親舂之。使世婦蠶于公桑蠶室，奉繭古典反。以示于君，遂獻于夫人。夫人副褘音暉。受之，繅三盆手，遂布于三宮世婦，使繅以爲黼黻音斧弗。文章，《周禮・冬官考工記》曰：「青與赤謂之文，赤與白謂之章，白與黑謂之黼，黑與青謂之黻，五采備謂之繡。」而服以祀先王先公。《記・祭義》：「古者天子諸侯必有公桑蠶室，近川而爲之。及大昕之朝，君皮弁素積，卜三宮之夫人世婦之吉者使入蠶于蠶室。大昕，季春朔日之朝也。諸侯三宮，半王后也。奉種浴于川，桑于公桑，風戾以食之。風戾之使露氣燥，乃以食蠶。蠶性惡濕。世婦卒蠶，奉繭以示于君，遂獻繭于夫人。夫人曰：『此所以奉爲君服與？』平聲。遂副褘而受之。副褘，王后之服。因少牢以禮之。及良日，夫人繅三盆手，「三盆手」者，三淹也。凡繅，每淹大總，以手振之以出緒也。遂布于三宮夫人世婦之吉者，使繅，遂朱綠之，玄黃之，以爲黼黻文章。服既成，君服以祭先王先公，敬之至也。」又曰：士有田則祭，無田則薦。《記・王制》：「大夫士宗廟之祭，有田則祭，無田則薦。庶人春薦韭，夏薦麥，秋薦黍，冬薦稻。」有田者既祭又薦新。祭以首時，薦以仲月。黍稷曰「粢」，在器曰「盛」。牲殺，牲必特殺也。皿，眉永反。所以覆敷救反。器者。慶源輔氏曰：此先王之制，必如是然後能自盡其心。至於不得奉祭祀，則神不容以自安，而人亦以爲弔焉。古人之重祭祀也如此。○雙峯饒氏曰：三月無君則弔，恐是爲士先有位後失位者言之。畢竟子爲士則祭以士，子爲大夫則祭以大夫。尋常有祭，一旦失位而不得祭。一年有四時之祭，若失位三月，便廢一祭，故可弔之。弔其不得祭，非弔其不得君也。古人重祭祀故如此，不然則如何三月無君便弔？

「出疆必載質，何也？」

周霄問也。

曰：「士之仕也，猶農夫之耕也。農夫豈爲出疆舍其耒耜哉？」曰：「晉國亦仕國也，未嘗聞仕如此其急。仕如此其急也，君子之難仕，何也？」曰：「丈夫生而願爲之有室，女子生而願爲之有家。父母之心，人皆有之。不待父母之命、媒妁之言，鑽穴隙相窺，踰墻相從，則父母國人皆賤之。古之人未嘗不欲仕也，又惡不由其道。不由其道而往者，與鑽穴隙之類也。」爲，去聲。舍，上聲。妁音酌。隙，去逆反。惡，去聲。

晉國，解見形甸反。首篇。仕國，謂君子遊宦之國。霄意以孟子不見諸侯爲難仕，故先問古之君子仕否，然後言此以風去聲。切之也。男以女爲室，女以男爲家。妁，亦媒也。言爲父母者非不願其男女之有室家，而亦惡其不由道。蓋君子雖不潔身以亂倫，而亦不徇利而忘義也。慶源輔氏曰：周霄亦頗有策士之風。但孟子據道之極，不爲其所動，直述其義理以告之而已。○士之仕，猶男女之願有室家者，此正理也。至於爲人男女而不待父母之命、媒妁之言，鑽穴隙相窺，踰墻相從，則父母國人皆賤之。爲士而仕者，不循天理之正，不俟人君之招，屈己以徇利，枉道以事君，則爲聖賢之學皆賤之，直與兒女子相窺相從者無異。故君子之於仕，未嘗潔身以亂倫而長往不顧，亦未嘗徇利忘義而屈道以伸身也。○雲峯胡氏曰：《集註》末二句與《論語》解「不仕無義」處語意同，而實有不同者。《論語》是從不仕無義處説來，故雖兩句而實一意。《孟子》是從古之人未嘗不欲仕也，又惡不由其道兩句説來，故兩句自是兩意。《論語》蓋謂夫子雖責隱者之不仕，而義之一字雖仕亦有不可苟者，故《集註》謂君子雖不亂倫不仕，而其間亦非不義而仕，故下一非字。《孟子》謂既不可不仕，又惡不由其道，故下一不字。《集註》字字句句精審如此，學者當如此看。

○彭更問曰：「後車數十乘，從者數百人，以傳食於諸侯，不以泰乎？」孟子曰：「非其道，則一簞食不可受於人；如其道，則舜受堯之天下不以爲泰。子以爲泰乎？」更，平聲。乘、從，皆去聲。傳，直戀反。簞，音丹。食音嗣。

彭更，孟子弟子也。泰，侈也。新安陳氏曰：孟子歷聘，徒御衆多，食於諸國。故更以爲泰，陋矣。

曰：「否。士無事而食，不可也。」

言不以舜爲泰，但謂今之士無功而食人之食，則不可也。

曰：「子不通功易事，以羨補不足，則農有餘粟，女有餘布。子如通之，則梓匠輪輿皆得食於子。於此有人焉，入則孝，出則悌，守先王之道以待後之學者，而不得食於子。子何尊梓匠輪輿，而輕爲仁義者哉！」羨，延面反。

通功易事，謂通人之功而交易其事。羨，餘也。有餘，言無所貿。音茂。易而積於無用也。梓人、匠人，木工也。輪人、輿人，車工也。新安陳氏曰：傳先王之道，雖未得行於當時；守先王之道，乃可以傳之來世。此其繼往聖，開來學，有功於吾道甚大。孟子蓋自謂也。

曰：「梓匠輪輿，其志將以求食也。君子之爲道也，其志亦將以求食與？」曰：「子何以其志爲哉？其有功於子，可食而食之矣。且子食志乎？食功乎？」曰：「食志。」與，平聲。「可食而食」、「食志」、「食功」之食皆音嗣，下同。

孟子言自我而言固不求食，自彼而言凡有功者則當食音嗣。之。南軒張氏曰：君子之志固不在食，而爲國者知其有功則當食之。夫王者之禄夫人，爲有以賴其用而可禄耳，豈必以其志之欲而禄之哉？如以其志，是率天下而利也。

曰：「有人於此，毀瓦畫墁，其志將以求食

也,則子食之乎?」曰:「否。」曰:「然則子非食志也,食功也。」墁,武安反。子食之食,亦音嗣。

墁,牆壁之飾也。毁瓦畫墁,言無功而有害也。既曰食功,則以士爲無事而食者,真尊梓匠輪輿而輕爲仁義者矣。雙峯饒氏曰:當時功利之説盛,不知聖道之有用。見孟子所至之國,時君稍見尊禮養其從者,則以爲無事而食。如王子墊問士何事,不素餐兮,皆是此意。畢竟當時之君雖能養之而不能用之,故時人有此疑。然而當時諸侯尚知尊敬儒者,如孔子之適衛,孟子之仕齊,皆有所養,亦是先王之澤未泯。○新安陳氏曰:此章當與《盡心上》「不素餐兮」章參看。君子居是國,君用之則安富尊榮,子弟從之則孝弟忠信,縱未能爲當世開太平,亦足以繼往聖之絶學而爲後世開太平。其有功於道統者爲何如!更等乃以無事而食議之,抑何其無知也。食志,爲人上者不當言。食功,則功之大小輕重所當辨。志可以觀人,非所以食人。專食志,則志貪饕者皆得食矣。食功而不審其大小輕重,則僅有功於器物者,得以加諸有功於吾道者矣。

○萬章問曰:「宋,小國也。今將行王政,齊楚惡而伐之,則如之何?」惡,去聲。

萬章,孟子弟子。宋王偃嘗滅滕伐薛,敗齊、楚、魏之兵,欲霸天下,疑即此時也。《史記·宋世家》:「偃立爲君十一年,自立爲王。東敗齊,取五城;南敗楚,取地三百里;西敗魏軍。乃與齊、魏爲敵國。盛血以韋囊,懸而射之,命曰射天。淫於酒婦人,群臣諫者輒射之。於是諸侯皆曰『桀宋』。宋其復爲紂所爲,不可不誅。告齊伐宋。王偃四十七年,齊湣王與魏、楚伐宋,殺王偃,遂滅宋而三分其地。」

孟子曰:「湯居亳,與葛爲鄰。葛伯放而不祀。湯使人問之曰:『何爲不祀?』曰:『無以供犧牲也。』湯使遺之牛羊。葛伯食之,又不以祀。湯又使人問之曰:『何爲不祀?』曰:『無以供粢盛也。』湯使亳衆往爲之耕,老弱饋食。葛伯帥其民,要其有酒食黍稻者奪之,不授者殺之。有童子以黍肉餉，殺而奪之。《書》曰：『葛伯仇餉。』此之謂也。遺，唯季反。盛，音成。往爲之爲，去聲。「饋食」、「酒食」之食音嗣。要，平聲。餉，式亮反。

葛，國名。伯，爵也。放而不祀，放縱無道，不祀先祖也。亳衆，湯之民。其民，葛民也。授，與也。餉，亦饋也。《書》，《商書·仲虺許偉反。之誥》也。仇餉，言與餉者爲仇也。朱子曰：《書》所謂「葛伯仇餉」，若非孟子之言，人孰知其曲折如此哉？

「爲其殺是童子而征之，四海之内皆曰：『非富天下也，爲匹夫匹婦復讎也。』爲，去聲。

非富天下，言湯之心非以天下爲富而欲得之也。

「湯始征，自葛載，十一征而無敵於天下。東面而征，西夷怨；南面而征，北狄怨，曰：『奚爲後我？』民之望之，若大旱之望雨也。歸市者弗止，芸者不變，誅其君，弔其民，如時雨降。民大悦。《書》曰：『徯我后，后來其無罰。』

載，亦始也。十一征，所征十一國也。餘已見形甸反。前篇。新安陳氏曰：此湯行王政而王之事也。

「『有攸不爲臣，東征，綏厥士女。匪厥玄黄，紹我周王見休。惟臣附于大邑周。』其君子實玄黄于匪以迎其君子，其小人簞食壺漿以迎其小人。救民於水火之中，取其殘而已矣。食，音嗣。

按：《周書·武成》篇載武王之言，孟子約其文如此。然其辭時與今書文不類。今姑依此文解之。有所不爲臣，謂助紂爲惡而不爲周臣者。匪，與篚同。玄黄，幣也。紹，繼也，猶言事也。言其士女以匪盛。音成。玄黄之幣，迎武王而事之也。商人而曰「我周王」，猶《商書》所謂「我后」也。休，美也。言武王能順天休命，而事之者皆見休也。臣附，歸服也。孟子又釋其意，言商人聞周師之來，各以其類相迎者，以武王能救民於水火之中，取其殘民者誅之而不爲暴虐耳。君子，謂在位之人。小人，謂細民也。

「《太誓》曰：『我武惟揚，侵于之疆，則取于殘，殺伐用張，于湯有光。』

《太誓》，《周書》也。今《書》文亦小異。言武王威武奮揚，侵彼紂之疆界，取其殘賊，而殺伐之功因以張大，比於湯之伐桀又有光焉。引此以證上文取其殘之義。新安陳氏曰：此武王行王政而王之事也。

「不行王政云爾。苟行王政，四海之內皆舉首而望之，欲以爲君。齊楚雖大，何畏焉？」

宋實不能行王政，後果爲齊所滅，王偃走死。○尹氏曰：「爲國者能自治而得民心，則天下皆將歸往之，恨其征伐之不早也。尚何彊國之足畏哉？苟不自治，而以彊弱之勢言之，是可畏而已矣。」慶源輔氏曰：尹氏説盡後世爲國而不自彊，但以彊大爲畏者之病。誠能反是道而求之於己，則知仁者之果無敵，而帝王之道，是誠在我而已。○問：趙氏註修德無小，暴慢無彊。晁補之曰：修德無小，能修德則小可大。暴慢無彊，遇修德則彊必弱。

○孟子謂戴不勝曰：「子欲子之王之善與？我明告子。有楚大夫於此，欲其子之齊語也，則使齊人傅諸？使楚人傅諸？」曰：「使齊人傅之。」曰：「一齊人傅之，衆楚人咻之，雖日撻而求其齊也，不可得矣；引而置之莊嶽之間數年，雖日撻而求其楚，亦不可得矣。與，平聲。咻，音休。

戴不勝，宋臣也。齊語，齊人語也。傅，教

也。咻，讙也。齊，齊語也。莊嶽，齊街里名也。楚，楚語也。此先設譬以曉之也。

「子謂薛居州，善士也。使之居於王所。在於王所者，長幼卑尊，皆薛居州也，王誰與爲不善？在王所者，長幼卑尊，皆非薛居州也，王誰與爲善？一薛居州，獨如宋王何？」長，上聲。

居州，亦宋臣。言小人衆而君子獨，無以成正君之功。南軒張氏曰：衆君子之間置一小人，猶足以蔽主而敗類。一君子而遇衆小人，且不能安其身，如正君何？格君之任有孟子，而戴不勝不能知，他尚何望焉？○慶源輔氏曰：古之大臣欲正其君者，豈特取辦於一人而已哉？必也兼收並蓄，旁求廣取，使忠賢之士畢集于朝，在君之左右前後者無非正人端士，然後可以薰陶漸染以變化其氣質，成就其德性，是豈獨欲趨事赴功而已哉？○雲峯胡氏曰：此篇言宋事者三章，正好通看。前章謂宋不行王政。後章不能十一去關市之征，見得實不能行王政。❶此章言小人衆而君子獨，見宋之所以不能行王政也。

○公孫丑問曰：「不見諸侯何義？」孟子曰：「古者不爲臣不見。

不爲臣，謂未仕於其國者也，此不見諸侯之義也。

「段干木踰垣而辟之，泄柳閉門而不內，是皆已甚。迫，斯可以見矣。辟，去聲。內，與「納」同。

段干木，魏文侯時人。泄柳，魯繆音目。公時人。文侯、繆公欲見此二人，而二人不肯見之，蓋未爲臣也。已甚，過甚也。迫，謂求見之切也。慶源輔氏曰：士固當守義而不往見國君，如二君屈己求見意已誠切，聖賢處此，必將出見。今拒絕之如此，則過甚而非義矣。

「陽貨欲見孔子而惡無禮，大夫有賜於士，不得受於其家，則往拜其門。陽貨矙孔子

---

❶「行」，原作「存」，今據四庫本及《四書通》改。

之亡也，而饋孔子蒸豚；孔子亦矙其亡也，而往拜之。當是時，陽貨先，豈得不見？「欲見」之見，音現。惡，去聲。矙，音勘。

此又引孔子之事，以明可見之節也。欲見孔子，欲召孔子來見己也。惡無禮，畏人以己爲無禮也。受於其家，對使去聲。人拜受於家也。其門，大夫之門也。矙，窺也。陽貨於魯爲大夫，孔子爲士，故以此物及其不在而饋之，欲其來拜而見之也。先，謂先來加禮也。慶源輔氏曰：陽貨欲見孔子而惡無禮，雖小人，秉彝不可殄。貨既先來加禮於己，則己烏得而不答之。然貨之意則非誠矣，故但往答其禮而不欲見其人，是亦不屑之教誨也。天地之施與萬物者，豈有差忒哉。○新安陳氏曰：往答其禮，禮也。不欲見其人，義也。

「曾子曰：『脅肩諂笑，病于夏畦。』子路曰：『未同而言，觀其色赧赧然，非由之所知也。』由是觀之，則君子之所養可知已矣。」

脅，虛業反。赧，奴簡反。

脅肩，竦音悚。體。諂笑，彊上聲，下同。笑。皆小人側媚之態也。病，勞也。夏畦，夏月治畦之人也。言爲此者，其勞過於夏畦之人也。未同而言，與人未合而彊與之言也。赧赧，慙而面赤之貌。由，子路名。言非己所知，甚惡去聲。之之辭也。孟子言由此二言觀之，則二子之所養可知，必不肯不俟其禮之至而輒往見之也。南軒張氏曰：若不當往見而往見，是苟賤以求合，與脅肩、諂笑，未同而言者何以異？○慶源輔氏曰：曾子重厚篤實，故視小人側媚之態，如病于夏畦之人而深憐之。子路剛勇果決，故以未同而言赧赧其色者，爲非己所知而深惡之。二子所守如此，雖各因其資質，然亦是學力所就也。○此章言聖人禮義之中正。過之者傷於迫切而不洪。不及者淪於汚音烏。賤而不耻。汪氏廷直曰：君子所養，貴乎中而已。太剛則至於絶物，太柔則至於喪己。干木、泄柳，太剛者也。曾、路所譏，太柔者也。孔子於貨之饋而往拜，則與太剛者異矣。拜之必瞷其亡，則與太柔者異矣。所以無可無不可而爲聖之時也。孟子前言二子之所行以明其過，後述曾、路之所言以明其不及，中舉孔子事以明聖人之用中。然則孟子之不見諸侯，守其分，義之中而已。○慶源輔氏曰：孔子之事禮義之中正也。差以毫釐，則失之矣。干木、泄柳，則過乎禮義之中正矣。故傷於迫切而不洪。曾子、子路之所言，則不及乎禮義之中正者，故淪於污賤而可恥。此君子之行己，所以戰戰兢兢而唯恐有過不及之失也。然與其污賤之可恥，寧失於迫切而不洪。段干、泄柳，猶爲狷者也。○雙峯饒氏曰：觀陽貨事，則不特諸侯不可見。觀曾子、子路之言，則不特不可往見，雖平交之人，亦不可彊與之言，蓋物不可以苟合。○雲峯胡氏曰：士尚志。傷於迫切者，量雖未洪，猶不失爲志之高。淪於污賤者，其志甚卑，無足道矣。

○戴盈之曰：「什一，去關市之征，今茲未能。請輕之，以待來年然後已。何如？」去，上聲。

盈之，亦宋大夫也。什一，井田之法也。關市之征，商賈音古。之稅也。已，止也。

孟子曰：「今有人日攘其鄰之雞者，或告之曰：『是非君子之道。』曰：『請損之，月攘一雞，以待來年，然後已。』攘，如羊反。

攘，物自來而取之也。損，減也。

「如知其非義，斯速已矣。何待來年？」

知義理之不可而不能速改，與月攘一雞何以異哉？南軒張氏曰：君子之遠不義也，如惡惡臭。其不敢邇也，如探湯。其不敢須臾寧也，如坐塗炭。而其徙義也，如饑渴之於飲食。蓋見之之明而決之之勇，以爲不如是則不足以自拔而自新也。士之持身，於改過遷善之際而爲盈之之說，則將終身汩沒於過失之中。人臣之謀國，於革弊復古之事而爲盈之之說，則終陷於因循苟且之域。故自修身至于治國，知、仁、勇之三德缺一不可也。知以知之，仁以行之，勇以決之，可不務哉。○慶源輔氏曰：天下事，只有義、利兩端。纔出義，便以利言也，焉有兩存之理？若知義理之不可，而猶有吝惜之意，不肯速改，則亦終歸於悠悠，必不能自拔而日新矣。○新安陳氏曰：請輕之，如減日攘爲月攘。不知其非義，不智也。知其非義而不速改，不勇也。不智之罪小，不勇之罪大。

○公都子曰：「外人皆稱夫子好辯，敢問何也？」孟子曰：「予豈好辯哉？予不得已也。天下之生久矣，一治一亂。好，去聲，下同。治，去聲。

生，謂生民也。一治一亂，氣化盛衰，人事得失，反覆相尋，理之常也。徽菴程氏曰：氣化在天者，有盛有衰。盛焉而治，衰焉而亂也。事理在人者，有得有失。得焉而治，失焉而亂也。治不生於治而生於亂，亂不生於亂而生於治，如環無端，此理之常固無足怪。所貴乎聖賢之生斯世，亦惟以理御氣，庶幾反失而得，反衰而盛，反亂而歸於治焉耳。○雲峯胡氏曰：古今一治一亂，只是氣化人事，反覆相尋於無窮。或氣化有盛衰，而人事之得失於是乎生。或人事有得失，而氣化之盛衰於是乎轉。反覆相尋，皆理之常也。○新安陳氏曰：學者當深察孟子所以不得已之心。下文詳之。章末又申言此二句以結之。豈惟孟子，凡聖賢出而任三才扶三綱，皆不得而已也。一治一亂，乃此章綱領，下文節節照應之。

「當堯之時，水逆行，氾濫於中國。蛇龍居之，民無所定。下者爲巢，上者爲營窟。《書》曰：『洚水警余。』洚水者，洪水也。洚音降，又胡貢、胡工二反。

水逆行，下流壅塞，故水倒流而旁溢也。下，下地。上，高地也。營窟，穴處上聲。也。《書》，《虞書·大禹謨》也。洚水，洚胡貢反。洞無涯之水也。警，戒也。此一亂也。慶源輔氏曰：此一亂，純由乎氣化也。○雲峯胡氏曰：自開闢至于堯之時，不知幾治亂。斷自堯起，有徵也。洚水自繫乎氣化而曰警余。未嘗不反而求諸人事也。所以此一亂，即轉而爲一治也。

「使禹治之，禹掘地而注之海，驅蛇龍而放之菹。水由地中行，江、淮、河、漢是也。險阻既遠，鳥獸之害人者消，然後人得平土而居之。菹，側魚反。掘地，掘去上聲。壅塞也。菹，澤生草者也。地中，兩涯之間也。險阻，謂水之氾濫也。遠，去也。消，除也。此一治也。慶源輔氏曰：此一治，氣化人事相參者也。夫人與鳥獸亦相爲多寡，蓋同稟於氣故也。繁氣盛，則正氣衰。正氣多，則繁氣少。聖人於其間，有造化之用，亦時焉而已。○新安陳氏曰：洪水，乃治世之一亂，禹反其亂而治之，此禹之不得已於有爲者也。

「堯、舜既没，聖人之道衰。暴君代作，壞宫室以爲汙池，民無所安息；棄田以爲園囿，使民不得衣食。邪説暴行又作，園囿、汙池、沛澤多而禽獸至。及紂之身，天下又大亂。壞音怪。行，去聲，下同。沛，蒲内反。暴君，謂夏太康、孔甲、履癸，商武乙之類也。宫室，民居也。沛，草木之所生也。澤，水所鍾也。自堯、舜没至此，治亂非一，及紂而又一大亂也。慶源輔氏曰：此一亂，氣化人事相符者也。自堯、舜没，其間夏太康至商武乙等，暴君不一，難以類數。至紂而大敗極亂而無以復加矣，故直推至紂時言之。想見夏桀之時，亦未必有飛廉等惡人與夫虎、豹、犀、象之害也。○雙峯饒氏曰：暴行即上面壞宫室，棄田宅也。暴行，通上下而言。必有邪説糊塗了箇理義，然後暴行始作。

「周公相武王，誅紂，伐奄，三年討其君，驅飛廉於海隅而戮之。滅國者五十，驅虎豹犀象而遠之。天下大悦。《書》曰：『丕顯哉，文王謨！丕承哉，武王烈！佑啓我後人，咸以正無缺。』相，去聲。奄，平聲。奄，東方之國，助紂爲虐者也。鄒晉昭曰：奄，字書作郁。古通用。衣檢、衣廉二反。《説文》衣檢反。註周公所誅奄國。飛廉，紂幸臣也。五十國，皆紂黨虐民者也。《書》，《周書·君牙》之篇。丕，大也。顯，明也。謨，謀也。承，繼也。烈，光也。佑，助也。啓，開也。缺，壞也。此一治也。慶源輔氏曰：此一治，又氣化人事相參者也。舉《書》言文王、武王謀謨之大，功業之光，所以佑助開迪夫後人者莫非正大之道，周全盡美而無一毫缺壞之失也。蓋正可爲也，無缺爲難。無缺，謂禮樂刑政四達而不悖，三千三百之儀與至誠無倚之道並立而不偏，凡所以正德利用厚生之具無一之不備，防僞禁邪正慝之法無一之或隳，夫然後可以爲無缺。至春秋時，則道墜于地而無復有存者矣。○趙氏曰：按，奄國，在淮夷之北。飛廉善走，以材力事紂。周武王伐紂，并殺之。○新安陳氏曰：商末大亂，武王、周公反其亂而治之，此武王、周公之不得已於有爲者也。

「世衰道微，邪說暴行有作，臣弒其君者有之，子弒其父者有之。「有作」之有讀爲「又」，古字通用。

此周室東遷之後，又一亂也。慶源輔氏曰：此一亂，又氣化人事相符者也。前乎此者，雖曰世亂，然但禽獸繁殖，有以戕民之生而猶未至賊人之性。至此以後，則遂至傷壞人倫，將使人盡爲禽獸之歸，其禍又慘矣。此一亂又甚於前日，是亦氣化人事之使然也。

「孔子懼，作《春秋》。《春秋》，天子之事也。是故孔子曰：『知我者其惟《春秋》乎！罪我者其惟《春秋》乎！』

胡氏曰：胡氏，名安國，字康侯，建安人。「仲尼作《春秋》以寓王法。厚典、庸禮、命德討罪，其大要皆天子之事也。新安倪氏曰：《書·皋陶謨》篇云：「天敘有典，勑我五典五惇哉！天秩有禮，自我五禮有庸哉！同寅協恭和衷哉！天命有德，五服五章哉！天討有罪，五刑五用哉！政事懋哉懋哉！」《書》言天子治天下之事，孔子作《春秋》，其大旨正以明此治天下之事而爲後世法也。○「惇典」之惇，《集註》避宋光宗諱而以「厚」字代之。知孔子者，謂此書之作，遏人欲於橫流，存天理於既滅，爲去聲。後世慮至深遠也。罪孔子者，以謂無其位而託二百四十二年南面之權，使亂臣賊子禁其欲而不得肆，則戚矣。」愚謂孔子作《春秋》以討亂賊，則致治之法垂於萬世，是亦一治也。問：「孔子作《春秋》，特載之空言，亂賊何緣便懼。恐未足以爲一治。」朱子曰：非説當時便一治，只是存得箇治法，使道理光明粲爛。有能舉而行之，爲治不難。當時史書掌於史官，想人不得見。孔子取而筆削之，而其義大明。孔子亦何嘗有意用某字使人知勸，用某字使人知懼，用某字有甚微詞奧義使人曉不得，足以褒貶榮辱人來。不過如今之史書直書其事，善惡瞭然在目。觀者知所勸懲，故亂臣賊子有所懼而不敢犯耳。○慶源輔氏曰：此一治，又純乎人事者也。雖氣化不應而不使孔子得位以撥亂而反之正，然討亂賊，垂治法，其功又大於舜禹矣。○潛室陳氏曰：此謂聖人以王法繩諸侯，所褒所貶，皆是奉行王法。此聖人大用，非孟子不能知。胡氏發明備矣。○雲峯胡氏曰：《集註》前言禹與周公之功，曰此一治也。此當時之治也。此言孔子《春秋》之功，曰此亦一治也。萬世之治也。○新安陳氏曰：孔子雖不能興治道於當時，而能垂治法於後世。蓋在當時倫紀亂矣，孔子欲反其亂而治之。此孔子之不得已於有言者也。

「聖王不作，諸侯放恣，處士横議，楊朱、墨翟之言盈天下。天下之言，不歸楊則歸墨。楊氏爲我，是無君也；墨氏兼愛，是無父也。無父、無君，是禽獸也。公明儀曰：『庖有肥肉，廐有肥馬，民有饑色，野有餓莩，此率獸而食人也。』楊、墨之道不息，孔子之道不著，是邪説誣民，充塞仁義也。仁義充塞，則率獸食人，人將相食。横、爲，皆去聲。莩，皮表反。

楊朱但知愛身，而不復扶又反。知有致身之義，故無君；墨子愛無差楚宜反。等，而視其至親無異衆人，故無父。無父無君則人道滅絶，是亦禽獸而已。公明儀之言，義見形甸反。首篇。充塞仁義，謂邪説徧滿，妨於仁義也。雲峯胡氏曰：不中，則曰横議；不正，則曰邪説。孟子引儀之言，以明楊、墨道行，則人皆無父無君，以陷於禽獸，而大亂將起，是亦率獸食人而人又相食也。此又一亂也。朱子曰：楊、墨只是差些子，其末流遂至於無父無君。蓋楊氏見世人營營於名利，埋没其身而不自知，故獨潔其身以自高，如荷蕢、接輿之徒是也。然使人皆如此潔身而自高，則天下事教誰理會。此便是無君也。墨氏見世間人自私自利不能及人，故欲兼天下之人而盡愛之。然不知有一患難，在君親則當先救之，在他人則後救之。若不分先後，則是待君親猶他人也。此便是無父。此二者之所以爲禽獸也。○楊朱乃老子弟子，其學專於爲己。列子云：伯成子高拔一毛而利天下不爲。其言曰：一毛安能利天下。使人人不拔一毛，不利天下，則天下自治矣。○問：「墨氏兼愛，何遽至於無父？」曰：人也只孝得一箇父母，那愛得許多。能養其父母無缺，則已難矣。想得他之所以養父母者，粗衣糲食必不能堪。蓋他既欲兼愛，則愛父母必踈，其孝不周至，非無父而何哉？墨子尚儉惡樂，所以説「里號朝歌，墨子回車」。想得是箇澹泊枯槁底人，其事父母也可想見。○問：「『率獸食人』，亦深探其弊而極言之，非真有此事。」曰：不然。即他之道，便能如此。楊氏自是箇退步愛身，不理會事底人；墨氏兼愛又弄得没合殺，使天下倀倀然必至於大亂而後已。非「率獸食人」而何？如東晉之清談，此便是楊氏之學。即老、莊之道，少間百事廢弛，遂啓夷狄亂華，其禍豈不慘於洪水猛獸之害！又如梁武帝事佛，至於社稷丘墟，亦其驗也。○慶源輔氏曰：此一亂又氣化人事相符者也。聖人之道非不愛身也，然有致身事君之義，有殺身成仁之時，故不至於無君。非不愛物也，然親親而仁民，仁民而愛物，有自然之序，故不至於無父。無君無父，則人道滅絶，又將視弑父與君而冥然不覺矣。是則人而反與禽獸無異也，故引公明儀之説，以言楊、墨遂行，則人皆無父無君，安爲戕賊以陷於禽獸而大亂將起，是亦與公明儀所謂率獸食人，人將相食者類矣。楊、墨之道不息，則邪説誣民。孔子之道不著，則充塞仁義也。此四句，只是説天理人欲不並立而已。所謂「邪説偏滿，妨於仁義」者，是解「邪説誣民」、「充塞仁義」兩句也。以「偏滿」字解「充」字，以「妨」字解「塞」字，但不曾解「誣民」兩字耳。其實謂邪説誣罔天下之人，其勢至於充盛窒塞人心固有之仁義，使不能發也。夫仁義具於人心，而爲邪説所誣而充塞之，使不能達於外，况能擴充之以全其量乎。○西山真氏曰：楊朱自一身之外截然不恤，故其迹似乎義。墨翟於親踈之間無乎不愛，故其迹似乎仁。殊不知天下之理本一而分則殊，故君子親親而仁民，仁民而愛物，心無不溥而其施有序。心無不溥，則非爲我矣。其施有序，則非兼愛矣。楊朱專於爲我，則昧乎理之一。墨翟一於兼愛，則昧乎分之殊。若是而曰仁義，乃所以賊乎仁義也。○雙峯饒氏曰：墨氏無父之教，便充塞了仁。楊氏無君之教，便充塞了義。有仁義，則天下治。無仁義，則天下亂。今仁義既充塞，則亂將起而率獸食人，人又將相食矣。

「吾爲此懼，閑先聖之道，距楊墨，放淫辭，邪説者不得作。作於其心，害於其事；作於其事，害於其政。聖人復起，不易吾言矣。爲，去聲。復，扶又反。

閑，衛也。放，驅而遠去聲。之也。作，起也。事，所行。政，大體也。西山真氏曰：事者政之目，政者事之綱。○雙峯饒氏曰：無父無君，乃楊、墨之見於行事者。少焉充塞仁義而至於率獸食人，是害於其政了。

孟子雖不得志於時，然楊、墨之害，自是滅息，而君臣、父子之道，賴以不墜，是亦一治也。此乃孟子所以不得已而有言也。○慶源輔氏曰：此一治又純乎人事也。雖氣化不應，孟子亦不得志於時，然因其言而異端滅息，吾道至今得以不墜，此孟氏之功所以不在禹下而亞於孔子也。○雲峯胡氏曰：前云此一治也，周公之功與禹同。此云是亦一治也，孟子之功與夫子同。程子曰：「楊、墨之害，甚於申、韓；佛、老之害，甚於楊、墨。此就當時之異端言。蓋楊氏爲去聲，下同。我疑於義，墨氏兼愛疑於仁，申、韓則淺陋易去聲。見。《史記》：申不害，故鄭之賤臣，學本於黄老，而主刑名。著書二篇，號曰《申子》。○韓非者，韓之諸公子也。喜刑名法術之學，而其歸本於黄老。善著書。與李斯俱事荀卿，斯自以爲不如非。故孟子止闢楊、墨，爲其惑世之甚也。佛氏之言近理，又非楊、墨之比，所以爲害尤甚。」問：「墨氏兼愛，疑於仁，此易見。楊氏爲我，何以疑於義？」朱子曰：楊朱看來不似義，他全是老子之學。只是箇逍遥物外，僅足其身，不屑世務之人。只是他自愛其身界限齊整，不相侵越，微似義耳。然終不似也。又曰：楊、墨只是硬恁地做。佛氏最有精微動得人處。○雙峯饒氏曰：前言生於其心，害於其政。發於其政，害於其事。此言作於其心，害於其事；作於其事，害於其政。亦各有意。前言畢竟政是大體，事是小節。今既生於其心，則必害於大體。既害於大體，則少焉於那小節都壞了。

「昔者禹抑洪水而天下平，周公兼夷狄、驅猛獸而百姓寧，孔子成《春秋》而亂臣賊子懼。

抑，止也。兼，并平聲。之也。總結上文也。西山真氏曰：三聖事雖不同，而其救天下之患，立生民之極，則一也。

「《詩》云：『戎狄是膺，荆舒是懲，則莫我敢承。』無父無君，是周公所膺也。

説見形甸反，下「解見」音同。上篇。承，當也。雙峯饒氏曰：孟子所以引戎狄荆舒者，以楊、墨乃夷狄之教也。

「我亦欲正人心，息邪説，距詖行，放淫辭，以承三聖者。豈好辯哉？予不得已也。

行、好，皆去聲。

詖、淫，解見前篇。辭者，説之詳也。承，繼也。三聖，禹、周公、孔子也。蓋邪説横流，壞音怪。人心術，甚於洪水猛獸之災，慘於夷狄篡弑之禍，故孟子深懼而力救之。再言「豈好辯哉，予不得已也」，所以深致意焉。然非知道之君子，孰能真知其所以不得已之故哉？朱子曰：當時如縱横刑名之徒，孟子都不管他。蓋他只害得箇麤底。若楊、墨則害了人心，須著與之辯也。然孟子於當時，❶只在私下恁地説。所謂楊、墨之徒，也未怕他。到後

❶「然」，四庫本作「故」。

世，却因其言而知聖人之道爲是，知異端之學爲非，乃是孟子有功於後世耳。○問：「孟子欲息邪距詖，而必以正人心爲先，何也？」曰：此探本之言也。以聖道不明，人心不正，而邪説得以乘間入之也。曰：「然則亦明聖道以正人心而已，何必爲此紛紛而涉好辯之嫌乎？」曰：邪説既入，則人心益以不正，聖道益以不明矣。此又其末之不可不理者也。故孟子道性善，稱堯舜，必使天下曉然知仁義之所在者，此所以正人心而爲息邪距詖之本也。排爲我，斥兼愛，必使天下曉然知邪詖之不可由者，此所以息邪距詖而爲正人心之用也。蓋其體用不偏，首尾相應如此，然後足以撥亂世而反之正。此所以雖得其本，而不免於多言也。然豈其心之所好哉？亦畏天命，悲人窮，不得已而然耳。昔湯伐桀，曰：「予畏上帝，不敢不正。」武王伐紂，曰：「予弗順天，厥罪惟鈞。」夫豈好戰哉？孟子之心，亦若此而已矣。豈得以好辯之小嫌，而遂輟不言哉？○慶源輔氏曰：重言「豈好辯哉？予不得已也」，此又深致其意者，欲人之察其心，而知邪説之真可畏也。○問邪説、詖行如何分。雙峯饒氏曰：説既邪辟，其行必偏詖，其辭愈見淫蕩。詖行淫辭，自邪説上來。放者，放廢距絶。○雲峯胡氏曰：洪水猛獸之災由氣化。夷狄簒弑之禍由人事。邪説爲人心之害，則有甚於此者矣。人之本心未嘗不正，爲邪説所害，易淪胥於不正。故孟子之辯，拳拳欲正人心。其仕也，亦必先於正君心。○新安陳氏曰：洪水猛獸，夷狄簒弑，皆災禍之害人身者，惟有於一時。若邪説，乃災禍之壞人心者，且流於無窮而爲害尤甚慘。此孟子所以不得已，而深排力救之也。

「能言距楊、墨者，聖人之徒也。」

言苟有能爲此距楊、墨之説者，則其所趨正矣。雖未必知道，是亦聖人之徒也。孟子既答公都子之問，而意有未盡，故復扶又反。言此。蓋邪説害正，人人得而攻之，不必聖賢。如《春秋》之法，亂臣賊子，人人得而誅之，不必士師也。慶源輔氏曰：此義自朱子發之。若朱子，則真可謂以道自任者，故言此以詔天下。使天下人人存此心，則異端之説將無所容，而聖人之道不復有蔽蝕之者矣。豈小補哉？○孟子意謂自今以後，不待有知道者真能息滅楊、墨之害，然後可以繼聖人之事，但能爲説以距，則是亦聖人之徒矣。此可見自任之重，而望人之切也。○西山真氏曰：所以勉天下學者，皆以闢異端，扶王道爲心，庶幾生人之類，不淪胥於禽獸也。 聖人救世立法之意，其切如此。若以此意推之，則不能攻討而又唱爲不必攻討之説者，其爲邪詖之徒，亂賊之黨可知矣。朱子曰：出邪則入正，出正則入邪，二者之間，蓋不容髮。雖未知道，而能言距楊、墨者，已是心術向正之人，所以以聖人之徒許之。與《春秋》討賊之意同。○纔説道要距楊、墨，便是聖人之徒。如人逐賊有人見之，若説道賊當捉當誅，這便是主人邊人。若説道賊也可恕，這便唤做賊之黨。○不討亂賊而謂人勿討者，凶逆之黨也。不距楊、墨而謂人勿距者，禽獸之徒也。聖賢立法之嚴，至於如此，可不畏哉！○新安陳氏曰：如解攻乎異端爲攻擊，闢先聖之道爲閑習，皆是不必攻討之説。○尹氏曰：「學者於是非之原，毫釐有差，則害流於生民，禍及於後世。故孟子辯邪説如是之嚴，而自以爲承三聖之功也。當是時，方且以好辯目之，是以常人之心而度待洛反。聖賢之心也。」程子曰：大抵儒者潛心正道，不容有差。其始甚微，其終則不可救。如「師也過，商也不及」。於聖人中道，師只是過於厚些，商只是不及些。然而厚則漸至於兼愛，不及則便至於爲我，其過不及同出於儒者，其末遂至楊、墨。至如楊、墨，亦未至於無父無君。孟子推之便至於此。蓋其差必至於是也。○朱子曰：此段最好看，見諸聖賢遭時之變各行其道，是這般時節，其所以正救之者是這般樣子。這見得聖賢是甚麽樣大力量，恰似天地有缺齾處，得聖賢出來補教周全。過得稍久，又不免有缺，又得聖賢出來補。這見聖賢是甚力量，直有闔闢乾坤之功。○新安陳氏曰：聖賢反世之亂而治之，達而在上，則見於有爲而治功見於當時。窮而在下，則不免於有言而治法垂於後世。孔子曰「予欲無言」，終不能無言也。作《春秋》以爲後法。猶未至於辯者，孔子之時，異端未熾，而孔子之聖，言教易孚故也。至孟子，則時益降，異端益熾，而孟子之亞聖又不及孔子，公孫丑、萬章之徒聞言猶未達，況於外人。則其闢楊、墨，烏得而不言，言烏得而不辯，蓋有大不得已焉者。既以不得已於辯者自致其力，尤以能言距楊、墨望凡爲吾徒者之同致其力焉。非朱子深知孟子之心，孰能發其精微之蘊如此哉？此章於古今世道，聖賢事業關涉甚大，宜精察深思之。○東陽許氏曰：《集註》氣化盛衰，人事得失，反覆相尋。竊謂氣化盛，人事得，則天下治。氣化衰，人事失，則天下亂。是固然矣。然孟子此章答好辯之問，而孟子之辯專爲闢楊、墨而發，則易亂爲治，全賴人事以補天道之不足，反氣化之衰而至於盛也。觀堯、禹之治水，則以人事而回氣化。武王、周公誅紂伐奄，孔子作《春秋》，則以人事而救衰失。所以孟子亦於衰失之時，闢楊、墨以回氣化，正人事也。此正聖賢作用參天地、贊化育之功。讀此章當如此會《集註》之意。

○匡章曰：「陳仲子豈不誠廉士哉？居於陵，三日不食，耳無聞，目無見也。井上有李，螬食實者過半矣，匍匐往將食之。三咽，然後耳有聞，目有見。」於，音烏。下「於陵」同。螬，音曹。咽，音宴。

匡章、陳仲子，皆齊人。廉，有分辨，不苟取也。於陵，地名。螬蠐，音齊。螬蟲也。匍匐，言無力不能行也。咽，吞也。

孟子曰：「於齊國之士，吾必以仲子爲巨擘焉。雖然，仲子惡能廉？充仲子之操，則蚓而後可者也。擘，薄厄反。惡，平聲。蚓，音引。

巨擘，大指也。言齊人中有仲子，如衆小指中有大指也。充，推而滿之也。操，去聲。所守也。蚓，丘蚓也。言仲子未得爲廉也，必若滿其所守之志，則惟丘蚓之無求於世，然後可以爲廉耳。慶源輔氏曰：齊俗奢侈放縱。當戰國時，士之傷廉者必多有之。此匡章所以推仲子之廉，而孟子亦以爲齊人之巨擘也。

「夫蚓，上食槁壤，下飲黃泉。仲子所居之室，伯夷之所築與，抑亦盗跖之所築與？所食之粟，伯夷之所樹與，抑亦盗跖之所樹與？是未可知也。」夫，音扶。與，平聲。

槁壤，乾音干。土也。黃泉，濁水也。抑，發語辭也。言蚓無求於人而自足，而仲子不免居室食粟。若所從來或有非義，則是未能如蚓之廉也。

曰：「是何傷哉？彼身織屨，妻辟纑，以易之也。」辟，音壁。纑，音盧。

辟，績也。纑，練麻也。

曰：「仲子，齊之世家也。兄戴，蓋祿萬鍾。以兄之祿爲不義之祿而不食也，以兄之室爲不義之室而不居也，辟兄離母，處於於陵。他日歸，則有饋其兄生鵝者，己頻顣曰：『惡用是鶃鶃者爲哉？』他日，其母殺是鵝也，與之食之，其兄自外至，曰：『是鶃鶃之肉也。』出而哇之。蓋，音閤。辟，音避。頻，與「顰」同。顣，與「蹙」同，子六反。惡，平聲。鶃，魚乙反。哇，音蛙。

世家，世卿之家。兄名戴，食采音菜。於蓋，其入萬鍾也。歸，自於陵歸也。己，仲子也。鶃鶃，鵝聲也。頻顣而言，以其兄受饋爲不義也。哇，吐之也。

「以母則不食，以妻則食之；以兄之室則弗居，以於陵則居之。是尚爲能充其類也乎？若仲子者，蚓而後充其操者也。」

言仲子以母之食、兄之室爲不義而不食不居，其操去聲。守如此。至於妻所易之粟，於陵所居之室，既未必伯夷之所爲則亦不義之類耳。今仲子於此則不食不居，於彼則食之居之，豈爲能充滿其操守之類者乎？必其無求自足，如丘蚓然，乃爲能滿其志而得爲廉耳。然豈人之所可爲哉？○范氏曰：「天之所生，地之所養，惟人爲大。《記·祭義》：「有人，則可參天地而爲三才；無人，則天地亦不能以自立矣。」人之所以爲大者，以其有人倫也。仲子避兄離母，無親戚君臣上下，是無人倫也。豈有無人倫而可以爲廉哉？」朱子曰：温公謂口非之而身享之，一時之小嫌。狷者之不爲，一身之小節。至於父子兄弟，乃人之大倫，天地之大義。❶一日去之，則禽獸夷狄。雖復謹小嫌，守小節，亦將安所施哉？此孟子絶仲子之本意。余隱之云：仲子之兄，非不友，孰使之避。仲子之母，非不慈，孰使之離。愚謂政使不慈不友，亦無逃去之理。觀舜之爲法於天下者，則知之矣。○問：「温公謂以其兄不以道事君而得禄，不以道取於人而成室，故以爲不義。仲子誠非中，行亦狷者有所不爲也。」曰：仲子齊世家，則禄室非其兄不義而得之矣。設果以不義得之，而非有悖逆作亂之大故，則母子兄弟之間，豈可以是遂滅天性之恩哉。飾小行以妨大倫，是乃欺世亂俗之尤，先王所誅而不以聽者也。所謂狷者，則亦言行之間，小過乎中而已。豈出於倫理之外若是其甚哉？○南軒張氏曰：仲子徒欲潔身以爲清，不知廢大倫之爲惡。原仲子本心，亦豈不知母子之性重於妻，兄之居愈於於陵乎？惟其私見所局，亂其倫類至此極也。衆人惑於其迹，以爲清苦高介而取之，非矣。世之貪冒爲惡者多矣。孟子於仲子獨闢之深者，世之爲惡者其失易見，而仲子之徒，其過難知也。惟其難知，故可以惑世俗而禍仁義。反復闢之，蓋有以也夫。○慶源輔氏曰：以仲子之孤介自守，足以高於一世之俗矣，而孟子所以力闢之者，蓋世衰道微，學者大抵因其資質之偏，而固執一説力行以取名，初不顧義理之如何。如告子、許行、陳仲子之徒，皆是也。況如匡章者，既稱仲子爲廉而傾向之矣。此固以道自任者之所憂也。孟子烏得不排之哉？又曰：仲子之所守，不必驗之他人，只自其身而推之，則已有不能自滿其志者，故孟子直以爲蚓而後能充其操斥之，則仲子之行，是豈人之所能爲哉？聖賢之道，充之則至於與天地同功，仲子之道，充之則至於與丘蚓同操，是豈人理也哉？○雙峯饒氏曰：不要問所從來，只當思量我當食兄之禄與居兄之室否。若問所從來，則室與粟豈必伯夷所築所樹。如諸侯之取人猶禦。然既交以

❶「大」，原作「人」，今據四庫本、孔本、陸本及《晦菴先生朱文公文集》卷七三改。

道，接以禮，則孔子受之矣。○或曰：匡章亦黜妻屏子者，故喜仲子孤介之行。新安陳氏曰：不然。匡章以父爲重，故視妻子爲輕。仲子反視母兄爲輕，而於妻則反食。孟子矜匡章而非仲子，有以也。此章當參看《盡心上》篇「仲子不義與之齊國而不受」下文云「以其小者信其大者，奚可哉」，斷盡其人。

孟子集註大全卷之六

孟子集註大全卷之七

離婁章句上

凡二十八章。

孟子曰：「離婁之明，公輸子之巧，不以規矩不能成方員；師曠之聰，不以六律不能正五音；堯舜之道，不以仁政不能平治天下。

離婁，古之明目者。公輸子，名班，魯之巧人也。規，所以爲員之器也。所運以爲圓之筵也。矩，所以爲方之器也。今曲尺也。師曠，字子野。晉之樂師知音者也。六律，截竹爲筩，音同。陰陽各六，以節五音之上下。黃鍾、大音泰。簇、千候反。姑洗、先上聲。蕤儒追反。賓、夷則、無射，音亦。爲陽；大呂、夾鍾、仲呂、林鍾、南呂、應鍾，爲陰也。《前漢·律歷志》云：《十二律》，黃帝之所作也。黃帝使伶倫自大夏之西昆侖之陰，大夏，西戎之國。昆侖，山名也。取竹之解谷生其竅厚均者，斷兩節間而吹之以爲黃鍾之宮。制十二筩以聽鳳之鳴，其雄鳴爲六，雌鳴亦六，比黃鍾之宮而皆可以生之。比，合也。是謂律本。律十有二，陽六爲律，陰六爲呂。律以統氣類物，一曰黃鍾，二曰太簇，三曰姑洗，四曰蕤賓，五曰夷則，六曰亡射。呂以旅陽宣氣，❶一曰林鍾，二曰南呂，三曰應鍾，四曰大呂，五曰夾鍾，六曰仲呂。中讀曰仲。有三統之義焉。○趙氏曰：只言六律者，陽統陰也。五音，宮、商、角、徵、展里反。羽也。范氏曰：「此言治天下不可無法度。仁政者，治天下之法度也。」雙峯饒氏曰：規矩六律，當來

❶「陽宣」，四庫本作「宣陽」。

皆是聖人做起，雖離婁、公輸、師曠亦不可無之，況庸匠庸工乎？ 不以仁政，雖聖人也不能平治天下，況後世乎？

「今有仁心仁聞而民不被其澤，不可法於後世者，不行先王之道也。聞，去聲。

仁心，愛人之心也。仁聞者，有愛人之聲聞於人也。先王之道，仁政是也。范氏曰：「齊宣王不忍一牛之死，以羊易之，可謂有仁心。梁武帝終日一食蔬素，宗廟以麪爲犧牲，斷都玩反。死刑必爲去聲。之涕泣，天下知其慈仁，可謂有仁聞。《通鑑》：梁武帝天監十六年四月，詔以宗廟用牲牢，有累冥道，宜皆以麪爲之。於是朝野諠譁，以爲宗廟去牲，乃是不復血食，帝竟不從。八座乃議以大脯代一元大武。十月詔以宗廟猶用脯脩，更議代之，於是以大餅代大脯。其餘盡用蔬果。○自天監中用釋氏法長齋，斷魚肉，日止一食，惟菜羹糲飯而已。糲，米之不精者，郎葛、洛盍、力制三反。身衣去聲。布衣，木綿皁帳，後宮貴妃以下，衣不曳地。○每斷重罪，終日不懌。或謀反事覺亦泣而宥之。由是王侯益橫，上深知其弊而溺於慈愛，不能禁也。然而宣王之時齊國不治，去聲。武帝之末江南大亂，其故何哉？有仁心仁聞而不行先王之道故也。」問：「孟子告齊宣王曰『是心足以王矣』，則仁心者，固王政之本也。今曰『有仁心仁聞而不行先王之道』，則是所謂仁心者，初不足恃。而所謂先王之道者，又在此心之外也。」朱子曰：是心足以王者，言有是心而能擴充之以行先王之道，如其篇末所論制民之産云者則可以王爾，非謂專恃此心而直可以王也。先王之道，固亦由是而推之以爲法耳。但其盡心知性而無私意小智之累，故其爲法也，盡天理，合人心，雖聖人復起有不能易者。後之人君當因吾心而廣之，以盡夫法制之善，而充吾心之固有者，非謂心外有法而俟於他求也。後人雖有是心而不能無私意小智之累。苟不循是而之焉。則雖有仁心仁聞而未免於徇利妄作之失。譬之蔑棄規矩而欲以手制方員，其器之不至於苦窳者幾希矣。○慶源輔氏曰：齊宣王、梁武帝不能行先王之道則同，若論其所以不能行之故則異。宣王不學無術，奪於功利而不能行先王之道者也。武帝則惑於異端，避罪要福而不能行先王之道者也。宣王有仁心而不能保。武帝有仁聞而非其真。○雲峯胡氏曰：上文云「堯舜之道」，下文云「行先王之道」，道一而已。有仁心，則此道蘊於中，是爲美意；有仁政，則能行此道於外，是爲良法。

「故曰：徒善不足以爲政，徒法不能以自行。

徒，猶空也。有其心、無其政，是謂徒善。有其政、無其心，是謂徒法。程子嘗言：「爲政須要有綱紀文章，謹權、審量、去聲。讀法、平價，皆不可闕。」而又曰：「必有《關雎》、《麟趾》之意，然後可以行《周官》之法度。」新安陳氏曰：引程子前一説以證徒善謂不可無法。又引後一説以證徒法謂不徒在於法。正謂此也。朱子曰：所謂文章者，便是文飾那謹權、審量、讀法、平價之類耳。○須是自閨門衽席之微，積累到薰蒸洋溢，天下無一不被其化，然後可以行《周官》之法度。不然則爲王莽矣。

「《詩》云：『不愆不忘，率由舊章。』遵先王之法而過者，未之有也。

《詩》，《大雅·假《詩傳》讀作嘉。樂》音洛。之篇。愆，過也。率，循也。章，典法也。所行不過差、不遺忘者，以其循用舊典故也。慶源輔氏曰：過差謂用意過當處，遺忘謂照顧不及處。遵用舊典，則有所循故不過差，有所據故不遺忘。

「聖人既竭目力焉，繼之以規矩準繩，以爲方員平直，不可勝用也；既竭耳力焉，繼之以六律正五音，不可勝用也；既竭心思焉，繼之以不忍人之政，而仁覆天下矣。勝，平聲。

準，所以爲平。繩，所以爲直。覆，敷救反。被去聲。也。此言古之聖人既竭耳目心思之力，然猶以爲未足以偏天下及後世，故制爲法度以繼續之，則其用不窮而仁之所被者廣矣。慶源輔氏曰：規矩準繩，爲方員平直之法度也。六律，正五音之法度也。不忍人之政，仁天下之法度也。不爲之法度，則聖人之耳目心思止於聖人之身而已，不能徧天下與後世也。故聖人制爲法度以繼續之，使天下之爲方員平直、正五音、仁天下者皆取法焉，所謂不可勝用而仁覆天下也。本止言覆天下，今及後世者，舉大可以該遠也。能覆天下，必能及後世矣。百工之事皆聖人作，故規矩律音與不忍人之政作一統説。耳目言力，心言思者，耳目之視聽以力，而心之官則思也。○雙峯饒氏曰：惟天下不能常有聖人，所以要繼之以不忍人之政。繼字最有意味，不然仁政雖自聖人而始，亦自聖人而止矣。

「故曰：『爲高必因丘陵，爲下必因川澤。』爲政不因先王之道，可謂智乎？

丘陵本高，川澤本下。爲高下者因之，則用力少而成功多矣。鄒氏曰：「自章首至此，論以仁心仁聞行先王之道。」

「是以惟仁者宜在高位。不仁而在高位，是播其惡於衆也。

仁者，有仁心仁聞而能擴而充之，以行先王之道者也。貫前第二節意。播惡於衆，謂貽患於下也。

「上無道揆也，下無法守也，朝不信道，工不信度，君子犯義，小人犯刑，國之所存者幸也。朝，音潮。

此言不仁而在高位之禍也。道，義理也。揆，度也。度，音鐸。下「度量」之「度」音同。法，制度也。道揆，謂以義理度量事物而制其宜。法守，謂以法度自守。工，官也。度，即法也。君子、小人，以位而言也。由上無道揆，故下無法守。無道揆，則朝不信道而君子犯義。無法守，則工不信度而小人犯刑。有此六者，其國必亡。

其不亡者，僥倖而已。朱子曰：上無道揆，則下無法守。雖有奉法守一官者，亦將不能用而去之矣。信道信度，信如憑信之信。此理只要人信得及，自然依那箇行，不敢踰越。惟其不信，所以妄作。如胥吏分明知得條法，只是冒法以爲姦，便是不信度也。

「故曰：城郭不完，兵甲不多，非國之災也；田野不辟，貨財不聚，非國之害也。上無禮，下無學，賊民興，喪無日矣。辟，與「闢」同。喪，去聲。

上不知禮，則無以教民；下不知學，則易去聲。與爲亂。新安陳氏曰：小人學道則易使。若不學，則不識道理。易於犯分而爲亂矣。鄒氏曰：「自是以惟仁者至此，所以責其君。」朱子曰：惟上無教下無學，所以不好之人並起，居高位者執進退黜陟之權，盡做出不好事來，則國之喪亡無日矣。其要只在於仁者宜在高位，所謂一正君而國定。○南軒張氏曰：三綱五常，人類所賴以生而國之所以爲國也。上失其禮，下廢其學，則綱常日以淪棄，國將何恃以立，民將何恃以生乎？然使禮廢於上而學猶傳於下，則庶幾斯道未泯而猶覬其可行也。上既無禮，下復無學，則邪説暴行並作而國隨喪矣。

「《詩》曰：『天之方蹶，無然泄泄。』蹶，居衛反。泄，弋制反。

《詩》，《大雅·板》之篇。蹶，顛覆之意。泄泄，怠緩悅從之貌。言天欲顛覆周室，群臣無得泄泄然不急救正之。

「泄泄，猶沓沓也。沓，徒合反。

沓沓，即泄泄之意。蓋孟子時人語如此。

「事君無義，進退無禮，言則非先王之道者，猶沓沓也。

非，詆毀也。詆，典禮反。

「故曰：責難於君謂之恭，陳善閉邪謂之敬，吾君不能謂之賊。」

范氏曰：「人臣以難事責於君，使其君爲堯舜之君者，尊君之大也；開陳善道以禁閉君之邪心，唯恐其君或陷於有過之地者，敬君之至也；朱子曰：恭與敬，大概也一般。只是恭意思較闊大，敬意思較細密。責難之恭，是先立箇大志，以帝王之道爲必可信、必可行。陳善閉邪，即是做那責難底工夫。○問：「所謂陳善閉邪者柰何？」曰：君有邪心，所當閉也。然不知所以閉之之道而逆閉之，則動有矯拂之患，其言不可得而入矣。故必爲之開陳善道，使之曉然知善道之所在，則所謂邪者亦不難乎閉之矣。孟子與時君論事多類此，其自謂敬王，豈虚語哉！○雙峯饒氏曰：恭有對敬言者，有即是敬者。如《中庸》「篤恭」、《書》「允恭」之類，恭即是敬也。謂其君不能行善道而不以告者，賊害其君之甚也。」問：人臣固當望君以堯舜。若度其君不足與爲善而不之告，或謂君爲中才可以致小康而不足以致大治，或導之以功利而不輔之以仁義，此皆是賊其君否？朱子曰：然。人臣之道，但當以極等之事望其君。責以十分，只做得二三分。若只責以二三分，少間做不得一分矣。若論才質之優劣，志趣之高下，固有不同。然吾所以導之者，則不可問其才智之高下優劣，但當以堯舜之道望他，豈可謂吾君不能而遂不以此望之哉！

鄒氏曰：「自《詩》云『天之方蹶』至此，所以責其臣。」○鄒氏曰：「此章言爲治去聲。者，當有仁心仁聞以行先王之政，而君臣又當各任其責也。」南軒張氏曰：此章之意，欲人君推是心以行仁政，而其終則欲人臣知禮義而法先王。蓋言不可以不學也。人臣知學而後人主聞大道，人主聞大道而後王政可行焉。此孟子之意也。○慶源輔氏曰：爲治者固當以仁心仁聞而行先王之政，然非君臣同心各任其責，則亦安能有成哉！○雲峯胡氏曰：君當盡君之責而莫先於仁，臣當盡臣之責而莫先於敬。

○孟子曰：「規矩，方員之至也；聖人，人倫之至也。

至，極也。人倫，説見形甸反。前篇。規矩盡所以爲方員之理，猶聖人盡所以爲人之道。

「欲爲君盡君道，欲爲臣盡臣道。二者皆法

堯舜而已矣。不以舜之所以事堯事君，不敬其君者也；不以堯之所以治民治民，賊其民者也。

法堯舜以盡君臣之道，猶用規矩以盡方員之極。此孟子所以道性善而稱堯舜也。朱子曰：規矩是方員之極，聖人是人倫之極。蓋規矩便盡得方員；聖人便盡得人倫。故物之方員者有未盡處，以規矩爲之便見。於人倫有未盡處，以聖人觀之便見。惟聖人都盡，無一毫之不盡，故爲人倫之至。○堯所以治民，舜所以事君，觀二《典》大概可見，是事事做得盡。○人之生也，均有是性，故均有是倫。均有是倫，故均有是道。然惟聖人能盡其性，故爲人倫之至，而所由莫不盡其道焉。此堯舜之爲君臣所以各盡其道而爲萬世之法，猶規矩之盡夫方員而天下之爲方員者莫不出乎此也。○南軒張氏曰：堯舜盡君臣之道，非有所增益也，無所虧焉耳。後之人以堯舜爲不可及，是自誣其性者也。不以舜所以事堯事君，蓋不以厥后爲可聖，是誣其君。不以堯所以治民治民，蓋不以斯民爲有恒性，是誣其民也。○雙峯饒氏曰：人倫不說父子、夫婦、長幼、朋友，而獨舉堯舜君臣做人倫樣子者，其意在當時人君。○新安陳氏曰：君臣之倫，於人倫爲尤大，所以宗主綱維彼四倫者也。孟子以堯舜盡君臣之倫，責望世之爲君臣者取法之，正以人性皆善而皆可以爲堯舜故也。

「孔子曰：『道二：仁與不仁而已矣。』

法堯舜，則盡君臣之道而仁矣；不法堯舜，則慢君賊民而不仁矣。二端之外，更無他道。解「而已矣」三字。出乎此，則入乎彼矣。可不謹哉？問不仁何以亦曰道。朱子曰：譬如說有大路，有小路，何疑之有。○慶源輔氏曰：仁與不仁，只是一箇天理與人欲而已。纔出天理，便入人欲，豈復更有他道哉？此古之聖賢所以兢兢業業而不敢不謹也。

「暴其民甚，則身弑國亡。不甚，則身危國削。名之曰『幽厲』，雖孝子慈孫，百世不能改也。

幽，暗。厲，虐。皆惡謚也。苟得其實，

則雖有孝子慈孫愛其祖考之甚者，亦不得廢公義而改之。言不仁之禍必至於此，可懼之甚也。南軒張氏曰：如堯舜之爲，是由仁之道者也。如幽厲之爲，是由不仁之道者也。人君可不審擇其所由哉？○慶源輔氏曰：不仁有淺深，而其禍有大小。以幽、厲視桀、紂，則幽、厲雖未至於身弑國亡，然死蒙惡謚，遺臭後來，孝子慈孫欲改不可，不仁之禍馴至如此，豈不可懼之甚哉？○雙峯饒氏曰：改，是要改其惡謚。古人謚法最公。後世亡國之君皆得美謚，公義廢矣。

「《詩》云：『殷鑒不遠，在夏后之世』，此之謂也。」

《詩》，《大雅·蕩》之篇。言商紂之所當鑒者，近在夏桀之世，而孟子引之，又欲後人以幽、厲爲鑒也。新安陳氏曰：此章欲人法堯舜而仁，戒人如幽厲之不仁，遏人欲、擴天理也。

○孟子曰：「三代之得天下也以仁，其失天下也以不仁。

三代，謂夏、商、周也。禹、湯、文、武，以仁得之。桀、紂、幽、厲，以不仁失之。

「國之所以廢興存亡者亦然。

國謂諸侯之國。興存以仁，廢亡以不仁。

「天子不仁，不保四海；諸侯不仁，不保社稷；卿大夫不仁，不保宗廟；士庶人不仁，不保四體。

言必死亡。新安陳氏曰：不保四海以下，皆不免於死亡。非特不保四體者爲然。

「今惡死亡而樂不仁，是猶惡醉而强酒。」惡，去聲。樂，音洛。强，上聲。

此承上章之意而推言之也。慶源輔氏曰：上章第言道二，仁與不仁，與桀、紂、幽、厲之事而已。此章又因其意而推及於諸侯、卿大夫、士、庶人不仁之禍，皆必至之理也。○西山真氏曰：此章明白峻厲，自天子至庶人皆當佩服。然所謂不仁者非他，縱人欲以滅天理而已。人欲縱而天理滅，禍至於此，可不畏哉？○雙峯饒氏曰：社稷宗廟以祭言，四海以土言，四體以身言。○新安陳氏曰：此承上章不仁則身弒國亡而推言之。即前篇惡辱而居不仁之意。又曰：戒人不仁，是亦遏人欲存天理也。

○孟子曰：「愛人不親反其仁，治人不治反其智，禮人不答反其敬。「治人」之治，平聲。「不治」之治，去聲。

我愛人而人不親我，則反求諸己，恐我之仁未至也。智敬放上聲。此。

「行有不得者，皆反求諸己。其身正而天下歸之。

不得，謂不得其所欲，如不親、不治、不答是也。反求諸己，謂反其仁，反其智，反其敬也。如此，則自治益詳，而身無不正矣。「詳」字貼「皆」字，不止上文「三自反」而已。天下歸之，極言其效也。南軒張氏曰：反身則天理明，不能則人欲肆。○慶源輔氏曰：自治詳，則身無不正。身無不正，則天下無不歸。雖極言其效，是亦必然之理也。○新安陳氏曰：是亦遏人欲擴天理也。

「《詩》云：『永言配命，自求多福。』」

解見形甸反。前篇。○亦承上章而言。慶源輔氏曰：爲治本乎自反，多福本乎自求。○雙峯饒氏曰：上面三句包括未盡，所以下面又説皆當反諸己。添箇「皆」字，凡有行不得所欲者，必自反諸身，則我之身無不正，天下亦歸之矣。「皆」字説得闊，不特説上面三者而已。「永言配命」，是常常思量要合理。永，是無間斷之意。此章補前章意。前章説大綱，此章説得密。○新安陳氏曰：承上章得天下以仁而言，因言仁而及智與禮，仁包智、禮也。

○孟子曰：「人有恒言，皆曰『天下國家』。天下之本在國，國之本在家，家之本在身。」恒，胡登反。

恒，常也。雖常言之，而未必知其言之有序也。故推言之，而又以家本乎身也。本於身，乃恒言之所未及。此亦承上章而推言之，《大學》所謂「自天子至於庶人，壹是皆以脩身爲本」，爲去聲。是故也。慶源輔氏曰：人之常言雖曰有序，而但及其外。君子之論則必究其本而無有或遺，得其本，則末可舉矣。以是而質於《大學》之言，則曾子、子思、孟子相傳之學不可誣矣！○雙峯饒氏曰：國，王畿之内，天子所治。天下，四方諸侯之國。天下取則於國，國取則於家。家取則於身。○新安陳氏曰：此章承上章身正而天下歸之意。孟子祖《大學》而言之。曾子以《大學》傳子思，子思以傳孟子，可見矣。

○孟子曰：「爲政不難，不得罪於巨室。巨室之所慕，一國慕之；一國之所慕，天下慕之。故沛然德教溢乎四海。」

巨室，世臣大家也。得罪，謂身不正而取怨怒也。雙峯饒氏曰：《集註》世臣、大家是兩項。世臣，非一代之臣。大家，是貴宦之家。○潛室陳氏曰：得罪，謂非理致怨。所謂不得罪者，謂合正理而不致怨於人，非曲法以奉之也。麥丘邑人祝齊桓公曰：「願主君無得罪於群臣百姓。」意蓋如此。劉向《新序·雜事》篇：桓公田至於麥丘，見麥丘邑人。問：「年幾何？」對曰：「八十有三矣。」公曰：「美哉壽乎！子其以子壽祝寡人。」麥丘邑人：「祝主君，使主君甚壽，金玉是賤，人爲寶。」公曰：「善哉！至德不孤，善言必再，吾子復之。」曰：「祝主君，使主君無羞學，無惡下問。賢者在傍，諫者得人。」公曰：「善哉！至德不孤，善言必三，吾子復之。」曰：「祝主君，使主君無得罪於群臣百姓。」公怫然作色曰：「吾聞之，子得罪於父，臣得罪於君，未聞君得罪於臣也。」麥丘邑人拜而起曰：「子得罪於父，可以因姑姊妹叔父而解之，父能赦之。臣得罪於君，可以因便嬖左右而謝之，君能赦之。昔桀得罪於湯，紂得罪於武王，此則君之得罪於臣者也。莫爲謝，至今得罪。」公曰：「善！」扶而載之，自御以歸，禮之於朝，封之以麥丘，而斷政焉。慕，向也。心悅誠服之謂也。沛然，盛大流行之貌。溢，充滿也。蓋巨室之心，難以力服，而國人素所取信。今既悅服，則國人皆服，而吾德教之所施，可以無遠而不至矣。此亦承上章而言。承上章「家之本在身」。蓋君子不患人心之不服，而患吾身之不脩。吾身既脩，則人心之難服者先服，而無一人之不服矣。○林氏曰：「戰國之世，諸侯失德，巨室擅權，如晉六卿、魯三桓等。爲患甚矣。然或者不脩其本而遽欲勝之，則未必能勝而適以取禍。故孟子推本而言，惟務脩德以服其心。彼既悦服，則吾之德教無所留礙，牛代反。可以及乎天下矣。裴度所謂韓洪本名弘，在宋避諱，以洪字代之。輿疾討賊，承宗斂手削地，非朝音潮。廷之力能制其死命，特以處上聲。置得宜能服其心故爾。政此類也。」《唐書·皇甫鎛傳》：鎛，音博。爲司農卿判度支，改户部侍郎。憲宗方伐蔡，急於用度，鎛裒會嚴亟以辦濟師。帝悦，進兼御史大夫。蔡平之明年，遂拜同中書門下平章事，猶領度支。鎛以吏道進，既由聚斂句剥爲宰相，至雖市道皆嗤之。崔群裴度以聞，帝怒不聽。度乃表罷政事，極語鎛姦邪苛刻，天下怨之將食其肉。且言天下安否繫朝廷，朝廷輕重在輔相。今承宗斂手削地，韓弘輿疾討賊，非力能制之，顧朝廷處置能服其心也。若相鎛，則四方解矣。請授以浙西觀察使。其辭切至，上不聽。○王承宗邊鎮王士真之子。拒命，以常山叛。朝廷歇兵。布衣栢耆杖策詣淮西行營謁裴度，且言願得天子一節馳入鎮，可掉舌下之。度爲言，乃以左拾遺往，既至以大誼動承宗泣下，乃與獻德棣二州，以二子入質。上從之。○韓弘，滑州人。憲宗方用兵淮西，拜淮西諸軍行營都統使，扞兩河。而令李光顔、烏重胤擊賊。弘不親屯，遣子公武領兵二千屬光顔。吴元濟既平，以功加兼侍中，封許國公。入朝再拜司徒中書令。以足疾，命中人掖拜。固願留京師，帝從之。○慶源輔氏曰：此承上章「家之本在身」而言也。君人者不正其身，所爲乖戾，則致人怨怒，其勢必自世臣大家始。故麥丘邑人之言亦先及群臣，而後及百姓也。

○孟子曰：「天下有道，小德役大德，小賢役大賢；天下無道，小役大，弱役强。斯二者，天也。順天者存，逆天者亡。有道之世，人皆脩德，而位必稱去聲。其德之大小；天下無道，人不脩德，則但以力相役而已。新安陳氏曰：小德小賢者居小位，大德大賢者居大位。位與德相稱，是上之人處之各當，故小德小賢見役於大德大賢，有道之世惟德是視也。若力之小弱見役於力之强大，無道之世惟力是視耳。天者，理勢之當然也。問：「天下無道，『小役大，弱役强』，亦曰『天』，何也？」朱子曰：到那時不得不然，亦是理當如此。○慶源輔氏曰：天下有道則以德爲大小，無道則以力爲强弱。二者皆理勢之所當然也。順其理勢則存，逆其理勢則亡，必然之理也。○雙峯饒氏曰：小德大德、小賢大賢以理言；小大强弱以勢言。蓋天下有理有氣。就事上説，氣便是勢。纔到勢之當然處，便非人之所能爲，即是天了。又曰：賢兼才德，以政事言也。雖曰時勢如此，然有大德者便能回天，便勝這勢。如文王自小至大，由百里而三分有二，不爲紂所役，此可以見德足以勝時勢處。○雲峯胡氏曰：《集註》嘗以天爲理之自然，此以天爲理勢之當然者，彼則純以天理言，此則兼以人事言也。

「齊景公曰：『既不能令，又不受命，是絶物也。』涕出而女於吴。女，去聲。

引此以言小役大、弱役强之事也。令，出令以使人也。受命，聽命於人也。物，猶人也。女，以女如字。與人也。吴，蠻夷之國也。景公羞與爲昏而畏其强，故涕泣而以女與之。慶源輔氏曰：既不能强於自治以昌其國而出令以使人，又不能因時勢之宜屈己自下以聽人之命，是與物睽絶也。絶物則絶於天矣。景公之言宜若可取。然景公之齊即桓公霸諸侯之齊，雖時勢下衰，苟振起作新之，獨不在我乎？而顧爲是巽言横涕。孟子姑取其説以證小役大、弱役强之事，其萎薾自棄之罪未暇議也。○汪氏曰：當有道而順天爲有義。當無道而順天爲有命。絶物即是逆天。齊景畏天者也。畏天猶保其國。

「今也小國師大國而恥受命焉，是猶弟子而恥受命於先師也。

言小國不脩德以自强，其般音盤。樂怠敖，去聲。皆若效大國之所爲者，而獨恥受其教命，不可得也。

「如恥之，莫若師文王。師文王，大國五年，小國七年，必爲政於天下矣。

此因其愧恥之心而勉以脩德也。文王之政，布在方策。舉而行之，所謂師文王也。五年七年，以其所乘之勢不同爲差。楚宜反。○慶源輔氏曰：所乘之勢，指國之大小而言也。蓋天下雖無道，然脩德之至，則道自我行，而大國反爲吾役矣。新安陳氏曰：不師大國而師文王，大國所乘之勢稍易，小國所乘之勢稍難，五七年之餘，人心奮氣勢回，而小可大弱可强，大國反爲吾役矣。程子曰：「五年七年，聖人度待洛反。其時則可矣。然凡此類，學者皆當思其作爲如何，乃有益耳。」慶源輔氏曰：程子之言，所以啓發學者至矣。惟聖人能知時，故曰聖人度其時可矣。學者燭理既明，而經歷之久、思慮之深，則自然見得。

「《詩》云：『商之孫子，其麗不億。上帝既命，侯于周服。侯服于周，天命靡常。殷士膚敏，裸將于京。』孔子曰：『仁不可爲衆也。夫國君好仁，天下無敵。』」裸，音灌。夫，音扶。好，去聲。

《詩》，《大雅·文王》之篇。孟子引此詩及孔子之言，以言文王之事。麗，數也。十萬曰億。侯，維也。助語辭。商士，商孫子之臣也。膚，大也。敏，達也。裸，宗廟之祭，以鬱紆勿反。鬯丑亮反。之酒灌地而降神也。新安倪氏曰：《周禮》有秬鬯，有鬱鬯。以秬米爲酒，名秬鬯，將祭，則築鬱金香草煮之以和鬯，酒名鬱鬯。灌乃用之，取其芬香旁達以降神。鬯者，以其條鬯也。將，助也。言商之孫子衆多，其數不但十萬而已。上帝既命周以天下，則凡此商之孫子，皆臣服于周矣。所以然者，以天命不常，歸于有德故也。是以商士之膚大而敏達者，皆執祼獻之禮，助王祭事于周之京師也。西山真氏曰：以商之孫子而爲周之諸侯，以商之美士而奔走周廟之祭，天命何常之有哉？成湯惟其仁也，故天命歸于商。紂惟其不仁，故天命轉而歸周。孔子因讀此詩，而言有仁者則雖有十萬之衆，不能當之。故國君好仁，則必無敵於天下也。不可爲衆，猶所謂難爲兄難爲弟云爾。《世説・德行》篇：後漢陳元方名紀。子長文名群。有英才，與季方名諶，元方之弟也。子孝先名忠。各論父功德，爭之不能决，諮於太丘，名寔，嘗除太丘長，乃長文、孝先之祖父也。太丘曰：「元方難其兄，❶季方難其弟。」○朱子曰：兄賢難做他弟，弟賢難做他兄。仁者無敵，難做衆去抵當他。

「今也欲無敵於天下而不以仁，是猶執熱而不以濯也。《詩》云：『誰能執熱，逝不以濯？』」恥受命於大國，是欲無敵於天下也。乃師大國而不師文王，是不以仁也。《詩》，《大雅・桑柔》之篇。逝，語辭也。言誰能執持熱物，而不以水自濯其手乎？○此章言不能自强則聽天所命，脩德行仁，則天命在我。慶源輔氏曰：不能自强，則聽命于天而爲强大所役。使脩德行仁如文王，則與天爲一而小可大弱可强，昔之强大者反爲役於我矣。豈非天命之在我乎？○新安陳氏曰：勢之强弱，亦天所命。不能自强，則聽命於天而爲强大所役，如齊景是也。脩德行仁，則道德足以勝勢力而天命在我，師文王而爲政於天下者是也。

○孟子曰：「不仁者可與言哉？安其危而利其菑，樂其所以亡者。不仁而可與言，則何亡國敗家之有？菑，與「灾」同。樂，音洛。

❶ 「其」，四庫本及《世説新語・德行》作「爲」。下句「其」字同。

安其危利其菑者，不知其爲危菑而反以爲安利也。所以亡者，謂荒暴淫虐，所以致亡之道也。不仁之人，私欲固蔽，失其本心，故其顛倒錯亂至於如此，所以不可告以忠言，而卒至於敗亡也。西山真氏曰：自古危亂之世，未嘗無忠言。祖伊嘗諫紂矣，召穆公嘗諫厲王矣，而二君不聽者，蓋其心既不仁，故顛倒迷繆，以危爲安，以菑爲利，以取亡之道爲可樂也。夫人君孰不欲安存而惡危亡，而其反背若此者，私欲蔽障而失其本心故爾。○雙峯饒氏曰：要在看樂其所以亡一句。他只愛那淫荒暴虐所以取亡底事，故雖危自以爲安，雖菑自以爲利。孟子此章說得利害大段甚分明。

「有孺子歌曰：『滄浪之水清兮，可以濯我纓。滄浪之水濁兮，可以濯我足。』浪，音郎。

滄浪，水名。纓，冠系也。新安倪氏曰：漢水東爲滄浪之水，見《禹貢》。後魏酈道元云「武當縣北四十里有洲曰滄浪洲，水曰滄浪水」，是也。

「孔子曰：『小子聽之！清斯濯纓，濁斯濯足矣。自取之也。』

言水之清濁有以自取之也。聖人聲入心通，無非至理。此類可見。慶源輔氏曰：夫不仁之人，則雖忠言至論無自而入。聖人之仁，則雖常言俗語聲入心通。是亦莫非自取之也。○新安陳氏曰：此孔子所以爲耳順也。

「夫人必自侮，然後人侮之；家必自毁，而後人毁之。國必自伐，而後人伐之。夫，音扶。

所謂自取之者。雙峯饒氏曰：自侮是不自重，適所以召人之侮。

「太甲曰：『天作孽，猶可違；自作孽，不可活。』此之謂也。」

解見形甸反。前篇。○此章言心存則有以審夫音扶。得失之幾，平聲。不存則無以辨於存亡之著。禍福之來，皆其自取。慶源輔氏曰：人心存則仁，人心不存則不仁。得失之幾至微也，存亡之實至著也。安利樂，得失之幾也。亡國敗家，存亡之實也。禍福之來皆其自取，即所謂禍福無不自己求之者。此亦承上章而言，仁與不仁所取之不同也。○新安陳氏曰：仁者心存則明哲，得失之幾微即能審察之。審侮毀伐之幾於自取之之初是也。不仁者心不存則昏蔽，存亡之已著亦不能辨，安其危，利其菑，樂所以亡是也。心存者存天理。戒心不存者，遏人欲也。

○孟子曰：「桀紂之失天下也，失其民也；失其民者，失其心也。得天下有道：得其民，斯得天下矣；得其民有道：得其心，斯得民矣；得其心有道：所欲與之聚之，所惡勿施爾也。惡，去聲。

民之所欲，皆爲去聲。致之，如聚斂力驗反。然。民之所惡，則勿施於民。鼂音潮。錯蒼故反。所謂「人情莫不欲壽，三王生之而不傷；人情莫不欲富，三王厚之而不困；人情莫不欲安，三王扶之而不危；人情莫不欲逸，三王節其力而不盡」，此漢文帝時鼂錯對賢良策語。此類之謂也。南軒張氏曰：所欲與聚，非惟壽富安逸之遂其志，用舍從違無不合其公願而後爲得也。○西山真氏曰：此章之要，在所欲與聚、所惡勿施二言。

「民之歸仁也，猶水之就下、獸之走壙也。走，音奏。

壙，廣野也。言民之所以歸乎此，以其所欲之在乎此也。新安陳氏曰：所欲與聚、所惡勿施，即所以仁民也，故民歸之。

「故爲淵敺魚者，獺也；爲叢敺爵者，鸇也；爲湯、武敺民者，桀與紂也。爲，去聲。敺，與「驅」同。獺，音闥。爵，與「雀」同。鸇，諸延反。

淵，深水也。獺，食魚者也。叢，茂林也。鸇，食雀者也。言民之所以去此，以其所欲在彼而所畏在此也。新安陳氏曰：彼謂湯、武，此謂桀、紂，如魚、雀之可全生者在淵叢，而得免死於獺、鸇也。

「今天下之君有好仁者，則諸侯皆爲之敺矣。雖欲無王，不可得已。好、爲、王，皆去聲。南軒張氏曰：非利人之爲己敺也，特言其理之必然耳。循夫天理無利天下之心而天下歸之，此三王所以王也。假是道而亦以得天下者，漢、唐是也。故秦爲漢敺，隋爲唐敺，季世之君肆於民上，施施然自以爲安，而不知其爲人敺，哀哉！○新安陳氏曰：好仁之君出，不仁者皆爲敺民以歸之。

「今之欲王者，猶七年之病求三年之艾也。苟爲不畜，終身不得。苟不志於仁，終身憂辱以陷於死亡。王，去聲。艾，草名，所以灸者，乾音干。久益善。夫音扶。病已深而欲求乾久之艾，固難卒倉没反。辦，然自今畜勑六反。之，則猶或可及；不然，則病日益深，死日益迫，而艾終不可得矣。王氏曰：艾以久爲善，不畜不足以活人之死。仁以久而熟，不積不足以拯國之危。○雲峯胡氏曰：三年之艾，不能畜之平日，而自今畜之猶可也。是故爲仁者，平日既無積久之功，今日不可無必爲之志。

「《詩》云：『其何能淑，載胥及溺。』此之謂也。」《詩》，《大雅·桑柔》之篇。淑，善也。載，則也。助語。胥，相也。言今之所爲其何能善，則相引以陷於亂亡而已。慶源輔氏曰：至此則雖聖人亦末如之何矣。詳味引詩之言，則令人惕然警省，有不容自已者矣。○新安陳氏曰：此章綱領在一「仁」字。仁民之要，在所欲與聚、所惡勿施。能如是，則可以謂之好仁，而不仁者皆將敺民以歸之，其王天下也孰禦。

○孟子曰：「自暴者，不可與有言也；自棄者，不可與有爲也。言非禮義，謂之自暴也；吾身不能居仁由義，謂之自棄也。暴，猶害也。非，猶毁也。自害其身者，不知禮義之爲美而非毀之。雖與之言，必不見信也。自棄其身者，猶知仁義之爲美，但溺於怠惰，自謂必不能行，與之有爲必不能勉也。程子曰：「人苟以善自治，則無不可移者，雖昏愚之至，皆可漸子廉反。磨而進也。惟自暴者拒之以不信，自棄者絕之以不爲，雖聖人與居，不能化而入也。此所謂下愚之不移也。」朱子曰：自暴者所言必非詆禮義，說没這道理，是之謂暴戾。我雖言而彼必不肯聽，是不足與言也。自棄者意氣卑弱，志趣凡陋，知有道理，甘心自絕以爲不能。我雖言仁義之美，彼此割斷了不肯做，是不足與有爲也。自暴者剛惡之所爲。自棄者柔惡之所爲。○言非禮義，以禮義爲非而拒之以不信。自暴，自賊害也。吾身不能居仁由義，自謂不能而絕之以不爲。自棄，自棄絕也。

「仁，人之安宅也；義，人之正路也。

仁宅，已見形甸反。前篇。義者，宜也。乃天理之當行，無人欲之邪曲，故曰正路。

「曠安宅而弗居，舍正路而不由，哀哉！」舍，上聲。

曠，空也。由，行也。○此章言道本固有而人自絕之，是可哀也。此聖賢之深戒，學者所當猛省悉井反。也。朱子曰：曠其安宅，則必放僻邪侈而安其所不可安之居矣。舍其正路，則必行險僥倖而由其所不可由之塗矣。安宅正路，人皆有之，而自暴自棄以至於此，是可哀也。○南軒張氏曰：仁言安宅者，謂其安而可處也。義言正路者，謂其正而可遵也。是二者，性之所有也。曠之舍之以自絕其天性，不亦可哀乎。○雙峯饒氏曰：前面說自暴自棄兩等人，後面說不居不由又只指自棄者言之，何也？蓋非毀禮義之人已不可教誨矣。那不能爲底，只是爲之不勇耳，尚知得可居可由，猶爲可教。所以孟子只說此一項，自歎息那自棄之人有安宅而不居，有正路而不由，是可哀也。○新安陳氏曰：「哀哉」二字，當令人發深省。夫自暴者，非詆天理，既不可與言，故絕望之。自棄者猶知天理之爲美，特甘於不能，故以本有者開示之。復哀憫以警聳之，猶致望之之意焉。此學者所以不可不猛省也。

○孟子曰：「道在爾而求諸遠，事在易而求諸難。人人親其親、長其長，而天下平。」邇、爾，古字通用。易，去聲。長，上聲。

親長在人爲甚邇，親之長之在人爲甚易，而道初不外是也。舍上聲。此而他求，則遠且難而反失之。但人人各親其親、各長其長，則天下自平矣。南軒張氏曰：使人各親其親、各長其長，其本在人君親其親、長其長，以倡率之而已。親親，仁也；長長，義也。仁義本之躬而達之天下，豈非道之邇者乎？天下所以平者，實係乎此。豈非事之易者乎？味此數語，堯、舜、三王之治，可得而推矣！○雲峯胡氏曰：此「道」字是天理之自然。此「事」字是人爲之當然。

○孟子曰：「居下位而不獲於上，民不可得而治也。獲於上有道：不信於友，弗獲於上矣；信於友有道：事親弗悦，弗信於友矣；悦親有道：反身不誠，不悦於親矣；誠身有道：不明乎善，不誠其身矣。

獲於上，得其上之信任也。誠，實也。反身不誠，反求諸身而其所以爲善之心有不實也。不明乎善，不能即事窮理，無以真知善之所在也。朱子曰：反身而誠，見其本具是理，而今不曾虧欠了他底。○問：「反諸身不誠？」曰：反諸身是反求於心，不誠是不曾實有此心。如事親以孝，須是實有這孝之心，若外面假爲孝之事，裏面却無孝之心，便是不誠矣。○獲上信友等皆以有道言，蓋有不由其道以求之者矣。若諛悦苟容以求獲乎上，便佞詭隨以求信乎友，阿意曲從以求悦乎親，冥行助長以求誠其身，皆是也。所謂誠身，能實踐其所明之善而有諸身之謂。○慶源輔氏曰：人孰無爲善之心，然隱微之際有一毫自欺之意，則其心便不實矣。人孰不知善之可爲，然不能即夫事以窮其理，而推極吾之知識，則所知者或未必真矣！游氏曰：「欲誠其意，先致其知；不明乎善，不誠其身矣。新安倪氏曰：引《大學》以證此章。致知即所以明善也。但誠意則以自脩之始言。誠身則以自脩之成言。誠意正心脩身，皆該於「誠身」二字中矣。學至於誠身，則安往而不致其極哉。以内則順乎親，以外則信乎友，以上則可以得君，以下則可以得民矣。」慶源輔氏曰：游氏之説，始則《大學》之次序，終則《中庸》之極功也。

「是故誠者，天之道也。思誠者，人之道也。

誠者，理之在我者皆實而無僞，天道之本然也；思誠者，欲此理之在我者皆實而無僞，人道之當然也。問：「思誠莫須明善否？」朱子曰：明善自是明善，思誠自是思誠。明善是格物致知，思誠是毋自欺謹獨。明善固所以思誠，而思誠上面又更有工夫在。誠者都是實理了。思誠者，恐有不實處，便思去實他。誠者天之道，天無不實，寒便是寒，暑便是暑，更不待使他恁地。聖人仁便真箇是仁，義便真箇是義，更無不實處。常人説仁時恐猶有不仁處，説義時恐猶有不義處，便須着思有以實之始得。○慶源輔氏曰：維天之命，於穆不已，至誠之理，天道之本然也。審思明辨，自强不息，思誠之事，人道之當然也。

「至誠而不動者未之有也。不誠未有能動者也。」

至，極也。楊氏曰：「動便是驗處，若獲乎上、信乎友、悦於親之類是也。」慶源輔氏曰：有感必有應，驗便是應處。極其誠，則合内外，平物我。感與應，皆非自外也。此其所以無有不動也。○雙峯饒氏曰：人要爲君取信，必須朋友稱譽薦進。然朋友所以稱譽，必能脩身齊家，方有可稱者。若是不説於親則何可稱之有。能説親必出於誠心乃可。這是推原誠身效驗如此。若説誠身工夫，則無間於事親、取友、事君、治民之際。誠到至處，自能動物，則以之事親而親悦，以之取友而友信，以之事君而君用，以之治民而民從，初無先後之分矣。○此章述《中庸》孔子之言，見思誠爲脩身之本，而明善又爲思誠之本。雲峯胡氏曰：此所謂思誠，即《中庸》所謂「誠之」，其工夫皆兼知行而言。思誠者，脩身之本，是脩身以知行爲先。明善又爲思誠之本，是知行之中又當以知爲先也。乃子思所聞於曾子，而孟子所受乎子思者。覺軒蔡氏曰：子思以誠之言人之道，而孟子易之以思誠。子思言形著動變，而孟子止於動者，以思出於心，於學者用功尤爲有力，而動者正指上文「獲上、信友、悦親」而言也。亦與《大學》相表裏，學者宜潛心焉。《大學章句》曰：其第五章乃明善之要。第六章乃誠身之本。〇慶源輔氏曰：明善者，《大學》之本；誠身者，《中庸》之要。於此可見《中庸》、《大學》之相爲表裏，曾子、子思、孟子之相爲授受者，益不可誣矣。

〇孟子曰：「伯夷辟紂，居北海之濱，聞文王作，興曰：『盍歸乎來！吾聞西伯善養老者。』太公辟紂，居東海之濱，聞文王作，興曰：『盍歸乎來！吾聞西伯善養老者。』辟，去聲。

作、興，皆起也。言文王起而爲方伯。盍，何不也。西伯，即文王也。紂命爲西方諸侯之長，上聲。得專征伐，故稱西伯。太公，姜姓，吕氏，名尚。《史記·齊世家》：「太公望吕尚者，東海人，其先祖嘗爲四嶽，佐禹平水土甚有功，虞夏之際封於吕，或封於申，姓姜氏。夏商之時，申吕或封支庶，子孫或爲庶人。尚其後苗裔也，本姓姜氏，從其封姓，故曰吕尚。西伯出獵，遇於渭之陽，曰『自吾先君太公望子久矣』，故號之曰『太公望』。」文王發政，必先鰥寡孤獨，庶人之老，皆無凍餒，故伯夷、太公來就其養，非求仕也。慶源輔氏曰：恐人見太公後來佐武王伐商，遂以其來也，爲有求仕之意，故明辨之。太公之初歸周，無是意也。觀孟子以太公與伯夷並言，亦自可見。

「二老者，天下之大老也，而歸之，是天下之父歸之也。天下之父歸之，其子焉往？焉，於虔反。

二老，伯夷、太公也。大老，言非常人之老者。天下之父，言齒德皆尊，如衆父然。既得其心，則天下之心不能外矣。南軒張氏曰：張良歸漢，項氏以亡；孔明在蜀，炎綱幾振，亦庶幾爲當時之老者，其所繫輕重固如此。○慶源輔氏曰：「衆父」二字出《老子》，《集註》借用之，其義則謂衆人之父爾。○雙峯饒氏曰：既有齒又有德，故謂之大老，若常人則是年老而已。蕭何所謂養民致賢以圖天下者，其意暗與此合，《通鑑》：「漢高帝元年二月，項羽立沛公即高祖。爲漢王，王巴蜀漢中。都南鄭，而分關中王秦，降將章邯等三人，以距漢路。漢王怒，欲攻項羽，周勃、灌嬰、樊噲皆勸之。蕭何諫曰：『雖王漢中之惡，不猶愈於死乎？能詘與「屈」同。於一人之下，而信「伸」同。於萬乘之上者，湯、武是也。臣願大王王漢中，養其民以致賢人，收用巴蜀，還定三秦，天下可圖也。』」但其意則有公私之辨，學者又不可不察也。慶源輔氏曰：蕭何之説，是欲爲此以圖天下，有爲而爲，所謂私也。文王之爲此，則初無所爲也，行吾義而已，所謂公也。二老之歸，乃其自然之應爾。

「諸侯有行文王之政者，七年之内，必爲政於天下矣。」

七年以小國而言也。大國五年，在其中矣。

○孟子曰：「求也爲季氏宰，無能改於其德，而賦粟倍他日。孔子曰：『求非我徒也，小子鳴鼓而攻之可也。』

求，孔子弟子冉求。季氏，魯卿。宰，家臣。賦，猶取也，取民之粟倍於他日也。小子，弟子也。鳴鼓而攻之，聲其罪而責之也。

「由此觀之，君不行仁政而富之，皆棄於孔子者也。況於爲之强戰？争地以戰，殺人盈野；争城以戰，殺人盈城。此所謂率土地而食人肉，罪不容於死。爲，去聲。

林氏曰：「富其君者，奪民之財耳，而夫子猶惡去聲。之。況爲去聲。土地之故而殺人，使其肝腦塗地，則是率土地而食人之肉。其罪之大，雖至於死猶不足以容之也。」范氏曰：天地大德曰生，聖人所以守位曰仁。孔子曰：「斷一木，殺一獸，不以其時，非孝也。草木鳥獸，殺之不以時，則逆天地之理，猶爲不孝，況於人命，可不重哉？」○和靖尹氏曰：湯、武之征，以正伐不正，救民於塗炭也。戰國之戰，以亂益亂，殘人民耳，而求富之，爲之强戰，是何異於助桀而富桀也？○慶源輔氏曰：率，猶循也，由也。率土地而食人肉，謂以土地之故殺人而使之肝腦塗地，則是由土地而食人之肉也，其罪之大，雖至於死猶不足以容之，言罪大而刑小，如所謂死有餘辜也。

「故善戰者服上刑，連諸侯者次之，辟草萊、任土地者次之。」辟，與「闢」同。

善戰，如孫臏、音牝，齊威王臣。吳起衛人，爲魏文侯將。之徒。連結諸侯，如蘇秦、洛陽人。張儀衛人。之類。辟，開墾口本反。也。任土地，謂分土授民，使任耕稼之責，如李悝枯回反。盡地力，商鞅以兩反。開阡陌之類也。《前漢·食貨志》：戰國時，李悝爲魏文侯作盡地力之教，以爲地方百里，提封九萬，須除山澤邑居參分去一，爲田六百萬畮，治勤謹，則畮益三升。服虔曰：與之三升也。臣瓚曰：當言三斗，謂治田勤則畮加三斗也。不勤則損亦如之。地方百里之增減，輒爲粟八百十萬石矣。又曰：糴甚貴傷民，謂士、工、商也。甚賤傷農。民傷則離散，農傷則國貧。故甚貴與甚賤，其傷一也。善爲國者，使民無傷而農益勸。今一夫挾五口，治田百畮，歲收畮一石半，爲粟百五十石，除十一之稅十五石，餘百三十五石。食，人月一石半，五人終歲爲粟九十石，餘有四十五石。石三十，爲錢千三百五十，除社閭嘗新春秋之祠用錢三百，餘千五十。衣，人率用錢三百，五人終歲用千五百，不足四百五十。不幸疾病死喪之費，及上賦斂，又未與此。此農夫所以常困，有不勸耕之心，而令糴至於甚貴者也。善平糴者，必謹觀歲上中下熟。大熟則上糴三而舍一，中熟則糴二，下熟則糴一，使民適足，價平而止。小飢則發小熟之所藏，中飢則發中熟之所藏，上飢則發上熟之所藏。雖遇飢饉水旱，糴不貴而民不散。○《通鑑》：周顯王十九年，秦孝公十二年也。秦商鞅令民父子兄弟同室内息者爲禁，并諸小鄉聚集爲一縣，縣置令丞。廢井田，開阡陌，路南北曰阡，東西曰陌。平斗甬權衡丈尺。○問：「如李悝盡地力，不過亦教民而已，孟子何以謂任土地者亦次於刑。」朱子曰：只爲他是欲富國，不是欲爲民，但强占地開墾將去，欲爲己物耳，皆爲君聚斂之徒也。○阡陌便是井田，一横一直，如遂上有涂，這便是陌；洫上有路，這便是阡。自阡陌之外有地，則只閑在那裏，先王所以如此者，乃是要正經界，恐人相侵占。今商鞅却破開了，遇可做田處便做田，更不要整齊。這開字非開創之開，乃開闢之開。《蔡澤傳》曰：「破壞井田，決裂阡陌，觀此可見。」○南軒張氏曰：自當時言之，孰不以爲大功，而先王以爲大戮，治世之所誅，而時君之所賞。孟子之言及此，蓋正誼明道，以遏人欲之横流也。○慶源輔氏曰：戰國之時，人君之所求，與士之所以自任者，不過有此三等。故孟子因列之，而言其罪以遏其流，雖是救時之言，然士而以此三者得名，則世德之衰可知矣。

○孟子曰：「存乎人者，莫良於眸子。眸子不能掩其惡。胸中正，則眸子瞭焉；胸中不正，則眸子眊焉。眸音牟。瞭音了。眊音耄。

良，善也。眸子，目瞳子也。瞭，明也。眊者，蒙蒙，目不明之貌。蓋人與物接之時，其神在目。故胸中正，則神精而明；不正，則神散而昏。慶源輔氏曰：心正，則安裕完固，故其神之見於目者，精聚而明白。心不正，則驚惕掩覆，故神之見於目者，渙散而昏暗。此其所謂不能掩者也。○自體察之可見。神若不在，則目雖見物，猶無見也。都不能有所識别矣。

「聽其言也，觀其眸子，人焉廋哉？」焉，於虔反。廋音搜。

廋，匿也。言，亦心之所發，故并此以觀，則人之邪正不可匿矣。然言猶可以僞爲，眸子則有不容僞者。南軒張氏曰：聽其言而又參之以眸子，則無所遁矣。此言與孔子「人焉廋哉」之言同，而爲說則異。夫子之言，爲旋觀其人說，孟子之言，一見而欲識其大綱也。若夫睟面盎背，施於四體，四體不言而喻者，則望而知其爲德人，有不待考察者矣。學者讀此，非獨可得觀人之法，又當知檢身之要。私心邪氣，其可頃刻而有邪？一萌諸中，而昭昭然不可掩矣，可不懼哉？○西山真氏曰：目者精神之所發，而言者心術之所形，故審其言之邪正，驗其目之明昧，而人之賢否不可掩焉。此觀人之一法也。○勿軒熊氏曰：孔子之觀人，是觀乎其內，孟子是觀乎其外。二章互看，君子小人之情狀不可逃矣。○新安陳氏曰：趙氏註：「目爲神候，精之所在，存而察之，善惡不隱。」蓋以「在察」解「存乎人」之「存」字。然以《易·繫辭》「存乎其人」、「存乎德行」之類觀之，只輕輕說過，不必訓爲察也。

○孟子曰：「恭者不侮人，儉者不奪人。侮奪人之君，惟恐不順焉，惡得爲恭儉？恭儉豈可以聲音笑貌爲哉？」惡，平聲。

惟恐不順，言恐人之不順己。聲音笑貌，僞爲於外也。雙峯饒氏曰：孟子就侮人奪人上說，見得非泛言恭儉，亦是爲國君言之。當時國君必有名爲恭儉者，但無故而加兵於他人之國，便是侮人。無故而取人之土，便是奪人。安得謂之恭儉？○雲峯胡氏曰：孟子嘗言賢君必恭儉禮下，取於民有制。蓋惟恭者必禮下而不侮人，儉者必取民有制而不奪人，不侮者恭之驗，不奪者儉之驗，否則惟恐人不順己驕侈之欲耳。《書》曰：「恭儉惟德，無載爾僞。」不侮不奪者，恭儉之實事；不以聲音笑貌爲者，恭儉之實德。有是實德，則有是實事。無恭儉之實德，則聲音笑貌載爾僞耳。天理人欲之分，誠實虛僞之判也，其亦擴天理而遏人欲與？

○淳于髡曰：「男女授受不親，禮與？」孟子曰：「禮也。」曰：「嫂溺則援之以手乎？」曰：「嫂溺不援，是豺狼也。男女授受不親，禮也；嫂溺援之以手者，權也。」

淳于，姓。髡，名。齊之辯士。授，與也。受，取也。古禮男女不親授受，以遠去聲。別必列反。也。禮之經也。○《禮記·內則》：「男不言內，女不言外，非祭非喪，不相授器。其相授，則女授以篚，其無篚，則皆坐奠之，而后取之。」援，救之也。權，稱去聲。錘直垂反。也，稱物輕重而往來以取中者也。此釋「權」字之義。權而得中，是乃禮也。朱子曰：事有緩急，理有大小，此等處皆須以權稱之。○北溪陳氏曰：「權」字乃就稱錘上取義，稱錘之爲物，能權輕重以取平，故名曰權。權，變也。在衡有星兩之不齊，權便移來移去，隨物以取平，亦猶人之用權度，揆度事物以取其中相似。又曰：知中然後能權，由權然後得中。中者，理所當然而無過不及者也。權者，所以度事理而取其當然，使無過不及者也。○慶源輔氏曰：若是經禮，更何須權？惟是那經禮有行不得處，故須用權以取中。權而得中，是乃禮也。若權而不得中，則陷乎漢儒權變權術之域矣。豈可謂之權乎？○新安陳氏曰：此乃禮之權而不背乎經者也。

曰：「今天下溺矣，夫子之不援，何也？」

言今天下大亂，民遭陷溺，亦當從權以援之，不可守先王之正道也。

曰：「天下溺，援之以道；嫂溺，援之以手。子欲手援天下乎？」

言天下溺，惟道可以捄與「救」同。之，非若嫂溺可手援也。今子欲援天下，乃欲使我枉道求合，則先失其所以援之之具矣。是欲使我以手援天下乎？○此章言直己守道，所以濟時；枉道徇人，徒爲失己。朱子曰：古人所以捄世，以有道也。既自放倒矣，天下豈一手可援哉？○南軒張氏曰：不授受，固禮之經，嫂溺則遭變矣，援以手者，遭變而處之之道當然也。不援，則失道而陷於禽獸，然則其權也，豈非所以爲不失其經也與？髡因言孟子在今日，似當少貶其道，用權以救世。孟子謂天下之溺當援以道，若道先枉，則將何以援之？孟子之不少貶以求濟，是乃援溺之本，天下之大經也。

○公孫丑曰：「君子之不教子，何也？」

不親教也。

孟子曰：「勢不行也。教者必以正，以正不行，繼之以怒。繼之以怒，則反夷矣。『夫子教我以正，夫子未出於正也。』則是父子相夷也。父子相夷，則惡矣。

夷，傷也。教子者，本爲去聲。愛其子也，繼之以怒，則反傷其子矣。父既傷其子，子之心又責其父曰：「夫子教我以正道，而夫子之身未必自行正道。」則是子又傷其父也。

「古者易子而教之。

易子而教，所以全父子之恩，而亦不失其爲教。朱子曰：易子而教，考之孔子亦然。若孔子自教其子，則鯉所未學必有以知之，又奚問焉？陳亢稱君子遠其子，亦可見也。

「父子之間不責善。責善則離，離則不祥莫大焉。」

責善，朋友之道也。龜山楊氏曰：父子之間雖不責善，豈不欲其爲善？然必親教之，其勢必至於責善。○南軒張氏曰：養恩於父子之際，而以責善望之師，仁之篤而義之行也。○新安陳氏曰：父子主恩，朋友責善，當主恩而行責善，則傷恩而易至於離矣。○王氏曰：「父有争去聲。下同。子，何也？所謂争者，非責善也。當不義，則争之而已矣。父之於子也如何？曰，當不義，則亦戒之而已矣。」慶源輔氏曰：王氏最得孟子之正意。責善，謂責之使必爲善也。責之使必爲善，則便有使之捐其所能、去其所劣之意，故必至於相傷，至其所爲或背理而害義，則豈可坐視而不管？故在子則當争，在父則亦當戒切之也。○雙峯饒氏曰：王荆公所謂争，則下氣怡聲和悦以争之。所謂戒，亦訓敕之而已。○新安陳氏曰：父之於子，正身率之，以責善望師友，固也。然遇不賢之子，不得已亦當自教戒之。若懼傷恩而全不教戒，及其不肖，徒諉曰其子之賢不肖，皆天也。此所謂慈而敗子矣。孟子之言，經也。此所云，權也。權以濟經，非反乎經也。

○孟子曰：「事孰爲大？事親爲大；守孰

爲大？守身爲大。不失其身而能事其親者，吾聞之矣；失其身而能事其親者，吾未之聞也。

守身，持守其身，使不陷於不義也。一失其身，則虧體辱親，雖日用三牲之養，去聲。亦不足以爲孝矣。新安陳氏曰：初言事君事長，皆事也，事親爲事之大；守國守官，皆守也，守身爲守之大。二者分開平說。繼言不失身則能事親，二貫爲一，分重輕說。不失其身，即是守身。能守身，方能事親。此與前章悦親在於誠身同意。

「孰不爲事？事親，事之本也；孰不爲守？守身，守之本也。

事親孝，則忠可移於君，順可移於長。上聲。○新安陳氏曰：此事親所以爲事之本。身正，則家齊國治去聲。而天下平。新安陳氏曰：此守身所以爲守之本。○「事之本」、「守之本」照應章首四句。分二者平說，惟其爲本，所以見其爲大。

「曾子養曾晳，必有酒肉；將徹，必請所與；問有餘，必曰『有』。曾晳死，曾元養曾子，必有酒肉；將徹，不請所與；問有餘，曰『亡矣』。將以復進也。此所謂養口體者也。若曾子，則可謂養志也。

養，去聲。復，扶又反。此承上文事親言之。曾晳，名點，曾子父也。曾元，曾子子也。曾子養其父，每食必有酒肉。食畢將徹去，必請於父曰：「此餘者與誰？」或父問此物尚有餘否？必曰「有」。恐親意更欲與人也。曾元不請所與，雖有言無，其意將以復進於親，不欲其與人也。此但能養父母之口體而已。曾子則能承順父母之志而不忍傷之也。南軒張氏曰：守身所以事親也，身失其道，將何以事親？反復言之，欲人以守身爲事親之本也。若曾子者，可謂能盡守身事親之道者矣。故舉其養志之事，以爲人子之法。○慶源輔氏曰：養父母之口體者，其事淺；承順父母之心志者，其思深。夫子之於父，異體同氣，至親至密。故事之者，當先意承事，必能聽於無聲，視於無形，然後爲至。若必待其言而後從，固已不可，况於先立其意以拂其親之欲，唯口體是養而不恤其心志之虧乎？○雙峯饒氏曰：曾子養志，是承順他好底意思，曾晳不私其口體之奉，常有及物之心，這便是好底意思，曾子便能承順他，蓋緣曾子意思亦是如此。曾元便不然矣。孟子舉必有酒肉以爲養親之法，凡有好底意思，皆要承順而推廣之。若是不好底意思，則不當承順。要喻之使合於道，方謂之孝。孟子舉曾子、曾元，作兩箇例頭。是事親者，須是養志，若養口體，末也。○新安陳氏曰：此章前以守身爲事親之本，所以論其理，及後實之以事，則惟舉曾子之事親而守身不及焉。雖曾子之戰兢臨履，得正而斃，尤善守身，而辭未之及。《集註》於此一節，只曰「此承上文事親言之」。然觀曾子，養志如此，惟恐一毫咈其親之志。欲子之不失其身，尤父之志之大者。一飲食間，尚體承親志如此，則立身行己間。所謂身也者，親之枝也，行父母之遺體，敢不敬乎？其能謹守此身以承親志，不言可知矣。南軒謂「曾子能盡守身事親之道，故舉其養志之事者」，最爲得之云。

「事親若曾子者，可也。」

言當如曾子之養志，不可如曾元但養口體。程子曰：「子之身所能爲者，皆所當爲，無過分去聲。之事也。故事親若曾子可謂至矣，而孟子止曰『可也』，豈以曾子之孝爲有餘哉？」程子曰：「孟子云事親若曾子可也，吾以爲事君若周公可也。蓋子之事父、臣之事君，聞有自知其不足者矣，未嘗聞其以爲有餘也。周公之功固大矣，然臣子之分所當爲也，安得獨用天子之禮乎？」又曰：「子之事父，其孝雖過於曾子，畢竟是以父母之身做出來，豈是分外事？若曾子者，僅可以免責耳。臣之於君，猶子之於父也。假如功業大於周公，亦是以君之人民勢位做出來，而謂人臣所不能爲可乎。」○慶源輔氏曰：孟子只平説去，曰事親若曾子可也。至程子方看得「可也」二字有深意，以此知讀書不可不熟讀玩味。○新安陳氏曰：此章前言守身爲事親之本，後言養志爲養親之大。

○孟子曰：「人不足與適也，政不足間也。

惟大人爲能格君心之非。君仁莫不仁，君義莫不義，君正莫不正。一正君而國定矣。」適音謫。間，去聲。

趙氏曰：「適，過也。間，非也。格，正也。」徐氏名度，字孝節，睢陽人。曰：「格者，物之所取正也。《書》曰：『格其非心。』」朱子曰：格如「合格」之「格」，謂使之歸于正。○蔡氏曰：非心，非僻之心也。愚謂「間」字上亦當有「與」字。言人君用人之非，不足過謫；與「謫」同。行政之失，不足非間。惟有大人之德，則能格君心之不正以歸于正，而國無不治去聲，下同。矣。新安陳氏曰：仁本義用，正包仁義言之。仁義，所以正也。《集註》所以不提仁義。大人者，大德之人，正己而物正者也。朱子曰：大人格君心之非，此是精神意氣自有感格處，然亦須有箇開導底道理，不但默默而已。伊川解遇主于巷云：「至誠以感動之，盡力以扶持之，明理義以致其知，杜蔽惑以誠其意。」正此意也。○程子曰：「天下之治亂，繫乎人君之仁與不仁耳。心之非，即害於政，不待乎發之於外也。昔者孟子三見齊王而不言事，門人疑之。孟子曰：『我先攻其邪心，《荀子·大略篇》：「孟子三見齊王而不言事，門人曰：『曷爲三遇齊王而不言事？』孟子曰：『我先攻其邪心。』」心既正，而後天下之事可從而理也。』夫音扶。政事之失，用人之非，知去聲。者能更平聲，下同。之，直者能諫之。然非心存焉，則事事而更之，後復扶又反，下同。有其事，將不勝平聲，下同。其更矣；人人而去上聲，下同。之，後復用其人，將不勝其去矣。是以輔相去聲。之職，必在乎格君心之非，然後無所不正。而欲格君心之非者，非有大人之德，則亦莫之能也。」朱子曰：孔子不能格定哀，孟子不能格齊宣，要之有此理在我，而在人者不可必。

○南軒張氏曰：後世道學不明，論治者，不過及於人才政事而已，孰知其本在於君心，又孰知格君之本乃在於吾身乎？○慶源輔氏曰：《集註》解得「格」字義分曉，所謂大人者，道全德備，譽望足以弭其邪心，容色足以消其逸志。非但取辨於頰舌之間、諫争之際而已也。然無大人之德，與學而有言責者，則又不可以是藉口。○雙峯饒氏曰：大人，是伊周之徒，他人當不得。

○孟子曰：「有不虞之譽，有求全之毀。」

虞，度徒洛反。也。呂氏曰：「行去聲。不足以致譽而偶得譽，是謂不虞之譽。求免於毀而反致毀，是謂求全之毀。言毀譽之言未必皆實，脩己者不可以是遽爲憂喜，觀人者不可以是輕爲進退。」慶源輔氏曰：《集註》既得孟子本意，又續以此二言，於人己兩有所益。○雙峯饒氏曰：我去譽他人之譽，平聲，得此譽於他人，去聲。譽本是美人之好處，但對「毀」字說，則二者皆有不得其真之意。○雲峯胡氏曰：毀譽已自是非真，况脩己而遽以是爲憂喜，必至於失己。觀人而輕以是爲進退，必至於失人。

○孟子曰：「人之易其言也，無責耳矣。」易，去聲。

人之所以輕易其言者，以其未遭失言之責故耳。蓋常人之情，無所懲於前，則無所警於後。非以爲君子之學必俟有責而後不敢易其言也。然此豈亦有爲去聲。而言之與？音余。○慶源輔氏曰：謹言語自是君子之庸行，何待於有責而後然。

○孟子曰：「人之患在好爲人師。」好，去聲。

王勉曰：「學問有餘，人資於己，不得已而應之可也。若好爲人師，則自足而不復扶又反。有進矣。此人之大患也。」新安陳氏曰：不得已者，不自知其有餘，無意於爲人師而人自師之。好云者，自見其有餘，有意於爲人師，而人未必心悦誠服以師之。○雲峯胡氏曰：通上章兩「人」字，爲泛然之衆人而言也，與《大學》「正心」、「脩身」兩章之「人」字不異。

○樂正子從於子敖之齊。

子敖，音遨。王驩字。

樂正子見孟子。孟子曰：「子亦來見我乎？」曰：「先生何爲出此言也？」曰：「子來幾日矣？」曰：「昔者。」曰：「昔者，則我出此言也，不亦宜乎？」曰：「舍館未定。」曰：「子聞之也，舍館定，然後求見長者乎？」長，上聲。

昔者，前日也。館，客舍也。王驩，孟子所不與言者，則其人可知矣。樂正子乃從之行，其失身之罪大矣。又不早見長者，則其罪又有甚者焉。故孟子姑以此責之。新安陳氏曰：從小人爲失身，一罪也。不早見長者，又一罪也。孟子且以後一罪責之。

曰：「克有罪。」

陳氏曰：「樂正子固不能無罪矣，然其勇於受責如此，非好去聲。善而篤信之，其能若是乎？世有强辯飾非，聞諫愈甚者，又樂正子之罪人也。」新安陳氏曰：樂正子，善人也，信人也，所以能好善而篤信之。惟好善篤信，所以勇於服義自以爲罪，亦可尚也。

〇孟子謂樂正子曰：「子之從於子敖來，徒餔啜也。我不意子學古之道而以餔啜也。」餔，博孤反。啜，昌悦反。

徒，但也。餔，食也。啜，飲也。言其不擇所從，但求食耳。此乃正其罪而切責之。朱子曰：王驩齊幸臣，蓋欲自託於孟子以取重。使滕王以爲介，孟子未嘗與言。吊公行子，又不與言，絶之深矣。樂正子不察，輕身從之，意特藉其資粮輿馬以見孟子而已，故以餔啜罪之。若孟子所以去齊，其詳雖不可考，疑驩以是積憾而遂去也。〇南軒張氏曰：克既館於子敖，則未免制於子敖，故舍館定，始得見其師。觀此二章，則知君子之處己不可以不嚴，而所與不可不謹也。〇雙峯饒氏曰：此二章只一件事，樂正子方來，孟子不欲便責之，後卻正其罪，所以分作兩章。樂正子初意只欲來齊見孟子，依王驩來，省粮食之費，視爲無緊要事。殊不知一失身從之，便是因失其親，將來王驩或薦引之，則那時去就愈難處，孟子所以切責之。○趙氏曰：樂正子能勇於受責，然後孟子正其罪而切責之。所謂可與言而後與之言者也。

○孟子曰：「不孝有三，無後爲大。趙氏曰：「於禮有不孝者三事。謂阿意曲從，陷親不義，一也；家貧親老，不爲禄仕，二也；不娶無子，絶先祖祀，三也。三者之中，無後爲大。」慶源輔氏曰：此必見於古傳記，趙氏時其書尚存，故引之，今則不復存矣。阿意曲從，陷親不義者，懦也。家貧親老，不爲禄仕者，惰也。不娶無子，絶先祖祀，則因循苟且，亂常咈理，不仁之甚也。故於三者之中，最爲不孝之大者。○雙峯饒氏曰：此三者不是尋常不孝底事。奉順，孝也，但阿意曲從，陷親於不義則不可。非其道不仕，孝也，家貧親老而不禄仕則不可。告而後娶，孝也，但告則不得娶以至無子絶祀則不可。趙氏以意度説自好，所以朱子不破其説。

「舜不告而娶，爲無後也，君子以爲猶告也。」「爲無」之爲，去聲。

舜告焉則不得娶，而終於無後矣。告者，禮也，不告者，權也。新安陳氏曰：告者，禮之正也，經也。不告者，禮之變也，權也。猶告，言與告同也。蓋權而得中，則不離去聲。於正矣。○范氏曰：「天下之道，有正有權。正者萬世之常，權者一時之用。常道人皆可守，權非體道者不能用也。新安陳氏曰：體道，謂全體此道於身，與道爲一者也。蓋權出於不得已者也。若父非瞽瞍，子非大舜，而欲不告而娶，則天下之罪人也。」程子曰：舜不告而娶，堯得以命瞽瞍使舜娶，舜雖不告，堯告之也，以君詔之而已。○朱子曰：以事理度之，意其未及告而受堯之命耳。其後固不容不告，而遂娶以歸也。○新安倪氏曰：人之大倫，君親爲重。湯放桀，武王伐紂，而孟子謂聞誅一夫未聞弑君，此處君臣之變而不失其正者也。舜不告而娶，而孟子謂君子以爲猶告，此處父子之變而不失其正者也。然惟聖人體道之至，乃能權而得中。若未能然，而欲引以藉口，則誠得罪於天下萬世矣。故《集註》於前章曰：「惟在下者有湯武之仁，在上者有桀紂之暴則可，不然，是未免於篡弒之罪也。」於此章曰：「若父非瞽瞍，子非大舜，而欲不告而娶，則天下之罪人也。」皆所以補孟子未足之意，嚴萬世之大戒，而扶植君臣父子之綱，《集註》之有功於世教也大矣。

○孟子曰：「仁之實，事親是也；義之實，從兄是也；

仁主於愛，而愛莫切於事親；義主於敬，而敬莫先於從兄。故仁義之道其用至廣，而其實不越於事親從兄之間。蓋良心之發，最爲切近而精實者。有子以孝弟爲爲仁之本，其意亦猶此也。朱子曰：「實」字，有對名而言者，謂「名實」之「實」。有對理而言者，謂「事實」之「實」。有對華而言者，謂「華實」之「實」。今這「實」字，正是「華實」之「實」。仁之實，本只是事親，推廣之，愛人利物無非是仁。義之實，本只是從兄，推廣之，弟長忠君無非是義。事親從兄便是仁義之實，推廣出去者，乃是仁義之華采。○「實」對「華」而言，凡仁義之見於日用者，惟此爲本根精實之所在，必先立乎此，而後其光華枝葉有以發見於事業之間焉。且如愛親，仁民愛物，無非仁也，但是愛親乃是切近而真實者，乃是仁最先發處，義之實亦然。○覺軒蔡氏曰：有子以孝弟爲爲仁之本，孟子乃以事親屬之仁，從兄屬之義，若不同矣。朱子乃以爲其意亦猶此，何耶？蓋有子言仁，專言之仁也。孟子言仁義，偏言之仁也。事親主乎愛而已，義則愛之宜者也。合而言之，推其事親者以從兄，此孝弟所以爲爲仁之本。分而言之，則事親而孝，從兄而弟，所以爲仁義之實也。○西山真氏曰：仁義之道大矣，而其切實處只在事親從兄。蓋二者人之良知良能，天性之真，於焉發見。欲爲仁義者，惟先體認踐行於此而充廣之，則其道生生而不窮，否則悠悠然、泛泛然，非可據之實地矣。○勿軒熊氏曰：此「實」字之訓，當如果核之實。○新安陳氏曰：洙泗言仁，孟氏始每言仁義。言仁渾淪言之，言其理一者也。

故總言孝弟以明親親，見親親爲仁民愛物之本也。言仁義分別言之，言理一中之分殊者也。故以事親爲仁之實，從兄爲義之實也。《集註》謂有子之意亦猶此者，蓋以本立於孝弟，而仁道自此而生，與仁義之實盡於事親從兄，而仁義之道其華采亦皆自此而生，此意有相似者耳。

「智之實，知斯二者弗去是也；禮之實，節文斯二者是也；樂之實，樂斯二者，樂則生矣；生則惡可已也，惡可已，則不知足之蹈之，手之舞之。」「樂斯」、「樂則」之樂音洛。惡，平聲。

斯二者，指事親從兄而言。知而弗去，則見之明而守之固矣。節文，謂品節文章。樂則生矣，謂和順從七容反。容無所勉强，上聲。事親從兄之意油然自生，如草木之有生意也。既有生意，則其暢茂條達自有不可遏者，所謂惡可已也。其又盛，則至於手舞足蹈而不自知矣。新安陳氏曰：手舞足蹈，天理之真樂形見於動容之間而不自知者也。

○此章言事親從兄，良心真切，天下之道皆原於此。然必知之明而守之固，然後節之密而樂之深也。朱子曰：此一段緊要在五箇「實」字上，如仁是親親仁民愛物，義是長長貴貴尊賢。然在家時未便到仁民愛物，未事君時未到貴貴，未從師友時未到尊賢，且須先從事親從兄上做將去，這箇便是仁義之實。仁民愛物、貴貴尊賢，便是仁義之英華。若理會得這箇，便知得其他，那分明見得而守定不移，便是智之實。行得恰好，便是禮之實。由中而出無所勉强，便是樂之實。大凡一段中必有緊要處，這一段便是這箇「實」字緊要。○問：樂則生矣，生則惡可已也？曰：如今恁地勉强安排，如何得樂？到得常常做得熟，自然浹洽通快，周流不息，油然而生不能自已。只是要到樂處，實是難在。若只恁地把捉安排，纔忘記又斷了，這如何得樂？如何得生？○節者，等級也。文是裝裹得好，如升降揖遜之類也。○蔡氏曰：既曰「知斯二者」，又曰「弗去者」，《易》曰「貞固足以幹事」。「貞固」二字，朱子云：「知正之所在而固守之，所謂知而弗去是也。」體仁、嘉會、利物皆一意，而「貞固」獨有二字意。貞則知之真，固則守之固。蓋萬物之成始而成終，所以爲貞也。惻隱、羞惡、辭遜皆是一面道理，而是非獨有兩面，則智之爲二可知矣。又推之凡屬北方者皆有二，如五行水、土俱旺於子，五藏心、肝、脾、肺皆一而腎獨二，四方青龍、朱雀、白虎皆一而玄武獨二，造化之妙，莫不皆然。此貞之所以成終而作始，智之所以知之而又弗去也。但孟子此章只以仁義爲本，而又以事親從兄爲行仁義之本，蓋事親從兄，乃良心之發最爲切近而精實者也。智則吾心虛靈知覺之妙，經緯乎其中者也。終之以禮樂，又所以節之樂之，使良心之發油然生生而不能自已者也。若智之知而弗去，與禮之節文，猶是守之也。到得樂則生而不知手舞足蹈，則化之矣。此學問之極功也。○慶源輔氏曰：知既明則自然弗去，如人知水火之不可蹈，則自然不蹈也。人既知親之當愛兄之當敬，孰肯舍其親而不愛、舍其兄而不敬者？其有不愛不敬者，蓋其智爲物昏而知之不明，非智矣。事親自有事親之節文，從兄亦然。粗言之，如溫清定省、徐行後長之類，各有品節文理，便是禮之實。不知手舞足蹈，此聖人之作樂所以必有舞也。樂之之意至於充盛之極，則不假言説，心意自然形見，血脉自然動盪，手舞足蹈皆自然而然，不待心使之然，故不自知也。○和順從容，不待勉强，事親從兄之意油然而生，如草木之有生意，是樂之實。○草木既有生意，則日長月茂無一息之停，孰能遏而止之哉？事親從兄之意油然自生，則亦如草木之有生意，自然日日暢滿茂盛，條理通達，自無一息之停，又烏得而遏之哉？○事親從兄是良心之真切，仁與義是斯道之統會。若便恁地説過，亦只是説話，須是以人體之方可。所謂必知之明而守之固，然後節之密而樂之深者，此正如魚之飲水，冷暖自知，非言語之能盡也。○雙峯饒氏曰：實，如果實包得許多生意在其中，萌芽枝葉皆由此生。初焉五者只在事親從兄兩件内，如兩箇果實然。少焉知得這箇，節文這箇，樂這箇，到生而惡可已，皆此實内萌芽發甲到枝葉蕃茂處。此章與《論語》本立而道生相似，前面事親從兄是爲仁之本，後面智禮樂是道生，但有子説得偏，孟子説得全。○節是限節，文是文章，如及階是節，揖是文，親親之殺，尊賢之等，此節文也。就親親中而言，則又有親疏，迤邐到仁民愛物上，亦是節文。纔到節文處，功用便廣了。天理之節文，作静字看。節文斯二者，作動字看。此章説得皆活，亦當活看。○禮樂合精粗本末而言，到樂處則道理自然生。○此章不言信者，實則信在其中。○此章有經緯，仁義是經，禮樂智是緯。○莆田黄氏曰：前四箇「是也」字，都是説用工處，到樂處便不説「是也」字了。這處最要看所以樂、所以生者如何。「生」字與「實」字相應，實是箇生生種子，這種子只在人腔殻子裏，驗之吾身，事親從兄，是從源頭發見處説。知弗去，是就體認操存處説。節文，是就纖悉微密處説。樂，是就成熟結果處説。生惡可已，如碩果不食，善端萌蘖更無歇時，足蹈手舞，只是形容枝幹暢茂、花蕚敷榮、可玩可悦處。○張氏彭老曰：孟子所謂實，即有子所謂本，本立而道生，與樂則生矣，此兩「生」字最可觀。譬之果木有根本而後生枝葉，有核實而後生萌芽。生則惡可已也，果木之生惡可已，則不知其枝之繁葉之茂也。人心天理之生惡可已，則不知其足之蹈手之舞也。○雲峯胡氏曰：前兩「實」字是就人本心上説，下三「實」字是就工夫上説。○新安陳氏曰：味「必」字與「然後」字，《集註》實歸重於知而弗去之智，智配貞，貞者正而固也。果能於事親從兄，知之既明，守之又固，然後節之密，樂之深始可言耳。密，與「文理密察」之「密」同，禮之節文，不厭其密，樂至於生，生惡可已，舞蹈而不自知，斯可以謂之深矣。

○孟子曰：「天下大悦而將歸己，視天下悦而歸己猶草芥也，惟舜爲然。不得乎親，不可以爲人；不順乎親，不可以爲子。

言舜視天下之歸己如草芥，而惟欲得其親而順之也。得者，曲爲承順以得其心之悦而已。順，則有以諭之於道，心與之一而未始有違，尤人所難也。爲人，蓋泛言之。爲子，則愈密矣。朱子曰：「人」字只大綱説，「子」字却説得重。固有人承順顏色，看父母做事不問是非，一向不逆其志，這是得親之心，然猶是淺事。惟順乎親，則親之心皆順乎理，必如此而後可以爲子，此所以爲尤難也。○雙峯饒氏曰：順親者，父母所爲合乎道，子所爲亦合乎道，彼此無違逆之謂，非順從之順也。問：如何可以諭之於道？曰：所謂先意承志諭父母於道，父母之意未發，我便做道理承順其志而諭之於道。爲人子不特得父母之心，又能諭父母於道，方謂之孝。

「舜盡事親之道而瞽瞍底豫，瞽瞍底豫而天下化，瞽瞍底豫而天下之爲父子者定，此之謂大孝。」

瞽瞍，舜父名。底，致也。豫，悦樂音洛。也。瞽瞍至頑，嘗欲殺舜，至是而底豫焉。《書》所謂「不格姦」、「亦允若」是也。《書·舜典》：「瞽子，父頑母嚚，象傲，克諧以孝，烝烝乂，不格姦。」言舜乃瞽瞍之子，不幸遭父頑母嚚，及其異母弟名象者亦驕傲，而能和以孝，使之進進以善自治，而不至於大爲姦惡也。○《大禹謨》：「祗載，見瞽瞍，夔夔齊慄，瞽瞍亦允若。」言舜敬其子之職事以見瞽瞍，夔夔然莊敬戰慄，雖瞽瞍愚頑，亦且信而順之也。蓋舜至此而有以順乎親矣，是以天下之爲子者知天下無不可事之親，顧吾所以事之者未若舜耳。於是莫不勉而爲孝。至於其親亦底豫焉，則天下之爲父者亦莫不慈，所謂化也。子孝父慈各止其所，而無不安其位之意，所謂定也。新安陳氏曰：化以心言，定以分言。爲法於天下，可傳於後世，非止一身一家之孝而已，此所以爲大孝也。南軒張氏曰：事親之道，人人具於性中，他人不能盡，而舜能盡之，亦非有所加益於其間也。盡事親之道而瞽瞍底豫，惟天下之至誠有以感通故耳。又曰：舜爲法於天下，豈特天下之爲父子者定，可傳於後世，萬世之爲人父子者亦莫不定矣。嗟夫！爲人子者苟以大舜爲不可跂及而不取法於舜，是自誣其天性也。欲取法於舜如之何？亦曰反身而誠而已矣。○雙峯饒氏曰：聖人遇此人倫之變，却能回變爲常，返逆爲順，所以可爲法於天下而傳萬世也。

○李氏曰：名侗，字愿中，延平人。「舜之所以能使瞽瞍底豫者，盡事親之道，共音恭。爲子職，不見父母之非而已。昔羅仲素語此云：『只爲去聲。天下無不是底父母。』了翁聞而善之曰：『唯如此而後天下之爲父子者定。彼臣弑其君、子弑其父者，常始於見其有不是處耳。』」仲素，名從彦，豫章人，後居延平。了翁，姓陳，名瓘，字瑩中，延平人。○慶源輔氏曰：孝子之心與親爲一，凡親之過皆己之過，順之所以負罪引慝者此也。故孝子自不見父母有不是處。羅氏之語約而盡，質而當，萬世不可易。凡父母之不是，皆己之不是也，己既是，父母豈有不是者哉？陳氏則又推其極而言之，亦事理之實也。○西山真氏曰：舜所值者，至難事之親也。然積誠感動，不以父母爲不是，而自引以爲己之慝，惟見自己之不是而已。世縱有難事之親，豈得有如瞽瞍者，故瞽瞍厎豫而天下之爲人子者皆知無不可事之親，惟患爲子者未盡事親之道耳。孰有不勉於爲孝者哉？是故罪己而不非其親者，仁人孝子之心也；怨親而不反諸己者，亂臣賊子之志也。後之或遇難事之親者，其必以舜爲法。

孟子集註大全卷之七

孟子集註大全卷之八

離婁章句下

凡三十三章。

孟子曰：「舜生於諸馮，遷於負夏，卒於鳴條，東夷之人也。

諸馮、負夏、鳴條，皆地名，在東方夷服之地。問：舜卒於鳴條，則湯與桀戰之地也，而《竹書》有「南巡不反」，《禮記》有「葬於蒼梧」之説，何耶？朱子曰：孟子之言，必有所據，二書駁雜，恐難盡信。然無他考驗，闕之可也。○趙氏曰：諸馮，在冀州之分。負夏，春秋時衛地。鳴條，在安邑之西。

「文王生於岐周，卒於畢郢，西夷之人也。

岐周，岐山下周舊邑，近畎夷。畢郢，近豐鎬。胡老反。○新安陳氏曰：畢在鎬東，非楚都之郢。今有文王墓。

「地之相去也，千有餘里；世之相後也，千有餘歲。得志行乎中國，若合符節。

得志行乎中國，謂舜爲天子，文王爲方伯，得行其道於天下也。符節，以玉爲之，篆刻文字而中分之，彼此各藏其半，有故則左右相合以爲信也。若合符節，言其同也。《周禮》六節，守邦者用玉節，守都鄙者用角節。凡邦國之使節，山國用虎節，上國用人節，澤國用龍節，皆金也。門關用符節，貨賄用璽節，道路用旌節。○朱子曰：古人所爲，恰與我相合，只此便是至善。前乎千百世之已往，後乎千百世之未來，只是此箇道理。○古人符節多以玉爲之。如牙璋以起軍旅，又有竹符，又有英簜符。簜，小節竹，使者謂之簜節也。漢有銅虎符、竹使符。銅虎，以起兵。竹使，郡守用之。凡符節，右留君所，左以與其人。有故，則君以其右合其左，以爲信也。《曲禮》曰：「獻粟者執右契，右者取物之券，如徵兵取物徵召，皆以右取之也。」

「先聖後聖，其揆一也。」

揆，度音鐸。下同。也。其揆一者，言度之而其道無不同也。○范氏曰：言聖人之生雖有先後遠近之不同，然其道則一也。南軒張氏曰：聖人純乎天理，舜文父子君臣之際蓋不同矣，其揆一者，所契合者天之理也。舜與文王，易地則皆然。○慶源輔氏曰：孟子未嘗説著「道」字，然曰「行乎中國」，「行」便是道。曰「其揆一」，「揆」亦是道。○雲峯胡氏曰：舜於君臣處其常，而於父子處其變；文王於父子處其常，而於君臣處其變。其事不一也，而最可見其道之一。○新安陳氏曰：先後，以時言。遠近，以地言。道之同，以此心此理言。

○子産聽鄭國之政，以其乘輿濟人於溱洧。乘，去聲。溱音臻。洧，榮美反。

子産，鄭大夫公孫僑音喬。也。溱、洧，二水名也。子産見人有徒涉此水者，以其所乘平聲。之車載而渡之。

孟子曰：「惠而不知爲政。

惠，謂私恩小利。政，則有公平正大之體，綱紀法度之施焉。問：以《左傳》考之，子産非不知爲政者，孟子姑以其乘輿濟人一事議之。然夫子亦目以惠人，豈子産所爲終以惠勝歟？朱子曰：東坡云「有及人之小利，無經世之遠圖」，亦説得好。都鄙有章等，只是行惠人底規模。○慶源輔氏曰：惟其恩之出於私，故其利之及者小。又曰：體以理言，本也。施以事言，用也。

「歲十一月徒杠成，十二月輿梁成，民未病涉也。杠音江。

杠，方橋也。徒杠，可通徒行者。梁，亦橋也。輿梁，可通車輿者。周十一月，夏九月也。周十二月，夏十月也。《夏令》曰：「十月成梁。」《夏令》曰：九月除道，十月成梁，營室之中，土功其始。蓋農功已畢，可用民力。又時將寒沍，音互。水有橋梁，則民不患於徒涉，亦王政之一事也。朱子曰：先王之政，細大具舉，而無事不合民心，順天理，故其公平正大之體，紀綱法度之施，雖纖悉之間，亦無遺恨如此。○雙峯饒氏曰：民未病涉，要就「未」字上看，十月徒杠已自成了，所以民未至於病涉，若徒杠到寒時方做，則民已病於涉。

「君子平其政，行辟人，可也。焉得人人而濟之？」辟，與「闢」同。焉，於虔反。

辟，辟除也，如《周禮・閽音昏。人》「爲去聲。之辟」之辟。《周禮・天官》：閽人，掌王宮之中門之禁，凡外內命夫命婦出入，則爲之闢。閽人，主晨昏啓閉。闢，闢開左右行者。言能平其政，則出行之際，辟除行人，使之避己，亦不爲過。況國中之水當涉者衆，豈能悉以乘輿濟之哉！朱子曰：「辟除」之「辟」，乃趙氏本說，與上下文意正相發明。蓋與「舍車濟人」正相反也。○君子能行先王之政，使細大之務無不畢舉，則惠之所及亦已廣矣。是其出入之際，雖辟除人使之避己，亦上下之分固所宜然，何必曲意行私，使人知己出，然後爲惠。又況人民之衆，亦安得人人而濟之哉？

「故爲政者，每人而悅之，日亦不足矣。」

言每人皆欲致私恩以悅其意，則人多日少，亦不足於用矣。諸葛武侯嘗言「治世以大德，不以小惠」，《蜀志》：諸葛亮之相蜀也，有言公惜赦者，答曰：「治世以大德，不以小惠。」得孟子之意矣。問：「孔子以子産之惠爲君子之道，而子以私恩小利言之，何也？」朱子曰：孔子之言，通乎巨細，故不害其爲君子之道。此承上文乘輿濟人一事而言，則私恩小利而已。子産之事，可謂有不忍人之心矣。然先王則以不忍人之心，行不忍人之政，是以其體正大而均平，其法精密而詳盡，而其利澤之及人，如天地之於萬物，莫不各足其分而莫知其功之所自。苟有是心而無是政，則不過能以煦濡姑息，苟取悅於目前，其耳目之所不及，不免有所遺矣。況天下國家之大，又安得人人而濟之？昔諸葛武侯嘗言治世以大德，不以小惠。而其治蜀也，官府次舍、橋梁道路，莫不繕理，而民不告勞，是亦庶幾乎先王之政矣。曰：子產相鄭，能使都鄙有章，上下有服，田有封洫，廬井有伍，則亦非不知爲政者，橋梁之修尤非難事，乃獨有闕於此耶？曰：聞之師曰：「子產之才之學，於先王之政雖有所未盡，然其於橋梁之修，蓋有餘力，而其惠之及人，亦有大於乘輿之濟者矣。」意者此時偶有故而未就，又不忍乎冬涉之艱而爲是爾。然暴其小惠以悅於人，人亦悅而稱之。孟子慮夫後之爲政者，或又悅而效之，則其流必將有廢公道以市私恩，違正理而干虛譽者，故極語而深譏之以警其微，亦拔本塞源之意也。○南軒張氏曰：先王之治，爲之井田，爲之封建，與天下公共，使俱得其平。下至於鰥寡廢疾，皆有所養。而微至於次舍橋梁芻秣之事，亦皆有經制。此豈先王強爲之哉？因事而制法，其法皆循乎天理，而天下之人無不被其澤。後世欲人人而悅，而日亦不足，公義私恩之相去蓋如此。○慶源輔氏曰：此正說子產之用心錯處。夫子產固賢，但以不知聖人之學，是以有時內交要譽之私萌而不可揜。孟子明辨之，所以立教也。

○孟子告齊宣王曰：「君之視臣如手足，則臣視君如腹心；君之視臣如犬馬，則臣視君如國人；君之視臣如土芥，則臣視君如寇讎。」

孔氏曰：「宣王之遇臣下，恩禮衰薄，至於昔者所進，今日不知其亡，則其於群臣，可謂邈莫角反。然無敬矣。故孟子告之以此。手足腹心，相待一體，恩義之至也。如犬馬，則輕賤之，然猶有豢音患。養之恩焉。國人，猶言路人，言無怨無德也。土芥，則踐踏之而已矣，斬艾音乂。之而已矣，其賤惡去聲。之又甚矣。寇讎之報，不亦宜乎？」慶源輔氏曰：此說特爲宣王發，所謂有爲之言也。然臣之報君，視君之所施，常加厚一等。○潛室陳氏曰：孟子此語，是說大都報應如此。若忠臣孝子，不當以此自處，當知天下無不是底君父。

王曰：「禮爲舊君有服，何如斯可爲服矣？」爲，去聲。下「爲之」同。

《儀禮》曰：「以道去君而未絶者，服齊音咨。衰音催。三月。」《儀禮·喪服》篇傳曰：大夫爲舊君何以服齊衰三月也？大夫去君歸其宗廟，故服齊衰三月，言與民同也。何大夫之謂乎？言其以道去君，而猶未絶也。註謂：「三諫不從，待放於郊。未絶者，言爵禄尚有列於朝，出入有詔於國，凡畿内之民皆齊衰三月。」又《子夏傳》云：臣爲君方喪三年。王疑孟子之言太甚，故以此禮爲問。雙峯饒氏曰：舊君其恩已絶，尚且爲其君有服，不應見在之君，而待之如此。《集註》所以云「王疑孟子之言太甚」。

曰：「諫行言聽，膏澤下於民；有故而去，則君使人導之出疆，又先於其所往；去三年不反，然後收其田里。此之謂三有禮焉。如此則爲之服矣。

導之出疆，防剽匹妙反。掠音畧。也。先於其所往，稱道其賢，欲其收用之也。三年而後收其田禄里居，前此猶望其歸也。朱子曰：有故而去，非大義所繫，不必深爲之説。臣之去國，其故非一端，但昔者諫行言聽，而今也有故而去，而君又加禮焉，則不得不爲之服矣，樂毅之去燕近之。○慶源輔氏曰：導之出疆，所以盡防衛之道於在我之境。先於其所往，所以爲其禄仕之地於所往之國。去三年不反，然後收其田里，所以示拳拳屬望之恩義也。○雙峯饒氏曰：諫是閑邪，言是陳善。○問：諫行言聽，如何又有故而去？曰：如夫子在其國，道非不行，只因受女樂便去。諫行言聽是平日如此，亦有偶然議論不合而去。

「今也爲臣，諫則不行，言則不聽，膏澤不下於民；有故而去，則君搏執之，又極之於其所往；去之日，遂收其田里。此之謂寇讎，何服之有？」

極，窮也。窮之於其所往之國，如晋錮音固。欒盈也。《左傳》襄公二十一年：「欒桓子名黶。娶于范宣子，生懷子。名盈。范鞅以其亡也怨欒氏，先是十四年，欒黶强逐范鞅使奔秦。故與欒盈爲公族大夫而不相能。桓子卒，欒祁與其老州賓通，欒祁，桓子之妻，范宣子之女也。老，家臣之長。懷子患之。祁懼其討也，愬諸宣子曰：『盈將爲亂。』范鞅爲之徵。証其有此。宣子使城著晉邑名。而遂逐之。秋，欒盈出奔楚，冬，會於商任，錮欒氏也。」禁錮之，使諸侯不得受。○二十二年秋：「盈自楚適齊，晏平仲言於齊侯曰：『商任之會，受命於晉，今納欒氏，將安用之？』冬會于沙隨，復錮欒氏也。」晉知欒盈在齊，故復錮也。○潘興嗣豫章人。曰：「孟子告齊王之言，猶孔子對定公之意也；而其言有迹，不若孔子之渾上聲。然也。蓋聖賢之别必列反。如此。」新安陳氏曰：《論語集註》釋孔子對定公之語，末一説謂君使臣以禮，則臣事君以忠，此章與之意似。然聖言含蓄不露，此則英氣發露甚矣。孟子亦是述《記・檀弓》篇子思答魯穆公問禮爲舊君反服之意。楊氏曰：「君臣以義合者也。故孟子爲去聲。齊王深言報施詩智反。之道，使知爲君者不可不以禮遇其臣耳。若君子之自處，上聲。下同。則豈處其薄乎？孟子曰『王庶幾改之，予日望之』，君子之言蓋如此。」問：「君臣之義，天倫中却與父子一般，然愛君之心不如愛父，何也？」朱子曰：「離畔也只是庶民，君子不如此，因舉『臣罪當誅兮天王聖明』曰：退之此語如何道是好？文王豈不知紂之無道，却如此説。蓋臣子無説君父不是底道理，只得説如此。此是去不得處，便見得君臣之義。○南軒張氏曰：孟子此言，非獨齊宣王所當聞，爲人君者苟知此義，念夫感應施報之可畏，而崇高之勢不可恃，反己端本之不可一日忘，待臣下以禮，養臣下以恩，保臣下以忠信，則上下交通而至治可成矣。若夫在爲人臣者之分，君雖待我者有未至，而我所以事君者不可以不自盡，玩味孟子三宿出晝之心，則庶幾其得之矣。○西山真氏曰：孔孟之言，可以見聖賢氣象之分。雖然，孟子爲齊王言則然，而所以自處則不然。千里見王不遇故去，而三宿出晝，未嘗有悻悻之心，猶幸王一悟而追己也，曷嘗以寇讎視其君哉？

○孟子曰：「無罪而殺士，則大夫可以去；無罪而戮民，則士可以徙。」

言君子當見幾平聲。而作，禍已迫，則不能去矣。南軒張氏曰：非特士大夫當知見幾而作之義，抑將使有國者聞之，悚然不可以失士大夫之心也。使大夫士懷去徙之心，則國之危亡無日矣。《衛・北風》：上爲威虐，下相携而去之。携手同行，又携手同車。則非徒賤者去，貴者亦去矣。未幾衛有狄禍，可不畏哉！○慶源輔氏曰：可以者，在時宜爲可也，失此幾，則有欲去而不能者矣。此明夷之初所以不食而行，遯之初所以有尾厲之戒，而孔子往趙所以及河而復也，然此特言其常理耳。時與位之不同，則所以處之者亦異。若執此一説以爲臣，則凡苟免自私之徒，得以藉口矣。

○孟子曰：「君仁莫不仁，君義莫不義。」

張氏曰：「此章重平聲。出。然上篇主言人臣當以正君爲急，此章直戒人君，義亦小異耳。」慶源輔氏曰：上篇言人臣當以正君爲急，此章言人君當以正己爲先，亦《大學》「其機如此」之説也。

○孟子曰：「非禮之禮，非義之義，大人弗爲。」

察理不精，故有二者之蔽。大人則隨事而順理，因時而處上聲。宜，豈爲是哉？

程子曰：恭本是禮，過恭是非禮之禮也；以物與人爲義，過與是非義之義也。○張子曰：非禮之禮，非義之義，但非時中者皆是也。時中之宜甚大，須精義入神始得。觀其會通，行其典禮，此方是真義理也。行其典禮，而不達會通，則有非時中者矣。○潛室陳氏曰：程門以爲如婦人之仁、宦寺之忠，晦翁以爲凡禮義不可泥陳迹，如可行於昔，而不可行於今；可行於人，而不可行於己。與夫辭之爲禮，亦有不辭之爲禮；受之爲義，亦有不受之爲義。行之人則爲禮，行之我則非禮，惟義亦然。大人者，義理周徧融通，故不爲非禮義之禮義。又曰：大人則道全識周，貫萬變而不膠於其迹，故無此蔽。學未到大人變通處，則必膠於陳迹。○雙峯饒氏曰：此章緊要在「大人弗爲」上，大人對小人而言。大人者，言不必信，行不必果，惟義所在。言必信，行必果，硜硜然小人哉！正是相對説。○雲峯胡氏曰：非禮之禮，非義之義，皆似是而非。大人者，隨事順理，而不爲非禮之禮；因時處宜，而不爲非義之義。蓋不惑於其似，而深得夫時中之道者也。

○孟子曰：「中也養不中，才也養不才，故人樂有賢父兄也。如中也棄不中，才也棄不才，則賢不肖之相去，其間不能以寸。」樂音洛。

無過不及之謂中，足以有爲之謂才。養，謂涵育薰陶，俟其自化也。賢，謂中而才者也。慶源輔氏曰：中以德言，才以才言，德本於性，才本於氣，賢則兼有才德者也。樂有賢父兄者，樂其終能成己也。爲父兄者，若以子弟之不賢，遂遽絕之而不能教，則吾亦過中而不才矣。其相去之間能幾何哉？南軒張氏曰：父兄之於子弟，教之之道，莫如養之。養之云者，如天地涵養萬物，其雨露之所濡、風雷之所振、和氣之薰陶，寧有間斷乎哉？故物以生遂焉，父兄養子弟之道亦當如是也。寬裕以容之，義理以漸之，忠信以成之，開其明以祛其惑，引之以其方而使之。自喻，夫豈歲月之功哉？彼雖不中不才，涵養之久，豈無有萌焉？如其有萌，養道益可施矣。○慶源輔氏曰：《集註》涵育，以天地之生物言，薰陶，以工冶之成物言，此循其理，而彼自成其形焉，無心也。蓋父子兄弟之間，皆難於責善，正其在我者，使之自化而已。○新安陳氏曰：父兄遇子弟之賢，其爲教也易；不幸遇子弟之不賢，其爲教也難，所以貴乎養之也。舜命契曰：「敬敷五教在寬。」寬即養之謂也，若急迫以求之，見其未化遽以爲不可教而舍之，是棄之也。父兄而棄子弟，則我之賢爲過，子弟之不肖爲不及，過猶不及，均之爲失中耳，相去能幾何哉？

○孟子曰：「人有不爲也，而後可以有爲。」

程子曰：「有不爲，知所擇也。惟能有不爲，是以可以有爲。無所不爲者，安能有所爲耶？」朱子曰：橫渠先生云：「不爲不仁，則可以爲仁。不爲不義，則可以爲義。」○雙峯饒氏曰：凡人既不肯爲惡，則必勇於爲善。上面是有守，下面是有爲，先有守而後有爲。

○孟子曰：「言人之不善，當如後患何？」

此亦有爲去聲。而言。問：「所謂後患者，謂得罪於其人耶？抑恐其亦言己之不善耶？」朱子曰：是皆有之，然斯言必有爲而發，今不可知其所指矣。○新安陳氏曰：隱惡、忠厚之道，亦遠害之道也。大舜隱惡而揚善，夫子言「誰毁誰譽」，下文但言「如有所譽」，而不言毁可見矣。若當官而行，有姦慝當言，又不可顧後患而緘默也。

○孟子曰：「仲尼不爲已甚者。」

已，猶太也。楊氏曰：「言聖人所爲，本分去聲。之外，不加毫末。非孟子真知孔子，不能以是稱之。」朱子曰：所謂本分者，事理之至當，非苟然而已也，學者宜深察之。一有小差，則流而入於鄉原之亂德矣。○南軒張氏曰：孟子於泄柳、段干木謂「爲已甚」，而舉孔子待陽貨事以爲之準，此「不爲已甚」之證也。夫子非不欲爲已甚，自不至已甚也，何也？聖人範圍天地而不過者，泛應曲當，不過其則，其不爲已甚者，聖人固天則之所存也。世徒見夫子答陽貨、見南子等爲不爲已甚，獨不思靈公問陳則遂行，季桓子受女樂則不脱冕而行，爲魯司寇七日而誅少正卯，聞陳恒弑君則沐浴而請討，此謂之已甚可乎？不深求聖人之權度，徒竊語之近似以文其姦，此賊仁義之甚者也。

○孟子曰：「大人者，言不必信，行不必果，惟義所在。」行，去聲。

必，猶期也。大人言行不先期於信果，但義之所在，則必從之，卒亦未嘗不信果也。○尹氏曰：「主於義，則信果在其中矣；主於信果，則未必合義。」王勉曰：「若不合於義而不信不果，則妄人爾。」龜山楊氏曰：夫子謂：「言必信，行必果，硜硜然小人哉。」故孟子言此以發明孔子之意。○南軒張氏曰：君子不必夫信果，獨精吾義焉耳。義精，則言莫非義，而無不信之言；行莫非義，而無不果之行矣。○慶源輔氏曰：尹氏最得此章之指，而《集註》又述其意而著明之。以必爲期，尤更有功。不然，則無忌憚者或得以藉口，王氏則又有不合於義而必信必果，則爲妄人之説，尤盡其弊。○雙峯饒氏曰：大人者，篤實而有光輝以上底人。與道爲一，不著安排，隨時施宜，言行何嘗有心於信果耶！○雲峯胡氏曰：信果自是爲士者當然之事，惟至於大人，則言行惟義之在，雖不先期於信果，而自然無不信果也。

○孟子曰：「大人者，不失其赤子之心者也。」

大人之心，通達萬變；赤子之心，則純一無僞而已。然大人之所以爲大人，正以其不爲物誘，而有以全其純一無僞之本然，是以擴而充之，則無所不知，無所不能，而極其大也。朱子曰：大人無所不知，無所不能；赤子無所知，無所能。此二句正相拗，如何？蓋無所不知、無所不能，却是不失其無所知、無所能底做出。赤子之心純一無僞，而大人之心亦純一無僞。但赤子是無知無能底純一無僞，大人是有知有能底純一無僞。○大人事事理會得，只是無許多巧僞曲折，便是赤子之心。○問：「赤子之心，莫是發而未遠乎中，不可作未發時看否？」曰：赤子之心，也有未發時，也有已發時。今欲將赤子之心專作已發看也不得。赤子之心，方其未發時，與老稚賢愚一同，但其已發時，未有私欲，故未遠乎中耳。○赤子之心固無巧僞，但於理義未能知覺，渾然赤子之心而已。大人則有知覺擴充之功，而無巧僞安排之鑿，故曰「不失赤子之心」。著箇「不失」字，便是不同處。○赤子無所知無所能，大人者，是不失其無所知無所能之心。若失了此心，使些子機關，計些子利害，便成箇小底人了。大人心下没許多事。○雙峯饒氏曰：赤子，如飢要乳，便是欲，但飢便啼喜便笑，皆是真情，全無巧僞。大人只是守此純一無僞之心而充廣之。所謂蒙以養正，聖功也。○新安陳氏曰：常人累於私欲，而失其赤子之心；大人不誘於私欲，而擴充其本然之心。孟子言此，亦是欲人遏人欲，擴天理也。

○孟子曰：「養生者不足以當大事，惟送死可以當大事。」養，去聲。

事生固當愛敬，然亦人道之常耳；至於送死，則人道之大變。孝子之事親，舍上聲。是無以用其力矣。故尤以爲大事而必誠必信，不使少有後日之悔也。《記・檀弓上》子思曰：「喪三日而殯，凡附於身者，必誠必信，勿之有悔焉耳矣。三月而葬，凡附於棺者必誠必信，勿之有悔焉耳矣。」○王德脩云：親聞和靖説唯送死可以當大事，曰：「親之生也，好惡取舍，得以言焉。及其死也，好惡取舍，不能言矣。」當是時，親之心即子之心，子之心即親之心，故曰「惟送死可以當大事」。朱子曰：「亦説得好。」○雙峯饒氏曰：養生今日不及，明日猶可補，惟送死有不到，爲終身之恨，他日欲爲不可得矣。○新安陳氏曰：生事死葬，皆當以禮，其不可輕忽均也。孟子此言，非謂養生爲輕，但以常變從容急遽校之，則送死比養生爲尤重大耳。趙岐註云：致養未足以爲大事，送終如禮，則爲能奉大事也。按此則以「爲」字訓「當」字，非「擔當」之當。

○孟子曰：「君子深造之以道，欲其自得之也。自得之，則居之安；居之安，則資之深；資之深，則取之左右逢其原，故君子欲其自得之也。」造，七到反。

造，詣也。深造之者，進而不已之意。道，則其進爲之方也。資，猶藉也。朱子曰：「資」字，恰似資給、資助一般。左右，身之兩旁，言至近而非一處也。逢，猶值也。原，本也，水之來處也。言君子務於深造而必以其道者，欲其有所持循以俟夫音扶。默識心通，自然而得之於己也。自得於己，則所以處上聲。之者安固而不搖；處之安固，則所藉者深遠而無盡；所藉者深，則日用之間取之至近，無所往而不值其所資之本也。○程子曰：「學不言而自得者，乃自得也。有安排布置者，皆非自得也。新安陳氏曰：有安排布置，便是勉强，而非自然之得。然後潛心積慮，優游厭飫於其間，説深造。然後可以有得。若急迫求之，則是私己而已，終不足以得之也。」程子曰：學者須敬守此心，不可急迫，當栽培深厚，涵泳其間，然後可以自得。○朱子曰：深造者，當知非淺迫所可致。若欲淺迫求之，便是强探力取。深造，只是既下工夫，又下工夫，待其真積力久，則自得之矣。○道，是進爲之方，此是趙岐之説。蓋循此進進不已，便是深造之，猶言以這方法去深造之也。以道是工夫，深造之是做工夫。如博學、審問、慎思、明辨、篤行之次序，即是造道之方法。若人爲學依次序，便是以道；不依次序，便是不以道。能以道而爲之不已，造之愈深，則自然而得之，既自得之而爲我有，則居之安。居之安，則資之深。資之深一句又要人看，蓋是自家既自得之，則所以資藉之者深。取之無窮，用之不竭，只管取只管有，衮衮地出來，自家資他，他又資給自家，如掘地在下，藉上面源頭來注滿。若源頭深，則源源來不竭；若淺，則易竭矣。取之左右逢其原，蓋這件事也撞著這本來底道理，那件事也撞著這本來底道理，事事物物皆撞著這道理，如資之深，那源頭水只是一路來，到得左右逢原，四方八面都來。然這个只在自得上，纔自得，則下面節次自如此。○問學是理而得之於身，不可以强探力取也。必深造之以道，然後有以默識心通，而自然得之。蓋造道之不深者，用力於皮膚之外，而責效於旦暮之間。不以其道者，從事於虛無之中，而妄意於言意之表，是皆不足以致夫默識心通而自得之。必也多致其力，而不急其功；必務其方，而不躐其等，則雖不期於必得，而自然得之，將有不可禦者矣。未得之，固無可居之地；得而不出於自然，則雖有所居而不安。惟自得之，則理之在我者，吾皆得以居之。如人有室廬之安，動作起居，種種便適，自眷戀而不去也。○資助既深，看是甚事來，無不湊著這道理，不待自家將道理去應他。且如爲人君，便有那仁從那邊來；爲人臣，便有那敬從那邊來。子之孝，有那孝從那邊來；父之慈，有那慈從那邊來。只是那道理原頭處自家靠著他，左右前後，都見是這道理。○問：「程子之説如何？」曰：必須以道，方可潛心積慮，優游厭飫；若不以道，則潛心積慮，優游厭飫做甚底。○慶源輔氏曰：自得，如子貢悟性天之不可聞，曾子唯吾道一貫之語，此何待於言語而後見，正張子所謂「德性之知，不萌於聞見」者也。豈容更有安排布置哉！蓋其平日潛心積慮，優而游之，厭而飫之，全身在義理之中。及其真積力久，理與心融，物與性合，然後可以有得。若有一毫急迫之意，便是私己，與道便自間斷，更如何得到自得田地。○潛室陳氏曰：君子深造之以道，謂以法度而深造之。優而游之，使自得之，饜而飫之，使自趣之，欲其自得之也。「自得」以下，皆爲學之效驗耳。左右逢原意最好，學至於自得，則理只在左右之近，觸處見本源，此豈我帶來道理，亦只事事物物元有道理森然已具，吾人自得之餘，取之而逢見之耳。○雙峯饒氏曰：這箇「道」字，便是致知力行之方。「之」字是指所得而言，下面居之、資之、取之，皆是指所得言也。○徽庵程氏曰：君子之學，以自得爲貴，然有自得之工夫，有自得之效驗。深造之以道，自得之工夫也。居之安，資之深，取之左右逢其原，自得之效驗也。有是工夫，必有是效驗。效驗有所未至，必工夫有所未盡也。○雲峯胡氏曰：非有所造者，不能有所得；非造之深者，不能自得。然不以其道，則無深造之方法，未易到自得之地步。深造之以道，是未得之先下工夫，居安至逢原，是自得之後見功效。大要在勿忘勿助，《集註》謂有所持循是勿忘，以俟夫默識心通是勿助；所謂潛心積慮是勿忘，優游厭飫是勿助。○新安陳氏曰：「自得之」有二說：朱子謂自然而得之，所附程子說，證己說之出於程子也。一說謂自得之於己，如南軒云，不自得，則無以有諸己，自得而後爲己物也，以其德性之知，非他人所能與，故曰自得。此近乎莊生所謂自得其得，而非得人之得之意，終有弊。不如自然得之之說，有從容優游之味。

○孟子曰：「博學而詳說之，將以反說約也。」

言所以博學於文而詳說其理者，非欲以誇多而鬭靡也；欲其融會貫通，有以反而說到至約之地耳。蓋承上章之意而言，學非欲其徒博，而亦不可以徑約也。

程子曰：「博」與「約」正相對，聖人教人，只此兩字。博是博學多識多聞多見之謂，約只是使人知要也。○問：「世間博學之人非不博，却又不知箇約處者，何故？」朱子曰：它合下博得來便不是了，如何會約！他竟不窮究這道理是如何，都見不透徹，只是搜求隱僻之事，鈎摘奇異之説以爲博，如此豈能得約？今世博學之士，大率類此。○約自博中來，通貫處便是約，不是通貫了，又去裏面尋討箇約。某嘗不喜揚子雲言「多聞則守之以約」，多聞了，又要一箇約去守他。○程子說格物云，但積累多後，自脱然有貫通處。積累多，便是博，脱然有貫通處，便是約。○慶源輔氏曰：《集註》所謂文，謂《詩》、《書》六藝之文；理，謂《詩》、《書》六藝所載許多道理也。承上章言，❶博學詳説，則是深造之意；反説約，則是自得之事。但上章以行言，此章以知言，知與行蓋互相發也。○潛室陳氏曰：不博，則約無所施，學到約後，許多博處方有受用。○雙峯饒氏曰：誇多説博學，鬬靡説詳説，所以博學者，非徒誇其多；所以詳説者，非徒鬬其靡，欲人融而會之，貫而通之而已。這物事未曾融時，一箇是一箇；纔融了，便會爲一。約是要約，如思無邪、毋不敬之類。○新安陳氏曰：輔氏謂上章以行言，竊謂亦兼知與行言之耳。此章孟子所謂「博學」，與孔子所謂「博學於文」同，所謂「反説約」，與孔子所謂「約之以禮」不同。蓋約禮以行言，反説約以知言也。○東陽許氏曰：博學詳説以知言，約則會其極，而於行上見。

○孟子曰：「以善服人者，未有能服人者也；以善養人，然後能服天下。天下不心服而王者，未之有也。」

服人者，欲以取勝於人。養人者，欲其同歸於善。蓋心之公私小異，而人之向背音佩。頓殊。新安陳氏曰：一則不能服人，人者，對己而言。一則自然能服天下，天下則盡乎人矣。非向背頓殊乎！學者於此，不可以不審也。朱子曰：以善服人者，惟恐人之進於善，如張華對武帝，恐吳人更立令主，則江南不可取之類是也。以善養人者，惟恐人不入於善，如湯於葛遺之牛羊，又使人往爲之耕是也。○南軒張氏曰：先王樂與人爲善，欲天下舉在吾化育之中。如春風被物，物蒙其養，無不應者。未嘗有意於服人，而天下之心悦誠服，有不期而然者，蓋以善道與人共之耳。若霸者之所爲，其善者不過欲以善服人，齊桓會首止而定王世子，晉文盟踐土率諸侯以朝王是也。學者深見二者霄壤之殊，則王霸之分了然矣。○慶源輔氏曰：以力服人，以德服人，以事言也，其不同易見；以善服人，以善養人，以心言也，其不同則難見也。孟子之言，至此愈密矣。以善服人者，以善爲己私也；以善養人者，以善與天下公也。○雲峯胡氏

❶「章」，四庫本作「文」。

曰：以德服人，蓋對上文以力服人而言。謂王者之服人，異乎霸者之服人，如子禽疑夫子得聞國政，有以求之，而子貢答以夫子之求之異乎人之求之耳。○新安倪氏曰：按《孟子》二章，皆以王霸對言。前章公私之分在「力」字與「德」字，以力服人者，挾力以行私，而反乎公者也；曰德，則其理純乎公矣。此章公私之分在「服」字與「養」字，以善服人者，認善以爲己私，而害乎公者也；曰養，則其心純乎公矣。○東陽許氏曰：以善養人，謂有善於身，而教化撫字，使民同歸於善也。

○孟子曰：「言無實不祥。不祥之實，蔽賢者當之。」

或曰：「天下之言無有實不祥者，惟蔽賢爲不祥之實。」南軒張氏曰：蔽賢出於媢疾之私，方其欲蔽賢也，私意横起，不祥之氣固已充溢於中矣。天生斯賢以爲人也，蔽賢之人，妨賢病國，不祥孰甚焉？ 或曰：「言而無實者不祥，故蔽賢爲不祥之實。」二説不同，未知孰是，疑或有闕文焉。」新安陳氏曰：前説二「實」字歸一意，然皆無深意味，不如闕之。

○徐子曰：「仲尼亟稱於水，曰：『水哉水哉！』何取於水也？」亟，去聲。

亟，數音朔。❶也。水哉水哉，歎美之辭。徐子即徐辟。

孟子曰：「原泉混混，不舍晝夜，盈科而後進，放乎四海。有本者如是，是之取爾。舍、放，皆上聲。舍，一讀如字，見《論語》「子在川上」章。

原泉，有原之水也。混混，湧出之貌。不舍晝夜，言常出不竭也。盈，滿也。科，坎也。言其進以漸也。放，至也。言水有原本不已，不舍晝夜。而漸進盈科後進。以至于海；如人有實行，去聲。則亦不已，而漸進以至于極也。新安陳氏曰：水惟其有原本，所以不已而漸進以至歸宿于海。「有本者如是」，孟子

❶「音」，原作「者」，今據四庫本改。

自以此句承接上意。「有本者」，指原泉。「如是」，指混混。至「放乎四海」，「是之取爾」，答徐子「何取於水也」之問。謂孔子所以亟稱於水者，此意之是取爾。本文只是説水，「如人有實行」以下，因結語故「聲聞過情，君子耻之」二句，推出孟子借水以箴規徐子之意，而與下一節《集註》「如人無實行，而暴得虚譽，不能長久也」相對言之。

「苟爲無本，七八月之間雨集，溝澮皆盈，其涸也，可立而待也。故聲聞過情，君子耻之。」澮，古外反。涸，下各反。聞，去聲。

集，聚也。澮，田間水道也。涸，乾音干。也。如人無實行而暴得虚譽，不能長久也。新安陳氏曰：水無原本，人無實行之譬也。溝澮皆盈而涸可立待，與上文混混盈科而進，以至放乎四海者相反，暴得虚譽而不能長久之譬也。聲聞，名譽也。情，實也。耻者，耻其無實而將不繼也。新安陳氏曰：《集註》所謂有實行無實行，全從此「情實」之「情」字上發揮出來。林氏曰：「徐子之爲人必有躐等干譽之病，故孟子以是答之。」○鄒氏曰：「孔子之稱水，其旨微矣。孟子獨取此者，自徐子之所急者言之也。孔子嘗以聞達告子張矣。達者，有本之謂也。聞則無本之謂也。然則學者其可以不務本乎？」朱子曰：所謂「聲聞過情」，這箇大段務外，更就中間言之，如爲善無真實懇惻之意，爲學而勉强苟且徇人，皆是不實，就此反躬思量方得。○慶源輔氏曰：此章指意，都結在後兩句上，故《集註》只以虚名實行爲言，而引林氏、鄒氏之説以明之。蓋孟子之意，專欲救徐子躐等干譽之病耳。孔子之稱水，固不專在此也。然由是觀之，雖一物具一理，亦隨人所取如何爾，理固無盡也。又曰：達者有本，謂質直好義；聞者無本，謂色取仁而行違。○汪氏曰：水之可觀，其源有本，其流不息。進有漸，則以盈科爲量，行有至，則以四海爲歸。○雙峯饒氏曰：《論》、《孟》二「不舍晝夜」，所指不同。夫子説道體，孟子説有本，所謂微旨，川上之歎是也。孟子只就徐子身上説，取切其病而易曉。

○孟子曰：「人之所以異於禽獸者幾希，庶民去之，君子存之。

幾希，少也。庶，衆也。人物之生，同得天地之理以爲性，同得天地之氣以爲形。其不同者，獨人於其間得形氣之正，而能有以全其性爲少異耳。雖曰少異，然人物之所以分，實在於此。衆人不知此而去之，則名雖爲人，而實無以異於禽獸。君子知此而存之，是以戰兢惕他歷反。厲，而卒能有以全其所受之正也。朱子曰：人物之所同者，理也。所不同者，心也。人心虛靈，無所不明，禽獸便昏了，只有一兩路子明，如父子相愛、雌雄有別之類。人之虛靈，皆推得去，禽獸便更推不去，人若以私欲蔽了這箇虛靈，便是禽獸。人與禽獸，只争這些子，所以謂幾希。○飢食渴飲之類，是人與禽獸同者；有親有義之倫，此乃與禽獸異者。存，是存所以異於禽獸之道理。今人自謂能存，只是存其與禽獸同者耳。○西山真氏曰：人與物相去亦遠矣，而孟子以爲幾希者，蓋人物均有一心，然人能存而物不能存，所不同者，惟此而已。人類之中，有凡民者，亦有是心而不能存，無異於禽獸矣。惟君子能存之，所以異於物也。○新安陳氏曰：《集註》「知」之一字，示人以存之之門。「戰兢惕厲」四字，授人以存之之法。

「舜明於庶物，察於人倫，由仁義行，非行仁義也。」

物，事物也。明，則有以識其理也。人倫，説見形甸反。前篇。察，則有以盡其理之詳也。物理固非度外，而人倫尤切於身，故其知之有詳畧之異。在舜則皆生而知之也。由仁義行，非行仁義，則仁義已根於心，而所行皆從此出，非以仁義爲美，而後勉强上聲。行之，所謂安而行之也。此則聖人之事，不待存之而無不存矣。張子曰：明庶物，察人倫，皆窮理也。既知明理，但知順理而行，而未嘗有以爲仁義。仁義之名，但人名其行耳。如天春夏秋冬何嘗有此名，亦人名之耳。○

朱子曰：「明物」、「察倫」、「由仁義行」三句，以學言之則有序，猶格物致知而後意誠心正也。自聖人言之，則生知安行，不可以先後言也。○惟舜便由仁義行，他人須窮理，知其爲仁爲義，從而行之。且如仁者安仁，智者利仁，既未能安仁，亦須是利仁。利仁豈是不好底，知仁之爲利而行之，不然，則以人欲爲利矣。○南軒張氏曰：行仁義，猶與爲二物，由仁義行，則如目視耳聽，手持足履，身與理一而非二也。若舜可謂全其所以爲人者而無虧欠矣。未至於舜，猶爲未盡也。人皆可以爲堯舜，其本在乎存之而已。○西山真氏曰：存之者，猶待於用力。舜則身即理，理即身，渾然無間，而不待於用力矣。○雙峯饒氏曰：孟子舉舜做箇存底樣子，孟子言必稱堯舜，直是要人學之。○尹氏曰：「存之者，君子也。存者，聖人也。君子所存，存天理也。由仁義行，存者能之。」雲峯胡氏曰：庶民不能存，無以自異於禽獸。君子知此而存之，所以自異於庶民。存之者君子，存者聖人，此又聖人所以異於君子也。○新安陳氏曰：人所以異於禽獸，而皆可爲堯舜，以得形氣之正而能全其性耳。

仁義，此性中天理之大者也。人倫之中，仁義行焉，仁於父子，義於君臣是也，君子存之而後存。舜大聖人，不待存之而自存，何以見其不待存之，以其知生知，其行安行見之也。君子必待存之，故不能生知，必學知焉；不能安行，必勉行焉。孟子所謂行仁義，正是存之之君子事也。而知未之言，所以《集註》補之曰：「衆人不知此而去之，君子知此而存之。」不知與知意了然矣。知之而後能存，存之而後能行，知以覺於心言，存以存於心言，行以行於身言，由仁義行，存者能之。即尹氏此言推之，則行仁義，豈非存之者能之歟？

○孟子曰：「禹惡旨酒而好善言。惡、好，皆去聲。

《戰國策》曰：儀狄作酒，禹飲而甘之，曰「後世必有以酒亡其國者」，遂疏平聲。儀狄而絕旨酒。《書》曰：禹拜昌言。慶源輔氏曰：惡旨酒，則物欲不行。好善言，則天理昭著。

「湯執中，立賢無方。

執，謂守而不失。中者，無過不及之名。

方，猶類也。立賢無方，惟賢則立之於位，不問其類也。朱子曰：這「執中」與「子莫執中」不同。湯只是事事恰好，無過不及而已。○慶源輔氏曰：執中，則處義精審。立賢無方，則用人無間。○雙峯饒氏曰：未應事以前，未發之中，如何執得？須是事到面前，方始量度何處是過，何處是不及，方可執而用之。是就事物上執。擇善，固執，也是就事物上擇而執之，若先執定這中待事物來，便是執一，是子莫執中了。

「文王視民如傷，望道而未之見。而，讀爲「如」，古字通用。

民已安矣，而視之猶若有傷；道已至矣，而望之猶若未見。聖人之愛民深而求道切如此，不自滿足，終日乾乾之心也。問：「以而爲如，亦有據乎？」朱子曰：《詩》云「垂帶而厲」，鄭箋：「而亦如也。」此以而爲如也。《春秋》「星隕如雨」，左氏曰：「與雨偕也。」此以如爲而也，則其混讀而互用之久矣。○《易·乾卦》九三爻辭云「君子終日乾乾」。蔡氏曰：「乾乾，行事不息也。」○不顯亦臨，無射亦保，是文王望道如未見之事。又曰：望道而未之見，此句與上文視民如傷爲對。孟子之意曰：文王保民之至，而視之猶如傷；體道之極，而望之猶未見。其純而不已如是。

「武王不泄邇，不忘遠。

泄，狎也。邇者，人所易去聲。下同。狎而不泄。遠者，人所易忘而不忘。德之盛，仁之至也。朱子曰：泄邇忘遠，此通人與事而言，「泄」字，兼有親狎忽畧之意。○慶源輔氏曰：於人所易狎而不泄，則敬心常存；於人所易忘而不忘，則誠心不息。○雙峯饒氏曰：德之盛，言不泄邇；仁之至，言不忘遠。

「周公思兼三王，以施四事。其有不合者，仰而思之，夜以繼日；幸而得之，坐以待旦。」

三王，禹也、湯也、文武也。四事，上四條之事也。時異勢殊，故其事或有所不合。思而得之，則其理初不異矣。坐以待旦，急於行也。朱子曰：所舉四事，此必周公曾如此說。○讀此一篇，使人心惕然而常存也。○南軒張氏曰：不合者，思而未得也。未得之，思之惟恐不得。既得之，行之惟恐不及也。凡井田、封建、取士、建官、禮樂、刑政，雖起於上世，而莫備於周，是皆周公心思之所經緯，本諸三王而達之者也。周公之心，此章發明至矣。○潛室陳氏曰：斟酌三王之事而損益之，猶孔子之集大成。○雙峯饒氏曰：施此四者之事，事或有不可行，却當思其理，事雖不同，理却不相遠，故《集註》云其事或有不合，又來照上面一箇「事」字。○此承上章言舜，因歷叙群聖以繼之；而各舉其一事，以見形甸反。其憂勤惕厲之意，蓋天理之所以常存，而人心之所以不死也。雲峯胡氏曰：朱子嘗曰「讀此章，使人心惕然而常存」。蓋聖人之所以爲聖人者，只是憂勤惕厲，須臾毫忽，不敢自逸，理無定在，惟勤則常存，心本活物，惟勤則不死，常人不能憂勤惕厲，故人欲肆而天理亡，身雖存而心已死，豈不大可哀哉？輔氏以爲周公皇皇汲汲不已之誠如此，學者苟能深體而默識之。則聖人之心與理昭昭，常存不死，而在吾心目之間矣。說「常存不死」四字，意與《集註》異。程子曰：「孟子所稱，各因其一事而言，非謂武王不能執中立賢，湯却泄邇忘遠也。人謂各舉其盛，亦非也，聖人亦無不盛。」慶源輔氏曰：《集註》恐人執孟子之言，而疑聖人於道互有得失，故發明如此，聖人造道之極，凡有所爲無不各極其至，豈容更以盛不盛言哉？

○孟子曰：「王者之迹熄而《詩》亡，《詩》亡然後《春秋》作。

王者之迹熄，謂平王東遷，而政教號令不及於天下也。《詩》亡，謂《黍離》降爲《國風》而《雅》亡也。《詩·王·黍離》註：申侯與犬戎攻宗周，殺幽王於戲。晉文侯、鄭武公迎太子宜臼於申而立之，是爲平王。以亂故徙居東都王城，於是王室之尊與諸侯無異，其《詩》不能復雅，故貶之。謂之王國之變風。○新安陳氏曰：平王以後，《詩》不入於大小《雅》，而儕爲十五《國風》，其事遂始載於《春秋》，而《詩》終乎此矣。《春秋》，魯史記之名。孔子因而筆削之。始於魯隱公之元年，實平王之四十九年也。問：《黍離》降爲《國風》，恐是夫子刪詩時降之。朱子曰：亦是他當時自如此，要識此詩便如《周南》、《召南》，當初在豐鎬之時，其詩爲二《南》，後來在洛邑之時，其詩爲《黍離》，只是自二《南》進而爲二《雅》，自二《雅》退而爲《王風》，二《南》之於二《雅》，便如登山。到得《黍離》時節，便是下坡了。○緊要在王者之迹熄一句上，蓋王者之政存，則禮樂征伐自天子出。故《雅》之詩自作於上以教天下。王迹滅熄，則禮樂征伐不自天子出。故《雅》不復作於上，而詩降爲《國風》，是以孔子作《春秋》，定天下之邪正，爲百王之大法也。○潛室陳氏曰：《雅》詩多是王者朝會燕饗樂章，或是公卿大臣規諫獻納之所作。東遷以後，朝廷既無制作，公卿又無獻納，故《雅》詩遂亡。獨有民俗歌謠，其體制聲節與列國之《風》同，故止可謂之《王風》，非聖人能降之也。

「晉之《乘》，楚之《檮杌》，魯之《春秋》，一也。乘，去聲。檮音逃。杌音兀。

《乘》義未詳，趙氏以爲興於田賦乘馬之事。或曰：「取記載當時行事而名之也。」檮杌，惡獸名，古者因以爲凶人之號，取記惡垂戒之義也。「春秋」者，記事者必表年以首事。年有四時，故錯舉以爲所記之名也。新安陳氏曰：「必表年」以下，出晉杜預所作《左傳》序文，錯，雜也。雜舉《春秋》二時以該四時也。古者列國皆有史官，掌記時事。此三者皆其所記册書之名也。慶源輔氏曰：古人以善爲常，多不記載，以惡爲反常，故特記之。如《堯典》之末，只載朱、兜共鯀而已，以楚《史記》之名觀之，則楚雖蠻夷，猶有古人遺意。後世之人，負大罪惡於身，而初不知愧恥，及一有小善，❶則佔佔自喜，以爲莫己若者，亦可哀已。

「其事則齊桓、晉文，其文則史。孔子曰：『其義則丘竊取之矣。』」

❶「一」，原爲空格，今據四庫本、孔本、陸本及《輯釋》、《四書纂疏》、《四書通》補。

春秋之時，五霸迭興，而桓文爲盛。史，史官也。竊取者，謙辭也。《公羊傳》去聲。作「其辭則丘有罪焉爾」，意亦如此。蓋言斷丁亂反。之在己，所謂筆則筆、削則削，游、夏不能贊一辭者也。《公羊傳》昭公十二年：春秋之信史也，其序則齊桓晉文，其會則主會者爲之也，其辭則丘有罪焉爾。○《史記・孔子世家》：孔子在位，聽訟文辭，有可與人共者，弗獨有也。至於爲《春秋》，筆則筆，削則削，子夏之徒不能贊一辭。尹氏曰：「言孔子作《春秋》，亦以史之文載當時之事也，而其義則定天下之邪正，爲百王之大法。」南軒張氏曰：《春秋》未經聖筆，則固魯之史耳。自其義聖人有取焉，則史外傳心之要典，所以存天理、遏人欲，撥亂反正，示王者之法於將來者也。○蔡氏曰：其義蒙上文王者而言，蓋王者之義也。孔子有德無位，故自以爲竊取王者之義，而定二百四十二年之邪正，所謂爲百王不易之大法者也。○慶源輔氏曰：夫子之作《春秋》，不過以史之文，載當時之事而已。而其竊取之義，則在於定天下之邪正，爲百王之大法也。夫《春秋》之善善惡惡，撥亂世而反之正，上明四代之禮樂，下示百王之法程。聖人之用，備見此書，而夫子之言，則又謙抑如此，畧無自居其功之意，此孟子所以因而述之以繼羣聖之後也。○雙峯饒氏曰：其文則史，元是魯史之《春秋》，其義則某竊取之，方是孔子之《春秋》，以匹夫行天子賞罰，故曰「竊取」。自咎自謙之辭。○汪氏曰：史不止於晉楚，五霸不止於桓文，孟子唯及此者，晉楚爲列國之大者，桓文爲五霸之盛者也。

○此又承上章歷叙群聖，因以孔子之事繼之，而孔子之事莫大於《春秋》，故特言之。雙峯饒氏曰：此亦承上章「思兼三王以施四事」而言。周公所行，皆王者之事。來到孔子時，王者之迹滅熄，故孔子出來作《春秋》。○新安陳氏曰：好辯章，述羣聖事，而繼以孔子作《春秋》，此章亦以作《春秋》繼羣聖事不及《易》、《詩》、《書》、《禮》、《樂》者，孔子之事，莫大於作《春秋》。五經，夫子之教。《春秋》，夫子之政也。○東陽許氏曰：以三國之史同言而曰一也，蓋謂魯之《春秋》，其所紀載非周之典禮，善惡不明，不過記五霸之事，與晉楚之史同爾。至於孔子之《春秋》，則假其事以明義，而非盡舊史之文，故曰「其義則丘竊取之矣」。如此看，方見得中間一節不閑。

○孟子曰：「君子之澤五世而斬，小人之澤五世而斬。

澤，猶言流風餘韻也。父子相繼爲一世，三十年亦爲一世。斬，絶也。大約君子小人之澤，五世而絶也。楊氏曰：「四世而緦音思。服之窮也，五世袒音但。免音問。殺所介反。同姓也，六世親屬竭矣。《記》疏云：上自高祖，下至己兄弟，同承高祖之後，爲族兄弟，爲親兄弟期，一從兄弟大功，再從兄弟小功，三從兄弟緦麻，共四世而緦服盡也。五世則袒免而無正服，減殺同姓，六世則不復袒免，惟同姓而已。故親屬竭，袒身去飾也。袒免者，肉袒而著免，免狀如冠而廣一寸。冠至尊，不可居肉袒之體，故爲免以代之。又「檀弓免焉」註：以布廣一寸，從頂上而前交於額上，又卻向後繞於髻。禮，朋友在他邦無主人乃袒免，若朋友在家，則弔服加麻。加麻者，素弁上加緦之環絰，然則袒免，亦朋友之服也。○新安陳氏曰：此《禮記大傳》全文，共高祖者爲三，從兄弟，相爲服緦麻，服制至此窮也。共高祖之父者爲五世，已無服。但不忍遽絶之，故不襲不冠爲之袒裼，免冠以變其吉。同姓之恩，至此而減殺也。共高祖之祖者爲六世，則親盡矣。窮而殺，殺而竭，不變吉可也，引此以證五世而斬。服窮則遺澤寖微，故五世而斬。」南軒張氏曰：五世大概約度如此，自今觀之，孔子之澤，其所浸灌萬世不斬也。○慶源輔氏曰：流風，以風喻之也；餘韻，以聲喻之也。父子五世，經歷百五十年，則君子小人之餘澤皆當絶也，五世則親盡服窮，其澤亦當斬絶矣。蓋親也，服也，澤也，實相因也。

「予未得爲孔子徒也，予私淑諸人也。」

私，猶竊也。淑，善也。李氏以爲方言是也。慶源輔氏曰：孟子又言私淑艾，而他無所見，故疑是方言。人，謂子思之徒也。自孔子卒至孟子游梁時，方百四十餘年，而孟子已老。然則孟子之生，去孔子未百年也。故孟子言予雖未得親受業於孔子之門，然聖人之澤尚存，猶有能傳其學者。故我得聞孔子之道於人，而私竊以善其身。蓋推尊孔子而自謙之辭也。張子曰：孟子蓋謂孔子猶在五世之內，雖不親爲弟子，其餘澤在人，我得私取之以爲善。○雙峯饒氏曰：私淑艾者，私竊其善於人以自治，私淑諸人者，我私取之以善其身。今人或把作教者說，謂以此私淑他人，非矣。道者天下所公共，師下「私」字不得，只弟子私竊取之以自善自治耳。○新安陳氏曰：私竊以善其身，解諸「人」字不順，不若云私竊其善於人，文意方順。 ○此又承上三章，歷叙舜、禹，至於周、孔，而以是終之。其辭雖謙，然其所以自任之重，亦有不得而辭者矣。新安陳氏曰：韓子謂堯以是傳之舜，舜以是傳之禹，至孔子傳之孟軻，不待退之而後有此言。孟子已自言之矣，此四章相承是也，然猶分爲四章。答好辯章，明言以己承三聖，至七篇之末章，列叙群聖道統之相傳，而明言由孔子至於今，百有餘歲，其自任之重尤章章焉，孟子一身，道統攸繫，蓋如是夫。

○孟子曰：「可以取，可以無取，取傷廉；可以與，可以無與，與傷惠；可以死，可以無死，死傷勇。」

先言可以者，略見而自許之辭也；後言可以無者，深察而自疑之辭也。過取固害於廉，然過與亦反害其惠，過死亦反害其勇，蓋過猶不及之意也。雙峯饒氏曰：傷廉與傷惠、傷勇，是兩般意思。朱子所以上下箇「固」字，下面下兩箇「反」字，過取固傷廉，與本是惠，與之過，則反害其惠；死本是勇，死之過，則反害其勇。○新安陳氏曰：傷廉者，失之不及；傷惠、傷勇者，失之太過。林氏曰：「公西華受五秉之粟，是傷廉也；冉子與之，是傷惠也；子路之死於衛，是傷勇也。」問：「可以取可以無取。」程子曰：如朋友之饋，是可取也。然己自可足，是不可取也。纔取便傷廉矣。曰：「與傷惠何害?」曰：是有害於惠也。可以與，然却可以不與。若與之時，財或不贍，却於合當與者，無可與之，此所以傷惠。○朱子曰：此段正與孔子曰「再斯可矣」相似，凡事初看尚未定，再察則已審矣。便用決斷始得。○問：「取者貪之屬，不取者廉之屬，猶與之爲惠，不與之爲嗇，死之爲勇，不死之爲怯也。今以過取者爲傷廉，則宜以不與爲傷惠，不死爲傷勇矣。而反以與爲傷惠，死爲傷勇，何哉？」曰：過取之傷廉，過於此而侵奪於彼者也。過與之傷惠，過死之傷勇，過於此而反病乎此者也。蓋奪乎彼者，其失爲易見，而病乎此者，其失爲難知，故孟子舉傷廉以例二者，是亦過猶不及之意耳。○問：「可以取，取之傷廉，不難於擇矣。若可與不可與，可死不可死之間，不幸擇之不精者，與其吝嗇，寧過與。與其苟生，寧就死。在學者則當平日極其窮理之功，庶於取舍死生之際，不難於精擇也。」曰：此意極好，但孟子之意却是恐人過予而輕死也。○南軒張氏曰：取與死生之義，有灼然易判者，有在可否之間者，在可否之間，非義精者莫能擇也，蓋其幾間不容髮，一或有偏，則失之矣。是以君子貴存養於平時，而復研幾於審處也。○王氏曰：六「可以」字，疑辭。三「傷」字，決辭。○新安陳氏曰：此章三節，乍看似乎說，審察之，傷廉，所以警中人以下之不及者。傷惠傷勇，所以警賢人之過之者也。

○逄蒙學射於羿，盡羿之道，思天下惟羿爲愈己，於是殺羿。孟子曰：「是亦羿有罪焉。」公明儀曰：「宜若無罪焉。」曰：「薄乎云爾，惡得無罪？逄，薄江反。惡，平聲。

羿，有窮后羿也。逄蒙，羿之家衆也。羿善射，篡初患反。夏自立，後爲家衆所殺。《左傳》襄公四年：「羿將歸自田，家衆殺而烹之，以食其子，子不忍食，死於窮。」愈，猶勝也。薄，言其罪差楚宜反。薄耳。

「鄭人使子濯孺子侵衛，衛使庾公之斯追之。子濯孺子曰：『今日我疾作，不可以執弓，吾死矣夫！』問其僕曰：『追我者誰也？』其僕曰：『庾公之斯也。』曰：『吾生矣。』其僕曰：『庾公之斯，衛之善射者也，夫子曰「吾生」，何謂也？』曰：『庾公之斯學射於尹公之他，尹公之他學射於我。夫尹公之他，端人也，其取友必端矣。』庾公之斯至，曰：『夫子何爲不執弓？』曰：『今日我疾作，不可以執弓。』曰：『小人學射於尹公之他，尹公之他學射於夫子。我不忍以夫子之道，反害夫子。雖然，今日之事，君事也，我不敢廢。』抽矢扣輪，去其金，發乘矢而後反。」他，徒何反。「矣夫」、「夫尹」之夫並音扶。去，上聲。乘，去聲。

之，語助也。釋二人名中之字。僕，御也。尹公他，亦衛人也。端，正也。孺子以尹公正人，知其取友必正，故度音鐸。庾公必不害己。小人，庾公自稱也。金，鏃作木反。也。扣輪出鏃，令平聲。不害人，乃以射也。乘矢，四矢也。孟子言使羿如子濯孺子得尹公他而教之，則必無逢蒙之禍。然夷羿簒弒之賊，蒙乃逆儔，庾斯雖全私恩，亦廢公義。其事皆無足論者，孟子蓋特以取友而言耳。《左傳》襄公十四年：「尹公他學射於庾公差，庾公差學射於公孫丁，孫文子使二子追衛獻公，公孫丁御公。庾公差曰：『射爲背師，不射爲戮，射爲禮乎？』射兩鉤而還。尹公他曰：『子爲師，我則遠矣。』乃反之，公孫丁授公轡而射之貫臂。」○程子曰：孺子事，孟子只取其不背師耳，若國之安危，在此一舉，則殺之可也。舍之而無害於國，權輕重可也。何用虛發四矢哉？○南軒張氏曰：使蒙爲夏廷之臣，羿簒夏氏，凡爲臣子得而誅之。蒙以義討賊，雖嘗學射，亦何罪之有？蒙以私意忌而殺之，是則爲殺其師耳。以此而觀，輕重之權衡，可得而推矣。○雲峯胡氏曰：此章雖特以取友而言，然使世之背其師者讀之，亦當有泚。○東陽許氏曰：此章專爲交友發，羿不能取友而殺身，孺子能擇交而免禍。

過之。

○孟子曰：「西子蒙不潔，則人皆掩鼻而

西子，美婦人。蒙，猶「冒」也。不潔，汙穢之物也。掩鼻，惡去聲。其臭也。

側皆反。

「雖有惡人，齊戒沐浴，則可以祀上帝。」齊，惡人，醜貌者也。○尹氏曰：「此章戒人之喪去聲。善，而勉人以自新也。」南軒張氏曰：齊桓一執陳轅濤塗，而《春秋》書曰齊人，蓋夷狄之也，其近於蒙不潔者歟？秦穆一有悔過之言，則進《秦誓》於《書》，以其有遷善之意也，其近於惡人齊沐者歟？一自污而喪其美，一自新而洗其惡，勸戒彰矣。○慶源輔氏曰：西子之質本美，而蒙以不潔，則自喪其美，而反致人之惡。言此所以戒人喪其本有之善。惡人之質本醜，而能齊戒沐浴，至誠自潔，則可以事上帝。言此所以勉人以改過自新。深玩尹氏之言，令人惕然而懼，聳然而作。○新安陳氏曰：此章似《詩》六義中之比。

○孟子曰：「天下之言性也，則故而已矣。故者以利爲本。

性者，人物所得以生之理也。故者，其已然之跡，若所謂天下之故者也。《易·繫辭》：「易無思也，無爲也，寂然不動，感而遂通天下之故。」利，猶順也，語其自然之勢也。言事物之理，雖若無形而難知，然其發見形甸反。之已然，則必有跡而易去聲。見。如字。故天下之言性者，但言其故而理自明，猶所謂「善言天者，必有驗於人」也。《荀子·性惡篇》云：「善言天者，必有徵於人。」○董仲舒曰：善言天者，必有徵於人，天道無形而難知，人事有迹而易見。然其所謂故者，又必本其自然之勢，如人之善、水之下，非有所矯揉人久反。造作而然者也。若人之爲惡、水之在山，則非自然之故矣。朱子曰：性自是箇難言底物事，惟惻隱善惡之類，却是已發見者，乃可得而言。此即性之故也，只看這箇，便見得性。故《集註》下箇跡字，若四端，則無不順利。若殘忍之非仁，無恥之非義，不遜之非禮，昏惑之非智，即故之不利者也。○利，是不假人爲而自然者。如水之就下，是其性本就下，只是順他；若激之在山，是不順其性，而以人爲之也。惟智者，是知此理，不假人爲，順之而已。○南軒張氏曰：故者，本然之理也，無是理而强爲之，曰鑿，鑿則失其性，所以惡夫智也。蓋以私智爲智，而非所謂智也。○慶源輔氏曰：性即理也，雖無形而難知，然不能不感發而形見於外，既已形見，則必有跡而易見，如人性之仁雖難知，然見孺子入井，則發見而爲怵惕惻隱之跡，則仁之性自見也。○潛室陳氏曰：善惡皆已然之跡，但順者爲本，則善者其初也，惡者非其初也，水無有不下者，水之本也。若夫搏之使過顙，激之使在山，豈其本也哉！○雙峯饒氏曰：就故説性，亦要就跡之順者言之，如水之下便順，就逆者言不得。孟子説性，就自然上説，如惻隱羞惡等，但看自然發見底便是利，言性便當言故，言故便當言利，如水搏之激之，便不是自然了。

「所惡於智者，爲其鑿也。如智者若禹之行水也，則無惡於智矣。禹之行水也，行其所無事也。如智者亦行其所無事，則智亦大矣。惡、爲，皆去聲。

天下之理，本皆利順，小智之人，務爲穿鑿，所以失之。禹之行水，則因其自然之勢而導之，未嘗以私智穿鑿而有所事，是以水得其潤下去聲。之性而不爲害也。朱子曰：鑿於智者，非所謂以利爲本也。○慶源輔氏曰：人物所得之理，本皆順理，無待於矯揉造作於其間，却緣世人不明吾性之智，而以私意爲智，於是每事務爲穿鑿，而失其順利之理。○雲峯胡氏曰：孟子本欲言智，而必先言性者，智，五性之一也，言智而先言性，猶言水而先言水之原也。「鑿」字與「利」字相反。利者，天理之自然；鑿者，人爲之使然，言性而必本諸天理之自然者，所以言智而深惡夫人爲之使然者也。○新安陳氏曰：所惡於智者，小智也；無惡於智者，大智也。人性必善，水性必下，孟子素以水譬人性，故仍以禹行水譬之，禹之行水，順其自然之勢而導之，使水不失其本然趨下之性而已。智者，順事物自然之理，以無事處事，使物各付物，斯爲大智，而非小智矣。此一節，以治水申言「利」字之意。❶

❶「治」，原作「活」，今據四庫本、孔本、陸本改。《輯釋》作「追」。

「天之高也，星辰之遠也，苟求其故，千歲之日至，可坐而致也。」

天雖高，星辰雖遠，然求其已然之迹，則其運有常。雖千歲之久，其日至之度，可坐而得。新安陳氏曰：此又以天度申言「故」字之意，首一節「故」字，言本然之理；此一「故」字，言本然之度也。天高星遠，若因其本然之故而求之，則雖久年日南至之時刻，亦可以坐而推致以得之矣。況於事物之近，若因其故而求之，豈有不得其理者，而何以穿鑿爲哉？必言日至者，造歷者以上古十一月甲子朔夜半冬至爲歷元也。《新唐書·曆志》：治曆之本，必推上元，日月如合璧，五星如連珠，夜半朔旦冬至，自此七曜散行，不復餘分，普盡總會如初。○《五代史·司天考》：「夫天人之際，遠哉微矣。而使一藝之士，布算積分，上求數千萬歲之前，必得甲子朔日夜半冬至，而日月五星，皆會于子，謂之上元，以爲曆始。蓋自漢而後，其說始詳見于世，其源所自，止於如此，是果堯舜三代之法歟！皆不可得而考矣。然自是曆家之術，雖世多不同，而未始不本於此。」○新安陳氏曰：夜半即甲子時，歲月日時皆甲子爲歷元，蓋以建寅月爲歲首筭之，則是癸亥歲十一月，以建子月爲一歲之最初筭之，則甲子歲之氣候已始於此矣，故云歲亦甲子也。○程子曰：「此章專爲去聲。智而發。」愚謂事物之理，莫非自然。順而循之，則爲大智。若用小智而鑿以自私，則害於性而反爲不智。程子之言，可謂深得此章之旨矣。朱子曰：此章其初只是性上泛説起，不是專説性，但謂天下之説性者，只説得故而已，如荀言性惡，揚言善惡混，但皆説得下面一截，皆不知所以謂之故者如何，不能以利爲本而然也。荀卿只是横説如此，到底没這道理不得，只就《性惡篇》謂塗之人皆可以爲禹，即此自可見「故」字，若不將已然之迹言之，則下文苟求其故之言，如何可推？曆家自今日推筭而上極於太古開闢之時，更無差錯，只爲有此已然之迹可以推測耳。天與星辰，間或躔度少有差錯，久久自復其常，以利爲本，亦猶天與星辰循常度而行，苟不如此，皆鑿之謂也。○歐陽氏曰：天下之大智無所自爲，而常因天下之理，小智不知循理，而常任一己之私。

○公行子有子之喪，右師往弔，入門，有進而與右師言者，有就右師之位而與右師言者。

公行子，齊大夫。右師，王驩也。雙峯饒氏曰：「行」字當音杭。《詩》云「殊異乎公行」，是主班行之官，以官爲氏。

孟子不與右師言，右師不悦，曰：「諸君子皆與驩言，孟子獨不與驩言，是簡驩也。」

簡，畧也。

孟子聞之，曰：「禮，朝廷不歷位而相與言，不踰階而相揖也。我欲行禮，子敖以我爲簡，不亦異乎？」朝，音潮。

是時齊卿大夫以君命弔，各有位次。若周禮，凡有爵者之喪禮，則職喪涖音利。其禁令，序其事，故云朝廷也。《周禮·春官·宗伯》：「職喪，掌諸侯及卿大夫士，凡有爵者之喪，以國之喪禮涖其禁令，序其事。」言「諸侯」者，謂畿内王子母弟稱諸侯者。歷，更平聲。涉也。位，他人之位也。右師未就位而進與之言，則右師歷己之位矣，右師已就位而就與之言，則己歷右師之位矣，孟子右師之位又不同階，孟子不敢失此禮，故不與右師言也。朱子曰：孟子鄙王驩而不與言固是，然朝禮既然，則當時雖不鄙之，亦不得與之言矣。鄙王驩於出弔處已見，此章意則以朝廷之禮爲重，時事不同，理各有當。○聖賢之言無所苟也，豈爲愧衆人爲已甚，而姑以是答之哉！正所以明朝廷之禮，而警衆人之失也。○問：陳司敗譏孔子有黨，孔子受之不辭，右師以孟子簡己，孟子辨之甚力。聖賢地位，固不同也。使孟子聞右師言，曰「禮也足矣」，無已而曰「朝廷不歷位」而相與言，不踰階而相揖，則已微見圭角矣。又必盡其辭，所以鋒芒發露，而不及孔子之渾然也。○南軒張氏曰：衆與之言，以其變於君而諂之也。右師以孟子爲簡己者，以孟子時所尊敬，欲假其辭色以爲榮也。君子之遠小人不惡而嚴，豈有他哉？亦曰禮而已矣。

○孟子曰：「君子所以異於人者，以其存心也。君子以仁存心，以禮存心。

以仁禮存心，言以是存於心而不忘也。問：「我本有此仁禮，只要常存而不忘否？」朱子曰：非也，言君子所以異於小人者，以其存心不同耳，君子則以仁以禮而存之於心，小人則以不仁不禮而存之於心。這箇存心，與存其心養其性不同，只是處心與人不同耳。○慶源輔氏曰：以仁存心而不忘，如造次顛沛必於是也；以禮存心而不忘，如視聽言動必以禮也。○雙峯饒氏曰：「以是存於心」，添「於」字，便可見孟子意，是只把仁禮來存於我心，此心常存仁禮上無頃刻或離。君子異於人，以其能以仁禮存於心，他人便不能，我之心安頓在仁上，即是居天下之廣居。安頓在禮上，即是立天下之正位。

「仁者愛人，有禮者敬人。

此仁禮之施。慶源輔氏曰：由乎内以施外也。

「愛人者人恒愛之，敬人者人恒敬之。

此仁禮之驗，新安陳氏曰：我感而人應，可驗我之得人，不應，可驗我之失。「驗」字已含下文必不仁必無禮之意矣。

「有人於此，其待我以横逆，則君子必自反也：我必不仁也，必無禮也，此物奚宜至哉？横，去聲。下同。

横逆，謂强暴不順理也。物，事也。慶源輔氏曰：强暴，横也；不順理，逆也。○雙峯饒氏曰：《集註》云强暴不順理，順理，是順箇文理。横，是横來。逆，是倒來。皆是不順箇文理。○新安陳氏曰：横逆者，愛敬之反。

「其自反而仁矣，自反而有禮矣，其横逆由是也，君子必自反也：我必不忠。由，與「猶」同。下放此。

忠者，盡己之謂。我必不忠，恐所以愛敬人者有所不盡其心也。慶源輔氏曰：理無窮盡，人有作輟，一息不存，一物不體，便是不盡其心。○新安陳氏曰：忠非出於仁禮之外，仁禮無一毫之不盡其心，即忠也。

「自反而忠矣，其横逆由是也，君子曰：『此亦妄人也已矣。如此則與禽獸奚擇哉？於禽獸又何難焉？』」難，去聲。

奚擇，何異也。又何難焉，言不足與之校也。校音教。○南軒張氏曰：雖非所患難，然自反之功則無窮也。學者未勉乎此，遇横逆之來，則曰吾仁矣，有禮矣，且忠矣，遂斷彼以爲妄人，而不復勉反身之道，是則自陷於妄而已矣。

「是故君子有終身之憂，無一朝之患也。乃若所憂則有之：舜人也，我亦人也。舜爲法於天下，可傳於後世，我由未免爲鄉人也，是則可憂也。憂之如何？如舜而已矣。若夫君子所患則亡矣。非仁無爲也，非禮無行也，如有一朝之患，則君子不患矣。」夫音扶。

鄉人，鄉里之常人也。君子存心不苟，趙氏曰：《集註》「不苟」二字，不可淺看，心一不仁，而不自覺，不自强，便是苟且也。○新安陳氏曰：存心照應前存心。不苟，即忠也。四字收拾約而盡。故無後憂。朱子曰：古聖人多矣，獨言舜爲法於天下，何也？法者，人倫而已，他聖人因其常而處之不失，未足見人道之盡，惟舜極其變而不失其常。是以人道之盡，於此固可見焉，故特舉舜而言之。然其所謂法舜，亦循乎天則而已。○問：「楊氏謂孟子三自反，不若顔子之不校，信乎？」曰：自反，所以自脩，學者事也。不校，不見可校，成德事也，淺深之分，信如楊氏之説矣。然自反之説，謹嚴精切，正學者所當用力，若自反未至，而遽以不校爲高，恐其無脩省之功，而陷於苟且頹墮之域矣。○新安陳氏曰：前曰「以仁存心」、「以禮存心」，末曰「非仁無爲」、「非禮無行」，存，謂存之於心，爲與行，謂行之於身，表裏一矣。存之於心者有素，而行之於身者益盡，豈惟無一朝之患者本於此，所以懷終身之憂而欲如舜者，亦不過勉於此而已，何也？舜所以爲舜，亦不外此仁禮也。特舜則安而行之，欲如舜者，則在乎勉而行之耳。

○禹、稷當平世，三過其門而不入，孔子賢之。

事見形甸反。前篇。問：「過門不入，若家有父母，豈可不入？」朱子曰：固是，然事亦須量箇緩急，若只是泛泛底水，未便傾國覆都，過家見父母亦不妨。若洪水之患甚急，有傾國覆都、君父危急之災，也只得奔君父之急，雖不過家見父母，亦不妨也。○雙峯饒氏曰：禹三過其門，稷是帶説。○新安陳氏曰：賢其用世而憂民之憂。

顏子當亂世，居於陋巷。一簞食，一瓢飲。人不堪其憂，顏子不改其樂，孔子賢之。食，音嗣。樂，音洛。

新安陳氏曰：賢其避世而樂己之樂。

孟子曰：「禹、稷、顏回同道。

聖賢之道，進則救民，退則脩己，其心一而已矣。慶源輔氏曰：道則以其所行言之也，心則以其所在言之也。救民者，脩己之驗。脩己者，救民之本。有是心，則有是道，有是本，則有是驗。

「禹思天下有溺者，由己溺之也；稷思天下有飢者，由己飢之也，是以如是其急也。由，與「猶」同。

禹、稷身任其職，故以爲己責而救之急也。

「禹、稷、顏子易地則皆然。

聖賢之心無所偏倚，大本之「中」。隨感而應，各盡其道。時中之「中」。故使禹、稷居顏子之地，則亦能樂顏子之樂；使顏子居禹、稷之任，新安陳氏曰：禹、稷有官守，故曰「任」。顏子居陋巷，故曰「地」。亦能憂禹、稷之憂也。慶源輔氏曰：聖賢之心，其本然之體無所偏，無所倚。此其所謂「中者天下之大本也」，然不能不感於物，故隨感而應。有可喜之事感，則喜心便應；有可怒之事感，則怒心便應。如進則便須救民，退則便須脩己，皆吾大本中自然之理。無或過，無或不及，各盡其道，此其所謂「和者天下之達道也」。如是，故使禹、稷居顏子之地，亦能樂顏子之樂。使顏子居禹、稷之任，亦能憂禹、稷之憂，同一大本，同一達道故也。

「今有同室之人鬭者，救之，雖被髮纓冠而救之，可也。

不暇束髮，而結纓往救，新安陳氏曰：遇沐不暇束髮，冒冠於所被髮上，結纓而往救。言急也。以喻禹、稷。

「鄉鄰有鬭者，被髮纓冠而往救之，則惑也，雖閉户可也。」

喻顏子也。○此章言聖賢心無不同，事則所遭或異，然處上聲。之各當其理，是乃所以爲同也。尹氏曰：「當其可之謂時，前聖後聖，其心一也，故所遇皆盡善。」程子曰：君子而時中，若三過其門而不入，在禹、稷之時爲中，如居陋巷，則非中矣。居陋巷，在顏子之時爲中，如三過其門而不入，則非中矣。○南軒張氏曰：顏子未見其施爲，遽比之禹、稷，不已過乎？殊不知禹、稷之事功何所自。德者本也，事功末也，本末一致也。故程子曰有顏子之德，則有禹、稷之事功。事功在聖賢，惟其時而已。若墨之兼愛、楊之爲我，皆不知天理之時中，而妄意以守一偏，故如此。蓋墨氏終身纓冠以求救天下之鬭，楊氏則坐視同室之鬭而不顧者。其賊道豈不甚哉？是則人欲而已矣。○慶源輔氏曰：《集註》章旨，所謂聖賢之心無不同，一本也。事則所遭或異，萬殊也。然處之各當其理，是乃所以爲同者，所謂萬殊一本，吾道一以貫之也。又曰，事雖萬殊，心一以貫，則凡所以語默云爲，達道也，皆時中也。

○公都子曰：「匡章，通國皆稱不孝焉。夫子與之遊，又從而禮貌之，敢問何也？」

匡章，齊人。通國，盡一國之人也。禮貌，敬之也。

孟子曰：「世俗所謂不孝者五：惰其四肢，不顧父母之養，一不孝也；博奕好飲酒，不顧父母之養，二不孝也；好貨財，私妻子，不顧父母之養，三不孝也；從耳目之欲，以爲父母戮，四不孝也；好勇鬭狠，以危父母，五不孝也。章子有一於是乎？好、養、從，皆去聲。狠，胡懇反。

戮，羞辱也。狠，忿戾也。新安陳氏曰：五不孝之序，從輕漸説至重。

「夫章子，子父責善而不相遇也。

遇，合也。相責以善而不相合，故爲父所逐也。雙峯饒氏曰：章子得罪於父，與其他得罪不同，章子但不合責善於父，故出妻屛子以示不安之意，先説子父責善，是言子責父之善，下説父子，是泛言。

「責善，朋友之道也；父子責善，賊恩之大者。

賊，害也。朋友當相責以善，父子行之，則害天性之恩也。《孝經》云：「父子之道，天性也。」

「夫章子，豈不欲有夫妻子母之屬哉？爲得罪於父，不得近。出妻屛子，終身不養焉。其設心以爲不若是，是則罪之大者，是則章子已矣。」「夫章」之夫音扶。爲，去聲。屛，必井反，又必正反。養，去聲。

言章子非不欲身有夫妻之配、子有子母之屬，新安陳氏曰：此「屬」字，即「天屬」、「家屬」之屬，本文總夫妻子母而言，《集註》分説，故以「配」字對「屬」字。但爲身不得近於父，故不敢受妻子之養，以自責罰。其心以爲不如此，則其罪益大也。○此章之旨，於衆所惡去聲。而必察焉，可以見聖賢至公至仁之心矣。慶源輔氏曰：至公，則無私蔽於己；至仁，則不忍苟責於人。○新安陳氏曰：不徇衆見，至公也不輕與絶，至仁也。楊氏曰：「章子之行，去聲。孟子非取之也，特哀其志而不與之絶耳。」朱子曰：孟子之於匡章，蓋憐之耳，非取其孝也。據章所爲，因責善於父而不相遇，遂爲父所逐，雖是父不是己是，然便至如此出妻屛子終身不養，則豈得爲孝？故孟子言父子責善，賊恩之大者，此便是責之以不孝也。

但其不孝之罪，未至於可絶之地爾。然當時人則遂以爲不孝而絶之，故孟子舉世俗之不孝者五以曉之。若如此五者，則誠在所絶爾。後世因孟子不絶之，則又欲盡雪章之不孝而以爲孝，此皆不公不正倚於一偏，必若孟子所處，然後可以見聖賢至公至仁之心矣。○南軒張氏曰：章本心亦欲父之爲善耳，乃或過於辭色，致父之怒，後又不敢安於妻子之養以深自咎責，則章亦可哀者。若章得罪而不知懼，則是終以忿戾之氣行乎其間而可罪矣。○雙峯饒氏曰：章資質自好，但無學力，雖知愛父，而不知愛父之道，既得見孟子，必教他回父之意，未必止於此。章子通國稱其不孝，仲子通國稱其廉，孟子於此二人，所謂衆惡之必察焉，衆好之必察焉。○新安陳氏曰：父子間所以不責善，而惟朋友當責善者，蓋朋友以義合，責善而不從，則交可絶；父子以天合，責善而不相遇，則賊恩而將至於離故也。然責善既不可，則從父之令乎！曰：聖賢自有成規，幾諫之章内則與幾諫相表裏之言皆是也，舜事瞽瞍能致底豫，特患不能如舜耳。若章之出妻、屏子，非徒自咎責於己，亦將以感動於父，子不安而父安焉！其執拗亦可想矣，章既失之初，使能如舜之事親，豈不能回之於後，惜無以考其終何如也。

○曾子居武城，有越寇。或曰：「寇至，盍去諸？」曰：「無寓人於我室，毁傷其薪木。」寇退，則曰：「脩我牆屋，我將反。」寇退，曾子反。左右曰：「待先生，如此其忠且敬也。寇至，則先去以爲民望，寇退則反。殆於不可。」沈猶行曰：「是非汝所知也。昔沈猶有負芻之禍，從先生者七十人，未有與焉。」與，去聲。

武城，魯邑名。盍，何不也。左右，曾子之門人也。忠敬，言武城之大夫事曾子忠誠恭敬也。爲民望，言使民望而效之。沈猶行，弟子姓名也。言曾子嘗舍於沈猶氏，時有負芻者作亂，來攻沈猶氏，曾子率其弟子去之，不與其難。去聲。言師賓不與臣同。

子思居於衛，有齊寇。或曰：「寇至，盍去

諸？」子思曰：「如伋去，君誰與守？」言所以不去之意如此。子思時仕於衛。

孟子曰：「曾子、子思同道。曾子，師也，父兄也；子思，臣也，微也。曾子、子思易地則皆然。」

微，猶賤也。尹氏曰：「或遠去聲。害，或死難，去聲。○慶源輔氏曰：子思雖無死難之事，然寇至不去，有死難之理。其事不同者，所處之地不同也。君子之心不繫於利害，惟其是而已，是者，理之當然也。故易地則皆能爲之。」○孔氏曰：「古之聖賢，言行去聲。不同，事業亦異，而其道未始不同也。學者知此，則因所遇而應之；若權衡之稱去聲。物，低昂屢變，而不害其爲同也。」南軒張氏曰：君子不避難，亦不入於難，惟當夫理而已。於不當避而避焉，固私也；於不當預而預，乃勇於就難，是亦私而已矣。夫曾子，師也，父兄也。師之尊，與父兄之義同，以師道居，則寇至而去之，寇退而反，無預其難，在師之義當然也。子思，臣也，微也，委質以服君之事，有難而可逃之乎？與君同守而不去，則爲臣之義當然也。從容乎理之所當然，曾子、子思何殊哉？故曰「易地則皆然」，以天理之時中一而已。

○儲子曰：「王使人瞯夫子，果有異於人乎？」孟子曰：「何以異於人哉？堯舜與人同耳。」瞯，古莧反。

儲子，齊人也。瞯，竊視也。聖人亦人耳，豈有異於人哉？新安陳氏曰：孟子因有以異於人乎之問，而答之曰：「我何以異於人哉，雖堯舜，亦與人同耳。」《集註》謂「聖人亦人耳，豈有異於人哉」？乃是釋「堯舜與人同耳」一句，與孟子元文「何以異於人哉」所指不同矣。堯舜所以與人同者，非但形體之同，其性善本與人不異，惟聖人能盡其性，常人每汩其性，於是常人與聖人始懸絶耳。堯舜與人同之説，與人皆可以爲堯舜之説，實相表裏，但其意包涵而未盡。使儲子再問難，孟子必傾倒盡發之矣。

○「齊人有一妻一妾而處室者，其良人出，

則必饜酒肉而後反。其妻問所與飲食者，則盡富貴也。其妻告其妾曰：『良人出，則必饜酒肉而後反，問其與飲食者，盡富貴也，而未嘗有顯者來，吾將瞷良人之所之也。』蚤起，施從良人之所之，徧國中無與立談者，卒之東郭墦間，之祭者，乞其餘，不足，又顧而之他，此其爲饜足之道也。其妻歸，告其妾曰：『良人者，所仰望而終身也。今若此。』與其妾訕其良人，而相泣於中庭。而良人未之知也，施施從外來，驕其妻妾。施音迤，又音異。墦音燔。施施，如字。

章首當有「孟子曰」字，闕文也。良人，夫也。饜，飽也。顯者，富貴人也。施，邪施而行，不使良人知也。墦，冢也。顧，望也。訕，怨詈力智反。也。施施，喜悅自得之貌。

「由君子觀之，則人之所以求富貴利達者，其妻妾不羞也，而不相泣者，幾希矣。」

孟子言自君子而觀，今之求富貴者，皆若此人耳。使其妻妾見之，不羞而泣者少矣，言可羞之甚也。○趙氏曰：「言今之求富貴者，皆以枉曲之道，昏夜乞哀以求之，而以驕人於白日，與斯人何以異哉？」南軒張氏曰：意孟子在齊，適見此事，以爲與世之求富貴者無異，故載之。驕妻妾者，徒知以得爲貴，而不知所以得之者可賤也。妻妾知其可賤而已，不知爲欲所蔽故耳。○勉齋黃氏曰：此章形容苟賤之態，殊可賤惡。然流俗滔滔，務爲卑諂，無所不至，搖尾乞憐，自少至老，無一念不在是。未得，則愁憂窮蹙，志氣薾然，甘於不勝其小；既苟得，則志得意滿，驕親戚，傲閭里，哆然自視，不勝其大，可賤甚於乞墦而莫之覺也。學者深明義利之辨，充吾羞惡之心，而養吾剛大之氣，然後知孟子此言，誠末俗之箴砭也。

孟子集註大全卷之八

孟子集註大全卷之九

萬章章句上

凡九章。

萬章問曰：「舜往于田，號泣于旻天，何爲其號泣也？」孟子曰：「怨慕也。」號，平聲。

舜往于田，耕歷山時也。仁覆敷救反。閔下謂之旻天。號泣于旻天，呼去聲。下同。天而泣也。事見形甸反。《虞書·大禹謨》篇。《書》曰：「帝初于歷山，往于田，日號泣于旻天，于父母。」怨慕，怨己之不得其親而思慕也。慶源輔氏曰：父慈子孝，理之常也，何有於怨慕？唯遭事之變，故深思其所以不得於親之故，而自怨咎其在我者有何罪戾而致然，又思慕於親無頃刻忘，必欲得親之歡心而後已，此所謂怨慕也。○新安陳氏曰：「怨慕」二字真得舜之心，亦包盡一章之意。怨非怨親，怨己之不得乎親也。慕則念念不忘而思其親也。「惟順於父母可以解憂」以上，言怨也；「人少則慕父母」以下，言慕也。

萬章曰：「父母愛之，喜而不忘；父母惡之，勞而不怨。然則舜怨乎？」曰：「長息問於公明高曰：『舜往于田，則吾既得聞命矣；號泣于旻天，于父母，則吾不知也。』公明高曰：『是非爾所知也。』夫公明高以孝子之心爲不若是恝。我竭力耕田，共爲子職而已矣，父母之不我愛，於我何哉？惡，去聲。夫音扶。恝，苦八反。共，平聲。

長息，公明高弟子；公明高，曾子弟子。于父母，亦《書》辭，言呼父母而泣也。恝，無愁之貌。新安陳氏曰：孟子推明公明高之意，以爲孝子之心既不得乎親，必不若是之恝然無愁也。於我何哉，自責不知己有何罪耳，非怨父母也。楊氏曰：「非孟子深知舜之心，不能爲此言。蓋舜惟恐不順於父母，未嘗自以爲孝也。若自以爲孝，則非孝矣。」

「帝使其子九男二女，百官牛羊倉廩備，以事舜於畎畝之中。天下之士多就之者。帝將胥天下而遷之焉，爲不順於父母，如窮人無所歸。爲，去聲。

帝，堯也。《史記》云：「二女妻去聲。之，以觀其內；觀其齊家。九男事之，以觀其外。」觀其治外。○《史記・五帝紀》：舜年二十以孝聞。三十而帝堯問可用者，四岳咸薦虞舜曰可。於是堯乃以二女妻舜以觀其內，使九男與處以觀其外。舜居嬀汭，內行彌謹，堯二女不敢以貴驕事舜親戚，甚有婦道，堯九男皆益篤。○朱子曰：二女，娥皇、女英也。蓋夫婦之間，隱微之際，正始之道，所繫尤重。故觀人者於此爲尤切。○雙峯饒氏曰：觀者，衆人之所共見。以天子二女來處頑嚚傲之間，看他如何處置。二女和則是處置得是。九男皆帝子，亦難處，若處之得其道亦自安。百官只是百司，如後世典籤涓人之類。又言：「一年所居成聚，《廣雅》云：「聚，居也。」音慈喻反。《漢書音義》云：「小於鄉曰聚。」二年成邑，三年成都。」是天下之士就之也。胥，相去聲。視也。遷之，移以與之也。如窮人之無所歸，言其怨慕迫切之甚也。雲峯胡氏曰：「如窮人無所歸」六字譬喻，最形容得舜之情不得以自達，身不得以自安，心不得以自釋，其爲怨慕迫切之甚可知。

「天下之士悅之，人之所欲也，而不足以解憂；好色，人之所欲，妻帝之二女而不足以解憂；富，人之所欲，富有天下而不足以解憂；貴，人之所欲，貴爲天子而不足以解憂。人悅之、好色、富、貴，無足以解憂者，惟順於父母可以解憂。

孟子推舜之心如此，以解上文之意，極天下之欲不足以解憂，而惟順於父母可以解憂。孟子真知舜之心哉！慶源輔氏曰：上文是説舜之實事，此又孟子推述舜之心以解上文之意。言舜之心事實有如此者耳。舉天下之所欲不足以解憂者，所性不存焉故也；惟順於父母可以解憂者，性之不可離而亦不可以不盡也。

「人少則慕父母，知好色則慕少艾，有妻子則慕妻子，仕則慕君，不得於君則熱中。大孝終身慕父母。五十而慕者，予於大舜見之矣！」少、好，皆去聲。

言常人之情，因物有遷，釋「人少」至「熱中」。惟聖人爲能不失其本心也。釋「終身慕父母」。艾，美好也。《楚詞》、《戰國策》所謂「幼艾」，義與此同。《楚辭・九歌・大司命》篇：「慫長劍兮擁幼艾，蓀獨宜兮爲民正。」慫，息拱反。○《戰國策・趙孝成王》篇：公子魏牟過趙，趙王迎之，顧反至坐，前有尺帛，且令工人以爲冠。工見客來也，因避。趙王曰：「願聞所以爲天下。」魏牟曰：「王能重王之國若此尺帛，則國大治矣。」趙王不悦，曰：「寡人豈敢輕國若此？」魏牟曰：「請爲王説之。王有此尺帛，何不令前郎中以爲冠？」王曰：「郎中不知爲冠。」魏牟曰：「爲冠而敗之，奚虧於王之國，而王必待工而后乃使之。今爲天下之工或非也。社稷爲虚器，先王不血食，而王不以予工，乃與幼艾！」不得，失意也。熱中，躁急心熱也。言五十者，舜攝政時年五十也。五十而慕，則其終身慕可知矣。

○此章言舜不以得衆人之所欲爲己樂，音洛。而以不順乎親之心爲己憂。非聖人之盡性，其孰能之？慶源輔氏曰：心纔有一毫物欲之累，而於其親有一毫之不順，則於吾固有之性便有不盡處。能盡其性，則能不失其本心而爲人倫之至也。○西山真氏曰：五十始衰，聖人純孝之心則不以老而衰。惟充極其天性之至孝而無一毫之不盡，所以能如此。〇雙峯饒氏曰：如孝便十分孝，弟便十分弟，忠便十分忠，皆是盡性。〇新安陳氏曰：常人變於私情，所以汨其性；聖人無私情之累，所以盡其性。孟子言此，是以遏人欲、擴天理也。

〇萬章問曰：「《詩》云：『娶妻如之何？必告父母。』信斯言也，宜莫如舜。舜之不告而娶，何也？」孟子曰：「告則不得娶。男女居室，人之大倫也。如告，則廢人之大倫以懟父母，是以不告也。」懟，直類反。

《詩》，《齊國風·南山》之篇也。信，誠也，誠如此詩之言也。懟，讎怨也。舜父頑母嚚，音銀。常欲害舜。告則不聽其娶，是廢人之大倫以讎怨於父母也。東陽許氏曰：懟父母，言人之常情也；爲廢大倫，則雖子亦不免有讎怨父母之心。舜固非懟父母者，然告則必廢大倫，故不告也。此聖人善處變事處。

萬章曰：「舜之不告而娶，則吾既得聞命矣。帝之妻舜而不告，何也？」曰：「帝亦知告焉則不得妻也。」妻，去聲。

以女爲人妻如字。曰妻。去聲。下同。程子曰：「堯妻舜而不告者，以君治之而已。如今之官府治民之私者亦多。」慶源輔氏曰：謂以君命治之，不容瞽瞍之不聽也。官府治民之私，或有理法當然，而牽於私，不肯然者，則官司以法治之，必使之然也。

萬章曰：「父母使舜完廩，捐階，瞽瞍焚廩；使浚井，出，從而揜之。象曰：『謨蓋都君咸我績。牛羊，父母；倉廩，父母；干戈，朕；琴，朕；弤，朕。二嫂使治朕棲。』象往入舜宮，舜在牀琴。象曰：『鬱陶思君爾。』忸怩。舜曰：『惟兹臣庶，汝其于予治！』不識舜不知象之將殺己與？」曰：「奚而不知也？象憂亦憂，象喜亦喜。」弤，都禮反。忸，女六反。怩音尼。與，平聲。

完，治也。補全之。捐，去上聲。也。階，梯也。揜，蓋也。按《史記》曰：「使舜上時掌反。塗廩，瞽瞍從下縱火焚廩，舜乃以兩笠自捍音汗。而下去，得不死。後又使舜穿井，舜穿井爲匿空音孔。旁出。匿空，隱匿之孔穴也。舜既入深，瞽瞍與象共下土實井，舜從匿空中出去。」即其事也。象，舜異母弟也。謨，謀也。蓋，蓋井也。舜所居三年成都，故謂之「都君」。咸，皆也。績，功也。舜既入井，象不知舜已出，欲以殺舜爲己功也。干，盾樹尹反。也。戈，戟也。《周禮》：「掌五兵五楯。」鄭云：「五楯，干魯之屬。」❶《禮圖》云：「今之三鋒戟也。內長四寸半，胡長六寸。」以其與戈相類，故云：「戈，戟也。」琴，舜所彈五弦琴也。弤，琱丁聊反。弓也。《通鑑外紀》云：「舜彈五弦之琴，歌《南風》之詩。」琱弓，漆赤弓，《尚書》「彤弓」是也。象欲以舜之牛羊倉廩與父母，而自取此物也。二嫂，堯二女也。棲，牀也。象欲使爲己妻也。象往舜宮，欲分取所有。見舜生在牀彈琴，蓋既出即潛歸其宮也。鬱陶，思之甚而氣不得伸也。象言己思君之甚，故來見爾。忸怩，慙色也。臣庶，謂其百官也。象素憎舜，不至其宮，故舜見其來而喜，使之治其臣庶也。孟子言舜非不知其將殺己，但見其憂則憂，見其喜則喜，兄弟之情自有所不能已耳。萬章所言，其有無不可知，然舜之心則孟子有以知之矣。他亦不足辨也。程子曰：「象憂亦憂，象喜亦喜，人情天理，於是爲至。」程子曰：萬章言舜完廩浚井之說，恐未必有此事，論其理而已。堯在上而使百官事舜於畎畝之中，豈

❶「魯」，四庫本、陸本及《周禮注疏・夏官・司兵》作「櫓」。

容象得以殺兄而使二嫂治其棲乎？學孟子者，以意逆志可也。○南軒張氏曰：象之憂，疾舜而謀害之也；舜亦憂者，憂己何以使象至此也。象之喜者，彼云思君而以喜來；舜固不逆其詐，亦從而爲之喜也。憂也亦憂，喜也亦喜，是其心與之爲一，親之愛之，不知其他，此仁人之於弟，天理人情之至也。象憂而舜漠然不以爲憂，象喜而舜疑之不以爲喜，則在我之誠先不篤矣。豈聖人之心也哉？○慶源輔氏曰：象日以殺舜爲事，肆人欲以絶兄弟之情者也；象憂亦憂，象喜亦喜，順天理以見兄弟之情者也。象之人欲雖熾，舜之天理常存，卒之象不格姦而源源以來，則舜之天理化其人欲而消之矣。○西山真氏曰：象欲殺舜，其迹甚明，舜豈不知？然見其憂則憂，見其喜則喜，畧無一毫芥蔕於其中。後世骨肉之間小有疑隙，則嫌猜萬端，惟恐發之不早，除之不亟。至此然後知聖人之心與天同量也。世儒疑堯在上，二女嬪虞，象無敢殺舜之理。不知孟子但論舜之心，使其有是，處之不過如此，豈必真有是哉？○雙峯饒氏曰：完廩浚井事儻無，則不告而娶亦焉知其非無？孟子於此不辨，下章咸丘蒙之問孟子却責之。蓋下章是説舜身上事。舜爲天子，不受堯與瞽瞍之朝，此決然之理；此章説象與瞽瞍之事，容或有之，是以不辨。大凡看書且看大意。如前章重在「爲不順於父母，如窮人無所歸」兩句，此章重在「象憂亦憂，象喜亦喜」兩句。

曰：「然則舜僞喜者與？」曰：「否。昔者有饋生魚於鄭子產，子產使校人畜之池。校人烹之，反命曰：『始舍之，圉圉焉。少則洋洋焉，攸然而逝。』子產曰：『得其所哉，得其所哉！』校人出曰：『孰謂子產智？予既烹而食之，曰：得其所哉，得其所哉！』故君子可欺以其方，難罔以非其道。彼以愛兄之道來，故誠信而喜之，奚僞焉？」與，平聲。校音效，又音教。畜，許六反。

校人，主池沼小吏也。圉圉，困而未紓音舒。之貌。洋洋，則稍縱矣。攸然而逝者，自得而遠去也。方，亦道也。罔，蒙蔽也。欺以其方，謂誑古況反。之以理之所有；罔以非其道，謂昧之以理之所無。象以愛兄之道來，所謂欺之以其方也。舜本不知其僞，故實喜之，何僞之有？○此章又言舜遭人倫之變而不失天理之常也。新安陳氏曰：不失天理之常，則終可以回人倫之變矣；不格姦、底豫之餘，人倫豈終變也哉？○東陽許氏曰：魚入水有悠然而逝之理，弟有思兄鬱陶之理，故子產與舜皆信之。舜之愛弟自天性，況象又以愛兄之道來感之乎？

○萬章問曰：「象日以殺舜爲事，立爲天子則放之，何也？」孟子曰：「封之也。或曰放焉。」

放，猶置也，置之於此使不得去也。萬章疑舜何不誅之，孟子言舜實封之，而或者誤以爲放也。

萬章曰：「舜流共工于幽州，放驩兜于崇山，殺三苗于三危，殛鯀于羽山，四罪而天下咸服，誅不仁也。象至不仁，封之有庳，有庳之人奚罪焉？仁人固如是乎，在他人則誅之，在弟則封之？」曰：「仁人之於弟也，不藏怒焉，不宿怨焉，親愛之而已矣。親之，欲其貴也；愛之，欲其富也。封之有庳，富貴之也。身爲天子，弟爲匹夫，可謂親愛之乎？」庳音鼻。

流，徙也。共音恭。工，官名。驩兜，人名。二人比毗至反。周，相與爲黨。三苗，國名，負固不服。殺，殺其君也。殛，誅也。鯀，禹父名。方命圮部鄙反。族，治水無功。新安倪氏曰：「方命圮族」，見《書・堯典》篇。方命者，逆上命而不行也。圮敗族類，言與衆不和，傷人害物也。皆不仁之人也。幽州、崇山、三危、羽山、有庳，皆地名也。趙氏曰：幽州，北裔之地，舜分冀北爲幽州。崇山，南裔之山，在今澧州慈利縣。三危，西裔之地，禹貢在雍州，或以爲燉煌，未詳。羽山，東裔之山，在今海州朐山縣。或曰：今道州鼻亭即有庳之地也，未知是否。《漢書》顔師古註云：「有庳在零陵，今鼻亭是也。」萬章疑舜不當封象，使彼有庳之民無罪而遭象之虐，非仁人之心也。藏怒，謂藏匿其怒；宿怨，謂留蓄其怨。雙峯饒氏曰：仁人之於弟，雖有怒亦不藏之，雖有怨亦不留之，少間便釋然。親之，欲其親近於我，貴之是也；愛之，欲其得遂所欲，富之是也。

「敢問『或曰放』者，何謂也？」曰：「象不得有爲於其國，天子使吏治其國而納其貢稅焉，故謂之放。豈得暴彼民哉？雖然，欲常常而見之，故源源而來。『不及貢，以政接于有庳』，此之謂也。」

孟子言象雖封爲有庳之君，然不得治其國。天子使吏代之治而納其所收之貢稅於象，有似於放，故或者以爲放也。蓋象至不仁，處上聲。之如此，則既不失吾親愛之心，而彼亦不得虐有庳之民也。源源，若水之相繼也。來，謂來朝音潮。下同。覲也。不及貢，以政接于有庳，謂不待及諸侯朝貢之期而以政事接見有庳之君。蓋古書之辭，新安陳氏曰：以「此之謂也」四字觀之，知其爲古書之辭。而孟子引以證源源而來之意，見形甸反。其親愛之無已如此也。○吳氏曰：「言聖人不以公義廢私恩，亦不以私恩害公義。舜之於象，仁之至、義之盡也。」朱子曰：封之有庳，富貴之，是不以公義廢私恩，所以爲仁之至；使吏治其國，納貢賦而不得肆暴，是不以私恩害公義，所以爲義之盡。後世如漢文之於淮南，景帝之於梁王，始則縱之太過，不得謂之仁；後又窘治之甚，不得謂之義。皆兩失之。○南軒張氏曰：舜之處象可謂盡矣。象雖不道，而吾之弟也。仁人之於弟，親愛之而已矣。或曰：周公之於管、蔡如之何？蓋管、蔡挾武庚以叛，憂在廟社，孽在生民，周公爲國弭亂也；象之欲殺舜，其事在舜之身耳，固不同也。舜與周公易地則皆然。蓋其存心爲天理人情之至，則一也。

○咸丘蒙問曰：「語云：『盛德之士，君不得而臣，父不得而子。』舜南面而立，堯帥諸侯北面而朝之，瞽瞍亦北面而朝之。舜見瞽瞍，其容有蹙。孔子曰：『於斯時也，天下殆哉岌岌乎！』不識此語誠然乎哉？」孟子曰：「否。此非君子之言，齊東野人之語也。堯老而舜攝也。《堯典》曰：『二十有八載，放勳乃徂落，百姓如喪考妣。三年，四海遏密八音。』孔子曰：『天無二日，民無二王。』舜既爲天子矣，又帥天下諸侯以爲堯三年喪，是二天子矣。」朝音潮。岌，魚及反。

咸丘蒙，孟子弟子也。語者，古語也。蹙，顰蹙不自安也。岌岌，不安之貌也。言人倫乖亂，天下將危也。齊東，齊國之東鄙也。孟子言堯但老不治事，而舜攝天子之事耳。堯在時舜未嘗即天子位，堯何由北面而朝乎？又引《書》及孔子之言以明之。《堯典》，《虞書》篇名。今此文乃見形甸反。於《舜典》。蓋古書二篇，或合爲一耳。言舜攝位二十八年而堯死也。徂，升也。落，降也。人死則魂升而魄降，故古者謂死爲徂落。遏，止也。密，静也。八音，金、石、絲、竹、匏、蒲交反。土、革、木，新安倪氏曰：金，鐘也。石，磬也。絲，琴瑟也。竹，簫篪也。匏，笙竽也。土，塤也。革，鼓也。木，柷敔也。樂器之音也。南軒張氏曰：堯老而命舜攝天子之事，是則堯猶爲君而舜則臣也。堯崩，舜率天下之臣民以爲堯三年喪，是猶以堯之事行於天下也。至於堯三年之喪畢，舜避堯之子而天下獄訟謳歌歸之，不容舍焉，而後舜始踐天子位。此堯、舜相繼之際，《書》、《傳》所載莫詳焉，而不獨見於《孟子》之書也。○雙峯饒氏曰：百姓，是畿内百姓，如

「平章百姓」，皆指畿內而言。古者天子崩，畿內百姓爲之斬衰期年之服；諸侯薨，國內百姓爲之斬衰，皆期年也。周制百姓期年，今也百姓爲之三年。至於四海雖無服，亦遏密八音不作樂。

咸丘蒙曰：「舜之不臣堯，則吾既得聞命矣。《詩》云：『普天之下，莫非王土；率土之濱，莫非王臣。』而舜既爲天子矣，敢問瞽瞍之非臣，如何？」曰：「是詩也，非是之謂也，勞於王事而不得養父母也。曰此莫非王事，我獨賢勞也。故說詩者不以文害辭，不以辭害志，以意逆志，是爲得之。如以辭而已矣，《雲漢》之詩曰：『周餘黎民，靡有孑遺。』信斯言也，是周無遺民也。

不臣堯，不以堯爲臣，使北面而朝也。《詩》，《小雅·北山》之篇也。普，徧也。率，循也。此詩今毛氏序云：「役使不均，已勞於王事而不得養去聲。其父母焉。」其詩下文亦云：「大夫不均，我從事獨賢。」乃作詩者自言天下皆王臣，何爲獨使我以賢才而勞苦乎，非謂天子可臣其父也。文，字也。辭，語也。逆，迎也。《雲漢》，《大雅》篇名也。孑，獨立之貌。遺，脫也。言說詩之法，不可以一字而害一句之義，不可以一句而害設辭之志，當以己意迎取作者之志，乃可得之。若但以其辭而已，則如《雲漢》所言，是周之民真無遺種上聲。矣。惟以意逆之，則知作詩者之志在於憂旱而非真無遺民也。朱子曰：逆，是前去追迎之；意，將自家意思去前面等候詩人之志來，如等人來相似。今日等不來，明日又等，須等得來方得。今人却是硬捉他來，便不是「逆志」。所謂逆者，其至否遲速不敢自必，而聽於彼也。大抵讀書，須虛心平氣，優游玩味，徐觀聖賢立言本意所向如何，然後隨其遠近淺深、輕重緩急而爲之說，庶乎可以得之。若便以吾先入之說橫於胸次，而驅牽聖賢之言以從己意，設使義理可通，已涉私穿鑿，而不免於郢書燕説之誚。況又義理窒礙，實有所不可行乎？○慶源輔氏曰：以文害辭，是泥一字之文而害一句之辭也；以辭害義，是泥一句之辭而害詩人設辭之意也。意是己意，志是詩人之志。以我之意迎取詩人之志，然後可以得之。

「孝子之至，莫大乎尊親；尊親之至，莫大乎以天下養。爲天子父，尊之至也；以天下養，養之至也。《詩》曰：『永言孝思，孝思維則。』此之謂也。養，去聲。

言瞽瞍既爲天子之父，則當享天下之養。此舜之所以爲尊親養親之至也。豈有使之北面而朝之理乎？《詩》，《大雅·下武》之篇。言人能長言孝思而不忘，則可以爲天下法則也。慶源輔氏曰：上既言讀詩之法以破萬章之惑，此又言尊親養親之至以見舜無使父朝己之理。夫舜既爲天子，則瞽瞍實爲天子之父，備享四海九州之奉，而舜爲尊親養親之至矣。故引《下武》詩以詠歎之，以謂如舜者然後可謂能「長言孝思」而「爲天下法則」者矣。豈有使其父北面而朝之理乎？○雙峯饒氏曰：尊親養親雖是二事，然尊與養相須，養之至乃所以尊之也。

「《書》曰：『祗載見瞽瞍，夔夔齊栗。瞽瞍亦允若。』是爲父不得而子也。」見音現。齊，側皆反。

《書》，《大禹謨》篇也。祗，敬也。載，事也。夔夔齊栗，敬謹恐懼之貌。允，信也。若，順也。言舜敬事瞽瞍，往而見之，蔡氏曰：敬其子之職事也。敬謹如此，瞽瞍亦信而順之也。孟子引此而言瞽瞍不能以不善及其子，而反見化於其子，則是所謂父不得而子者，而非如咸丘蒙之説也。南軒張氏曰：古之君有受教於臣以成德者，如太甲之於伊尹，成王之於周公。謂之君不得而臣亦可也。蓋在子知盡事父之道，在臣知盡事君之道而已。自他人與後世觀之，則見其有不得而臣、不得而子者焉，故云爾也。〇雲峯胡氏曰：如咸丘蒙之説，則所謂父不得而子者，以位言也。殊不知古語云「盛德之士」，本自專以德言。「祇載見瞽瞍，夔夔齊栗」，此舜之盛德處；「瞽瞍亦允若」，則反見化於其子。盛德之中而不得以不善及其子也。

〇萬章曰：「堯以天下與舜，有諸？」孟子曰：「否。天子不能以天下與人。」

天下者，天下之天下，非一人之私有故也。

「然則舜有天下也，孰與之？」曰：「天與之。」

萬章問而孟子答也。

「天與之者，諄諄然命之乎？」諄，之淳反。

萬章問也。諄諄，詳語之貌。

曰：「否。天不言，以行與事示之而已矣。」行，去聲。下同。

行如字。之於身謂之行，措諸天下謂之事。言但因舜之行事而示以與之之意耳。

曰：「以行與事示之者如之何？」曰：「天子能薦人於天，不能使天與之天下；諸侯能薦人於天子，不能使天子與之諸侯；大夫能薦人於諸侯，不能使諸侯與之大夫。昔者堯薦舜於天而天受之，暴之於民而民受之。故曰：『天不言，以行與事示之而已矣。』」暴，步卜反。下同。

暴，顯也。言下能薦人於上，不能令力呈反。上必用之。舜爲天人所受，是因舜之行與事而示之以與之之意也。慶源輔氏曰：下薦人於上，公心也；若有必上用之之心，則私意矣。孟子此言不特説得三聖授受明白，而於人臣薦賢之道、大公至正之心亦盡。彼竊位蔽賢者固不足責，而進一善、達一能，上必君之用，下示己之恩者皆非也。上只言天，此又并民而言者，天民一理，天實以民爲視聽也。

舜相堯二十八載，固天也；至於朝覲訟獄謳歌，則人耳。而亦曰天者，以天統人，以人證天，天與人一也。

曰：「敢問薦之於天而天受之，暴之於民而民受之，如何？」曰：「使之主祭而百神享之，是天受之；使之主事而事治，百姓安之，是民受之也。天與之，人與之。故曰天子不能以天下與人。舜相堯二十有八載，非人之所能爲也，天也。堯崩，三年之喪畢。舜避堯之子於南河之南。天下諸侯朝覲者不之堯之子而之舜，訟獄者不之堯之子而之舜，謳歌者不謳歌堯之子而謳歌舜，故曰天也。夫然後之中國，踐天子位焉。而居堯之宮，逼堯之子，是篡也，非天與也。

治、相，並去聲。朝音潮。夫音扶。

南河，在冀州之南。新安倪氏曰：冀州爲帝都，河在其南，故謂之南河。其南即豫州也。訟獄，謂獄不決而訟之也。

「《太誓》曰：『天視自我民視，天聽自我民聽。』此之謂也。」

自，從也。天無形，其視聽皆從於民之視聽。民之歸舜如此，則天與之可知矣。南軒張氏曰：聖人之動，無非天也。其相授之際，豈有我之所得爲哉？故曰天子不能以天下與人。天子而以天下與人，則是私意之所爲，亂之道也。堯之於舜，選於天下而薦之天耳；而舜之卒有天下者，天實爲之，堯豈能加毫末於此哉？舜之相堯歷年如是之久，其薦於天，暴於民者如是其著，此乃天也。堯崩，舜率天下而服堯之喪，堯喪既除，舜避堯之子於南河之南，不敢以己爲天子而聽天所命也。朝覲訟獄謳歌者皆相率而歸，有不容舍焉。夫然後歸而踐位，而從容於天人之際蓋如此。然則舜亦豈能加毫末於此哉？玩此章則聖人所謂「先天而天不違，後天而奉天時」者，殆可得而究矣。○新安陳氏曰：太，《書》作「泰」。《皋陶謨》曰：「天聰明自我民聰明。」《泰誓》之言蓋本於此。天既無民之形體，故其視聽皆從於民，民之所歸即天之所命也。

○萬章問曰：「人有言，至於禹而德衰，不傳於賢而傳於子，有諸？」孟子曰：「否。不然也。天與賢則與賢，天與子則與子。昔者舜薦禹於天，十有七年。舜崩，三年之喪畢。禹避舜之子於陽城。天下之民從之，若堯崩之後不從堯之子而從舜也。禹薦益於天，七年。禹崩，三年之喪畢。益避禹之子於箕山之陰。朝覲訟獄者不之益而之啓，曰：『吾君之子也！』謳歌者不謳歌益而謳歌啓，曰：『吾君之子也！』朝音潮。

陽城，箕山之陰，皆嵩山下深谷中可藏處。啓，禹之子也。楊氏曰：「此語孟子必有所受，然不可考矣。但云『天與賢則與賢，天與子則與子』，可以見堯、舜、禹之心皆無一毫私意也。」南軒張氏曰：堯、舜傳之賢，禹傳之子，而後世遂有至禹而德衰之論，此以私意觀聖人也。禹薦益於天與堯之薦舜，舜之薦禹，其心一也。益避禹之子與舜之在南河、禹之在陽城，其心一也。天而與益則朝覲訟獄謳歌者皆歸之，益踐天子位矣，禹亦豈得而不與之哉；而天則與子也，禹亦豈得而與之哉？使天而與丹朱與舜之子，則舜禹固得遂其終避之意，猶益得遂其終避之志者也，故曰其心一也。

「丹朱之不肖，舜之子亦不肖。舜之相堯，禹之相舜也，歷年多，施澤於民久。啓賢，能敬承繼禹之道。益之相禹也，歷年少，施澤於民未久。舜禹益相去久遠，其子之賢不肖皆天也，非人之所能爲也。莫之爲而爲者天也，莫之致而至者命也。「之相」之相，去聲；「相去」之相，如字。

堯舜之子皆不肖而舜禹之爲相久，此堯舜之子所以不有天下而舜禹有天下也；禹之子賢而益相不久，此啓所以有天下而益不有天下也。然此皆非人力所爲而自爲，非人力所致而自至者。蓋以理言之謂之天，自人言之謂之命，其實則一而已。朱子曰：天如君，命如命令。君命人去做職事，其俸禄有厚薄，歲月有遠近，無非是命。命有兩様。「得之不得曰有命」自是一様，「天命之謂性」又自是一様。雖是兩様，却只是一箇命。天之命人有命之以厚薄脩短，有命之以清濁偏正，無非是命。且如舜、禹、益相去久遠，是命之在外者；其子之賢不肖，是命之在内者。聖人窮理盡性以至於命，便能贊化育。堯之子不肖，他便不傳與子而傳與舜，本是箇不好底意思，却被他一轉轉得好。○南軒張氏曰：「莫之爲而爲者天也，莫之致而至者命也」，孟子發明天人之際深矣。雖然，人君爲不善而天命去之，則是有所爲而致也，獨不可言天與命歟？孟子蓋嘗論之矣，曰：「盡其道而死者正命也，桎梏死者非正命也。」蓋如堯、舜、禹、益之事，天理之全而命之正也；若夫爲不善以及於亂亡，則是自絶乎天以遏其命，不得謂之得其正矣。○慶源輔氏曰：天則天理之本體，命則天理之命於人者。○北溪陳氏曰：天與命只一理，就其中則微有分别。爲，以做事言，做事是人；對此而反之，非人所爲便是天。至，以吉凶禍福地頭言，有因而致，是人力；對此而反之，非力所致便是命。天以全體言，命以其中妙用言。其曰「以理言之謂之天」，是專就天之正義言，却包命在其中；其曰「自人言之謂之命」，命是天命，因人形之而後見。故吉凶禍福自天來到於人，然後爲命，乃是於天理中截斷命爲一邊而言，其指歸一爾。若只就天一邊説吉凶禍福，未有人受來，如何見得是命？

「匹夫而有天下者，德必若舜禹而又有天子薦之者，故仲尼不有天下；

孟子因禹益之事，歷舉此下兩條以推明之。言仲尼之德雖無媿於舜禹，而無天子薦之者，故不有天下。

「繼世以有天下，天之所廢必若桀紂者也，故益、伊尹、周公不有天下。

繼世而有天下者，其先世皆有大功德於民。故必有大惡如桀紂，則天乃廢之。如啓及太甲、成王雖不及益、伊尹、周公之賢聖，但能嗣守先業，則天亦不廢之。故益、伊尹、周公雖有舜禹之德而亦不有天下。

「伊尹相湯以王於天下。湯崩，太丁未立，外丙二年，仲壬四年。太甲顛覆湯之典刑，伊尹放之於桐三年。太甲悔過，自怨自艾，於桐處仁遷義三年，以聽伊尹之訓己也。復歸于亳。相、王，皆去聲。艾音乂。

此承上文言伊尹不有天下之事。趙氏曰：「太丁，湯之太子，未立而死。外丙立二年，仲壬立四年，皆太丁弟也。太甲，太丁子也。」程子曰：「古人謂歲爲年。湯崩時，外丙方二歲，仲壬方四歲，惟太甲差初宜反。長，上聲。故立之也。」二說未知孰是。顛覆，壞音怪。亂也。典刑，常法也。桐，湯墓所在。艾，治也。《說文》云「芟師銜反。草也」。蓋斬絶自新之意。亳，商所都也。

「周公之不有天下，猶益之於夏、伊尹之於殷也。

此復言周公所以不有天下之意。朱子曰：仲尼不有天下，益、伊、周不有天下，豈益、伊、周、孔皆有有天下之願，而以無天子薦之，與天意未有所廢而不得乎？直論其理如此耳。○問：舜、禹避位之說。或者疑之，以爲舜、禹之爲相，攝行天子之事久矣，至此而復往避之，有如天下歸之而朱、均不順，則將從天下而廢其君之子耶，抑將奉其君之子而違天下之心耶？是皆事之至逆而由避有以致之也。至益不度天命而受位矣，避之而天下不從，然後不敢爲，匹夫猶且耻之，而謂益爲之乎？是其說也柰何？聞之師曰：聖人未嘗有取天下之心也。三年喪畢，去而避之，禮之常，事之宜耳；其避去也，其心惟恐天下之不吾釋也。舜、禹蓋迫於天命人心而不獲已者，若益則求仁而得仁耳。論者紐於利害權謀之習而妄意聖賢之心，蓋以曹操不肯釋兵之心而爲舜、禹、益謀，宜其以爲不當去位而避朱、均；以曹丕屨表陳遜之心而爲、舜、禹益謀，宜其幸舜、禹之得之，而以益之不得爲可耻也。

「孔子曰：『唐虞禪，夏后殷周繼，其義一

也。』」禪音擅。

禪，授也。或禪或繼，皆天命也。聖人豈有私意於其間哉？○尹氏曰：「孔子曰：『唐虞禪，夏后殷周繼，其義一也。』孟子曰：『天與賢則與賢，天與子則與子。』知前聖之心者無如孔子，繼孔子者，孟子而已矣。」南軒張氏曰：一者何也？亦曰奉天命而已矣。

○萬章問曰：「人有言，伊尹以割烹要湯，有諸？」要，平聲。下同。

要，求也。按《史記》伊尹欲行道以致君而無由，乃爲有莘氏之媵以證反。臣，負鼎俎以滋味，説音稅。湯致於王道。蓋戰國時有爲此説者。慶源輔氏曰：戰國之時，人不知有義理之學，汲汲然志於功名事業以求其富貴利達，雖枉己辱身有所不顧，故設爲此等議論，上以誣聖賢，下以便一己之私耳。○新安陳氏曰：湯妃，有莘氏女也，所以有隨嫁從臣。負鼎俎，蓋庖人之類。

孟子曰：「否。不然。伊尹耕於有莘之野而樂堯舜之道焉。非其義也，非其道也，祿之以天下弗顧也，繫馬千駟弗視也；非其義也，非其道也，一介不以與人，一介不以取諸人。樂音洛。

莘，國名。趙氏曰：今司州郃陽縣。樂堯舜之道者，誦其《詩》，讀其《書》而欣慕愛樂之也。新安陳氏曰：《詩》如康衢之謠、舜皋之歌之類，《書》如二典三謨是也。必如此解，此句方實。駟，四匹也。介，與「草芥」之芥同。言其辭受取與，無大無細，一以道義而不苟也。龜山楊氏曰：一介之與萬鍾，若論利則有多寡，若論義，其理一也。伊尹惟能一介知所取與，故能祿之以天下弗顧，繫馬千駟弗視。自後世觀之，則一介不以與人爲太吝，一介不以取諸人爲太潔。然君子之取與，適於其義而已。與之嗇，取之微，雖若不足道矣，然苟害於義，又何多寡之間乎？○問：「道義一物，非其義則非其道矣。一介不妄取與，則大者可知矣。既曰非義，又曰非道，既曰一介，又曰天下、千駟，何也？」朱子曰：道、義，兼舉體用而言也；一介、千駟，極其多少而言也。蓋人之氣質不同，器識有異。或務大而忽小，或抱小而遺大。故必兼舉而極言之，然後足以見其德之全耳。○雙峯饒氏曰：孟子説義必説道，如「配義與道」，皆是先義。亘古窮今，只一箇道義，是隨時處事之權，要兩下看。既揆以義，又揆以道，方可處事。有合一時之宜，及揆以古道則有不合處。道是體，義是用。義以事言，道以理言。以事言則得其宜，以理言則得其正，然後爲盡善，故兩言之。

「湯使人以幣聘之。囂囂然曰：『我何以湯之聘幣爲哉？我豈若處畎畝之中，由是以樂堯舜之道哉？』」囂，五高反，又户驕反。

囂囂，無欲自得之貌。慶源輔氏曰：伊尹以堯舜之道自樂，故常無欲而自得。涵泳其言，則舉天下之物果何足以累其心哉？

「湯三使往聘之。既而幡然改曰：『與我處畎畝之中，由是以樂堯舜之道，吾豈若使是君爲堯舜之君哉，吾豈若使是民爲堯舜之民哉，吾豈若於吾身親見之哉？

幡然，變動之貌。於吾身親見之，言於我之身親見其道之行，不徒誦説向慕之而已也。朱子曰：或謂飢食渴飲，耕田鑿井，便是樂堯舜之道，此皆不實。「豈若吾身親見之哉」，這箇便是真堯舜，却不是泛説底。道皆堯舜之道。如論「文武之道未墜於地」，此亦真箇指文武之道。而或者便説日用間皆是文武之道，殊不知聖賢之言自實。

「『天之生此民也，使先知覺後知，使先覺覺後覺也。予，天民之先覺者也。予將以斯道覺斯民也，非予覺之而誰也？』」

此亦伊尹之言也。知，謂識其事之所當然；覺，謂悟其理之所以然。覺後知後覺，如呼去聲。寐者而使之寤也。言天使者，天理當然若使之也。程子曰：「予天民之先覺，謂我乃天生此民中盡得民道而先覺者也。既爲先覺之民，豈可不覺其未覺者？及彼之覺，亦非分我所有以予通作與。之也。皆彼自有此理，我但能覺之而已。」朱子曰：程子云：「知是知此事，覺是覺此理。」如事親當孝，事兄當弟，事也；其所以當孝，所以當弟，理也。今人知得此事，講解得這道理，皆是知之之事。及至自悟，則又自有箇見解處。○中央兩箇「覺」字皆訓喚醒，是我喚醒他。○慶源輔氏曰：知淺而覺深，知有界限，覺無偏全。程子云：「譬之人睡，他人未覺而我先覺，故搖撼其未覺者亦使之覺。及其已覺也，元無欠少，而亦未嘗有增加，適一般耳。」此説説得「覺」字極爲全備。「既爲先覺之民，豈可不覺其未覺者？」此解「非予覺之而誰也」一句。蓋大學之道，既明明德，則必須新民。到此地位，自然住不得。正使不得時與位，亦須着如孔孟著書立言以覺萬世始得。此皆是不容已者。

「思天下之民匹夫匹婦有不被堯舜之澤者，若己推而内之溝中。其自任以天下之重如此。故就湯而説之以伐夏救民。推，吐回反。内音納。説音稅。

《書》曰：「昔先正保衡作我先王，曰：『予弗克俾厥后爲堯舜，其心愧耻，若撻于市；一夫不獲，則曰時予之辜。』」孟子之言蓋取諸此。是時夏桀無道，暴虐其民，故欲使湯伐夏以救之。徐氏曰：「伊尹樂堯舜之道。堯舜揖遜而伊尹説湯以伐夏者，時之不同，義則一也。」

「吾未聞枉己而正人者也，況辱己以正天下者乎？聖人之行不同也，或遠或近，或去或不去，歸潔其身而已矣。行，去聲。

辱己甚於枉己，正天下難於正人。若伊尹以割烹要湯，辱己甚矣，何以正天下乎？慶源輔氏曰：辱己實由於枉己，不可以爲未甚而已可枉也；正天下實自正人始，未有不能正人而能正天下者也。遠，謂隱遁與「遯」同。也。近，謂仕近君也。言聖人之行雖不必同，然其要如字。歸在潔其身而已。伊尹豈肯以割烹要湯哉？慶源輔氏曰：或遠而去，或近而不去。所遭之時不同，而在潔其身則同。潔身，不使其身汙辱於不義也。身爲萬事之本，使尹以割烹要湯，則汙其身甚矣。本既不正，事無可爲，而謂尹爲之乎？

「吾聞其以堯舜之道要湯，未聞以割烹也。

林氏曰：「以堯舜之道要湯者，非實以是要之也。道在此而湯之聘自來耳。猶子貢言『夫子之求之異乎人之求之』也。愚謂此語，亦猶前章所論父不得而子之意。」新安陳氏曰：承其要湯之語而正之，謂伊尹所以要湯在堯舜之道而非割烹也。其實伊尹未嘗要求於湯，如夫子之求之，與「父不得而子」語脉相似，故《集註》引以爲證。

「《伊訓》曰：『天誅造攻自牧宮，朕載自亳。』」

《伊訓》，《商書》篇名。孟子引以證伐夏救民之事也。今《書》「牧宮」作「鳴條」。牧宮，桀宮也。造、載，皆始也。伊尹言始攻桀無道，由我始其事於亳也。南軒張氏曰：桀爲不道，伊尹則相湯始於亳而往征之。然則其伐夏也，奉天討有罪而已。○慶源輔氏曰：此伊尹所自言，於此可見其任重之意，則其不肯枉道自汙以要君必矣。事苟理明義正，聖賢初無所揜覆也。

○萬章問曰：「或謂孔子於衛主癰疽，於齊主侍人瘠環，有諸乎？」孟子曰：「否。不然也。好事者爲之也。癰，於容反。疽，七余反。好，去聲。

主，謂舍於其家以之爲主人也。癰疽，瘍音羊。醫也。新安倪氏曰：《周禮·天官》有瘍醫。瘍，瘡癰也。侍人，奄與閹同，音掩。人也。瘠，姓；環，名。皆時君所近狎之人也。好事，謂喜造言生事之人也。

「於衛主顔讎由。彌子之妻與子路之妻，兄弟也。彌子謂子路曰：『孔子主我，衛卿可得也。』子路以告。孔子曰：『有命。』孔子進以禮，退以義，得之、不得，曰有命。而主癰疽與侍人瘠環，是無義無命也。讎，如字，又音犨。

顔讎由，衛之賢大夫也。《史記》作「顔濁鄒」。彌子，衛靈公幸臣彌子瑕也。徐氏曰：「禮主於辭遜，故進以禮；義主於斷丁亂反。制，故退以義。難進而易去聲。退者也。在我者有禮義而已，得之不得則有命存焉。」朱子曰：三揖而進，一辭而退。進以禮，揖讓辭遜；退以義，剛決果斷。○聖人以義處命，本不待斷以命也。所以曰「有命」，對彌子瑕言之也。○南軒張氏曰：聖人非擇禮義而爲進退，聖人之進退無非禮義。禮義之所在，固命之所在也，此所謂義命之合一者也。○新安陳氏曰：上言「禮義」，下只言「義」者，進以禮，亦義所當進，義可以該禮也。

「孔子不悦於魯、衛，遭宋桓司馬將要而殺之，微服而過宋。是時孔子當阨，主司城貞子，爲陳侯周臣。要，平聲。

不悦，不樂音洛。居其國也。桓司馬，宋大夫向式亮反。魋也。司城貞子，亦宋大夫之賢者也。雙峯饒氏曰：司馬、司城皆是宋之官，他國則無。宋是王者後，故倣天子禮有司馬、司城。○新安倪氏曰：宋以武公諱，改司空爲司城。陳侯名周。按《史記》：孔子爲魯司寇。齊人饋女樂以間去聲。之，孔子遂行。適衛月餘，去衛適宋。司馬魋欲殺孔子，孔子去至陳，主於司城貞子。新安陳氏曰：以文勢觀，似是臨去宋時主於司城貞子，適陳爲陳侯周臣。孟子言孔子雖當阨難，去聲。然猶擇所主，況在齊衛無事之時，豈有主癰疽侍人之事乎？慶源輔氏曰：以孔子進禮退義、曰有命觀之，則必無主癰疽、侍人之理；以當阨主司城貞子觀之，則必無主癰疽、侍人之事。

「吾聞觀近臣以其所爲主，觀遠臣以其所主。若孔子主癰疽與侍人瘠環，何以爲孔子？」

近臣，在朝音潮。之臣；遠臣，遠方來仕者。君子小人各從其類，故觀其所爲主與其所主者，而其人可知。呂氏曰：辭受有義，得不得有命，皆理之所必然。有命有義是有可得可受之理，故舜可受堯之天下；無命無義是無可得可受之理，故孔子不主彌子以受衛卿。二者義命有自合之理，無從而間焉。有義無命，雖有可受之義而無可得之命，安得而受之？是謂義合於命，故益避啓而不受禹之天下。有命無義，雖有可得之命而無可受之義，亦安得而受之？是謂命合於義，故中國授室、養弟子以萬鍾而孟子辭之也。○南軒張氏曰：此泛言觀人之法，豈獨爲人臣者所當知？爲人君者尤當明此義，則遠近交見而不蔽於耳目之私矣。○新安陳氏曰：呂氏所謂無命無義，與孟子本文「是無義無命也」不同。進退以禮義而得之，有命也，於聖賢未嘗加益，惟合於禮義而已，命之得，非所計也；進退以禮義而不得，亦命也，於聖賢未嘗或損，無慊於禮義矣，不得，奚傷哉？安於命而已，故曰「得之不得曰有命」。若有苟得之心而欲因時君近狎之人以進，則是進退不以禮義而不知有命矣。故曰：「是無義無命也。」

○萬章問曰：「或曰百里奚自鬻於秦養牲者五羊之皮，食牛，以要秦穆公，信乎？」孟子曰：「否。不然。好事者爲之也。食音嗣。好，去聲。下同。

百里奚，虞之賢臣。人言其自賣於秦養牲者之家，得五羊之皮而爲去聲。之食牛，因以干秦穆公也。

「百里奚，虞人也。晉人以垂棘之璧與屈産之乘，假道於虞以伐虢。宮之奇諫，百里奚不諫。屈，求勿反。乘，去聲。

虞、虢，皆國名。垂棘之璧，垂棘之地所出之璧也；屈産之乘，屈地所生之良馬也。乘，四匹也。晉欲伐虢，道經於虞，故以此物借道。其實欲并去聲。取虞。宮之奇，亦虞之賢臣。諫虞公令力呈反。勿許。虞公不用，遂爲晉所滅。百里奚知其不可諫，故不諫而去之秦。《左傳》僖公二年，晉荀息請屈產之乘，與垂棘之璧，假道於虞以伐虢。公曰：「是吾寶也。」對曰：「若得道於虞，猶外府也。」乃使荀息假道於虞，虞公許之。且請先伐虢。宮之奇諫不聽，遂起師。夏，晉里克荀息帥虞師伐虢，滅下陽。虢邑。五年，晉侯復假道於虞以伐虢。宮之奇諫曰：「虢，虞之表也。虢亡，虞必從之。晉不可啓，寇不可翫。習也。一之謂甚，其可再乎？諺所謂『輔車相依，輔，頰輔；車，牙車也。脣亡齒寒』者，其虞、虢之謂也！」弗聽。宮之奇以其族行。十二月，晉滅虢，館於虞，遂襲虞滅之，執虞公。○趙氏曰：虞在漢河東郡大陽縣，虢在漢河南郡滎陽縣。

「知虞公之不可諫而去之秦，年已七十矣，曾不知以食牛干秦繆公之爲汙也，可謂智乎；不可諫而不諫，可謂不智乎？知虞公之將亡而先去之，不可謂不智也。時舉於秦，知繆公之可與有行也而相之，可謂不智乎；相秦而顯其君於天下，可傳於後世，不賢而能之乎？自鬻以成其君，鄉黨自好者不爲，而謂賢者爲之乎？」相，去聲。

自好，自愛其身之人也。孟子言百里奚之智如此，必知食牛以干主之爲汙。其賢又如此，必不肯自鬻以成其君也。新安陳氏曰：成其君，成就其君之霸業也。然此事當孟子時已無所據，孟子直以事理反覆推之而知其必不然耳。○范氏曰：「古之聖賢未遇之時，鄙賤之事不恥爲之。如百里奚爲去聲。人養牛，無足怪也。惟是人君不致敬盡禮，則不可得而見。豈有先自汙辱以要其君哉？莊周曰：『百里奚爵禄不入於心，故飯扶晚反。牛而牛肥。使穆公忘其賤而與之政。』亦可謂知百里奚矣。《莊子·田子方》篇：「百里奚爵禄不入於心，故飯牛而肥。飯，猶食之也。使秦穆公忘其賤而與之政也。有虞氏死生不入於心，故足以動人。」伊尹、百里奚之事皆聖賢出處之大節，故孟子不得不辨。」尹氏曰：「當時好事者之論，大率類此，蓋以其不正之心度待洛反。聖賢也。」范氏曰：虞之將亡，宫之奇諫，百里奚不諫，二人皆是也。宫之奇不忍虞之亡，諫而不聽，然後以其族行，君臣之義盡；百里奚事虞公，年七十矣而無所遇，知其不可諫，不諫而先去之，去就之理明。奇爲忠臣，奚爲智士，故曰皆是也。按《秦本紀》，晉虜虞君與百里奚。奚亡秦走宛，楚鄙人執之。穆公聞其賢，以五羖羊皮贖之，號「五羖大夫」。《商鞅傳》趙良曰：「五羖大夫，荆之鄙人也。聞穆公賢，願見。行而無資，自鬻於秦，被褐飯牛。穆公舉之牛口之下，加之百姓之上。」《史記》所傳自相矛盾，蓋得之好事者。○南軒張氏曰：奚於虞在不必諫之地，又知其不可諫，諫必不聽，故引而去之，所以爲智。使在當諫之地而不諫，是不忠之臣也，可謂智乎？○蔡氏曰：戰國之時，人不知道，惟知以功利爲急，甚者敢誣聖賢欲借以行其私。如伊尹割烹要湯，孔子主癰疽侍人，百里奚自鬻。雖萬章之徒亦不知其爲非，而猶不免於疑問。習俗移人之心如此，孟子安得不歷數而明辨之哉？

孟子集註大全卷之九

孟子集註大全卷之十

萬章章句下

凡九章。

孟子曰：「伯夷目不視惡色，耳不聽惡聲。非其君不事，非其民不使。治則進，亂則退。横政之所出，横民之所止，不忍居也。思與鄉人處，如以朝衣朝冠坐於塗炭也。當紂之時居北海之濱，以待天下之清也。故聞伯夷之風者，頑夫廉，懦夫有立志。治，去聲。下同。横，去聲。朝音潮。

横，謂不循法度。頑者，無知覺；廉者，有分辨。懦，柔弱也。餘並見前篇。見，形甸反。下文「餘見」並同。

「伊尹曰：『何事非君，何使非民？』治亦進，亂亦進。曰：『天之生斯民也，使先知覺後知，使先覺覺後覺。予，天民之先覺者也，予將以此道覺此民也。』思天下之民匹夫匹婦有不與被堯舜之澤者，若己推而内之溝中。其自任以天下之重也。與音預。

何事非君，言所事即君；何使非民，言所使即民。無不可事之君，無不可使之民也。餘見前篇。

「柳下惠不羞汙君，不辭小官。進不隱賢，必以其道；遺佚而不怨，阨窮而不憫。與鄉人處，由由然不忍去也。『爾爲爾，我爲我，雖袒裼裸裎於我側，爾焉能浼我哉？』故聞柳下惠之風者，鄙夫寬，薄夫敦。

鄙，狹陋也。敦，厚也。餘見前篇。問：「夷、惠勝伊尹得些？」朱子曰：伊尹體用較全，夷、惠高似伊尹，伊尹大如夷、惠。○新安陳氏曰：凡言聞其風者，皆道不行於當時，而其流風餘韻，足以聳動後世者也。伊尹道行於當時，有功業可見，不待以風言。夷惠道不行於當時，無功業可見，而其制行之高，足使後世想聞其餘風而興起，所以以風言。夷則風之清，惠則風之和也。或曰：「孔子道亦不行於當時，而不以風言，何也？」曰：孔子如太極元氣之運，風不足以言之也。司馬遷謂講業齊魯之都，觀夫子遺風，亦以風言，特於齊魯之地觀之，則所指者有界限，而所觀者亦然，故亦以風言耳。

「孔子之去齊，接淅而行。去魯，曰『遲遲，吾行也』，去父母國之道也。可以速而速，可以久而久；可以處而處，可以仕而仕，孔子也。」淅，先歷反。

接，猶「承」也。淅，漬疾智反。米水也。漬米將炊而欲去之速，故以手承水取米而行，不及炊也。舉此一端，以見形甸反。其久速、仕止各當其可也。《記》曰：「當其可之謂時。」或曰：「孔子去魯，不稅與「脱」同。冕而行，豈得爲遲？」楊氏曰：「孔子欲去之意久矣。不欲苟去，故遲遲其行也。膰肉不至，則得以微罪行矣，故不稅冕而行。非速也。」

孟子曰：「伯夷，聖之清者也；伊尹，聖之任者也；柳下惠，聖之和者也；孔子，聖之時者也。

張子曰：「無所雜者清之極，無所異者和之極。勉而清，非聖人之清；勉而和，非聖人之和。所謂聖者，不勉不思而至焉者也。」孔氏曰：「任者，以天下爲己責也。」愚謂孔子仕止久速，各當其可，蓋兼三子之所以聖者而時出之，非如三子之可以一德名也。或疑伊尹出處上聲。合乎孔子而不得爲聖之時，何也？程子曰：「終是『任』底意思去聲。在。」朱子曰：夷、惠氣質有偏，比之夫子，終有不中節處，所以《易》中説「中正」，伊川謂「中重於正，正不必中也」言中，則正已在其中，蓋無中，則做正不出來。而單言正，則未必能中也。夷、惠諸子，其正與夫子同，而夫子之中則非諸子所及也。○清、任、和，都是有病痛底聖人。問：「伊尹似無病痛？」曰：五就湯，五就桀，孔子必不肯恁地，只爲他任得太過。所謂任，只就他治亦進亂亦進處看，其自任以天下之重如此，雖云禄之天下，繫馬千駟弗顧弗受，然終是任處多。如柳下惠，不以三公易其介固是介，然終是和處多。問：「三子之德各偏於一，亦盡其一德之中否？」曰：三子之德，但各至於一偏之極。既云偏，則不得謂之中矣。如伯夷雖有善其辭命而至者不受也，此便是偏處。若善其辭命而吾受之亦何妨？只觀孔子便不然。問：「既云一偏，何以謂之聖？」曰：聖只是做到極處，自然安行，不待勉强，故謂之聖，非中之謂也。○三聖是知之不至，三子不惟清不能和，和不能清，但於清處和處亦皆過，如射者皆中，而不中鵠。問：「既是如此，何以爲聖人之清和？」曰：却是天理中流出無駁雜，雖是過當，直是無纖毫查滓，孔子集大成，無所不該，非特兼三子所長而已。但與三子比並説時，是兼其所長。曰：「三子是資禀如此否？」曰：然。○問：「如伯夷之清，而不念舊惡，柳下惠之和，而不以三公易其介，此其所以爲聖之清、聖之和也。但其流弊則有隘與不恭之失。」曰：這也是諸先生恐傷觸二子，所以説流弊。今以聖人觀二子，則二子多有欠闕處，才有欠闕處便有弊，所以孟子直説他隘與不恭，不曾説其末流如此。○問：「伊川云『伊尹終有任底意思在』，謂他有擔當作爲底意思，只這些意思，便非夫子氣象否？」曰：然。然此處極難看，且放那裏，久之看道理熟自見，强説不得。若謂伊尹有這些意思在，爲非聖人之至，則孔孟皇皇汲汲，去齊去魯，之梁之魏，非無意者，其所以異伊尹者，何也？○問：「夫子若處伊尹之地，也如他任，如何？」曰：夫子自是不同，不如此著意。○南軒張氏曰：孔子之速也、遲也，皆道之所在也。曰：「可以速而速，可以久而久。」比《公孫丑》篇易一「則」字，尤見從容不迫與時偕行之意。聖之時云者，非聖人之趍時，聖人之動固無不時也。○慶源輔氏曰：伊尹惟其任底意思在，故未能與天爲一，而不得爲聖之時。若孔子則雖視天下無不可爲之時，在已無不可行之道，然却無伊尹這些意思。曰：「如有用我者，期月而已可也。」「如有用我者，吾其爲東周乎？」多少含蓄意思，此其所以與天爲一，而謂之聖之時也。○東陽許氏曰：此章「聖」字言夷、惠、伊尹處，是以地言，與大而化之之聖不同，只是清任和到極處，故謂之聖。孔子則是大而化之之聖，其行之時中，則清任和時而出之，亦無不到極處。

「孔子之謂集大成。集大成也者，金聲而玉振之也。金聲也者，始條理也；玉振之也者，終條理也。始條理者，智之事也；終條理者，聖之事也。

此言孔子集三聖之事而爲一大聖之事，猶作樂者集衆音之小成而爲一大成也。成者，樂之一終。《書》所謂「簫韶九成」是也。《書・益稷》篇註：簫古文作箾。《箾韶》，蓋舜樂之總名也。九成者，猶《周禮》所謂九變也。金，鐘屬。聲，宣也，如「聲罪致討」之聲。玉，磬也。振，收也，如「振河海而不洩」私列反。之振。始，始之也；終，終之也。條理，猶言「脉絡」，指衆音而言也。智者，知之所及；聖者，德之所就也。蓋樂有八音，金、石、絲、竹、匏、土、革、木。若獨奏一音則其一音自爲始終而爲一小成，猶三子之所知偏於一，而其所就亦偏於一也。八音之中金石爲重，故特爲衆音之綱紀。又金始震而玉終詘渠勿反。然也。《記・聘義》：「昔者君子比德於玉焉，温潤而澤，仁也；縝密以栗，知也；廉而不劌，音鱖，傷也。義也；垂之如隊，直位反。禮也；扣之其聲清越以長，其中詘然，樂也。」越，猶陽也。詘然，絶止之貌。朱子曰：金聲有洪殺，始震終細，玉聲則始終如一，扣之其聲詘然而止。故並奏八音，則於其未作而先擊鎛鐘以宣其聲，鎛，伯各反，鐘名。俟其既闋苦穴反。而後擊特磬以收其韻。新安陳氏曰：特，專也。單擊磬，曰特磬。宣以始之，收以終之，二者之間脉絡通貫，無所不備，則合衆小成而爲一大成，猶孔子之知無不盡而德無不全也。金聲玉振，始終條理，疑古《樂經》之言。故兒研兮反。寬云：「唯天子建中和之極，兼總條貫，金聲而玉振之。」新安倪氏曰：前漢兒寬與武帝論封禪儀，而有是言，必非其自言，又不純舉孟子之言，且簡約精密，故疑其爲古樂書之言也。亦此意也。程子曰：金聲而玉振之，此孟子爲學者言終始之義也。始於致知，智之事也。行所知而至其極，聖之事也。《易》曰「知至至之，知終終之」是也。○問：始終條理。朱子曰：如今樂之始作，先撞鐘，是金聲之也。樂終擊磬，是玉振之也。始終如此，而中間乃大合樂，六律五聲八音，一齊莫不備舉，孟子以此譬孔子。如伯夷聖之清、伊尹聖之任、柳下惠聖之和，都如樂器有一件相似，是金聲底，從頭到尾只是金聲；是玉聲底，從頭到尾只是玉聲。○始條理是知，終條理是行。問：「智之事，聖之事，工夫全在『智』字上。三子所以各極於一偏，緣他合下少致知工夫，看得道理有偏，故其終之成，亦只至一偏之極。孔子合下知得至到，看得道理周徧精切，無所不盡，故其德之成，亦兼該畢備，而無一德一行之或闕。」曰：然。○金聲或洪、或殺，清濁萬殊，玉聲清越和平，首尾如一，故樂之作也，八音克諧，雖若無所先後，然奏之以金，節之以玉，其序亦有不可紊者焉。蓋其奏之也，所以極其變也。其節之也，所以成其章也。變者雖殊，而所以成者未嘗不一。成者雖一，而所歷之變，洪纖清濁亦無所不具於至一之中。聖人之知，精粗大小無所不同；聖人之德，精粗大小無所不備，其始卒相成蓋如此。此金聲而玉振之所以譬夫孔子之集大成，而非三子之所得與也。然即其全而論其偏，則纖而不能洪、清而不能濁者，是其金聲之不備也。不能備乎金聲，而遽以玉振之，雖其所以振之者，未嘗有異，然其所振一全一闕，則其玉之爲聲，亦有所不能同矣。○奏之以金、節之以玉，奏之所以極其變，節之所以成其章也。○南軒張氏曰：條理云者，有倫緒而不紊之謂。始條理者，析衆理於毫釐也；終條理者，備衆理於一貫也。○致知，智之事，行其所知而極其至，聖之事也。據此一節，乃是言學者之事，所以學於聖人者，故因上文金聲玉振而言。言學之序如此，蓋聖人則聖智合一，無始卒之異，學者則必知所先後，然後有以入德也。故孟子於此一節特分而言之，明聖人之智，學者所當先務。必明盡衆理，咸極其至，然後力行以造夫聖人之所以聖者，始終各有條而不可亂也。智之事，聖之事，猶言學智聖之功夫，非便以爲智聖也。○勉齋黄氏曰：孔子之異於三子者，知之至而行之盡；三子之不及孔子者，知有所蔽於始，而行有闕於終也。此孔子所以獨得其全，而三子僅得其偏也。

「智譬則巧也，聖譬則力也。由射於百步之外也，其至，爾力也；其中，非爾力也。」中，去聲。

此復扶又反。以射之巧、力發明聖、智二字之義。見孔子巧力俱全而聖智兼備，三子則力有餘而巧不足，是以一節雖至於聖，而智不足以及乎時中也。張子曰：夷、惠智不明於至善，故偏入於清和，然而卒能成性，故雖聖而不智；孔子智既明於至善，故集大成，如清和時任皆有之，無不曲當也。故聖且智，金聲而玉振也。○龜山楊氏曰：伯夷、伊尹、柳下惠，於清任和處已至聖人，但其他處未必皆中，其至與孔子同，而其中與孔子異，只爲不能無偏故也。若隘與不恭，其所偏歟！○問：「以智比聖，智固未可以言聖，然孟子以智譬巧，以聖譬力，力既不及於巧，則是聖必由於智也明矣。而尹和靖乃曰『始條理者，猶可以用智，終條理則智不容於其間矣』，則是以聖智淺深而言，與孟子之意似相戾，惟伊川引《易》『知至至之，知終終之』，其意若曰夫子所以能集三子而大成者，由其始焉知之之深也。蓋知之至，行之必至。三子之智，始焉知之未盡，故其後行之雖各極其至，終未免各失於一偏，非終條理者未到，以其始條理者已差之矣。不知伊川之意，是如此否？」朱子曰：甚好。○問：「孟子既以智爲始，聖爲終，則智者致知之事，聖者極至之名。其終復曰『智巧聖力』，是智反妙於聖矣。南軒以爲論學，則智聖有始終之序，語道則聖之極是智之極者也。此説似可以破前所疑否？」曰：智是見得徹之名，聖是行得到之號，有先後而無淺深也。聖而不智，如水母之無鰕，亦將何所到乎？○以緩急論，則智居先，若把輕重論，則聖爲重。○問：「其至爾力，其中非爾力，還是三子只有力無智否？」曰：不是無智，知處偏，故至處亦偏。如孔子則箭箭中紅心，三子則每人各中一邊，緣他當初見得偏，故至處亦偏。曰：「如此則三子不可謂之聖？」曰：不可謂之聖之大成，畢竟那清是聖之清，和是聖之和，雖使聖人清和，亦不過如此。顏子則巧處工夫已至，點點皆可中，但只是力不至耳。使顏子力至，便與孔子一般。○金玉備，巧力全者，孔子也。若顏子之博文而約以禮，竭才而不能及，則金聲已備而玉有未振；巧足以中，而力有未完者歟！故以所至論之，則顏子不若三子之成；以所期言之，則三子不若顏子之大；以學之序而論之，則三子皆失其所當先。故行愈力而見愈偏，而顏子循序以進，則其所進未可量也，惜不及見其成耳。然就三子而論之，則伊尹之學，又密於夷、惠矣。○東陽許氏曰：此一節以射比四聖人，能挽彊弓，射遠地，此力也。能中其的，乃巧也。必先知的之所在，又知中之之法，然後因力之所至而中之，謂知之明，然後行之從容中道。三子力量雖到，而知有未至，故不及孔子。

○此章言三子之行去聲。各極其一偏，孔子之道兼全於衆理。所以偏者，由其蔽於始，是以缺於終；所以全者，由其知之至，是以行之盡。三子猶春夏秋冬之各一其時，孔子則太和元氣之流行於四時也。雲峯胡氏曰：此章之旨，《集註》「偏」、「全」二字盡之，譬之樂，則一音自爲始終者偏，而八音相爲始終者全。譬之射，則力而不巧者偏，力而又巧者全。孟子始則皆謂之聖，各以其所行言；末則先智而後聖，統以其知與行言。惟知之偏，故行之所至者各極其偏；惟知之全，則行不期其全而自極於全。

○北宮錡問曰：「周室班爵祿也，如之何？」錡，魚綺反。

北宮，姓；錡，名。衛人。班，列也。

孟子曰：「其詳不可得而聞也。諸侯惡其害己也而皆去其籍。然而軻也，嘗聞其略也。惡，去聲。去，上聲。

當時諸侯兼并去聲。僭竊，故惡周制妨害己之所爲也。慶源輔氏曰：兼并則其國日大，僭竊則其禄日侈。

「天子一位，公一位，侯一位，伯一位，子男同一位，凡五等也。君一位，卿一位，大夫一位，上士一位，中士一位，下士一位，凡六等。

此班爵之制也。五等通於天下，六等施於國中。慶源輔氏曰：位以爵定。

「天子之制，地方千里，公侯皆方百里，伯七十里，子男五十里，凡四等。不能五十里，不達於天子，附於諸侯曰『附庸』。

此以下班禄之制也。不能，猶「不足」也。小國之地不足五十里者，不能自達於天子，因大國以姓名通，謂之附庸。若《春秋》郳儀父音甫。之類是也。《春秋》隱公元年：「三月，公及郳儀父盟于蔑。」〇慶源輔氏曰：田以禄分。

「天子之卿受地視侯，大夫受地視伯，元士受地視子男。

視，比也。徐氏曰：「王畿之内，亦制都鄙受地也。」元士，上士也。趙氏曰：食采邑於畿内，禄之多少，以外諸侯爲差，不言中下士，視附庸也。

「大國地方百里。君十卿禄，卿禄四大夫，大夫倍上士。上士倍中士，中士倍下士，下士與庶人在官者同禄。禄足以代其耕也。

十，十倍之也；四，四倍之也；倍，加一倍也。徐氏曰：「大國君田三萬二千畝，其入可食音嗣。下「可食」並同。二千八百八十人。卿田三千二百畝，可食二百八十八人。大夫田八百畝，可食七十二人。上士田四百畝，可食三十六人；中士田二百畝，可食十八人；下士與庶人在官者田百畝，可食九人至五人。庶人在官，府史胥徒也。《周禮·天官冢宰》：「大宰卿一人，小宰中大夫一人，❶府六人，史十有二人，胥十有二人，徒百有二十人。」府，治藏。史，掌書。胥徒，民服徭役者。愚按，君以下所食之禄，皆助法之公田，藉農夫之力以耕而收其租。士之無田與庶人在官者，則但受禄於官，如田之入而已。朱子曰：府史胥徒，以《周禮》考之，人數極多，安得許多閑禄給之。嘗疑《周禮》一書，方是起草，未曾得行，蘇子由《古史》，疑府史胥徒太多，當時却多兼官，其實府史胥徒無許多。○古者制國，土地亦廣，非如孟子百里之説。禹會塗山，執玉帛者萬國，後來更相吞噬，到周初只有千八百國，是不及五分之一矣。想得併得來儘大，周封新國，若只用百里之地，介在其間，豈不爲大國所吞，亦緣是誅紂伐奄，滅國者五十，得許多土地，方封得許多人。

「次國地方七十里。君十卿禄，卿禄三大夫，大夫倍上士。上士倍中士，中士倍下士，下士與庶人在官者同禄。禄足以代其耕也。

三，謂三倍之也。徐氏曰：「次國君田二萬四千畝，可食二千一百六十人，卿田二千四百畝，可食二百十六人。」

「小國地方五十里。君十卿禄，卿禄二大夫，大夫倍上士。上士倍中士，中士倍下士，下士與庶人在官者同禄。禄足以代其耕也。

二，即「倍」也。徐氏曰：「小國君田一萬六千畝，可食千四百四十人。卿田一千六百畝，可食百四十四人。」朱子曰：君十卿禄者，猶今之俸禄，蓋君所自得爲私用者，至於貢賦賓客朝覲祭享交聘往來，又别有財儲爲公用，如今太守，既有料錢，至於貢賦公用，又自有錢也。○趙氏曰：由卿而上三等之國異，由大夫而下三等之國同者，蓋卿而上其禄寖厚，苟不爲之殺，則地之所出不足以供。大夫而下，其禄寖薄，苟爲之殺，則臣之所養不能自給也。

❶「一」，四庫本及《周禮注疏》作「二」。

「耕者之所獲，一夫百畝。百畝之糞，上農夫食九人，上次食八人；中食七人，中次食六人；下食五人。庶人在官者其禄以是爲差。」食音嗣。差，楚宜反。

獲，得也。一夫一婦佃田百畝，加之以糞。糞多而力勤者爲上農，其所收可供九人；其次用力不齊，故有此五等。庶人在官者其受禄不同，亦有此五等也。○愚按，此章之説與《周禮·王制》不同，蓋不可考，闕之可也。《周禮·地官司徒》：「凡建邦國以土圭土其地，猶言度其地而制其域。諸公之地，封疆方五百里，其食者半。諸侯之地封疆方四百里，其食者參之一。諸伯之地封疆方三百里，其食者參之一。諸子之地封疆方二百里，其食者四之一。諸男之地封疆方百里，其食者四之一。」○《記·王制》：「王者之制禄爵，公、侯、伯、子、男，凡五等。諸侯之上大夫卿，下大夫、上士、中士、下士，凡五等，天子之田方千里，公侯田方百里，伯七十里，子男五十里。不能五十里者不合於天子，附於諸侯，曰附庸。天子之三公之田視公侯，天子之卿視伯，天子之大夫視子男，天子之元士視附庸，制農田百畝，百畝之分，上農夫食九人，其次食八人，其次食七人，其次食六人，下農夫食五人，庶人在官者，其禄以是爲差也。諸侯之下士視上農夫，禄足以代其耕也。中士倍下士，上士倍中士，下大夫倍上士，卿四大夫禄，君十卿禄，次國之卿三大夫禄，君十卿禄，小國之卿倍大夫禄，君十卿禄。」程子曰：「孟子之時去先王未遠，載籍未經秦火，然而班爵禄之制已不聞其詳。今之禮書皆掇拾於煨烏回反。燼徐刃反。之餘，而多出於漢儒一時之傅音附。會，柰何欲盡信而句爲之解乎？然則其事固不可一一追復矣。」

問：「孟子與《周禮》不同？」朱子曰：此也難考，畢竟《周禮》底是，《周禮》是全書，經聖人手必不會差。孟子時典籍已散亡，想見没理會，是以諸儒之説紛然，而卒不能得其正也。○慶源輔氏曰：程子之説足以救陋儒泥古之失，但據其所傳而姑存之，使千百世之後，一遇大聖，則必能因其大體而詳其節目，推其既往以爲一時之制，而先代聖王之法，庶乎其可復見矣。○新安倪氏曰：《周禮》一書，劉歆以爲河間獻王得之李氏女子，劉歆以前世無傳習之者，朱子謂《周禮》底是，南軒嘗謂當以孟子爲正，朱子恐非定說。以《周書·武成》分土惟三證之，《周禮》之説恐不可信。若王制則漢文帝使博士諸生刺六經中而作，將以興王者之制度，成於漢儒之手，宜其有與他書不合者。又按朱子謂嘗疑《周禮》一書，方是起草，未曾得行，蔡九峯亦曰：《周禮》首末未備，周公未成之書也。竊意此説爲是，然則冬官之闕，蓋其所未嘗筆者歟？

○萬章問曰：「敢問友。」孟子曰：「不挾長，不挾貴，不挾兄弟而友。友也者，友其德也，不可以有挾也。

挾者，兼有而恃之之稱。慶源輔氏曰：兼夫有與恃二者之意，方謂之挾。但有之而不恃，則未謂之挾也。○新安陳氏曰：有挾，則取友之意不誠，賢者必不與之友矣。三者之中，挾貴尤常情所易犯，下文四節，皆不挾貴者，但有小大之差耳。

「孟獻子，百乘之家也。有友五人焉。樂正裘、牧仲，其三人則予忘之矣。獻子之與此五人者友也，無獻子之家者也。此五人者亦有獻子之家，則不與之友矣。乘，去聲。下同。

孟獻子，魯之賢大夫仲孫蔑莫結反。也。張子曰：「獻子忘其勢，五人者忘人之勢。不資其勢而利其有，然後能忘人之勢。若五人者有獻子之家，則反爲獻子之所賤矣。」慶源輔氏曰：獻子忘其勢，不挾貴也。五人忘人之勢，無獻子之家也。孟子歷舉四人事，首於獻子事詳之，又以見上之友下，固不可有所挾。下爲上所友，亦不可有所利，一有利之之意，則爲人所賤，失其可貴之實，而不足友矣。

「非惟百乘之家爲然也。雖小國之君亦有

之。費惠公曰：『吾於子思則師之矣，吾於顔般則友之矣，王順、長息則事我者也。』費音秘。般音班。

惠公，費邑之君也。師，所尊也；友，所敬也；事我者，所使也。

「非惟小國之君爲然也。雖大國之君亦有之。晉平公之於亥唐也，入云則入，坐云則坐，食云則食。雖疏食菜羹，未嘗不飽，蓋不敢不飽也。然終於此而已矣，弗與共天位也，弗與治天職也，弗與食天禄也。士之尊賢者也，非王公之尊賢也。「疏食」之食音嗣。「平公」、「王公」下諸本多無「之」字，疑闕文也。

亥唐，晉賢人也。平公造七到反。之，唐言入公乃入，言坐乃坐，言食乃食也。疏食，糲音厲，又音賴，又郎葛反。飯也。不敢不飽，敬賢者之命也。○范氏曰：「位曰天位，職曰天職，禄曰天禄，言天所以待賢人使治天民，非人君所得專者也。」慶源輔氏曰：平公之於亥唐，則知所敬矣。然不能與之共天位，治天職，食天禄，則是不能推廣是心，以體天而治民以及於國也。○西山真氏曰：天位所以處賢者，天職所以任賢者，天禄所以養賢者，三者皆天所以待賢，必使治天民者也。而晉平公之於亥唐，特虛尊之而已，未嘗處之以位，命之以職，食之以禄也。此豈王公尊賢之道哉？

「舜尚見帝，帝館甥于貳室，亦饗舜，迭爲賓主，是天子而友匹夫也。

尚，上也，舜上而見於帝堯也。館，舍也。禮，妻父曰外舅，謂我舅者吾謂之甥。堯以女妻去聲。舜，故謂之甥。貳室，副宮也。堯舍舜於副宮而就饗其食。

「用下敬上謂之『貴貴』，用上敬下謂之『尊賢』。貴貴尊賢，其義一也。」

貴貴、尊賢，皆事之宜者。然當時但知貴貴而不知尊賢，故孟子曰「其義一也」。

○此言朋友，人倫之一，所以輔仁。故以天子友匹夫而不爲詘，曲勿反。以匹夫友天子而不爲僭。此堯舜所以爲人倫之至，而孟子言必稱之也。雲峯胡氏曰：《中庸》五達道，於君臣父子夫婦長幼不言交，獨曰朋友之交，《集註》云：天子友匹夫而不爲詘，匹夫友天子而不爲僭，此《易》之所謂「上下交而其志同也」，即《中庸》所謂「朋友之交」也。朋友居人倫之一，而足以輔仁，則又有裨於人倫者也。孟子言性善必稱堯舜，既稱其盡君臣之倫，又稱其盡父子兄弟之倫，此則又稱其盡朋友之倫。朋友人倫之一，非如堯之友舜，不足以爲朋友人倫之至。

○萬章問曰：「敢問交際何心也？」孟子曰：「恭也。」

際，接也。交際，謂人以禮儀幣帛相交接也。問：「如此者何心也？」新安陳氏曰：所以表見其恭也。

曰：「卻之卻之爲不恭，何哉？」曰：「尊者賜之，曰『其所取之者義乎，不義乎』，而後受之，以是爲不恭，故弗卻也。」

卻，不受而還之也。再言之，未詳。衍文也。萬章疑交際之間有所卻者，人便以爲不恭，何哉？孟子言尊者之賜，而心竊計其所以得此物者未知合義與否，必其合義然後可受，不然則卻之矣，所以卻之爲不恭也。新安陳氏曰：若計其物之初得合義與否而酌其辭受，受其合義者，則卻之者必以爲不合義也，有此心，非恭矣。

曰：「請無以辭卻之，以心卻之，曰『其取諸民之不義也』，而以他辭無受，不可乎？」曰：「其交也以道，其接也以禮，斯孔子受之矣。」

萬章以爲彼既得之不義，則其餽不可受。但無以言辭間去聲。一本作「問」。而卻之，直以心度待洛反。其不義而託於他辭以卻之，如此可否邪？交以道，如餽贐、聞戒、周其飢餓之類；接以禮，謂辭命恭敬之節。孔子受之，如受陽貨烝豚之類也。慶源輔氏曰：他辭卻之，視貪利者固優，然亦失之過，由此而甚之，必至於爲於陵仲子而後已。孔子受之者，得中道也。

萬章曰：「今有禦人於國門之外者，其交也以道，其餽也以禮，斯可受禦與？」曰：「不可。《康誥》曰：『殺越人于貨，閔不畏死，凡民罔不譈。』是不待教而誅者也。殷受夏，周受殷，所不辭也。於今爲烈。如之何其受之？」與，平聲。譈，《書》作「憝」，徒對反。禦，止也，止人而殺之且奪其貨也。國門之外，無人之處也。萬章以爲苟不問其物之所從來而但觀其交接之禮，則設有禦人者用其禦得之貨以禮餽我，則可受之乎？《康誥》，《周書》篇名。越，顛越也。今《書》「閔」作「暋」，無「凡民」二字。譈，怨也。言殺人而顛越之，因取其貨，閔然不知畏死，凡民無不怨之。孟子言此乃不待教戒而當即誅者也，如何而可受之乎？「商受」至「爲烈」十四字語意不倫。李氏以爲此必有斷簡或闕文者近之，而愚意其直爲衍字耳。然不可考，姑闕之可也。問：「『殷受夏，周受殷，所不辭也，於今爲烈』，趙氏謂『三代相傳以此法，不須辭問也，於今爲烈烈明法，如之何受其餽也』。或者謂若義在可受，則三代受人之天下而不辭，今禦人者，乃爲暴烈不義如此，如何而可受其餽乎？烈，如《詩序》所謂厲王之烈者，暴虐之意云爾；或又以爲烈，光也，三代相受光烈至今也。是三說者，擇一而從之可也，何至闕而不爲之說乎？」朱子曰：本文十四字，自與上下文不相屬，如趙氏之說，則「辭」、「受」二字與上下文亦不相似，或者二說亦覺費力，不若闕之之愈也。○慶源輔氏曰：孟子既以開曉之如此，萬章猶不能反其意之偏，以味孟子之言，而復爲此問，此正所謂詖辭，蓋陷於卻之之意而不覺也，故孟子又引《康誥》之説以曉之。

曰：「今之諸侯取之於民也，猶禦也。苟善其禮際矣，斯君子受之，敢問何説也？」曰：「子以爲有王者作，將比今之諸侯而誅之乎，其教之不改而後誅之乎？夫謂非其有而取之者盜也，充類至義之盡也。孔子之仕於魯也，魯人獵較，孔子亦獵較。獵較猶可，而況受其賜乎？」比，去聲。夫音扶。較音角。

比，連也。言今諸侯之取於民固多不義，然有王者起，必不連合而盡誅之，必教之不改而後誅之，則其與禦人之盜不待教而誅者不同矣。夫音扶。禦人於國門之外，與非其有而取之，二者固皆不義之類。然必禦人乃爲真盜，其謂非有而取爲盜者，乃推其類至於義之至精至密之處而極言之耳，非便以爲真盜也。然則今之諸侯雖曰取非其有，而豈可遽以同於禦人之盜也哉？又引孔子之事以明世俗所尚猶或可從，況受其賜何爲不可乎？獵較，未詳。趙氏以爲田獵相較，奪禽獸以祭，孔子不違，所以小同於俗也。張氏以爲獵而較音教。所獲之多少也。二説未知孰是。慶源輔氏曰：其教之不改而後誅之乎？於此可見孟子待人之恕。夫謂非其有而取之者盜也，充類至義之盡也，於此又可見孟子析理之精。夫執其充類盡義之説，而欲一概以繩人，幾何而不流於於陵仲子之爲哉？

曰：「然則孔子之仕也，非事道與？」曰：「事道也。」「事道奚獵較也？」曰：「孔子先簿正祭器，不以四方之食供簿正。」曰：「奚不去也？」曰：「爲之兆也。兆足以行矣而不行，而後去。是以未嘗有所終三年淹也。

與，平聲。

此因孔子事而反覆辯論也。事道者，以行道爲事也。事道奚獵較也，萬章問也。先簿正祭器，未詳。徐氏曰：「先以簿書正其祭器，使有定數，而不以四方難繼之物實之。夫音扶。器有常數，實有常品，則其本正矣。彼獵較者將久而自廢矣。」未知是否也。兆，猶卜之兆，蓋事之端也。孔子所以不去者，亦欲小試行道之端以示於人，使知吾道之果可行也。若其端既可行而人不能遂行之，然後不得已而必去之。蓋其去雖不輕，而亦未嘗不決，是以未嘗終三年留於一國也。慶源輔氏曰：以孔子所謂「吾豈匏瓜也哉，焉能繫而不食」之説，與夫「著之空言不如載之行事」之説而觀之，則是乃聖人之心也。又曰：魯人獵較，孔子亦獵較，于以見聖人同物之仁；簿正祭器，不以四方之食供簿正，于以見聖人處事之智；未嘗有所終三年之淹，于以見聖人制行之勇。

「孔子有見行可之仕，有際可之仕，有公養之仕。於季桓子，見行可之仕也；於衛靈公，際可之仕也；於衛孝公，公養之仕也。」

見行可，見其道之可行也；際可，接遇以禮也；公養，國君養賢之禮也。季桓子，魯卿季孫斯也。問：「孔子仕於定公而言於季桓子，何也？」朱子曰：當時季氏執國柄，定公亦自做主不起，孔子相魯，皆由桓子，及桓子受女樂，孔子便行矣。問：「墮三都，季氏何以不怨？」曰：季氏是時自不柰那陪臣何，故假孔子之力以去之，桓子臨死，謂康子曰：「使仲尼之去，而魯終不治者，由我故也。」孔子是時也失了機會，不曾做得成。○慶源輔氏曰：見行可，庶乎道之行也。際可，適其禮之宜也。公養，受其養之義也。衛靈公，衛侯元也。孝公，《春秋》、《史記》皆無之，疑出公輒也。慶源輔氏曰：或是字誤，或是當時人呼出公爲孝公，皆不可考。因孔子仕魯而言其仕有此三者，故於魯則兆足以行矣而不行然後去，而於衛之事則又受其交際問餽而不卻之一驗也。新安陳氏曰：以此釋際可公養之仕，與章首本意，有照應，有收拾。○尹氏曰：「不聞孟子之義，則自好去聲。者爲於音烏。陵仲子而已。聖賢辭受進退，惟義所在。」愚按，此章文義多不可曉，不必强上聲。爲之説。

○孟子曰：「仕非爲貧也，而有時乎爲貧；娶妻非爲養也，而有時乎爲養。爲、養，並去聲。下同。

仕本爲去聲。下同。行道，而亦有家貧親老，或道與時違而但爲禄仕者。如娶妻本爲繼嗣，而亦有爲不能親操倉刀反。井臼，汲臼之事。而欲資其餽養者。新安陳氏曰：下二句不過譬上二句，所以下文不復言此。

「爲貧者，辭尊居卑，辭富居貧。

貧富，謂禄之厚薄。蓋仕不爲道，已非出處上聲。之正，故其所居但當如此。

「辭尊居卑，辭富居貧，惡乎宜乎？抱關擊柝。惡，平聲。柝音託。

柝，夜行所擊木也。蓋爲貧者雖不主於行道，而亦不可以苟禄，新安陳氏曰：卑官雖無行道之責，薄禄亦無苟受之理。故惟抱關擊柝之吏，位卑禄薄，其職易稱，二字並去聲。下同。爲所宜居也。李氏曰：「道不行矣，爲貧而仕者，此其律令也。若不能然，則是貪位慕禄而已矣。」南軒張氏曰：既曰爲貧，則不當處尊與富。若處尊與富，是名爲爲貧而其實竊位也。處尊富，則當任行道之責。

「孔子嘗爲委吏矣，曰『會計當而已矣』；嘗爲乘田矣，曰『牛羊茁壯長而已矣』。委，烏僞反。會，工外反。當，都浪反。乘，去聲。茁，阻刮反。長，上聲。

此孔子之爲貧而仕者也。委吏，主委積子賜反。之吏也；乘田，主苑囿芻牧之吏也。茁，肥貌。言以孔子大聖而嘗爲賤官不以爲辱者，所謂爲貧而仕，官卑禄薄而職易稱也。朱子曰：程先生説孔子爲乘田則爲乘田，爲司寇則爲司寇，無不可者。孟子則必得賓師之位，方能行道。此便是他能大而不能小處，惟是聖人則大小方圓無所不可也。

「位卑而言高，罪也。立乎人之本朝而道不行，恥也。」朝音潮。

以出位爲罪，則無行道之責；以廢道爲恥，則非竊禄之官。此爲貧者之所以必辭尊富而寧處上聲。貧賤也。○尹氏曰：「言爲貧者不可以居尊，居尊者必欲以行道。」問：「位卑而言高，罪也。以君臣之分言之，固是如此。然時可以言而言，亦豈得謂之出位？」朱子曰：前世固有草茅韋布之士獻言者，然皆有所因，皆有次第，未有無故忽然犯分而言者。縱言之，亦不見聽，徒取辱爾。若是明君自無壅蔽之患，有言亦見聽，不然，豈可不循分而徒取失言之辱哉？如《史記》説商鞅、范睢之事，彼雖小人，然言皆有序，不肯妄發。賈誼固有才，文章亦雄偉，只是言語急迫，失進言之序，看有甚事都一齊説了。宜絳灌之徒不説，而文帝謙讓未遑也。《易》曰：「艮其輔，言有序，悔亡。」聖人之意可見矣。○位卑者，人責不加焉，言高則罪矣，故可以姑守其職，此爲貧而仕之法也。若夫立人之本朝，則當以行道爲任，道不行而竊其位，君子之所恥也。○新安陳氏曰：此章始爲爲貧而仕者言，終爲位高禄厚者言。居卑貧者，雖其職易稱，尚必求稱其職，如孔子之爲委吏、乘田，必求會計之當、牛羊之茁是也。豈有位高禄厚，而不求行道以稱其職者？今人於位卑言高，則凛然懼其爲罪而不敢犯，於立朝道不行，則冥然不以爲恥而冒犯之。罪自外至，或以得罪猶可言也；恥自内生，當恥而不知恥，不可言矣。

○萬章曰：「士之不託諸侯，何也？」孟子曰：「不敢也。諸侯失國，而後託於諸侯，禮也；士之託於諸侯，非禮也。」

託，寄也，謂不仕而食其禄也。古者諸侯出奔他國，食其廩餼，許既反。謂之寄公。《記·郊特牲》：「諸侯不臣寓公，故古者寓公不繼世。」寓，寄也。○《喪大記》：「君之喪大小斂，爲寄公國賓出。」士無爵土，不得比諸侯。不仕而食禄，則非禮也。慶源輔氏曰：諸侯之視諸侯，雖其爵有五等之殊，然其實則皆國君也。且本有爵土，不幸出奔而來適我國，則其國君以廩餼之，是乃禮之所宜也。故可受而謂之寄公。若士之於諸侯，則有尊卑貴賤之不同，又本無爵土，豈可自比於諸侯？故必仕而後當賦以禄。

萬章曰：「君餽之粟，則受之乎？」曰：「受之。」「受之何義也？」曰：「君之於氓也，固周之。」

周，救也。視其空去聲。乏，則周卹與「恤」同。之，無常數，君待民之禮也。

曰：「周之則受，賜之則不受，何也？」曰：「不敢也。」曰：「敢問其不敢何也？」曰：「抱關擊柝者，皆有常職以食於上。無常職而賜於上者，以爲不恭也。」

賜，謂予通作「與」。之禄，有常數，君所以待臣之禮也。新安陳氏曰：未仕爲民，既仕乃爲臣。方爲民，可以受無常數之周救，未爲臣，不敢受有常數之俸禄，士之自處當然也。

曰：「君餽之，則受之，不識可常繼乎？」曰：「繆公之於子思也，亟問，亟餽鼎肉。子思不悦。於卒也，摽使者出諸大門之外，北面稽首再拜而不受。曰：『今而後知君之犬馬畜伋。』蓋自是臺無餽也。悦賢不能舉，又不能養也，可謂悦賢乎？」亟，去聲。下同。摽，音杓。使，去聲。

亟，數音朔。也。鼎肉，熟肉也。卒，末也。摽，麾也。數以君命來餽，當拜受之，非養賢之禮，故不悦。而於其末後復扶又反。下同。來餽時，麾使者出拜而辭之。犬馬畜許六反。伋，言不以人禮待己也。臺，賤官，主使令平聲。下同。者。《左傳》昭公七年：「王臣公，公臣大夫，大夫臣士，士臣皂，皂臣輿，輿臣隸，隸臣僚，僚臣僕，僕臣臺人。」有十等也。蓋繆公愧悟，自此不復令臺來致餽也。舉，用也。能養者未必能用，況又不能養乎？新安陳氏曰：士之自處固如上文所言，然君待士則有養賢之禮焉。繆公餽子思，使一一拜受，餽之適以勞之，非禮也。

曰：「敢問國君欲養君子，如何斯可謂養矣？」曰：「以君命將之，再拜稽首而受。其後廩人繼粟，庖人繼肉，不以君命將之。子思以爲鼎肉，使己僕僕爾亟拜也，非養君子之道也。

初以君命來餽，則當拜受。其後有司各以其職繼續所無，不以君命來餽，不使賢者有亟拜之勞也。僕僕，煩猥烏海反。貌。

「堯之於舜也，使其子九男事之，二女女焉，百官牛羊倉廩備，以養舜於畎畝之中，後舉而加諸上位。故曰：『王公之尊賢者也。』」「女」下字，去聲。

能養能舉，悅賢之至也，唯堯舜爲能盡之，而後世之所當法也。慶源輔氏曰：堯之於舜，則尊賢之極，養賢之至，用賢之周也。

○萬章曰：「敢問不見諸侯，何義也？」孟子曰：「在國曰市井之臣，在野曰草莽之臣，皆謂庶人。庶人不傳質爲臣，不敢見於諸侯，禮也。」質，與「贄」同。

傳，通也。質者，士執雉，庶人執鶩音木。相見以自通者也。國內莫非君臣，但未仕者與執贄在位之臣不同，故不敢見也。新安陳氏曰：市井草莽之臣，與《詩》率土莫非王臣同，未仕之臣也；傳質爲臣，乃已仕之臣也。

萬章曰：「庶人召之役，則往役；君欲見之，召之，則不往見之，何也？」曰：「往役，義也；往見，不義也。

往役者，庶人之職；不往見者，士之禮。慶源輔氏曰：庶人則當服君之賤事，爲士則知學問崇禮義，不惟士之自處當如此，而人君亦以此望之也。

「且君之欲見之也，何爲也哉？」曰：「爲其多聞也，爲其賢也。」曰：「爲其多聞也，則天子不召師，而况諸侯乎？爲其賢也，則吾未聞欲見賢而召之也。繆公亟見於子思，曰：『古千乘之國以友士，何如？』子思不悦，曰：『古之人有言曰：事之云乎，豈曰友之云乎？』子思之不悦也，豈不曰：『以位，則子君也，我臣也，何敢與君友也？以德，則子事我者也，奚可以與我友？』千乘之君求與之友而不可得也，而况可召與？

爲，並去聲。亟、乘，皆去聲。「召與」之與，平聲。孟子引子思之言而釋之，以明不可召之意。朱子曰：賢與多聞細分，固當有別，亦不必深致意。○南軒張氏曰：在我則當守庶人之分，在君則當隆事師之禮。

「齊景公田，招虞人以旌，不至，將殺之。『志士不忘在溝壑，勇士不忘喪其元。』孔子奚取焉？取非其招不往也。」

喪，息浪反。説見形甸反。前篇。

曰：「敢問招虞人何以？」曰：「以皮冠，庶人以旃，士以旂，大夫以旌。

皮冠，田獵之冠也。事見形甸反。《春秋》傳。去聲。○《左傳》僖公二十年：十二月，齊侯田于沛，澤名。招虞人以弓，不進，公使執之，辭曰：「昔我先君之田也，旌以招大夫，弓以招士，皮冠以招虞人，臣不見皮冠，故不敢進。」乃舍之。然則皮冠者，虞人之所有事也，故以是招之。庶人，未仕之臣。通帛曰旃。新安倪氏曰：通帛謂周大赤，從周正色無飾。士，謂已仕者。交龍爲旂，新安倪氏曰：畫二龍於其上。析羽而注於旂干之首曰旌。新安倪氏曰：通帛爲旃，交龍爲旂，析羽爲旌，見《周禮・司常》。

「以大夫之招招虞人，虞人死不敢往。以士之招招庶人，庶人豈敢往哉？況乎以不賢人之招招賢人乎？

欲見而召之，是不賢人之招也。以士之招招庶人，則不敢往；以不賢人之招招賢人，則不可往矣。

「欲見賢人而不以其道，猶欲其入而閉之門也。夫義，路也；禮，門也。惟君子能由是路，出入是門也。《詩》云：『周道如厎，其直如矢；君子所履，小人所視。』」夫，音扶。厎，《詩》作「砥」，之履反。

《詩》，《小雅・大東》之篇，「厎」與「砥」同，礪，音厲。石也，言其平也。矢，言其直也。視，視以爲法也。引此以證上文能由是路之義。慶源輔氏曰：以周道爲君子所履，證義路爲賢者所由。

萬章曰：「孔子，君命召，不俟駕而行。然則孔子非與？」曰：「孔子當仕有官職，而以其官召之也。」與，平聲。

孔子方仕而任職，君以其官名召之，故不俟駕而行。慶源輔氏曰：以敬君之命而不敢慢也。徐氏曰：「孔子、孟子，易地則皆然。」○此章言不見諸侯之義，最爲詳悉，更合陳代、公孫丑所問者而觀之，其說乃盡。問：「此章綱領，只在義路禮門？」朱子曰：固是不出此二者，然所謂義禮裏面，殺有節目。如云往役義也，往見不義也；周之則受，賜之則不受之類，都是義之節目。如云廪人繼粟、庖人繼肉，不以君命將之之類，都是禮之節目。又如齊餽金而不受，於宋薛餽而受，此等辭受都是箇義。君子於細微曲折，一一都要合義，所以《易》中說「精義入神以致用」也。義至於精，則應事接物之間，無一非義。不問大事小事，千變萬化，吾之所以應他，如利刀快劍，迎刃而解，件件剖作兩片去。孟子平日受用，便是得這箇氣力。今觀其所言所行，無不是這箇物事。○慶源輔氏曰：觀答陳代章，知不枉道從人之義；觀答公孫丑章，又知不爲臣不見之禮。觀此章，又知賢者有不可召之義。蓋君子之出處進退，一惟禮與義而已，初無適莫也。

○孟子謂萬章曰：「一鄉之善士，斯友一鄉之善士；一國之善士，斯友一國之善士；天下之善士，斯友天下之善士。

言己之善蓋於一鄉，然後能盡友一鄉之善士。推而至於一國天下皆然，隨其高下以爲廣狹也。新安陳氏曰：廣狹有異勢，而善無異理，雖千萬人同此心此理也。惟善蓋一鄉，始能友一鄉之善士，不然，則我所取之友必有所偏，或有所遺，不能盡得而友之矣。一國之善士，即一鄉之善士中其善不止蓋一鄉，❶而足以蓋一國者也，推而至於天下皆如此。友也者，友其善也。善之所在，聲應氣來，自有天然不容不合者，而非可以勉强合也。

「以友天下之善士爲未足，又尚論古之人。頌其詩，讀其書，不知其人，可乎？是以論其世也。是尚友也。」

尚，上同。言進而上也。頌，誦通。論其世，論其當世行事之迹也。言既觀其言，則不可以不知其爲人之實，是以又考其行去聲。也。夫音扶。能友天下之善士，其所友衆矣，猶以爲未足，又進而取於古人。是能進其取友之道，而非止爲一世之士矣。南軒張氏曰：自友一鄉之善士，至於上論古之人，每進而愈上也。所見者愈大，則所取愈廣矣。○雙峯饒氏曰：進善無窮已，故其取善也亦無窮已；取善無窮已，則其進善也亦無窮已。取善之地所以愈廣者，因其善之進進而不已也；取善之心，果曷有窮已乎？之人也，推其所至，殆將生乎千百世之下，而可以繼往者於千百世之上。立乎千百世之上，而可以俟來

❶「中」，四庫本作「由」。

者於千百世之下。奚止爲一世之士而已哉？○雲峯胡氏曰：人性之善，古今所同。孟子論性，必論其故。論尚友，必論其世，皆已然之迹也。論性而不論其已然之迹，性之理易涉於空虛；論古而不論其已然之迹，古之人易涉於遼邈。

○齊宣王問卿。孟子曰：「王何卿之問也？」王曰：「卿不同乎？」曰：「不同。有貴戚之卿，有異姓之卿。」王曰：「請問貴戚之卿。」曰：「君有大過則諫，反覆之而不聽，則易位。」

大過，謂足以亡其國者。易位，易君之位，更立親戚之賢者。新安陳氏曰：古人所謂親戚，並指天屬之親。蓋與君有親親之恩，無可去之義。以宗廟爲重，不忍坐視其亡，故不得已而至於此也。

王勃然變乎色。

勃然，變色貌。

曰：「王勿異也。王問臣，臣不敢不以正對。」

孟子言也。

王色定，然後請問異姓之卿。曰：「君有過則諫，反覆之而不聽，則去。」

君臣義合，不合則去。○此章言大臣之義，親疏不同，守經行權，各有其分。去聲。○新安陳氏曰：親者可以行權，疏者惟當守經。貴戚之卿，小過非不諫也，但必大過而不聽，乃可易位。異姓之卿，大過非不諫也，雖小過而不聽，已可去矣。然三仁貴戚，不能行之於紂；而霍光異姓，乃能行之於昌邑。此又委任權力之不同，不可以執一論也。《前漢·霍光傳》：昌邑王賀，武帝之孫。昌邑，哀王之子也，即位行淫亂。光憂懣，音滿，又音悶。獨以問所親故吏太司農田延年，延年曰：「將軍爲國柱石，審此人不可，何不建白太后，更選賢而立之。」光曰：「今欲如是，於古嘗有不？」延年曰：「伊尹相殷，廢太甲以安宗廟，世稱其忠。將軍若能行此，亦漢之伊尹也。」光乃引延年給事中，陰與車騎將軍張安世圖計，光與羣臣俱見白太后，具陳昌邑王不可以承宗廟狀。皇太后乃車幸未央承明殿，召昌邑王伏前聽詔。光與羣臣連名奏王，尚書令讀畢，光令王起拜受詔，乃即持其手，解脱其璽組，扶王下殿，送至昌邑邸。○朱子曰：孟子所謂易位者，言其理當如是耳。世或疑此言有以起篡奪之禍者，則孟子豈不嘗曰「有伊尹之志則可，無伊尹之志則篡」也。若三仁之事，則比於箕子，固有所不及爲。若微子之去，亦或其勢之不便也。然觀其引身而去，以全先王之世，則其計慮亦豈苟然者哉？若其力之可爲，則伊尹、霍光固以異姓之卿而行之矣，況有骨肉之親者乎？○南軒張氏曰：貴戚之卿與異姓之卿有親疎之異，故不得而同論也。貴戚之卿任宗社之責，故得更擇其宗族之賢以易之，然非謂貴戚之卿諫君反覆而不從便可以易位，蓋極其理而言之，有可以易位之道也。○慶源輔氏曰：《集註》守經行權，尤足以補孟子之説。蓋行權者，非至於甚不得已則不可爲，守經者則日用常行而須臾不可離者也。○西山真氏曰：愚按貴戚易位之説，非後世所得行。君有大過，惟當反覆極言，如屈平、劉向之爲爾。同姓之卿，雖無可去之義，若其君有大惡，而不可諫，易位之事又不得行，宗社將危，豈容坐待，則微子去之，亦有明義存焉。其惡雖未如紂，然非可事之君，義不當食其禄，則魯之叔肸可以爲法。《春秋》宣十有七年，公弟叔肸卒。《穀梁傳》曰：「叔肸，賢之也，其賢之何也？宣弑而非之也。非之則胡爲不去也？曰兄弟也，何去而之？與之財，則曰我足矣。織屨而食，終身不食宣公之食。」《春秋》貴之，因時制義，初無定法也。又孟子「反覆」二字，最宜深體。前世人臣，固有見君之過失，姑一言以塞責者，曰吾亦嘗諫之云耳。諫而不從，非吾責也，此其用心既欲苟全爵位，又欲厭塞公言，張華之所以見屈於張林，而不能自免也。必反覆而諫，諫而不從，則去。此人臣之正法，孟子之言，胡可易哉！

孟子集註大全卷之十

孟子集註大全卷之十一

告子章句上

凡二十章。勿軒熊氏曰：首章至六章言性，七章至十九章言心，末章言學。

告子曰：「性，猶杞柳也；義，猶桮棬也。以人性爲仁義，猶以杞柳爲桮棬。」桮音杯。棬，丘圓反。

性者，人生所稟之天理也。杞柳，柜居旅反。柳。桮棬，屈木所爲，若卮匜音移。之屬。朱子曰：桮棬，似今棬杉台子。杞柳，恐是今做合箱底柳，北人以此爲箭，謂之柳箭，即蒲柳也。告子言人性本無仁義，必待矯揉人九反。而後成，如荀子性惡之説也。《荀子·性惡篇》：「人之性惡，其善者僞也。」○朱子曰：告子只是認氣爲性，見得性有不善，須拗他方善。○新安陳氏曰：義猶桮棬也，「義」上脱一「仁」字。○魯齋王氏曰：朱子釋「性」字，指性之全體而言，不是解告子所言之性。

孟子曰：「子能順杞柳之性而以爲桮棬乎，將戕賊杞柳而後以爲桮棬也？如將戕賊杞柳而以爲桮棬，則亦將戕賊人以爲仁義與？率天下之人而禍仁義者，必子之言夫！」戕音牆。與，平聲。夫音扶。

言如此，則天下之人皆以仁義爲害性而不肯爲，是因子之言而爲仁義之禍也。朱子曰：杞柳必矯揉而後爲桮棬，性非矯揉而爲仁義。孟子辨告子數處，皆是辨倒著告子便休，不曾説盡道理。○南軒張氏曰：人之爲仁義，乃其性之本然，自親親而推之，至於仁不可勝用；自長長而推之，至於義不可勝用，皆順其所素有，而非外之也。若違乎仁義，則爲失其性矣，而告子乃以人性爲仁義，則是性別爲一物，以人爲矯揉而爲仁義，其失豈不甚乎？○慶源輔氏曰：不言戕賊人之性，而言戕賊人者，人之所以爲人者，性也。○西山真氏曰：告子之説，蓋謂人性本無仁義，必用力而强爲，若杞柳本非桮棬，必矯揉而後就也，何其昧於理邪？夫仁義即性也。告子乃曰「以人性爲仁義」，如此則性自性，仁義自仁義也，其可乎？夫以杞柳爲桮棬，必斬伐之、屈折之，乃克有成。若人之爲仁義，乃性之所固有，孩提皆知愛親，即所謂仁。及長皆知敬兄，即所謂義，何勉强矯揉之有？使告子之言行，世之人必曰仁義乃戕賊人之物，將畏憚而不肯爲，是率天下而害仁義，其禍將不可勝計。此孟子所以不可不辨也。○雙峯饒氏曰：性者，人所稟之天理。天理即是仁義，順此性行之，無非自然，元無矯揉。《集註》解「性」字，是朱子指性之本體而言，不是解告子所言之性，禍仁義，與楊墨充塞仁義相似。

○告子曰：「性猶湍水也，決諸東方則東流，決諸西方則西流；人性之無分於善不善也，猶水之無分於東西也。」湍，他端反。湍，波流瀠音瑩。回之貌也。告子因前説而小變之，慶源輔氏曰：告子本以氣爲性，此説亦然。故曰「因前説」。但前説以性爲惡，必矯揉而後可爲善，而此説則以性爲本無善惡，但可以爲善，可以爲惡耳，此其爲小變也。近於揚子善惡混之説。《揚子·脩身》篇：人之性也善惡混，脩其善，則爲善人。脩其惡，則爲惡人。氣也者，所適善惡之馬歟？○朱子曰：告子以善惡皆性之所無，而生於習，揚子以善惡皆性之所有，而成於脩，亦有小異，故曰近。

孟子曰：「水信無分於東西。無分於上下乎？人性之善也，猶水之就下也。人無有不善，水無有不下。

言水誠不分東西矣，然豈不分上下乎？性即天理，未有不善者也。朱子曰：觀水之流而必下，則水之性可知；觀性之發而必善，則性之韞善亦可知矣。

「今夫水，搏而躍之，可使過顙；激而行之，可使在山。是豈水之性哉？其勢則然也。人之可使爲不善，其性亦猶是也。」夫音扶。

搏，補各反。

搏，擊也。躍，跳也。顙，額也。水之過額在山，皆不就下也。然其本性未嘗不就下，但爲搏擊所使而逆其性耳。謝氏曰：如水之就下，搏擊之非不可上，但非水之性。○此章言性本善，故順之而無不善；本無惡，故反之而後爲惡，新安陳氏曰：反之，猶云逆之，與張子所謂善反之不同，彼乃復之之謂。非本無定體，而可以無所不爲也。南軒張氏曰：伊川先生云：「荀子之言性，杞柳之論也；揚子之言性，湍水之論也。」蓋荀子謂人之性也，以仁義爲僞，而揚子則謂人之性善惡混，脩其善，則爲善人，脩其惡，則爲惡人故也。告子不識大本，故始譬性爲杞柳，謂以人性爲仁義，今復譬性爲湍水，謂無分於善不善。夫無分於善不善，則性果爲何物耶？論真實之理，而委諸茫昧之地，其所害大矣。」善乎孟子之言曰：「人無有不善，水無有不下。」可謂深切著明矣。○西山真氏曰：水之性未嘗不就下，雖搏擊之可暫違其本性，而終不能使不復其本性。人之爲不善者，固有之矣，所以然者，往往爲物欲所誘，利害所移，而非其本然之性也。故雖甚愚無知之人，詈之以惡逆，斥之以盗賊，鮮不變色者，至於見赤子之入井，則莫不怵惕而救之，朱子章旨數言盡之矣。○新安倪氏曰：先師謂當看《集註》「本性」之「本」字，雲峰謂須看《集註》「定體」二字，水之定體無有不下，性之定體無有不善，可使過顙在山爲不善。三「使」字皆非定體，竊謂本性者，本然之性定體，即此性本然之定體也。若有使之者，則出於人力之所爲，而非此性本然之定體矣。貫二先生之説而一之，於「本」字「定體」字皆能著眼，則朱子釋孟子之深意可見矣。○東陽許氏曰：告子謂性本無善惡，但可以爲善，可以爲惡，在所引者如何爾。故以水無分東西爲喻，孟子亦就其水以喻之，謂性之必善，譬猶水之必下。告子所謂決之者，人爲之也，非其自然之性也。若人欲拂水之性，甚至可使逆行，況東西乎？人之爲善，順其本性也；水之就下，順其本性也。

○告子曰：「生之謂性。」

生，指人物之所以知覺運動者而言。朱子

曰：生之謂性，只是就氣上説得，蓋謂人也有許多知覺運動，物也有許多知覺運動，人物只一般，却不知人所以異於物者，以其得正氣，故全得許多道理，如物則氣昏，而理亦昏了。○生之謂氣，生之理之謂性。○問：「氣出於天否？」曰：性與氣皆出於天，性只是理，氣則已屬於形象。性之善，固人所同，氣便有不齊處。○物也有這性，只是稟得來偏了，這性便也隨氣轉了。○慶源輔氏曰：人物之生，則有知覺，能運動，死則無知覺，不能運動也。○雙峯饒氏曰：生，活也，其所以能知覺運動，爲是箇活底物事。有生之初，稟得天地之生氣，所以有這活底在裏面，告子是見得這氣，不曾見得這理，蓋精神魂魄之所以能知覺運動者屬乎氣，其所得於天以爲仁義禮智之性者，則屬乎理。告子認氣爲性，故云生之謂性。問：「知覺運動何分？」曰：總言之，都是精神。分言之，則知覺屬心，運動屬身。

告子論性，前後四章，語雖不同，然其大指不外乎此。

問：「子以告子論性數章，皆本乎『生之謂性』之一言，何也？」朱子曰：告子不知性之爲理，乃即人之身而指其能知覺運動者以當之，所謂生者是也。始而見其但能知覺運動，非教不成，故有杞柳之譬。既屈於孟子之言，而病其説之偏於惡也，又爲湍水之喻，以見其但能知覺運動，而非有善惡之分。又以孟子未喻己之意也，遂於此章極其立論之本意而索言之，至於孟子折之，則其説又窮，而終不悟其非也。其以食色爲言，蓋猶生之云爾，而公都子之所引，又湍水之餘論也。以是考之，凡告子之論性，不外乎「生」之一字明矣。然則告子固指氣質而言歟？曰：告子所謂性，固不離乎氣質，然未嘗知其爲氣質，而亦不知其有清濁賢否之分也。

與近世佛氏所謂作用是性者略相似。

朱子曰：禪家説：「如何是佛？」曰：「見性成佛。」「如何是性？」曰：「作用是性。」蓋謂目之視、耳之聽、手之執捉、足之運奔，皆性也。只説得箇形而下者。且如手能執捉，若執刀胡亂殺人，亦可爲性乎？

孟子曰：「生之謂性也，猶白之謂白與？」曰：「然。」「白羽之白也，猶白雪之白；白雪之白，猶白玉之白與？」曰：「然。」與，平聲。下同。

白之謂白，猶言凡物之白者，同謂之白，更無差初加、楚宜二反。別必列反。也。白羽以下，新安陳氏曰：白羽至輕之白，與白雪不堅之白、白玉堅潤之白，質本不同。孟子再問而告子曰然，則是謂凡有生者同是一性矣。

「然則犬之性，猶牛之性；牛之性，猶人之性與？」

孟子又言若果如此，則犬牛與人皆有知覺，皆能運動，其性皆無以異矣，於是告子自知其説之非而不能對也。朱子曰：犬牛人之形氣既具，而有知覺能運動者生也，有生雖同，然形氣既異，則其生而有得乎天之理亦異。蓋在人則得其全，而無有不善，在物則有所蔽，而不得其全，是乃所謂性也。今告子曰生之謂性，如白之謂白，而凡白無異白焉，則是指形氣之生者以爲性，而謂人物之所得於天者亦無不同矣。故孟子以此詰之，而告子理屈詞窮，不能復對也。○勉齋黄氏曰：告子既不知性與氣之分，而直以氣爲性，又不知氣或不齊，性因有異，而遂指凡有生者以爲同，是以孟子以此語之，而進退無所據也。

○愚按：性者，人之所得於天之理也；生者，人之所得於天之氣也。性，形而上者也；氣，形而下者也。朱子曰：形而上者，一理渾然，無有不善；形而下者，則紛紜雜揉，善惡有所分矣。○新安陳氏曰：《易・大傳》曰：「形而上者謂之道，形而下者謂之器。」「上」字，上聲讀，有形以上，便是無形之理。性，即理也。有形以下，便是有形之器，氣有形者也。人物之生，莫不有是性，亦莫不有是氣。然以氣言之，則知覺運動，人與物若不異也。以理言之，則仁、義、禮、智之稟豈物之所得而全哉？此人之性所以無不善，而爲萬物之靈也。雲峯胡氏曰：《大學》、《中庸》首章《或問》皆以爲人物之生，理同而氣異，而此則以爲氣同而理異，何也？朱子嘗曰：「論萬物之一原，則理同而氣異；觀萬物之異體，則氣猶相近而理絶不同。氣之異者，粹駁之不齊，理之異者，偏全之或異也。」嘗因是而推之，蓋自大本大原上説，大化流行，賦予萬物，何嘗分人與物，此理之同也。但人得其氣之正且通者，物得氣之偏且塞者，此氣之異也。人物既得此氣以生，則人能知覺運動，物亦能知覺運動，此又其氣之同也。然人得其氣之全，故於理亦全，物得其氣之偏，故於理亦偏，則人與物，又不能不異矣。理同而氣異，是從人物有生之初説；氣同而理異，是從人物有生之後説。朱子之説精矣。告子不知性之爲理，而以所謂氣者當之，是以杞柳湍水之喻，食色無善無不善之説，縱將容反。橫繆靡幼反。戾，紛紜舛尺免反。錯，而此章之誤乃其本根。所以然者，蓋徒知知覺運動之蠢然者，人與物同；而不知仁義禮智之粹然者，人與物異也。孟子以是折之，其義精矣。朱子曰：氣相近，如知寒暖，識饑飽，好生惡死，趨利避害，人與物都一般。理不同，如蜂蟻之君臣，只是他義上有一點明，虎狼之父子，只是仁上有一點明，其他更推不去。○論人與物性之異，固由氣禀之不同，但究其所以然者，却是因其氣禀之不同，而所賦之理固亦有異，所以孟子分別犬之性、牛之性、人之性有不同者，而未嘗言犬之氣、牛之氣、人之氣不同也。

○此章乃告子迷繆之本根，孟子開示之要切，蓋知覺運動者，形氣之所爲；仁義禮智者，天命之所賦。學者於此正當審其偏正全闕，而求知所以自貴於物，不可以有生之同，反自陷於禽獸而不自知己性之大全也。○勉齋黄氏曰：夫性者，人物所得乎天之理也，仁、義、禮、智之屬是也；生者，人物所得乎天之氣也，有知覺而能運動者是也。性者，萬物之一原，有生之類，各得於天，固無少異，但所禀之氣，則或値其清濁美惡之不齊，故理之所賦不能無開塞、偏正之異，此人物之所以分也。然以氣而言，則所禀雖殊，而其所以爲知覺運動者反無甚異；以理而言，則其本雖同，而人之有是四端，所以爲至靈至貴者，非庶物之可擬矣。告子之學，不足以知此，但見其蠢然之生，即以爲性，而又謂凡得此者無有不同，則是不惟不知性，亦不知氣。不惟觀於外者，亂於人獸之別，而其反於身者，亦昧於天理人欲之幾矣。○雙峯饒氏曰：人説孟子論性不論氣，若以此章觀之，未嘗不論氣。

○告子曰：「食色，性也。仁，内也，非外也；義，外也，非内也。」

告子以人之知覺運動者爲性，故言人之甘食悅色者即其性。故仁愛之心生於內，而事物之宜由乎外。學者但當用力於仁，而不必求合於義也。朱子曰：告子先云「仁義猶桮棬」，其意本皆以仁義爲外，皆不出於本性，既得孟子說，方略認仁爲在內，亦不以仁爲性之所有，但比義差在內耳。○告子以生於愛者爲仁，故曰內，以其制是非者爲義，故曰外。○南軒張氏曰：食色固出於性，然莫不有則焉，告子舉物而遺其則，其說行，天理不行而人欲莫遏矣。○慶源輔氏曰：人之甘食者，知其食之美而甘之也；悅色者，知其色之美而悅之也。知即知覺也，甘與悅即運動也。○雙峯饒氏曰：告子雖知以仁爲內，而不知愛是情，仁是性，愛不便是仁，愛之理是仁。今便指愛爲仁，已是不識性了。如義則是心之制，事之宜，事之宜者雖在彼，而其所以裁制而得其宜者全自在我，若非我有箇義，如何處得物，告子認以爲外，可謂全無見識矣。觀告子前面數章之意，則謂性中仁義都無，到這裏又却有仁而無義，皆是遁辭。○雲峯胡氏曰：告子所謂仁內義外者，皆自食色說來，以食色爲性，言性既粗，故言仁義亦粗。甘食悅色，是自家心裏愛那食色，愛便屬仁，便是仁愛之心生於內。至若食色，却有可愛者，有不可愛者，則是事物之宜由乎外也。

孟子曰：「何以謂仁內義外也？」曰：「彼長而我長之，非有長於我也；猶彼白而我白之，從其白於外也，故謂之外也。」長，上聲。下同。

我長之，我以彼爲長也；我白之，我以彼爲白也。朱子曰：告子不知辨別那利害處正是本然之性，所以道彼長而我長之。蓋謂我無長彼之心，由彼長故不得不長之，所以指義爲外也。

曰：「異於白馬之白也，無以異於白人之白也；不識長馬之長也，無以異於長人之長與？且謂長者義乎，長之者義乎？」與，平聲。下同。

張氏曰：「上『異於』二字宜衍。」❶李氏

❶「宜」，四庫本、陸本及《四書章句集註》、《孟子集疏》卷一一作「疑」。

曰：「或有闕文焉。」愚按：白馬白人，所謂彼白而我白之也；長馬長人，所謂彼長而我長之也。白馬白人不異，而長馬長人不同，是乃所謂義也。義不在彼之長，而在我長之之心，則義之非外明矣。朱子曰：白馬白人，我道這是白馬，這是白人，言之則一若長馬、長人則不同，長馬則是口頭道箇老大底馬，若長人則是敬之之心發於中，從而敬之，所以謂義内也。○慶源輔氏曰：人孰以長人之心長馬乎？其所以然者，乃吾心之義有不同耳，義蓋隨事之宜而裁之也。

曰：「吾弟則愛之，秦人之弟則不愛也，是以我爲悦者也，故謂之内；長楚人之長，亦長吾之長，是以長爲悦者也，故謂之外也。」

言愛主於我，故仁在内；敬主於長，故義在外。

曰：「耆秦人之炙，無以異於耆吾炙。夫物則亦有然者也，然則耆炙亦有外與？」耆，與「嗜」同。夫，音扶。

言長之耆之，皆出於心也。林氏曰：「告子以食色爲性，故因其所明者而通之。」南軒張氏曰：長則同，而待吾之長與待楚人之長固有間矣，其分之殊，即所謂義也。觀其義外之説，固爲不知義矣。不知義，則其所謂仁内者，亦烏知仁之所以爲仁哉！○慶源輔氏曰：炙在外而耆之者在我。長在外而長之者在我，初無異也。告子所明者食色，故取譬於耆炙，因其所明通其所蔽，亦「納約自牖」之意也。○自篇首至此四章，告子之辨屢屈，而屢變其説以求勝，卒不聞其能自反而有所疑也。此正其所謂不得於言勿求於心者，所以卒於鹵音魯。莽莫補、莫厚、母黨三反。而不得其正也。雲峯胡氏曰：夫子嘗曰「義以方外」，夫義所以裁制其在外者，而非在外也。告子義外之説，孟子所以深闢之。

○孟季子問公都子曰：「何以謂義内也？」

孟季子，疑孟仲子之弟也。蓋聞孟子之

言而未達，故私論之。

曰：「行吾敬，故謂之內也。」

所敬之人雖在外，然知其當敬而行吾心之敬以敬之，則不在外也。

「鄉人長於伯兄一歲，則誰敬？」曰：「敬兄。」「酌則誰先？」曰：「先酌鄉人。」「所敬在此，所長在彼，果在外，非由內也。」長，上聲。

伯，長也。酌，酌酒也。此皆季子問、公都子答，而季子又言，如此則敬長之心，果不由中出也。

公都子不能答，以告孟子。孟子曰：「敬叔父乎，敬弟乎？彼將曰：『敬叔父。』曰：『弟爲尸，則誰敬？』彼將曰：『敬弟。』子曰：『惡在，其敬叔父也？』彼將曰：『在位故也。』子亦曰：『在位故也。庸敬在兄，斯須之敬在鄉人。』」惡，平聲。

尸，祭祀所主以象神，雖子弟爲之，❶然敬之當如祖考也。在位，弟在尸位，鄉人在賓客之位也。庸，常也。斯須，暫時也。言因時制宜，皆由中出也。趙氏曰：因時制宜，所謂義也。兄叔父之當敬，此理之常。若弟在尸位，則祭時暫當裁以視如祖考之義而敬弟，鄉人在賓位，則宴時暫當裁以尊賓之儀而敬鄉人，此皆暫時之敬耳。或常或暫，因時而裁制其宜，皆本於吾心爾，故曰由中出也。

季子聞之，曰：「敬叔父則敬，敬弟則敬，果在外，非由內也。」公都子曰：「冬日則飲湯，夏日則飲水，然則飲食亦在外也？」

此亦上章耆炙之義。雲峯胡氏曰：《集註》以爲此亦耆炙之義者。炙在外，而耆之在乎心，水與湯在外，而斟酌其可飲不可飲在乎心。然則事物之宜在乎

❶「子弟」，原倒文，今據四庫本、孔本、陸本及《四書章句集註》乙正。

外，而所以斟酌事物之宜，則在乎心也。○范氏曰：「二章問答大指略同，皆反覆譬喻以曉當世，使明仁義之在内，則知人之性善，而皆可以爲堯舜矣。」慶源輔氏曰：若以義爲外，則便於性之本體偏枯了，安能知人性之本善？既不知人性之本善，則豈能知人皆可以爲堯舜哉？○潛室陳氏曰：禮敬之義在外，如叔父、如弟、如鄉人，皆指外而言，故告子以義爲外。然敬之所施雖在外，而所以行吾敬處却在内。如當敬叔父時則敬叔父，當敬弟時則敬弟，當敬鄉人則敬鄉人，所以權其事宜而爲之差别者，則此理之權度未嘗不在吾心。故公都子以此折之，其辭簡而理勝，所謂不迫切而意已獨至也。○新安陳氏曰：《集註》於此又提挈綱領以示人仁義性也，堯舜性與人同，但能盡其性耳。人惟性善，故皆可以爲堯舜也。

○公都子曰：「告子曰：『性無善無不善也。』

此亦「生之謂性」、「食色性也」之意。新安陳氏曰：只認能知覺運動甘食悦色者即爲性，而任意爲之，無所謂善惡。近世蘇氏、胡氏之説蓋如此。新安陳氏曰：蘇東坡論性，謂自堯舜以來，至孔子不得已而曰中曰一，未嘗分善惡言也。自孟子道性善，而一與中支矣。胡文定公論性，謂性不可以善言，纔説善時便與惡對，非本然之性矣。孟子道性善，只是贊歎之辭，説好箇性，如佛言善哉善哉。五峯論性，云凡人之生，粹然天地之心，道義全具，無適無莫，不可以善惡辨，不可以是非分。

「或曰：『性可以爲善，可以爲不善，是故文、武興，則民好善；幽、厲興，則民好暴。』

好，去聲。

此即湍水之説也。新安陳氏曰：謂性可善可惡，惟上所導，如湍水可東可西，惟人所决也。

「或曰：『有性善，有性不善，是故以堯爲君而有象，以瞽瞍爲父而有舜，以紂爲兄之子且以爲君，而有微子啓、王子比干。』

韓子性有三品之説蓋如此。《韓子·原性》篇：「性也者，與生俱生也。情也者，接於物而生也。性之品有三，而其所以爲性者五；情之品有三，而其所以爲情者七。何也？曰：性之品有上中下三，上焉者，善焉而已矣；中焉者，可導而上下也；下焉者，惡焉而已矣。」○朱子曰：韓子三品之説，只説得氣，不曾説得性。○此章三者，雖同説氣質之性，然兩「或曰」之説，猶知分辨善惡，惟無善無不善之説最無狀。他就此無善無惡之名，渾無分別，雖爲善爲惡，總無妨也。與今世不擇善惡，顛倒是非，而稱爲本性者，何以異哉？○陳氏曰：韓子謂「人之所以爲性者五，曰仁義禮智信」，此語似看得「性」字端的，但分爲三品又差了，三品只説得氣稟，然氣稟不齊或相什百千萬，豈但三品而已哉？

按此文，則微子、比干皆紂之叔父，而《書》稱微子爲商王元子，疑此或有誤字。

「今曰『性善』，然則彼皆非與？」孟子曰：「乃若其情，則可以爲善矣，乃所謂善也。

與，平聲。

乃若，發語辭。

慶源輔氏曰：先儒皆訓「若」爲「順」，言順其本然之情，則無不善，恐不必如此説，蓋情自善，不待順之而善也，且此「乃若」正與下文「若夫」字相對，故斷以爲發語辭。

情者，性之動也。人之情，本但可以爲善而不可以爲惡，則性之本善可知矣。

朱子曰：性不可説，情却可説，所以告子問性，孟子却答他情。蓋謂情可爲善，則性無有不善。所謂四端者，皆情也。仁是性，惻隱是情也。惻隱是仁發出來的端芽，如一箇穀種相似，穀之生是性，發爲萌芽是情也。所謂性，只是那仁義禮智四者而已。○北溪陳氏曰：在心裏未發動底爲性，事物觸着便發動出來底是情，這動底只是就性中發出來，不是別物，情之中節，是從本性發來，便是善。其不中節，是感物欲而動，不從本性發來，便有不善。○慶源輔氏曰：情只是性之動，因其情之善，而可以知其性之本善。若程子謂天下之理原其所自，無有不善，喜怒哀樂未發，何嘗不善？發而中節亦何往而不善，此則又因其性之善，而知其情之無不善也。○新安陳氏曰：性渾然全體在中，未發無形象可見，動而爲情，方可見耳。仁義禮智之性，動而爲惻隱羞惡辭遜是非之情，❶所謂「本

❶「遜」，四庫本作「讓」。

但可爲善而不可爲惡」者也。因其情之善，而可知其性之本善。蓋遡其流而知其源也。如水之初流出尚清，則可知其末流之先清也必矣。此「乃若其情」，至「乃所謂善也」，已包下文「惻隱之心」至「我固有之也」之意，下文乃盡發此意耳。

「若夫爲不善，非才之罪也。夫，音扶。

才，猶材質，人之能也。人有是性，則有是才，性既善則才亦善。人之爲不善，乃物欲陷溺而然，非其才之罪也。問：「才是以其能解作用底說，材質是合形體說否？」朱子曰：是兼形體說，如說材料相似。○問：「才與『材』字之別？」曰：「才」字是就義理上說，「材」字是就用上說，如人見其濯濯也，以爲未嘗有材，用木旁「材」字，便是指適用底說，非天之降才爾殊，便是就義理上說。○情，是這心裏動出，有箇路脉曲折，隨物恁地去，才是能主張運動做事底，這事有人做得，有不會做得，這處可見其才。○性如水，情如水之流，情既發，則有善有不善，在人如何耳，才則可爲善者也。彼其性既善，則其才亦可以爲善，今乃至於爲不善，是非才如此，乃自家使得才如此，故曰「非才之罪」。○問：「性之所以無不善，以其出於天也。才之所以有善不善，以其出於氣也。要之性出於天，才亦出於天，何故便至如此？」曰：性是形而上者，氣是形而下者，形而上者全是天理，形而下者只是那查滓。至於形，又是查滓至濁者也。○問：「孟子言情與才皆善如何？」曰：情本自善，其發也未有染污，何嘗不善，才只是資質，亦無不善。譬物之未染，只是白也。又曰：性之本體，理而已，情則性之動而有爲，才則性之具而能爲者也。性無形象聲臭之可形容也，故以二者言之，誠知二者之本善，則性之善必矣。○西山真氏曰：善者性也，而能爲善者，才也。性以體言，才以用言，才本可以爲善，而不可以爲惡。今乃至於爲不善者，是豈才之罪也哉？陷溺使然也。○雙峯饒氏曰：孟子是指那好底才說，如仁之能愛其親，義之能敬其兄，所謂良能是也。❶

「惻隱之心，人皆有之；羞惡之心，人皆有之；恭敬之心，人皆有之；是非之心，人皆

❶「良」，四庫本作「才」。

有之。惻隱之心，仁也；羞惡之心，義也；恭敬之心，禮也；是非之心，智也。仁義禮智，非由外鑠我也，我固有之也，弗思耳矣。故曰：求則得之，舍則失之。或相倍蓰而無筭者，不能盡其才者也。鑠，式灼反。惡，去聲。舍，上聲。蓰音師。

恭者，敬之發於外者也；敬者，恭之主於中者也。北溪陳氏曰：恭就貌上説，敬就心上説。鑠，以火銷金之名，自外以至内也。筭，數也。言四者之心人所固有，但人自不思而求之耳，所以善惡相去之遠，由不思不求而不能擴充以盡其才也。朱子曰：惻隱羞惡，心也；能惻隱羞惡，發揮之至於仁義不可勝用者，才也。○問：「不能盡其才。」曰：才是能去恁地做底，性本好，發於情也只是好，到得動用去做也只是好，不能盡其才，是發得略好便自阻隔了，不順他道理做去。若盡惻隱之才，則必當至於博施濟衆。盡羞惡之才，則必當至於一介不取予，禄之天下弗顧，千駟弗視，這是本來自合恁地滔滔做去，止緣人爲私意阻隔，多是有些發動後便遏折了。天便似天子，命便似將告勅付與人，性便似人所受職事，情便似親臨這職事，才便似去動作行做許多事。○人皆有許多才，聖人却做許多事，我不能做得些事出，故謂相倍蓰而無筭者，不能盡其才者也。一性之中，萬善完備，發用出來，事事做得，便是盡其才。○其未發也，性雖寂然不動，而其中自有條理，自有間架，不是儱侗都無一物，所以外邊纔感，中間便應，如赤子入井之事感，則仁之理便應，而惻隱之心於是乎形；於過廟朝之事感，則禮之理便應，而恭敬之心於是乎形。蓋由其中間衆理渾具，各各分明，故外邊所遇隨感而應，所以四端之發，各有面貌之不同，是以孟子析而爲四以示學者，使知渾然全體之中，而粲然有條若此。○慶源輔氏曰：仁義禮智，性也；惻隱至是非，性之動而爲情也。皆謂之心，心統性情者也。四者之心，根於本性，非如火之銷金，自外至内，但人自不思不求耳。○西山真氏曰：物有求而弗得者，在外故也。性求其在我者，何不得之有，思而求之，則得之而全其本善。不思不求，則失之而流於惡，善惡相去之遠，由一倍五倍而極於無筭者，皆不思不求不能擴充以盡其才故也。本然之才初無限量，極天下之善無不可爲，今乃如此，是有才而不能盡其才耳。曰思曰求，而又曰盡，皆孟子喫緊教人處。前篇言是四者爲仁義禮智之端，而此不言端者，彼欲其擴而充之，此直因用以著其本體，故言有不同耳。雲峯胡氏曰：前篇於四者言端，欲人充廣；此不言端，而直因用以著其本體，欲人體認。前以辭讓爲禮之端，辭讓皆以發乎外者言。此曰恭敬，則兼以外與內而言，故不必言端。

「《詩》曰：『天生蒸民，有物有則。民之秉夷，好是懿德。』孔子曰：『爲此詩者，其知道乎！故有物必有則，民之秉夷也，故好是懿德。』」好，去聲。

《詩》，《大雅·蒸民》之篇。蒸，《詩》作烝，衆也。物，事也。則，法也。夷，《詩》作彝，常也。懿，美也。有物必有法：如有耳目，則有聰明之德；有父子，則有慈孝之心，是民所秉執之常性也，故人之情無不好此懿德者。新安陳氏曰：於「好」字上見得是情，《集註》：此「情」字，與上文「乃若其情」相應。以此觀之，則人性之善可見，而公都子所問之三說，皆不辨而自明矣。蔡氏曰：惻隱等，正是指性之初發動處，以明未發動之理，又舉《蒸民》詩者，當然之則無物不體，而此理之妙，實根於人性之本然。惟人之生，各秉其有常之性，所以應事接物，皆好此美德而不容已也。所謂懿德，即所謂物之則也，其曰「好是」者，即指上文「秉彝」而言。天命之所賦者謂之則，人性之所秉者謂之彝，存於心而有所得者謂之德，實一而已。孔子又加一「必」字於「有則」之上，加一「故」字於「好是」之上，其旨愈明矣。孟子舉此者，蓋謂秉彝懿德，即是常性。心之所好者德，即是情之發動者不外乎性，就性初發動爲情處指出以示人，方見得性之本無不善也。○程子曰：「性即理也，理則堯、舜至於塗人一也。才稟於氣，氣有清濁，稟其清者爲賢，稟其濁者爲愚。學而知之，則氣無清濁，皆可至於善而復性之本，湯、武身之是也。孔子所言下愚不移者，則自暴自棄之人也。」朱子曰：理精一故純，氣粗故雜。○理如寶珠，氣如水。有是理而後有是氣，有是氣則必有是理，但氣稟之清者，爲聖賢，如珠落在清水中；稟氣之濁者爲愚暗，如珠落在濁水中。又曰：「論性不論氣，不備；論氣不論性，不明，二之則不是。」朱子曰：論性不論氣，則無以見其生質之異；論氣不論性，則無以見義理之同。孟子之言性善者，前聖所未發也，而此言者，又孟子所未發也。○本然之性只是至善，然不以氣質論之，則莫知其有昏明開塞、剛柔强弱，故有所不備。徒論氣質之性，而不自本原言之，則雖知有昏明開塞、剛柔强弱之不同，而不知至善之原未嘗有異，故有所不明。須是兩邊都説，理方明備。○北溪陳氏曰：只論大本而不及氣稟，則所論有欠闕未備，若只論氣稟而不及大本，便只説得粗底，道理全然不明，千萬世而下，學者只得按他説，更不可改易。○潛室陳氏曰：孟子性善，從源頭上説。及論情論才，只是説善，不論氣質清濁厚薄，是不備也。諸子紛紛之説，各自把氣質分別，便作天性看了，其不明之失，爲害滋甚。孔門性相近、習相遠，却就氣質之性上論清濁，至説上智下愚，乃論得氣清之十分厚者爲上智，氣濁之十分薄者爲下愚，其間相近者，乃是中人，清濁在四六之間，總起是三等氣質，此説乃是與孟子之説互相發明。要知孔子是説氣質之性，孟子是説源頭本然之性，諸子只是把氣質便作本然之性看錯了。○新安陳氏曰：須是論性兼論氣，不判而二之方是。

張子曰：「形而後有氣質之性，善反之，則天地之性存焉。故氣質之性，君子有弗性者焉。」朱子曰：論天地之性，則專指理而言；論氣質之性，則以理與氣雜而言之。天地之性，則太極本然之妙，萬殊之一本也；氣質之性，則二氣交運而生，一本而萬殊也。氣質之性，即此理墮在氣質之中耳，非別有一性也。○性只是理，然無那氣質則此理沒安頓處，但得氣之清明則不蔽固，此理順發出來，蔽固少者，發出來天理勝，蔽固多者，則私欲勝，便見得本原之性無有不善，只被氣質有昏濁則隔了，學以反之，則天地之性存矣。故説性，須兼氣質言之方備。○氣質之説，起於張、程，極有功於聖門，有補於後學。言之使人深有感，如退之説性三品也是，但不曾分明説是氣質之性耳。孟子説性善，但説得本原處，却不曾説得氣質之性，所以亦費分踈，使張、程之説早出，則諸子説性惡與善惡混等，自不用爭論。故張、程之説立，則諸子之説泯矣。○孟子雖不言氣質之性，然於告子「生之謂性」之辨，亦既微發其端矣。但告子辭窮無復問辨，故亦不得而盡其辭焉。至周子出，始復推明太極陰陽五行之説，以明人物之生，其性則同。而氣質之所從來，其變化錯糅有如此之不齊者，至程子始明性之爲理，而與張子皆有氣質之説。○氣質之性，便只是這箇天地之性，却從那裏過，好底性如水，氣質之性如殺些醬與鹽，便是一般滋味。○又曰：天地之所以生物者，理也。其生物者，氣與質也，人物得是氣質以成形，而其理之在是者，則謂之性也。○勉齋黄氏曰：學者知理之無不善，則當加存養之功，知氣質之有善，有不善，則當施矯揉之力。○北溪陳氏曰：氣質之性，是以氣稟言之。天地之性，是以大本言之。其實天地之性，亦不離乎氣質之中。只是就那氣質之中，分別出氣質之性，不與相雜而言耳。○雙峯饒氏曰：人未生以前，不喚做性；既生以後，方喚做性。纔喚做性，便衮在氣質中，所以有善有不善，此氣質之性也；然性之本然，惟有善而已，就氣質中，指那本然者説，是則天地之性也。若不分做兩箇性説，則性之與氣鶻突無分曉；若不合做一箇性説，認做兩件物事去了。故程子曰：「二之則不是。」問：「善反之，則天地之性存焉，不知未反以前，此性亦存否？」曰：不曾反時，此性亦未嘗無。且如一鄙吝人，見殘疾也知憐憫，一强梁人，見好人也知恭遜，畢竟有箇性在内，不知不覺忽然發見出來。但人有氣質物欲之累，則此性不能常存，須於善反上做工夫，方存得性之本體。問：「反之之工夫如何？」曰：涵養、體認、克治、充廣，皆是反之之道，譬如水被泥沙混了，若加澄治則本然之清仍在。孟子説夜氣便是要使人涵養，説四端及擴充，便是要體驗充廣，獨有克治一邊，却不曾説。○新安陳氏曰：論性不論氣，是説孟子其論甚正而明，但不曾説破氣質不周備耳；論氣不論性，是説荀、揚則全舛繆，而説理不明，其害大矣。孟子性善之説正而未備，得程子性即理也之説，足以助其甚正者。又得張程氣質之説，足以補其未備者，朱子會萃提掇，盡發其秘而無餘藴，其繼往開來之功大矣哉！○

又曰：文勢如君子弗謂性也，君子既善變化其氣質之性，而復其天地之性矣，故氣質之性君子弗以爲性也。

愚按：程子此說「才」字，與孟子本文小異。蓋孟子專指其發於性者言之，故以爲才無不善；程子兼指其稟於氣者言之，則人之才固有昏明强弱之不同矣，張子所謂氣質之性是也。二說雖殊，各有所當。去聲。然以事理考之，程子爲密。蓋氣質所稟雖有不善，而不害性之本善；性雖本善，而不可以無省悉井反。察矯揉人九反。之功，省察屬知，矯揉屬行。學者所當深玩也。問孟子、程子論「才」字同異。朱子曰：才只一般能爲之謂才，才之初，亦無不善，緣他氣質有善惡，故其才亦有善惡。孟子自其同者言之，故以爲出於性；程子則自其異者言之，故以爲稟於氣。大抵孟子多是專以性言，故以爲性善，才亦無不善，到周、程、張子方說到氣上，要之須是兼二者言之方備。○《集註》中以程子爲密，即見得孟子所說未免少有疎處。今但以程子爲主，而推其說以陰補孟子之不足，則於理無遺矣。○雲峯胡氏曰：程子就氣質上說，則情或有不善，不可無省察之功，才或有不善，不可無矯揉之功。《集註》此「矯揉」二字，與此篇首章所謂「矯揉」不同，首章是告子之說以本然之性，必待矯揉而後可以爲善，此則先儒之說以氣質之性，必加矯揉而後可變其不善，二者正相反也。

○孟子曰：「富歲，子弟多賴；凶歲，子弟多暴。非天之降才爾殊也，其所以陷溺其心者然也。

富歲，豐年也。賴，藉慈夜反。也。豐年衣食饒足，故有所顧藉而爲善；凶年衣食不足，故有以陷溺其心而爲暴。問：「程子謂『語其才，則有下愚之不移』，與孟子之意不同？」朱子曰：孟子只見得性善，便把才都做善，不知有氣稟之不同，程子說得較密。○新安陳氏曰：天之降才，與《書》所謂「上帝降衷」文意略似。言非天賦以有爲之才如此殊異也，乃阻饑而陷溺其良心，賊其爲善之才而然耳。

「今夫麰麥，播種而耰之，其地同，樹之時又同，浡然而生，至於日至之時，皆熟矣。雖有不同，則地有肥磽，雨露之養，人事之不齊也。夫音扶。麰音牟。耰音憂。磽，苦交反。

麰，大麥也。耰，覆敷救反。種上聲。也。韻會徐氏曰：布種後以耰摩田，使土之開處復合曰覆種。日至之時，謂當成熟之期也。磽，瘠音夕。薄也。新安陳氏曰：種麥三者多同，雖其間有多寡之不同者，則以地有肥瘠之分，雨露有有無之異，人事有勤惰之不齊故耳。以譬降才同，而養其心與陷溺其心有不同也。

「故凡同類者，舉相似也，何獨至於人而疑之？聖人與我同類者。

聖人亦人耳，其性之善無不同也。新安陳氏曰：凡同類，謂凡物之同類者，人性善無不同，此提掇綱領處。

「故龍子曰：『不知足而爲屨，我知其不爲蕢也。』屨之相似，天下之足同也。蕢音匱。

蕢，草器也。不知人足之大小而爲之屨，雖未必適中，然必似足形，不至成蕢也。

「口之於味，有同耆也。易牙先得我口之所耆者也。如使口之於味也，其性與人殊，若犬馬之與我不同類也，則天下何耆皆從易牙之於味也？至於味，天下期於易牙，是天下之口相似也。耆，與「嗜」同。下同。

易牙，古之知味者。言易牙所調之味，則天下皆以爲美也。新安陳氏曰：易牙，齊桓公臣，能辨淄、澠二水味。此先得我口之所耆，已爲下文先得我心之所同然者張本矣。

「惟耳亦然。至於聲，天下期於師曠，是天下之耳相似也。

師曠，能審音者也。言師曠所和之音，則天下皆以爲美也。

「惟目亦然。至於子都，天下莫不知其姣也。不知子都之姣者，無目者也。姣，古卯反。

子都，古之美人也。姣，好也。

「故曰：口之於味也，有同耆焉；耳之於聲也，有同聽焉；目之於色也，有同美焉。至於心，獨無所同然乎？心之所同然者，何也？謂理也、義也。聖人先得我心之所同然耳。故理義之悅我心，猶芻豢之悅我口。」

然，猶可也。朱子曰：然，是「然否」之然，人心同以爲然者，義理也。草食曰芻，牛羊是也；穀食曰豢，音患。犬豕是也。程子曰：「在物爲理，處上聲。物爲義，體用之謂也。孟子言人心無不悅理義者，但聖人則先知先覺乎此耳，非有以異於人也。」程子又曰：「理義之悅我心，猶芻豢之悅我口，此語親切有味。須實體察得義理之悅心，真猶芻豢之悅口，始得。」朱子曰：理是此物上便有此理；義是於此物上自家處置合如此便是義。揚雄言「義以宜之」，韓愈言「行而宜之之謂義」。若以義爲宜，則義有在外意思，須如程子言處物爲義，是則處物者在心而非外也。非「處物爲義」一句，則後人恐未免有義外之見，蓋物之宜雖在外，而所以處之使得其宜者則在內也。○理義人心之同然，如人之爲事，自家處之當於義，人莫不以爲然。無有道不好者，又如人皆知君父之當事，我能盡忠盡孝，天下莫不以爲當然，此心之所同也。如今處一件事，苟當於理，則此心必安，人亦以爲當然。如此，則其心悅乎不悅乎，悅於心必矣。○雲峯胡氏曰：芻豢人之所同耆也耆之，斯悅之矣。理義人之所同然也。然之，斯悅之矣。○新安陳氏曰：此章大意，以人心理義之同，而見人性之皆善也，衆人與聖人同此至善之性，所以同此理義之心，本同而末莫之同者，陷溺其心故也。能以理義養其心，而不至陷溺其心，則心得所養，於理義得無味之味，如悅芻豢有味之味，其於希聖之學，自將勉勉循循，而欲罷不能矣。始與聖人同者，其終何患與聖人不同哉？

○孟子曰：「牛山之木嘗美矣，以其郊於大國也，斧斤伐之，可以爲美乎？是其日夜之所息，雨露之所潤，非無萌蘖之生焉，牛羊又從而牧之，是以若彼濯濯也。人見其濯濯也，以爲未嘗有材焉，此豈山之性也哉？蘖，五割反。

牛山，齊之東南山也。邑外謂之郊，言牛山之木，前此固嘗美矣，今爲大國之郊，伐之者衆，故失其美耳。息，生長上聲。下同。也。雙峯饒氏曰：息，本訓止息，纔息便生，故息又訓生。日夜之所息，謂氣化流行未嘗間去聲。斷，徒玩反。故日夜之間，凡物皆有所生長也。萌，芽也。蘖，芽之旁出者也。濯濯，光潔之貌。材，材木也。言山木雖伐，猶有萌蘖，而牛羊又從而害之，是以至於光潔而無草木也。新安陳氏曰：山以生物爲性，猶曰天地以生物爲心，謂爲無材，「豈山之本性哉」？此全是引起以譬喻下一節。

「雖存乎人者，豈無仁義之心哉？其所以放其良心者，亦猶斧斤之於木也，旦旦而伐之，可以爲美乎？其日夜之所息，平旦之氣，其好惡與人相近也者幾希，則其旦晝之所爲，有梏亡之矣。梏之反覆，則其夜氣不足以存；夜氣不足以存，則其違禽獸不遠矣。人見其禽獸也，而以爲未嘗有才焉者，是豈人之情也哉？好、惡，並去聲。梏，工毒反。

良心者，本然之善心，即所謂仁義之心也。平旦之氣，謂未與物接之時，清明之氣也。好惡與人相近，言得人心之所同然也。幾希，不多也。梏，械下戒反。也。朱子曰：梏，如被禁械在那裏，更不容他轉動。亡，如將自家物失去了。反覆，展轉也。朱子曰：反覆，非顛倒之謂，蓋有互換更迭之意。言人之良心雖已放失，新安陳氏曰：物欲者，伐良心之斧斤也。然其日夜之間，猶必有所生長。故平旦未與物接，其氣清明之際，良心猶必有發見形甸反。下同。者。但其發見至微，而旦晝所爲之不善，又已隨而梏亡之，如山木既伐，猶有萌蘖，而牛羊又牧之也。朱子曰：平旦之氣，只是夜間息得許多時節，不與事物接，纔醒來便有得這些清明之氣，此心自恁地虛静。少間纔與物接，依舊又汩没了。晝之所爲，既有以害其夜之所息，夜之所息又不能勝其晝之所爲，是以展轉相害。至於夜氣之生，日以寖音浸。薄，而不足以存其仁義之良心，則平旦之氣亦不能清，而所好惡遂與人遠矣。程子曰：夜氣之所存者，良知也，良能也。苟擴而充之，化旦晝之所梏，爲夜氣之所存，然後有以至於聖人也。○朱子曰：日夜之所息底是良心，平旦之氣自是氣，夜氣如雨露之潤，良心如萌蘖之生。人之良心雖有梏亡，而彼未嘗不生也。○此段首尾，只爲良心設，夜氣不足以存。蓋以夜氣至清，足以存此良心；平旦之氣亦清，亦足以存此良心。故其好惡與人相近，但此心存得不多時也。梏亡之，人謂梏亡其夜氣，非也，謂梏亡其良心也。○夜氣不足以存，皆是旦晝所爲壞了。所謂好惡與人相近，今只要去這好惡上理會，日用間於這上見得分曉有得力處，夜氣方與你存，夜氣上却未有工夫，只是去旦晝理會。這裏有工夫，日間添得一分道理，夜氣便添得一分。日間只管進，夜間只管添，這氣便盛。○氣日裏也生，夜間也生，只是日間生底，爲物欲梏亡，隨手又耗散了。夜間生底，則聚在那裏，不曾耗散，所以養得那良心。譬如一井水，終日攪動便渾了，至夜稍静，便有清水出。所謂夜氣不足以存者，如攪動得太甚，則雖有止息時，此水亦不能清矣。○人心每日梏於事物，斲喪戕賊，所餘無幾，唯夜氣静，庶可以少存耳。至夜氣之静，而猶不足以存，則人理都喪，去禽獸不遠矣。前輩皆無明説，某因將孟子反覆熟讀，方看得出，後看程子説夜氣之所存者，良知良能也，與臆見合。以此知觀書須熟讀深思，道理自見。○氣與理本相依，旦晝之所爲，不害其理，則夜氣之所養益厚，夜之所息既有助於理，則旦晝之所爲，益無不當矣。日間梏亡者寡，則夜氣自然清明虛静，至平旦亦然。至旦晝應事接物時，亦莫不然。○夜氣是母，所息者是子，蓋所息者本自微了，旦晝只管梏之，今日梏一分，明日梏一分，所謂梏之反覆，而所息者泯。夜氣亦不足以存，若能存，便是息得仁義之良心。仁義之心，人所固有，但放而不知求，則天之所以與我者始有所汩没矣。是雖如此，然其日夜之所息至於平旦，其氣清明，不爲利慾所昏，則本心好惡猶有與人相近處，至其旦晝之所爲，又有以梏亡之，梏之反覆，則雖有這些夜氣，亦不足以存養其良心。反覆，只是循環。夜氣不足以存，則雖有人之形，其實與禽獸不遠，故下文復云「苟得其養，無物不長；苟失其養，無物不消」，良心之消長，只在得其養與失其養爾。牛山之木嘗美矣，是喻人仁義之心，郊於大國，斧斤伐之，猶人之放其良心。日夜之所息，雨露之所潤，非無萌蘖之生，便是平旦之氣，其好惡與人相近處。旦晝之梏亡，則又所謂牛羊又從而牧之。雖芽蘖之萌，亦且戕賊無餘矣。○此章以仁義之良心爲主，❶其存其亡，皆以心言之。下文引孔子之言，以明心之不可不操，則意益明矣。但「日夜所息」以下，只以好惡相近爲良心之萌蘖，不復更著「心」字，故説者謂氣有存亡，而欲致養於氣，誤矣。○趙氏曰：仁義性也。而《集註》以心言者，統乎性也。良心，即仁義之心，即所謂性也。○雲峯胡氏曰：此章以山木喻人心分爲兩段，每段皆當分六節看。第一節，是説牛山之木本來自美，喻人仁義之良心本來未嘗無。第二節，以斧斤之伐喻良心之放。第三節，萌蘖之生，喻好惡與人相近者幾希，言既伐之後，其發至微，此心之存甚不多，如萌蘖之生甚不多也。第四節，謂萌蘖之生本自不多，而牛羊又牧之，喻夜氣之所存者本自不多，而旦晝所爲之不善又梏之也。第五節，謂向也猶有萌蘖之生，今則濯濯無復存矣，喻良心向也猶有與人相近者，今則去禽獸不遠矣。但木與良心皆有日夜之所息，而惟於人曰夜氣者，木之萌蘖，一絶於牛羊，既牧之後，無復存者。人之良心，夜之所息者，已絶於日之所爲，而夜無所爲，則其氣猶足以存。所謂存者，謂夜氣猶足以存其本然之良心也。至於牿之反覆，則雖有夜氣，亦不足以存矣。第六節，謂人但見其濯濯，而不見其初也未嘗不美，喻人但見其近於禽獸，而不見其存乎人者未嘗無仁義之良心也。「材」字與「才」字不同，朱子以爲「才」字是就義理上説，「材」字，是就用上説。○新安陳氏曰：前言好惡

❶「主」，原作「王」，今據四庫本、孔本、陸本及《輯釋》、《四書或問》、《孟子集疏》卷一一改。

與人近，今遂去禽獸不遠，則與人遠矣。人見其如此，而以爲未嘗有能爲之才者，此豈人性發而爲情之本然者哉？此所謂才與情，與前章乃若其情，天之降才意同，皆發於性者也。

「故苟得其養，無物不長；苟失其養，無物不消。長，上聲。

山木人心，其理一也。朱子曰：此段緊要在「苟得其養」四句，存是箇保養護衛底意。苟得其養，無物不長。苟失其養，無物不消，見得雖梏亡之餘，有以養之，則仁義之心即存。緣是此心，本不是外面取來，乃是與生俱生，下又說存養之要，舉孔子之言，操則存舍則亡，見此良心其存亡只在眇忽之間，纔操便在這裏，纔舍便失去。若能知得常操之而勿放，則良心常存。夜之所息，益有所養，夜之所養愈深，則旦晝之所爲無非良心之發見矣。○慶源輔氏曰：此總結上二段意。○新安陳氏曰：斧斤伐，牛羊牧，山木之失養而消也。放其良心，所爲梏亡，人心之失養而消也。所以養其心者，不外乎下文之操存而已，此結上二段以起下文所引孔子語之意。

「孔子曰：『操則存，舍則亡；出入無時，莫知其鄉。』惟心之謂與？」舍音捨。與，平聲。

孔子言心，操之則在此，捨之則失去，其出入無定時，亦無定處如此。北溪陳氏曰：忽然出、忽然入，無有定時；忽在此、忽在彼，亦無定處，操之便存在此，捨之便亡失了。孟子引之，以明心之神明不測，得失之易，去聲。而保守之難，雲峯胡氏曰：得之易者，謂操則存；失之易者，謂舍則亡。保守之難者，謂出入無時，莫知其鄉。不可頃刻失其養。學者當無時而不用其力，使神清氣定，常如平旦之時，則此心常存，無適而非仁義矣。新安陳氏曰：此《集註》推廣孟子言外意繳上上文，收結一章之義。程子曰：「心豈有出入，亦以操舍而言耳。操之之道，敬以直內而已。」朱子曰：心豈有出入，出只指外而言，入只指內而言，只是要人操而存之耳。非是如物之散失而後收之也。○心是箇活物，須是操守不要放舍，亡不是無，只是走作逐物去了。又見得心不操則舍，不出則入，無閑處可以安頓。「惟心之謂與」，直指而總結之。○孟子大意只在「操則存，舍則亡」兩句上，心一放時便是斧斤之伐、牛羊之牧；一收斂在此，便是日夜之息、雨露之潤，他是要人於旦晝時不爲事物所汩，人心能操則常存，豈特夜半平旦。○問：「范淳夫女讀《孟子》，曰孟子誤矣，心豈有出入？伊川聞之曰：此女雖不識《孟子》，却識心。伊川此語是許之，是不許之？」曰：此女必天資高，見此心常湛然安定無出入，然衆人不能皆如此。若通衆人論之，心却是走作底物。孟子所引夫子之言，是通衆人論耳。○問：不能操而存之，則其出而逐物於外與其偶存於内者，皆荒忽無常，莫知定處。然所謂入者，亦非此心既出而復自外入也。亦曰：逐物之心暫息，則此心未嘗不在内耳。學者於此，苟能操而存之，則此心不放，而常爲主於内矣。○孔子此四句，只是狀人之心是箇難把捉底物事，而人之不可不操。出入便是上面操存舍亡。入則是在這裏，出則是亡失了，此大約泛言人心如此，非指已放者而言，亦不必要於此論心之本體也。○心體固本静，然亦不能不動，其用固本善，然亦能流而入於不善。夫其動而流於不善者，固不可謂心體之本然，然亦不可不謂之心也，但其誘於物而然耳。故先聖只説操則存，存則静，而其動也無不善矣。舍則亡，於是乎有動而流於不善者。出入無時，莫知其鄉。出者亡也，入者存也。本無一定之時，亦無一定之處，特係於人之操舍如何耳。只此四句，説得心之體用始終，真妄邪正，無所不備。○新安陳氏曰：敬以直内，本文未有此意，乃程子揭要義以補孟子之意也。

○愚聞之師延平李先生。曰：「人理義之心未嘗無，唯持守之即在爾。若於旦晝之間，不至梏亡，則夜氣愈清。夜氣清，則平旦未與物接之時，湛然虚明氣象，自可見矣。潛室陳氏曰：此段境界，乃指示喪失良心者，欲其認取此時體段，從此養去也。孟子發此夜氣之説，於學者極有力，宜熟玩而深省悉井反。之也。」雙峯饒氏曰：此章緊要在三箇「存」字。首説存乎人者，是説此心本來存；次説夜氣不足以存，是説衆人不能存此心；終説操則存，是教人用力以存此心。

○雲峯胡氏曰：《集註》論浩氣，則以爲擴前聖所未發，學者所當潛心而玩索。此論夜氣，則以爲於學者極有力，宜熟玩而深省。蓋此兩「氣」字，前此未發，而孟子發之。浩氣謂是氣之體段，人皆得之於天地以生者，夜氣則從浩氣中說。夜間又清明如此，非有二氣也。浩氣是統說，夜氣則爲人之放其良心者說。聖人志氣常清明無放心，故無夜氣，若學者尤宜深省，不但當玩索而已。○東陽許氏曰：浩然章論養氣，而以心爲主；此章論養心，而以氣爲驗。曰「志者氣之帥」，故謂以心爲主。曰「平旦好惡與人相近」，故謂以氣爲驗。集義固爲養氣之方，所以知夫義而集之者，乃心也。養心固戒其梏亡，驗其所息而可致力者則氣也。彼欲養而無暴，以充吾仁義之氣，此欲因氣之息以養吾仁義之心。兩章之持志操心之意，未嘗不同，而氣則有在身在天之異，然未始不相爲用也。

○孟子曰：「無或乎王之不智也。

或，與「惑」同，疑怪也。王，疑指齊王。

「雖有天下易生之物也，一日暴之，十日寒之，未有能生者也。吾見亦罕矣，吾退而寒之者至矣，吾如有萌焉何哉？易，去聲。暴，步卜反。見，音現。

暴，温之也。我見王之時少，猶一日暴之也，我退則諂諛雜進之日多，是十日寒之也。雖有萌蘖之生，我亦安能如之何哉？西山真氏曰：人主之心，養之以義理則明，蔽之以物欲則昏，猶草木然，煦之以陽則生，寒之以陰則悴。孟子於齊王引以當道，王秉彝之心，其端倪亦有時而萌動矣。而進見之時少，理義浸灌之益微，退而蔽之以私欲者何可勝既，雖有如萌芽之發，旋復摧折，雖孟子其如之何哉？○勿軒熊氏曰：此見孟子格心之學，須就有萌上著力，善端之發，正須正人賢士輔翼而開廣之。

「今夫弈之爲數，小數也；不專心致志，則不得也。弈秋，通國之善弈者也。使弈秋誨二人弈，其一人專心致志，惟弈秋之爲聽；一人雖聽之，一心以爲有鴻鵠將至，思援弓繳而射之，雖與之俱學，弗若之矣。爲是其智弗若與？曰：非然也。」夫音扶。繳音灼。射，食亦反。「爲是」之爲，去聲。「若與」之與，平聲。

弈，圍棊也。數，技也。致，極也。弈秋，善弈者名秋也。繳，以繩繫矢而射也。雙峯饒氏曰：心，以所主者言。志，以所向者言。專心，是心之所主專在此。致志，是極其心之所向，直到那田地。○新安陳氏曰：此章前一譬，謂交脩者不得常用其力，後一譬謂自脩者不肯專用其力，意孟子之於齊王，既進見時少，無以勝衆邪之交蔽，而齊王之於孟子又聽信不專，有以分其心於多岐。故設兩譬以言之，前言王之不智，後言智不若，固群邪寒之者之罪，亦自鴻鵠其心之罪也。○程子爲講官，言於上曰：「人主一日之間，接賢士大夫之時多，親宦官宮妾之時少；則可以涵養氣質，而薰陶德性。」時不能用，識者恨之。范氏曰：「人君之心，惟在所養。君子養之以善則智，小人養之以惡則愚。然賢人易去聲。下同。疎，小人易親，是以寡不能勝衆，正不能勝邪。自古國家治去聲。日常少，而亂日常多，蓋以此也。」南軒張氏曰：物固有生之理，然不養而害，則雖易生之物，亦不能以長，是則物未有不待養而能生者也。一日暴之，十日寒之，則養之也微而害之者深矣。則其生理，焉得而遂哉？是以古之明君，懼一暴十寒之爲害也，則博求賢才寘諸左右，朝夕與處而遠佞人，所以養德也。豈獨人君爲然，一暴十寒之病，爲士者其可一日而獨不念乎？然其要，則在乎專心致志而已，專心致志，學之大方，居敬之道也。○慶源輔氏曰：後世作事無本，知求治而不知正君，知攻過而不知養德，若程子、范氏之説，是乃所謂正君養德之道，必如是，然後君德成而治有本，庶幾三代可復。不然，雖欲言治，亦苟而已。○雲峯胡氏曰：此章首末言智，《集註》不及之，獨紀范氏之言，君子養之以善，則智；小人養之以惡，則愚。然則人主之智與不智，在乎所養之正與不正耳。

○孟子曰：「魚，我所欲也；熊掌，亦我所欲也，二者不可得兼，舍魚而取熊掌者也。

生，亦我所欲也；義，亦我所欲也，二者不可得兼，舍生而取義者也。舍，上聲。

魚與熊掌皆美味，而熊掌尤美也。

「生亦我所欲，所欲有甚於生者，故不爲苟得也；死亦我所惡，所惡有甚於死者，故患有所不辟也。惡、辟，皆去聲。下同。

釋所以舍生取義之意。得，得生也。欲生惡死者，雖衆人利害之常情；而欲惡有甚於生死者，乃秉彝義理之良心，是以欲生而不爲苟得，惡死而有所不避也。朱子曰：義在於生，則舍死而取生，義在於死，則舍生而取死。○問：「生，人心；義，道心乎？」曰：欲生，惡死，人心也；惟義所在，道心也。權輕重，却又是義。○慶源輔氏曰：利害之常情，私欲也。秉彝之良心，天理也。孟子只就欲惡二者中分別出天理人欲最明切。○新安陳氏曰：人遇死生之大變，欲全生則害義，欲合義則不得生，與其不義而生，不若合義而死，是義之可欲，有甚於生之可欲，故不爲苟得以偷生。不義之可惡，有甚於死之可惡，故甘死而不肯避死也。

「如使人之所欲莫甚於生，則凡可以得生者，何不用也？使人之所惡莫甚於死者，則凡可以辟患者，何不爲也？

設使人無秉彝之良心，而但有利害之私情，則凡可以偷生免死者，皆將不顧禮義而爲之矣。慶源輔氏曰：偷，謂偷竊。免，謂苟免。此兩字説盡私情之意象，惟其不然，則知秉彝之良心，乃吾所固有，而利害之私情，乃因物而旋生出耳。

「由是則生而有不用也，由是則可以辟患而有不爲也。

由其必有秉彝之良心，是以其能舍生取義如此。慶源輔氏曰：「由是」之「是」，蓋指秉彝之良心而言也。

「是故所欲有甚於生者，所惡有甚於死者。非獨賢者有是心也，人皆有之，賢者能勿喪耳。喪，去聲。

羞惡之心，人皆有之，但衆人汩音骨。於利欲而忘之，惟賢者能存之而不喪耳。慶源輔氏曰：羞惡之心，即所謂秉彝之良心也。秉彝之良心，是指其全體而言。羞惡之心，則又於全體之中，指其所謂義者言之也。

「一簞食，一豆羹，得之則生，弗得則死，嘑爾而與之，行道之人弗受；蹴爾而與之，乞人不屑也。食音嗣。嘑，呼故反。蹴，子六反。

豆，木器也。嘑，咄當没反。啐七内反。之貌。行道之人，路中凡人也。蹴，踐踏也。乞人，丐乞之人也。不屑，不以爲潔也。言雖欲食之急而猶惡無禮，有寧死而不食者。是其羞惡之本心，欲惡有甚於生死者，人皆有之也。慶源輔氏曰：路人與乞丐人，至微賤者也，簞食豆羹，生死所繫，利害之至急切者也。於此而猶惡無禮，寧舍之而不食，則羞惡之本心，所惡有甚於生死者，可見人無有無是心者也。言羞惡而併及夫欲者，羞惡則固爲惡矣，及反之而不羞。惡焉者，則是所欲也。

「萬鍾則不辨禮義而受之。萬鍾於我何加焉？爲宮室之美、妻妾之奉、所識窮乏者得我與？爲，去聲。與，平聲。

萬鍾於我何加，言於我身無所增益也。新安陳氏曰：萬鍾對簞豆而言，彼物之微也，尚惡無禮非義不可食而不受，此物之富者，乃不辨禮義而受之。吾身受用，不假萬鍾之富，是萬鍾於吾身，其實何所加益哉！所識窮乏者得我，謂所知識之窮乏者感我之惠也。上言人皆有羞惡之心，此言衆人所以喪之。由此三者，新安陳氏曰：人之喪其良心，固不止於成宮室、供妻妾、濟知識三者，姑舉三者，他可類推。蓋理義之心雖曰固有，而物欲之蔽，亦人所易去聲。昏也。或曰：「萬鍾於我何加焉？」他日或爲利害所昏，當反思其初，則不爲所動矣。朱子曰：此是克之之方，然所以克之者，須是有本領後，臨時方知克去得。不然，臨時比並，又却只是擇利處去耳。

「鄉爲身死而不受，今爲宫室之美爲之；鄉爲身死而不受，今爲妻妾之奉爲之；鄉爲身死而不受，今爲所識窮乏者得我而爲之：是亦不可以已乎？此之謂失其本心。」鄉、爲，並去聲。「爲之」之爲，並如字。

言三者身外之物，其得失比生死爲甚輕。鄉爲身死猶不肯受嘑蹴之食，今乃爲此三者而受無禮義之萬鍾，是豈不可以止乎？本心，謂羞惡之心。東陽許氏曰：三「鄉爲身」，北山先生作一讀，言鄉爲辱身失義之故，尚不受嘑蹴之食，以救身之死，今乃爲身外之物，施惠於人，而受失義之禄乎！可謂無良心矣。○此章言羞惡之心，人所固有。或能决死生於危迫之際，而不免計豐約於宴安之時，是以君子不可頃刻而不省悉井反。察於斯焉。朱子曰：此章孟子所論「宫室之美」、「妻妾之奉」、「窮乏得我」，三者或物欲之尤，人所易溺，或意之私，人所不能免者，自非燭理素明，涵養素定，而臨事有省察之功，未有不以此而易彼也。○慶源輔氏曰：羞惡之心，雖人之所固有，但危迫之際，私欲未肆，三者之念，都未萌芽，故天理之發，其不可遏有如此者。至於宴安之時，私欲紛紜，展轉不已，以至計較豐約，都忘義理之心，乃其勢之使然也。人能於此而省察焉，則知所以存天理而遏人欲矣。○新安陳氏曰：此章前一截，反覆發明舍生取義，是説人當託孤寄命之大節時事，中間食羹不受，是説一飲食之小節時事，然其能决一死以全義，則無分於大小也。不食非禮之食，蓋是指此以證人皆有羞惡之心，以實上文人能舍生取義之意。《集註》謂「或能决死生於危迫之際」，亦併前一截舍生取義處論之。古之君子，當舍生取義時，非徒感慨殺身，實能從容就義，如張巡死於睢陽之類。所謂危迫，乃事勢之危迫，非謂舍生就死者之蒼黄失措也。不受非禮之食而死，如齊餓者不受嗟來之食之類。古來真有此等人。然謂其能决死生於危迫之際，而又謂有不免計豐約於宴安之時者。蓋危迫之際，物欲不萌，義理之心，感發有不可遏，故往往能决死生。若宴安之時，物欲易行，私意何極，義理之心多至迷溺，故或不免至於計較豐約，亦勢使然也。人能於此省察之，則知所以遏人欲而擴天理矣。又是亦不可以已乎，最喚醒人，人之不能爲君子，多是不得已而爲之。今此三者，豈不可以已，而乃冒爲之乎？此之謂不失本心，❶尤斷制得明白，失其本心，與前所謂賢者能勿喪耳正相反。賢者惟克去私欲，故能勿喪其良心；衆人惟汩於私欲，故至於失其本心也。

○孟子曰：「仁，人心也；義，人路也。

仁者心之德，程子所謂心如穀種，上聲。仁則其生之性，是也。朱子曰：生之性，便是愛之理。○勉齋黃氏曰：心，是穀種，心之德，是穀種中生之性也。生之性便是理，謂其具此生理而未生也。若陽氣發動，生出萌芽後已是情，須認得「生」字，不涉那喜怒哀樂去。○潛室陳氏曰：人心是物，穀種亦是物，只是物之有生理者爾，然便指心爲仁則不可，但人心中具此生理。便以穀種爲仁亦不可，但穀種中亦含此生理，穀不過是穀實結成，而穀之所以纔播種而便萌蘖者，蓋以其有生之性。心不過是血氣做成，而心之所以有運動惻怛處，亦以其有生之性。人心之與穀種，惟其有生之性，故謂之仁。而仁則非梏於二者之形也。孟子只恐人懸空去討仁，故即人心而言，程子又恐人以人心爲仁，故即穀種而言。○新安陳氏曰：《遺書》云：「心譬如穀種，生之性便是仁，陽氣發處乃情也。」

然但謂之仁，則人不知其切於己，故反而名之曰人心，則可見其爲此身酬酢音昨。萬變之主，而不可須臾失矣。此「失」字，即是下文「放」字。○朱子曰：仁無形迹底物事，孟子恐人理會不得，便說道只人心便是，却不是把仁來形容人心，乃是把人心來指示人以仁也。心是通貫始終之物，仁是心體本來之妙，汩於物欲，則雖有是心，而失其本然之妙。惟用功親切者，爲能復之。孟子之言固是渾然，然人未嘗無是心，而或至於不仁，只是失其本心之妙而然耳。則「仁」字、「心」字，亦須畧有分別。○西山真氏曰：仁者，心之德也，而孟子直以爲人心者，蓋有此心，即有此仁，心而不仁，即非人矣。孔門言仁多矣，

❶「不失」，四庫本、陸本及《輯釋》作「失其」。

皆指其功用處而言，此則徑舉全體，使人知心即仁，仁即心，而不可以二視之也。○雲峯胡氏曰：《中庸》言「仁者人也」，此「人」字指人之身而言，此則直指人之心而言。言身則人有此身，便自具此生理，比之他處言仁，已甚親切。此言心，則又見生之理，具於人之身，而心如穀種，又具此生理而未生者也，視《中庸》又親切矣。義者行事之宜，謂之人路，則可以見其爲出入往來必由之道，而不可須臾舍上聲。矣。朱子曰：仁人心，是就心上言。義人路，是就事上言。○潛室陳氏曰：或問「孟子謂道若大路然，又曰義人路也，道爲義體，義爲道用，均謂之路，何耶」？曰：道以路言，謂事事物物各有當行之路。義亦言路者，謂處事處物各就他當行路上行，故皆以路言。然道若大路，則取其明白易知，義爲人路，則取其往來必由。不知道之猶路，無目者也；不知義之猶路，無足者也。此孟子言意別處。○雲峯胡氏曰：路在外，出入往來必由乎我；事之宜在外，而所以行事而酌其宜者在乎心；於此見得「仁」字自包得「義」字，故下文「求放心」，但言仁而不及義也。

「舍其路而不由，放其心而不知求，哀哉！

舍，上聲。

「哀哉」二字，最宜詳味，令平聲。人惕然有深省悉井反。處。雲峯胡氏曰：兩「其」字，即是上文兩「人」字，蓋曰人心人路，則禽獸無是心，亦無是路矣。人舍其爲人之路而不由，放其爲人之心而不知求，則不可謂之人矣。不可謂之人，則謂之何哉？此孟子所以深哀之。○新安陳氏曰：上文先仁而後義，由體而及用，此先路而後心，由用而歸之體也。

「人有雞犬放，則知求之；有放心，而不知求。

程子曰：「心至重，雞犬至輕。雞犬放則知求之，心放則不知求，豈愛其至輕而忘其至重哉？弗思而已矣。」朱子曰：雞犬放有未必可求者，惟是心纔求則便在，未有求而不可得者，知其爲放而求之，則不放矣。○存得此心便是仁，若此心放了，又更理會甚仁。今人之心，靜時昏，動時擾亂，便是放了。放心，不獨是走作喚做放，纔昏睡去了便是放。愚謂上兼言仁義，而此下專論求放心者，能求放心，則不違於仁而義在其中矣。慶源輔氏曰：能求其心，則心存，心存，則無適而非天理之流行，而應事接物之際必能合時措之宜，故曰「義在其中」，蓋有體必有用也。

「學問之道無他，求其放心而已矣。」

學問之事固非一端，然其道則在於求其放心而已。蓋能如是則志氣清明，義理昭著而可以上達；不然則昏昧放逸，新安陳氏曰：静時昏昧，動時放逸。雖曰從事於學，而終不能有所發明矣。朱子曰：學問亦多端矣，而孟子直以爲無他。蓋身如一屋子，心如一家主，有此家主，然後能洒掃門户，整頓事務；若無主則此屋不過一荒屋耳，實何用焉？且如《中庸》言「學問思辨」四者甚切，然使放心不收，則何者爲學問思辨哉？收斂此心，不容一物，乃是用工須就心上做得主定，方驗得聖賢之言有歸著，自然有契。○求放心，也不是在外面求得箇放心來，只是求時便在，如「我欲仁，斯仁至矣」，只是欲仁，便是仁了。○求放心非以一心求一心，只求底便是已收之心，雖放去千萬里之遠，只一收便在此，他本無去來也。○求放心當於未放之前看如何？已放之後看如何？復得了又看是如何？作三節看後自然習熟，此心不至於放。○孟子謂學問求放心，又謂有是四端，知皆擴而充之，説得最好。人之一心，在外者要收入來，在内者又要推出去。《孟子》一部書皆是此意。○蔡氏曰：或者但見孟子有無他而已矣之語，便立爲不必讀書窮理，只要存本心之説，所以卒流於異學，此指陸象山。《集註》謂學問之事，固非一端，然其道則在於求放心而已，正所以發明孟子之本意，以示異學之失，學者切宜玩味。故程子曰：「聖賢千言萬語，只是欲人將已放之心約之，使反復入身來，自能尋向上去，下學而上達也。」朱子曰：所謂反復入身來，不是將已縱出底依舊收拾轉來。如七日來復，不是已往之陽重新將來復生。蓋舊底已自過去了，這裏自然生出來。只是知求則心便在，便是反復入身來。○上有「學問」二字，不只是求放心便休，看「自能尋向上去」、「下學而上達」二句，這是存得此心，方可做去，必不是塊然空守得這心便了。○徽庵程氏曰：尋向上去者，下學也。能向上去者，上達也。○雲峯胡氏曰：約之使反復入身來，是此心不可爲流蕩忘反之心，自能尋向上去，下學而上達，蓋必由下學而後上達，則此心又不可爲虛空無用之心也。**此乃孟子開示切要之言，程子又發明之，曲盡其指，學者宜服膺而勿失也。**南軒張氏曰：學問之道，以求放心爲主，然心豈遠人哉？知其放而求之則在是矣。所謂放者，其幾間不容息，故君子造次克念，戰兢自持，所以收其放而存之也。存之久則天理寖明，是心之體將周流而無所蔽矣。以堯、舜、禹相授受之際，獨曰「人心惟危，道心惟微」，心豈有二乎哉？放之，則人心之危無有極也，知其放而求之，則道心之微豈外是哉？故貴於精一之而已。○雙峯饒氏曰：上文説「仁人心也」，是把心做義理之心，不應下文「心」字，又别是一意。若把求放心做收攝精神不令昏放，則只説從知覺上去，恐與「仁人心也」不相接了。曩嘗以此質之勉齋，勉齋云：「此章首言仁人心，是言仁乃人之心，次言放其心而不知求，末言學問之道無他，求其放心而已矣。言學問之道，非止一端，如講習討論，玩索涵養，持守踐行，廣充克治，皆是。其所以如此者，非有他也，不過求吾所失之仁而已，此乃學問之道也。三箇『心』字，脉絡聯貫，皆是指仁而言。今讀者不以仁言心，非矣。」○新安陳氏曰：仁者，人之本心也，不仁之人失其本心，放其心故也。本心存則爲仁，放則非仁，非仁則不能居仁以立其體，必不能由義以達其用矣。求放心，即所以求仁也。學問者，求仁之方。求仁者，學問之本。此章歸宿在求放心上，是歸宿在求仁上也。本章有四「心」字，皆是指仁而言，文理血脉甚貫，讀之可見。又按放心，人欲也；求放心，遏人欲而存天理也。

○孟子曰：「今有無名之指，屈而不信，非疾痛害事也，如有能信之者，則不遠秦楚之路，爲指之不若人也。信，與「伸」同。爲，去聲。

無名指，手之第四指也。

「指不若人，則知惡之；心不若人，則不知惡，此之謂不知類也。」惡，去聲。

不知類，言其不知輕重之等也。南軒張氏曰：人與聖人同類，以心之同耳，不同者，陷溺之故也。心不若人而知惡之，必求所以免於惡，蓋有須臾不遑寧處者矣。○新安陳氏曰：此承上章，以雞犬與心分輕重而言，下三章亦以類相方而加切焉。

○孟子曰：「拱把之桐梓，人苟欲生之，皆知所以養之者。至於身而不知所以養之者，豈愛身不若桐梓哉？弗思甚也。」

拱，兩手所圍也。把，一手所握也。桐梓，兩木名。南軒張氏曰：愛其身，必思所以養之。古之人，理義以養其心，以至動作起居、聲音笑貌之間，莫不有養之之法，所以尊德性道問學，以成其身也。於桐梓知所養，則自拱把至合抱，可以馴致。於身知所養，則自士而爲賢爲聖，亦循循可進矣。弗思，則待其身曾一草木之不若，滔滔皆是也。○新安陳氏曰：苟一思之，則思吾之一身，三綱五常繫焉，四端萬善備焉，必思所以養之。養之之道，養心以養其內，謹九容之類以養其外，使吾身爲仁義禮智根心見面盎背之身，非徒養其口體血氣之身而已也。此章「身」字，內包心，外包動容周旋而言。

○孟子曰：「人之於身也，兼所愛；兼所愛，則兼所養也。無尺寸之膚不愛焉，則無尺寸之膚不養也。所以考其善不善者，豈有他哉？於己取之而已矣。

人於一身，固當兼養，新安陳氏曰：無所不愛，曰兼愛。無所不養，曰兼養。無尺寸之膚至不養也，申兼愛兼養意。然欲考其所養之善否者，惟在反之於身，以審其輕重而已矣。趙氏曰：人之於身無所不愛，則固當無所不養，然體有貴賤小大，養其貴且大者則善，養其賤且小者則不善，此豈待他人言之而後知哉！則亦反之於身而審其輕重於心焉，則自知矣。○新安陳氏曰：輕重，即下文所謂貴賤小大是也。

「體有貴賤，有小大。無以小害大，無以賤害貴。養其小者爲小人，養其大者爲大人。

賤而小者，口腹也；貴而大者，心志也。

「今有場師，舍其梧檟，養其樲棘，則爲賤場師焉。舍，上聲。檟音價。樲音貳。場師，治場圃者。梧，桐也；檟，梓也，皆美材也。樲棘，小棗，非美材也。

「養其一指而失其肩背，而不知也，則爲狼疾人也。

狼善顧，疾則不能，故以爲失肩背之喻。新安陳氏曰：一指肩背有小大之分，故借以旁證小體大體。

「飲食之人，則人賤之矣，爲其養小以失大也。爲，去聲。

飲食之人，專養口腹者也。

「飲食之人無有失也，則口腹豈適爲尺寸之膚哉？」

此言若使專養口腹，而能不失其大體，則口腹之養，軀命所關，不但爲尺寸之膚而已。但養小之人，無不失其大者，故口腹雖所當養，而終不可以小害大，賤害貴也。朱子曰：此章言身則心具焉，「飲食之人無有失也，則口腹豈適爲尺寸之膚哉」？此數句說得倒了，也自難曉。意謂使飲食之人，真無所失，則口腹之養本無害；然人屑屑理會口腹，則必有所失無疑。是以當知養其大體，而口腹底他自會去討喫，不到得餓了也。○雙峯饒氏曰：以身而言，一毫一髮，皆吾所當愛，皆吾所當養，但體有大小，莫專養小體。若才養目，便貪色。才養耳，便貪聲。才養口，便貪味。必至害其大體。又曰：無以小害大，不是教人養其大者，而不養其小者，若養其小者而不失其大者，則小者不爲大者之累，便是不以小害大。○新安陳氏曰：此章言人當以養心志爲重，養口體爲輕，非謂養心志者，不養口體也。養心志，則道心爲主，而人心聽命，雖饑食渴飲與常人同，而食所當食，飲所當飲，自與常人異。若專養口體，則人心愈危，道心愈微，不至於窮口腹之欲而滅天理者鮮矣。孟子於此欲人不養小以失大，蓋所以遏人欲而存天理也。

○公都子問曰：「鈞是人也，或爲大人，或爲小人，何也？」孟子曰：「從其大體爲大人，從其小體爲小人。」

鈞，同也。從，隨也。大體，心也。小體，耳目之類也。新安陳氏曰：心能爲身之主，使耳目從心之令者，大人也。心不能爲身之主，反聽命於耳目而從其欲者，小人也。

曰：「鈞是人也，或從其大體，或從其小體，何也？」曰：「耳目之官不思，而蔽於物，物交物，則引之而已矣。心之官則思，思則得之，不思則不得也。此天之所與我者。先立乎其大者，則其小者不能奪也。此爲大人而已矣。」

官之爲言司也，耳司聽，目司視，各有所職而不能思，是以蔽於外物。既不能思而蔽於外物，則亦一物而已。又以外物交於此物，其引之而去不難矣。問：「蔽是遮蔽，如目之視色，從他去時便是爲他所遮蔽，若能思則視其所當視，不視其所不當視，則不爲他所蔽矣？」朱子曰：然若不思則耳目亦是一物。心則能思，而以思爲職。凡事物之來，心得其職，則得其理，而物不能蔽；失其職，則不得其理，而物來蔽之。此三者，皆天之所以與我者，而心爲大。三者謂耳、目、心。若能有以立之，則事無不思，而耳目之欲不能奪之矣，此所以爲大人也。朱子曰：「物交物」，上「物」字指外物，下「物」字指耳目，耳目謂之物者，以其不能思。心能思，所以爲大體。君子固當於思處用工，能不妄思，是能「先立其大者」，然後耳目之小者不能奪」，此句最有力，且看他下箇「立」字，謂之立者，是要卓然竪起此心使自立，所謂敬以直内是也。○耳目亦物也，不能思而交於外物，只管引將去。心之官固是主於思，然須是思方得。若不思，却倒把不是做是，是底却做不是，邪思雜慮，便順他做去，却害事。然「此天」之此，舊本多作「比」，而趙註亦以比方釋之。今本既多作「此」，而註亦作「此」，乃未詳孰是。但作「比」字，於義爲短，故且從今本是。○范浚《心箴》曰：「茫茫堪輿，俯仰無垠。音銀。人於其間，眇然有身。是身之微，太倉稊杜兮反。米，參爲三才，曰惟心爾。雲峯胡氏曰：堪輿，謂天地，言天地至大，而人處天地間，此身至小，不過如太倉一粒稊米而已。然人之所以可與天地參爲三才者，惟在此心，心之體豈不甚大？往古來今，孰無此心？心爲形役，乃獸乃禽。雲峯胡氏曰：此言此心之大，往古來今，人人有之。若純乎義理，則是從其大體；若役於形氣，則是從其小體。彼禽獸之心，終日役役，不過飲食牝牡而已。人之心而爲形所役，與禽獸何異？嗚呼！人之心，其大也本可以參天地，而役於小者，不能異乎禽獸，亦獨何哉？可以反而思矣。惟口耳目，手足動靜，投間去聲。抵隙，乞逆反。爲厥心病。雲峯胡氏曰：此言口欲味，目欲色，耳欲聲，四肢欲安佚，本心微有間隙，彼則乘之而入矣。一心之微，衆欲攻之，其與存者，嗚呼幾平聲。希！雲峯胡氏曰：此言此心之發於義理者甚微，而役於形氣者甚衆，以彼之衆，攻我之微，如國勢方弱，而四面受敵，其不亡者罕矣。君子存誠，克念克敬，天君泰然，百體從令。」雲峯胡氏曰：前八句是說小人之從其小體，此四句是說大人之從其大體。曰誠、曰念、曰敬，念即思之謂，而敬即存誠之方也。一誠足以消萬僞，一敬足以敵千邪，所謂先立乎其大者，莫切於此。天君泰然，是先立乎其大者；百體從令，是小者弗能奪。朱子曰：范氏之箴，蓋得其旨，未可易之也。愚故從而釋之云，先師曰「荀卿以耳目爲天官，心爲天君」。又曰「心者形之君也，出令而無所受令」，即此語以看《孟子》此章甚切。「能先立乎其大者」，則此心卓然能爲耳目之君，而從其大體，所謂天君泰然，百體從令者也。不能先立乎其大者，則退然方聽命於耳目；而從其小體，所謂心爲形役者也。立之如何？亦曰操而存之，使得其能思之職而已。

○孟子曰：「有天爵者，有人爵者。仁義忠信，樂善不倦，此天爵也；公卿大夫，此人爵也。樂音洛。

天爵者，德義可尊，自然之貴也。南軒張氏

曰：仁義又言忠信，忠信只是誠實此二者。○雙峯饒氏曰：仁義，人人有之，忠信，樂善人所當勉，須忠信樂善，仁義方爲我有，乃爲可貴。○新安陳氏曰：樂善即樂此仁義忠信，不倦者，樂之至也。

「古之人脩其天爵，而人爵從之。

脩其天爵，以爲吾分去聲。之所當然者耳。人爵從之，蓋不待求之而自至也。南軒張氏曰：古之人脩其天爵而已，非有所爲而爲之，人爵從之者，言其理則然也。

「今之人脩其天爵，以要人爵；既得人爵，而棄其天爵，則惑之甚者也，終亦必亡而已矣。」要，平聲。

要，求也。脩天爵以要人爵，其心固已惑矣；得人爵而棄天爵，則其惑又甚焉，終必并其所得之人爵而亡之也。朱子曰：孟子時人尚脩天爵以要人爵，後世皆廢天爵以要人爵。○問：「脩天爵以要人爵者，雖曰脩之，實已棄之久矣，何待於得人爵而後始謂之棄邪？」曰：若是者，猶五霸之假仁，猶愈於不假不脩者耳。○南軒張氏曰：古之士，脩身於下，無一毫求於其君之心，而人君求賢於上，每懷不及之意，上下皆循乎天理。是以人才衆多而天下治。逮德之衰，在下者假名而要利，在上者徇名而忘實，而人才始壞矣。降及後世，則不復以仁義忠信取士，而乃求之於文藝之間，自孩提之童，則使之懷利心而習爲文辭，則併與其假者而不務矣，則人才何怪其難哉？○新安陳氏曰：無所爲而爲善者，誠也，故堅所守而不移；有所爲而爲善者，僞也，故得所求而遂已。或曰：「脩其天爵，亦有人爵不從之者；棄其天爵，亦有人爵終不亡者，何也？」曰：脩天爵，自有得人爵之理；棄天爵，自有亡人爵之理。其不得者，上之遺賢。其不亡者，下之僥倖。豈常理哉？

○孟子曰：「欲貴者，人之同心也。人人有貴於己者，弗思耳。

貴於己者，謂天爵也。

「人之所貴者，非良貴也。趙孟之所貴，趙孟能賤之。

人之所貴，謂人以爵位加己而後貴也。

良者，本然之善也。趙孟，晉卿也。新安倪氏曰：晉趙氏世呼趙孟，如智氏世呼智伯。晉爲盟主，趙氏世卿，故當時謂趙孟能賤貴人。能以爵祿與人而使之貴，則亦能奪之而使之賤矣。若良貴，則人安得而賤之哉？

「《詩》云：『既醉以酒，既飽以德。』言飽乎仁義也，所以不願人之膏粱之味也；令聞廣譽施於身，所以不願人之文繡也。」聞，去聲。

《詩》，《大雅・既醉》之篇。飽，充足也。願，欲也。膏，肥肉。粱，美穀。令，善也。聞，亦譽也。文繡，衣之美者也。仁義充足而聞譽彰著，皆所謂良貴也。新安陳氏曰：兩「不願」字，即《中庸》「不願乎其外」之意，充足乎仁義之良貴，則自無所慕乎人爵之貴矣。○尹氏曰：「言在我者重，則外物輕。」南軒張氏曰：人真知其貴於己者，則見外誘之不足慕矣。惟不知在己之自有至貴，是以慕外而求於人也。良貴得之於天，人何預焉？得於天者公理，而求於人者私欲也。令聞廣譽，君子非有欲之之心。飽乎仁義，則聞譽自至，猶言爲善有令名，理之固然者也。○雲峯胡氏曰：上章一「要」字，是內輕而外重，此章兩「不願」字，是內重而外輕。○東陽許氏曰：世人但知公卿大夫之爵爲貴，而不知在我之身皆有貴者，乃天所賦之善，所謂天爵也。天爵人所同有，故思則得之；人爵各有命分，雖求之無益，天爵亦是天命，此則義理之命，人爵乃氣數之命。孟子前章尚有脩天爵，而人爵自至之說。此章則於人爵下兩「不願」字，是不將這箇爲念矣。

○孟子曰：「仁之勝不仁也，猶水勝火。今之爲仁者，猶以一杯水，救一車薪之火也；不熄，則謂之水不勝火，此又與於不仁之甚者也。

與，猶助也。仁之能勝不仁，必然之理也。但爲之不力，則無以勝不仁，而人遂以爲真不能勝，是我之所爲有以深助於不仁者也。朱子曰：仁之勝不仁也，猶水勝火，以理言之，則正之勝邪，天理之勝人慾甚易，而邪之勝正，人慾之勝天理若甚難。以事言之，則正之勝邪，天理之勝人慾甚難；而邪之勝正，人慾之勝天理却甚易。蓋纔是蹉失一兩件事，便被邪來勝將去，若以正勝邪，則須是做得十分工夫方勝得他，然猶自恐怕勝他未盡，正如人身正氣稍不足，邪便得以干之矣。

「亦終必亡而已矣！」

言此人之心，亦且自怠於爲仁，終必并與其所爲而亡之。○趙氏曰：「言爲仁不至，而不反諸己也。」南軒張氏曰：此爲有志於仁而未力者言也。仁與不仁，特係乎操舍之間，而天理人慾分焉。天理存則人慾消，固不兩立也。故以水勝火喻之，然用力於仁，貴乎久而勿舍。若一暴十寒，倏得復失，則暫存之天理，豈能勝無窮之人欲？遂以爲仁不可以勝不仁，而不加勉焉，則同於不仁之甚者，其淪胥以亡也必矣。學者觀此，可斯須而不存是心乎！天理寖明，則人欲寖消，及其至也，人欲消盡，天理純全。以水勝火，其不然乎？○新安陳氏曰：深味「亦終必亡而已矣」，竊以爲此章恐爲戰國之諸侯言之，以時暫一念一事之仁，欲勝彼之殘暴甚不仁，不惟不能勝，遂使人謂仁不能勝不仁，豈非反助其虐，亦終必滅亡而已矣。如此解，則與「天爵人爵」章「終亦必亡而已矣」解爲「終必并所得人爵而失亡」之者相恊也。

○孟子曰：「五穀者，種之美者也；苟爲不熟，不如荑稗。夫仁亦在乎熟之而已矣。」荑音蹄。稗，蒲賣反。夫音扶。

荑稗，草之似穀者，其實亦可食，然不能如五穀之美也。但五穀不熟，則反不如荑稗之熟；猶爲仁而不熟，則反不如爲他道之有成。是以爲仁必貴乎熟，而不可徒恃其種上聲。之美，又不可以仁之難熟，而甘爲他道之有成也。○尹氏曰：「日新而不已則熟。」慶源輔氏曰：日新，日進也。不已，無間斷也。必日進於一日，而又無間斷，然後純熟夫仁。○潛室陳氏曰：他道，如百工衆技，百家諸子皆是。○雲峯胡氏曰：此章與上章相因，上章言爲仁之不力，無以勝不仁；此章言仁之熟，由於爲之力，熟無所容力，熟之在乎用力。○新安陳氏曰：「而已矣」者，「熟之」之説盡夫爲仁之功，外此無他也。苟能於孔門求仁之方循而行之，日新不已，由勉而利，利而安，心與仁一，則熟之功效氣象可言矣。

○孟子曰：「羿之教人射，必志於彀，學者亦必志於彀；彀，古候反。

羿，善射者也。志，猶期也。彀，弓滿也。滿而後發，射之法也。學，謂學射。

「大匠誨人，必以規矩，學者亦必以規矩。」

大匠，工師也。規矩，匠之法也。新安陳氏曰：二節兩「學者」字，一謂學射者，一謂學匠者。○此章言事必有法，然後可成，師舍上聲。下同。是則無以教，弟子舍是則無以學。❶曲藝且然，況聖人之道乎？南軒張氏曰：學者之於道，其爲有漸，其進有序，自洒掃應對，至於禮儀之三百，威儀之三千，猶木之有規矩也，亦循乎此而已。至於形而上之事，則在其人所得何如。形而上者，固不外乎洒掃應對之間也，舍是以求道，是猶舍規矩以求巧也。○慶源輔氏曰：射者志於彀，而真積力久，則善中矣；工者守乎規矩，而真積力久，則能巧矣。教者與受教者，舍彀而言中，舍規矩而言巧，皆誣也。○雙峯饒氏曰：聖門教人定法，無如一部《大學》。○雲峯胡氏曰：此章與《離婁》篇首章相似，彼謂治天下不可無法，此謂師之教、弟子之學皆不可無法。

孟子集註大全卷之十一

❶「弟子」，原倒文，今據四庫本、陸本及《輯釋》、《四書章句集註》乙正。

孟子集註大全卷之十二

告子章句下

凡十六章。

任人有問屋廬子曰：「禮與食孰重？」曰：「禮重。」任，平聲。

任，國名。趙氏曰：任，薛同姓之國，在齊、楚之間。屋廬子名連，孟子弟子也。

「色與禮孰重？」

任人復扶又反。問也。

曰：「禮重。」曰：「以禮食，則飢而死；不以禮食，則得食。必以禮乎？親迎，則不得妻；不親迎，則得妻。必親迎乎？」屋廬子不能對，明日之鄒以告孟子。孟子曰：「於答是也，何有？迎，去聲。於，如字。

何有，不難也。朱子曰：不親迎則得妻，如古者國有凶荒，則殺禮而多昏。《周禮》「荒政」十二條中，亦有此法。蓋貧窮不能備親迎之禮，法許如此。

「不揣其本而齊其末，方寸之木可使高於岑樓。揣，初委反。

本，謂下。末，謂上。方寸之木至卑，喻食色。岑鋤深反。樓，樓之高鋭似山者，至高，喻禮。若不取其下之平，而升寸木於岑樓之上，則寸木反高，岑樓反卑矣。慶源輔氏曰：物之不齊，固當揣其本以齊其末，不可只據其末以定其高卑。

「金重於羽者，豈謂一鉤金與一輿羽之謂哉？

鉤，帶鉤也。金本重而帶鉤小故輕，喻禮有輕於食色者；羽本輕而一輿多故重，喻食色有重於禮者。慶源輔氏曰：物固有重而有輕，然重者少而輕者多，則輕者反重而重者反輕矣。

「取食之重者與禮之輕者而比之，奚翅食重？取色之重者與禮之輕者而比之，奚翅色重？翅，與「啻」同，古字通用，施智反。

禮食、親迎，禮之輕者也。飢而死以滅其性，不得妻而廢人倫，食色之重者也。奚翅，猶言何但。言其相去懸絶，不但有輕重之差楚宜反。而已。

「往應之曰：『紾兄之臂而奪之食，則得食；不紾，則不得食，則將紾之乎？踰東家牆而摟其處子則得妻；不摟則不得妻，則將摟之乎？』」紾音軫。摟音婁。

紾，戾也。摟，牽也。處上聲。子，處女也。此二者，禮與食色皆其重者，而以之相較，則禮爲尤重也。○此章言義理事物，其輕重固有大分，去聲。然於其中又各自有輕重之別。彼列反。聖賢於此，錯綜子宋反。斟酌，錯綜，分經緯。斟酌，量淺深也。毫髮不差，固不肯枉尺而直尋，亦未嘗膠柱而調瑟。《史記·廉頗藺相如傳》：趙孝成王七年，秦與趙兵相距長平。時趙使廉頗將兵固壁不戰，王信秦之間言，使趙括爲將代廉頗。藺相如曰：「王以名使括，若膠柱而鼓瑟耳。括徒能讀其父書傳，不知合變也。」註：瑟每一絃有一柱，旋移變而取聲音之和，今以膠定其柱，不使變移而鼓之，豈能聲和？ 所以斷丁亂反。之，一視於理之當然而已矣。朱子曰：禮之大體，固重於食色矣。然其間事之大小緩急不同，則亦或有反輕於食色者。惟理明義精者，爲能權之而不失耳。權之不失，是乃所以全禮之重而深明食色之輕也。觀於寸木岑樓之喻，孟子之意可見矣。○南軒張氏曰：食色雖出於性，而其流則以害性。苟無禮以止之，則將何所極哉？禮之重於食色，固不待較而明矣。惟夫汩於人欲而昧夫天性，於是始有禮與食色孰重之疑矣。○慶源輔氏曰：《集註》章旨之説，於聖賢處事之權度，固已得其要矣。苟或義理未精，權度未審，則於凡事膠轕難辨之際，巧者必至於枉尺而直尋，拙者必至於膠柱而調瑟，終不得夫時措之宜也。○新安陳氏曰：飲食男女，人之大欲存焉，禮則天理所以防閑人欲者也。禮本重，食色本輕，固自有大分也。然亦不可拘拘於禮文之微者，又當隨時隨事而酌其中焉。聖賢固不肯枉尺直尋以踰夫禮之經，亦未嘗膠柱調瑟以昧時宜之權也。○東陽許氏曰：敬兄，禮也，雖無食而將死，必不可奪兄之食而違敬兄之禮。婚娶，禮也，雖至於絕嗣，必不可摟人處子而違婚娶之禮。任人，蓋異端之徒，棄蔑禮法而譏侮之者，故孟子止就其所言食色二者，使之自權其輕重而自思之，蓋不屑之教誨也。

○曹交問曰：「人皆可以爲堯舜，有諸？」

孟子曰：「然。」

趙氏曰：曹交，曹君之弟也。人皆可以爲堯舜，疑古語，或孟子所嘗言也。朱子曰：孟子道「人皆可以爲堯舜」，何曾道便是堯舜，更不假脩爲耶？

「交聞文王十尺，湯九尺，今交九尺四寸以長，句。食粟而已，如何則可？」

曹交問也。食粟而已，言無他材能也。

曰：「奚有於是？亦爲之而已矣。有人於此，力不能勝一匹雛，則爲無力人矣；今曰舉百鈞，則爲有力人矣。然則舉烏獲之任，是亦爲烏獲而已矣。夫人豈以不勝爲患哉？弗爲耳。勝，平聲。

「匹」字本作「鳴」，鴨也，從省作匹。《禮記》說「匹」爲「鶩」音木。是也。《記·曲禮》：庶人之摯匹。注：匹讀爲鶩。野鴨曰鳧，家鴨曰鶩。不能飛騰，如庶人之終守耕稼也。

烏獲，古之有力人也，能舉移千鈞。趙氏曰：秦武王好以力戲，力士烏獲至大官。○新安陳氏曰：「爲之」一字，爲此章之要。所謂「弗爲耳」，及下文「所不爲」也，皆與「爲之而已」一句相應。而行堯之行，與歸而求之，行也，求也，皆所以爲之也。舉「烏獲之任，是亦爲烏獲」，以譬能爲堯舜之事，是亦爲堯舜也。

「徐行後長者謂之弟，疾行先長者謂之不弟。夫徐行者，豈人所不能哉？所不爲也。堯舜之道，孝弟而已矣。後，去聲。長，上聲。弟音悌。先，去聲。夫音扶。

陳氏曰：「孝弟者，人之良知良能，自然之性也。堯舜人倫之至，亦率是性而已，豈能加毫末於是哉？」慶源輔氏曰：堯舜不過率是性而充其量，非有所增益於性分外也。楊氏曰：「堯舜之道大矣，而所以爲之，乃在夫音扶。行止疾徐之間，非有甚高難行之事也，百姓蓋日用而不知耳。」和靖尹氏曰：堯舜之道，止於孝弟，孝弟非堯舜不能盡。○朱子曰：堯舜之道，孝弟而已，這是對那不孝不弟底說。孝弟，便是堯舜之道；不孝不弟，便是桀紂。○南軒張氏曰：人性莫大於仁義，仁莫先於愛親，義莫先於從兄，此孝弟之所由立也。盡得孝弟則仁義亦無不盡，是則堯舜之道，豈不可以一言蔽之乎？人孰無是心哉，顧體而充之何如耳。○慶源輔氏曰：陳氏就孝弟上說，而極於堯舜之聖；楊氏是就堯舜上說，而本於孝弟之近。二說互相發明，所謂百姓蓋日用而不知者，其警發於人尤爲切至也。

「子服堯之服，誦堯之言，行堯之行，是堯而已矣。子服桀之服，誦桀之言，行桀之行，是桀而已矣。」之、行，並去聲。

言爲善爲惡，皆在我而已。詳曹交之問，淺陋麤倉胡反。率，慶源輔氏曰：此指其以身之長短與湯文較也，人皆可以爲堯舜，豈謂是歟？必其進見之時，禮貌衣冠言動之間多不循理，故孟子告之如此兩節云。覺軒蔡氏曰：孟子以人皆可爲堯舜，所以誘曹氏之進也，然亦豈謂不假脩爲而即可爲堯舜耶？勉之以孝弟，又勉之以衣服言行之間，固不以難而沮人，亦不以易而許人，惜乎曹交之不足以進此也。○新安陳氏曰：上一節告以徐行疾行，此一節告以衣服言行，皆是就其病之切處箴教之。

曰：「交得見於鄒君，可以假館，願留而受業於門。」見音現。

假館而後受業，又可見其求道之不篤。慶

源輔氏曰：此亦是富貴者之習氣，都未知那居無求安之味在。

曰：「夫道若大路然，豈難知哉？人病不求耳。子歸而求之，有餘師。」夫音扶。

言道不難知，若歸而求之事親敬長上聲。下同。之間，則性分去聲。之内，萬理皆備，隨處發見，形甸反。無不可師，不必留此而受業也。問：「學莫難於知道，故欲脩身者必以致知爲先，今曰道豈難知，而特患於不爲，何哉？」朱子曰：道之精微，固難知也。然自始學言之，則如是而爲孝，如是而爲弟，如是而爲不孝，如是而爲不弟，其大體向背之間，豈不明而易知乎？致知云者，亦曰即其已行之知而推致之耳。○慶源輔氏曰：道若大路然，人所共由者也，初匪難知，但患人蔽於私，役於氣，自暴自棄而不肯求耳。誠能即其孝親弟長之良知良能，而遡其自然之性，則一性之中，萬理皆備，日用之間，隨所感處，無不發見，而察之而體之，則師不必求於外而得，道不必索於外而存矣。○曹交事長之禮既不至，求道之心又不篤，故孟子教之以孝弟而不容其受業。蓋孔子餘力學文之意，亦不屑之教誨也。朱子曰：曹交識致凡下，又有挾貴求安之意，故孟子拒之。然所以告之者，亦極親切，非終拒之也。○新安陳氏曰：可爲堯舜在性分，不在形體，交以形體似聖人言，陋矣。孟子所答，全章之要，在爲之而已。中言行堯之行，以躬行言也。末言豈難知，與病不求歸求，以求知言也。求知以開其爲之之端，躬行以盡其爲之之實，則所謂可爲堯舜者，必真能爲之，安有不假脩爲而可安坐以至堯舜之理耶？徐行尤易能，故先只言徐行之弟，而後總以孝弟言之。有餘師，非謂人師也，如先儒所謂學者當以己心爲嚴師之意。

○公孫丑問曰：「高子曰：『《小弁》，小人之詩也。』」孟子曰：「何以言之？」曰：「怨。」弁音盤。

高子，齊人也。《小弁》，《小雅》篇名。周幽王娶申后，生太子宜臼；又得褒姒，音似。生伯服，而黜申后、廢宜臼。於是宜臼之傅爲去聲。作此詩，以叙其哀痛迫切之情也。南軒張氏曰：家國之念深，故其憂苦；父子之情切，故其辭哀。

曰：「固哉，高叟之爲詩也！有人於此，越人關弓而射之，則己談笑而道之。無他，疏之也。其兄關弓而射之，則己垂涕泣而道之。無他，戚之也。《小弁》之怨，親親也；親親，仁也。固矣夫，高叟之爲詩也！」關，與「彎」同。射，食亦反。夫音扶。

固，謂執滯不通也。爲，猶治也。越，蠻夷國名。道，語也。親親之心，仁之發也。新安陳氏曰：《小弁》之事，人倫之大變，宗社傾覆繫焉，如之何勿怨？是其怨，乃所以見親親之心，蓋愛親之仁之發見者也。

曰：「《凱風》何以不怨？」

《凱風》，《邶蒲昧反。風》篇名。衛有七子之母不能安其室，七子作此以自責也。新安陳氏曰：母生七子而寡不能安其室，七子作詩不敢非其母，引罪自責，謂子不能慰母心，使母不安，以感動之也。

曰：「《凱風》，親之過小者也；《小弁》，親之過大者也。親之過大而不怨，是愈疏也；親之過小而怨，是不可磯也。愈疏，不孝也；不可磯，亦不孝也。磯音機。

磯，水激石也。不可磯，言微激之而遽怒也。朱子曰：親之過大，則傷天地之大和，戾父子之至愛，若此而不怨焉，則是坐視其親之陷于大惡，恝然不少動其心，而父子之情益薄矣，此之謂愈疏。親之過小，則特以一時之私心而少有虧于父子之天性，若此而遽怨焉，則是水中不可容一激石，一有激石，則叫號而遽怒矣。此之謂不可磯。故二者均爲不孝也。○南軒張氏曰：《小弁》、《凱風》其事異，故其情其辭異。當《小弁》之事而怨慕不形，是漠然無親。當《凱風》之事而怨心遽形，是歸過於親，皆失親親之義，而賊夫仁矣。

故皆以不孝斷之。怨，一也，由《小弁》之所存，則爲天理；由高子之所見，則爲人欲。不可不察也。

「孔子曰：『舜其至孝矣，五十而慕。』」

言舜猶怨慕，《小弁》之怨，不爲不孝也。

○趙氏曰：「生之膝下，一體而分。喘尺免反。息呼吸，氣通於親。新安陳氏曰：此由子生之始而推其未生以前。深味之，愛親之心油然生矣。當親而疏，「疎」同。怨慕號平聲。天，是以《小弁》之怨未足爲愆也。」問：「說《詩》者皆以《小弁》之意，與舜怨慕同。竊謂只『我罪伊何』一句與『舜於我何哉』之意同。後面『君子秉心，維其忍之』，『君子不惠，不舒究之』，分明是怨其親，與舜怨慕之意似不同。」朱子曰：作《小弁》者，自是未到得舜地位，蓋亦常人之情耳。只「我罪伊何」上面說何辜于天，亦似自以爲無罪，未可與舜同日語也。○雲峯胡氏曰：七情中，有哀而無怨，怨出於哀，哀之切，故怨之深。雖程子嘗論《小弁》之怨與舜不同，然皆出於人情之至痛，而天理之至真者也。

○宋牼將之楚，孟子遇於石丘。牼，口莖反。

宋，姓。牼，名。石丘，地名。

曰：「先生將何之？」

趙氏曰：學士年長上聲。者，故謂之先生。

曰：「吾聞秦楚搆兵，我將見楚王說而罷之。楚王不悅，我將見秦王說而罷之。二王我將有所遇焉。」說音稅。

時宋牼方欲見楚王，恐其不悅，則將見秦王也。遇，合也。按《莊子》書，有宋鈃刑、堅二音。者，禁攻寢兵，救世之戰，上說音稅。下教，强上聲。聒古活反。不舍。上聲。○見《莊子·天下》篇。《疏》去聲。云：「齊宣王時人。」以事考之，疑即此人也。搆，古候反，合也。

曰：「軻也請無問其詳，願聞其指。說之將如何？」曰：「我將言其不利也。」曰：「先生之志則大矣，先生之號則不可。徐氏曰：能於戰國擾攘之中而以罷兵息民爲説，其志可謂大矣。然以利爲名，則不可也。蔡氏曰：宋牼在當時，想亦是年德之高者，故孟子以先生呼之，而猶不免溺於利害之私蹊，不知仁義之正道，世俗從可知矣。

「先生以利説秦楚之王，秦楚之王悦於利，以罷三軍之師，是三軍之士樂罷而悦於利也。爲人臣者懷利以事其君，爲人子者懷利以事其父，爲人弟者懷利以事其兄，是君臣、父子、兄弟終去仁義，懷利以相接，然而不亡者，未之有也。樂音洛。下同。先生以仁義説秦楚之王，秦楚之王悦於仁義，而罷三軍之師，是三軍之士樂罷而悦於仁義也。爲人臣者懷仁義以事其君，爲人子者懷仁義以事其父，爲人弟者懷仁義以事其兄，是君臣、父子、兄弟去利，懷仁義以相接也，然而不王者，未之有也。何必曰利？」王，去聲。

此章言休兵息民，爲事則一，然其心有義利之殊，而其效有興亡之異，學者所當深察而明辨之也。南軒張氏曰：古之謀國者以義理，不以利害，此天理人欲之所以分，而治忽所由係也。説之以利，使其能從，亦利心耳。罷兵雖息一時之患，而徇利實傷萬世之彝。○西山真氏曰：戰國交兵之禍烈矣，宋牼一言而罷之，豈非生民之福，而仁人之所甚願者哉？顧利端一開，君臣父子兄弟大抵皆見利而動，其禍又有甚於交兵者，是以聖賢不得不嚴其防也。○新安陳氏曰：以利説二王而罷兵，若足爲斯民幸矣。然上下皆懷利以相接，必將有滅亡之禍，是利未得而害已甚矣。以仁義説二王而罷兵，上下皆懷仁義以相接，則仁必愛親，義必急君，雖不言利而仁義之利自在其中矣。此章大意與首篇首章相似，利端一開，利心競熾，而大倫將不暇顧，其禍有甚於交兵者。交兵，不過殺人身耳；言利則必蠱害人心。孟子此章於遏人欲、存天理尤嚴焉。

○孟子居鄒，季任爲任處守，以幣交，受之

而不報。處於平陸，儲子爲相，以幣交，受之而不報。任，平聲。相，去聲。下同。

趙氏曰：「季任，任君之弟。任君朝音潮。會於鄰國，季任爲去聲。之居守其國也。儲子，齊相也。不報者，來見則當報之，但以幣交則不必報也。」朱子曰：初不自來，但以幣交，未爲非禮。但孟子既受之後，便當來見而又不來，則其誠之不至可知矣。故孟子過而不見，施報之宜也，亦不屑之教誨也。○慶源輔氏曰：來見則禮意重，幣交則禮意輕也。

他日由鄒之任見季子，由平陸之齊不見儲子。屋廬子喜曰：「連得間矣。」

屋廬子連，其名也。知孟子之處上聲。此必有義理，故喜得其間隙而問之。

問曰：「夫子之任見季子，之齊不見儲子，爲其爲相與？」「爲其」之爲，去聲。下同。與，平聲。

言儲子但爲齊相，不若季子攝守君位，故輕之邪？俗作「耶」。

曰：「非也。《書》曰：『享多儀，儀不及物曰不享，惟不役志于享。』

《書》，《周書·洛誥》之篇。享，奉上也。儀，禮也。物，幣也。役，用也。言雖享而禮意不及其幣，則是不享矣，以其不用志于享故也。蔡氏曰：享不在幣而在於禮，幣有餘而禮不足，亦所謂不享也。

「爲其不成享也。」

孟子釋《書》意如此。新安陳氏曰：幣物有餘而禮儀不足，是有慢上之心，謂其所貪在物，雖禮意不足無妨。乃是雖有享之名，而不成享之禮也。

屋廬子悅。或問之，屋廬子曰：「季子不得之鄒，儲子得之平陸。」

徐氏曰：季子爲去聲。君居守，不得往他國以見孟子，則以幣交而禮意已備；儲子爲齊相，可以至齊之境內而不來見，則雖以幣交而禮意不及其物也。慶源輔氏曰：不得之鄒而不來，則是制於禮者也；得之平陸而不至，則是簡於禮者也。制於禮者欲爲而不可，簡於禮者可爲而不欲，君子之所爲，一視其禮意之輕重而行吾義而已。○覺軒蔡氏曰：此章見孟子於禮意之間，是否之際，權衡輕重，各稱其宜如此。然皆以幣交而皆受之，豈孟子當時亦有幣交之禮，而季子、儲子皆非惡人，亦有可受之理歟？

○淳于髡曰：「先名實者，爲人也；後名實者，自爲也。夫子在三卿之中，名實未加於上下而去之，仁者固如此乎？」先、後、爲，皆去聲。

名，聲譽也。實，事功也。言以名實爲先而爲之者，是有志於救民者也；以名實爲後而不爲者，是欲獨善其身者也。先、後，並如字。名實未加於上下，言上未能正其君，下未能濟其民也。

孟子曰：「居下位，不以賢事不肖者，伯夷也；五就湯，五就桀者，伊尹也；不惡汙君，不辭小官者，柳下惠也。三子者不同道，其趨一也。一者何也？曰：仁也。君子亦仁而已矣，何必同？」惡、趨，並去聲。

仁者，無私心而合天理之謂。慶源輔氏曰：無私心，以存諸心而言；合天理，以行諸外而言。人固有雖無私心而行事不合天理者，唯仁，則內外合、天人備矣。○《論語》於令尹子文、陳文子章註引師說，以爲當理而無私心則仁矣，今又以爲仁者無私心而合天理。其先後不同者，蓋彼就二子之事而言，故以爲當理而無私心；此直指夫仁而言，故曰仁者無私心而合天理。

楊氏曰：「伊尹之就湯，以三聘之勤也。其就桀也，湯進之也。湯豈有伐桀之意哉？其進伊尹以事之也，欲其悔過遷善而已。伊尹既就湯，則以湯之心爲心矣。及其終也，人歸之，天命之，不得已而伐之耳。若湯初求伊尹即有伐桀之心，而伊尹遂相去聲。之以伐桀，是以取天下爲心也。以取天下爲心，豈聖人之心哉？」程子曰：五就湯、五就桀，此伊尹後來事。蓋已出了，則當以湯之心爲心，所以五就桀不得不如此。○張子曰：伯夷、伊尹、柳下惠皆稱聖人，出於仁之一端，莫非仁也。三子者各以是成性，故得稱仁。○雲峯胡氏曰：《集註》於三子之中，引楊氏説獨詳於伊尹者，如夷、惠不屑就，不屑去，其迹甚易明，惟伊尹有去又有就，其心未易識，故詳之。

曰：「魯繆公之時，公儀子爲政，子柳子思爲臣，魯之削也滋甚。若是乎，賢者之無益於國也！」

公儀子，名休，爲魯相。去聲。子柳，泄柳也。削，地見侵奪也。髡譏孟子雖不去，亦未必能有爲也。

曰：「虞不用百里奚而亡，秦穆公用之而霸。不用賢則亡，削何可得與？」與，平聲。

百里奚，事見形甸反。前篇。新安陳氏曰：亡則何止乎削？故曰「削何可得」。魯之不亡，尚以三賢在也，否則如虞之亡，求削而不可得矣。

曰：「昔者王豹處於淇，而河西善謳；緜駒處於高唐，而齊右善歌；華周、杞梁之妻善哭其夫，而變國俗。有諸內，必形諸外。爲其事而無其功者，髡未嘗覩之也。是故無賢者也，有則髡必識之。」華，去聲。

王豹，衛人，善謳。淇，水名。緜駒，齊人，善歌。謳，聲有曲折也。歌，長言也。高唐，齊西邑。華周、杞梁，二人皆齊臣，戰死於莒。音舉。其妻哭之哀，國俗化之皆善哭。《左傳》襄公二十三年：齊侯襲莒，杞殖華胡化反。還音旋。載甲夜入。明日先遇莒子，莒子重賂之，使無死，曰：「請有盟。」華周對曰：「食貨棄命，亦君所惡也。昏而受命，日未中而棄之，何以事君？」莒子親鼓而伐之，獲杞梁。莒人行成。齊侯歸，遇杞梁之妻於郊，梁戰死，妻行迎喪。使弔之。辭曰：「殖之有罪，何辱命焉，若免於罪，猶有先人之故廬在，下妾不得與郊弔。」齊侯弔諸其室。○劉向《説苑》：齊莊公攻莒，杞梁與莒戰，梁遂鬭殺二十七人而死。妻聞而哭，城爲之阤，而隅爲之崩。髡以此譏孟子仕齊無功，未足爲賢也。

曰：「孔子爲魯司寇，不用，從而祭，燔肉不至，不税冕而行。不知者以爲爲肉也。其知者以爲爲無禮也。乃孔子則欲以微罪行，不欲爲苟去。君子之所爲，衆人固不識也。」税音脱。「爲肉」、「爲無」之爲，去聲。

按《史記》：「孔子爲魯司寇，攝行相去聲。下同。事。齊人聞而懼，於是以女樂遺去聲。魯君。季桓子與魯君往觀之，怠於政事。子路曰：『夫子可以行矣。』孔子曰：『魯今且郊，如致膰音煩。于大夫，則吾猶可以止。』桓子卒受齊女樂，郊又不致膰俎于大夫，孔子遂行。」孟子言以爲爲肉者，固不足道；以爲爲無禮，則亦未爲深知孔子者。蓋聖人於父母之國，不欲顯其君相之失，又不欲爲無故而苟去，故不以女樂去而以燔肉行。其見幾平聲。明決而用意忠厚，固非衆人所能識也。然則孟子之所爲，豈髡之所能識哉？○尹氏曰：「淳于髡未嘗知仁，亦未嘗識賢也，宜乎其言若是。」南軒張氏曰：孔子之去魯，非孟子發明於此，後世固亦未知也。○慶源輔氏曰：觀孟子引孔子之事以答淳于髡，則孟子之去齊，亦必有所爲而不欲言之者矣。○汪氏曰：爲肉爲無禮，皆非知孔子。蓋不能用聖人而耽聲色，君之大罪；燔肉不至，君之微罪。若不以微罪行而著君之罪，則爲不仁。苟去，則爲不義。以微罪行，仁也。不爲苟去，義也。君子之所爲，仁義而已。○新安陳氏曰：髡本辯口滑稽之徒，始謂孟子去齊而未仁，孟子答以夷、惠、伊尹或去或就皆仁也。又謂有賢則必識之，孟子答以夫子之去魯亦豈髡所能識哉？反覆言古人事。末方以君子自擬，以衆人指髡。髡雖譏孟子未立功而去，而孟子所以去齊之故，終不自言以顯齊王之失，亦見幾明決而用意忠厚焉。自謂所願則學孔子，今觀其進退語默，宛然孔氏家法也。

○孟子曰：「五霸者，三王之罪人也；今之諸侯，五霸之罪人也；今之大夫，今之諸侯之罪人也。

趙氏曰：「五霸，齊桓、晉文、秦穆、宋襄、楚莊也。三王，夏禹、商湯、周文、武也。」丁氏曰：丁氏，名公著，唐蘇州人。「夏昆吾，商大彭、豕韋，周齊桓、晉文，謂之五霸。」趙氏曰：丁氏説，本杜預《春秋傳》註。○新安陳氏曰：自王道衰，伯圖盛，人惟知五伯之功，豈敢議五伯之罪？惟孟子崇王賤伯，故以三王律五伯，而名其爲罪人焉，五伯宜從前一説。

「天子適諸侯曰巡狩，諸侯朝於天子曰述職。春省耕而補不足，秋省斂而助不給。入其疆，土地辟，田野治，養老尊賢，俊傑在位，則有慶，慶以地。入其疆，土地荒蕪，遺老失賢，掊克在位，則有讓。一不朝，則貶其爵；再不朝，則削其地；三不朝，則六師移之。是故天子討而不伐，諸侯伐而不討。五霸者，摟諸侯以伐諸侯者也。故曰：五霸者，三王之罪人也。朝音潮。辟，與「闢」同。治，去聲。

慶，賞也，益其地以賞之也。掊克，聚斂力驗反。也。讓，責也。移之者，誅其人而變置之也。討者，出命以討其罪，而使方伯連帥帥上所類反，下所律反。諸侯以伐之也。伐者，奉天子之命，聲其罪而伐之也。摟，牽也。五霸牽諸侯以伐諸侯，不用天子之命也。新安陳氏曰：無王如此，使居三王之世，豈非罪人？自入其疆至則有讓，言巡狩之事；自一不朝至六師移之，言述職之事。南軒張氏曰：天子入諸侯之國，首察其土田，次詢其賢才，蓋爲國之道，莫先於農桑，莫要於人才也。

「五霸，桓公爲盛。葵丘之會，諸侯束牲載書而不歃血。初命曰：『誅不孝，無易樹子，無以妾爲妻。』再命曰：『尊賢育才，以彰有德。』三命曰：『敬老慈幼，無忘賓旅。』四命曰：『士無世官，官事無攝，取士必得，無專殺大夫。』五命曰：『無曲防，無遏糴，無有封而不告。』曰：『凡我同盟之人，既盟之後，言歸于好。』今之諸侯皆犯此五禁。故曰：今之諸侯，五霸之罪人也。歃，所洽反。糴音狄。好，去聲。

按《春秋傳》去聲。僖公九年：「葵丘之會，陳牲而不殺，讀書加於牲上，新安陳氏曰：威信服人，無事歃血。歃，歠也。壹明天子之禁。」樹，立也。已立世子，不得擅時戰反。易。初命三事，所以脩身正家之要也。《穀梁傳》：僖公九年，九月戊辰。諸侯盟于葵丘。桓盟不日，此何以日？日，謂記其日。美之也。爲見天子之禁，故備之也。葵丘之會，陳牲而不殺。讀書加於牲上，一明天子之禁。曰：「毋壅泉，專水利。毋訖糴，訖，止也。毋易樹子，毋以妾爲妻，毋以婦人與國事。」與音預。○慶源輔氏曰：一明天子之禁，但一意以明天子之禁而已。不孝，是惡之大者，故居首。世子必告於天子而後立。既立，則豈可擅自易之？不孝，是不子；易樹子，是不父。以妾爲妻，則無夫婦之別。賓，賓客也。旅，行旅也。皆當有以待之，不可忽忘也。士世禄而不世官，恐其未必賢也。官事無攝，當廣求賢才以充之，不可以闕人廢事也。取士必得，必得其人也。無專殺大夫，有罪則請命于天子而後殺之也。無曲防，不得曲爲隄防，壅泉激水，以專小利，病鄰國也。無遏糴，鄰國凶荒，不得閉糴也。無有封而不告者，不得專封國邑而不告天子也。新安陳氏曰：五命，即載書之辭。才者育之，亞於尊賢，所以明貴德。言歸于和好，無構怨也。

「長君之惡其罪小，逢君之惡其罪大。今之大夫，皆逢君之惡。故曰：今之大夫，今之諸侯之罪人也。」長，上聲。

君有過不能諫，又順之者，長君之惡也；君之過未萌，而先意導之者，逢君之惡也。南軒張氏曰：君有惡，承順而長之，固爲罪矣。逢君惡者，逆探君意而成之，罪尤大也。其詭祕姦譎爲甚，而戕賊蠹害尤深。蓋君萌不善之念，其始必有未安於心，未敢遽達也。已迎而安之，則其發也必果；君以爲己意未形於事而彼能先之，則其愛也必篤。故長君惡於外者，其罪易見；逢君惡於內者，其慝難知。易見者害猶淺，難知者害不可言也。自古姦臣之得君，未有不自逆探君意以成其惡。故君臣之相愛不可解，卒至於俱亡而後已。逢君之惡云者，可謂極小人之情狀矣。○慶源輔氏曰：長君之惡者，無能而巽懦，阿諛之人也；逢君之惡者，有才而傾險，陰邪之人也。○林氏曰：「邵子有言：『治《春秋》者不先治五霸之功罪，則事無統理，而不得聖人之心。《春秋》之間，有功者未有大於五霸，有過者亦未有大於五霸。故五霸者，功之首、罪之魁也。』以上邵子之說。孟子此章之義，其亦若此也與？音余。然五霸得罪於三王，今之諸侯得罪於五霸，皆出於異世，故得以逃其罪。至於今之大夫，宜得罪於今之諸侯，則同時矣。而諸侯非惟莫之罪也，乃反以爲良臣而厚禮之，不以爲罪而反以爲功，何其謬靡幼反。哉！」慶源輔氏曰：孟子雖取桓文之五命，而又以五霸爲三王之罪人，得《春秋》之大指矣。

○魯欲使慎子爲將軍。

慎子，魯臣。

孟子曰：「不教民而用之，謂之殃民。殃民者，不容於堯舜之世。

教民者，教之禮義使知入事父兄、出事長上聲。上也。用之，使之戰也。慶源輔氏曰：能如是而教其民，乃可以即戎。使之敵愾禦侮，臨戰之際，皆如手足之捍頭目，子弟之衛父兄矣。不然，則是陷之於死地也。故謂之殃民。在堯舜之仁政，豈容之哉？

「一戰勝齊，遂有南陽，然且不可。」

是時魯蓋欲使慎子伐齊取南陽也。故孟子言就使慎子善戰有功如此，且猶不可。新安陳氏曰：就使僥倖克敵，已驕敵怒，禍方深耳。況未必能，且不免敗乎？

慎子勃然不悦曰：「此則滑釐所不識也。」滑音骨。

滑釐，慎子名。

曰：「吾明告子。天子之地方千里，不千里，不足以待諸侯；諸侯之地方百里，不百里，不足以守宗廟之典籍。

待諸侯，謂待其朝音潮。覲聘問之禮。宗廟典籍，祭祀會同之常制也。慶源輔氏曰：觀此二句，則知先王之制、封國大小，自有意義，豈私意可得而損益之哉？

「周公之封於魯，爲方百里也，地非不足，而儉於百里；太公之封於齊也，亦爲方百里也，地非不足也，而儉於百里。

二公有大勳勞於天下，而其封國不過百里。儉，止而不過之意也。問：《王制》與孟子同，而《周禮》諸公之地，封疆方五百里，諸侯方四百里，伯三百里，子二百里，男百里。鄭氏以《王制》爲夏商制，爲夏商中國方三千里，周公斥而大之，中國方七千里，所以不同。朱子曰：鄭氏只文字上説得好看，然甚不曉事情。且如百里之國，周人欲增到五百里，須併四箇百里國地，方做得一國。其所併四國，又當別裂地以封之，如此，則天下諸侯東遷西移改立宗廟社稷，皆爲之騷動矣。且如此趲去，不數大國，便無地可容了。許多國，何以處之？恐其不然。竊意其初只方百里，後來吞併遂漸漸大，如禹會諸侯於塗山，執玉帛者萬國。到周時，只千八百國，自非吞併，如何不見了許多國？

武王時，諸國地已大，武王亦不奈何，只得就而封之。當時封許多功臣之國，緣當初滅國五十，得許多空地可封。不然，則周公、太公亦自無安頓處。孟子百里之説，亦只是大綱如此説，不是實攷得見古制。

「今魯方百里者五，子以爲有王者作，則魯在所損乎，在所益乎？

魯地之大，皆并去聲。吞小國而得之。有王者作，則必在所損矣。

「徒取諸彼以與此，然且仁者不爲，況於殺人以求之乎？

徒，空也，言不殺人而取之也。慶源輔氏曰：不殺人而取彼與此，仁者猶且不爲，以其非所當得故也，況於殃民而求廣土地者乎？

「君子之事君也，務引其君以當道，志於仁而已。」

當道，謂事合於理。志仁，謂心在於仁。華陽范氏曰：君子之事上也，引其君於正；小人之事上也，引其君於邪。君子引其君於仁義，引其君於愛民，引其君於納諫，引其君於恭儉，引其君於學問，此君子之所以引其君者，志於仁而已矣；小人引其君於好利，引其君於好戰，引其君於用刑，引其君於拒諫，引其君於驕侈，此小人之所以引其君者，志於不仁而已矣。伊尹以堯、舜之道引成、湯，故成、湯爲堯、舜之君；周公以文、武之道引成王，故成王爲文、武之君，此引其君以當道。榮夷公以專利引周厲王，故周亂；趙高以刑法引秦二世，故秦亡。此引君以當非道也。〇西山真氏曰：道之與仁，非有二也。以事之理而言則曰道，以心之德而言則曰仁。心存於仁，則其行無不合道矣。〇新安陳氏曰：事合理，必不争己所不當有之地；心存仁，必不殺人以争地。二句不特可斷此一事，實臣事君之法也。殃民者仁之反，欲慎子導君以仁，不殃民而爲不仁也。

〇孟子曰：「今之事君者曰：『我能爲君辟土地，充府庫。』今之所謂良臣，古之所謂民賊也。君不鄉道，不志於仁，而求富之，是富桀也。

爲，去聲。辟，與「闢」同。鄉，與「向」同。下皆同。

辟，開墾口狠反。也。朱子曰：鄉道、志仁，不可分爲二事。《中庸》曰：「脩道以仁。」孟子言不志於仁，所以釋不鄉道之實也。前章務引其君以當道，志於仁而已，亦言志仁之爲當道耳。

「『我能爲君約與國，戰必克。』今之所謂良臣，古之所謂民賊也。君不鄉道，不志於仁，而求爲之强戰，是輔桀也。

約，要平聲。結也。與國，和好去聲。相與之國也。新安陳氏曰：前是爲君富國剥下奉上者，此是爲君强兵戰勝攻取者，暴君之良臣，實治世之民賊，不能引君鄉道志仁，而導以不道不仁，助桀爲虐者也。

「由今之道，無變今之俗，雖與之天下，不能一朝居也。」

言必争奪而至於危亡也。南軒張氏曰：此章大抵與前章意同。戰國之臣所以輔君者，徒以能富國强兵爲忠，而其君亦固以此爲臣之忠於我也，而孟子以爲民賊，何哉？蓋君不鄉道，不志於仁，而但爲之富强之計，則君益以驕肆，而民益以憔悴，是上成君之惡而下絶民之命也。當時諸侯乃以民賊爲良臣，豈不痛哉？○新安陳氏曰：自當時觀之，孟子此論，若迂且激。既而六國吞，暴秦亡，此論豈不深中大驗？此章與上章意實相類，其因譏切慎子而繼發歟？

○白圭曰：「吾欲二十而取一，何如？」

白圭，名丹，周人也。欲更平聲。税法二十分扶問反。下同。而取其一分。林氏曰：「按《史記》：白圭能薄飲食，忍嗜時至反。欲，與童僕同苦樂。音洛。下同。樂觀時變，人棄我取，人取我與，以此居積致富。其爲此論，蓋欲以其術施之國家也。」勿軒熊氏曰：按《貨殖列傳》，白圭當魏文侯時，李克務盡地力，而白圭樂觀時變，故人棄我取，人取我予，能薄飲食，忍嗜欲，與用事僮僕同苦樂。趨時若猛獸鷙鳥之發，曰：「吾治生猶孫吴用兵，商鞅行法，智不足以權變，勇不足以斷決，仁不能以取予，强不能以有守，雖欲學吾術，皆不告也。」蓋世言治生者祖白圭。

孟子曰：「子之道，貉道也。貉音陌。

貉，北方夷狄之國名也。

「萬室之國，一人陶，則可乎？」曰：「不可，器不足用也。」

孟子設喻以詰契乙反。圭，而圭亦知其不可也。

曰：「夫貉，五穀不生，惟黍生之，無城郭宮室宗廟祭祀之禮，無諸侯幣帛饔飧，無百官有司，故二十取一而足也。夫音扶。

北方地寒，不生五穀，黍早熟，故生之。得及未寒時生成。饔飧，以飲食饋客之禮也。

「今居中國，去人倫，無君子，如之何其可也？

無君臣祭祀交際之禮，是去人倫；無百官有司，是無君子。

「陶以寡，且不可以爲國，況無君子乎？

因其辭以折之。

「欲輕之於堯舜之道者，大貉小貉也；欲重之於堯舜之道者，大桀小桀也。」

什一而稅，堯舜之道也。多則桀，寡則貉。今欲輕重之，則是小貉、小桀而已。

慶源輔氏曰：什一，中正之制也，故以爲堯舜之道。三代聖人，雖因時損益有所不同，然一本於中正，則無以異也。惟其中正，所以行之天下而安，傳之萬世而無弊。周衰，王制盡廢，兼并之俗起，而貧富遂以不均。白圭厘身禁欲，樂觀時變，知取知予，以此居積致富，此三代盛時所無有也，其犯先王之禁大矣。顧乃私憂過計，創爲輕賦之說，欲以其術施之國家。故孟子明辨其不可，觀其始則取其事之易辨者以開其智，中則歷陳其不可之實以破其說，末則舉堯舜之道不可得而輕重者，使之有所歸著，亦可謂委曲詳盡矣。○雲峯胡氏曰：《易》曰：「節以制度，必先言中正以通。」蓋堯舜之道，中而已。重之輕之，皆非中也。可行於夷狄，不可通行於天下；可行於一時，不可通行於萬世。○新安陳氏曰：彼真貉真桀爲大者，此爲小者也。

○白圭曰：「丹之治水也，愈於禹。」

趙氏曰：當時諸侯有小水，白圭爲去聲。之築堤，壅委恐反。而注之他國。

孟子曰：「子過矣。禹之治水，水之道也。

順水之性也。

「是故禹以四海爲壑，今吾子以鄰國爲壑。

壑，受水處也。

「水逆行，謂之洚水。洚水者，洪水也，仁人之所惡也。吾子過矣。」惡，去聲。

水逆行者，下流壅塞，故水逆流。今乃壅水以害人，則與洪水之災無異矣。勿軒熊氏曰：按，白圭自言善治生，有智仁强勇四術。然築堤壅水，不能行所無事則不智；以鄰國爲壑，利己害人則不仁。所謂强勇，亦愚悍自信而已。此戰國富强之術，故深抑之。○新安陳氏曰：禹除天下之害，順水之性而委之於海；圭除一國之害，不順水之性而但委之於鄰。❶是禹爲天下除害，而圭乃爲鄰國之害也，不仁甚矣。

○孟子曰：「君子不亮，惡乎執？」惡，平聲。

亮，信也，與「諒」同。惡乎執，言凡事苟且，無所執持也。朱子曰：考之《說文》，古無「亮」字，以爲與「諒」通者近之。然諒有二訓：止訓信者，「友諒」之類是也。訓必信者，「貞而不諒」是也。○南軒張氏曰：諒對貞而言，則專於諒者未必貞也，以己之私意爲諒，非諒之正也。孟子之言諒，諒之正也。○慶源輔氏曰：此與《論語》「人而無信」章同意，此以守言，彼以行言也。○汪氏曰：執諒，體常也。不諒，通變也。

○魯欲使樂正子爲政。孟子曰：「吾聞之，喜而不寐。」

喜其道之得行。

公孫丑曰：「樂正子强乎？」曰：「否。」「有知慮乎？」曰：「否。」「多聞識乎？」曰：「否。」知，去聲。

此三者，皆當世之所尚，而樂正子之所

❶「委」，四庫本、孔本作「壑」。

短，故丑疑而歷問之。

「然則奚爲喜而不寐？」

丑問也。

曰：「其爲人也好善。」「好善足乎？」好，去聲。下同。

丑問也。

曰：「好善優於天下，而況魯國乎？

優，有餘裕也。言雖治天下，尚有餘力也。趙氏曰：善取於己則有盡，善取於人則無窮，此其所以雖治天下，猶有餘力也。

「夫苟好善，則四海之內皆將輕千里而來告之以善；夫音扶。下同。

輕，易去聲。也，言不以千里爲難也。

「夫苟不好善，則人將曰：『訑訑，予既已知之矣。』訑訑之聲音顏色，距人於千里之外。士止於千里之外，則讒諂面諛之人至矣。與讒諂面諛之人居，國欲治，可得乎？」訑音移。治，去聲。

訑訑，自足其智，不嗜善言之貌。慶源輔氏曰：世間此等人亦甚多，然其所謂智者，是乃所以爲愚也。然原其始，則起於予既已知之之意萌于中而已，可不畏乎？○新安陳氏曰：「距」與「拒」通。《前漢·汲黯傳》「智足以距諫」亦用此「距」字。君子小人，迭爲消長。上聲。直諒多聞之士遠，則讒諂面諛之人至，理勢然也。○此章言爲政不在於用一己之長，而貴於有以來天下之善。南軒張氏曰：好善誠篤，非舍己私者不能，能舍己則中虛，虛則能來天下之善，於爲天下何有？蓋善者，天下之公也。自以爲是，則專己而絕天下之公理，蔽孰甚焉？

○陳子曰：「古之君子何如則仕？」孟子曰：「所就三，所去三。

其目在下。

「迎之致敬以有禮，言將行其言也，則就之。禮貌未衰，言弗行也，則去之。

所謂「見行可之仕」，若孔子於季桓子是也。受女樂而不朝，音潮。則去之矣。「其次雖未行其言也，迎之致敬以有禮，則就之。禮貌衰，則去之。

所謂「際可之仕」，若孔子於衛靈公是也。故與公遊於囿，公仰視蜚與「飛」同。鴈而後去之。《史記·孔子世家》：「孔子反乎衛，入主蘧伯玉家，他日靈公問兵陳，孔子曰：『俎豆之事，則嘗聞之，軍旅之事，未之學也。』明日與孔子語，見蜚鴈，仰視之，色不在孔子。孔子遂行，復如陳。」

「其下，朝不食，夕不食，飢餓不能出門戶。君聞之曰：『吾大者不能行其道，又不能從其言也，使飢餓於我土地，吾恥之。』周之，亦可受也，免死而已矣。」

所謂「公養之仕」也。君之於民，固有周之之義，況此又有悔過之言，新安陳氏曰：所謂大者，以大節論；所謂又者，以其次言也。所以可受。然未至於飢餓不能出門戶，則猶不受也。其曰免死而已，則其所受亦有節矣。朱子曰：孟子言所就三，所去三，其上以言之行不行爲去就，此仕之正也。其次以禮貌衰未衰爲去就，又其次至於不得已而受其賜，則豈君子之本心哉？蓋當是時，舉天下莫能行吾言矣，則有能接我以禮貌而周我之窮困者，豈不善於彼哉？是以君子以爲猶可就也，然孟子蓋通上下言之，若君子之自處，則在所擇矣。孟子於其受賜之節，又嘗究言之曰：「飢餓不能出門戶，則周之亦可受也。」明未至於如是之貧，則不可受；免死而已矣，言受之有限，不求贏餘，明不多受也。○慶源輔氏曰：言將行其言也則就之，爲道而仕也；迎之致敬以有禮則就之，爲禮而仕也。道在我，禮在彼，至於周之亦可受，此君子之不得已也。《集註》恐後之貪利苟得者，以是藉口而全不顧義，遂流於欲而不知也，故言此以防警之。然使上之賜下止周其身，下受其賜止以免其死，則時可知矣。○雲峯胡氏曰：本文初言去就各有三，至其目則上兩節言去就，末一節獨不言。蓋飢餓不能出門戶，是欲去而不能去者，故周之，不曰「可就」，而曰「亦可受」，觀「亦」之辭，見其瀕死不容不受。而曰免死而已，則亦未嘗過受也。君子於去就辭受之際，可謂嚴矣。此孟子答古之君子之問也，今之君子何如哉？

○孟子曰：「舜發於畎畝之中，傅說舉於版築之間，膠鬲舉於魚鹽之中，管夷吾舉於士，孫叔敖舉於海，百里奚舉於市。說音悅。

舜耕歷山，三十登庸。說築傅巖，武丁舉之。膠鬲遭亂，鬻余六反。販方萬反。魚鹽，文王舉之。管仲囚於士官，桓公舉以相去聲。國。孫叔敖隱處上聲。海濱，楚莊王舉之爲令尹。百里奚事見形甸反。前篇。新安陳氏曰：舜，聖人，且君也，故只曰「發」。傅說以下五賢，皆臣也，故皆曰「舉」。

「故天將降大任於是人也，必先苦其心志，勞其筋骨，餓其體膚，空乏其身，行拂亂其所爲，所以動心忍性，曾益其所不能。曾，與「增」同。

降大任，使之任大事也，若舜以下是也。空，去聲。窮也。乏，絶也。拂，戾也，言使之所爲不遂，多背音佩。戾也。動心忍性，謂竦荀勇反。動其心，堅忍其性也。然所謂性，亦指氣稟食色而言耳。朱子曰：動其仁義禮智之心，忍其聲色臭味之性。○慶源輔氏曰：竦動其心則心活，堅忍其性則性定。心活則不爲欲所役，性定則不爲氣所動。○雲峯胡氏曰：或謂：「孟子嘗曰不動心，曰養性，此曰動心忍性，何也？」曰：彼言不動心，是處富貴而富貴不能變動其心也；此言動心，是處貧賤而貧賤有以竦動其心也。譬之水，動心，是浚得源頭活水衮衮出來；不動心，是水之流不爲沙泥所溷，不爲波流所汩也。養性者，養其本然天命之性，不使之有所動於外；忍性者，忍其氣稟食色之性，不使之有所動於中。○新安陳氏曰：分配之苦心志所以動心，動心則善念由此生，勞餓空乏所以忍性，忍性則物慾由此窒。拂亂所爲所以增益前所不能者而能之，則德業由此進。舜大聖人，未必盡由此，而窮苦之迹實如此，履此豈無所警省？若傅說以下所以能當大任，實由乎此也。程子曰：「若要熟，也須從這裏過。」朱子曰：只是要事事經歷過似一條路，須每日從上面往來行得熟了，方認得許多險阻去處。若素不曾行，忽然一旦撞行去，少間定墮坑落塹也。○慶源輔氏曰：人不經憂患困窮頓挫摧屈，則心不平，氣不易，察理不盡，處事多率。故謂人若要熟，須從這裏過。○潛室陳氏曰：更嘗變故多，則閱義理之會熟，熟謂義理與自家相便習，如履吾室中。

「人恒過，然後能改。困於心，衡於慮，而後作；徵於色，發於聲，而後喻。衡，與「横」同。

恒，胡登反。常也。猶言大率也。横，不順也。作，奮起也。徵，知盈反。驗也。喻，曉也。此又言中人之性，常必有過然後能改。新安陳氏曰：下文所謂「作」與「喻」，即是改過之事。蓋不能謹於平日，故必事勢窮蹙，以至困於心，横於慮，然後能奮發而興起；不能燭於幾平聲。微，故必事理暴著，以至驗於人之色，發於人之聲，然後能警悟而通曉也。朱子曰：困心衡慮者，心覺有其過；徵色發聲者，其過形於外。○慶源輔氏曰：舜，大聖人之事。傅説而下，皆上智之事。自人恒過而下，則中人之事也。纔言恒過而後能改，便見是中人之性矣。下兩句只是改過之事，雖是不能謹於平日，至於事勢窮蹙，困心衡慮，始能奮發而興起。然畢竟是其才尚足以有爲，雖是不能燭於幾微，至於事理暴著，徵色發聲，始能警悟而通曉。然畢竟是其智尚足以有察。如此，故亦可以進於善，若至是而猶不之覺焉，則下愚而已。

「入則無法家拂士，出則無敵國外患者，國恒亡。拂，與「弼」同。

此言國亦然也。慶源輔氏曰：上既言上智中人之事矣，故此推言在國亦然。法家，法度之世臣也；拂士，輔弼之賢士也。新安陳氏曰：人主爲國，内有守法持正者規諫之，外有敵國外患以警懼之，則不敢縱肆而國可保，否則驕縱而國亡矣。

「然後知生於憂患而死於安樂也。」樂音「洛」。

以上文觀之，則知人之生全出於憂患，而死亡由於安樂矣。新安陳氏曰：憂患未必便生，然憂患則警戒而其慮深，有生全之理，結章首至而「後喻」一截。安樂未必便死，然安樂則多怠肆而其志荒，有死亡之理，結「入則無法家」至「國恒亡」一節。自困而亨，上聖且然，諸賢皆然，中人則待有過而後能然，爲國者亦莫不然也。大概此章言處困苦憂患之意多，安樂，即憂患之反也。**○尹氏曰：「言困窮拂鬱，能堅人之志，而熟人之仁，**雲峯胡氏曰：必堅忍其志，然後自至於熟。堅志，是入德路頭；熟仁，是成德地步。**以安樂失之者多矣。」**南軒張氏曰：知生於憂患而死於安樂，生言生之道，死言死之道也。繼體之君，公侯之裔，生處安樂，無憂患可歷，則如之何？必也念安樂之可畏，思天命之無常，戒謹恐懼，不敢有其安樂，是乃困心衡慮之方，生之道也。死於安樂，非安樂能死之，以溺於安樂而自絶焉耳。故在君子，則雖處安樂而生理未嘗不遂；在小人，則雖處憂患而死亦恐不免，窮斯濫是也。○勉齋黄氏曰：恐懼脩省，常生於憂患；驕奢淫泆，必起於宴安。當阨窮困躓之餘，其操心危，其慮患深，其刻厲奮發以進於善，有不期然者矣。○新安陳氏曰：張子《西銘》云：「富貴福澤，將厚吾之生，貧賤憂戚，庸玉汝於成。」後二句，即孟子此章之意，前二句，孟子所未言也。人能知此，則處憂患者固可生，處安樂者亦不死矣。《盡心上》篇「有德慧」章意與此合，當參看。動心，是充廣道心；忍性，是節制人心。一是擴天理，一是遏人欲。

○孟子曰：「教亦多術矣，予不屑之教誨也者，是亦教誨之而已矣。」

多術，言非一端。「屑，潔也。」不以其人爲潔而拒絶之，所謂不屑之教誨也。其人若能感此，退自脩省，悉井反。**則是亦我教誨之也。**朱子曰：趙氏註：「屑，潔也。」考孟子「不屑就」，與「不屑不潔」之言，「屑」字皆當作「潔」字解。「不屑之教誨」，謂不以其人爲潔而教誨之，如坐而言不應，隱几而卧之類。○新安陳氏曰：不屑教，非忍而絶之，實將激而進之，是亦多術中教誨之一術也。孔子於孺悲，孟子於滕更皆是。○尹氏曰：「言或抑或揚，或與或不與，各因其材而篤之，無非教也。」

孟子集註大全卷之十二

孟子集註大全卷之十三

盡心章句上

凡四十六章。

孟子曰：「盡其心者，知其性也。知其性，則知天矣。

心者，人之神明，所以具衆理而應萬事者也。新安陳氏曰：「心者」，神明之舍。「具衆理」，心之體也；「應萬事」，心之用也。《大學章句》釋「明德」，《或問》釋「致知」之「知」字，此釋「心」字，大概三處互相發云。性則心之所具之理，而天又理之所從以出者也。人有是心，莫非全體，然不窮理，則有所蔽而無以盡乎此心之量。去聲。故能極其心之全體而無不盡者，必其能窮夫音扶。理而無不知者也。既知其理，則其所從出亦不外是矣。朱子曰：天者，理之自然，而人之所由以生者也。性者，理之全體，人之所得以生者也。心則人之所以主於身，而具是理者也。天大無外，而性稟其全，故人之本心，其體廓然亦無限量。惟其梏於形氣之私，滯於聞見之小，是以有所蔽而不盡。人能即事即物，窮究其理，至於一日會通貫徹而無所遺焉，則有以全其本然之體，而吾之所以爲性與天之所以爲天者，皆不外此而一以貫之矣。伊川云「盡心然後知性」，此不然，「盡」字大，「知」字零星。性者，吾心之實理，若不知得，却盡个甚？惟就知上積累將去，自然盡心。人能盡其心者只爲知其性，此句文義與「得其民者得其心也」相似，「者」字不可不仔細看。○人之所以盡其心者，以其知其性故也。蓋盡心與存心不同，存心即操存求放之事，是學者初用力處；盡心則窮理之至，廓然貫通之謂。所謂知性，即窮理之事也，須是窮理，方能知性。知性之盡，則能盡其心矣。○性以賦於我之分而言，天以公共道理而言，天便是箇大底人，人便是箇小底天，吾之仁義禮智，即天之元亨利貞，凡吾之所有者，皆自彼而來也。故知吾性，則自然知天矣。〇問：「如何是天者理之所出？」曰：天便是那太虛，但能盡心知性，則天便不外是矣。〇慶源輔氏曰：知性而盡心者，譬如家主盡識一家所有之物，然後隨取隨有，隨用隨足，方盡得家主之職。知性而知天，如家主既識得家中之物，則自然知此物是何從而來也。〇陵陽李氏曰：性與心初無間，而知與盡則有序。性與心無間，則知性故能盡心；知與盡有序，則謂盡之爲先而知之爲後，是失其先後之倫也。**以《大學》之序言之，知性則物格之謂，盡心則知至之謂也。**問：「盡心今既定作知至說，則知天一條當何繫屬？繫之知性之下，盡心之前，與知性俱爲一衮事耶？抑繫之盡心之下，乃知至又精熟底事邪？」朱子曰：知其性則知天矣，據此文勢只合在知性裏說。〇問：「四十而不惑，五十而知天命。不惑，謂知事物當然之理；知天命，謂知事物之所以然，便是知天知性之說否？」曰：然。

「存其心，養其性，所以事天也。」

存，謂操平聲。**而不舍。**上聲。**養，謂順而不害。事，則奉承而不違也。**朱子曰：先存心而後養性，存得父子之心盡，方養得仁之性；存得君臣之心盡，方養得義之性。存之養之即是事，心性即是天，故曰「所以事天也」。知性是知得性中物事，既知得，須盡知得方始是盡心。存其心，養其性，方始是做工夫處。如《大學》「物格而后知至」，物格者，物理之極處無不到，知性也。知至者，吾心之所知無不盡，盡心也。至於意誠，則存其心，養其性也，聖人說知必說行。〇存心者，氣不逐物而常守其至正也。養性者，事必循理而不害其本然也。〇心性皆天之所以與我者，不能存養而梏亡之，則非所以事天也。夫心具性，敬以存之，則性得其養而無所害矣。此君子之所以奉順乎天，蓋能盡其心，而終之之事，顔冉所以請事斯語之意。故敬者學之終始，所謂徹上徹下之道也。〇問：「盡心存心，盡莫是極至地位，存莫是初存得這心否？」曰：盡心也未說極至，只是凡事便須理會教十分周足，無少闕漏處方是盡。存也非獨是初工夫，初間固是操守存在這裏，到存得熟後，也只是存這「存」字，無始終只存這裹。○慶源輔氏曰：心是活物，須是操則存，不然，便放去矣。性是實理，須當順之而不害。害，謂違悖而戕傷之。性本不可以戕傷，言但爲自家違悖了，便是戕傷之也。奉承之而不違，便只是存心養性事。○問：「盡心知性，存心養性，上是知工夫，下是行工夫。然上一節知性在先，盡心在後，下一節存心在先，養性在後，何也？」潛室陳氏曰：知性，即窮理格物之學，是工夫最先者。盡心，即《大學》知至境界。存心，即誠意正心之謂，養性在其中矣。非存心外別有所謂養性工夫，故養性在存心下。○新安陳氏曰：人能存心養性，然後能事事合理。順事乎天，而無愧於天之所以賦予我者，此《西銘》所以曰「存心養性爲匪懈」，又曰「存吾順事」，存心養性，即所以順事之本也。

「殀壽不貳，脩身以俟之，所以立命也。」

殀壽，命之短長也。貳，疑也。不貳者，知天之至，脩身以俟死，則事天以終身也。立命，謂全其天之所付，不以人爲害之。朱子曰：殀壽不貳，不以死生爲吾心之欣戚也。不貳，是不疑，若一日未死，一日要是當，百年未死，百年要是當，這便是立命。既不以殀壽貳其心，又須脩身以俟，方始能立命。不以殀壽動心，一向亂做又不可，殀壽不貳，便是知性知天之力。脩身以俟，便是存心養性之功。立命一句，更用通下章看，此與《西銘》都相貫穿。○殀壽之不齊，蓋氣之所禀有不同者。不以悅戚二其心，而惟脩身以俟之，則天之正命自我而立，而氣禀之短長非所論矣。○慶源輔氏曰：徇私以賊理，縱欲以傷生，皆所謂以人爲害之也。○新安陳氏曰：命之短長，此「命」字以氣言。立命，此「命」字兼理與氣言。○程子曰：「心也、性也、天也，一理也。自理而言謂之天，自禀受而言謂之性，自存諸人而言謂之心。」張子曰：「由太虛，有天之名；由氣化，有道之名；合虛與氣，有性之名；合性與知覺，有心之名。」朱子曰：由太虛有天之名，由氣化有道之名，此是總說。合虛與氣有性之名，合性與知覺有心之名，此就人上說。四句本只是一箇太虛，漸細分說得密耳。由太虛有天之名，便是四者之總體而不雜乎四者之言，由氣化有道之名，氣化者那陰陽造化，金、木、水、火、土皆是。太虛便是太極圖上面一圓圈，氣化便是陰静陽動。「合虛與氣有性之名」，有這氣便有這理隨在這裏。若無此氣，這理在甚處安頓？合性與知覺有心之名，知覺又是那氣之虛處，聰明視聽，作爲運用，皆是知覺。○有是物，則有是理與氣，故有性之名。若無是物，則不見理之所寓。由太虛有天之名，只是據理而言。由氣化有道之名，由氣之化各有生長消息底道理，故有道之名。既已成物，則物各有理，故曰合虛與氣有性之名。○九峯蔡氏曰：横渠四語，只是「理氣」二字而細分，由太虛有天之名，即無極而太極之謂，以理言也；由氣化有道之名，即一陰一陽之謂道之謂，以氣言也；合虛與氣有性之名，即繼之者善，成之者性之謂，以人物稟受而言也；合性與知覺有心之名，即人心道心之謂，以心之體而言也。○趙氏曰：《集註》並舉程、張二說，正欲學者於三者同處分析得異處分明，於異處體會得同處親切耳。○新安陳氏曰：天者，理而已。惟以理言，則幾於泛。以形體謂之天，惟以形體言，則涉於淺。今曰太虛，則虛空之中有太極之理，此由太虛所以有天之名也。一陰一陽之謂道，所以一陰而又一陽，一陽而又一陰者，氣之化也。化云者，所以然之妙也，此由氣化所以有道之名也。合太虛之虛，與氣化之氣，理寓於氣而具於人，此合虛與氣所以有性之名也。性，理也。知覺，所以知覺此理也。偏言知覺，惟見氣之靈耳。必合性與知覺言之，所以有心之名也。以此剖析之，其庶幾乎？

愚謂盡心知性而知天，所以造七到反。其理也；存心養性以事天，所以履其事也。不知其理，固不能履其事；然徒造其理而不履其事，則亦無以有諸己矣。慶源輔氏曰：不知其理，則冥行妄作而已；不履其事，則必至於妄想空虛。知天而不以殀壽貳其心，智之盡也；事天而能脩身以俟死，仁之至也。智有不盡，固不知所以爲仁；然智而不仁，則亦將流蕩不法而不足以爲智矣。朱子曰：盡心者，私智不萌，萬理洞貫，斂之而無所不具，擴之而無所不通之謂也。學至於此，則知性之爲德無所不該，而天之爲天者不外是矣。存者，存此而已；養者，養此而已。死生不異其心，而脩身以俟其正，則不拘乎氣稟之偏，而天之正命自我立矣。○大概此章所謂盡心者，物格知至之事，曾子所以一唯而無疑於一貫之言者是也。所謂事天者，誠意正心脩身之事，曾子所以臨深履薄而無日不省其身者是也。所謂立命者，如是以没身焉，曾子所以啓手足而知免，得正斃而無求者是也。以是推之，一章之指略可見矣。○節齋蔡氏曰：孟子此章與《大學》、《中庸》相表裏。窮其理以知天，即《中庸》所謂智也；履其事以事天，即《中庸》所謂仁也；殀壽不貳，脩身以俟死，所以立命而不渝，即《中庸》所謂勇也。與《大學》合，前屢言矣。○雲峯胡氏曰：欲造其理者，用工全在知性上。知性有工夫，盡心無工夫。盡是大段見功，知是積累用功。欲履其事者，用工全在存心上。存心有工夫，養性無大工夫。存者，操之而不舍。養，不過順之而不害耳。《集註》分理與事言，又分智與仁言，何也？蓋能知其理，已自是智，然必不以殀壽貳其心，方見其爲智之盡；能踐其事，已自是仁，然必脩身以俟死，方見其爲仁之至。「流蕩不法」四字，讀者多以爲指異端之學言，愚見「流蕩」與「存養」字相反，「不法」與「脩」字相反，能存養，則不至於流蕩矣；能脩身，則所爲無不法者矣。流蕩不法，則是不能全其天之所與，而以人爲害之者也。

○孟子曰：「莫非命也，順受其正。

人物之生，吉凶禍福皆天所命。然惟莫之致而至者，乃爲正命，故君子脩身以俟之，所以順受乎此也。「此」字指正命。○朱子曰：「莫非命也」，此一句是活絡在這裏，看他如何來，然在天言之，皆是正命；在人言之，便有正有不正。此「命」字是指氣言，若我無以致之，則命之壽殀皆是合當如此者，如顔子之夭、伯牛之疾是也。○雲峯胡氏曰：莫非命也，凡有生者之所同；順受其正，能脩身者之所獨。○新安陳氏曰：此「命」字，氣也；順受其正，理也。立巖牆下，非理也；盡道而死，理也。桎梏死，非理也。君子必以理御氣。

「是故知命者，不立乎巖牆之下。

命，謂正命。巖牆，牆之將覆者。知正命，則不處上聲。危地以取覆壓之禍。慶源輔氏曰：立乎巖牆之下以致覆壓而死，則乃是人所自取耳，非天爲之也。蓋巖牆有傾覆之勢，自家却去下面立地，便是自取其覆壓也。是故君子戰戰兢兢，如履薄冰，非禮勿動。○雲峯胡氏曰：《集註》於此「命」字必曰「正命」者，蓋上文有「莫非命也」一句，故死於巖牆之下亦命也，但非正命爾。惟知正命者，則不立乎巖牆之下。○新安陳氏曰：巖牆下，理不當立，立而壓死，人所自取，非正命也。

「盡其道而死者，正命也。」

盡其道，則所值之吉凶，皆莫之致而至者矣。問：「人或死於干戈，死於患難，如比干之類，亦是正命乎？」朱子曰：固是正命。又問：「以理論之，則謂之正命。以死生論之，則非正命，如何？」曰：如何恁地說得？盡其道而死者，正命也；當死而不死，却是失其正命。此處須當活看，古人所以殺身成仁，舍生取義，學者須是於此處見得，臨利害時便將自家斫剉了，直須是壁立萬仞始得。如今小有利害，便生計較，便說道恁地死非正命，如何得？○新安陳氏曰：盡其道，即上章所謂脩身是也。

「桎梏死者，非正命也。」

桎梏，所以拘罪人者。桎，音質，足械也。梏，姑沃反，手械也。言犯罪而死，新安陳氏曰：不盡其道而有罪爲犯罪，若在縲絏非其罪者，不謂之犯罪。與立巖牆之下者同，皆人所取，非天所爲也。問：「桎梏死者雖非正命，然亦以命言，此乃自取，如何謂之命？」朱子曰：亦是自作而天殺之，但非正命耳。使文王死於羑里，孔子死於桓魋，却是正命。○新安陳氏曰：天之命於人，吉凶禍福，死生壽殀，雖萬變而不齊。人之事乎天，必盡其道，有正無邪，則一定而不易。能盡其道而值其吉且福且壽者，固正命也，此似有以致之，然我惟知自盡其道耳，初非有所覬覦於天而爲之也。盡道而吉福壽自至焉，非天命之正而何？苟盡其道，不幸而值凶禍夭，是我於道理本無愧，不過自值乎凶禍夭耳。非我有以致之而然，是亦命之正也。必不盡其道，自取禍敗喪亡，則自有以致之，始不得爲正命耳。○此章與上章蓋一時之言，所以發其末句未盡之意。潛室陳氏曰：凡死雖均是命，但盡道而無憾者爲正。比干雖殺身，正也；盜跖雖永年，非正也。知，謂知此道理；立，謂盡此道理。不惑於死生壽夭，豈是天理排定，是謂知命。既知得了，不成一向委付於命，須是盡了自家身分上道理，無少虧欠方是立命。盡此道理了，恁時死才無憾，是謂正命。○雲峯胡氏曰：前章末句言立命，是全其天之所付而不以人爲害之者也。此所謂桎梏死，及死于巖牆之下，是不知正命，未免流蕩不法而以人爲害之矣。立命是已造聖賢之域，知命是方入聖賢之階。立在知後，知在立先。

○孟子曰：「求則得之，舍則失之，是求有益於得也，求在我者也。舍，上聲。

在我者，謂仁、義、禮、智凡性之所有者。

「求之有道，得之有命，是求無益於得也，求在外者也。」

有道，言不可妄求。有命，則不可必得。在外者，謂富貴利達，凡外物皆是。「命」字以氣言。○趙氏曰：「言爲仁由己，富貴在天，如不可求，從吾所好。」去聲。○朱子曰：富貴身外之物，求之惟恐不得。縱使得之，於身心無分毫之益，况不可必得乎？若義理，求則得之，能不喪其所有，可以爲聖爲賢，利害甚明。○南軒張氏曰：言求在我者有益於得，所以擴天理也；言求在外者無益於得，所以遏人欲也。富貴利達，衆人謂已有求之之道，然不知其有命焉，固有求而得之者矣，是亦有命而非求之能有益也。蓋亦有巧求而不得者多矣，以此可見其無益於得也。○新安陳氏曰：此章言仁、義、禮、智根於性，乃所當求。富貴利達制於命，不可必求也。

○孟子曰：「萬物皆備於我矣。

此言理之本然也。大則君臣父子，小則事物細微，其當然之理，無一不具於性分去聲。之内也。

「反身而誠，樂莫大焉。樂音洛。

誠，實也。言反諸身而所備之理皆如惡去聲。惡臭、好去聲。好色之實然，則其行之不待勉强上聲。而無不利矣，利，順也。其爲樂，孰大於是？朱子曰：萬物，不是萬物之迹，只是萬物之理。如君臣之義、父子之親，這道理本備於吾身。誠是實有此理，檢點自家身上果無欠缺，事君真箇忠，事父真箇孝，莫不各盡其當然而無一毫之不盡，則仰不愧天，俯不怍人，自然是快活。然反之於身有些子不實，則中心愧怍不能以自安，如何會樂？横渠謂反身而誠則不慊於心，此説極有理。○反身而誠，見得本具是理，而今亦不曾虧欠了他底。若不反身而誠，只是天下公共之理，我無與焉。○此乃躬行之至，無一理不實有於吾身，非爲一時見處發也。如仁義忠孝應接事物之理皆真有之，而非出於勉强僞爲也。此是見得透、信得及處，到此地位，則推己及物，不待勉强而仁在我矣。下言强恕而行者，蓋言未至於此，則當强恕以去己私之蔽，而求得夫天理之公也。○潛室陳氏曰：反諸身者既是萬理皆實，即渾身是義理流行，何處不順裕？苟於實理無得，即觸處滯礙無往而非逆境，何樂之有？○雲峯胡氏曰：此一「反」字，只是自檢點過，不是「湯、武反之」之反。

「强恕而行，求仁莫近焉。」强，上聲。

强，勉强也。恕，推己以及人也。反身而誠，則仁矣，其有未誠，則是猶有私意之隔，而理未純也。故當凡事勉强，推己及人，庶幾平聲。心公理得而仁不遠也。朱子曰：强恕不言忠，無忠何以爲恕？蓋有心爲恕，則忠固在其中矣。所謂「無忠做恕不出，兩字不容去一」者，正謂此也。若自己心裏元自不實不盡，更將何物推以及人？以此見凡説「恕」字，必有「忠」字在源頭了。今人皆不忠之恕，惟務苟且於一時，不復有己可推，亦無復近仁矣。○反身而誠，則恕從這裏流出，不用勉强。未到恁田地，須是勉强。○問：「强恕而行。」曰：此是元不曾恕在，故當凡事勉强，推己及人。若反而誠，則無待於勉强矣。强恕而行，是要求至於誠。○雲峯胡氏曰：强恕求仁，即誠之之事。

○此章言萬物之理，具於吾身。體之而實，則道在我而樂音洛。有餘；聖賢之事。行之以恕，則私不容而仁可得。學者之事。○朱子曰：反身而誠，自然循理，所以樂。强恕而行，且恁地把捉勉强做去。萬物皆備於我，下文「反身」、「强恕」皆蒙此句爲義。强恕者，亦是他見得萬物皆備於我了，只争着一箇反身而誠，便須要强恕上做工夫，亦只是要去箇私意而已。私意既去，則萬物自無欠缺處矣。○新安陳氏曰：樂莫大焉，必以無不慊，仰不愧、俯不怍形容，方見樂之味。《集註》雖不用此語，然曰「如惡惡臭、好好色之實然」，則是以《大學》「誠意」章自慊之意言之，而此意已在其中矣。誠與仁，一理耳。實有此理，則曰誠；純乎此理而無私，則曰仁。未有誠而不仁者也，亦未有仁而不誠者也。

○孟子曰：「行之而不著焉，習矣而不察焉，終身由之而不知其道者，衆也。」

著者，知之明；察者，識之精。慶源輔氏曰：著則明之而已，察則又加精焉。言方行之而不能明其所當然，既習矣而猶不識其所以然，習，謂行之積習既久。所以終身由之而不知其道者多也。慶源輔氏曰：所當然，是就事上說；所以然，是就理上說。凡事皆有所當然，必有理之所以然。人能於方行之時，明其事之所當然；既習之後，又識其理之所以然，則能知夫道矣。○勿軒熊氏曰：此與上章通言有此三等人：反身而誠，上也；强恕而行，次也；此承上章而言，下等人也。○新安陳氏曰：天下事物，有當然之則，必有所以然之故。行而不明當然之則，習而不察所以然之故，此爲凡人言也。《易》曰「百姓日用而不知」，終身由之而不知其道，於凡人無責也，學者則不當然矣。孟子斯言，其亦憫凡人而不無望於學者與？

○孟子曰：「人不可以無恥。無恥之恥，無恥矣。」

趙氏曰：人能恥己之無所恥，是能改行去聲。從善之人，終身無復扶又反。有恥辱之累矣。南軒張氏曰：恥者，羞惡之心所推也。恥吾之未能進於善，則善可遷；恥吾之未能遠於過，則過可消。苟惟漠然無所恥，則爲無所忌憚而已矣。故人當以無所恥爲恥也。○慶源輔氏曰：恥者，改過遷善之機也，人能以己之無恥爲恥，則思去其耻而恥可無，否則安於其恥而恥終不可免。

○孟子曰：「恥之於人大矣。

恥者，吾所固有羞惡去聲。之心也。存之則進於聖賢，失之則入於禽獸。故所繫爲甚大。慶源輔氏曰：存之則有所不爲，故可進於聖賢；失之則無所不爲，故至入於禽獸。讀之使人凜凜。

「爲機變之巧者，無所用恥焉。

爲機械下戒反。變詐之巧者，所爲之事皆人所深耻，而彼方且自以爲得計，故無所用其愧恥之心也。慶源輔氏曰：陷溺其心於機械變詐之巧，則是無所不爲者也。故人雖以爲深恥而己方自以爲得計，其愧恥之心雖其固有，亦自窒塞而不復發見矣。○雲峯胡氏曰：「爲機變之巧」，此「巧」字便與「恥」字相反，耻則守正而有所不爲，巧則行險而無所不爲。雖其本心未嘗無恥，而彼方自矜其爲之之巧，則無所用其恥矣。周夫子拙賦，正是深貶此一「巧」字。

「不恥不若人，何若人有？」

但無恥一事不如人，則事事不如人矣。或曰：「不恥其不如人，則何能有如人之事。」其義亦通。新安陳氏曰：前説以不恥爲無恥，不如後説之明順。其意蓋曰：恥不如人，則漸能如人；不恥其不如人，則何能如人之有？或問：「人有恥不能之心，如何？」程子曰：「恥其不能而爲之，可也；恥其不能而掩藏之，不可也。」慶源輔氏曰：程子是用後説，恥不能而爲之，則終必能，是以貴夫恥也。恥不能而掩藏之，則終不能矣，是不能擴充夫恥也。

○孟子曰：「古之賢王好善而忘勢，古之賢士何獨不然？樂其道而忘人之勢，故王公不致敬盡禮，則不得亟見之。見且猶不得亟，而況得而臣之乎？」好，去聲。樂音洛。亟，去吏反。

言君當屈己以下去聲，降也。賢，士不枉道而求利，二者勢若相反，此「勢」字，不與本文二「勢」字相關。而實則相成，蓋亦各盡其道而已。張子曰：不資其力而利其有，則能忘人之勢，若資仰其富貴而欲有所取，則不能矣。○南軒張氏曰：在上者忘其勢而惟恐不得天下之善，在下者忘人之勢而惟義是從，此爲俱得其道。使二者一旦而相合，則上下交而爲泰矣。故王公不致敬盡禮於賢士，雖欲數見之且不得，況可得而臣之？蓋士非以此自高也，其道固當爾也。○慶源輔氏曰：君好善，則不知勢之在己；士樂道，則不知勢之在人。兩盡其道，則雖若相反而實相成。不然，君挾其勢而驕夫士，士懾於勢而徇乎君，則兩失其道矣，尚何足與有爲哉？○雲峯胡氏曰：使爲君者有以成賢士樂道之志，而爲士者肯出而成其君好善之美，則上下交而爲泰矣。此《集註》所謂相成也。新安陳氏曰：致敬，内致敬也；盡禮，外盡禮也。王公必致敬盡禮於賢，是能好善而忘勢，屈己以下賢也；賢士必待君致敬盡禮而後應之，是能樂道忘人之勢，不枉道而求利也。

○孟子謂宋句踐曰：「子好遊乎？吾語子遊。句音鉤。好、語，皆去聲。

宋，姓。句踐，名。遊，遊説音稅。也。

「人知之，亦囂囂；人不知，亦囂囂。」

趙氏曰：「囂囂，五高、許驕二反。自得無欲之貌。」慶源輔氏曰：遊説之士，大病是不識義理而惟欲其言之售，故往往以人之知不知爲欣戚，是以孟子語以自得無欲之説。○新安陳氏曰：自得於己而無所欲於人，非内重而外輕者不能也。

曰：「何如斯可以囂囂矣？」曰：「尊德樂義，則可以囂囂矣。樂音洛。

德，謂所得之善。尊之，則有以自重，而不慕乎人爵之榮。義，謂所守之正，樂之，則有以自安，而不徇乎外物之誘矣。慶源輔氏曰：尊，如「尊德性」之「尊」。樂，如「樂天知命」之「樂」。○新安陳氏曰：能如此，則自得無欲之氣象，自然著見而不可掩矣。

「故士窮不失義，達不離道。離，力智反。

言不以貧賤而移，不以富貴而淫，此尊德樂義見形甸反。於行事之實也。新安陳氏曰：尊德樂義，内存於心，無迹可見。必窮有定守而不失義，所謂貧賤不能移；達有實用而不離道，所謂富貴不能淫。此乃尊德樂義著見於行事之實迹也。

「窮不失義，故士得己焉；達不離道，故民不失望焉。

得已，言不失已也。不失已，如云「不失其身」。民不失望，言人素望其興道致治，去聲。而今果如所望也。慶源輔氏曰：窮不失義，則在我者得其所守；達不離道，則能興道致治以慰斯民平日之所望。

「古之人，得志，澤加於民；不得志，脩身見於世。窮則獨善其身，達則兼善天下。」見音現。

見，謂名實之顯著也。新安陳氏曰：內盡脩身之實，而名自著見於世。蓋實之不可掩者，非君子願乎其外而欲以是自見也。此又言士得已，民不失望之實。新安陳氏曰：得志兼善，此民不失望之實；不得志獨善，此士得已之實也。○此章言內重而外輕，則無往而不善。南軒張氏曰：句踐徇名而外求者，孟子使求之吾身而已。夫士達所不離之道，即其窮所不失之義也。道言體，義言用，互相明耳。窮不失義，則無慕乎外，故有以自得於己。一違於義，則失己矣。達不離道，則凡其注措設施無非道之所在，故有以副民望也。得志澤加於民，其道得行也；不得志脩身見於世，惟義之安也。其曰「得志」、「不得志」云者，蓋澤加於民，雖所性不存焉，而道行，固亦君子本志之所欲也。○雲峯胡氏曰：內重是德義，外輕是窮達，嚴內外輕重之分者，既不失其本性之善，故窮亦善，達亦善，但達則能使民皆歸於善，窮則此身自不失其善耳。

○孟子曰：「待文王而後興者，凡民也。若夫豪傑之士，雖無文王猶興。」夫音扶。

興者，感動奮發之意。凡民，庸常之人也。豪傑，有過人之才智者也。蓋降衷秉彝，人所同得，唯上智之資，無物欲之蔽，爲能無待於教而自能感發以有爲也。南軒張氏曰：興者，興起於善道也。文王，風化之盛者。必待風化之盛、薰陶漸漬而後興起，此衆民耳。若夫豪傑之士，則卓然自立，無待於人，雖無文王，固自興起也。此章勉人使自立耳。○慶源輔氏曰：文武興則民好善，此中人以下之資也。蓋無特立之操，教之善則爲善，否則爲惡矣。唯豪傑之士，無物欲之累以蔽其秉彝之天，有過人之才以致其爲善之力，雖無聖人在上以教率之，自能奮其特立之操以有爲也。孟子此言，蓋欲學者不以凡民自棄，而以豪傑自期耳。

○孟子曰：「附之以韓魏之家，如其自視欿然，則過人遠矣。」欿音坎。

附，益也。韓魏，晉卿富家也。欿然，不自滿之意。尹氏曰：「言有過人之識，則不以富貴爲事。」南軒張氏曰：以外物爲重輕者，不得其欲則不足，得則滿矣。其滿與不足，係乎外物者也。若益以韓魏之家而自視欿然，則是不以外物爲重輕，志存乎道義而已。所進又可量乎？其過人也遠矣。

○孟子曰：「以佚道使民，雖勞不怨。以生道殺民，雖死不怨殺者。」

程子曰：「以佚道使民，謂本欲佚之也，播穀乘屋之類是也；以生道殺民，謂本欲生之也，除害去去聲。惡之類是也。蓋不得已而爲其所當爲，則雖咈符勿反。民之欲而民不怨，其不然者反是。」朱子曰：彼有惡罪當死，吾求所以生之者而不得，然後殺之以安衆而厲其餘，此以生道殺之也，彼亦何怨之有。○慶源輔氏曰：播穀乘屋之類雖不免於勞，然其本意則乃欲佚之而已，故雖勞而不怨；除害去惡之類雖不免於殺，然其本意則乃欲去之而已，❶故雖死而不怨殺者。○不得已者，事也；爲其所當爲者，理也。事雖不得已，而吾但爲其理之所當爲，故雖勞之殺之，可謂咈民之欲矣，而民自不怨。不然，則是私意妄作而已。民之怨怒，其可得而逃乎？君子其亦謹其所謂勞與殺之事哉。○新安陳氏曰：事雖不得已而理實所當爲，則雖咈民之私欲而實契民之公心，故民雖勞且死而自不怨也。

○孟子曰：「霸者之民，驩虞如也；王者之民，皞皞如也。」皞，胡老反。

驩虞，與「歡娛」同。皞皞，廣大自得之貌。程子曰：「驩虞有所造爲而然，豈能

❶「去」，四庫本及《四書纂疏》作「生」。

久也？耕田鑿井，帝力何有於我？《帝王通曆》：帝堯之時，有老人擊壤於路曰：「吾日出而作，日入而息，鑿井而飲，耕田而食，帝力於我何哉？」《風土記》云：擊壤者，以木爲之，長三四寸，形如履，臘節僮少以爲戲。將戲，先側一壤於地，遥於三四十步以手中壤擿之，中者以爲上。如天之自然，乃王者之政。」楊氏曰：「所以致人驩虞，必有違道干譽之事；若王者則如天，亦不令力呈反。下同。人喜，亦不令人怒。」慶源輔氏曰：霸者，亟民之從，規模狹窄，時下雖得民之歡娱，然豈能久哉？事過意息，則忘之矣。至於王者則如天道之自然，當生則生，當殺則殺，而民自忘其喜怒也。○新安陳氏曰：二「如」字，似「恂恂如」、「踧踖如」之「如」，語助辭也。霸者之民，感上之惠而驩虞如，霸功淺近易悦故也；王者之民，忘上之德而皥皥如，王道廣大深遠而無迹故也。

「殺之而不怨，利之而不庸，民日遷善而不知爲之者。

此所謂皥皥如也。庸，功也。《周禮》曰：「民功曰庸。」豐氏曰：豐氏，名稷，字相之，四明人。「因民之所惡去聲。而去上聲。之，非有心於殺之也，何怨之有？新安陳氏曰：即上章以生道殺民之意。因民之所利而利之，非有心於利之也，何庸之有？輔其性之自然使自得之，故民日遷善而不知誰之所爲也。」慶源輔氏曰：因民之性，輔其自然使自得夫善，如堯所謂匡之直之，輔之翼之，使自得之是也。惟其如是，故民日遷於善而不知誰之使我如此也。此即程子所謂「耕田鑿井，帝力何有於我」之事。

「夫君子所過者化，所存者神，上下與天地同流，豈曰小補之哉？」夫音扶。

君子，聖人之通稱也。所過者化，身所經歷之處，即人無不化。如舜之耕歷山而田者遜畔，陶河濱而器不苦窳音愈。也。所存者神，心所存主處便神妙不測，如孔子之立斯立、道去聲。斯行、綏斯來、動斯和，莫知其所以然而然也。此句釋「神」字。是其德業之盛，慶源輔氏曰：德以其得於己者而言，業以其見於事者而言。乃與天地之化同運並行，舉一世而甄吉延反。陶之，非如霸者但小小補塞先則反。其罅虛訝反。漏而已。此則王道之所以爲大，而學者所當盡心也。程子曰：所存者神，在己也；所過者化，及物也。○朱子曰：經歷，不必爲經行之地。凡其身之所臨，政之所及，風聲氣俗之所被，皆謂經歷。程子直以所過者化爲及物，蓋言所過者化，則凡所經歷，物無不化，不必久於此而深治之，然後物從其化也。其曰「在己」者蓋以化者無意而及物，此則誠於此而動於彼，其感應之速，如影響形聲之召，有不知其所以然者，是則所謂神爾。○問：「所經歷處皆化，如此即是民化之，非『大而化之』之『化』?」曰：作「大化」之「化」有病，只是所經歷處，纔霑著些便化。雷一震而萬物俱生動，霜一降而萬物皆成實，無不化者。《書》曰「俾予從欲以治」，四方風動，亦是此意。○存是自家主意處便神妙不測，亦是人見其如此。○上下與天地同流，重鑄一番過相似。小補，只是逐片逐些子補綴。○自「王者之民，皞皞如也」而下至此，皆説王者功用如此。○南軒張氏曰：霸者之爲利，小而近；目前之利，民歡樂之，王者之化，遠而大。涵養斯民，富而教之，民安於其化由於其道而莫知其所以然也。○新安陳氏曰：過化存神，所存主者其體也。所過者化，以其所存者神也，若此則上下與天地同流矣。言其配化育之流行也，視霸者之區區求以利之者，不亦小乎? 夫以王者功用之大，其本在於過化存神而已，而此二者，又存神爲之主焉。○孟子辨王霸屢矣，此又言王霸之民其不同如此。首以霸與王對説，中言王而不及霸，末方以小補繳上霸者之事。

○孟子曰：「仁言，不如仁聲之入人深也。

程子曰：「仁言，謂以仁厚之言加於民。仁聲，謂仁聞，去聲。謂有仁之實而爲衆所稱道者也。此尤見仁德之昭著，故其感人尤深也。」慶源輔氏曰：仁言，如《書》所載訓誥誓命之類是也。仁聲，如邠人聞太王爲仁人，伯夷太公聞文王善養老之類是也。

「善政，不如善教之得民也。

政，謂法度禁令，所以制其外也。教，謂道去聲。德齊禮，所以格其心也。慶源輔氏曰：善政，亦非徒尚夫法度禁令也，固亦有德行乎其間，但道之以政，齊之以刑，終不若道之以德，齊之以禮者，得民之心感而誠服也。

「善政民畏之，善教民愛之。善政得民財，善教得民心。」

得民財者，百姓足而君無不足也；得民心者，不遺其親不後其君也。南軒張氏曰：善政立而後善教可行，所謂「富而教之」者也。孟子論得民心，必歸之善教者，蓋至此而後爲得民之至也。○慶源輔氏曰：百姓足而君無不足者，取之有道，用之有節，故民先自足而君亦無不足也。不遺其親，不後其君，使民之於君，親之如父母，愛之如四體，尊而敬之，則得其財，與無不足又有不足道者矣。○雲峯胡氏曰：孟子之意蓋謂使民畏，不如使民愛；得民財，不如得民心。然「善政得民財」一句，《集註》又恐後世貪君汙吏借此以藉口，訓之曰「得民財者，百姓足而君無不足也」。意謂無善政，則百姓不足，君孰與足矣？然有善政以得民財，孟子猶以爲不如善教之得民心，况後世無善政而取民之財者哉？

○孟子曰：「人之所不學而能者，其良能也；所不慮而知者，其良知也。

良者，本然之善也。程子曰：「良知良能皆無所由，乃出於天，不繫於人。」西山真氏曰：善出於性，故有本然之能，不待學而能；本然之知，不待學而知也。

「孩提之童，無不知愛其親也；及其長也，無不知敬其兄也。長，上聲。下同。

孩提，二三歲之間，知孩笑、可提抱者也。愛親敬長，所謂良知良能也。慶源輔氏曰：孩提而下，又所以指其良知良能之在人者曉之，是豈待學而後能，慮而後知哉？○新安陳氏曰：孩提知愛親敬兄，與能愛親敬兄，此蓋指良知良能之先見而切近者以曉人也。

「親親，仁也；敬長，義也。無他，達之天下也。」

言親親敬長，雖一人之私，然達之天下無不同者，所以爲仁義也。朱子曰：「無他，達之天下」，只説達之天下無别道理。○問：「仁義不止於孝弟，而孟子以爲達之天下，還是推孝弟之心以友愛天下，即是仁義否？」潛室陳氏曰：此章無推此及彼之意，所謂達，乃「達道」、「達德」之達，言人心所同然也。親親，仁之發；敬長，義之發。仁義之道無他，人心之所同然耳。○新安陳氏曰：親吾親，敬吾長，雖一人之私，然推而達之天下，則人人皆親親敬長，無不同者，此人心天理之公也。親親，仁之實；敬長，義之實。仁義不待外求，不過即人之本心，可通乎天下之人心，而仁義不可勝用矣。正以愛親敬兄，出於良知良能者，凡人之性無不同此本然之善故也。

○孟子曰：「舜之居深山之中，與木石居，與鹿豕遊，其所以異於深山之野人者幾希；及其聞一善言，見一善行，若決江河，沛然莫之能禦也。」行，去聲。

居深山，謂耕歷山時也。蓋聖人之心，至虚至明，渾上聲。然之中，萬理畢具。新安陳氏曰：此由其感而應之用，而推原其未感未應之體如此。一有感觸，則其應甚速而無所不通。新安陳氏曰：善言善行，皆是感觸我者，聞而急聽之，見而急行之，若決江河沛然莫禦，乃其應之甚速而無不通者矣。非孟子造七到反。道之深，不能形容至此也。問：「舜聞善言，見善行，若決江河沛然莫能禦，其未有所聞見時，氣象如何？」朱子曰：湛然而已，其理充塞具備，一有所觸，便沛然而不可禦。○南軒張氏曰：所謂善言善行者，豈有外於舜之性哉？惟舜之心純乎天理，故聞善言見善行不待勉强而自趨，沛然若決江河之莫禦也。○新安陳氏曰：孟子又嘗曰：「大舜有大焉，善與人同，舍己從人，樂取諸人以爲善。」與此章實互相發。蓋舜之心，萬善之感會也，聞見天下之善因感觸吾心之善，即勇於從之合而爲一人之善，此大舜之所以爲大歟？

○孟子曰：「無爲其所不爲，無欲其所不欲，如此而已矣。」

李氏曰：「有所不爲不欲，人皆有是心也。至於私意一萌，而不能以禮義制之，則爲所不爲、欲所不欲者多矣。能反是心，則所謂擴充其羞惡去聲。之心者而義不可勝平聲。用矣。故曰如此而已矣。」華陽范氏曰：君子所當爲者義也，所不可爲者不義也；所可欲者善也，所不可欲者不善也。不爲不義，則所爲皆義；不欲不善，則所欲皆善。君子之道，止於如此而已矣。○朱子曰：人心至靈，其所不當爲不當欲之事，何嘗不知？但初間自知了，到計較利害却自以爲不妨，便自冒昧爲之欲之耳。今既知其所不當爲不當欲者，便要這裏截斷，斷然不爲不欲，故曰「如此而已矣」。○勿軒熊氏曰：此《大學》「誠意」章事，「無爲其所不爲」，是就躬行上克治，所謂「志士厲行，守之於爲」也；「無欲其所不欲」，是就心之發念處克治，所謂「哲人知幾，誠之於思」也。○雲峯胡氏曰：有所不爲，有所不欲，是本來羞惡之心；無爲其所不爲，無欲其所不欲，是能擴充其羞惡之心。爲是一身之動，欲是一念之動，不惟謹其動而且謹其動之幾，是真能擴充其羞惡之心而義不可勝用矣。○新安陳氏曰：李氏之説，上言禮義，下獨言義者。蓋以義制事，則能不爲其所不當爲；以禮制心，則能不欲其所不當欲，故兼以禮義言之。然義者，心之制也，施之斷制，義爲尤切，斷然不爲其所不當爲，不欲其所不當欲，則在充其羞惡之心以達夫義之用而已。

○孟子曰：「人之有德慧術知者，恒存乎疢疾。知，去聲。疢，丑刃反。

德慧者，德之慧。慧，聰警也。術知者，術之知。疢疾，猶災患也。言人必有疢疾，則能動心忍性，增益其所不能也。慶源輔氏曰：德之慧，謂慧德也，與昏正相反。術之智，謂智術也。與愚正相反。疢疾，則非真是病，故曰「猶災患也」。人惟有災患竦動其仁義禮智之心，堅忍其食色臭味之性，故能增益其所不能而有夫德慧術智也。

「獨孤臣孼子，其操心也危，其慮患也深，

故達。」

孤臣，遠臣；獨，惟也，不連「孤」字。孼子，庶子，皆不得於君親而常有疢疾者也。達，謂達於事理，即所謂德慧術知也。南軒張氏曰：人平居無事，漠然不省，唯疢疾加焉，則動心忍性，有所感發，故慧知由此而生。危故專一而不敢肆，深故精審而不敢忽。專精之極，故於事能通達也。處安樂者誦斯言，可不思逸豫之溺人而深戒懼乎？當憂患者誦斯言，可不念其爲進德之地而自勉厲乎？○新安陳氏曰：此章與「舜發畎畝」章互相發，故《集註》及南軒之説，皆引「動心忍性」以釋此章。人苟履憂患之境，處孤孼之勢，當知天以是玉我于成，勿自沮而深自力，于以進其德，益其術，庶幾操心危而卒無危，慮患深而卒免患，而至於達乎！達則德必慧，術必知，而疢疾不能爲吾患矣。

○孟子曰：「有事君人者，事是君則爲容悦者也；

阿徇以爲容，逢迎以爲悦，此鄙夫之事、妾婦之道也。慶源輔氏曰：阿徇爲容，謂長君之惡以求容其身者；逢迎爲悦，謂逢君之惡以求君之悦者。

「有安社稷臣者，以安社稷爲悦者也；

言大臣之計安社稷，如小人之務悦其君，眷眷於此而不忘也。慶源輔氏曰：此即所謂天理人欲同行而異情也，其眷眷不忘雖同，而其情則異，一則務爲容悦之私，一則務安社稷以爲意也。

「有天民者，達可行於天下而後行之者也；

民者，無位之稱。以其全盡天理，乃天之民，故謂之天民。必其道可行於天下，然後行之；不然，則寧没世不見知而不悔，不肯小用其道以徇於人也。張子曰：「必功覆敷救反。斯民然後出，如伊、吕之徒。」雲峯胡氏曰：伊尹爲天民之先覺，此則曰「有天民者」，旨意不同。蓋前所謂天民者皆禀氣於天，均之爲天生之民，此則以其全盡天理，乃天之民也。○新安陳氏曰：伊耕莘、吕釣渭之時，可當天民之名，使不遇湯、武，則没世不出必矣。此提天民，主其不輕出而言，非以伊、吕等後來出當大任而言也。

「有大人者，正己而物正者也。」

大人，德盛而上下化之，所謂「見形甸反。龍在田，天下文明」者。龜山楊氏曰：物正，物自正也。大人，只是正己而已，若物之正，何可必乎？惟能正己，物自然正，此乃篤恭而天下平之意。○慶源輔氏曰：上謂君，下謂民，大人德盛，故君民無不化，大人一出而天下文明，是聖人之事也。○雲峯胡氏曰：《易·乾卦》九二、九五皆稱大人，九二見龍在田，天下文明，在下之大人也。九五飛龍在天，乃位乎天德，在上之大人也。孟子所言四者雖人品不同，然皆在下而爲臣者也，故以乾九二當之。○此章言人品不同，略有四等。容悦佞臣不足言。安社稷則忠矣，然猶一國之士也。天民則非一國之士矣，然猶有意也。無意無必，唯其所在而物無不化，惟聖者能之。朱子曰：天民，專指未得位者；大人，則其德已著。○南軒張氏曰：以事是君爲容悦者，慕爵禄而從君者也，以安社稷爲悦，則志存乎功業者也，與爲容悦者固有間矣，然未及乎道義也。蓋志存功業，則苟可就其功業而遂其志，則亦所屑爲矣。古之人，惟守道明義而已。雖有蓋世之功業在前可爲，而在我者有一毫未安，則不敢徇也。天民者，必明見夫達而其道可行於天下而後行之，蓋其所主在道，而非必於行也。謂之天民者，言能全夫天理者也。天之生民也，其理無不具，而人之虧欠者多矣，故程子謂天民爲能踐形者也，以其在下而未達，故謂之民，若伊尹之在莘野是也。正己而物正之者，正己而物自正也，若規規然有意於正物，則其道狹矣。至正而天下之感無不通焉，固有不言而信，不令而從者矣。秦漢而下其間號爲賢臣者，不過極於以安社稷爲悦而已，語夫天民事業則鮮也。○慶源輔氏曰：猶有意，如程子所謂伊尹雖聖人，終是有任底意思在，是也。大人，則聖人矣，如周公、孔子方能當之。周公在上而能使天下文明者也，孔子在下而能使萬世文明者也。至公無私，進退以道，周公之無意無必也；仕止久速，無可不可，孔子之無意無必也。○新安陳氏曰：志於道德者，功名不足以累其心；志於功名者，富貴不足以累其心。事君爲容悦，志於富貴者也；安社稷爲悦，志於功名者也。春秋列國名卿可以當之。若天民者，則志於道德矣，然猶未能純乎道德而無意於功名也。至於大人，則純乎道德之自然，而功名不足以累其心矣。

○孟子曰：「君子有三樂，而王天下不與存焉。樂音洛。王、與，皆去聲。下並同。

南軒張氏曰：君子之樂，樂其天也。於下文三者得其樂，則視王天下之事，如太虛中浮雲耳，果何與於我，而況其他哉？

「父母俱存，兄弟無故，一樂也。

此人所深願而不可必得者，今既得之，其樂可知。

「仰不愧於天，俯不怍於人，二樂也。

程子曰：「人能克己，則仰不愧，俯不怍，心廣體胖，其樂可知。有息，則餒矣。」新安陳氏曰：本文無克己之意，此程子推原所以能不愧不怍之由，而示人以其要也。人所以俯仰愧怍，累於己私耳。克去己私，則内不愧於心，所以仰不愧於天，俯不怍於人，心廣體胖之樂，不期其然而然矣。

「得天下英才而教育之，三樂也。

盡得一世明睿俞例反。之才，而以所樂乎己者不愧不怍之樂。教而養之，則斯道之傳，得之者衆，而天下後世將無不被其澤矣。聖人之心所願欲者，莫大於此，今既得之，其樂爲如何哉？慶源輔氏曰：此樂與朋自遠來之樂同，而有大焉。○新安陳氏曰：朋自遠來，其言平而易遂；得天下英才，其言高而難必。孟子之門僅一樂正子，亦恐未足以當此。○韓子曰「軻之死，不得其傳焉」，是孟子於此一樂，亦終不能得也。

「君子有三樂，而王天下不與存焉。」

林氏曰：「此三樂者，一係於天，一樂。一係於人，三樂。其可以自致者，惟不愧不怍而已。學者可不勉哉。」南軒張氏曰：三樂之中，仰不愧俯不怍其本歟？蓋不愧不怍，在我可得而勉者也，使吾胸中多所愧怍，則雖處父母兄弟之間，固亦不得而樂其樂也。所以教育天下之英才者，是吾之不愧不怍者也。自不能無愧怍，則雖得英才，亦何以爲教而有此樂哉？

○孟子曰：「廣土衆民，君子欲之，所樂不存焉。樂音洛。下同。

地闢民聚，澤可遠施，去聲。故君子欲之，然未足以爲樂也。

「中天下而立，定四海之民，君子樂之，所性不存焉。

其道大行，無一夫不被其澤，故君子樂之，然其所得於天者，則不在是也。朱子曰：此君子，是通聖人而言。○慶源輔氏曰：二者皆施仁之事，但有一國與天下之辨，故所欲未足以爲樂，至於樂則博施濟衆，聖人之事也。所欲極於所樂，固亦非性外事，但於吾性所受之全體，則初無增損也。○雲峯胡氏曰：前章君子三樂，所樂在所性之中；此章君子樂之，所性在所樂之外，何也？曰：中天下而立，達而在上者之事。君子之所性，固不以達而在上有所加也。故君子雖樂乎此，而其所得乎天者，不在此也。或曰：《集註》前謂「斯道傳之者衆，而天下後世將無不被其澤」，此謂「其道大行無一夫不被其澤」，皆曰「道」，曰「澤」而此則「所性不存焉」，何也？曰：斯道傳之者衆，萬世之澤也；其道大行，一時之澤也。況其道大行，必中天下而立者能之，是道有待於位而後行。不如是，則不能行，此君子雖樂乎此，而所性不存焉。若夫盡得一世明睿之才而以所樂乎己者教而育之，以己之天，覺彼之天，聖人之心深樂乎此，而其樂即在性分之內。且孟子於三樂，則曰「王天下不與存」，於中天下而立，則曰「所性不存」，分而言之，固自大有間哉！

「君子所性，雖大行不加焉，雖窮居不損焉，分定故也。分，去聲。

分者，所得於天之全體，故不以窮達而有異。朱子曰：此是説生來承受之性。君子所性，只是這一箇道理，雖達而爲堯舜在上，亦不是加添些子，若窮而爲孔孟在下，亦不是減少些子，蓋這一箇道理，合下都定了，更添減不得。○中天下而立，定四海之民，固是人所欲，與其處畎畝之中，孰若進而得行其道，使天下皆被其澤。要得出行其道者，亦是人之所欲，但其用其舍，於我性分之内，本不相關。進而大行，退而窮居，於我性分之内，無所加損。

「君子所性，仁、義、禮、智根於心，其生色也，睟然見於面，盎於背，施於四體，四體不言而喻。」睟音粹。見音現。盎，烏浪反。

上言所性之分，與所欲所樂不同，此乃言其藴委粉反，又去聲。也。仁、義、禮、智，性之四德也。四德，即性之藴蓄者。根，本也。生，發見音現。下同。也。睟然，清和潤澤之貌。盎，豐厚盈溢音逸。之意。施於四體謂見於動作威儀之間也。喻，曉也。四體不言而喻，言四體不待吾言而自能曉吾意也。蓋氣禀清明，無物欲之累，則性之四德根本於心，其積之盛，則發而著，見於外者不待言而無不順也。新安陳氏曰：順，謂順其則也。當玩味「根」字、「生」字，其根深，則其積盛，其積盛，則其生發自不可遏矣。程子曰：「睟面盎背，皆積盛致然。四體不言而喻，唯有德者能之。」朱子曰：仁、義、禮、智根於心，便見得四端著在心上相離不得，纔有些子私意，便剗斷了那根，便無生意。譬如木根著在土上方會生，其色也，睟然便從那根上發出來。且「性」字從心，見得有這心，便有許多物在其中。○君子氣宇清明，無物欲之累，故合下生時這箇根便著土，所以生色形見於外。衆人則合下生時，便爲氣禀物欲一重隔了，這箇根未著土，蓋有殘忍底心，便没了仁之根；有頑鈍底心，便没了義之根；有忿狠底心，便没了禮之根；有黑暗底心，便没了智之根。都各有一重隔了。而今人便只要去其氣禀之隔，教四者之根著土而已。○四體不言而喻，是四體不待命令而自如此。如手容恭，不待自家教他恭而手容自然恭；足容重，不待自家教他重而足容自然重。○覺軒蔡氏曰：先師云「看文字要看大意，又看句語中何字最切要」，「仁義禮智根於心」，「根」字甚有意，蓋根於心者培養得厚盛，則發於外者自然睟面盎背，到得手足順，便不覺其所以然。○此章言君子固欲其道之大行，然其所得於天者，則不以是而有所加損也。新安陳氏曰：道之大行如堯舜，固所樂也，而於性分亦何加？窮居如孔孟，亦非所戚也，其於性分亦何損？此君子所以惟求盡其性分之在内者，而無所慕於勢分之在外者也。

○孟子曰：「伯夷辟紂，居北海之濱，聞文王作興，曰：『盍歸乎來，吾聞西伯善養老者。』大公辟紂，居東海之濱，聞文王作興，曰：『盍歸乎來，吾聞西伯善養老者。』天下有善養老，則仁人以爲己歸矣。辟，去聲。下同。大，他蓋反。

己歸，謂己之所歸。餘見形甸反。下同。前篇。新安陳氏曰：仁人，指伯夷、太公。前篇以爲大老，此以爲仁人。達尊三，齒德居其二，大老以齒言，仁人以德言也。

「五畝之宅，樹牆下以桑，匹婦蠶之，則老者足以衣帛矣。五母雞，二母彘，無失其時，老者足以無失肉矣。百畝之田，匹夫耕之，八口之家可以無饑矣。衣，去聲。

此文王之政也。一家養母雞五，母彘二也。餘見前篇。

「所謂西伯善養老者，制其田里，教之樹畜，導其妻子使養其老。五十非帛不煖，七十非肉不飽。不煖不飽，謂之凍餒。文王之民無凍餒之老者，此之謂也。」

田，謂百畝之田。里，謂五畝之宅。樹，謂耕桑。畜，許六反。謂雞彘也。趙氏曰：「善養老者，教導之使可以養其老耳，非家賜而人益之也。」南軒張氏曰：以伯夷、太公之事觀之，則知天下有善養老者，則仁人必歸之。蓋善養，則其仁心之所存，仁政之所行可知矣。仁人見其然，是以樂從之。○慶源輔氏曰：若無孟子此說，則人將謂文王之養老，只如後世尊養三老五更之禮文而已。

○孟子曰：「易其田疇，薄其稅斂，民可使富也。易、斂，皆去聲。

易，治也。疇，耕治之田也。教民務本。

「食之以時，用之以禮，財不可勝用也。勝，音升。

教民節儉，則財用足也。

「民非水火不生活，昏暮叩人之門户，求水火，無弗與者，至足矣。聖人治天下，使有菽粟如水火。菽粟如水火，而民焉有不仁者乎？」焉，於虔反。

水火，民之所急，宜其愛之而反不愛者，多故也。尹氏曰：「言禮義生於富足，民無常産，則無常心矣。」華陽范氏曰：先王養天下之民，非人人衣食之也。唯不奪農時，則皆得治其田疇，恭儉節用，則可以薄其稅斂。此二者，使富足之道也。又曰：聖人之治天下，既庶而後富之，既富而後教之，倉廩實而知禮節，衣食足而知榮辱，所謂菽粟如水火，則民無有不仁，堯舜三王之盛，皆由此道也。○新安陳氏曰：禮義常心，即所謂仁也。使菽粟如水火之多，則民皆能推有餘以濟不足，必不至於慳吝不仁矣。有餘，則易公其有，所以無不仁；不足，則各私其有，烏得仁。夫聖人治天下，政事亦多端矣，然其大本，在養民而已。民以食爲天，使民足其食之天，不在乎他，在使民務本以豐財之源，儉約以節財之流而已。孟子言治，鑿鑿皆實如此。

○孟子曰：「孔子登東山而小魯，登太山而小天下。故觀於海者難爲水，遊於聖人之門者難爲言。

此言聖人之道大也。東山，蓋魯城東之高山，而太山，則又高矣。此言所處上聲。益高，則其視下益小；所見既大，則其小者不足觀也。難爲水，難爲言，猶仁不可爲衆之意。慶源輔氏曰：觀於海，則天下之水皆不足以動吾之視，遊於聖人之門，則天下之言皆不足以動吾之聽，亦猶仁則天下之衆皆莫能與之敵，故亦曰難爲衆也。○潛室陳氏曰：仁不可爲衆，言仁者難爲衆，看有幾多人衆來，到仁者面前皆使不得。如太山之前難爲山，大海之前難爲水。

「觀水有術，必觀其瀾。日月有明，容光必照焉。

此言道之有本也。瀾，水之湍急處也。明者光之體，光者明之用也。觀水之瀾，則知其源之有本矣；觀日月於容光之隙乞逆反。無不照，則知其明之有本矣。新安陳氏曰：二者皆是於其用處知其本，承上文以比聖道之所以大者，以其有本也。

「流水之爲物也，不盈科不行；君子之志於道也，不成章不達。」

言學當以漸，乃能至也。成章，所積者厚而文章外見形甸反。也。朱子曰：成章，是做得成片段，有文理可觀。如孝，真箇是做得孝成；忠，真箇是做得忠成。子貢之辨，子路之勇，都是真箇做得成了，不是半上落下，今日做得，明日又休了。達者，足於此而通於彼也。慶源輔氏曰：如自有諸己之謂信，至於大而化之之謂聖，自志學至於從心不踰矩，其間次第皆是足於此而通於彼，須實體之，方知其味，非妄想虛空者所能測識也。○新安陳氏曰：盈科而後進，已見前篇。盈而行者，溢於此而流於彼也。

○此章言聖人之道大而有本，學之者必以其漸乃能至也。朱子曰：此一章如《詩》之有比興。比者，但比之以他物而不説破其事，如鶴鳴于九皋之類是也。此之「觀水有術」至「容光必照焉」，似《詩》之比。興則引物以發其意而終説破其事，如「他人有心，予忖度之」之上，引毚兔柔木之類是也。此之以登山觀海興起遊聖門難爲言；以流水不盈科不行，興起爲道不成章不達，似《詩》之興也。君子之志於道，不成章不達，蓋人之爲學，須是務實，乃能有進。若這裏工夫欠了分毫，定是要透過那裏不得。○慶源輔氏曰：聖道之大，固有其本矣。然自學者言之，則又豈能一蹴而遽至哉？故又以水必盈科而後行，君子之志於道必成章而後達者曉之，以見學者當務實而有漸，不可躐等陵節，懸空妄想，而卒歸於無所得。

○孟子曰：「雞鳴而起，孳孳爲善者，舜之徒也。

孳孳，孳，與「孜」同。勤勉之意。言雖未至於聖人，亦是聖人之徒也。

「雞鳴而起，孳孳爲利者，蹠之徒也。

蹠，盜蹠也。蹠，與「跖」同。

「欲知舜與蹠之分，無他，利與善之間也。」

程子曰：「言間者，謂相去不遠，所爭毫末耳。善與利，公私而已矣。才出於善，便以利言也。」問：這箇利，非是有心於爲利，只是理不明，纔差些便入那邊去。朱子曰：然。纔差向利邊去，只見利之爲美矣。○「間」是兩者相並在這裏，一條路做這邊去，一條路做那邊去，所以謂之間。○楊氏曰：「舜蹠之相去遠矣，而其分乃在利善之間而已，是豈可以不謹？然講之不熟，見之不明，未有不以利爲義者，又學者所當深察也。」朱子曰：程子嘗言不獨財利之利，凡有利心便不可，如作一事，須尋自家穩便處，皆利心也。如此，則善利之間，相去毫髮，苟辨之不明，其不反以利爲善者鮮矣。此大學之道所以雖以誠意正心爲重，而必以格物致知爲先也。○新安陳氏曰：善與利之間，察之貴乎精；而爲善之力，守之貴乎一。察之精，致知之事也；守之一，力行之事也。察之不精，則認利爲義，認人欲爲天理者有矣；守之不一，則今日爲善，明日怠焉者有矣。必精以察乎善利之間而不雜，一以守其爲善之力而不移，則庶乎不流爲蹠之歸，而人皆可爲舜者，將真可以爲舜矣。此章亦所以遏人欲擴天理也。

或問：「雞鳴而起，若未接物，如何爲善？」程子曰：「只主於敬，便是爲善。」慶源輔氏曰：程子又教人以靜時工夫也，動靜相涵，敬義兩立，孳孳不已，則庶乎可以進於聖人之學矣。○新安陳氏曰：未接物時，敬以直內以立其本；及接物時，義以方外以達其用。此動静交養，內外夾持之功，皆所謂爲善也。必如是而後爲善之功始密矣，不然，則未接物時，爲無所用其爲善之力乎？

○孟子曰：「楊子取爲我，拔一毛而利天

下，不爲也。「爲我」之爲，去聲。

楊子，名朱。取者，僅足之意。取爲我者，僅足於爲我而已，不及爲亦去聲。人也。列子稱其言曰「伯成子高，不以一毫利物」，是也。此失之不及者也。○《列子·楊朱》篇：楊子曰：「伯成子高不以一毫利物，舍國而隱；大禹不以一身自利，一體偏枯。古之人，損一毫利天下不與也，悉天下奉一身不取也。人人不損一毫，人人不利天下，天下治矣。」禽子問楊朱曰：「去子體之一毛以濟一世，汝爲之乎？」楊朱曰：「世固非一毛之所濟。」禽子曰：「假濟爲之乎？」楊子弗聽。○朱子曰：莊子數稱楊子，吾恐楊氏之學，如今道流修煉之士，其保嗇神氣，雖一句話不妄與人説，只是箇逍遥物外僅足其身，微似義耳，然不似也。

「墨子兼愛，摩頂放踵利天下，爲之。」放，上聲。

墨子，名翟。兼愛，無所不愛也。摩頂，摩突其頂也。突，陀没反。觸也。放，至也。此失於太過者也。○南軒張氏曰：摩其頂以至踵，一身之間，凡可以利天下者，皆不惜也。

「子莫執中，執中爲近之，執中無權，猶執一也。

子莫，魯之賢者也。❶知楊、墨之失中也，故度待洛反。於二者之間而執其中。近，近道也。權，稱去聲。下同。錘直爲反。也，所以稱物之輕重而取中也。執中而無權，則膠於一定之中而不知變，是亦執一而已矣。程子曰：中無定體，惟達權然後能執之。○龜山楊氏曰：聖人所謂權者，猶權衡之權，量輕重而取中也。用之無銖兩之差，則物得其平矣。今夫物有本重而末輕者，執其中而不知權，則物失其平，非所以用中也。程子曰：『中』字最難識，須是默識如字。心通。且試言一廳，則中央爲

❶「者」，四庫本、陸本及《四書纂疏》、《四書通》、《孟子集疏》卷一三作「人」。

中；一家，則廳非中而堂爲中；一國，則堂非中而國之中爲中，推此類可見矣。」又曰：「中不可執也，新安陳氏曰：不可如子莫之固執耳。非謂堯舜湯之執中爲不可也。識得，則事事物物皆有自然之中，不待安排，安排著，直略反。則不中矣。」程子曰：楊子拔一毛不爲，墨子又摩頂放踵爲之，此皆是不得中。至子莫執中，欲執此二者之中，不知怎麽執得。○朱子曰：三聖相授，允執厥中，與子莫執中，文同而意異。蓋精一之餘，無適非中。其曰允執，則非徒然執之也。子莫之執中，其爲我不敢爲楊朱之深，其兼愛不敢爲墨翟之過，而於二者之中，執其一節以爲中耳。故由三聖以爲中，則其中活；由子莫以爲中，則其中死。中之活者，隨時隨事而無不中；中之死者，非學聖人之學，不能有以權之而常適於中也。權者，權衡之權，言其可以稱物之輕重而遊移前却以適其中，蓋所以節量仁義之輕重而時措之者也。程子謂「子莫執中，比楊、墨爲近，而中則不可執也」。當知子莫之執中，與舜、禹、湯之執中不同，則知此説矣。蓋聖人義精仁熟，非有意於執中，而自然無過不及，故有執中之名，而實未嘗有所執也。以其無時不中，故又曰「時中」。若學未至，理未明，而徒欲求夫所謂中者而執之，則所謂中者，果何形狀而可執也，殆見愈執而愈失矣，子莫是也。既不識中，乃慕夫時中者而欲隨時以爲中，吾恐其失之彌遠，未必不流而爲小人之無忌憚也。《中庸》但言「擇善」而不言「擇中」，其曰「擇乎中庸」，亦必繼之曰「得一善」，豈不以善端可求，而中體難識乎？夫惟明善，則中可得而識矣。○慶源輔氏曰：楊氏資質略偏於剛毅，墨氏資質略偏於寬厚。只緣不知至理所在而各流於一偏，淪胥不已，遂至各極其偏，一則爲我，一則兼愛。至於子莫，又自其末流觀之，而知楊墨之皆失中也，乃度於兼愛爲我之間而執其中，其意固善而於道亦近矣。然時有萬變，事有萬殊，物有萬類，而中無定體。若但膠於一定之中而執之，不能如稱錘之因物輕重而前却以取平，則與二子之執一者亦無異矣。若子莫者，是要安排箇中來執之也。○問：「《書》之『允執厥中』與『子莫執中』之説，二者分辨如何？」潛室陳氏曰：允執厥中，乃「時中」之「中」，觸處是道理，活法也；子莫乃執一以爲中，死法也。霄壤之異。○新安陳氏曰：安排者，以私意揣度之而不順其自然也。

「所惡執一者，爲其賊道也，舉一而廢百也。」惡、爲，皆去聲。

賊，害也。爲我害仁，兼愛害義，新安陳氏曰：爲我者，惟知有己，不知有人，似義非義而有害於仁；兼愛者，愛無差等，似仁非仁而有害於義。執中者害於時中，皆舉一而廢百者也。南軒張氏曰：爲我，兼愛，皆道也。當爲我則爲我，當兼愛則兼愛，是乃道也。彼墮於一偏者，固賊夫道，而於其間取中者，是亦舉其一而廢其百耳。○雲峯胡氏曰：吾儒亦有所謂中，所謂一，但吾儒之中也，隨時以取中，異端之中也，執中而無權。吾儒之一也，一以貫萬，異端之一也，一而廢百。○新安陳氏曰：舉一偏而廢百端，百者言其多耳。○此章言道之所貴者中，問：中一名而函二義，這箇「中」，要與「喜怒哀樂未發」之「中」異，與「時中」之「中」同。曰：然。中之所貴者權。楊氏曰：「禹稷三過其門而不入，苟不當其可，則與墨子無異。顏子在陋巷不改其樂，苟不當其可，則與楊氏無異。子莫執爲我兼愛之中而無權，鄉鄰有鬬而不知閉户，同室有鬬而不知救之，是亦猶執一耳，故孟子以爲賊道。禹稷、顏回易地則皆然，以其有權也。不然，則是亦楊、墨而已矣。」朱子曰：子莫見楊、墨皆偏在一處，要就二者之中而執之，正是安排尋討也。原其意思固好，只是見得不分明，依舊不是。且如三過其門而不入，在禹稷之時則可，在顏子則不可。居陋巷，在顏子之時則是中，在禹稷之時則非中矣。居陋巷，則似楊氏；三過其門而不入，則似墨氏。要之禹稷似兼愛而非兼愛，顏子似爲我而非爲我。

○孟子曰：「饑者甘食，渴者甘飲，是未得飲食之正也，饑渴害之也。豈惟口腹有饑渴之害？人心亦皆有害。

口腹爲饑渴所害，故於飲食不暇擇而失其正味；人心爲貧賤所害，故於富貴不暇擇而失其正理。朱子曰：饑渴害其知味之性，則飲食雖不甘，亦以爲甘；利欲害其仁義之性，則所爲雖不可，亦以爲可。

「人能無以饑渴之害爲心害，則不及人不爲憂矣。」

人能不以貧賤之故而動其心，則過人遠矣。慶源輔氏曰：人若能不以貧賤動其心，而於富貴辨其所當得而受之，其不當得則不受之，則過於常人遠矣。過人之遠，則不憂其不及人矣。○新安陳氏曰：富貴有當得不當得之正理，知之在心；如飲食有美惡之正味，知之在口。口腹因饑渴而失其正味，人易知之；人心因貧賤而失其正理，人多未知也。孟子因舉人之易知者以曉人之未知者。夫貧賤不與饑渴期而饑渴必至，自非有守之君子，必不能忍饑渴，遂厭貧賤而求富貴以害其心之正理矣。是害口腹者，饑渴也；害心者，亦饑渴也。饑渴能害口之正味，不當以害心之正理，此君子所以可饑可寒、可貧可賤，而不可與爲不義也。人能不以貧賤動其心，不以饑渴之害害其心，則必不厭貧賤以脱饑渴，必不冥受富貴以圖甘肥，而不患不及人矣。凡此皆孟子所以遏人欲而存天理也。

○孟子曰：「柳下惠不以三公易其介。」

介，有分辨之意。慶源輔氏曰：介有分辨意，則與「界限」之界同。凡事各有界限，甚分明不可踰越。○新安陳氏曰：介有剛介、介特、廉介之意，惟其有分辨，所以能如此，亦如廉本訓廉隅，惟其廉隅分辨，所以清廉廉潔也。柳下惠進不隱賢，必以其道，遺佚不怨，阨窮不憫，直道事人至於三黜，是其介也。○此章言柳下惠和而不流，問：「柳下惠不以三公易其介，此與聖人之和互相發明邪，乃所以爲和邪？」龜山楊氏曰：觀惠之和宜若不介，故此特言之。問：「何以知其介？」曰：只不卑小官之意，便自可見。如柳下惠之才，以爲大官，何所不可？而樂於爲小官，則其剛介可知矣。○新安陳氏曰：不以三公之貴移奪其所守之介，和而不流故也。與孔子論夷齊不念舊惡意正相類，皆聖賢微顯闡齒淺反。幽之意也。汪氏曰：伯夷餓于首陽，伊尹禄以天下不顧，皆能不以三公易其介，獨稱柳下惠何也？以惠之和嫌於不介故也。○雲峯胡氏曰：人皆知夷、齊之清，而不知夷、齊之清而有量；人皆知柳下惠之和，而不知惠之和而不流。孔、孟之言，皆闡幽之意也，「微顯」是帶過説。○新安陳氏曰：「微顯闡幽」四字，出杜預《春秋傳》序，本以言孔子作《春秋》之意，於顯明者則微之，幽昧者則闡之。《集註》以爲孔、孟之論夷、齊、柳下惠，亦得此意。蓋夷、齊之清，惠之和，此其顯而易見者；夷、齊之不念舊惡，惠之介，此其幽而難見者。今則微其顯而闡其幽，聖賢之至公至明如此。

○孟子曰：「有爲者辟若掘井，掘井九軔而不及泉，猶爲棄井也。」辟，讀作「譬」。軔音刃，與「仞」同。

八尺曰仞。新安倪氏曰：《集註》於《語》「夫子之牆數仞」下云「七尺曰仞」。愚按《周書》「爲山九仞」，孔安國云「八尺曰仞」，鄭玄云「七尺曰仞」，《集註》兩存其説歟？蔡氏傳從孔説，愚證之《周禮·匠人》：「爲溝洫廣四尺，深四尺謂之溝；廣八尺，深八尺謂之洫；廣二尋，深二仞謂之澮。」蓋其爲溝洫澮，是加一倍之數。尋，八尺也。仞，亦八尺也。度脩廣則計之以尋，度高深則計之以仞，是澮之廣與深各一丈六尺也。以此觀之，則孔説爲是，鄭説恐非。言鑿井雖深，然未及泉而止，猶爲自棄其井也。○呂侍講曰：名希哲，字原明，河南人。「仁不如堯，孝不如舜，學不如孔子，終未入於聖人之域，終未至於天道，未免爲半塗而廢、自棄前功也。」慶源輔氏曰：爲人而未得爲聖人，言治而不及於堯舜，皆爲未及夫泉也。○雲峯胡氏曰：當與《論語》譬如爲山一章通看，學問垂成而不至於成者，可爲戒矣。

○孟子曰：「堯、舜，性之也；湯、武，身之也；五霸，假之也。

堯、舜天性渾上聲。全，不假脩習。湯、武脩身體道以復其性。五霸則假借仁義之名，以求濟其貪欲之私耳。程子曰：身之，是身踐履之也。假之者，身不行而假借之也。○張子曰：❶堯、舜固無優劣，及至湯、武則有別。孟子言性

❶「張子曰」，按引文出自《二程遺書》卷二上，非張子語。

之反之，自古無人如此言，惟孟子分出，遂知堯、舜是生知，湯、武學而能之。○龜山楊氏曰：堯、舜性之，由而行者也；湯、武身之，體之者也；五霸則假之而已，非己有也。若管仲責「包茅不入，王祭不共，昭王南征不反」，非謀伐之本意，假此爲説耳。○朱子曰：性之，是合下如此；身之，是做到那田地。○問：「『性善』之『善』與堯舜『性之』之『性』如何？」曰：「性善」之「性」字實，「性之」之「性」字虚。性之，只是合下稟得，合下便得來受用。又曰：反之，是先失著了，反之而后得；身之，是把來身上做起。○性是自然有底，身是從身上做得來底。湯、武固皆身之，但細觀其書，湯「身之」之功恐更精密。湯有慚德，如武王恐未必有此意。○新安陳氏曰：孟子論堯、舜、湯、武曰「堯、舜性者也，湯、武反之也」，與此章爲二而互相發明。反之，即復其性也。論五霸者不一，莫切於假之一辭。曰以力假仁者霸，與此章爲二，乃是以一字斷盡五霸心事，得《春秋》以一字爲褒貶與誅心之法者也。

「久假而不歸，惡知其非有也。」惡，平聲。

歸，還也。有，實有也。言竊其名以終身而不自知其非真有。慶源輔氏曰：其初不過以之欺人，而其終遂至以之自欺。或曰：蓋嘆世人莫覺其僞者亦通。舊説趙邠卿註。久假不歸，即爲真有，則誤矣。朱子曰：「惡知」二字，爲五霸設，如云五霸自不知也。五霸久假而不歸，安知其亦非己有也。○汪氏曰：舊説之意，謂若能久假而不歸，則固有者將自得之，是爲假者謀。假者之初意全非天理，而以人欲之私行之，合下已差矣。加以久假，則私意纏繞以終其身，虚僞益甚，膠固莫解，其得爲真有之乎？是皆學術心術不正，不能辨公私理欲之幾者之論，宜朱子明辨其誤也。○尹氏曰：「性之者，與道一也；身之者，履之也，及其成功則一也。五霸則假之而已，是以功烈如彼其卑也。」問：「『假之』之事，真所謂幽沉仁義，非獨爲害當時，又且流毒后世。」朱子曰：此孟子所以不道桓、文而卑管、晏也，且如興滅繼絶，誅殘禁暴，懷諸侯而尊周室，百般好事他都做，只是無惻怛之誠心，他本欲他事之行，又恰有這題目入得，故不得不舉行，此邵子所以有功之首、罪之魁之論。○雲峯胡氏曰：性之者，自然而然；身之者，當然而然；假之者，似然而實不然。自然者，所性而有；當然者，能復其有；似然者，不自知其非真有。

○公孫丑曰：「伊尹曰：『予不狎于不順。』放太甲于桐，民大悦。太甲賢，又反之，民大悦。

「予不狎于不順」，《太甲》篇文。狎，習見也。不順，言太甲所爲不順義理也。言不欲習見其如此。餘見形甸反。前篇。

「賢者之爲人臣也，其君不賢則固可放與？」平聲。孟子曰：「有伊尹之志則可，無伊尹之志則篡也。」

伊尹之志，公天下以爲心而無一毫之私者也。南軒張氏曰：伊尹之事，志存乎宗祀，變而得其正者也。方是時，太甲在諒陰，故徙之先王墓側，使之動心忍性而深思焉。是伊尹以冢宰攝政，而太甲居憂于桐耳。太甲克終允德，則於練除之際，奉而歸亳焉。其克終雖由其自怨艾以改過，實亦尹之至誠有以感格之。無尹之志，徒以君不賢而放之，是篡亂之所爲耳。後世唯霍光放昌邑王賀而立宣，庶幾乎心存宗祀者。然始也，建立之不審，而至誠敦篤又不加焉。其於尹之志，蓋有愧也。是以嚴延年劾之以爲擅廢立，無人臣禮，而識者有取焉。霍光且爾，况他人本爲一身利害計者乎？所謂元惡大憝，必誅而無赦者也。○慶源輔氏曰：公天下以爲心，豈一朝夕勉强所能爲哉？非道全德備，其素行有以信於人，至誠有以通於天者不能也。○覺軒蔡氏曰：孟子此兩語，不惟見伊尹之心如青天白日，而百世之下姦臣亂賊，亦無所逃其罪矣。味「則可」之辭，亦見處變僅可之意，而非正法也。

○公孫丑曰：「《詩》曰『不素餐兮』，君子之不耕而食，何也？」孟子曰：「君子居是國也，其君用之，則安富尊榮；其子弟從之，則孝弟忠信。『不素餐兮』，孰大於是？」餐，七丹反。

《詩》，《魏國風·伐檀》之篇。素，空也。無功而食禄，謂之素餐，此與告陳相、彭更之意同。南軒張氏曰：《伐檀》之詩，非必欲君子稼穡而後食也。公孫丑以君子不耕而食爲素餐，其爲詩也亦固矣。其弊將至於爲許行之徒之論矣，故孟子告之以「不素餐」之大者。夫君子，仁義脩乎身。居是國也，其君用之，則安富尊榮；如其未用，子弟從之，則亦薰陶乎孝弟忠信之習，而足以善俗。若夫飾小廉而妨大德，徇末流而忘正義，非君子之道也。○新安陳氏曰：君子居人國，用則有功於君而功業建，不用亦有功於人子弟而風俗厚，豈爲無功而食乎？丑之見何陋也？

○王子墊問曰：「士何事？」墊，丁念反。

墊，齊王之子也。上則公卿大夫，下則農工商賈，音古。皆有所事。而士居其間，獨無所事，故王子問之也。

孟子曰：「尚志。」

尚，高尚也。志者，心之所之也。士既未得行公卿大夫之道，又不當爲農工商賈之業，則高尚其志而已。朱子曰：此「志」字，與「父在觀其志」之「志」同，未見於所行，方見其所存也。

曰：「何謂尚志？」曰：「仁義而已矣。殺一無罪，非仁也；非其有而取之，非義也。居惡在？仁是也；路惡在？義是也。居仁由義，大人之事備矣。」惡，平聲。

非仁非義之事雖小不爲，而所居所由無不在於仁義，此士所以尚其志也。慶源輔氏曰：士雖未得位以行其道，而其志則須高尚方可。志於仁義則高尚，溺於利欲則卑汙。大人，謂公卿大夫。言士雖未得大人之位而其志如此，則大人之事，體用已全。若小人之事，則固非所當爲也。南軒張氏曰：殺一無罪而非仁，由是而體之，則人之所以能愛者可得而推矣；❶非其有而取之爲非義，由是而體之，則其義之所以爲宜者可得而推矣。居仁由義，居則不違，由則不他。居仁則體立，由義則用行，大人之事，亦不越此而已矣。○新安

❶「人」，四庫本及宋張栻《癸巳孟子説》卷七作「仁」。

陳氏曰：此章因王子問士何所事，對以士志乎仁義已備大人之事。蓋志者事之本，未爲者也；事者志之用，有爲者也。志之所向素高，則事之大本已立。一旦得大人之位，舉而措之耳，何必待有事迹可見，而後始謂之有所事哉？若農工商賈小人之事，不特非所當爲，亦不屑爲，且不暇爲也。

○孟子曰：「仲子不義與之齊國而弗受，人皆信之，是舍簞食豆羹之義也。人莫大焉亡親戚君臣上下。以其小者信其大者，奚可哉？」舍音捨。食，音嗣。

仲子，陳仲子也。言仲子設若非義而與之齊國必不肯受，齊人皆信其賢，然此但小廉耳。其辟兄離母，不食君禄，無人道之大倫，罪莫大焉。豈可以小廉信其大節，而遂以爲賢哉？南軒張氏曰：仲子飾小廉而廢大倫，其不知義已甚矣。○慶源輔氏曰：觀前篇所論仲子之事，其介然自守如此，則不義而與之齊國必不肯受，此徇名而强矯者或能之，故孟子以爲是特舍簞食豆羹之義而已，蓋未以爲賢也。若夫安於人倫，使之各盡其道，則非盡性而樂循理者不能。故孟子言此以曉齊人，使之勿迷於小，而必察其大耳。○新安陳氏曰：孟子於陳仲子，其對匡章，既深非之，此又申言之，二章當參看。

○桃應問曰：「舜爲天子，皋陶爲士，瞽瞍殺人，則如之何？」

桃應，孟子弟子也。其意以爲舜雖愛父而不可以私害公，皋陶雖執法而不可以刑天子之父，故設此問以觀聖賢用心之所極，非以爲真有此事也。

孟子曰：「執之而已矣。」

言皋陶之心，知有法而已，不知有天子之父也。

「然則舜不禁與？」與，平聲。

桃應問也。

曰：「夫舜惡得而禁之？夫有所受之也。」

夫音扶。惡，平聲。

言皋陶之法有所傳受，非所敢私，雖天子之命，亦不得而廢之也。

「然則舜如之何？」

桃應問也。

曰：「舜視棄天下猶棄敝蹝也。竊負而逃，遵海濱而處，終身訢然樂而忘天下。」蹝音徙。訢，與「欣」同。樂音洛。

蹝，韻書音「所爾反」，又「所蟹反」。草履也。遵，循也。言舜之心，知有父而已，不知有天下也。孟子嘗言舜視天下猶草芥，而惟順於父母可以解憂與此意互相發。○此章言爲士者但知有法而不知天子父之爲尊，爲子者但知有父而不知天下之爲大。蓋其所以爲心者，莫非天理之極，人倫之至。雲峯胡氏曰：皋但知有天子之法，天理也。君臣，人倫之至也。舜但知有父，天理也。父子，人倫之至也。學者察此而有得焉，則不待較計論量而天下無難處上聲。之事矣。朱子曰：某嘗問李先生以此事。先生曰：「蒯聵父子只爲無此心，所以爲法律所縛，都轉動不得。若舜之心，則法律縛他不住，終身訢然樂而忘天下，求仁得仁，何怨之有？」然此亦只是言聖賢之心耳。聖賢之心合下是如此，權制有未服論，然到極不得已處，亦須變而通之。蓋法者天下公共，在皋陶亦只得執之而已。若人心不許舜棄天下而去，則便是天也，皋陶亦安能違天？法與理，便即是人心底，亦須是合下有如此底心，方能爲是權制。今人於事合下無如此底心，其初便從權制去則不可。○執之而已矣，非洞見皋陶之心者不能言也。此一章之義，見聖賢所處，無所不用其極，所謂止於至善者也。○南軒張氏曰：舜之有天下，初不以天下與於己，循天理之當然而已。爲瞽瞍殺人而枉其法，則失天下之公；若致辟於瞽瞍，則廢父子之倫，是皆雖有天下，不可一朝居者也。舜寧去天下而存此義耳。舜非輕天下也，義所當去，視天下猶敝蹝也。是故在皋陶則使舜得以伸其竊負之義，在舜則以此而可以終身，夫何求哉？

循天理而已。善發明舜之心者，其惟孟子乎？若後世以利害之見論之，則謂天下方戴舜而賴其治，舜乃去之，得無廢成業而孤衆望乎？此不知天命者也。聖人所以爲治，奉天命而已。若汩於利害而失天理之所在，雖舜亦何以治天下哉？或者以爲皐既執瞽瞍，舜烏得而竊之？蓋未之思也。皐既執瞽瞍於前而使舜得伸其竊負之義於後，是乃天理時中，全君臣父子之倫者也，微孟子孰能推之？○汪氏曰：竊負而逃，畏天故也；訢然之樂，樂天故也。孟子之對，示後世爲人臣子之道而已，以天子之父殺人且不可舍，況其卑者乎？以天下之大且可棄，況其小者乎？

○孟子自范之齊，望見齊王之子，喟然嘆曰：「居移氣，養移體。大哉，居乎！夫非盡人之子與？」夫音扶。與，平聲。

范，齊邑。居，謂所處上聲。下同。之位。養，奉養去聲。也。言人之居處，所繫甚大，王子亦人子耳，特以所居不同，故所養不同，而其氣體有異也。

孟子曰：

張、鄒張敬夫、鄒志完。皆云羨延面反。文也。

「王子宮室車馬衣服多與人同，而王子若彼者，其居使之然也，況居天下之廣居者乎？

廣居，見形甸反。下同。前篇。謂仁也。尹氏曰：「睟然見於面，盎於背，居天下之廣居者然也。」新安陳氏曰：居仁宅者之氣象，必德潤身而心廣體胖，與王子驕貴之氣習又不侔矣。

「魯君之宋，呼於垤澤之門。守者曰：『此非吾君也，何其聲之似我君也？』此無他，居相似也。」呼，去聲。

垤澤，宋城門名也。孟子又引此事爲證。

問：「孟子先言居移氣，養移體，後却只言居。」朱子曰：有是居則有是養。居公卿有公卿底奉養，居貧賤有貧賤底奉養，言居則養在其中。○南軒張氏曰：居天下之廣居，宅乎天理者也。宅之之久，則其氣質變化有不期然而然者矣。夫聖賢相去雖有先後，而玩其氣象如出一人者，以其所居之同故也。○新安陳氏曰：

此章重在「居廣居」一句，勢位之居，猶足移氣，與賤者異。廣居之居，其能充吾正氣而與常人異也必矣。

○孟子曰：「食而弗愛，豕交之也；愛而不敬，獸畜之也。食音嗣。畜，許六反。

交，接也。畜，養也。獸，謂犬馬之屬。

「恭敬者，幣之未將者也。

將，猶奉也。《詩》曰：「承筐是將。」《小雅·鹿鳴》篇。程子曰：「恭敬雖因威儀幣帛而後發見，形甸反。然幣之未將時，已有此恭敬之心，非因幣帛而後有也。」

「恭敬而無實，君子不可虛拘。」

此言當時諸侯之待賢者，特以幣帛爲恭敬而無其實也。拘，留也。趙邠卿曰：實，謂愛敬也。○慶源輔氏曰：世衰道微，在上者皆不知有恭敬待賢之誠，而惟恃其有幣帛之聘；在下者惟知有幣帛之可慕，而不知察夫上之人所以待之之誠。上下之情，交騖於利而不知有義理焉，故孟子發此論以警之。

○孟子曰：「形色，天性也。惟聖人，然後可以踐形。」

人之有形有色，無不各有自然之理，所謂天性也。踐，如「踐言」之踐。《禮記·曲禮》：「脩身踐言，謂之善行。」蓋衆人有是形而不能盡其理，故無以踐其形；惟聖人有是形而又能盡其理，然後可以踐其形而無歉苦忝反。也。○程子曰：「此言聖人盡得人道而能充其形也。蓋人得天地之正氣而生與萬物不同。既爲人，須盡得人理，然後稱去聲。其名。衆人有之而不知，賢人踐之而未盡。能充其形，惟聖人也。」楊氏曰：「『天生烝民，有物有則』。物者，形色也。則者，性也。各盡其則，則可以踐形矣。」龜山楊氏曰：莫非形也。自聖人言之，目之所視，耳之所聽，以至口之所言，身之所動，不待著意，莫不合則，所謂動容周旋中禮者也。未至於聖，則未免有克焉，若孔子告顔淵「非禮勿視」等語是也。故惟聖人然後可以踐形。○朱子曰：形是耳目口鼻之類，色如一顰一笑，皆有至理。○形色上便有天性，視便有視之理，聽便有聽之理。○問：「形色天性，下却云踐形而不言色，何也？」曰：有此形便有此色，言形則色在其中矣。○踐，猶「踐言」、「踐約」之踐，言聖人所爲便踏著箇形色之性耳。性，即理之謂。伊川説「充其形色」説得好。形，是形體，色，如臨喪則有哀色，介冑則有不可犯之色之類。天之生人，人之得於天，其具耳目口鼻者莫不皆有此理。耳便必當無有不聰，目便必當無有不明，口便必能盡别天下之味，鼻便必能盡别天下之臭，聖人與常人都一般。惟衆人有氣稟之雜，物欲之累，雖同是耳也而不足於聽，同是目也而不足於明，同是口而不足以别味，同是鼻而不足以别臭，雖有是形而不能充踐此形。惟聖人耳則十分聰，目則十分明，口鼻莫不皆然，如此方可以踐此形。○潛室陳氏曰：聖人盡性地位，方償得他本來形色。學未至於聖人，則於性分道理未免虧欠。才於性分有虧欠，即是空具此形色，不能充踐滿足也。○問：「孟子曰『形色天性也』，告子曰『食色性也』，二者之分如何？」曰：形色爲性，是引氣入道理中來。食色爲性，是逐道理出形氣外去，霄壤之分。○新安陳氏曰：程子之説，蓋自「踐」字推廣之，衆人全不能踐者也。賢人雖能踐之而未盡者也。聖人則極能踐之而無不盡者也。如《洪範》五事，則貌言視聽思，極於肅乂哲謀聖，皆踐形之意也。

○齊宣王欲短喪。公孫丑曰：「爲朞之喪，猶愈於已乎？」

已，猶「止」也。新安陳氏曰：丑附其説，謂三年短而爲朞，猶勝於止而不爲者乎？

孟子曰：「是猶或紾其兄之臂，子謂之姑徐徐云爾，亦教之孝弟而已矣。」紾，之忍反。

紾，戾也。教之以孝弟之道，則彼當自知兄之不可戾，而喪之不可短矣。孔子曰：「子生三年，然後免於父母之懷，予也有三年之愛於其父母乎？」所謂教之以孝弟者如此。蓋示之以至情之不能已者，非强上聲。之也。

王子有其母死者，其傅爲之請數月之喪。

公孫丑曰：「若此者何如也？」爲，去聲。

陳氏曰：「王子所生之母死，厭一甲反。於嫡母而不敢終喪，其傅爲請於王欲使得行數月之喪也。大功九月，小功五月。時又適有此事，丑問如此者是非何如。按《儀禮》：『公子爲亦去聲。其母所生母。練冠、麻衣、縓七絹反，赤黄色。緣，俞絹反。既葬除之。』疑當時此禮已廢，或既葬而未忍即除，故請之也。」《儀禮·喪服章》記：公子爲其母練冠、麻衣、縓緣，爲其妻縓冠葛絰帶，麻衣、縓緣，皆既葬除之。公子，君之庶子也。

曰：「是欲終之而不可得也。雖加一日愈於已，謂夫莫之禁而弗爲者也。」夫音扶。

言王子欲終喪而不可得，其傅爲請，雖止得加一日猶勝不加。我前所譏，乃謂夫莫之禁而自不爲者耳。○此章言三年通喪，天經地義，不容私意有所短長。示之至情，人心天理之真切處。則不肖者有以企去智反。而及之矣。

○孟子曰：「君子之所以教者五：

下文五者，蓋因人品高下，或相去遠近先後之不同。慶源輔氏曰：如時雨化，品之高者；成德達財，其次也；答問，下者也。私淑艾，有同時而相去或遠，不同時而其生也後，不能及門受業者也。

「有如時雨化之者，

時雨，及時之雨也。草木之生，播種封植，丞職反。人力已至而未能自化，所少者雨露之滋耳。及此時而雨之，則其化速矣。教人之妙，亦猶是也，若孔子之於顔、曾是已。程子曰：待物生，以時雨潤之，使之自化。○朱子曰：時雨化者，不先不後，適當其時而已。○他地位已到，因而發之，如孔子告顔子以四勿，告曾子以一貫，所謂「時雨化之」者。○新安陳氏曰：惟人力已至而後時雨可化，惟顔、曾力到功深而後孔子之化可施。使他弟子而遽以是告之，是猶種植之力未至，雖有時雨，亦不能速行也。

「有成德者，有達財者，財與「材」同。此各因其所長而教之者也。成德，如孔子之於冉、閔；達財，如孔子之於由、賜。朱子曰：成就其德，德則天資純粹者；通達其材，材是天資明敏者。○雲峯胡氏曰：孔門四科，顔、曾、冉、閔皆以德行稱。孟子五教，《集註》則以夫子之於冉、閔爲成德，而顔、曾爲時雨化之，何也？蓋自顔、曾以下，皆在夫子教之之中，而顔、曾二子獨得夫子化之之妙也。

「有答問者，就所問而答之，若孔、孟之於樊遲、萬章也。南軒張氏曰：成德、達財，答問固在其中，而又有所謂答問者，此則專爲凡答其來問者也。雖鄙夫之空空，所以答之者亦無非竭兩端之教也。○慶源輔氏曰：樊遲之粗鄙，萬章之淺率，孔、孟皆必俟其問而後告教之是也。

「有私淑艾者，艾音乂。私，竊也。淑，善也。艾，治也。人或不能及門受業，但聞君子之道於人，而竊以善治其身，是亦君子教誨之所及，若孔孟之於陳亢、夷之是也。孟子亦曰：「予未得爲孔子徒也，予私淑諸人也。」朱子曰：艾，芟草也。自艾、淑艾，皆有斬絶自新之意。懲艾、創艾，亦取諸此。○有答問者，未及師承，只是來相答問而已。私淑艾者，未嘗親見面授，只是或聞其風而師慕之，或私竊傳其善言善行，學之以善於其身，是亦君子之教誨也。

「此五者，君子之所以教也。」聖賢施教，各因其材，小以成小，大以成大，無棄人也。趙氏曰：君子之教人，如天地之生物，各因其材而篤焉。天地無棄物，聖賢無棄人。

○公孫丑曰：「道則高矣，美矣，宜若登天然，似不可及也。何不使彼爲可幾及而日孳孳也？」幾音機。孟子曰：「大匠不爲拙工改廢繩墨，羿不爲拙射變其彀率。爲，去聲。

彀，古候反。率音律。

彀率，彎弓之限也。言教人者皆有不可易之法，不容自貶悲檢反。以徇學者之不能也。

「君子引而不發，躍如也。中道而立，能者從之。」

引，引弓也。發，發矢也。躍如，如踊躍而出也。因上文彀率而言君子教人，但授以學之法而不告以得之之妙，如射者之引弓而不發矢，然其所不告者已如踊躍而見於前矣。中者，無過不及之謂。中道而立，言其非難非易。去聲。能者從之，言學者當自勉也。朱子曰：引而不發，謂漸啓其端而不竟其說。躍如，謂義理昭著，如有物躍然於心目之間。○躍如，是道理活潑潑地發出在面前，如由中躍出。○引而不發躍如也，須知得是引箇甚麽，是怎生地不發，又是甚麽物事躍在面前。須是聳起這心與他看，教此心精一無些子夾雜，方見得他那精微妙處。○道理散在天下事物之間，聖賢也不是不說，然也全說不得，自是那妙處不容說。然雖不說，只纔撥動那頭了時，那箇物事自跌落在面前，如張弓十分滿而不發箭，雖不發箭，然已知得真箇是中這物事了。○南軒張氏曰：聖人之道，天下之正理，不可過，不可不及也。自卑者視之以爲甚高，而不知其高之爲中也；自隘者視之以爲甚大，而不知其大之爲常也。徇彼而遷就，則非所以爲道矣。能與不能，則存乎其人耳。中道而立，能者從之，此正大之體，而天地之情也。學者循繩墨彀率而勿舍焉，及其久也將自有得。不然，蘄獲助長，爲害秖甚矣。

○此章言道有定體，教有成法；卑不可抗，高不可貶；語不能顯，默不能藏。汪氏曰：君子雖不貶道以徇人，亦未嘗離人絕物而使人不可幾及也。○雲峯胡氏曰：道有定體，故卑不可抗，高不可貶，是之謂中道而立。教有成法，故語不能顯，默不能藏，而在乎人之能者從之。○新安陳氏曰：道有定體，謂中道而立。教有成法，謂繩墨彀率卑者不可抗之使高，高者不可貶之使卑，申言道有定體也。雖語有不能顯者，謂引而不發，雖默有不能藏者，謂躍如也。熟玩味之，有無窮之妙。

○孟子曰：「天下有道，以道殉身；天下無道，以身殉道。

殉，如「殉葬」之殉，以死隨物之名也。《記·檀弓下》：「陳子車死於衛，其妻與其家大夫謀以殉葬。謀將殺人以殉葬。定而後陳子亢至，以告曰：『夫子疾莫養於下，請以殉葬。』子亢曰：『以殉葬，非禮也。雖然，則彼疾當養者，孰若妻與宰？得已則吾欲已，不得已則吾欲以二子者之爲之也。』於是弗果用。」身出則道在必行，道屈則身在心退，以死相從而不離去聲。也。趙氏曰：道不可離也，雖時有治亂，己有窮達，非道殉身，即身殉道，以死相從，豈可得而離哉？

「未聞以道殉乎人者也。」

以道從人，妾婦之道。華陽范氏曰：君子遭世之治，則身顯而道行，得志澤加於民，故以道從身。遭世之亂，則身隱而道不行，不得志，脩身見於世，故以身從道。以道殉乎人者，陳代所謂枉尺而直尋也。古之聖賢以道殉身，伊尹、周公是也；以身殉道，孔子、孟子是也。君子窮達不離乎道，道可以處則處，道可以出則出。故人君用人，不用其身，唯用其道。以道殉人者，雖得之無所用也。○南軒張氏曰：身與道，不可離也。以道殉人，則是可離矣，烏有所謂道哉？○新安陳氏曰：妾婦以順從爲道，故亦曰道。孟子見有身徒顯而道不行，道不行而身猶不知隱者，故發此論。言當隨時之理亂而酌身之進退，非道殉身，則身殉道。身與道不可須臾離也。使道不殉身，身不殉道，即是以道殉乎人矣。

○公都子曰：「滕更之在門也，若在所禮而不答，何也？」更，平聲。

趙氏曰：「滕更，滕君之弟來學者也。」

孟子曰：「挾貴而問，挾賢而問，挾長而問，挾有勳勞而問，挾故而問，皆所不答也。滕更有二焉。」長，上聲。

趙氏曰：「二，謂挾貴、挾賢也。」尹氏曰：

「有所挾，則受道之心不專，所以不答也。」慶源輔氏曰：學者之心，須是專一，方有受教之地，有所挾則二三也。○新安陳氏曰：挾者，兼有而恃之之稱。勳勞，己嘗有功勞於師。故，謂己與師有舊好，恃此以來學，望師待以異意而教之，皆所不當答。○此言君子雖誨人不倦，又惡去聲。夫音扶。意之不誠者。南軒張氏曰：受道者，以虛心爲本則能受。有所挾，則私意先横於中而不能入矣。故空空之鄙夫，聖人必竭兩端之教，而滕更挾二，故不答也。使能思所以不答之故，於所挾致力以消之，是亦誨之矣。

○孟子曰：「於不可已而已者，無所不已；於所厚者薄，無所不薄也。

已，止也。不可止，謂所不得不爲者也。所厚，所當厚者也。此言不及者之弊。朱子曰：厚薄是以家對國言之。又曰：所厚，謂父子兄弟骨肉之恩，理之所當然，而人之不能已者。

「其進鋭者，其退速。」

進鋭者，用心太過，其氣易去聲。衰，故退速。覺軒蔡氏曰：進鋭退速，其病正在意氣方盛之時，已有易衰之勢，不待意氣已衰之後始見其失也。○三者之弊，理勢必然。雖過不及之不同，然卒同歸於廢弛。施紙反。○慶源輔氏曰：不及者之弊，則愈見其不及，流於欲者之所爲也；過者之弊，則其退也可立而待，役於氣者之所爲也。欲肆則無極，氣過則易衰；循理而行，則有則而可繼也。○勿軒熊氏曰：前二句，則見之處事接物之間；後一句，則本於立心講學之際。○雲峯胡氏曰：前二者，是當用心而不用心之弊；後一者，是過用其心之弊。不用其心，固宜廢弛；過用其心者，亦同歸於廢弛，過猶不及故也。

○孟子曰：「君子之於物也，愛之而弗仁；於民也，仁之而弗親。親親而仁民，仁民而愛物。」

物，謂禽獸草木。愛，謂取之有時，用之有節。新安陳氏曰：當取則取，當用則用，但有時有節，即愛也。若釋氏以不取不用爲愛，則非矣。程子曰：「仁，推己及人，如『老吾老以及人之老』，於民則可，於物則不可。統而言之則皆仁，分而言之則有序。」慶源輔氏曰：統而言之，則皆自吾一性之仁；分而言之，則有輕重之序。然在學者言之，則於此三者之序有由之而不知者，有得於此而失於彼者，又有倒行逆施雜亂無次者。要當因聖賢之言，反求之心，涵養於未發之前，體察於已發之後，毋惑於異端，毋汨於私慾，然後是聖學工夫。楊氏曰：「其分去聲。下同。不同，故所施不能無差楚宜反。等，所謂理一而分殊者也。」問：「孟子言愛與仁，有小大之分。」潛室陳氏曰：親親而仁民，仁民而愛物，所謂一理萬殊，稱物平施，此「仁」字是用。待禽獸只有愛心，不可使失所。若夫牛不穿鼻，馬不絡首，一以人理奉之，則親民何別，不幾於同人類於牛馬乎？仁者，人心也，有人理存焉。施於人者，不可施於物，乃理一分殊處。○新安陳氏曰：理一，所以爲仁；分殊，所以爲仁之義。尹氏曰：「何以有是差等？一本故也，無僞也。」慶源輔氏曰：一本，故無僞而有等差。若無等差，是僞而二本也。○西山真氏曰：凡生於天地間者，莫非天地之子，而吾之同氣者也，是之謂理一。然親者吾之同體，民者吾之同類，而物則異類矣，是之謂分殊。故仁愛之施則有差。○朱氏祖義。曰：不以待人者施之物，以其有貴賤之分也；不以待親者施之他人，以其有親疏之殺也。於無所不愛之中，而不失其貴賤親疏之等差，此聖人之仁所以歷萬世而無弊也。○新安陳氏曰：暴殄者，固非愛物矣。梁武之宗廟不用犧牲，亦非愛物之宜。蓋愛之而仁，是以仁民者仁物也，無怪其於民反不仁也。墨氏之愛無差等，施由親始，亦非仁民之宜。蓋仁之而親，是以親親者親民也，無怪其無父而於親反不親也。是皆倒行逆施之道。無次序，無等差，非仁矣。○東陽許氏曰：「愛之而弗仁」之「愛」，愛惜之義，不輕用物，不暴殄天物之意。「仁民」之「仁」，乃愛之本義，親又重於仁。

○孟子曰：「知者無不知也，當務之爲急；仁者無不愛也，急親賢之爲務。堯舜之知而不偏物，急先務也；堯舜之仁不偏愛人，急親賢也。「知者」之知，並去聲。

知者固無不知，然常以所當務者爲急，則事無不治，去聲。而其爲知也大矣；仁者固無不愛，然常急於親賢，則恩無不洽，而其爲仁也博矣。問：「如舜舉皋陶，湯舉伊尹，所謂親賢者，乃治天下不易之務。若當務之急，是隨其時勢之不同，堯之曆象治水，舜之舉相去凶，湯之伐夏救民，皆所務之急者。」朱子曰：也是如此。然當務之急，如所謂勞心者治人，勞力者治於人，堯舜之治天下，豈無所用其心，亦不用於耕耳。又如夫子言務民之義，應係所當爲者皆是也。又曰：堯以不得舜爲己憂，舜以不得禹、皋陶爲己憂，此聖人之所急也。上好禮則民莫敢不敬，上好義則民莫敢不服，上好信則民莫敢不用情，若學圃學稼則是不急。○新安陳氏曰：上四句，言知仁之理；下六句，舉堯舜之知仁以實之。

「不能三年之喪，而緦小功之察；放飯流歠，而問無齒決，是之謂不知務。」飯，扶晚反。歠，昌悅反。

三年之喪，服之重者也。緦麻三月，小功五月，服之輕者也。察，致詳也。放飯，大飯。流歠，長歠，不敬之大者也。齒決，齧吾結反。斷乾音干。肉，不敬之小者也。《記·曲禮》曰：「毋放飯，毋流歠。」又曰：「濡肉齒決，乾肉不齒決。」濡，濕也，宜齧斷之。乾肉堅，宜用手。問，講求之意。南軒張氏曰：孟子所譬，特言舍大徇小者爲不知務耳。非謂能三年之喪則緦小功有不足察，無放飯流歠則齒決有不必問也。先後具舉，本末畢貫，此所以爲道。○新安陳氏曰：上文言智之知急務，仁之急親賢爲務，乃智仁之大者。此取譬於喪服飲食，以譏不能其大而求其細，非知務者也。不知務，是併結上文「當務」、「親賢爲務」二「務」字。○此章言君子之於道，識其全體則心不狹，知所先後則事有序。雲峯胡氏曰：《集註》之意，以爲識智之全體，則其用宜無所不知；識仁之全體，則其用宜無所不愛。然智之用，有當務之爲急；仁之用，當急親賢之爲務。故不識其全體者，知之不周，愛之不廣，狹用其心者也；不知所先後，則知之雖周而精神弊於無用，愛之欲廣而德澤壅於下流，泛用其心也。輔氏以爲識其全體，是言仁；知所先後，則爲智，非《集註》意矣。豐氏曰：「智不急於先務，雖偏知人之所知，偏能人之所能，徒弊精神而無益於天下之治去聲。矣。仁不急於親賢，雖有仁民愛物之心，小人在位，無由下達，聰明日蔽於上，而惡政日加於下，此孟子所謂不知務也。」新安陳氏曰：當務爲急，與急親賢爲務相對。以皐謨能哲而惠，及「樊遲問仁、智」章之意推之，謂智之所當務者，即是急親賢之爲務。仁之所爲即智之所知，亦儘可通。南軒即此説也，但孟子、朱子之意本不如此。蓋知所當務，所包甚闊，不可竟以親賢當知。此章乃平論智仁，非論智仁相爲用也。

孟子集註大全卷之十三

孟子集註大全卷之十四

盡心章句下

凡三十八章。

孟子曰：「不仁哉，梁惠王也！仁者以其所愛及其所不愛，不仁者以其所不愛及其所愛。」

親親而仁民，仁民而愛物，所謂以其所愛及其所不愛也。

公孫丑曰：「何謂也？」「梁惠王以土地之故，糜爛其民而戰之，大敗，將復之，恐不能勝，故驅其所愛子弟以殉之，是之謂以其所不愛及其所愛也。」

梁惠王以下，孟子答辭也。糜爛其民，使之戰鬭，糜爛其血肉也。復扶又反。之，復戰也。子弟，謂太子申也。即所謂東敗於齊，長子死焉者。以土地之故及其民，以民之故及其子，皆以其所不愛及其所愛也。○此承前篇之末三章之意，雲峯胡氏曰：承所厚者薄，親親仁民，仁者無不愛而言。言仁人之恩，自內及外，不仁之禍，由疏與疎同。逮親。南軒張氏曰：仁者推其愛親者以愛人，不仁者以其忍於他人者忍於其親。仁與不仁之分，其端甚微而其流如此。○慶源輔氏曰：仁人之恩自內以及外者，自本而推之也。惟其自本而推之，故雖無所不愛，而輕重等差蓋不可紊也。不仁之禍由疏逮親者，徇欲而從流者也。惟其徇欲而從流，故橫放逆施莫之紀極也。始也糜爛其民人而殘賊其子弟，終不至殺身覆族不已也。

○孟子曰：「春秋無義戰。彼善於此，則有之矣。

《春秋》每書諸侯戰伐之事，必加譏貶，以著其擅時戰反。興之罪，無有以爲合於義而許之者。但就中彼善於此者則有之，如召音邵。陵之師之類是也。《春秋·僖公四年》齊侯伐楚，楚屈完來盟于師，盟于召陵。○南軒張氏曰：春秋無義戰，如齊桓公侵蔡伐楚，如晉文公城濮之戰，在當時其事雖若善。至於不禀王命而擅用其師，則均爲不義而已矣。○雲峯胡氏曰：《春秋》書戰，皆以著諸侯無王之罪。召陵之師，猶知假尊王之義。

「征者上伐下也，敵國不相征也。」

征，所以正人也。諸侯有罪，則天子討而正之。此春秋所以無義戰也。新安陳氏曰：《春秋》以道名分。使征伐自天子出，《春秋》不作矣。惟不自天子出而自諸侯出，《春秋》所以作也。「無義戰」三字，斷盡春秋諸侯兵争之罪。

○孟子曰：「盡信《書》，則不如無《書》。

程子曰：「載事之辭，容有重稱而過其實者，學者當識其義而已；苟執於辭，則時或有害於義，不如無書之愈也。」

「吾於《武成》，取二三策而已矣。

《武成》，《周書》篇名。武王伐紂歸而記事之書也。策，竹簡也。取其二三策之言，其餘不可盡信也。程子曰：「取其奉天伐暴之意，反政施仁之法而已。」張子曰：不以文害辭，不以辭害意，此教人讀《詩》法也。於《武成》取二三策而已，此教人讀《書》法也。

「仁人無敵於天下。以至仁伐至不仁，而何其血之流杵也？」

杵，舂杵也。或作「鹵」，與「魯」同，音魯。楯也。楯，豎尹反。兵器所以蔽身者。《武成》言武王伐紂，紂之「前徒倒戈，攻于後以北，血流漂杵」。孟子言此則其不可信者。然《書》本意，乃謂商人自相殺，非謂武王殺之也。孟子之設是言，懼後世之惑，且長上聲。不仁之心耳。問：「血流漂杵，乃紂之前徒倒戈之所爲。荀子以爲殺之者皆商人，非周人者是也。而孟子不之信，何哉？」朱子曰：此亦拔本塞源之論。蓋雖殺者非我，而亦不忍言也。程子以爲孟子設爲是言，蓋得其微意。余隱之云：「《魯語》曰：『俎豆之事，則嘗聞之矣；軍旅之事，未之學也。』孔子之意可見矣。客有問陶弘景註《易》與《本草》孰先。陶曰：『註《易》誤，不至殺人；註《本草》誤，則有不得其死者。』世以爲知言。唐子西嘗曰：『弘景知《本草》而未知經。註《本草》誤，其禍疾而小；註六經誤，其禍遲而大。』前世儒臣引經誤國，其禍至於伏屍百萬，流血千里。《武成》曰『血流漂杵』，武王以此自多之辭。當時倒戈攻後，殺傷固多，非止一處，豈至血流漂杵乎？孟子深慮戰國之君以此藉口，故曰『盡信《書》則不如無《書》』，而謂血流漂杵未足爲多，豈示訓之至哉？經訓之禍，正此類也。反以孟子爲畔經，豈不惑之甚邪？」

○孟子曰：「有人曰：『我善爲陳，我善爲戰。』大罪也。陳，去聲。

制行音杭。伍曰陳，交兵曰戰。以帝王之世律之，大罪人也。

「國君好仁，天下無敵焉。南面而征北狄怨，東面而征西夷怨。曰：『奚爲後我？』好，去聲。

此引湯之事以明之。解見形甸反。前篇。

「武王之伐殷也，革車三百兩，虎賁三千人。兩，去聲。賁音奔。

又以武王之事明之也。兩，車數，一車兩如字。輪也。千，《書序》作百。

「王曰：『無畏！寧爾也，非敵百姓也。』若崩厥角稽首。

《書·泰誓》文與此小異。孟子之意當云：王謂商人曰：「無畏我也。我來伐紂，本爲去聲。安寧汝，非敵商之百姓也。」於是商人稽首至地，如角之崩也。

「征之爲言正也，各欲正己也。焉用戰？」焉，於虔反。

民爲暴君所虐，皆欲仁者來正己之國也。

南軒張氏曰：戰國之際，以功力相勝。善爲戰者，則謂之能臣矣。而孟子前以爲當服上刑，今又以爲大罪，蓋所謂深救當時之弊，使之循其本也。循其本有道焉，其惟好仁乎？好仁則無敵於天下。若不志於仁而徒欲以功力取勝，則天下孰非吾敵。勝與負，均爲殘民而逆天也。○雲峯胡氏曰：觀此復引《書》而言，則可知前章所謂「盡信《書》不如無《書》」者矣。大抵此四章，亦相承而言。一章以梁王之戰爲不仁；二章以春秋之戰爲無義；三章言武王仁義之師，必無血流漂杵之事；四章言湯、武仁義之師，必不用我善爲戰之人。○東陽許氏曰：孟子之時，皆尚攻戰，能者爲賢臣。而孟子乃以爲大罪。蓋國君苟能行仁政以愛其民，使之飽暖安佚，則下民親戴其上矣。其他國之民受虐於君者，心必歸於此。人既樂歸於我，我以親上之民而征虐民之君，則其民豈肯與我爲敵，故引湯、武之事以證之。

○孟子曰：「梓匠輪輿能與人規矩，不能使人巧。」

尹氏曰：「規矩，法度可告者也。巧則在其人，雖大匠亦末如之何也已。蓋下學可以言傳，上達必由心悟。南軒張氏曰：聖賢之教人，自洒掃應對進退而上，皆規矩也。行著習察，則存乎人聖賢亦豈能使之然哉。然而固不外乎規矩，舍規矩以求巧，無是理也。○新安陳氏曰：巧，即循規矩熟後自得之妙。未有舍規矩而可以得巧者。上達，即下學之覺悟處。未有舍下學而徑可以上達者。但巧與上達，非教者所能致力耳。未嘗以爲出於規矩與下學之外也。○本文如詩六義之比，未嘗説破。此乃以吾道之教者與學者言之也。莊周所論斲輪之意蓋如此。」《莊子·天道》篇：桓公(齊君。)讀書於堂上。輪扁(音篇，又如字，匠氏名。)斲輪於堂下，釋椎鑿而上問桓公曰：「敢問公之所讀者何言耶？」公曰：「聖人之言也。」曰：「聖人在乎？」公曰：「已死矣。」曰：「然則君之所讀者，古人之糟魄(普各反。)已夫。」桓公曰：「寡人讀書，輪人安得議乎？有説則可，無説則死。」輪扁曰：「臣也以臣之事觀之。斲輪，徐則甘而不固，疾則苦而不入。不徐不疾，得之於手而應之於心。口不能言，有數存焉。於其間臣不能以喻臣之子。臣之子亦不能受之於臣。是以行年七十而老斲輪。古之人與(音

余。其不可傳者死矣。然則君之所讀者，古人之糟魄已夫！」❶

○孟子曰：「舜之飯糗茹草也，若將終身焉；及其爲天子也，被袗衣，鼓琴，二女果，若固有之。」飯，上聲。糗，去久反。茹音汝。袗，之忍反。果，《說文》作「裸」，烏果反。

飯，食也。糗，乾音干。糒音備。也；茹，亦食也。袗，畫俗作畫。衣也。趙氏曰：畫，黼黻絺繡之衣也。二女，堯二女也。果，女侍也。朱子曰：趙氏以果爲侍。《廣韻》從女、從果者，亦曰侍。言聖人之心，不以貧賤而有慕於外，不以富貴而有動於中，隨遇而安，無預於己，所性分去聲。定故也。南軒張氏曰：若將終身，若固有之，可謂善形容舜者，蓋所欲不存，樂天而安土。窮而在下，則無一毫之虧。達而在上，亦無一毫之加。故無適而不得也。○慶源輔氏曰：所性，謂天所予我之性；分定，謂雖大行不加，雖窮居不損也。夫貧富貴賤，皆外物之儻來寄也。聖人盡性，故湛然無所欣戚於其間。「隨遇而安」，不以物動己也。「無預於己」，不以己隨物也。

○孟子曰：「吾今而後知殺人親之重也。殺人之父，人亦殺其父；殺人之兄，人亦殺其兄。然則非自殺之也，一間耳。」間，去聲。

言吾今而後知者，必有所爲去聲。而感發也。一間者，我往彼來間一人耳。其實與自害其親無異也。范氏曰：「知此則愛敬人之親，人亦愛敬其親矣。」南軒張氏曰：天有顯道，厥類惟彰。感應之理，未有不以類者。方其殺人之親，孰知人殺吾親其機固已在此乎？觀魏晉南北朝之君，互相屠戮。自今觀之，屠戮他人者，實自絕滅而已矣。孟子斯言，欲使時君無動於忿欲，寡怨息爭以保其宗廟親族，是仁術也。

○孟子曰：「古之爲關也，將以禦暴。

❶「魄」，原作「魂」，今據陸本及《輯釋》、上文改。四庫本作「粕」。

譏察非常。

「今之爲關也，將以爲暴。」

征税出入。新安陳氏曰：關有譏有征。古者禁異服、譏異言，以譏爲主。今以征爲主而已。○范氏曰：「古之耕者什一，後世或收太半之税，此以賦斂力驗反。爲暴也。文王之囿，與民同之；齊宣王之囿，爲阱國中，此以園囿爲暴也。後世爲暴不止於關。若使孟子用於諸侯，必行文王之政，凡此之類，皆不終日而改也。」南軒張氏曰：古以義理爲國，後世徇利而已。古人創法立制，與天下公共，凡以爲民耳。以利爲國，雖古法之尚存者，亦皆轉而爲一己之計矣。本原不正，無往不失先王之意，豈特爲關之暴而已哉？○慶源輔氏曰：關則一，而古今所以爲關之意則不同，譏察非常，爲義也，天理也。征税出入，爲利也，人欲也。天下之事莫不然。孟子舉關之一事言之。范氏推言及賦斂苑囿之事，且曰使孟子用於諸侯，必行文王之政者，尤説得孟子之事實。蓋孟子言語，句句是事實，言之則必行之。

○孟子曰：「身不行道，不行於妻子；使人不以道，不能行於妻子。」

身不行道者，以行去聲。言之。不行者，道不行也。使人不以道者，以事言之。不能行者，令不行也。朱子曰：身若不行道，則妻子無所取法，全無畏憚了，然猶可使也。若使人不以道，則妻子亦不可使矣。○問：不行於妻子，百事不可行，不可使亦在其中。不能行於妻子，却只指使人一事言之否？曰：然。○南軒張氏曰：順理之事，則人易從。否則雖妻子亦不能使之必從也。前言不躬行，則無以化之。後言使之非道，則不得而强之。然使之以道而躬行未至，彼亦未必信從，均於不行而已。是行道爲本也。然在行道者言之，使人以道，亦行道之見於一事者也。古人謂進德者，必考之於妻子，其是之謂歟。

○孟子曰：「周于利者，凶年不能殺；周于德者，邪世不能亂。」

周，足也，言積之厚，則用有餘。慶源輔氏

曰：德貴蓄積，然後有餘用而外物不足以亂之。若夫挾一善一長，而自以爲足而欲以遊於邪世，則鮮有不爲其所亂者矣。故良農不患乎年之有凶，而惟患乎蓄糧之不厚。君子不患乎世之難處，而患乎德之不周。戰兢自持，死而後已，凡皆以周其德也。○新安陳氏曰：積利厚者，豐凶皆給；積德厚者，理亂皆正。孟子不言利而此言之，主周于德而言，借以爲喻而引起耳。

○孟子曰：「好名之人，能讓千乘之國；苟非其人，簞食豆羹見於色。」好、乘、食，皆去聲。見音現。

好名之人，矯情干譽，是以能讓千乘之國；然若本非能輕富貴之人，則於得失之小者，反不覺其真情之發見矣。蓋觀人不於其所勉，而於其所忽，然後可以見其所安之實也。朱子曰：讓千乘之國，惟賢人能之。然好名之人，亦有時而能之，本非真能讓國也，徒出一時之慕名而勉强爲之耳。這邊雖能讓千乘之國，那邊簞食豆羹必見於色。東坡謂人能破千金之璧，而不能無失聲於破釜，正此意也。苟非其人，其人指真能讓國者，非指好名之人也。○常把此一段對鄉爲身死而不受爲義。蓋此段是好名之心勝，❶大處打得過，小處漏綻也。動於萬鍾者，是小處遮掩得過，大處發露也。○千乘之國，辭受之間十目所視十手所指之地也。簞食豆羹，得失之際則微矣，人亦何暇注其耳目於斯哉？此好名之士所以飾情於彼以取美名，而不意其鄙吝之真情實態，乃發露於忽易不虞之地也。○慶源輔氏曰：矯情者，務勉於其大而難久；至誠者，不忽於其小而有常。是以觀人之法，不於所勉而於所忽，人之誠與僞見矣。所安，即誠也。○新安陳氏曰：所安對所勉言。勉强者多矯飾於大而不免發露於小，安焉者則貫小大皆出於真實也。

○孟子曰：「不信仁賢，則國空虛。

空虛，言若無人然。慶源輔氏曰：仁者，德之首。賢則總言其有德耳。○新安陳氏曰：仁賢，分言則仁，

---

❶「此」，《語類》卷六一作「前」。「段」，四庫本作「固」，孔本作「國」。

仁人也；賢，有德之人也。合言則仁德之賢人也。

「無禮義，則上下亂。

禮義，所以辨上下，定民志。

「無政事，則財用不足。」

生之無道，取之無度，用之無節故也。○尹氏曰：「三者以仁賢爲本。無仁賢，則禮義政事處上聲。之皆不以其道矣。」南軒張氏曰：信仁賢，則君有所輔，民有所庇，社稷有所託，姦宄有所憚，國本植立而堅固矣。有禮義，則自身以及國，君君臣臣，父父子子，而上下序，所謂治也。有政事，則先後綱目，粲然具舉，百姓足而君無不足焉。此三者，爲國之大要。然信仁賢，其本也。信仁賢而後禮義興，禮義興而後政事脩。雖三王之所以治，亦不越是矣。○新安陳氏曰：禮義由賢者出。爲政在人。三者所以以仁賢爲本也。何代不生賢，在人君能信用之耳。有之而不信用，與無之同。孟子不曰無仁賢，而曰不信仁賢，見仁賢信用之則有，不信用則無，此「不信」二字之深意。

○孟子曰：「不仁而得國者，有之矣；不仁而得天下，未之有也。」

言不仁之人，騁丑井反。其私智，可以盜千乘之國，而不可以得丘民之心。須看「盜」字。鄒氏曰：「自秦以來，不仁而得天下者有矣；秦、隋、五代是也。然皆一再傳而失之，猶不得也。所謂得天下者，必如三代而後可。」南軒張氏曰：不仁而得國，得其土地而已，豈得其民心哉？然是終可保乎？孟子之言，所當深味，不可執辭以害意也。後之取天下而立國差久者，其始所行，亦必庶幾於仁。不然雖得土地於一時，亂亡亦相踵而至，是其得也，適以速其滅亡耳。○慶源輔氏曰：不仁而得天下，如曹操、司馬氏及五代之君皆是也。鄒氏斷以得天下必如三代而後可者，得孟子之旨矣。○雲峯胡氏曰：騁私智，可以盜之於一時。非至仁，不可得之於悠久。

○孟子曰：「民爲貴，社稷次之，君爲輕。

社，土神；稷，穀神。建國則立壇壝以水

反，又維季反。以祀之。《周禮・地官》大司徒：「設其社稷之壝而樹之田主，各以其野之所宜木，遂以名其社與其野。」○封人掌設王之社壝爲畿封而樹之。聚土曰封。壝謂壇及堳埒也。《白虎通》曰：天子社壇方五丈，取五方五色土封之。諸侯半之，各以其所守之方一色土封之，皆冒以黄土。○《周禮圖》：「社稷壇相並，社壇在東，稷壇在西，各三級。壝在四隅，如矩曲方。」○趙氏曰：社所以祭五土之神；稷所以祭五穀之神。稷非土無以生；土非稷無以見生生之效。以其同功均利以養人故也。蓋國以民爲本。社稷亦爲去聲。民而立。而君之尊，又係於二者之存亡。故其輕重如此。問：民貴君輕之説，得不啓後世篡奪之端乎？朱子曰：以理言之則民貴。以分言之則君貴。此固兼行而不悖也。各於其時視其輕重之所在而已爾。若不惟其是，而姑借聖賢之説，則亦何詞之不可借，而所以啓後人之禍者，又豈止於斯乎？○新安陳氏曰：此以理言，非以分言也。

「是故得乎丘民而爲天子，得乎天子爲諸侯，得乎諸侯爲大夫。

丘民，田野之民，至微賤也。然得其心，則天下歸之。天子，至尊貴也，而得其心者，不過爲諸侯耳。是民爲重也。

「諸侯危社稷則變置。

諸侯無道，將使社稷爲人所滅，則當更平聲。立賢君。是君輕於社稷也。

「犧牲既成，粢盛既潔，祭祀以時，然而旱乾水溢，則變置社稷。」盛音成。

祭祀不失禮，而土穀之神不能爲去聲。民禦災捍音汗。患，則毁其壇壝而更平聲。置之。亦年不順成，八蜡助駕反。不通之意，《記・郊特牲》：「天子大蜡八，伊耆氏始爲蜡。蜡也者，索音色。也。歲十二月，合聚萬物而索饗之也。蜡之祭也，主先嗇而祭司嗇也，祭百種以報嗇也。饗農先農。及郵音尤。表畷陟劣反。郵表畷，田官督約農事之所也。禽獸，仁之至，義之盡也。古之君子，使之必報之。迎貓，爲其食田鼠也。迎虎，爲其食田豕也。迎而祭之也。迎其神而祭之。祭坊與水庸，事也。坊以止水，以其事於我而祭之。八蜡以記四方，四方年不順成，八蜡不通，不與諸方相通而祭。以謹民財。順成之方，其蜡乃通。」○雲峯胡氏曰：兩「變置」字不同。《集註》釋之亦異。「變置諸侯」者，改立其人也。「變置社稷」者，改立其祀神之壇壝而非改立其神也。是社稷雖重於君而輕於民也。南軒張氏曰：人君惟恃崇高之勢而忽下民之微，故肆其私欲，輕失人心以危其社稷。使其知民之貴，社稷次之，而己不與焉，則必兢兢業業，不敢自恃，惟懼其失之也，則民心得而社稷可保矣。是以明王畏其民，而闇主使民畏己。畏其民者昌，使民畏己者亡。驕亢自居，民雖迫於勢而憚之，然其心日離。民心離之，是天命去之矣。○慶源輔氏曰：天生民而立之君以司牧之，是君爲民而立也。世衰道微，至戰國時，爲君者不知其職，視民如草芥而不知恤也，故孟子發此輕重之論而并及夫社稷焉。蓋社稷亦爲民立故也。於是反覆明辨之，其丁寧警切之意，可謂仁矣。

○孟子曰：「聖人，百世之師也。伯夷、柳下惠是也。故聞伯夷之風者，頑夫廉，懦夫有立志；聞柳下惠之風者，薄夫敦，鄙夫寬。奮乎百世之上，句。百世之下，聞者莫不興起也。非聖人而能若是乎，而況於親炙之者乎？」

興起，感動奮發也。親炙，親近而薰炙之也。餘見形甸反。前篇。朱子曰：孟子於二子，論之詳矣。雖以爲聖之清和，然又嘗病其隘與不恭，且以其道不同於孔子而不願學也。及其一旦發爲此論，❶乃以百世之師歸之，而孔子反不與焉。蓋孔子道大德中而無迹，故學之者沒身鑽仰而不足。二子志潔行高而迹著，故慕之者一日感慨而有餘也。○問：「孟子學孔子者也，乃屢稱夷、惠而深歎仰之，何耶？」曰：夷、惠之行高矣。然偏勝而易能，有迹而易見。且百世之貪懦鄙薄者衆，一聞其風而興起焉，則其爲效也速，而所及者廣。譬之薑、桂、大黄之劑，雖非中和，然其去病之功爲捷，而田夫販婦大寒大暑之所便也。若孔子之道則廣大而中正，渾然而無迹，非深於道者不能庶幾

❶「曰」，原作「日」，今據四庫本、陸本及《輯釋》、《晦菴先生朱文公文集》卷七九改。

其萬一，如參苓芝朮之爲藥，平居有養性之益，而緩急伐病之功，未必優於薑、桂、大黄，非所以施於閭巷之間危惡之候也。孟子屢稱夷、惠而不及孔子，其意殆以此耶。○南軒張氏曰：夷、惠稱聖人，以其聖於清、聖於和，而得名也。○潛室陳氏曰：伯夷、柳下惠，皆入聖來，故其清爲聖人之清，和爲聖人之和。作用處與常人萬萬不侔。但比孔子，猶爲小成之聖耳！○汪氏曰：聖人達則澤及當時，窮則風傳後世。於此不及伊尹者，夷、惠不爲政於天下，所可言者風而已。伊尹異於是，故不及之。○雲峯胡氏曰：四時之風，莫和於春，莫清於秋，物無有不動者。然在物，猶有迹也。仲尼元氣也，渾然無迹矣。

○孟子曰：「仁也者，人也。合而言之，道也。」

仁者，人之所以爲人之理也。然仁，理也。人，物也。以仁之理合於人之身而言之，乃所謂道者也。○程子曰：「《中庸》所謂『率性之謂道』是也。」朱子曰：此「仁」字不是别物，即是這人底道理。仁是人之道理，就人身上體認出來。及就人身上説，合而言之便是道也。○人之所以得名，以其仁也。言仁而不言人，則不見理之所寓。言人而不言仁，則人不過是一塊血肉耳。必合而言之，方見得道理出來。○如《中庸》「仁者人也」，是對「義者宜也」。意又不同。「人」字是以人身言，人自有生意，脩道以仁便説仁者人也，是切己言之。孟子是統而言之。○仁則性而已矣。道則父子之親，君臣之分，見於人之身而尤著者也。○只仁與人合而言之便是道，猶言公而以人體之便是仁也。或曰：「外國本，『人也』之下，有『義也者，宜也；禮也者，履也；智也者，知也；信也者，實也』，凡二十字。」今按如此，則理極分明，然未詳其是否也。尤延之云：《孟子》「仁也者人也」下，高麗本云云，此説近是。○新安陳氏曰：若據此本，則是合仁、義、禮、智、信而言之皆道也。且又見得仁、義、禮、智兼信而言五常之道，尤爲明備云。

○孟子曰：「孔子之去魯，曰：『遲遲吾行也。』去父母國之道也。去齊，接淅而行，去他國之道也。」

重平聲。出。已見《萬章下》篇。○南軒張氏曰：當其可，即是道。當去魯之時，則遲遲其行爲道。當去齊之時，則接淅而行爲道。孟子學孔子，去齊也，非父母國而有三宿出晝之濡滯何也？孟子於宣王，蓋有望焉，故其去有眷眷不能已者。夫其不能以已，是固道之所存也。

○孟子曰：「君子之戹於陳、蔡之間，無上下之交也。」

君子，孔子也。戹，與厄同。君臣皆惡，無所與交也。慶源輔氏曰：陳、蔡之厄，聖人之極否也。是亦氣數之窮，在聖人則何與焉？

○貉稽曰：「稽大不理於口。」貉音陌。

趙氏曰：「貉姓，稽名，爲衆口所訕。」所晏反。理，賴也。今按《漢書》無俚，音里。《方言》亦訓賴。《前漢·季布》贊：「賢者誠重其死，夫婢妾賤人，感慨而自殺，非能勇也。其畫無俚之至耳。」晉灼曰：揚雄《方言》曰：俚，聊也。許慎曰：賴也。○慶源輔氏曰：大不賴於口者，言大爲衆口所訕也。

孟子曰：「無傷也。士憎茲多口。

趙氏曰：「爲士者益多，爲衆口所訕。」按此則憎當從土，今本皆從心，蓋傳寫之誤。新安陳氏曰：爲士者往往見憎於此多口，如語之屢憎於人。

「《詩》云：『憂心悄悄，愠于羣小。』孔子也。『肆不殄厥愠，亦不隕厥問。』文王也。」

《詩》，《邶蒲昧反。風·柏舟》及《大雅·緜》之篇也。悄悄，憂貌。愠，怒也。本言衛之仁人見怒於羣小。孟子以爲孔子之事，可以當之。如見毀於叔孫是也。肆，發語辭。南軒張氏曰：肆猶言遂也。承上起下之辭。隕，墜也。問，聲問也。本言大王事昆夷，雖不能殄絕其愠怒，亦不自墜其聲問之美。孟子以爲文王之事可以當之。如見囚於羑里是也。○尹氏曰：「言人顧自處上聲。如何，盡其在我者而已。」新安陳氏曰：文王、孔子二聖人，尚不免逢人之愠怒。況今能絶衆口之謗訕乎？惟在自反而盡其在我者耳。○東陽許氏曰：此章言文王、孔子雖有聖人之德，亦不免爲衆口所謗訕，而其所以處之者如此。然人雖謗之，終不能損其令名。孟子意謂稽雖爲衆口所訕，但當自脩其德而已。

○孟子曰：「賢者以其昭昭，使人昭昭；今以其昏昏，使人昭昭。」

昭昭，明也。昏昏，闇與暗同。也。尹氏曰：「大學之道，在自昭明德而施於天下國家，其有不順者寡矣。」慶源輔氏曰：以己昭昭使人昭昭者，求之己也。以己昏昏使人昭昭者，求之人也。尹氏引《大學》之説當矣。能明明德，則施於天下國家，其有不順者寡矣。若不自明其德，則如面牆，一物無所見，一步不可移。雖至近如妻子，亦且不順，況他人乎？

○孟子謂高子曰：「山徑之蹊間，句。介然用之而成路。句。爲間不用，則茅塞之矣。今茅塞子之心矣。」介音戛。

徑，小路也。蹊，人行處也。介然，倏然之頃也。用，由也。路，大路也。爲間，少頃也。茅塞，茅草生而塞之也。言理義之心，不可少有間去聲。斷徒玩反。也。趙氏曰：高子，齊人，嘗學於孟子，去而學他術。○慶源輔氏曰：理義之心，人所固有，雖易發而亦易窒。善端發處，體察而力充之，則可以成德。否則内爲氣習所蔽，外爲物欲所誘，而遂窒之矣。○新安陳氏曰：學問漸進，則理義日開；學問纔止，則理義日窒。氣習物欲，皆塞理義之心之茅也。學問廢弛，譬之茅又生而塞子之心矣。高子爲人，如前篇論《小弁》，後章論禹文王樂，其固陋窒塞可見。○東陽許氏曰：山間之小徑，倏然有人行而不斷，即成大路。少頃無人行，則茅長而遂塞之。學問之道，才有間斷，私欲便生，而塞天理之路矣。

○高子曰：「禹之聲尚文王之聲。」

尚，加尚也。豐氏曰：「言禹之樂，過於

文王之樂。」

孟子曰：「何以言之？」曰：「以追蠡。」追音堆。蠡音禮。

豐氏曰：「追，鐘紐女九反。也。《周禮》所謂旋蟲是也。趙氏曰：按《周禮・考工記》：「鐘縣平聲。謂之旋。旋蟲謂之幹。」蓋縣鐘之紐也，其形如環，環有盤旋之義。於旋之上爲蟲形以飾之。自漢以來，鐘旋之上，以銅篆作蹲熊及盤龍，獸名辟邪，皆旋蟲之類也。蠡者，齧倪結反。木蟲也。言禹時鐘在者，鐘紐如蟲齧而欲絶，蓋用之者多。而文王之鐘不然。是以知禹之樂過於文王之樂也。」

曰：「是奚足哉？城門之軌，兩馬之力與？」與，平聲。

豐氏曰：「奚足，言此何足以知之也。軌，車轍迹也。兩馬，一車所駕也。城中之涂與途同。容九軌，《周禮・冬官》下，匠人營國方九里，旁三門，國中九經九緯，經涂九軌。國中，城內也。經緯，謂涂也。經緯之涂皆容方九軌。凡八尺爲軌，廣九軌，積七十二尺，則此涂十二步也。車可散行，故其轍迹淺。城門惟容一車，車皆由之，故其轍迹深。蓋日久車多所致，非一車兩馬之力能使之然也。借此以爲鐘歷年久之譬。言禹在文王前千餘年，故鐘久而紐絶；文王之鐘，則未久而紐全，不可以此而議優劣也。」○此章文義本不可曉。舊説相承如此，而豐氏差初賣反，較也。明白，故今存之，亦未知其是否也。

○齊饑。陳臻曰：「國人皆以夫子將復爲發棠，殆不可復。」復，扶又反。

先時齊國嘗饑，孟子勸王發棠邑之倉以振貧窮。至此又饑，陳臻問言齊人望孟子復勸王發棠，而又自言恐其不可也。華陽范氏曰：孟子在賓師之位，方以仁義説齊王，幸而聽其言，故發棠邑之粟。然而不行王政，孟子言終不合。及再饑，孟子遂不復言，度其不可言也。

孟子曰：「是爲馮婦也。晉人有馮婦者，善搏虎，卒爲善士。則之野，有衆逐虎。虎負嵎，莫之敢攖。望見馮婦，趨而迎之。馮婦攘臂下車。衆皆悦之，其爲士者笑之。」

手執曰搏。卒爲善士，後能改行去聲。爲善也。之，適也。負，依也。山曲曰嵎。攖，觸也。笑之，笑其不知止也。疑此時齊王已不能用孟子，而孟子亦將去矣，故其言如此。南軒張氏曰：世固有勇於爲善事者，不察夫義理之當然與否而必爲之，蓋亦足以悦於流俗。然發不中節，有害於君子之道，是皆馮婦之類耳。學者其無惑於衆之悦而有動哉？審諸己而已矣！○慶源輔氏曰：齊人之所望於孟子者利也。而孟子之所以自守者義也。夫告君以發粟振民，是亦美事，固君子所樂爲者。但是時齊王已不能用孟子，而孟子亦將去矣，故其義不當復有所言耳。君子之所爲與時變化，不主故常，唯義理如何耳？豈徇其常所爲者以取人之屢快哉？○新安陳氏曰：勸王發倉振饑，仁也；知時不可言而不言，智也。

○孟子曰：「口之於味也，目之於色也，耳之於聲也，鼻之於臭也，四肢之於安佚也，性也，有命焉，君子不謂性也。

程子曰：「五者之欲，性也。性之所欲，此即「食、色性也」之性。然有分，去聲。不能皆如其願，則是命也。願即欲也，命則天理之則也，不可踰越其分限。不可謂我性之所有，而求必得之也。」愚按：不能皆如其願，不止爲貧賤，蓋雖富貴之極，亦有品節限制，則是亦有命也。朱子曰：此「性」字指氣質而言，此「命」字合理與氣而言。五者之欲固是人性，然有命分，既不可謂我性之所有而必求得之，又不可謂我分可以得而必極其欲，如貧賤不能如願，此固分也。富貴之極可以無所不爲，然亦有限制裁節，又當安之於理。如紂之酒池肉林，却是富貴之極而不知限節。若以其分言之，固無不可爲，但道理却恁地不得。今人只説得一邊，不知合而言之未嘗不同也。○新安陳氏曰：此「命」字合理與氣言，貧賤之安於分，此以氣言也。富貴之不過其則，此以理言也。

「仁之於父子也，義之於君臣也，禮之於賓主也，智之於賢者也，聖人之於天道也，命也，有性焉，君子不謂命也。」

程子曰：「仁義禮智天道，在人則賦於命者，所稟有厚薄清濁。然而性善可學而盡，故不謂之命也。」張子曰：「晏嬰智矣，而不知仲尼，是非命邪？」朱子曰：橫渠有云：晏嬰智矣，而不知仲尼，是非命歟？此「命」字恐作兩般看，若作所稟之「命」，則是嬰稟得智之淺者；若作「命分」之「命」，則是嬰偶蔽於此，遂不知夫子。此當作兩般看。愚按：所稟者厚而清，則其仁之於父子也至，義之於君臣也盡，禮之於賓主也恭，智之於賢否也哲，聖人之於天道也，無不脗武粉反，一音泯。合而純亦不已焉。薄而濁，則反是。是皆所謂命也。或曰「者」當作「否」，「人」衍字，更詳之。朱子曰：命也有性焉，此「命」字專指氣而言，此「性」字專指理而言。如舜遇瞽瞍固是所遇氣數，然舜惟盡事親之道期於底豫，此所謂盡性。大凡清濁厚薄之稟，皆命也。一以所稟言之，一以所值言之，所造之有淺有深，所感之有應有不應。但其命雖如此，又有性焉，故當盡性。○或説以五者之命皆爲所值之不同，如舜之於瞽瞍，則仁或不得於父子；文王之於紂，則義或不得於君臣；孔子之於陽貨，則禮或不得於賓主；子貢不能聞一知十，則智或不得於賢者；孔子不得堯舜之位，則聖人或不得於天道，此皆命也。然君子當勉其在己者而不歸之命。其義亦通。○雲峯胡氏曰：此「命」字專指氣而言，然氣亦有二，清濁美惡，氣質之不齊也；高下厚薄脩短，氣數之有異也。○愚聞之師曰：「此二條者，皆性之所有而命於天者也。然世之人以前五者爲性，雖有不得而必欲求之。以後五者爲命，一有不至，則不復扶又反。致力。故孟子各就其重處言之，前重在命，後重在性。以伸此而抑彼也。伸後抑前。張子所謂『養則付命於天，道則責成於己』。其言約而盡矣。」朱子曰：口之於味五者，此固性之所欲。然在人則有所賦之分，在理則有不易之則，皆命也。是以不謂之性而付命於天。仁之於父子五者，在我則有厚薄之稟，在彼則有遇不遇之殊，是皆命也。然有性焉？君子不謂之命而責成於己。須如此看，意思方圓無欠缺處。○口之於味等固是性，然亦便是合下賦予之命。仁之於父子等固是命，然亦是各得其所受之理便是性。孟子恐人只見得一邊，故就其所主而言。舜、禹相授受，只說人心惟危，道心惟微。論來只有一箇心。人心如口之於味等，若以爲性所當然，一向惟意所欲，却不可。蓋有命存焉？須著安於定分，不敢少過始得。道心如仁之於父子等，若以爲命已前定，任其如何，更不盡心，却不可。蓋有性存焉？須著盡此心以求合乎理始得。上云性也，是氣稟之性，有命焉，是斷制人心，欲其不敢過也。下云命也，蓋其所受氣稟亦有厚薄之不齊，有性焉，是充廣道心，欲其無不及也。此段只要遏人欲長天理。前一節人以爲性我所有，須要必得。後一節以爲命則在天，多委之而不脩。所以孟子到人說性處却曰有命，人說命處却曰有性。○且如嗜芻豢而厭藜藿是性如此，然芻豢分無可得，只得且喫藜藿。如父子有親，有相愛底，亦有不相愛底，有相愛深底，亦有相愛淺底，此便是命。然在我有薄處，便當勉强以致其厚。在彼有薄處，吾當致厚感他，得他亦厚。如瞽瞍之頑，舜便能使烝烝乂不格姦。○問：「仁義禮智天道，此天之所以命於人，所謂本然之性者也。今曰命有厚薄，則是本然之性有兩般也。若曰伊川以厚薄言人氣質稟受於陰陽五行者如此，孟子不應言命，若以氣質厚薄言命，則是天之降才爲有殊矣。」曰：孟子言降才且如此說，若命則誠有兩般，以稟受有厚薄也。又不可謂稟受爲非命也。大抵天命流行物各有得，不謂之命不可也。命，如人有貧富貴賤，豈不是有厚薄。知之於賢者則有小大。聖人之於天道亦有盡不盡處。只如堯舜性之，則是盡天道。湯武身之，則是於天道未能盡也。此固是命，然不可不求之於性。○潛室陳氏曰：世人以上五者爲性，則見血氣而不見道理。以下五者爲命，則見氣數而不見道理。於是人心愈危，道心愈微。孟子於常人説性處却以命言，則人之於嗜慾雖所同有，却有品節限制不可必得而人心安矣。於常人説命處却以性言，則人之於義理，其氣稟雖有清濁不齊，須是著力自做工夫，不可一委之天，而道心顯矣。

○浩生不害問曰：「樂正子，何人也？」孟子曰：「善人也，信人也。」

趙氏曰：「浩生，姓；不害，名，齊人也。」

「何謂善？何謂信？」

不害問也。

曰：「可欲之謂善，

天下之理，其善者必可欲，其惡者必可惡。去聲，下同。其爲人也，可欲而不可惡，則可謂善人矣。朱子曰：可欲是資禀好，別人以爲可欲，是説這人可愛也。只是渾全一箇好人。其爲人處心造事，行己接物，一皆可欲而不可惡，則可謂之善人矣。○有可欲之善，然後有諸己而充實將去。若無可欲者，則充實箇甚物。譬如先討得真實藥材，然後脩製以爲圓、爲散。若是藥材不真，雖百般羅碾，畢竟不是。○問：「可欲之謂善，若作人去欲他，恐與有諸己之謂信不相協。蓋有諸己是説樂正子身上事，可欲却做人説，恐未安？」曰：此便是他有可欲處，人便欲他，豈不是渠身上事？與下句非不相協。○慶源輔氏曰：先儒多以可欲爲己之欲，如《書》所謂「敬脩其可願」之意。獨《集註》不然，可欲是別人以爲可欲。蓋若以爲己之欲，則説得太輕，且人之欲有善惡之不同故也。

「有諸己之謂信。

凡所謂善，皆實有之，如惡去聲。惡臭，如好去聲。好色，是則可謂信人矣。慶源輔氏曰：善固多端，故《集註》言「凡所謂善」以該之。如惡惡臭，如好好色，則表裏誠實，無一毫勉强假托之意也。○張子曰：「志人無惡之謂善。誠善於身之謂信。」朱子曰：善人者，或其天資之美，或其知及之而勉慕焉，未必其真以爲然而果能不失也。必其用力之久，真實有此善於己，而無一毫虛僞意，然後可以謂之信人矣。

「充實之謂美，

力行其善，至於充滿而積實，則美在其中而無待於外矣。朱子曰：無待於外，都是裏面流出來。○既信之，則其行必力，其守必固。如是而不已焉，則其所有之善，充足飽滿於其身，雖其隱微曲折之間，亦皆清和純懿而無不善之雜，是則所謂美人也。○有諸己之謂信，是都知得了實是如此做，此是就心上說。心裏都理會得。充實之謂美，是就行上說。事事都行得盡，充滿積實，美在其中而無待於外。○慶源輔氏曰：有諸己，則己是知至意誠之事。然又須見於履踐方得，故云力行其善，至於充滿其量，蓄積成實，然後美在其中而無所待於外矣。

「充實而有光輝之謂大，

和順積中，而英華發外，引《記·樂記》云。美在其中，而暢於四支，發於事業，引《易·坤卦·文言》。則德業至盛而不可加矣。朱子曰：美能充於內而已，未必其能發見於外也。又如是而不已焉，則其善之充於內者彌滿布濩，洋溢四出而不可禦。其在躬也，則睟面盎背而施於四體。其在事也，則德盛仁熟而天下文明。是則所謂大人者也。○慶源輔氏曰：大則形見於外矣，故《集註》以德業至盛不可加言之。

「大而化之之謂聖，

大而能化，使其大者泯然無復扶又反。可見之迹，則不思不勉，從七容反。容中去聲。道，而非人力之所能爲矣。張子曰：「大可爲也。化不可爲也，在熟之而已矣。」程子曰：大而化之，只是理與己一。其未化者，如人操尺度量物，用之尚不免有差。至於化，則己便是尺度，尺度便是己。○朱子曰：大而不化，則其大者未能離乎方體形迹之間。必其德之盛者日益盛，仁之熟者日益熟，則向之所謂大者方且春融凍解，混然無迹，而與天地合德，日月合明，四時合序，鬼神合吉凶矣。是則所謂聖人者也。○慶源輔氏曰：大則猶可以目見而指言。至於化則無迹，不可以目見，不可以言傳，無待於思惟，無假於勉强，從容自然與道爲一，而非人之智力所能及矣。

「聖而不可知之之謂神。

程子曰：「聖不可知，謂聖之至妙，人所不能測。非聖人之上又有一等神人也。」

朱子曰：至於聖，則造道入德之功至矣盡矣，不可以有加矣。是其盛德至善之極，無聲無臭之妙，必有非耳目所能盡，心思所能測者，是則所謂神者，而非聖人之上復有神人也。夫自可欲而至於大，則思勉之所及也。至於聖且神焉，則非思勉之所及矣。然非思勉之而不已焉，則亦未有至焉者也。○問：可欲之謂善，至聖而不可知之謂神。曰：善，渾全底好人，無可惡之惡，有可喜可欲之善。有諸己之謂信，真箇有此善。若不有諸己，則若存若亡不可謂之信。自此而下，雖一節深如一節，却易理會。充實，謂積累。光輝，謂發見於外。化，則化其大之迹。聖而不可知處便是神也。所以明道言仲尼無迹，顏子微有迹，孟子其迹著。或問顏子之微有迹處。曰：如顏無伐善、無施勞皆是。○此六位皆他人指而名之之辭。○南軒張氏曰：本領在可欲之善。信者信此者也。美者美此者也。大則充此而有光輝也。化則爲聖，而其不可知則神也。至於聖且神，其體亦不外此而已。又曰：可欲之善，聖神之事備焉。人生而静，皆具此體。至於化而聖，然後爲全盡純於此者也。

「樂正子，二之中、四之下也。」

蓋在善信之間。觀其從於子敖，則其有諸己者或未實也。問樂正子以善名矣，而以餔啜從子敖，先館舍後長者，何也？朱子曰：言在二者之中，則其餘於善而不足於信矣！○慶源輔氏曰：意者樂正子雖能明善，而亦工夫未到，於善未誠使其誠有諸己，則於從子敖之事，當如惡惡臭而自不嚮邇也。張子曰：「顏淵、樂正子，皆知好去聲，下同。仁矣。新安陳氏曰：樂正子資質純粹，略似顏子，故横渠引此立論。樂正子志仁無惡，而不致於學，所以但爲善人信人而已。顏子好學不倦，合仁與智，具體聖人，獨未至聖人之止耳。」慶源輔氏曰：張子并顏子言之，見學之不可已如此。○程子曰：「士之所難者，在有諸己而已。能有諸己則居之安，資之深，而美且大可以馴音旬。致矣。徒知可欲之善，而若存若亡而已，則能不受變於俗者鮮上聲。矣。」慶源輔氏曰：程子又發明學者只要有諸己。有諸己，則住不得，自然趲將去，故美且大可以馴致。不然，徒知其善而若存若亡，則爲流俗所變而終亦必亡之矣。○新安陳氏曰：此條重在有諸己之信。

尹氏曰：「自可欲之善至於聖而不可知之神，上下一理。擴充而至於神，則不可得而名矣。」慶源輔氏曰：尹氏上下一理之説尤得其要，惟其不可得而名，故謂之神也。○雲峯胡氏曰：須看尹氏「上下一理」四字，善者人心之天理，始而爲人之所可欲者此理也，終而人之所不可知者亦此理也。善非粗淺，神非高虚，惟在乎實有此善而力行以充之爾。○新安陳氏曰：自善信至聖神，高下固懸絶矣。然雖聖神之極致，亦不外乎自善信而充之。生知安行之聖人，固不必由科級而進。學知利行以下之希聖，未有不由科級而進者。可欲之善真能有諸己，勉勉循循充而拓之以至於極，雖比性之之聖有生熟之不同，豈有不能如身之之聖者。

○孟子曰：「逃墨必歸於楊，逃楊必歸於儒。歸，斯受之而已矣。

墨氏務外而不情，楊氏太簡而近實，故其反正之漸，大略如此。歸斯受之者，憫其陷溺之久，而取其悔悟之新也。朱子曰：楊、墨皆是邪説，無大輕重。但墨氏之説尤出於矯僞，不近人情而難行，故孟子之言如此。非以楊氏爲可取也。○南軒張氏曰：兼愛者棄本而外馳。爲我者狹隘而私勝。墨之比楊，猶奢之比儉。自爲者固非，猶愈於兼愛之泛也。泛者尤難反耳。

今之與楊、墨辯者，如追放豚，既入其苙又從而招之。」

放豚，放逸之豕豚也。苙，闌也。招，罥扃縣反。也，羈其足也。言彼既來歸，而又追咎其既往之失也。○此章見聖賢之於異端距之甚嚴，而於其來歸待之甚恕。距之嚴，故人知彼説之爲邪。待之恕，故人知此道之可反。仁之至，義之盡也。雲峯胡氏曰：於異端距之甚嚴者，至正不可以容邪，義之盡也。來歸待之甚恕者，至大可以容小，仁之至也。於此可見聖賢至正至大之心矣。

○孟子曰：「有布縷之征，粟米之征，力役之征。君子用其一，緩其二。用其二而民有殍，用其三而父子離。」

征賦之法，歲有常數。然布縷取之於夏，粟米取之於秋，力役取之於冬，當各以時。若并去聲。取之，則民力有所不堪矣。新安陳氏曰：用其二，一時併用二端也；用其三，一時併取三者也。今兩税三限之法，亦此意也。尹氏曰：「言民爲邦本。取之無度，則其國危矣。」慶源輔氏曰：此孟子言之以警夫取民無度者。○問：布縷、粟米、力役之征，《周禮》皆取之。而孟子言用其一而緩其二，朱子乃有夏秋之辨。夫夏秋之説始出於唐，不知何所據而云。潛室陳氏曰：緩非廢其征，但不作一時併征之耳。《月令》孟夏蠶畢而獻繭税，孟秋農乃登穀始收穀。布縷征之夏，粟米征之秋，乃古法。若唐分兩税，始於德宗楊炎，非止布縷粟米之征，乃是取大曆十四年應干賦斂之數併而爲兩税。名同實異。失孟子之意矣。

○孟子曰：「諸侯之寶三：土地、人民、政事。寶珠玉者，殃必及身。」

尹氏曰：「言寶得其寶者安，寶失其寶者危。」新安陳氏曰：諸侯寶人民而善政事以治之，則有人有土而常爲吾寶矣。

○盆成括仕於齊。孟子曰：「死矣，盆成括！」盆成括見殺。門人問曰：「夫子何以知其將見殺？」曰：「其爲人也小有才，未聞君子之大道也，則足以殺其軀而已矣。」

盆成，姓；括，名也。恃才妄作，所以取禍。徐氏曰：「君子道其常而已。括有死之道焉。設使幸而獲免，孟子之言猶信也。」南軒張氏曰：不聞道則爲才所役。道者，理義之存乎人心者也。於此有聞，則才有所不敢恃矣。人之有才本不足以爲人害，惟無所本而徒用其才，於是才始足以病己，甚至有取死之道。又不若魯鈍無才之愈也。小有才而未聞道者，身且不能保，爲國者乃信而用之，亡國敗家其何日之有。○慶源輔氏曰：才出於氣而有限，才本自小，道原於性而無方，道本自大。況曰小有才，則又才之小者也。不顧義理而惟才是逞，則行險僥倖無所不至，不至於顛覆不已也。孟子之言但述其理之當然耳，不以是爲奇中也。學者不達而以是爲奇，則必以料事爲明，而駸駸然入於逆詐億不信矣。

○孟子之滕，館於上宮。有業屨於牖上，館人求之弗得。

館，舍也。上宮，別宮名。業屨，織之有次業而未成者。蓋館人所作，置之牖上而失之也。

或問之曰：「若是乎，從者之廋也？」曰：「子以是爲竊屨來與？」曰：「殆非也。夫子之設科也，往者不追，來者不拒。苟以是心至，斯受之而已矣。」從、爲，去聲。與，平聲。夫子，如字，舊讀爲「扶余」者非。

或問之者，問於孟子也。廋，與廋同。匿也。言子之從者，乃匿人之物如此乎？孟子答之，而或人自悟其失，因言此從者固不爲去聲。竊屨而來，但夫子設置科條以待學者，苟以向道之心而來則受之耳，雖夫子亦不能保其往也。門人取其言，有合於聖賢之指，故記之。慶源輔氏曰：先儒多讀夫子作夫音扶。予，而以爲孟子自說。朱子獨以爲夫子，而作問者自悟其失而言者，蓋不獨以殆非也，下無「曰」字而知其然。若以爲孟子之言，則不惟露筋骨，且非所以待學者，將使學者不自重矣。惟以爲問者之言則可取。愚嘗謂近世好議論者，往往以學者之失而議先生長者，是其識量又不逮於當時織屨者矣。苟以是心至斯受之者，與人爲善之公也。至於孺悲欲見則辭以疾，滕更在門則不見答，是又義之所當然也。然教亦固在其中矣。

○孟子曰：「人皆有所不忍，達之於其所忍，仁也；人皆有所不爲，達之於其所爲，義也。

惻隱羞惡之心，人皆有之，故莫不有所不忍不爲，此仁義之端也。然以氣質之偏，物欲之蔽，則於他事或有不能者，但推所能達之於所不能，則無非仁義矣。慶源輔氏曰：不忍者，惻隱之事也。不爲者，羞惡之事也。是皆本於性發於情而統於心，人之所固有者也。但爲氣稟所拘，物欲所蔽，則心失其正而不能統。夫性與情，故有所當發而不發，亦有所不當發而反發，遂至於其所不忍者或有時而忍，於其所不爲者或有時而爲，而性亦從而梏亡之矣。今教之以推所不忍以達於所忍，推所不爲以達於所爲，如是，則心得其職，情得其正，而性之所以爲仁義者得矣。○西山真氏曰：有所不忍不爲者，此心之正也。能即是心而推之，雖所忍者亦不忍，即仁也。雖所爲者亦不爲，即義也。

「人能充無欲害人之心，而仁不可勝用也；人能充無穿踰之心，而義不可勝用也。勝，平聲。

充，滿也。穿，穿穴；踰，踰牆，皆爲盜之事也。能推所不忍，以達於所忍，則能滿其無欲害人之心，而無不仁矣；能推其所不爲以達於所爲，則能滿其無穿踰之心，而無不義矣。南軒張氏曰：人皆有所不忍，皆有所不爲，此其秉彝之不可泯滅者也。然有所不忍矣而於他則忍之，有所不爲矣而於他則爲之，此豈有異心哉？爲私欲所蔽而生道息故也。若以其所不忍而達之於其所忍，豈非仁乎？以所不爲而達之於其所爲，豈非義乎？自無欲害人之心而充之，則其愛無所不被，仁有不可勝用矣。自無穿踰之心而充之，則其宜無所不得，義有不可勝用矣。蓋其理本具於性，貴於充之而已。○慶源輔氏曰：此一節因前説而教人以充滿其本心之量也。無欲害人之心，即是所不忍，無穿踰之心，即是所不爲。是心也，其量甚大，其用有常。人能推所不忍以達於其所忍，然後能充滿其無欲害人之心量。推所不爲以達於其所爲，然後能充滿其無穿踰之心量。能充滿其心量，則其用有常而仁義不可勝用矣。○新安陳氏曰：達，如導水自畎澮達之川，自川達之海。充，如水達海而充滿於其中也。惟達而後能充，如擴而充之之意。

「人能充無受爾汝之實，無所往而不爲義也。

此申說上文充無穿踰之心之意也。蓋爾汝，人所輕賤之稱。人雖或有所貪昧隱忍而甘受之者，然其中心必有慚忿而不肯受之之實。人能即此而推之，使其充滿無所虧缺，則無適而非義矣。問：「充無受爾汝之實。」朱子曰：惡不仁者，其爲仁矣。不使不仁者加乎其身，惡不仁而不能使不仁者不加乎其身，便是不能充無受爾汝之實。○看來「實」字對名字說，不欲人以爾汝之稱加諸我，是惡爾汝之名也。然反之於身而去其有可爾汝之行，是能充其無受爾汝之實也。若我身有未是處，則雖惡人以爾汝相稱，亦自有所愧矣。○新安陳氏曰：朱子此條，乃用趙註之說，與《集註》不同。蓋謂惡爾汝之名，是惡人之輕己也。反身而去其可輕之行，是能充其無受爾汝之實也。人能充滿其無受爾汝之實行，則所爲無往非義矣。意義較明白。○慶源輔氏曰：此一節，事雖微而理愈密。夫人不受爾汝之稱，皆是羞惡之實心。存養之不加，體察之不至，則不受之心雖有得於此而或遂失於彼，亦不能充滿其實心之量，而義有時而不行矣。惟能推所不受，而達之於所受，而無所滲漏，❶然後能充滿其無受爾汝實心之量，無所適而不爲義也。

「士未可以言而言，是以言餂之也；可以言而不言，是以不言餂之也：是皆穿踰之類也。」餂音忝。

餂，探取之也。今人以舌取物曰餂，即此意也。便平聲。佞未可以言而言。隱默，可以

❶「漏」，四庫本作「矣」。

言而不言。皆有意探取於人，是亦穿踰之類。然其事隱微，人所忽易，去聲。故特舉以見形甸反。例。明必推無穿踰之心達於此而悉去上聲。之，然後爲能充其無穿踰之心也。朱子曰：餂是鉤致之意。如本不必説，自家却强説幾句，要去動人，要去悦人，是以言餂之也。如合當與他説，却不説，須故爲隱難，要使他來問我，是以不言餂之也。不直心而私意如此，便是穿踰之類。裏面是如此，外面却不如此。外面恁地，裏面却不恁地。○問：「此章先言仁義，後專言義，何也？」曰：仁只是一路，只是箇不忍之心。苟能充此心便了。義却頭項多。又問：「人能充無穿踰之心，是就至粗處説。未可以言而言，與可以言而不言，是説人至細處否？」曰：然。能充無受爾汝之實處，工夫却甚大了。到這田地時，工夫大段周密了，所以説無所往而不爲義也。使行己有一毫未盡，便不能無受爾汝之實矣。達者推之也，是展開去。充者填滿也，須填塞教滿。○南軒張氏曰：以言取之者，其猶以諂爲悦者乎？以不言取之者，其猶以默爲容者乎？以是爲穿踰之類者，以若有取之之心故耳。此章始言仁義而末獨言義，何也？蓋仁義體用相須者也。人之不仁，以非義害之也。不爲非義而後仁可得而存，故反復再三推而言之，使人知所用力也。○慶源輔氏曰：此一節，事之微而理之密又有甚於前者，故以士言之。夫不爲穿踰、無受爾汝，在士則有所不必道。然一語一默之微，發於計較安排而有意探取於人，則是亦穿踰之類，故《集註》亦以爲其事隱微，人所忽易，故特舉以見例。必推無穿踰之心而達之於此類，至纖至悉處亦不容有不盡，方始能充其無穿踰之心也。其義亦精矣。○雲峯胡氏曰：《孟子》首篇曰「善推其所爲」，欲齊王即其不忍之心而推之也。末篇曰達曰充，欲人皆即其有所不忍不爲之心而達之充之也。擴此心之用無少壅遏，則謂之達。滿此心之量無少欠缺，則謂之充。《集註》論此「達」與「充」二字，而「推」之一字凡五及之。達者推之始，充者推之終也。不推不能達，不達不能充。《集註》可謂能發孟子終始教人之本旨矣。先儒云：孟子平生工夫受用處，只在「善推其所爲」一句，爾非朱子孰能發之哉！○新安陳氏曰：此章後二節單言義。無受爾汝之實，正其行也。戒以言不言餂之，正其言也。正其言行以充其羞惡之心，乃於稱謂語默日用之常事以求義之精焉。《語》曰：「色厲内荏，其猶穿踰與？」《表記》曰：「君子不以色親人，情疏而貌親，在小人則穿踰之盜也與。」皆可以充廣此義，所當參玩。

○孟子曰：「言近而指遠者，善言也；守約而施博者，善道也。君子之言也，不下帶而道存焉。施，去聲。

古人視不下於帶，《記·曲禮》下：「天子視不上於袷，音劫。不下於帶。凡視上於面則傲，下於帶則憂，傾則姦。則帶之上，乃目前常見至近之處也。舉目前之近事，而至理存焉，所以爲言近而指遠也。朱子曰：說言近指遠，守約施博，四方八面皆看得見。此理本是遠近博約如一，而行之則自近約始。道理只是一，但隨許多頭面去，又不可不不逐頭面理會也。○慶源輔氏曰：言近而指遠，故測之而益深，窮之而愈遠，是君子教人之事。

「君子之守，脩其身而天下平。

此所謂守約而施博也。南軒張氏曰：所謂指遠者固存乎近，所謂施博者固存乎約也。不下帶而道存，言近而指遠也。蓋其所言只其身中事，在目前者耳，而至理初不外是也。脩身而天下平守約，而施博也。脩身則本立，由是而家齊國治天下平，皆其所推耳。○慶源輔氏曰：守約施博，故推之而無不準，動之而無不化，是君子治天下之事。

「人病舍其田而芸人之田，所求於人者重，而所以自任者輕。」舍音捨。

此言不守約而務博施之病。朱子曰：不知道者務爲高遠之言，則固荒唐而無餘味。然欲其近，則又鄙淺而無深遠之趣也。不知約之可守，則固泛濫而不切矣。然欲其約，則又狹隘而無廣博之功也。然則所謂善言善道者，非有道之君子其孰能知之乎？○南軒張氏曰：舍其田而芸人之田者，不治其身而治人之譬也。不務在己者而責諸人，其自任亦輕矣。蓋不知一身爲天下之本故也。

○孟子曰：「堯、舜，性者也；湯、武，反之也。

性者，得全於天，無所汚烏故反。壞，不假

脩爲，聖之至也。反之者，脩爲以復其性，而至於聖人也。程子曰：「性之、反之，古未有此語。蓋自孟子發之。」吕氏曰：「無意而安行，性也，朱子曰：吕氏説「性也」，「性」下合添「之者」二字。有意利行，而至於無意，復性者也。堯、舜不失其性，湯、武善反其性，及其成功則一也。」程子曰：堯與舜更無優劣，及至湯、武便别。孟子言性之反之，自古無人如此説。只是孟子分别出來，便知得堯、舜是生而知之，湯、武是學而能之。文王之德則似堯、舜，禹之德則似湯、武，要之皆是聖人。○朱子曰：湯、武反之，其反之雖同，然細看來，武王終是踈略，成湯却孜孜向進。如其伐桀，所以稱桀之罪只平説過，又放桀之後惟有慙德。武王數紂至於極其過惡，於此可見矣。「動容周旋中禮者，盛德之至也；哭死而哀，非爲生者也；經德不回，非以干禄也；言語必信，非以正行也。中、爲、行，並去聲。細微曲折，無不中禮，乃其盛德之至。自然而中，而非有意於中也。經，常也。回，曲也。三者亦皆自然而然，非有意而爲之也。皆聖人之事，性之之德也。問：「信言語以正行，莫無害否？」朱子曰：言語在所當信，若有意以此而正行，便是有爲而然也。○慶源輔氏曰：若有意於中，則必有勉强持守之意，力懈意弛，則必有所不中者矣。又曰：三者特舉聖人之庸行，人所易曉者以例其餘。聖人之動無不時也，豈有意而爲之者哉？故《集註》斷以爲聖人之事，性之之德也。「君子行法，以俟命而已矣。」法者，天理之當然者也。君子行之，而吉凶禍福有所不計。蓋雖未至於自然，而已非有所爲去聲。而爲矣。此反之之事，董子所謂「正其義不謀其利，明其道不計其功」，正此意也。○程子曰：「動容周旋中禮者，盛德之至。行法以俟命者，『朝聞道夕死可矣』之意也。」新安陳氏曰：惟聞道，故生順死安，雖夕死，亦可。惟行法，故禍福能一聽天命。其意相類。呂氏曰：「法由此立，命由此出，聖人也；新安陳氏曰：以法與命移上聖人說。聖人從容中道，身即爲度，法由我立。與天爲徒，命由我出。與天地合德，與鬼神合吉凶。如《書》云「自作元命」，唐李泌云「君相造命」是也。行法以俟命，君子也。聖人性之，君子所以復其性也。」朱子曰：聖人是人與法爲一，己與天爲一。學者是人未與法爲一，己未與天爲一，故須行法以俟命也。○行法以俟命，三代以降惟董子嘗言之。而諸葛忠武侯言於其君有曰：「臣鞠躬盡力，死而後已，至於成敗利鈍，非臣之明所能逆覩也。」程子語其門人有曰：「今容貌必端，言語必正，非欲獨善其身以求知於人，但天理當然。亦曰循之而已矣。」❶此三言者所指雖殊，要皆行法俟命之意。○慶源輔氏曰：法者，凡古聖賢之所制皆是也。蓋莫非天理之當然。如爲君而仁，爲臣而敬，子孝父慈皆是也。君子行之，而吉凶禍福聽天所命，我皆在所不計，所謂俟命也。雖未能如聖人之安行自然，已非有爲而爲之矣。

○孟子曰：「說大人則藐之，勿視其巍巍然。說音稅。藐音眇。

趙氏曰：「大人，當時尊貴者也。藐，輕之也。巍巍，富貴高顯之貌。藐焉而不畏之，則志意舒展，言語得盡也。」和靖尹氏曰：藐者，止是不以其貴勢威嚴爲事而慴，非謂便視他作無物也。○朱子曰：說大人則藐之，蓋主於說而言。如曰見大人則藐之，則失之矣。蓋大人固當畏，而所謂藐者乃是藐其堂高數仞之類耳。這爲世人把大人許多崇高富貴當事，有言不敢出口，故孟子云爾。○今人不是畏大人，只是畏其巍巍然者。若能勿視其巍巍然，而不失其畏大人之心，乃是真能畏大人者。○問：「孔子畏大人，而孟子藐之何也？」曰：孟子藐大人，不視其巍巍然者而已，故雖不肯枉尺直尋，而齊人敬王莫如孟子也。特以當世之士以道殉人，內無所守，故特發此以立其志，使其意氣舒展，無所懾懼，而得以盡其所言爾。若君子以禮存心，固將無所不用其敬，豈於大人而反藐之哉？○慶源輔氏曰：若不藐視之，則是爲其巍巍者

❶「曰」，四庫本作「得」。

所動矣！志氣一有所懾怯，則必不能展盡底蘊，剛强者有懷或不敢盡，柔弱者則必至於變其所欲言而反徇之矣。

「堂高數仞，榱題數尺，我得志弗爲也；食前方丈，侍妾數百人，我得志弗爲也。般樂飲酒，驅騁田獵，後車千乘，我得志弗爲也。在彼者，皆我所不爲也；在我者，皆古之制也。吾何畏彼哉？」榱，楚危反。般音盤。樂音洛。乘，去聲。

榱，桷音角。也。題，頭也。食前方丈，饌食列於前者，方一丈也。此皆其所謂巍巍然者，我雖得志，有所不爲，而所守者皆古聖賢之法，則彼巍巍者何足道哉？

南軒張氏曰：藐，讀如眇。《左氏》曰：「以是藐諸孤。」藐，小之也。小之者，小其所挾也。視其巍巍然則動於中。動於中，則慕在彼之勢，而屈在我之義矣。使在我不知古制之守，則爲其巍巍然所動矣。故程子曰：「内重則見外之輕，得深則見誘之小。」後之爲士者，惟不知古制之是守，故未得志則有所慕，既得志則行其所慕，逐欲不已以爲天下害。士必寡欲而後能守古制，守古制而後知自重，知自重而後不爲勢所屈。使其身用而道行，則生民受其福矣！○楊氏曰：「孟子此章，以己之長，方人之短，猶有此等氣象。在孔子則無此矣。」慶源輔氏曰：孟子有泰山巖巖然之氣象，便是指此等處言也。若聖人則大而化之，泯然不見其大之迹，故不至如此。然非聖人覺此而不爲也，德盛仁熟，大而化之，則自然不至有此等氣象矣。

○孟子曰：「養心莫善於寡欲。其爲人也寡欲，雖有不存焉者，寡矣；其爲人也多欲，雖有存焉者，寡矣。」

欲，如口鼻耳目四支之欲，雖人之所不能無，然多而不節，未有不失其本心者，學者所當深戒也。程子曰：「所欲不必沈溺，只有所向便是欲。」周子曰：養心不止於寡而存耳。蓋寡之又寡以至於無，則誠立明通。○蔡氏曰：誠立而實體安固。明通而實用流行。○程子曰：欲寡，則心自誠。荀子言養心莫善於誠，既誠矣，又何養？此已不識誠，又不知所以養。○朱子曰：孟子只是言天理人欲相爲消長分數，其爲人也寡欲，則人欲分數少，故雖有不存焉者寡矣。不存焉者寡，則天理分數多也。其爲人也多欲，則人欲分數多，故雖有存焉者寡矣。存焉者寡，則天理分數少也。蓋「多」字對「寡」字説。若眼前事事貪要時，這心便一齊走出了。未便説到邪僻不好底物事。只是眼前底事纔多欲，本心便都分雜了。只減少，便漸存得此心。問：周子之言。曰：語其所至，則固然矣。然未有不由寡欲而能至於無者，語其所至而不由其序，則無自而進。由其序而不要其至，則或恐其安於小成也。周子之説，於此爲有相發之功焉。○伊川教人直是都不去他用其心，只是要得寡欲。存這心最是難。湯、武聖人，孟子猶説湯、武反之也。反，復也。反復得這本心，如不邇聲色，不殖貨利，只爲要存此心。觀旅獒之書，只受一犬而反覆切諫，以此見欲之可畏，無小大皆不可忽。○南軒張氏曰：寡欲爲養心之要。然人固有天資寡欲者，有天資多欲者。其爲人寡欲，則不存者寡。多欲，則存焉者寡。以是知養心莫善於寡欲也。存者，謂其心之不外馳也。雖然天資寡欲之人，不存固寡。然不知存其存，則亦莫之能充也。若學者以寡欲爲要，則當存養擴充，由寡欲以至於無欲，則其清明高遠者爲無窮矣。○勉齋黄氏曰：孟子嘗言求放心矣，又言存其心矣，操之則存，舍之則亡。心之存亡決於操舍。而又曰「莫善於寡欲」何也？操存，固學者之先務。然人惟一心，而攻之者衆。聲色臭味交乎外，榮辱利害動乎内。隨感而應，無有窮已，則清明純一之體，又安能保其常存而不放哉？此孟子發明操存之説，而又以爲莫善於寡欲也。雖然寡欲固善矣，然非真知夫天理人欲之分，則何以施其克治之功哉？故格物致知，又所以爲寡欲之要。此又學者之所當察也。○慶源輔氏曰：程子又極其微而言之。學者須是於欲有所向處便加克治。若待其張王，❶則用力難矣。○雲峯胡氏曰：《孟子》一書，三「養」字皆切要語。曰養氣，曰養性，曰養心，合而觀之，氣生於理，善養氣者在養性；理具於心，善養性者在養心；心汨於欲，善養心者在寡欲；寡之又寡以至於無，

❶「王」，四庫本作「皇」。

則心存而性存，氣不必言矣。

○曾晳嗜羊棗，而曾子不忍食羊棗。

羊棗，實小黑而圓，又謂之羊矢棗。曾子以父嗜之，父没之後，食必思親，故不忍食也。

公孫丑問曰：「膾炙與羊棗孰美？」孟子曰：「膾炙哉！」公孫丑曰：「然則曾子何爲食膾炙而不食羊棗？」曰：「膾炙所同也，羊棗所獨也。諱名不諱姓，姓所同也，名所獨也。」

肉聶而切之爲膾。聶，之涉反。詳見《論語·鄉黨》篇「膾不厭細」章下。炙，之夜反。炙音隻。肉也。勿軒熊氏曰：須看「不忍」字重。母没而杯圈不能飲，不忍故也。○新安陳氏曰：不諱姓，喻食膾炙。諱名，喻不食羊棗。

○萬章問曰：「孔子在陳曰：『盍歸乎來！吾黨之士狂簡，進取，不忘其初。』孔子在陳，何思魯之狂士？」

盍，何不也。狂簡，謂志大而略於事。進取，謂求望高遠。不忘其初，謂不能改其舊也。此語與《論語》小異。慶源輔氏曰：志大謂狂，略於事謂簡。如曾點異乎三子者之譔，則志大而略於事可知。直欲躐乎聖人之樂處，則期望高遠可知。終不肯做下學工夫，後至於臨人之喪而歌，不能改其舊可知。「狂簡」二字，又該括得下兩句。進取，即是志大。不忘其初，即是略於事也。

孟子曰：「孔子『不得中道而與之，必也狂獧乎！狂者進取，獧者有所不爲也。』孔子豈不欲中道哉？不可必得，故思其次也。」

獧音絹。

不得中道，至有所不爲，據《論語》亦孔子之言。然則「孔子」字下當有「曰」字。《論語》「道」作「行」，「獧」作「狷」。有所不爲者，知耻自好，去聲。不爲不善之人也。「孔子豈不欲中道」以下，孟子言也。

其次，謂狂者。

「敢問何如斯可謂狂矣？」

萬章問。

曰：「如琴張、曾晳、牧皮者，孔子之所謂狂矣。」

琴張，名牢，字子張。子桑户死，琴張臨其喪而歌。事見形甸反，下同。《莊子》。《莊子・太宗師》篇：「子桑户、孟子反、子琴張相與爲友。子桑户死，未葬。孔子聞之，使子貢往行事焉。或編曲，或鼓琴，相和而歌曰：『嗟來桑户乎！而已反其真，而我猶爲人猗！』於宜反。子貢趨而進曰：『敢問臨喪而歌禮乎？』二人相視而笑曰：『是惡音烏。知禮義。』」雖未必盡然，要必有近似者。曾晳見前篇。季武子死，曾晳倚其門而歌，事見《檀弓》。《記・檀弓下》：「季武子寢疾，及其喪也，曾點倚門而歌。」又言志異乎三子者之撰，事見《論語》。牧皮，未詳。

「何以謂之狂也？」

萬章問。

曰：「其志嘐嘐然，曰『古之人，古之人』。夷考其行而不掩焉者也。嘐，火交反。行，去聲。

嘐嘐，志大言大也。重平聲。言古之人，見其動輒稱之，不一稱而已也。夷，平也。掩，覆敷救反。也。言平考其行，則不能覆其言也。新安陳氏曰：志大言大，動欲慕古，狂故也；平考其行，行不掩言，簡故也。程子曰：「曾晳言志，而夫子與之，蓋與聖人之志同，便是堯舜氣象也。特行有不掩焉耳，此所謂狂也。」慶源輔氏曰：曾晳之志，固不止於如此。然其不屑之於事爲，其直欲徑探乎聖人之樂處，則與所謂嘐嘐然，曰「古之人，古之人」之意亦不相遠。而其行有不能掩其言者，則又自有不可誣也。故《集註》取程子之説以釋之。夫子與之者，是與其志大言大也。便是堯舜氣象者，是亦所謂「古之人，古之人」之類也。

「狂者又不可得，欲得不屑不潔之士而與

之，是獧也，是又其次也。

此因上文所引，遂解所以思得獧者之意。狂，有志者也；獧，有守者也；有志者能進於道，有守者不失其身。屑，潔也。朱子曰：狂者知之過；獧者行之過。○南軒張氏曰：《中庸》云「智者過之」，其狂者歟？「賢者過之」，其獧者歟？鄉原即所謂小人之中庸也。○慶源輔氏曰：狂者是合下氣質高明，便自有所見者。獧者是合下氣質貞固，便自有所守者。狂者則於知上所得分數多。獧者則於行上所得分數多。聖門學者必皆中與和合德，知與行並進，然後爲貴。所謂中道者是也。此等人既不可得，故不得已而與夫狂獧也。○新安陳氏曰：以不善爲不潔而不屑爲之也。

「孔子曰：『過我門而不入我室，我不憾焉者，其惟鄉原乎！鄉原，德之賊也。』」曰：「何如斯可謂之鄉原矣？」

鄉原，非有識者。原，與「愿」同。《荀子》「原愨」，克角反。字皆讀作「愿」，謂謹愿之人也。《荀子・榮辱篇》：「孝悌原愨以敦比其事業。」○《富國篇》：「其臣主百吏，汙者皆化而脩，悍者先化而原，躁者先化而愨，是明主之功已。」○《正論篇》：「上端誠，則下原愨矣。上公正，則下易直矣。」故鄉里所謂愿人，謂之鄉原。孔子以其似德而非德，故以爲德之賊。過門不入而不恨之，以其不見親就爲幸，深惡去聲。而痛絶之也。以上釋孔子語。萬章又引孔子之言而問也。慶源輔氏曰：先儒皆以原爲善，不惟無所據，又既謂之善人，則不應遂以爲德之賊。故《集註》引《荀子》爲證，以原爲愿，且曰鄉人無知，其所謂愿人，謂之鄉原，「原」字固淺狹，又鄉人以爲愿，則亦非真愿者也。

曰：「『何以是嘐嘐也？言不顧行，行不顧言，則曰：古之人，古之人。行何爲踽踽涼涼，生斯世也，爲斯世也，善斯可矣。』閹然媚於世也者，是鄉原也。」行，去聲。踽，其禹反。

閹音奄。

踽踽，獨行不進之貌。涼涼，薄也。不見親厚於人也。鄉原譏狂者曰：何用如此嘐嘐然，行不掩其言，而徒每事必稱古人邪？俗作耶。又譏狷者曰：何必如此踽踽涼涼，無所親厚哉？人既生於此世，則但當爲此世之人，使當世之人皆以爲善則可矣，此鄉原之志也。以上皆釋鄉原之言。閹，如「奄人」之奄，閉藏之意也。《周禮·春官》：「守祧奄八人。」遠廟曰祧。奄，如今之宦者。祧，他凋反。媚，求悦於人也。孟子言此深自閉藏，以求親媚於世，是鄉原之行去聲。也。

朱子曰：鄉原務爲謹愿，不欲忤俗以取容，專務徇俗，欲使人無所非刺。既不肯做狂，又不肯做狷，一心只要得人説好，更不理會自己所見所得與夫理之是非。彼狂者嘐嘐然，以古人爲志，雖行之未至而所知亦甚遠矣。狷者便只是有志力行，不爲不善，二者皆能不顧流俗汙世之是非，雖是不得中道，却都自是爲己，不爲他人。鄉原反非笑之。鄉原者爲他做得好，使人皆稱之，而不知其有無窮之禍。如五代馮道者，此真鄉原也。○慶源輔氏曰：閹然媚於世，此是鄉原之隱情匿志。孟子説破其情狀。

萬章曰：「一鄉皆稱原人焉，無所往而不爲原人，孔子以爲德之賊，何哉？」

原，亦謹厚之稱，而孔子以爲德之賊，故萬章疑之。

曰：「非之無舉也，刺之無刺也；同乎流俗，合乎汙世；居之似忠信，行之似廉潔；衆皆悦之，自以爲是，而不可與入堯舜之道，故曰德之賊也。

呂侍講曰：「言此等之人，欲非之則無可舉，欲刺之則無可刺也。流俗者，風俗頽徒回反。靡，如水之下流，衆莫不然也。汙，濁也。非忠信而似忠信，非廉潔而似廉潔。」朱子曰：狂者所見過於高遠而行不到。狷者能力行而見有所不逮。二者皆可收拾入來。至於鄉原，則孟子敢斷然以爲德之賊者。蓋其居之似忠信，行之似廉潔，衆皆悦之。使其回頭來，却未可知，只被他自以爲是，既把來做是了便休，是以終身爲原人，而孟子以爲德之賊也。○南軒張氏曰：此數句極鄉原之情狀，非之無舉，刺之無刺，言其善自矯飾，流俗能同，汙世能合，言其無所執守也。以忠信廉潔曰似，則非真矣。衆皆悦之，則異乎鄉人之善者好之矣。自以爲是，所以卒爲鄉原而不可反也。堯舜之道，大中至正，天理之存乎人心者也。此所謂善也。若鄉原所謂善斯可矣，則出於一己之私，竊善之似而已。異端之於正道，如黑與白，本不足以賊德。惟道之不明，世俗之見易以惑溺，故以爲德之賊也。○慶源輔氏曰：鄉原既欲人以爲謹愿，故同乎流俗而不敢自異。合乎汙世而不能自拔，故衆皆悦之。自以爲是，則又迷而不知反，故不可與入堯舜大中至正真實之道也。

「孔子曰：『惡似而非者：惡莠，恐其亂苗也；惡佞，恐其亂義也；惡利口，恐其亂信也；惡鄭聲，恐其亂樂也；惡紫，恐其亂朱也；惡鄉原，恐其亂德也。』」惡，去聲。莠音有。

孟子又引孔子之言以明之。莠，似苗之草也。佞，才智之稱，其言似義而非義也。利口，多言而不實者也。鄭聲，淫樂也。樂，正樂也。紫，間去聲。色。朱，正色也。鄉原不狂不獧，人皆以爲善，有似乎中道而實非也，故恐其亂德。慶源輔氏曰：佞者，有口才能辯説，故以爲才智之稱。惟其能言，則其説多似義而實不然，故以爲害義。巧言之人，徒尚口而初無誠實，故以爲害信。鄉原既譏狂者，故不狂；又譏獧者，故不獧；衆皆悦之，故人皆以爲善而不可與入堯舜之道，故有似乎中道而實非，此聖人所以恐其亂德而深惡之。據《論語》所載，亦與此不同，雖有詳略，然其惡似而非之意則一也。

「君子反經而已矣。經正，則庶民興；庶民興，斯無邪慝矣。」

反，復也。經，常也。萬世不易之常道

也。經只是日用常行道理。興，興起於善也。邪慝，如鄉原之屬是也。新安陳氏曰：邪慝，不止是鄉原，如楊墨皆是。以此章言，則指鄉原。故云鄉原之屬。世衰道微，大經不正，故人人得爲異説以濟其私，而邪慝並起，不可勝平聲。正。君子於此，亦復其常道而已。常道既復，則民興於善，而是非明白，無所回互，雖有邪慝，不足以惑之矣。○尹氏曰：「君子取夫音扶。狂獧者，蓋以狂者志大而可與進道，獧者有所不爲，而可與有爲也。所惡去聲。於鄉原而欲痛絶之者，爲去聲。其似是而非，惑人之深也。絶之之術無他焉，亦曰反經而已矣。」問反經之説。朱子曰：經，便是大經。君臣、父子、夫婦、兄弟、朋友，且先復此大經。天下事未有出此五者，其間却殺有曲折。如《大學》亦先指此五者爲言。使大綱既正，則其他節目皆可舉。若不先此大綱，則其他細碎工夫如何做。○問：「經正，還只是躬行不及政事？」曰：這箇不通分做兩件説。如堯舜雖是端拱無爲，只政事便就這裏做出。那曾恁地便了。○孟子論鄉原亂德之害，而卒以君子反經爲説，此所謂上策莫如自治者。況異端邪説，日新月益，其出無窮，蓋有不可勝排者。惟吾學既明，則彼自滅熄耳。此學者所當勉，而不可以外求者也。○經正則庶民興。蓋風化之行，在上之人舉而措之而已。庶民興，則人人知反其本而見善明。見善明，則邪慝不能惑也。既人不之惑，則其道自然銷鑠而至於無也。歐陽永叔云：使王政明而禮義充，雖有佛，無所施於吾民矣。亦此意也。○慶源輔氏曰：《集註》反經之説，實辨異端息邪説之大權也。○雲峯胡氏曰：此章言經正，而下章則以聖人相傳之説繼之，不無意也。

○孟子曰：「由堯、舜至於湯，五百有餘歲，若禹、皋陶，則見而知之；若湯，則聞而知之。

趙氏曰：「五百歲而聖人出，天道之常。然亦有遲速，不能正五百年，故言有餘也。」尹氏曰：「知，謂知其道也。」慶源輔氏曰：天道固有常矣。然亦不能截然整齊，須有先後遲速。○雲峯胡氏曰：《語》、《孟》末皆言堯、舜以來相傳之意。但《論語》以行言，故歷述其政事之實。《孟子》以知言，故歷叙其見聞之真。堯言執中，中之用也。湯言降衷，中之體也。舜自心上發出執中之藴，而六經言心始此。湯自性上推原降衷之初，而六經言性始此。此可見堯、舜、湯明道處。至若見而知之言禹、臯而不言稷、契，何也？或曰：舉禹、臯可例其餘。然考之《書》稷、契不曰「謨」，而禹、臯獨曰「謨」，蓋可見也。況《洪範》九疇，禹發之；天叙天秩、五典五禮，臯發之。其明道之功，固不小也。

「由湯至於文王，五百有餘歲，若伊尹、萊朱，則見而知之；若文王，則聞而知之。

趙氏曰：「萊朱，湯賢臣。」或曰：「即仲虺許偉反。也，爲湯左相。」去聲。○雲峯胡氏曰：舜言精一，而後協于克一，伊尹能發之。堯言執中，而後建中于民，仲虺能發之。曰勇，曰智，曰仁，曰禮，曰義，《中庸》三達德，《孟子》四端，已散見於《仲虺誥》中矣。吾以是知萊朱即仲虺也。○《論語》之末言武不言文，此言文不言武。文王謨，以明道言也。武王烈，以行道言也。《易》之作也，其於中古乎？文王明道之功大矣。○新安陳氏曰：萊朱與伊尹並稱而經傳不他見。仲虺作誥，弘大精微，仁、義、禮、智、信，皆開端言之，而「德日新」一言又首唱之，湯《盤銘》，伊尹《咸有一德》，皆因而述之。伊尹相湯，虺爲左相，同時他誰與之班者？萊朱即仲虺也必矣。

「由文王至於孔子，五百有餘歲，若太公望、散宜生，則見而知之；若孔子，則聞而知之。散，素亶反。

散，氏；宜生，名；文王賢臣也。子貢曰：「文武之道，未墜於地，在人。賢者識其大者，不賢者識其小者，莫不有文武之道焉。夫子焉不學？」此所謂聞而知之也。或曰：尚父，鷹揚之士也。散宜生，於經傳不多見，亦以爲見文王之道而知之者，何也？雲峯胡氏曰：敬勝怠，義勝欲之類，非太公孰發之？《書》曰「茲迪彝教」，則彝倫之教，散宜生蓋有助焉。

「由孔子而來至於今，百有餘歲，去聖人之世，若此其未遠也；近聖人之居，若此其甚也，然而無有乎爾，則亦無有乎爾。」

林氏曰：「孟子言孔子至今時未遠，鄒、魯相去又近，然而已無有見而知之者矣；則五百餘歲之後，又豈復扶又反，下同。有聞而知之者乎？」朱子曰：由堯、舜至孔子，率五百餘歲，而聖人一出。所以異世同心，歷聖同道，道統繩繩相續不絕者，實賴同時之見而知之者知之於先，而異世之聞而知之者得以知之於後耳。自孔子至今，方百餘歲。去孔子之時，若此其未遠也。孟子鄒人，近孔子所居之魯又若此其甚也。若使今此已無有見而知之者，則如前所云，五百歲之後，豈復有聞而知之者乎？○禹、皋之徒，本皆名世之士。伊尹、太公，又湯、文之師，非必見其君而後知之。湯、文、孔子，又生知之聖，亦非必聞前聖之道而後得之也。此其曰「見而知之」、「聞而知之」者，蓋以同時言之，則斯道之統，臣當以君爲主。以異世言之，則斯道之傳，後世當以前聖爲師。學者不以辭害意可也。至於章末二句，則孟子之致意深矣。觀其所謂「然而無有乎爾」，則雖若託於不居，而其自任之實可見。觀其所謂「則亦無有乎爾」，則雖若歎其將絕，而所以啓夫萬世無窮之傳者，又未嘗不在於斯也。學者誠能深考其言而自得之，則古人雖遠，而其志意之所存者，蓋無以異乎日相與言而授受於一堂之上也。○雲峯胡氏曰：論先後，則不有見之者而孰有聞之者，是則見而知之者爲先。論難易，則見而知之者聚精會神於一時之頃，而聞而知之者心融神會於異世之遥，是則聞而知之者爲難也。愚按：此言雖若不敢自謂已得其傳，而憂後世遂失其傳，然乃所以自見其有不得辭者，而又以見夫音扶，下同。天理民彝不可泯滅，百世之下，必將有神會而心得之者耳。故於篇終，歷序群聖之統，而終之以此，所以明其傳之有在，新安陳氏曰：此申言「然而無有乎爾」之意。孟子隱然謂道統之傳在己，但其辭婉，其意深。非詳玩味之，不能見耳。而又以俟後聖於無窮也。新安陳氏曰：申言「則亦無有乎爾」之意，以望後世聖賢之能傳道統者。此已爲程子接孟子之絶學者張本矣。其旨深哉！雲峯胡氏曰：《集註》「神會心得」四字有深意，蓋爲聞而知之者言也。孟子所謂見而知、聞而知者，知其道也。知其道者，知其心也。時有先後之異，心無先後之間，萬古一理，千聖一心。世遠而心之神明相接，迹異而心之天理相孚。默而成之，不言而信。此其爲神會而心得之者歟？○有宋元豐八年，河南程顥伯淳卒。潞公文彦博題其墓曰「明道先生」，而其弟頤正叔序之曰：「周公没，聖人之道不行；孟軻死，聖人之學不傳。道不行，百世無善治；去聲。學不傳，千載音宰。無真儒。無善治，士猶得以明夫善治之道，以淑諸人，以傳諸後；無真儒，則天下貿貿音茂。焉莫知所之，人欲肆而天理滅矣。雲峯胡氏曰：《論語》之末，堯而後終之以武王。孟子之末，終之以孔、孟。道不行，百世無善治，武王以後事。學不傳，千載無真儒，孔、孟以後事。無善治而下又言道之不明，其害有甚於道之不行者也。先生生乎千四百年之後，新安陳氏曰：孟子没至明道生，大約年數如此。得不傳之學於遺經，以興起斯文爲己任。辨異端，闢邪説，使聖人之道焕然復明於世。蓋自孟子之後，一人而已。雲峯胡氏曰：朱子贊濂溪先生之言曰：「道喪千載，聖遠言湮。不有先覺，孰開我人。」今言明道而不言濂溪者，二程夫子受學於濂溪先生，見而知之者也。且孟子所述列聖之相傳者，非徒爲其行道而言，實爲其聞知見知有以明斯道而言也。伊川墓述專言學不傳則道不明之害，而又深言夫明道之功，正與孟子之意脗合，故《集註》述之。然學者於道不知所向，則孰知斯人之爲功？不知所至，則孰知斯名「明道」二字。之稱情也哉？」稱，去聲。情，實也。名稱其實也。○慶源輔氏曰：《集註》係以程子之説者，見程子果得其傳於遺經，而孟子之説至是而遂驗也。○雲峯胡氏曰：所向者，入道之始事；所至者，造道之極功。學者不知所向，則非有志於斯道者不足以知明道；不知所至，則非深造乎斯道者亦不能真知明道也。趨向之正，造詣之深，庶乎可知明道之所以爲明道矣。真知明道，則真知堯、舜以至於孔、孟者矣。善乎，勉齋黄氏之言曰：「由孔子而後，曾子、子思繼其微，至孟子而始著。由孟子而後，周、程、張子繼其絶，至朱子而始著。朱子出而自周以來聖賢相傳之道，一旦豁然如大明中天，昭晰呈露。」然則《集註》所謂百世而下必有神會而心得之者，朱子亦當自見其有不得辭者矣。〇新安陳氏曰：朱子繫以伊川此説者，見得孟子之意，望百世之下將有神會心得其道者，而千四百年後果有如程子者出焉，見孟子之言至是而果驗，孟子不傳之絶學至是而果有傳也。觀韓子所謂「堯以是傳之舜，至軻之死，不得其傳焉」之言，見道統之傳至孟子而絶；察朱子所列明道墓表之意，見道統之傳既絶而後續也。孟子、朱子之意章章明矣。

孟子集註大全卷之十四

鳴謝

《儒藏》精華編惠蒙善助，共襄斯文；謹列如左，用伸謝忱。

本焕法師　壹佰萬元

智海企業集團董事長　馮建新先生　壹佰萬元

NE・TIGER 時裝有限公司董事長　張志峰先生　壹佰萬元

張貞書女士　壹佰萬元

方正控股有限公司、金山軟件有限公司創始人　張旋龍先生　壹佰萬元

北京大學《儒藏》編纂與研究中心

本册审稿人　甘祥满

本册责任编委　王丰先

圖書在版編目(CIP)數據

儒藏.精華編.一一五/北京大學《儒藏》編纂與研究中心編.—北京：北京大學出版社，2022.4

ISBN 978-7-301-11833-7

Ⅰ.①儒… Ⅱ.①北… Ⅲ.①儒家 Ⅳ.①B222

中國版本圖書館CIP數據核字（2022）第039412號

書　　名	儒藏（精華編一一五） RUZANG（JINGHUABIAN YIYIWU）
著作責任者	北京大學《儒藏》編纂與研究中心　編
責任編輯	周　粟
標準書號	ISBN 978-7-301-11833-7
出版發行	北京大學出版社
地　　址	北京市海淀區成府路205號　100871
網　　址	http://www.pup.cn　　新浪微博: @ 北京大學出版社
電子信箱	dianjiwenhua@126.com
電　　話	郵購部 010-62752015　發行部 010-62750672　編輯部 010-62756449
印 刷 者	北京中科印刷有限公司
經 銷 者	新華書店
	787毫米×1092毫米　16開本　48.75印張　602千字
	2022年4月第1版　2022年4月第1次印刷
定　　價	1200.00元

ISBN 978-7-301-11833-7
9 787301 118337 >
定價：1200.00元